다크 머니

빌 해밀턴에게

누구에게나 편집자는 필요합니다.
그렇지만 누구나 당신 같은 사람과 함께하는 행운을 누리는 것은 아니죠.
언제나 올바른 말과 행동으로 나와 함께해줘서 고마워요.

DARK MONEY

다크 머니

제인 메이어 지음 | 우진하 옮김

자본은 어떻게 정치를 장악하는가

JANE MAYER

책담

"우리는 선택을 해야만 한다.

우리는 민주주의를 누릴 수도 있고,

비록 극소수 사람들에게 그 부가 집중되더라도

부자 나라에서 살 수도 있다.

그렇지만 절대로 둘 다 가질 순 없다."

— 루이스 브랜다이스(1856~1941, 미국의 법률가)

이 책의 준비는 사실 30년 전에 시작됐다. 당시 나는 〈월스트리트저널 Wall Street Journal〉에서 일하며 레이건 대통령을 취재하기 위해 워싱턴에 머물고 있었는데, 그 기간 동안 나는 미국 대통령에서 일반 유권자들에 이르기까지 어떤 식으로든 정치와 연결되어 있음을 알게 됐다. 나는 공인의 삶을 살고 있는 수많은 사람들을 만나 이야기를 나누었으며 미국의 정치가 점점 더 개인의 재력에 의해 변해가는 모습을 목도했다. 이 책은 지난 5년간의 수많은 만남과 대화를 기초로 해서 만들어졌다. 거기에는 직접적인 관련이 있는 각 재벌 가문의 중요 인물들과 주변 가족들, 이념적 동지들에서 사업의 동업자들과 정치적 경쟁자들까지 다양한 사람들이 포함되어 있다.

이런 모든 만남과 대화는 사실 정식으로 그 내용과 관련 인물들을 명백하게 밝히는 것이 가장 이상적이나, 내가 만났고 가장 크게 신세를 진 몇몇 사람들에게서 정체나 신분을 밝히지 말라는 부탁이 있었다. 독자들에게 이런 부득이한 사정이 있었음을 먼저 사과드린다. 그러나 내가 만난 모든 사람들에 대해 가능한 한 정확히 밝히려고 노력했으며, 그렇지 못할 경우에는 대신 주변 사정을 매우 신중하게 조사하고 또 조사해 정확한 내용을 전달하기 위해 애썼다. 그럼에도 불구하고 정말 중요한 몇몇 인물들과 제대로 접촉하지 못했음을 유감으로 생각한다. 리처드 멜론 스카이프는 관련 문서를 확인하는 것을 허락해주었지만, 이 방대한 책의 주인공이라 할 수 있는 찰스 코크와 데이비드 코크는 아예 접촉조차 할 수 없었다. 존 M. 올린과 린드 브래들리, 그리고 해리 브래들리 형제는 애석하게도 이미 오래전에 세상을 떠났다.

그렇지만 수많은 사람들이 저마다의 바쁜 사정과 일상에도 불구하고 기꺼이 이 책을 위해 시간을 내주었다. 그리고 그중 일부는 보복 조치를 당할 수도 있는 위험을 무릅쓰고 내가 이 책을 쓸 수 있도록 도와주었다. 모두에게 깊은 감사의 마음을 전한다. 수많은 책과 언론 기사, 연구 논문과 뉴스 등에도 역시 큰 신세를 졌다. 때로는 언급하는 것을 잊었을 수도 있고 독자들 입장에서는 지루한 느낌이 들지는 몰라도 어쨌든 본문과 주석을 통해 가능한 모든 인용문의 출처를 표기하려고 노력했다는 점을 알려주고 싶다.

여기에 덧붙여 내가 특히 많은 도움을 받았던 글이나 그 글의 저자들에게 특별한 감사의 말을 전하고 싶다. 이들이 없었다면 이 책은 결코 완성될 수 없었으리라. 민주주의 언론센터, 공공청렴센터, 책임정치센터, 민주주의21, 프로퍼블리카, 마이크 앨런, 닐라 배너지, 니컬러스 컨패서, 클레이턴 코핀, 브라이언 도허티, 로버트 드레이퍼, 리 팽, 마이클 그룬왈드, 존 거다, 마크 할페린, 데일 해링턴, 존 하일레만, 엘리아나 존슨, 존 주디스, 로버트 카이저, 앤디 크롤, 크리스 크롬, 찰스 루이스, 로버트 맥과이어, 마이크 매킨타이어, 존 J. 밀러, 킴 필립스-페인, 에릭 풀리, 대니얼 슐만, 테다 스카치폴, 제이슨 슈탈, 피터 스톤, 스티브 텔레스, 케네스 보겔, 레슬리 웨인, 로이 웬즐, 그리고 빌 윌슨 등 모두에게 감사드린다.

이 밖에도 수많은 사람들이 이 작업에 큰 도움을 주었다. 그중에서도 특히 편집을 맡아준 더블데이 출판사의 빌 토머스, 나의 최고의 대리인이라 할 수 있는 ICM의 슬론 해리슨, 이 책의 뿌리가 되어준 코크 가문에 대한 나의 2010년 기사를 기꺼이 실어준 〈뉴요커The New Yorker〉의 식구들 데이비드 렘닉과 데니얼 잘레스키, 그리고 칭찬을 아끼지 않을 수 없는 관련 부서들에게는 뭐라고 더 감사의 말을 전해야 할지 알 수 없을 정도다. 또한 이 책을 쓰기 위해 필요했던 방대한 자료를 모으고 사실 관계를 확인하는 데 도움을 준 앤드루 프로코프와 벤 토프에게 큰 빚을 졌다. 이들과 함께하면 무슨 일이든 다 잘해낼 수 있을 것이다.

제인 메이어

트럼프는 어떻게
미국의 대통령이 되었나

2016년 치러진 미국의 대선은 거의 모든 측면에서 완전히 새로운 정치적 질서를 가져온 획기적인 사건이었다. 사업가 출신의 억만장자이면서 정치 경력이 전혀 없었던 도널드 트럼프(Donald Trump)가 현 상태를 완전히 뒤집겠다는 공약을 내걸고 버락 오바마 대통령의 확실한 후계자로 여겨지던 민주당의 힐러리 클린턴을 이기고 대통령에 당선된 것이다. 트럼프의 승리는 거의 모든 여론 조사와 전문가들의 예측을 뒤엎은 대사건이었다. 이 승리를 통해 양당 체제를 내세우는 미국의 정치계가 크게 흔들리게 된 것은 물론, 전 세계로 그 여파가 퍼져나갔다. 시장은 요동쳤고 정치계는 도무지 알 수 없는 방향으로 흘러가는 듯 보였다. 트럼프는 스스로를 부패한 정치인들과 차원이 다른 외부인으로 내세우며 선거 운동을 했지만 그의 승리 뒤에는 전혀 예상치 못한, 그렇지만 익숙한 재계의 대표적인 인물이 한 사람 있었다. 맨해튼 중심부에 있는 힐튼 호텔에서 사람들의 환호성 속에 미소를 지으며 서 있었던 사람은 바로 데이비드 코크였다.

사실 대선 후보를 정하는 예비 선거전 기간 동안 트럼프는 공화당의 경쟁 후보들을 두고 비밀리에 자금을 후원하는 단체들의 '꼭두각시'들에 불과하다며 조롱을 했었는데, 그 단체들의 배후에 있었던 것이 다름 아닌 데이비드와 찰스 코크 형제가 이끄는, 미국에서 두 번째로 규모가 큰 비공개 개인 기업 코크 인더스트리즈였다. 캔자스 주에 본사를 둔 이 거대 에너지 기업의 공동 소유주인 코크 형제는 엄청난 정치자금을 퍼붓는 것으로 유명했지만 이런 트럼프의 모습을 보고 그에 대한 지원을 유보했다. 그 결과, 여러 언론 매체에서는 코크 형제의 정치적인 영향력이 이번 대선에서는 더 이상 크게 발휘되지 못했다는 보도를 쏟아내기도 했는데, 어쨌든 트럼프는 결국 힐러리 클린턴을 비롯해서 훨씬 더 많은 정치자금을 썼던 경쟁자들을 모두 물리치고 대권을 잡을 수 있었다.

이렇게 미국 정치에서 돈이 영향력을 발휘하던 시대가 저물었다고 생각하면 참 멋진 일이겠지만 좀 더 자세하게 들여다보면 훨씬 더 복잡하면서도 불안한 현실이 드러난다.

'워싱턴 오물빼기'의 실체

트럼프는 분명 거액의 정치자금을 주무르는 '큰손'들이나 기업의 로비스트, 그리고 여러 정치활동위원회 등이 매우 부패한 방식으로 미국 정치를 좌지우지해왔다고 공격을 하며 선거전을 치렀다. 그 과정에서 트럼프는 미국 전역에 당파를 초월하여 기존 정치에 대한 거부감을 심어주게 된다. 기존의 정치 활동이나 선거전이 뻔뻔한 돈 놓고 돈 먹기와 다르지 않다는 사실을 강조한 것이다. 트럼프는 물론 민주당 예비 선거전에서 힐러리에게 도전했던 좌파 성향의 버니 샌더스(Bernie Sanders) 역시 상대방의 막강한 정치자금 동원력을 약점으로 물고 늘어졌고, 이는 많은 사람들을 놀라게 했다. 트럼프는 힐러리를 두고 '부패한 힐러리(Crooked Hillary)'라고 조롱하며 그녀가 "정치자금 후원자들에게 100퍼센트 휘둘릴 수밖에 없다"고 주장하기도 했다. 대선이 다가오면서 힐러리에 대한 국민의 신뢰도는 바닥까지 추락하고 말았다.

뉴욕을 본거지로 한 사업가이자 전 세계에 걸쳐 막대한 금융 자본을 소유한 트럼프가 6,600만 달러에 달하는 선거 비용을 자비로 충당하며 월스트리트와 대립각을 세웠다는 사실은 어찌 보면 믿기 어려운 일일지도 모른다. 트럼프는 스스로를 아주 청렴한 사람으로 내세우는데 성공했는데, 그건 어쨌든 그가 자수성가한 억만장자로 알려졌기 때문이다. 트럼프는 대선이 있기 불과 한 달 전에 자신의 트위터를 통해 이렇게 약속을 했다. "나는 미국 정부를 다시 정직한 정부로 만들겠다. 나를 믿어 달라. 그렇지만 그 전에 먼저 #워싱턴 오물빼기(DrainTheSwamp)부터 해야 한다." 그가 해시태그를 단 이 '워싱턴 오물빼기'라는 말은 미국 내 경제적 불평등이 가중되는 상황에서 워싱턴 정가의 부패를 일소하겠다는 의지로 받아들여지며 지지자들의 열렬한 환호를 받게 된다. 그동안 미국 정치인들은 그저 부자와 권력자들의 이익만을 대변하고 있다는 비난을 받아왔던 것이다.

그렇지만 민주당 출신으로 연방선거위원회 위원을 맡아 수년 간 정치자금 개혁 작업을 진행해온 앤 레이벌(Ann Ravel)은 트럼프가 당선된지 얼마 지나지 않아 "탐욕스럽고 부패한 정치인이 더 늘어났을 뿐"이라며 일침을 놓았다.

대중들의 인기를 기반으로 정치 경력이 없는 문외한임에도 불구하고 대권을 잡는 데 성공한 트럼프는 이내 자신이 그렇게 비난했던 거대 기업의 인사들을 끌어 모아 정권 인수위원회를 구성했고 특히 그중에 코크 형제와 돈 문제로 긴밀하게 얽혀 있는 로비스트며 당직자들이 끼어 있는 모습이 크게 부각되었다. 코크 형제는 대선 기간 동안 트럼프에 대한 자신들의 불쾌감을 계속해서 피력했기 때문에 이런 모습은 어쩌면 아무도 예상하지 못한 결과일지도 몰랐다. 찰스 코크는 스스로를 이른바 '자유지상주의자'라고 부르며 자유무역과 이민을 지지하고 있는데, 이는 모두 그의 거대한 다국적 기업에 유리한 정책이다. 찰스 코크는 이슬람계 이민을 받아들이지 않겠다는 트럼프의 정책을 '끔찍하면서도' '기괴한' 정책이라고 평가절하하기도 했다.

그렇지만 화해의 기운이 감도는 데는 그리 오랜 시간이 걸리지 않았다. 트럼프의 정권 인수위원회를 이끌었던 건 부통령에 당선된 마이크 펜스(Mike Pence)였는데 찰스 코크는 이미 2012년 펜스를 대권 후보로 지지한 바 있으며 막대한 정치자금도 지원을 했었다. 데이비드 코크만 해도 트럼프가 펜스를 부통령 후보로 지명하기 이미 4년 전에 그의 선거 운동을 위해 30만 달러를 개인적으로 기부한 전력이 있다. 사회보장제도를 민영화하고 기후 변화의 실체를 거부하는 등 과거 코크 형제의 주장을 함께 공유해온 펜스는 데이비드 코크가 주빈이 되어 연 기금 모금 행사에 주요 초대 손님으로 참석하기도 했다. 바로 2016년 봄, 플로리다 주 팜비치에 있는 개인 저택에서 70명이 넘는 공화당의 거물급 정치자금 후원자들이 모였던 행사였다. 또한 펜스는 2016년 8월에도 코크 형제가 주최한 후원 행사에서 연사로 참석하기로 되어 있었지만 공화당의 부통령 후보로 지명이 되면서 참석을 취소하기도 했다. 한편, 인수위원회의 여러 민감한 사안을 맡았던 펜스의 최측근 참모 마크 쇼트(Marc Short)는 불과 몇 개월 전만 해도 코크 형제의 비밀 정치 후원 조직인 프리덤 파트너를 실질적으로 운영했던 사람이었다. 프리덤 파트너는 트럼프가 선거 기간 내내 공격을 했던 그런 비밀 정치단체와 다를 바 없는 조직이었다.

트럼프가 코크 인더스트리즈와 밀접한 이해관계에 있는 환경 및 에너지 사업 분야와 관련해 내세운 정권 인수위원회 인사들의 면면을 보면 코크 형제의 영향력이 어떠했는지 분명하게 알 수 있다. 미국 에너지부와 관련된 정책과 인사 문제에 대해 트럼프가 처음 내세웠던 인수위원회 위원들 중 대표적인 인물이 바로 로비 회사인 MWR 스트레티지스의 회장인 마이클 매케너(Michael McKenna)다. 매케너의 주요 고객 명단에는 코크 인더스트리즈가 포함이 되어 있을 뿐더러 그는 세금을 감면 받는 비영리 단체로 기업 친화적인 에너지 정책을 지지하는 미국에너지연합(the American Energy Alliance)과도 밀접한 관계를 맺고 있는데, 이 미국에너지연합은 또한 코크 형제의 프리덤 파트너로부터 2012년 150만 달러에 달하는 자금을 지원받은 전력이 있다. 자신들의 수입 내역을 전혀 밝히지 않고 있는 이 프리덤 파트너의 활동은 대중 여론을 조작하려는 목적으로 엄청난 개인 자금을 비밀리에 사용하고 있는 교과서적인 사례로 볼 수 있다.

코크 인더스트리즈를 위해 일하고 있는 또 다른 로비스트인 마이클 카탄자로(Michael Catanzaro)는 로비 기업 CGCN 그룹 소속으로 트럼프 인수위원회에서 '에너지 독립' 문제를 담당했으며 차기 정권에서 에너지 정책을 총괄하게 될 것이라는 하마평에 오르내리기도 했다. 또한 코크 형제와 뜻을 같이 하는 또 다른 주요 인물인 해롤드 함은 에너지 기업 콘티넨탈 리소시즈를 소유한 억만장자로 오클라호마 주에서 셰일가스를 채굴해 엄청난 재산을 모았는데, 에너지 문제와 관련해 트럼프를 보좌하며 역시 에너지부와 같은 부서의 장관에 오를 것이라는 소문이 들려오기도 했다.

과학계로서는 깜짝 놀랄만한 일이지만, 트럼프가 인수위원회에서 환경보호청 관련 업무를 맡긴 건 기후 변화에 대해 회의적인 견해를 거침없이 밝혀온 마이런 에벨(Myron Ebell)이었다. 에벨 역시 코크 가문의 자금을 후원받았던 사람이며 워싱턴의 정책연구소들 중 하나인 경쟁 기업연구소에서 일을 했었다. 이 연구소 역시 그 자금 내역을 상세하게 밝히고 있지는 않지만 과거 코크 형제를 비롯한 석유화학 기업 소유주들의 후원을 받았던 건 분명한 사실이다. 관련 기업에 대한 규제를 강력하게 반대했던 에벨의 주장은 해당 기업 소유주들의 주장과 완벽하게 일치한다. 코크 형제는 오랫동안 환경보호청과 불편한 관계를 유지해 왔으며 환경보호청 역시 코크 인더스트리즈를 대기와 수질, 그리고 기후 오염과 관련된 10대 기업 중 유일하게 세 가지 문제 모두와 관련된 3대 기업 중 하나로 지목을 했다. 에벨과 함께 인수위원회에 참여한 사람 중 하나가 데이비드 슈나르(David Schnare)로, 그는 스스로를 '자유시장 환경운동가(free-market environmentalist)'로 부르며 환경보호청이 엉뚱한 피해자를 만들고 있다고 공격했다. 그는 전국공공네트워크의 지부 격인 한 정책 정치자금에서 일을 했는데, 이 전국공공네트워크에 일부 자금을 지원한 것도 역시 코크 형제다. 슈나르는 2014년 버지니아 주 대법원이 개입을 할 때까지 기후학자로 유명한 마이클 만을 여러 가지 합법적 절차를 동원해 공공연히 비난해온 것으로 악명이 높다. 참여하는 과학자 모임(The Union of Concerned Scientists)에서는 기후 관련 과학자들을 공격하는 이러한 행위들을 '집단적 학대'라고 묘사했을 정도다.

그렇게 일반 대중들의 분노에 편승해 대권을 잡은 지 불과 일주일이 채 되기도 전에 트럼프는 특별한 이익단체들의 오랜 숙원들 중 상당수를 해결해 줄 그런 인물로 본색을 드러내게 된다. 그 중에는 에너지 사업에 대한 규제를 반대하는 코크 형제의 숙원도 포함이 되어 있다. 트럼프는 환경보호청의 거의 모든 형태의 개입을 중단시킬 것을 천명했으며 또한 2015년 만들어진 파리기후변화협정을 폐지할 것을 약속했다. 그리고 수많은 분명한 과학적 증거들에도 불구하고 기후 변화 문제를 '사기 행위'로 규정했다. 트럼프의 인수위원회에는 스스로 정한 윤리 강령이 있었다. 즉, 법을 제정하는 데 있어 로비스트의 개입을 금지하며 금전적 이해관계가 있는 인사를 관련 부서에 배치하지 않는 것 등이었는데, 적어도 인수위원회의 초기 활동만 보면 이러한 상식적인 일들조차 제대로 지켜지지 않는 것처럼 보인다.

정부의 윤리 강령 관련 전문가들은 깜짝 놀랄 수밖에 없었고, 오바마 행정부에서 이른바 이해상충 규정들을 만들었던 노먼 아이슨 (Norman Eisen)은 "규제를 받는 기업들과 금전적으로 긴밀하게 연결되어 있는 인사를 인수위원회에 배치를 한다면, 그들이 과연 개인의 이익을 위해서인지 아니면 국가의 이익을 위해서 일하고 있는지에 대한 의문이 제기될 수밖에 없다"라고 경고했으며 또 이렇게 덧붙였다. "솔직하게 이야기 하자. 각종 이해관계가 얽혀 있는 기업들과 다크 머니, 그리고 로비스트들은 특별 이익 단체들의 영향력이라는 거대한 기계장치를 움직이는 중요 부품들이 아닌가." 레이건 행정부는 물론, 아버지 부시와 아들 부시 대통령 밑에서 일을 했던 피터 웨너(Peter Wehner)는 〈뉴욕 타임스〉를 통해 이렇게 이야기한다. "트럼프가 외부인으로서 정치에 뛰어들어 기존의 정치 질서를 무너뜨리고 고여 있던 오물을 빼내 줄 거라는 생각 자체가 사기꾼의 그것과 다를 바 없다. 생각을 한번 해보자. 트럼프 자체가 바로 그런 기존의 부패한 인물이 아닌가 말이다."

새 트럼프 행정부에 대한 코크 형제의 영향력은 부통령이나 인수위원회를 넘어서 미국 중앙정보국장의 임명에까지 이른다. 트럼프가 국장으로 지명한 마이크 폼페오는 캔자스 주의 공화당 하원의원 출신으로 하원의원들 중에서 개인적으로 코크 형제의 지원을 가장 많이 받았던 사람으로 손꼽히는 인물이다. 코크 형제는 폼페오가 정계에 입문하기 이전부터 그의 사업에 관여를 하며 투자자겸 동업자 역할을 해왔다. 실제로 캔자스 주립대학교의 정치학 교수인 버넷 루미스는 이 미래의 정보국장의 별명을 아예 '코크 가문의 하원의원'으로 짓기도 했다. 트럼프와 인수위원회가 이런 여러 가지 결정적인 선택을 하도록 막후에서 영향력을 발휘한 것은 바로 레베카 머서(Rebekah Mercer)였는데, 그녀는 다름 아닌 뉴욕의 억만장자 투자 전문가인 로버트 머서의 딸이다. 그리고 이 로버트 머서는 블룸버그 뉴스의 2014년 보도에 따르면 코크 형제를 능가하는, 정계와 제계의 막후 실력자로 각종 정치 조직에 그 누구보다도 많은 자금을 퍼부은 사람이다.

당연한 이야기겠지만 2016년 대선을 즈음해 코크 형제의 정치적 영향력이 사망 선고를 받았다는 보도는 지나친 과장에 가깝다. 코크 형제는 어떤 대선 후보에 대한 지지도 표명하지 않은 채 잠잠히 있는 것처럼 보였지만 이른바 '코크토퍼스'로 알려진 코크 가문의 정치 조직들이 휘두르는 문어발은 이미 트럼프 주변을 완전히 둘러싸고 있었다. 그것도 트럼프가 공식적으로 대권을 잡아 권좌에 오르기도 전에 말이다.

코크 형제에게 정부란 '스스로 치료할 수 있는 척하는 질병'

많은 사람들은 코크 형제가 대통령 후보에 대한 지원을 거부한 뒤에 정치문제에서 완전히 뒤로 물러났다고 생각했다. 코크 형제가 2015년에 세웠던 처음의 계획은 자신들을 따르는 후원자들을 이끌고 8억 8,900만 달러라는 막대한 정치자금을 투입해 그야말로 대통령 자리를 돈으로 사겠다는 것이었다. 그렇지만 본격적으로 후보 지명전에 개입을 하게 되자 이들은 자신들이 세운 계획이 처참하게 뒤집히고 있다는 사실을 깨닫게 된다. 바로 트럼프가 강력한 공화당 후보 중 한 사람으로 부상하게 된 것이다. 트럼프야말로 코크 형제가 유일하게 반대했던 공화당의 주요 예비 대선 후보였는데, 결국 코크 형제는 예비 선거전부터 개입을 중단하고 계속해서 공화당의 대통령 선거전에 대한 지원을 유보하게 된다.

그렇지만 예상을 뒤엎는 대통령 선거전에 언론의 관심이 집중되어 있는 동안 코크 형제와 그들을 따르는 우익 후원자 모임은 아무도 모르게 그 어느 때보다도 많은 정치자금을 퍼부으며 지난 40여 년 동안 갈고 닦은 실력으로 세 가지 방향에서 동시에 영향력을 펼쳐 나갔다. 그들은 기업의 로비 활동과 비영리를 내세운 정치 조직 활동, 그리고 대선 이외의 의원이나 각종 선거전을 동시에 지원하면서 그야말로 본전을 충분히 뽑을 수 있는 투자를 해나갔던 것이다.

그들은 돈지갑을 닫을 생각이 전혀 없었으며 계획했던 예산을 7억 5,000만 달러로 낮추기는 했지만 대신 대통령 선거를 제외한 다른 선거전에 수억 달러가 넘는 정치자금을 직접적으로 쏟아부었다. 이런 상황이 제대로 알려지지 않는 사이, 2016년 코크 인더스트리즈와 프리덤 파트너는 최소 19개 상원의원과 42개 하원의원, 그리고 4개의 주지사 선거전을 포함해 셀 수 없이 많은 미국 전역의 군소규모 선거전에 막대한 정치자금을 지원했다.

이들은 또한 개인적인 정치 조직도 가동시켰는데 하버드대학교의 테다 스카치폴과 알렉산더 에르텔-페르난데스는 이런 조직을 일컬어 지금까지 전례를 찾아볼 수 없는 전대미문의 영속적인 영향력을 지닌 조직이라고 말하기도 했다. 실제로 정말 놀랍게도 2016년 코크 형제와 두 사람을 따르는 사람들이 모인 모임에서는 공화당전국위원회를 넘어서는 정치자금을 조성해 지원을 한다. 이 정치 조직, 보통 코크 가문 모임이라고 부르는 모임에서는 1,600명이 넘는 유급 직원들을 미국 내 35개 주에 파견해 활동하도록 하고 있으며 전체 유권자의 80퍼센트를 맡아 활동할 정도의 규모로 알려져 있다. 이들이 이런 정도의 규모로 급성장하게 된 것은 불과 몇 년 전의 일로, 2012년만 해도 코크 형제 정치 활동의 중심에 있는 '번영을 위한 미국인들'이라는 단체의 유급 직원은 450명에 불과했었다.

코크 형제는 이런 정치 단체나 조직들에 대해 마치 개인 사업체를 이끌 듯 깊숙이 관여하고 있으며 유권자들을 히스패닉계 사람들이나 예비역 군인들, 그리고 젊은 층 등 다양하게 구분해 세세하게 관리하고 있다. 한 고위 인사의 설명에 따르면 2016년 선거 기간 동안 이들이 세웠던 목표는 주요 상원의원 선거전이 벌어지는 8개 주에서 500만 명의 유권자들을 관리하는 일이었다고 한다. 과거에는 주로 노동조합 등에서 이와 유사한 사적인 정치적 영향력을 발휘했었지만 적어도 이들은 수백만 명은 족히 넘는 조합원들을 대표한다는 명분이라도 있었다. 그렇지만 코크 가문 모임에는 단지 400여 명 정도의 미국 내 최상위 갑부들만이 참여하고 있을 뿐이다. 그렇기 때문에 이들을 연구했던 하버드대학교의 연구자들은 코크 가문 모임을 일컬어 "그동안 한 번도 본 적이 없었던 미증유의 사건"이라고 말했던 것이다.

트럼프와 별개로 보수적인 공화당 의원들의 지휘 아래 상원·하원 의원 모두를 장악하겠다는 코크 형제의 정치적 목표를 함께 공유한 이 '큰손'들은 자신들이 소유한 기업들의 이익을 계속해서 지켜나갈 수 있을 것이라고 확신하며 2016년 이후 또 다른 목표를 달성하는 데 성공하게 된다. 바로 2010년부터 시작된 미국 전역의 주 의회 및 정부를 장악하는 작업을 계속해 나감으로써 민주당의 세력을 완전히 분쇄하는 것이었다. 주 의회와 정부를 장악하게 됨으로써 이들은 단지 입법권만 손에 넣게 되는 것이 아니라 선거구 조정에까지 개입할 수 있게 되었으며 결과적으로 연방정부의 하원을 앞으로도 계속 장악할 수 있다는 희망도 가질 수 있게 되었다.

코크 형제와 그 후원자들이 지원한 이런 각 지역의 수많은 선거들은 그 규모가 미미해 언론의 주목을 거의 받지 못했다. 예컨대 텍사스 주 한 곳만 보더라도 이들이 지원한 선거전이 74개에 이르렀으며 심지어 일개 지방 법원의 판사 선거에까지 개입할 정도였다. 이렇듯 코크 형제와 그의 동맹군들이 막대한 정치자금을 지원한 덕분에 오바마 행정부 8년 동안 민주당은 연방정부의 상원과 하원에서 모두 다수당의 지위를 잃었고 주지사 14개, 그리고 30여 개 주 의회에서 900여 개 이상의 의석을 잃으며 공화당에게 무릎을 꿇고 말았다.

2016년 대선이 시작되었을 무렵에는 미국 내 32개 주 의회를 공화당이 장악하고 있었고 민주당은 겨우 13개 주에서만 영향력을 발휘할 수 있을 뿐이었다. 나머지 5개 주는 서로 팽팽한 균형을 유지하고 있었다. 이렇게 세력이 크게 줄어든 민주당은 결국 현재뿐만 아니라 앞으로도 심각한 위험에 처하게 되었다. 각 주의 의회야말로 미래에 각 당을 대표하는 지도자를 길러내는 요람 역할을 하는 곳이기 때문이다.

코크 형제는 어쩌면 트럼프의 존재 자체를 부인하고 싶었는지도 모른다. 그렇지만 몇 가지 중요한 측면에서 볼 때 트럼프야말로 본질적으로 그들의 후계자인 동시에 그들이 1970년대 이후 계속해서 매진해온 광범위한 정치 활동의 결과물임에 틀림없다. 지난 40여 년 동안 이들은 정부라는 개념 자체를 끊임없이 공격해 왔으며 이와 관련된 선전 활동을 셀 수 없이 많은 정책연구소와 학술연구 단체, 위장 단체, 광고계, 법률 단체, 그리고 로비스트와 각종 선거 후보자들에게 자금을 지원하며 역시 쉬지 않고 해온 것이다. 따라서 기존의 정치체제와 정부 형태에 대한 반감과 정치 문외한임을 자신의 최고 장점으로 내세우는 한 남자를 통해 세계에서 가장 강력한 국가의 권력을 거머쥐기 위한 사전 작업을 해왔다는 사실에 대해 모두들 고개를 끄덕이지 않을까.

찰스 코크의 정신적 지주이자 거의 무정부주의에 가까운 성향을 보였던 로버트 르페브르는 코크 형제에게 "정부란 스스로를 치료할 수 있는 척하는 질병과 같다"라고 가르쳤다. 이들은 이른바 진보의 시대, 뉴딜 정책 시대, 위대한 사회(the Great Society)의 시대, 그리고 오바마 행정부 시대 동안 이루어진 연방정부의 역할과 세력 확장에 대해 극단적으로 반대하는 입장을 표명했으며 유권자들로 하여금 워싱턴 정가는 부패하고 타락한 곳이라고 믿게끔 만들었다. 정부의 통치에 대해서는 차라리 아무것도 모르는 편이 훨씬 더 낫다는 것이었다. 찰스 코크는 스스로를 급진주의자로 내세워왔으며 트럼프를 통해 그런 급진적인 해결책들을 제시한 것이다.

"트럼프의 승리는 월스트리트의 압승"

트럼프의 시대가 시작되는 데 있어 코크 형제 역시 크게 일조를 했다고 볼 수 있는데, 2009년 시작된 세금 납부 거부 운동인 이른바 '티파티 운동'에 불을 지피고 거기에 기름까지 부은 이가 바로 이 코크 형제다. 2016년 대선 기간 동안 찰스 코크는 트럼프의 독설을 크게 비난했고 데이비드 코크는 수억 달러에 달하는 정치자금을 쏟아부은 뒤에도 〈파이낸셜 타임스〉를 통해 "우리는 정치 문제에 대해 그렇게 큰 영향력이 없다"며 세간의 평판에 대한 불만을 토로하기도 했다. 그렇지만 트럼프가 분열을 조장하는 책임질 수 없는 독설을 마음껏 퍼부을 수 있는 환경을 만든 건 사실 코크 형제와 여러 큰손들의 영향력이었다해도 과언이 아니다. 불과 몇 년 전, 미국 사회에서 여러 분열과 증오를 불러일으키는 활동을 후원했던 것이 바로 이들이 아니었던가.

1960년대에 찰스 코크는 오직 백인들만 참여할 수 있는 이른바 '자유 학교'를 콜로라도에 열었고 이 학교의 교장은 〈뉴욕타임스〉를 통해 기존의 학생들 중에 인종에 따른 분리주의를 지지하는 사람들이 있기 때문에 아프리카계 미국인들의 입학은 문제가 될 수 있다는 요지의 발언을 한다. 그로부터 오랜 시간이 흘렀고 그런 주장이나 견해는 다른 많은 의견들과 마찬가지로 충분히 달라질 수도 있었을 것이다. 그런데 2011년 〈위클리 스탠다드〉와의 대담에서 데이비드 코크는 보수파의 유명 인사인 디네시 드수자가 했던, 듣기에 그럴듯한 주장을 되풀이한다. 버락 오바마는 그 외모에 있어 미국 사람이라기보다는 아프리카 사람에 더 가깝다는 것이었다. 드수자는 오바마가 미국에서 태어나 어린 시절 케냐 출신 아버지에게 버려졌지만 그럼에도 불구하고, 그의 아프리카계 혈통으로부터 급진적인 관점을 물려받았다고 주장했다.

오바마를 합법적이고 민주적으로 선출된 미국의 정치 지도자가 아닌 국가의 생존을 위협하는 외국인으로 보고 공격하려는 시도가 2010년 여름 텍사스 주 오스틴에서 열린 코크 형제의 정치 조직인 '번영을 위한 미국인들'의 회의에서 시작되었다는 증거는 차고도 넘친다. 세금 납부 거부 운동과 관련된 교육 시간 사이 코크 형제 밑에서 일하는 회의 진행자들은 어느 블로거에게 상을 하나 수여했는데, 이 블로거는 오바마를 '얼간이들의 우두머리'라고 묘사하고 정신분열증에 걸렸거나 아니면 약물을 했을 거라는 등 비난을 멈추지 않았다. 코크 형제와 공화당 지지자들이 2016년 대선 기간 동안 트럼프의 천박한 독설에 동조하지 않았는지도 모른다. 그렇지만 불과 6년 전 그들은 이렇게나 천박한 말을 쏟아내는 사람에게 상을 수여했던 것이다.

이와 동일한 수법의 공격은 이른바 환자 부담 적정 보험법에 대해서도 이어졌다. 코크 형제는 오바마의 건강보험법을 정치적 사안으로 보고 이성적인 토론이나 대화를 하는 것이 아니라 환자권리보호센터라는 이름의 법인을 내세워 다크 머니를 지원하며 공포와 협박을 일삼는 일종의 물밑 유격전을 펼쳤다. 또한 텔레비전 광고를 통해 오바마의 건강보험 관련 계획에 대해 '정부가 모든 것을 다 빼앗아 간다'라는 거짓 주장을 내보냈고 이는 중도파 시민 감시 단체인 폴리티팩트에 의해 2010년 '올해의 거짓말'에 선정이 되기도 했다. 한편 '번영을 위한 미국인들'의 지부 격인 한 단체에서는 오바마를 반대하는 운동을 조직했는데 여기에 참석한 반대파들은 2차 세계 대전 당시 독일군 강제 수용소의 시체 사진을 들어 보이며 오바마의 정책이 이런 대량 학살을 가져올 것이라며 사람들을 선동했다. 코크 가문의 사주를 받은 직원들 역시 의원들이 주민들을 만나는 공청회 자리에 소리 지르며 선동을 하는 반대파를 심어 놓는 방식으로 민주적 절차를 의도적으로 방해하는 행위를 저지르기도 했다. 다시 말해, 오바마가 대통령으로 재임하는 기간 동안 코크 형제는 이런 선동과 불만을 앞세우는 운동을 조직해 급진적으로 전개해 나간 것이며, 이런 활동은 이들의 정치적 영향력이 급감했던 것처럼 보였던 2016년까지 이어졌다. 트럼프가 대통령에 당선되기 한 달 전, 코크 형제 밑에서 정치 조직에 관여했던 어떤 사람이 〈폴리티코〉를 통해 "우리에게도 일정 부분 책임이 있다"라는 고백을 한 적이 있다. "우리는 '풀뿌리' 군대를 조직하고 훈련시키는 데 엄청난 투자를 했는데 이들은 결국 통제 불능 상태가 되고 말았다"는 것이다.

어떻게 본다면 코크 형제와 그들을 따르는 큰손들은 2016년에 거둬들인 자신들의 승리에 대한 희생자가 된 것인지도 모르겠다. 이들은 자신들의 다크 머니로 공화당을 너무 철저하게 장악함으로써 의도치 않게 트럼프가 부상할 수 있는 토대를 마련해주고 말았다. 이들이 우선순위로 두는 자신들에게 유리한 정책들은 대다수 유권자들의 관심사와 거리가 멀었다. 그럼에도 불구하고 트럼프를 제외한 공화당의 예비 대선 후보들은 이들 검은 후원자들이 원하는 바를 충실히 따르겠다고 약속을 했는데 그건 바로 이들의 후원이 절대적으로 필요했기 때문이었다. 후보들은 고소득자의 세금을 낮춰주며 월스트리트의 탐욕과 부패를 눈감아주고 기업들이 이익을 극대화하기 위해 생산 설비를 해외로 이전하는 것도 묵인해주기로 약속했다. 그리고 사회보장제도를 포함해 중산층을 위한 복지 정책들을 축소하거나 민영화하겠다는 약속도 했다. 자유 무역에 대한 내용은 거의 논의되지 않았다. 이러한 내용들은 부유한 후원자들의 관심사를 충실히 반영한 것이지만 연구에 따르면 결국 민주당뿐만 아니라 공화당을 지지하는 대다수 유권자들의 표심으로부터 점차 멀어지는 결과를 낳고 말았다고 한다. 이런 유권자들의 상당수가 특히 2008년 경제 위기를 전후로 해서 경제적, 그리고 사회적으로 소외된 사람들이었기 때문이었다. 그 자신이 억만장자로 부자 후원자들의 도움을 필요로 하지 않았던 트럼프는 이런 정책들을 무시하며 자신에게 온 기회를 놓치지 않고 붙잡았다.

트럼프가 지지자들의 염원을 충실히 이행하며 자신의 예상치 못했던 대선 승리 이전부터 공화당을 장악해온 이기적인 상류층들로부터 자유롭게 정책을 펴나갈 수 있을지는 아직 알 수 없다. 그리고 지금까지의 상황을 보면 전망은 그리 밝지 않다. 우선, 앞서 언급했던 것처럼 정권인수위원회부터가 코크 형제와 긴밀한 관계를 맺어온 기업의 로비스트들로 채워져 있었으며 거기에 취임준비위원회에까지도 코크 형제와 뜻을 같이 하는 억만장자들 중 상당수가 포진해 있었기 때문이다. 건축용 자재를 공급하며 36억 달러에 달하는 재산을 모아 위스콘신 주에서 가장 부유한 여성으로 등극한 다이엔 핸드릭스도, 또 라스베가스 샌즈 코퍼레이션이라는 카지노 제국을 세우고 이끄는 억만장자 셸던 아델슨도 늘 그래왔던 것처럼 정치에 대한 관심을 결코 거둬들이지 않았던 것이다.

애초에 미국 대통령의 취임준비위원회를 부자 후원자들이 떠맡아 온 것 자체는 이미 오랜 전통이기 때문에 이에 대해 지나치게 파고드는 것은 어쩌면 역대 다른 대통령들과 비교해 불공평한 처사일지도 모르겠다. 그렇지만 지금까지 확인해본 바 트럼프의 세금 관련 계획안은 오히려 부자들에게 유리한 정책이 될 가능성이 크다. 트럼프는 노동자 계층으로부터 '법망을 교묘하게 빠져나가고 있는' 상류층을 관리하겠다는 약속을 통해 많은 지지를 받았지만 경제 전문가들에 따르면 그의 정책들은 미국의 기득권 계층에 위협이 되기는커녕 오히려 도움이 될 수도 있다고 한다. 트럼프는 1,090만 달러 이상이 되는 유산에 대해서만 상속세를 부과하고 그 이하는 세금을 감면해주는 현재의 세금 제도를 폐지하겠다고 하고 있는데, 만일 그렇게 될 경우 정말로 혜택을 보는 경우는 2015년 기준으로 5,000건 이하에 불과해 대부분의 국민들에게 실질적으로 도움이 되는 정책이 아니다. 또한 트럼프는 증여세를 폐지할 계획도 가지고 있는데, 잘 알고 있겠거니와 증여세는 부의 세습을 막는 역할을 해준다. 고소득자에 대한 양도소득세며 기타 소득세 역시 줄어들거나 폐지될 것으로 알려졌기 때문에 모두 합쳐 845억 달러 상당의 자산을 보유하고 있는 찰스와 데이비드 코크 형제로서는 다른 억만장자들과 함께 트럼프 행정부의 정책을 통해 상당한 수혜를 입을 수 있을 것으로 보인다. 오죽하면 대선 결과가 발표된 다음 날 인터넷 포털 사이트 야후의 경제면에서 "트럼프의 승리는 결국 월스트리트의 '압승'이었다"라는 머리기사를 내보냈겠는가.

　　문제는 '잊혀진 사람들'로 표현되는 유권자들의 지지로 대통령에 당선이 된 트럼프가 극우파 성향의 억만장자들이 실질적으로 장악을 해온 공화당과 앞으로 어떤 식으로든 대립할 수밖에 없다는 사실이다. 그는 코크 형제로부터 도움을 받은 전력이 있는 부통령과 함께 일을 해야만 하며 역시 코크 형제에게 정치적인 빚을 지고 있는 의원들이 장악하고 있는 하원과도 협력을 해야만 한다. 게다가 트럼프는 실질적으로 미국 전역에 퍼져 있는 사적인 정치 조직들을 상대해야 한다. 이 정치 조직들은 자신들의 이해관계를 벗어나는 일에 대해서는 언제든 가차 없이 공격을 가할 준비가 되어 있다. 트럼프가 정말 이런 일들을 해낼 수 있을지는 그 누구도 알 수 없다. 또한 이제 80대에 접어든 코크 형제가 앞으로 얼마나 더 오래 살면서 영향력을 행사할 수 있을지도 아무도 장담할 수 없다. 그렇지만 한 가지 사실만은 분명한데, 코크 형제가 후계자들에게 자신들이 세상을 떠난 이후에도 오래도록 그 사용을 멈추지 말라고 지시해온 이 다크 머니는 앞으로도 계속해서 미국 정치에 대해 올바르지 못한 영향력을 행사할 것이라는 사실이다.

2016년 11월
워싱턴 D.C.에서

차례

투자자들

2009년 1월 20일, 온 미국인의 시선이 수도 워싱턴에 집중됐다. 워싱턴의 내셔널 몰 광장에는 수백만 명이 넘는 환영 인파가 모여 미국 역사상 최초로 대통령에 당선된 아프리카계 미국인 버락 오바마 대통령의 취임을 축하했다. 그날 하루 전국 각지에서 모여든 지지자들의 숫자는 워싱턴 전체 인구의 두 배에 달했다. 국가 원수의 취임식은 평화로운 권력 이양을 상징하는 가장 기본적인 민주주의 절차로, 사람들을 감동시키는 면이 있다. 그렇지만 이번 취임식은 더욱 특별했다. '소울의 여왕(Queen of Soul)'이라고 불리는 아레사 프랭클린부터 첼리스트 요요마까지 미국을 대표하는 저명하고 이름 높은 음악가들이 앞다퉈 참석해 기꺼이 취임식 자리를 빛내주었다. 뿐만 아니라, 전국 각지의 저명인사들과 유명 연예인들도 취임식장의 한 자리를 차지하기 위해 치열한 경쟁을 벌였다. 그 열기가 얼마나 대단했는지 민주당의 선거전략 전문가 제임스 카빌은 "미국에서 민주당이 적어도 40년은 더 정권을 잡아 장기적으로 새로운 정치 지형도를 그려나갈 것"이라고 예언하기도 했다.

그 순간, 대륙 건너편에서는 또 다른 모임이 진행 중이었다. 2009년

1월 마지막 주에 있었던 일로, 여기 모인 사람들은 이번 대선 결과를 무효화하기 위해 최선을 다하는 행동파였다. 캘리포니아 주 팜 스프링스 외곽에 위치한 작은 마을인 인디언 웰스에 번쩍이는 4륜구동 SUV 한 대가 모습을 드러냈다. 그 차와 또 다른 차들이 양옆으로 야자수가 길게 늘어선 길을 따라 조용히 르네상스 에스메랄다 리조트 앤드 스파 호텔로 향했다. 차가 멈춰 서자 호텔 직원들이 손님들의 짐을 받기 위해 서둘러 뛰어나왔다. 차에서 내린 사람들은 미국에서도 가장 열성적인 보수주의자들로, 대부분 미국에서 가장 잘나가는 사업체를 대표하는 사람들이었다.

이보다 더 극적이고 화려한 장면이 있을까. 머리 위로는 눈부시게 푸른 하늘이 펼쳐져 있고, 저 멀리 코첼라 계곡 위로 높다랗게 솟아 있는 산타로사 산맥의 기슭이 보이며 변화무쌍한 색조와 함께 대단한 장관을 연출하고 있었다. 주단처럼 부드러운 푸른 잔디밭은 그 끝이 보이지 않을 정도였으며 그 옆으로는 36홀 골프장이 자리하고 있었다. 인조 모래사장이 딸린 수영장 옆에는 휴식용 긴 의자와 칸막이가 있는 천막이 즐비했다. 어둠이 내리자 전등 대신 수많은 양초와 횃불이 켜지며 화단이며 사람들이 지나다니는 통행로를 비춰 마치 마법 같은 분위기를 연출했다.

반면, 호텔 안 만찬장의 분위기는 잔뜩 가라앉아 있었다. 호텔의 화려한 분위기는 여기 모인 사람들이 앞으로 얼마나 많은 것을 잃게 될지 더 부각시키는 것만 같았다. 이곳 휴양지에서 주말 동안 열린 모임에는 조지 부시 대통령이 집권한 8년 동안 가장 많은 이득을 본 숨은 승리자들도 다수 참석했다. 수십억 달러를 주무르는 억만장자 사업가들과 미국에서 가장 부유한 가문의 상속자들, 우익 쪽 언론 인사들, 보수파 선출직 공무원들, 그리고 노련한 정치 및 선거 전문가들이 함께했던 것이다. 그중에서도 특히 선거 전문가들은 자신이 지지하는 정치가들이 선거에서 승리해 계속 권력을 쥘 수 있도록 도우면서 자신들 역시 여유롭고 풍족한 생활을 누리고 있었다. 그 자리에는 또한 필력 좋은 글쟁이들과 광고 전문가들도 있었는데, 그들이 하는 일은 이른바 '싱크 탱크'나 은밀한 지원 사격 역할이었다. 그들은 기업의 이익을 표시나지 않게 대변하는 수많은 기사나 출판물을 만들어냈다. 이렇게 모인 사람들 중 특히 중심이 되는 기업가들은 사실상 보이지 않는 정치 자금 기부자들로 자신들을 일종의 '투자자'라고 불렀는데, 그들의 지갑은 정치가들이 그야말로 간절하게 원하는 것이었다.

그런데 이렇게 주말을 이용해 이들을 불러들인 사람은 선거에서 패배한 정당의 우두머리가 아니라 그냥 한 개인에 불과한 찰스 코크였다. 70대에 접어들어 머리가 하얗게 셌지만 여전히 젊어 보이는 찰스 코크는 미국 캔자스 주 위치토에 통합 본사가 있는 코크 인더스트리즈(Koch Industries)를 이끄는 실질적인 지배자다.

코크 인더스트리즈는 1967년 창업자인 찰스의 아버지 프레드 코크가 사망한 이후 엄청난 성장세를 보였다. 흔히 '코크 형제'로 불리는 찰스와 그의 동생 데이비드 코크가 다른 두 형제들의 지분을 인수해 회사를 사실상 완전히 지배해왔다. 코크 인더스트리즈는 미국에서 두 번째로 규모가 큰, 이른바 '비공개 개인 기업'이다. 코크 형제는 6,500km에 달하는 원유 수송관과 알래스카와 텍사스, 그리고 미네소타의 원유 정제시설, 원목 및 제지 회사 조지아퍼시픽(Georgia-Pacific), 그리고 석탄 및 화학 회사들을 소유하고 있으며, 그 밖에도 다른 사업들과 연결되는 거대한 상품 유통망도 가지고 있다. 여기서 끊임없이 쏟아지는 이익이 이 두 형제를 각각 전 세계에서 여섯 번째와 일곱 번째로 부유한 사람으로 만들어주었다. 그 총 재산은 2009년 약 300억 달러에 달했다.

형인 찰스는 틀에 박히지 않은 사람으로 자신의 뜻대로 살아가는 데 익숙했다. 그는 이번 주말 모임을 통해 힘겨운 목표를 향해 함께 도전할 동료 보수파들을 결집시키려 했다. 새로 출범하는 오바마 행정부가 진보적인 정책을 펼치는 것을 막는 것이 바로 그의 목표였다. 선거를 통해 미국 국민들은 민주당을 선택했다. 찰스에게 이런 결과는 재앙이나 마찬가지였다.

찰스와 데이비드 코크는 자신들의 막대한 재산을 통해 자연스럽게 엄청난 영향력을 행사할 수 있게 됐다. 두 사람은 오랜 세월 비슷한 정치적 견해를 가지고 이념적으로 단단하게 무장한 소수의 사람들과 힘을 합쳐 서서히 자신들의 영향력을 확대시켰다. 조력자들이 보유하고 있는 개인 재산 역시 이들 형제 못지않게 엄청난 규모였다. 이 보수파 무리는 자신들의 재산을 이용해 보수파의 자유주의 정책을 계속 유지하는 것은 물론 더 강화하고 싶어 했다. 이런 정책은 1980년대까지만 해도 정치적으로 크게 인정받지 못했다. 당시 데이비드 코크는 자유당 소속으로 미국 부통령 후보로 출마했지만 1% 득표율을 기록하는 데 그치고 말았다. 미국 보수주의의 대부라고 할 수 있는 윌리엄 F. 버클리 2세는 자신들의 입장을 이른바 '무정부 전체주의(Anarcho-Totalitarianism)' 라고 설명한 바 있다.

코크 가문은 1980년 유권자들의 지지를 얻는 데 실패했지만, 미국 국민의 결정을 받아들이는 대신 게임의 규칙을 바꾸는 작업에 착수했다. 막대한 재산을 이용해 아직 소수파에 불과한 자신들의 의견을 다수의 의견으로 만들기로 결심한 것이다. 선거에서 패배한 후 얼마 지나지 않아 그들은 수억 달러에 달하는 돈을 보이지 않게 퍼부으며 자신들의 정치적 주장을 미국 정치계의 중심에 세우기 위해 노력하기 시작했다. 마치 사업을 할 때 투자하는 것처럼, 통찰력과 인내심을 가지고 자금을 조성한 뒤 결코 만만하게 볼 수 없는 규모의 전국적인 정치 세력을 구축해간 것이다.

좀 더 과거로 거슬러 올라가보자. 엔지니어 공부를 했던 찰스 코크는 1976년부터 미국 전체를 휘두르기 위한 운동을 계획했다. 한때 미국의 반공 극우 단체인 존버치협회(John Birch Society) 회원이기도 했던 그는 극단적인 목표를 가지고 있었다.[1] 1978년 찰스 코크는 이렇게 선언했다. "우리가 펼치려는 운동을 통해 지금 횡행하고 있는 국가 통제 중심의 체제를 반드시 무너뜨리겠다."

이를 위해 코크 가문은 길고도 놀라운 사상과 이념의 전쟁을 이끌어갔다. 그들은 서로 아무런 관련이 없어 보이는 정책 연구소와 학계에 자금을 제공해 일종의 연결망을 구축하고, 자신들의 주장을 국가적인 정치 현안으로 부각시키기 위해 이를 옹호하는 집단과 단체를 만들어냈다. 또한 로비스트를 고용해 의회와 공무원들에게 압력을 넣었으며, 이를 통해 종합적인 발판이 될 만한 집단들을 구성해 자신들이 펼치는 운동이 실제로 정치적인 탄력을 받을 수 있도록 했다. 법조계에도 자금을 뿌려 법정에서 자신들과 관련된 소송이 유리하게 전개되도록 압력을 넣었다.

코크 가문은 이렇게 자신들의 사적인 정치적 영향력을 키워 위협과 경쟁을 되풀이한 끝에 결국 공화당을 장악하기에 이른다. 이런 활동은 대부분 자선활동 같은 명목으로 펼쳐지는 등 비밀스럽게 진행됐다. 일반 대중은 그런 자금의 흐름을 눈치챌 수조차 없었다. 그 활동이 쌓이고 쌓이다가 일을 맡아 하던 비밀 직원 중 한 사람이 2015년 "완전히 통합된 체계가 완성됐다"라며 폭로 아닌 폭로를 하게 되는 지경에 이르렀다.

코크 가문은 이상하리만큼 외곬의 성향을 보여왔지만 이미 그들은 혼자가 아니었다. 그들 뒤에는 숫자는 얼마 되지 않지만 엄청나게 재산이 많으면서 극단적 보수주의를 지향하는 상류층 가문들이 있었고, 그들은 수십 년 동안 같은 목적으로 거액의 돈을 쏟아부어왔다. 대부분의 일반 대중은 알지 못했지만 이런 사실들은 알게 모르게 미국인들의 사상과 선거에 영향을 미쳐왔다. 그들의 노력이 본격적으로 시작된 것은 20세기 중엽부터다. 코크 가문과 뜻을 같이하는 사람들 가운데에는 멜론은행(Melllon Bank)과 걸프 석유 회사(Gulf Oil empire)의 후계자 리처드 멜론 스카이프, 군수 산업으로 재산을 모은 중서부의 재벌 해리와 린드 브래들리 형제, 화학 및 군수 산업계의 거물 존 M. 올린, 콜로라도의 양조 재벌 쿠어스 가문, 그리고 암웨이 유통 제국을 건설한 미시간 주의 디보스 가문 등이 포함되어 있었다. 그들은 새로운 형태의 '자선사업'을 통해 개인 재산을 수십억 달러 이상 퍼부으며 미국의 정치 지도를 바꾸려고 했다.

막강한 권력의 후원자, 코크 가문

이 '기부자'들이 자신들의 신념에 따라 미국을 새롭게 만드는 일을 시작했을 때에만 해도 그들의 이념이나 사상은 사실 소수파의 것으로만 인식됐을 뿐이다. 그들이 도전한 것은 2차 세계대전 이후 광범위하게 받아들여지던 인식, 즉 공익을 위해서는 정부의 적극적인 개입이 필요하다는 믿음이었다. 그렇지만 그들은 '정부의 제한된 개입'을 주장했다. 개인 및 법인의 세금을 파격적으로 낮추고, 정말 필요한 사람들에게만 최소한의 사회복지를 제공하며, 산업에 대한 감시 활동, 특히 환경 문제에 대한 감시를 훨씬 더 줄여야 한다는 것이다. 또한 그들은 자신들이 원칙에 의해서만 움직인다고 주장했지만, 실제로는 개인 재산을 지키는 문제에 100% 집중하고 있었다.

로널드 레이건이 대통령에 오른 뒤, 그들의 주장은 마침내 사람들의 관심을 끌기 시작했다. 대부분 여전히 극단적인 우파로 분류됐으나 공화당과 많은 국민들은 그들이 주장하는 방향을 따르게 된 것이다.[2] 일반적인 사회 통념을 기준으로 하면 그들 우익이 지향하는 방향은 좌파의 정부 예산 및 지출 계획과는 반대되는 것이다. 그렇지만 몇 사람 안 되는 이 억만장자들의 작은 모임이 미치는 영향력은 아직 충분히 검증되지 않았지만 이런 현상에 대한 또 다른 설명이 되어주었다.

물론 좌우 이념을 가리지 않고 그들 뒤에 숨어 있는 부유한 후원자들은 미국 정치사에서 오랫동안 막강한 권력을 휘둘러왔다. 억만장자 투자자인 조지 소로스는 진보를 표방하는 조직이나 후보자를 후원해왔는데, 이 때문에 종종 보수파의 비판 대상이 되기도 했다.[3] 코크 가문은 그보다 더 특별하고 새로운 방식으로 정치가들을 후원해왔다. 최고의 정치인 감시 단체로 명성이 높은 '공공청렴센터(Center for Public Integrity)' 창립자 찰스 루이스의 설명이다. "코크 가문은 완전히 다른 수준을 보여준다. 지금까지 이렇게 막대한 자금을 지원한 사람들은 없었다. 규모만으로도 타의 추종을 불허한다. 그들은 법을 위반하고 정치가들을 조종하며 상황을 혼란스럽게 만든다. 나는 워터게이트 사건 이후 계속해서 워싱턴에 머물러왔는데, 이런 모습은 지금까지 한 번도 본 적 없다. 코크 가문은 20세기 초반까지 미국에서 무소불위의 전횡을 휘둘렀던 스탠더드오일(Standard Oil Co.)의 록펠러 가문이 다시 부활한 것이나 마찬가지다."[4]

위기에 빠진 보수주의자들

버락 오바마가 미국 대통령으로 당선되자 이 억만장자 형제의 은밀한 작업은 좀 더 정교해졌다. 또 다른 부유한 보수주의자들을 더 많이 끌어모아 자신들이 하는 일에 함께 '투자'하도록 설득하는 한편, 실제로 일종의 사적인 정치적 '은행'을 만들어냈다. 르네상스 호텔 휴양지에 모인 사람들은 그 은행의 투자자 혹은 주주라고도 할 수 있었다. 그들은 대부분 코크 형제와 마찬가지로 엄청난 개인 재산을 보유한 사업가들로, 미국에서 상위 1%에 드는 부유한 시민의 수준을 넘어서 사실상 0.1%에 속하거나 그 이상의 위치에 있는 극소수의 사람들이었다. 쉽게 말해, 일반적인 기준으로 볼 때 그들은 엄청나게 성공을 거둔 사람들이었다. 그런 그들에게 오바마의 대통령 당선은 아주 난처하고 짜증나는 사건이었다.

조지 W. 부시의 공화당이 정권을 잡았던 지난 8년 동안 보수파 상류층은 미국 정부의 규제와 세법을 마음껏 무시하며 엄청난 재산을 긁어모아 자신들의 세력을 더욱 공고히 할 수 있었다. 어떤 이들은 부시 대통령을 비난하기도 했는데, 그건 대통령이 충분히 보수적이지 않아서가 아니라 자신들의 이익에 도움이 되는 정책을 손보려 했기 때문이었다. 그들은 새롭게 대통령으로 당선된 민주당 후보가 자신들이 누리는 모든 이익에 직접적인 위협이 될 것이라고 생각했다. 그들이 공포에 질린 것은 단지 공화당이 지배하던 8년 세월이 막을 내려서일 뿐만 아니라 하나의 정치적 질서가 끝나는 것을 보게 됐기 때문이었다. 미국과 자신들 모두에게 헤아릴 수 없을 정도의 이득을 안겨준다고 믿었던 질서가 막을 내린 것이다.

2008년 선거에서 공화당은 대선에서만 패배한 게 아니었다. 민주당은 백악관에 입성했을 뿐만 아니라 상원과 하원 모두에서 다수당이 됐다. 그야말로 실망의 수준을 넘어서는 완벽한 참패였다. '공화당은 완전히 끝났다. 이제 문제는 어떻게 살아남을 수 있느냐는 것뿐이었다.' 오바마 대통령의 언론 담당 보좌관이었던 빌 버튼의 회상이다. 진보주의 정치 활동가이자 훗날 오바마 대통령의 수석 자문위원을 역임하기도 한 존 포데스타는 선거가 끝난 직후의 분위기에 대해 이렇게 말했다. "완전히 승리했다는 분위기가 가득했다. 부시 대통령은 끝났다. 예컨대 허버트 후버 대통령이 물러나고 프랭클린 루스벨트가 대통령이 된 것처럼 이제 오바마 대통령이 미국을 이끌게 된 것이다. 시곗바늘이 다시 움직이기 시작했다. 새로운 진보의 시대가 시작된 것이다. 부시의 지지율은 워터게이트 사건으로 물러난 리처드 닉슨보다 낮았다! 그의 경제와 외교 정책이념은 완벽하게 실패했다. 그는 도무지 어떻게 감당해야 할지 어쩔 줄 몰라 하는 것 같았다."[5]

보수주의자들 사이에서는 정치적인 위기감이 고조됐고, 경제는 1930년대 대공황 이후 처음으로 그야말로 정신을 차릴 수 없을 정도로 엉망이 되기 시작했다. 오바마 대통령의 취임식이 있던 그날, 주식시장은 미국 내 은행들의 생존 가능성을 의심하듯 크게 폭락했다. 국제 신용 평가기관인 스탠더드 앤드 푸어스(Standard & Poor's)가 평가한 500대 기업 주가지수는 5% 이상 떨어졌으며 다우존스 산업평균지수 역시 4%가량 떨어졌다. 계속 이어진 경제적 어려움은 보수주의자들에게 큰 손실을 안겨주었을 뿐더러 그들이 믿고 있던 신념 체계에도 상처를 입혔다. 그들은 시장에는 결코 잘못이 없다는 자유론적 보수주의의 기본적인 신념을 가지고 있었는데 그것이 무너진 것이다.

자유시장 옹호론자들은 자신들의 이념적 활동 전체가 위기에 빠진 것을 목도했다. 심지어 일부 공화당 지지자들조차 의심을 품게 됐다. 예컨대 퇴역 장성 출신으로 아버지 부시와 아들 부시 행정부에서 활약하며 국무장관까지 역임한 공화당의 백전노장 콜린 파월은 이렇게 주장했다. "미국인들은 정부가 자신들의 인생에 좀 더 많이 개입해 주기를 바라는 것 같다." 시사주간지 〈타임Time〉은 공화당을 상징하는 코끼리 그림을 표지에 싣고 '멸종 위기종'이라는 제목을 달아 당시의 분위기를 보여주었다.

찰스 코크는 자신이 거느린 7만여 명에 달하는 회사 직원들에게 오바마 대통령 당선을 세기말적 재앙으로 묘사하는 열정 넘치는 단체 편지를 보냈다. 2009년 1월 초순에 발송된 이 편지에서 그는 미국이 '1930년대 이후 처음으로 자유와 행복을 크게 잃어버릴 처지에 놓였다'고 선언했다. 연방정부의 재정 지출에서 진보적인 성향이 부활할 것을 두려워한 찰스 코크는 직원들에게 더 늘어난 정부의 계획과 규제는 분명 경제 불황을 심화시키는 쪽으로 잘못 접근하게 될 것이라고 이야기하기도 했다. '결국 정부가 아니라 시장이 성장의 가장 중요한 원동력이다. 이 어려운 시절을 극복하게 해줄 수 있는 것은 오직 시장뿐이다.'

오바마 대통령의 취임식 연설은 그가 생각하는 최악의 악몽에 어울리는 것이었다. 새로운 대통령은 정부가 최소한으로 개입할 때 시장이 가장 제 역할을 잘한다는 믿음에 정면으로 전쟁을 선포했다. "감시하는 눈이 없다면 시장은 결국 통제 불능 상태가 될 것이다." 오바마의 경고였다. 그리고 인디언 웰스에 모여 있는 거대 자본가들을 직접 겨냥이라도 한 듯 오바마는 또 이렇게 선언했다. "성장에만 집착하는 국가는 결코 오래도록 번영할 수 없다."

이런 위협적인 정치적 상황에 대항해 찰스 코크는 동료 보수주의자인 정치 자문가 크레이그 셜리에게 연락을 했다. '중상주의 우파'로도 부를 수 있는 그에게 미국 정치를 제자리로 되돌려놓자고, 아니 가능하다면 정권을 되찾자고 연락을 한 것이다.[6] 오바마 대통령의 당선으로 상황은 급박해졌지만 인디언 웰스에서의 모임이 코크 가문이 처음 시도한 정치적 활동은 아니었다. 찰스와 그의 동생 데이비드는 이미 2003년부터 2년에 한 번씩 눈에 띄지 않게 이와 유사한 보수주의 모임을 개최하고 후원해왔다. 그 시작은 미미했지만 보수 우파의 0.01%에 해당하는 사람들이 모여 오바마 행정부에 대항하는 적대적 세력으로 크게 성장하는 결과를 낳았다.

그들이 자신들의 진짜 목적을 일반 대중의 시선으로부터 감추려고 노력하고 법률적으로 최소한의 재정적 지원 과정만 드러나도록 하는 동안, 코크 가문은 모임 내부에서 자신들의 정치적 기부와 지지 활동을 일종의 고귀한 의무로 설명했다. "우리가 아니라면 누가 이렇게 하겠는가? 그리고 지금이 아니라면 언제 이렇게 하겠는가?" 찰스 코크는 기부자 모임을 열면서 이렇게 참석자들을 독려했다. 고대 이스라엘의 지도자이자 랍비였던 힐렐이 이스라엘 사람들의 무장과 개전을 독려하며 한 말을 인용해 이렇게 말하기도 했다. "우리가 재앙을 마주하고 있다는 사실은 분명하다." 코크는 훗날 보수주의 저술가 매튜 콘티네티에게 자신의 계획을 설명했다.[7] 또 다른 자유시장 옹호론자들을 끌어모아 일종의 압력단체를 조직하겠다는 것이었다. 2003년 모임이 시작됐을 때 당시 모였던 사람은 15명에 불과했다.

코크 가문이 이끄는 왕국의 한 내부자는 보복을 당할까 봐 두려워 이름을 밝히지 않은 채, 찰스 코크가 시작한 초창기 모임들이 사실 아주 현명한 방법이었다고 설명했다. 이 모임을 통해 정치적 투쟁을 지원하고, 궁극적으로는 그의 회사를 돕게 될 사람들을 모을 수 있었다는 것이다. 본질적으로 이런 모임들은 코크 가문이 이끄는 기업들의 로비 활동이 확장된 것으로, 코크 가문의 직원들이 실질적으로 모임을 조직하고 운영하는 일을 맡았으며, 대부분 회사 업무의 연장선처럼 처리했다. 이 내부자에 따르면 코크 가문에게 특별히 중요했던 건 환경 문제와 관련된 싸움에 대해 다른 업계 우두머리들의 지원을 이끌어내는 일이었다.

코크 가문은 정부가 기후 변화에 대해 어떠한 조치를 취하는 것에도 극렬하게 반대했다. 그런 정책은 화석연료를 기반으로 한 그들의 사업과 이윤에 피해를 줄 수도 있었기 때문이다. 그런데 2009년 1월, 이런 문제들보다 더 크고 위급한 상황이 벌어진 것이다. 오바마가 대통령에 당선되면서 보수파 사업가들 사이에 무거운 공포감이 삽시간에 퍼졌고 그들의 모임은 정치적 저항의 중심이 됐다. 모임을 계획하고 시작한 사람들조차도 깜짝 놀랄 수밖에 없었다. 갑자기 사람들이 목소리를 높이며 전면에 나서기 시작했다. 누구도 예상하지 못했던 모습이었다.

경제적 불평등을 위한 소수 상류층의 비밀 모임

2009년이 되자 코크 가문은 자신들이 이끄는 정치적 회의나 모임을 확장하는 데 말 그대로 크게 성공했다. 별로 중요하지 않던 자유시장 옹호론자들의 식사자리 정도였던 이 모임이 막강한 영향력을 지닌 유명 인사들의 관심을 끌기 시작한 것이다. 부유한 사업가들이며 저명하고 권위 있는 연사들의 이야기를 듣기 위해 사람들이 앞다퉈 모여들었는데, 그런 연사들 중에는 미국 연방 대법관 안토닌 스칼리아와 클래런스 토머스도 있었다. 하원의원과 상원의원, 주지사, 언론계의 유명 인사들도 속속 모여들었다. 지금도 코크 가문을 위해 일하고 있는 어느 비밀 직원의 설명이다. "초대장을 받았을 때 이미 참석한 것이나 다름없었다. 사람들은 그 자리에 참석하고 싶어 한다."

이런 모임을 통해 조성되는 자금의 규모 역시 눈이 휘둥그레질 정도로 엄청나게 늘어났다. 이전에도 사업가들은 미국 정치에 영향을 미치기 위해 막대한 액수의 자금을 뿌렸지만, 코크 가문이 주최한 모임에서는 과거와는 비교도 할 수 없을 정도의 자금이 모였다. 〈워싱턴포스트The Washington Post〉의 댄 발츠의 설명이다. "보험업계의 거물이자 사회사업가이기도 한 클레멘트 스톤이 닉슨의 1972년 선거운동에 200만 달러를 기부했을 때 대중은 반감을 드러냈고, 워터게이트 사건 이후에 선거 기부금에 대한 개혁 운동이 일어났다."[8] 그동안 있었던 물가상승률을 감안한다면 스톤의 기부금은 지금 가치로 약 1,100만 달러에 달한다고 발츠는 추정했다. 그런데 2016년 대선을 위해 코크 가문과 그의 친구들이 끌어모은 정치전쟁 자금은 8억 8,900만 달러에 달한 것으로 알려져 있는데, 이는 닉슨 대통령을 나락으로 빠뜨린 주범으로 여겨지는 정치자금과는 비교도 할 수 없을 정도로 엄청난 액수다.

호텔에 모인 사람들이 발휘하는 영향력은 코크 가문의 명성을 더욱 빛내주는 역할을 했다. 이를 통해 자신들이 따르는 극단적인 자유주의 정치 신념에 새로운 존경의 기운을 더했는데, 이 신념은 지난 몇 년 동안 주류에서 밀려나 거의 빛을 보지 못하고 있었다. "우리는 그저 주위를 맴돌며 쓸데없는 이야기나 하는 급진파가 아니다." 데이비드 코크는 콘티네티에게 자랑스럽게 이런 말을 했다.[9] "대부분 크게 성공한 사람들이며 우리 사회에서 중요하고 존중받는 위치에 있다!"

오바마 행정부 원년인 2009년에 열린 모임에 정확하게 어떤 사람들이 모였는지, 그리고 어떤 내용들이 오고갔는지에 대해서는 부분적으로밖에 알려지지 않았다. 코크 가문이 개입한 정치와 사업의 다른 여러 부분들처럼 참석자 명단이며 내용들 역시 대부분 비밀에 부쳐졌기 때문이다. 과거 코크 가문을 위해 일한 적 있는 공화당 선거 전문가에 따르면 코크 가문의 정치적 활동은 비밀스럽게 진행된다는 설명만으로는 불충분하다. 그냥 비밀 그 자체다!

예를 들어, 모임에 참석한 사람들은 관련 서류들을 모두 폐기하라는 경고를 계속해서 듣는다.[10] "모임의 기록이나 자료에 대한 보안과 기밀 유지에 늘 신경을 써달라." 대충 이런 내용의 경고다. 참석자들은 언론에도 아무런 말을 하지 말고 인터넷에도 절대 어떠한 내용도 올리면 안 된다는 주의를 받는다. 이런 철저한 보안 절차를 통해 모임 참석자들의 이름과 모임의 안건 등은 일반 대중에게 알려지지 않는다.

일단 모임에 참석하기로 결정하면 모든 일정은 코크 가문의 직원들을 통해 조정되며 모임 장소, 예컨대 호텔이나 휴양지의 직원들이 아닌 바로 코크 가문 직원들을 더 믿고 그 지시를 따르라는 내용을 전달받는다. 물론 모임 장소 역시 사전에 세세한 확인 과정을 거친다. 승인받지 않는 침입자들을 막기 위해 모든 일정마다 이름표를 제시해야 하며 스마트폰이나 태블릿, 디지털 카메라, 그리고 다른 녹음이나 녹화와 관련한 장비들은 모두 제출해야 한다. 한 모임에서는 도청을 방지하기 위해 도청 방지 전문가가 방해 소음을 쏘는 대형 스피커를 모임 장소의 주변에 설치해 초대받지 않은 언론이나 일반인의 접근을 막았다.[11]

비밀 준수 서약을 어긴 사람은 당연히 그다음부터는 모임에 참석할 수 없었다. 실제로 그런 비슷한 일이 한 번 일어났을 때 코크 가문은 일주일에 걸친 철저한 내부 조사를 벌여 비밀이 새어나간 경로를 파악하고 그런 일이 다시는 일어나지 않도록 조치를 취했다. 모임에서 조성되는 자금이나 기부자의 명단 역시 외부로 유출되지 않는다. 그들은 자신들의 돈이 미국의 정책에 분명하게 영향을 미치기를 바란다. "익명성은 철저히 보장해준다." 코크 인더스트리즈의 특별업무부서

부책임자이자 찰스코크자선재단(Charles G. Koch Charitable Foundation)의 부총재이기도 한 케빈 젠트리가 모임에 참석한 사람들에게 기부금을 요청하며 했던 말이다. 이런 내용은 나중에 유출된 녹취록에 의해 세상에 알려졌다.[12]

이 모임이나 사업의 중대성을 제대로 이해하지 못한 사람들을 위해 찰스 코크는 한 모임을 주최하면서 이렇게 강조한 바 있다. "맑은 날씨 속에서 휴식을 취하는 것이 우리의 진짜 목적은 아니다." 쉬는 시간에 골프를 치고 보트를 탈 수도 있다. 그렇지만 아침 식사를 하면서 나누는 논의는 새벽부터 시작된다. 그는 참석자들에게 다시 한 번 이렇게 강조했다. "이 모임은 행동하는 사람들을 위한 것이다."

오바마 행정부 1기 동안 최소한 18명이 넘는 억만장자가 이런 '행동하는 사람들'이 되어 코크 가문의 비밀스러운 정부 반대 운동에 동참했다. 평범한 백만장자 정도로는 여기에 낄 수조차 없다. 대부분의 참석자가 수억 달러에 달하는 재산을 보유하고 있었다. 앞서 언급한 18명의 재산을 모두 합하면 2015년 기준으로 최소한 2,140억 달러에 달한다.[13] 실제로 오바마 행정부 1기 동안 익명으로 코크 가문 모임에 참석한 억만장자의 숫자는 〈포브스Forbes〉가 1982년에 처음으로 미국의 400대 부자들의 명단을 발표했을 때 명단에 있었던 억만장자들의 전체 숫자보다 많다.

코크 가문 모임에 참석한 사람들을 통해 우리는 미국의 경제적 불평등의 골이 더욱더 깊어졌다는 사실을 알 수 있다. 이른바 '도금시대 (鍍金時代, Gilded Age)'라고 불리며 미국의 자본주의가 처음으로 정점에 달했던 1890년대의 수준에 거의 육박했다. 미국의 상위 1% 소득자와 나머지 99% 소득자 간의 격차는 2007년을 기점으로 더욱 크게 벌어져서 상위 1% 소득자가 전체 개인 자산의 35%를 차지하고 총소득의 25%

를 벌어들였다. 이는 25년 전과 비교하면 9%나 증가한 것이다.[14] 〈뉴욕타임스The New York Times〉의 특별기고가이자 노벨상 수상자이기도 한 진보주의 경제학자 폴 크루그먼은 미국이 민주주의 국가에서 금권정치 국가로 변해가고 있다고 걱정했다. 아니, 그보다 더 상황이 안 좋아져 러시아 같이 소수의 사람들이 지배하는 '과두정치체제'가 될 수도 있다. 여기서 말하는 과두정치란 소수의 아주 강력한 재벌들이 정부를 좌지우지하며 다른 사람들을 희생시키고 자신들의 이익만 추구하는 사회체제를 뜻한다.[15] "우리는 아주 불평등할 뿐더러 소수의 인원이 정치를 지배하는 사회로 나아가는 길목에 서 있다. 바로 부가 세습되는 그런 사회 말이다."[16] 크루그먼의 경고다. "엄청난 부자들이 모이면 정치제도에 분명히 영향을 미치게 된다. 이 경우, 정치는 결국 그런 자들의 이익을 위해서만 움직이게 된다."

과두정치체제라는 표현은 어쩌면 지나치게 선동적이며 과장된 표현인지도 모른다. 미국 사람들에게 과두정치의 지배자들은 민주주의와 절대로 함께할 수 없는 독재자라는 인상이 강하기 때문이다. 그렇지만 과두정치에 대한 비교 연구를 해온 노스웨스턴대학교의 제프리 윈터스 교수는 미국이 '민간인 과두정치체제'의 지배를 받기 시작했다고 주장했다. 전체 인구 중에서 극소수에 불과한 엄청난 재벌들이 비교할 수 없을 정도로 높은 자신들의 경제적인 위치를 이용해 새로운 정치체제를 만들어낼 수 있고, 그런 체제는 처음부터 끝까지 모두 다 그들에게 유리하게만 움직인다는 것이다. 미국의 과두 지배자들은 직접 정치에 뛰어들지는 않지만 그 대신 자신의 재산을 이용해 자신들의 이익에 부합하는 정책을 만들어낸다고 윈터스 교수는 지적했다. 컬럼비아대학교 교수이면서 노벨 경제학상 수상자이자 좌파 인사인 조셉 스티글리츠는 이렇게 주장했다. "부자들이 권력을 손에 넣는다. 그리고 더 부자가 된다."[17]

지난 몇 년 동안 미국 경제학자들은 미국의 경제적 불평등 문제의 중요성을 간과해왔다. 이들은 불평등은 세계경제가 거대한 규모로 개편되는 과정에서 어쩔 수 없이 발생하는 피할 수 없는 결과라고 주장했다. 그리고 시간이 지나면 극단적인 불평등은 자연스럽게 조정 국면에 들어설 것이며, 경제가 전체적으로 성장하면 모두 빈곤에서 벗어날 수 있을 것이라고도 했다. 자유시장을 옹호하는 측은 가장 중요한 건 경제적 불평등의 문제가 아니라 바로 기회가 평등하게 주어지느냐 하는 문제라고 지적했다. 노벨 경제학상 수상자이자 자유주의 시장경제의 옹호자이기도 한 밀턴 프리드먼은 이렇게 말한 바 있다. "결과를 통한 평등의 관점에서 자유 이전에 평등을 지향하는 사회는 평등도 자유도 모두 다 놓치게 될 것이다. 반면에 행복과 함께하는 자유를 우선시한다면 그 사회는 더 큰 자유와 평등을 누리게 될 것이다."

21세기에 접어들면서 이런 주장은 설득력을 잃기 시작했다. 정치와 재벌들 사이의 관계를 학문적으로 더 깊이 파고들면서 가속화되는 불평등이 미국 경제뿐만 아니라 민주주의에도 위협이 된다고 생각하게 된 것이다. 파리경제대학교의 토마 피케티 교수는 자신의 역작 《21세기 자본Capital in the Twenty-First Century》에서 미국은 물론 그 밖의 다른 나라들에서도 경제적 불평등 문제에 대한 정부의 적극적 개입이 없다면 불평등은 더욱더 심해질 것이라고 전망했다. 이어 소수의 사람들이 현재 세계의 부를 독점하고 있는데, 머지않은 장래에 그들이 결국 전 세계 부의 4분의 1이나 3분의 1, 혹은 절반이나 그 이상을 손에 넣을 것이라고 주장했다.[18] 피케티 교수는 이런 부호들과 상속자들이 얻는 수익률이 일반인들의 임금상승률을 넘어설 때 그가 '세습 자본주의'라고 부르는 자본주의 체제가 만들어질 것이라고 예측했다. 또한 이런 역동적인 변화가 부자와 가난한 사람들 사이의 간극을 더 크게 만들 것이며 그 수준은 과거 유럽의 귀족 중심 사회와 지금의 후진국들만큼 커질 것이라고도 했다.

소수의 상류층 역시 자신들의 이익이 일반 대중이 마주하는 경제적 상황과 부합되지 않을 때 극단적인 성향의 정치적 파벌을 이루게 된다는 주장도 있다. 공화당의 고문으로 워싱턴 정가에서 30년 이상 부자들과 의회의 이해관계를 살펴온 마이크 로프그렌은 상원의 예산위원회에 참여하기도 했는데, 그는 자신이 '분열적 행위'라고 부르는 부자들의 행태를 맹렬하게 비난했다. 그의 말에 따르면, 부자들은 미국의 일반 시민들과 자신들을 분리하며 이익을 얻을 수 있는 경우를 제외하면 시민들의 복지와 안녕에는 조금도 관심이 없다.[19] 제이콥 해커와 폴 피어슨이 설명한 것처럼, 승자가 모든 것을 독식하는 환경에서 경제적 불평등은 계속 정치적인 이점을 취하면서 영원히 지속될 수밖에 없다. 그렇다면 코크 가문이 주최하는 모임이야말로 그런 '승자'가 누구인지 적나라하게 보여주는 셈이다.

극보수 코크 가문과 관련된 기업

코크 가문이 주최한 모임들 중 참석자 전원의 명단이 일반 대중에게 유출된 것은 단 한 번이다. 바로 2010년 6월의 모임에서였다.[20] 19세기 말 뉴욕 상류층 사교계를 주름잡던 애스터 가문이 특별히 관리하며 서로 교류했다는 '400인 명부'처럼 코크 가문이 관리하는 그 후원자 명단에는 사회 저명인사들의 이름이 가득 적혀 있었다. 대부분 사업가들이었고 여성은 극소수에 불과했다. 또한 대부분 백인이었다. 그중에는 스스로 재산을 일군 사람들도 있었지만, 대부분 물려받은 막대한 재산을 그대로 지키는 일에만 열중한 사람들이었다.

코크 가문 모임에 적극 참여한 사람들은 한결같이 보수적이다. 하지만 그렇다고 해서 음모론이나 소설에 등장할 법한 전형적인 악당의 모습은 전혀 아니다. 그들은 사회 전반에 걸쳐 광범위한 견해를 가지고 있었으며, 종종 자기들끼리도 사회나 국제 문제에 대해 의견이 엇갈렸다. 그런 그들을 하나로 묶어준 것은 정부의 규제와 세금에 대한 반감이다. 특히 그 내용들이 자신들의 부를 축적하는 일과 부딪힐 때 더욱 반감을 가졌다. 당연한 일이지만 20세기가 저물면서 그런 거대한 부의 축적 방식은 많이 바뀌었다. 애스터 가문이 활약하던 시대를 지배했던 철도 재벌이나 철강왕들 대신 이제는 금융 사업을 통해 재산을 모은 사람들이 그 자리를 대신하게 됐다.

오바마 행정부 1기 당시, 코크 가문 모임에 직접 참석하거나 대리인을 보낸 인물 중 잘 알려진 금융인으로는 스티븐 A. 코헨, 폴 싱어, 스티븐 슈워츠먼 등이 있다. 이들은 모두 원칙을 중시하는 냉정한 보수주의자들로, 다른 속셈은 전혀 없었지만 동시에 각자 개인적인 이유로 좀 더 적극적인 정책을 펼치는 연방정부를 두려워했다. 바로 오바마 대통령이 이끄는 정부 말이다.

코헨은 엄청나게 성공한 사모펀드 기업인 SAC 캐피털 어드바이저를 이끌고 있었는데, 이 회사는 당시 내부자 거래에 대한 집중적인 사법 조사의 대상이었다. 검찰이 코네티컷 주 스탬퍼드에 본사를 둔 코헨의 회사를 '시장을 교란시키는 진짜 거물 사기꾼'이라고 설명했을 정도다. 〈포브스〉는 코헨의 재산을 당시 103억 달러로 추정했다. 이는 당연히 만만치 않은 정치적 무기로 활용될 수 있었다.

역시 〈포브스〉가 추산한 바에 따르면 19억 달러의 재산을 보유했던 폴 싱어는 엄청난 수익을 올리는 전문 투자 회사인 엘리엇 매니지먼트(Elliott Management)를 운영하고 있었다. '벌처 펀드(vulture fund)', 즉 부실 채권을 노리는 악덕 금융 회사로 악명이 높은 이 회사는 경제가 어려운 국가의 부실채권을 싸게 사들여 공격적인 법적 대응을 통해 채무가 해결될 것으로 기대하는 해당 국가를 압박한 뒤 수익을 올리는 방식을 취했다.[21] 싱어 자신은 최악의 어려움에 처한 국가의 채권을 사들이는 일은 없다고 항변했지만, 엄청난 수익을 올리는 그의 경영 방식은 대중의 질시를 받았으며 정부도 그를 주목했다. 심지어 뉴욕의 일반 대중지도 관심을 보일 정도였다.

싱어가 뉴욕시장 루돌프 줄리아니의 선거운동을 지원한 후 2007년 7월, 〈뉴욕포스트New York Post〉는 '줄리아니를 돕는 악덕 억만장자'라는 제목에 '비인간적인 이윤 추구'라는 부제가 달린 기사를 실었다. 싱어는 자신을 보수주의 공화당의 상징이었던 골드워터 의원을 따르는 보수주의 자유기업 옹호론자로 묘사했으며, 자유시장 이념을 전파하는 데 조심스럽게 일조해왔다. 그렇지만 들리는 소문에 따르면, 그의 회사는 비정상적인 방법으로 정부의 도움을 요청해 크게 곤경에 처한 다른 나라 정부를 압박했다. 그런 모습은 코크 가문 모임에 참석하는 많은 재벌들의 모습과는 모순된 것이었다.

스티븐 슈워츠먼은 싱어에 비하면 정치적 활동이 그다지 많지 않으며, 처음 코크 가문의 정치 활동에 참여하게 된 것도 우연한 일이었다. 2000년 슈워츠먼은 3,700만 달러를 지불하고 존 D. 록펠러 2세의 소유였던 맨해튼 740 파크 애비뉴의 호화 아파트를 구입했는데, 그로부터 3년 뒤에 데이비드 코크가 같은 아파트를 구입하게 된다. 오바마가 미국 대통령에 당선되자 슈워츠먼은 월스트리트 부자들의 사치와 탐욕을 상징하는 인물로 부각됐다. 크리스티아 프릴랜드는 2007년 6월 21일 출간된《플루토크라트Plutocrats》에서 슈워츠먼이 이끄는 거대 비공개 기업인 블랙스톤(Blackstone)이 처음으로 기업을 공개한 날을 '미국의 재벌이 사회 전면에 그 모습을 드러낸 역사적인 날'이라고 표현했다. 바로 그날, 슈워츠먼은 자신의 주식을 처분해 6억 7,700만 달러를 벌어들였다. 팔지 않고 보유하고 있는 주식의 가치는 78억 달러 정도로 평가됐다.

슈워츠먼의 재산 증식은 워싱턴에서 엄청난 반향을 불러일으켰지만, 전부 다 우호적이었던 것은 아니다. 얼마 지나지 않아 민주당은 보유 이자 수익에 대한 세금을 회피하는 문제를 비판하기 시작했고, 금융업 종사자들을 더욱 부자로 만들어주는 또 다른 회계상의 기술도 공격하기 시작했다. 2008년 금융 시장이 붕괴되자,[22] 오바마 대통령과 민주당은 월스트리트 개혁에 대한 이야기를 더 많이 꺼내기 시작했다. 슈워츠먼과 코헨, 그리고 싱어처럼 코크 가문 모임에 참석했던 금융업의 거물들이 가장 큰 피해를 입게 될 것은 너무도 자명했다.

코크 가문의 또 다른 중요 투자자인 로버트 머서가 운영하는 투자회사 역시 정부가 주목할 가능성이 큰 회사였다. 머서는 괴짜에 가까운 컴퓨터 과학자 출신으로, 정교한 수학적 알고리즘을 사용해 주식을 거래해서 재산을 모았다. 하원에서 민주당은 주식 거래에 세금을 부과하는 방안을 검토 중이었다. 당시 머서가 공동으로 경영하고 있는 르네상스 테크놀러지스(Renaissance Technologies)는 컴퓨터를 사용해 엄청난 양의 주식을 거래하고 있었다. 머서는 자신의 정치적 활동이 자신의 이익과는 별개라고 계속 생각해왔는데, 이제 사업과 관련해 정부에 반대할 만한 이유를 갖게 된 것이었다. 미국 국세청은 머서의 회사가 수십억 달러에 달하는 세금을 고의로 회피하고 있지는 않은지 조사했다.

근로계약법 역시 그에게는 골칫거리였다. 집안일을 돕던 도우미 세명이 그가 근무 시간 외 수당을 지급하지 않았고, 3분의 1쯤 쓰다 남은 욕실 샴푸를 제때 새것으로 바꿔놓지 않았다는 이유를 들어 부당하게 임금을 지급하지 않았다며 그를 고소했기 때문이다.[23] 주로 선정적인 기사를 싣는 대중지들은 이 소식을 전하며 머서가 자신의 롱아일랜드 저택에 설치한 정교한 장난감 전기 기차 설비에 대해 200만 달러라는 지나치게 비싼 가격을 요구했다는 이유로 장난감 회사를 고소했던 사실을 아울러 언급했다. 2011년에만 1억 2,500만 달러의 수익을 올린 머서를 〈포브스〉는 그해에 16번째로 많은 수익을 거둔 전문 투자회사의 경영자로 소개하기도 했다.

코크 가문 모임에 참석한 또 다른 금융 재벌들도 법적인 문제로 씨름하고 있었다. 미국의 가정용 건축자재 제조 및 판매업체로 유명한 홈 데포(Home Depot)의 공동 창업자이자 역시 억만장자인 켄 랭곤은 뉴욕 증권거래소의 보상위원회 위원장 자격으로 친구이자 거래소 회장 딕 그라소에게 1억 3,950만 달러의 퇴직금 지급을 결정했다가 지루한 법정 다툼에 휘말렸다. 그는 단지 그라소 회장이 강제로 물러나게 됐다는 이유로 이렇게 엄청난 액수의 퇴직금을 지급하려고 했다.[24] 분노하는 사람들을 보며 랭곤은 이렇게 혼잣말을 했다고 한다. "우리가 뭘 어쨌다고. 우리 같은 사람들이 기부를 중단하면 미국의 모든 대학은 당장 깡통을 차게 될 텐데 말이야."[25]

역시 금융 재벌로 코크 가문 모임에 참석한 리처드 스트롱은 뮤추얼 펀드 회사인 스트롱 캐피털 매니지먼트(Strong Capital Management)의 창업자이지만 뉴욕 주 검찰총장인 엘리엇 스피처의 조사를 통해 친구와 가족들에게 부당하게 내부 정보를 유출했다는 사실이 밝혀져 죽을 때까지 금융업에 관여할 수 없게 됐다. 이 밖에 스트롱은 6,000만 달러의 벌금을 물고 공개적으로 사과를 했으며, 회사 역시 이와 관련해 1억 1,500만 달러에 달하는 벌금을 따로 물었다. 그렇지만 스트롱이 자신의 회사 자산을 웰스 파고(Wells Fargo) 은행에 매각하고 난 후 AP통신은 스트롱이 전보다 더 큰 부자가 됐다고 보도했다.[26]

코크 가문 모임에 참석한 수많은 사람들은 자신의 사업 분야에서 뿐만 아니라 세금을 회피하는 데에도 아주 뛰어난 재능을 보였다. 예를 들어, 콜로라도 정유 회사와 연예 사업체를 경영했으며 퀘스트 커뮤니케이션스(Qwest Communications)의 창업자인 억만장자 필립 앤슈츠는 2002년 〈포춘Fortune〉에 '가장 탐욕스러운 경영자'로 소개되기까지 했는데, 사실상 회계 전문가 수준의 설명이 필요한 세금 문제를 두고 힘겨운 싸움을 벌이고 있었다. 보수적인 기독교인이자 기독교적 내용을 소재로 하는 영화에 제작비를 지원하기도 한 앤슈츠는 2000년에서 2001년에 걸친 거래 내역에 대해 이른바 사전 지급 유동성 선물 계약을 이용해 양도소득세를 납부하지 않으려고 했다. 이런 계약을 통해 2015년 〈포브스〉 추산 118억 달러에 달하는 재산을 보유하고 있는 앤슈츠 같은 주식 부자들은 현금으로 선불을 지급받는 대신 나중에 투자 회사에 주식을 양도할 수 있었던 것이다. 이때 주식의 주인이 바로 바뀌는 것이 아니기 때문에 양도소득세를 납부하지 않을 수 있었다. 〈뉴욕타임스〉의 보도에 따르면 앤슈츠는 자신이 소유한 정유 및 천연가스 회사의 주식을 도널드슨 러프킨 앤드 젠렛(Donaldson, Lufkin & Jenrette, DLJ) 투자 회사를 통해 거래해 2000년에서 2001년 사이에만 3억 7,500만 달러의 수익을 올렸다.

결국 법원은 절차상의 문제를 들어 앤슈츠의 편을 들어주지 않았다. 〈뉴욕타임스〉 기자였던 데이비드 케이 존스턴은 자신의 이름을 건 잡지에 이렇게 썼다. '본질적으로 법원은 앤슈츠의 거래가 인정받지 못한 정도로만 이런 사전 지급 절차에 대해 아주 조금 다르게 해석한 것에 불과하다. 그렇지만 왜 그렇게 한 것일까?' 존스턴의 의문은 계속된다. '왜 세금을 납부하지 않고 수익을 올릴 수 있는 여지를 남겨둔 것일까?' 존스턴은 이렇게 결론을 내렸다. '미국에는 바로 두 가지 종류의 소득세 납부 체계가 존재하기 때문이다. 그 두 체계는 서로 분리되어 불평등하게 적용되며, 앤슈츠와 그의 아내 낸시 같은 엄청나게 부유한 사람들은 법의 그런 허점을 이용해 투자 소득에 대한 세금 납부를 회피하며 지연할 수 있는 것이다. 부자가 아닌 사람들은 또 다른 체계를 따라 세금을 납부할 수밖에 없다.'[27]

또 다른 부자 가문들도 이런 세금 관련 범죄를 저지른 것이 확실하다. 미시간 주에 본사를 둔 세계 최대의 다단계 유통업체 암웨이(Amway)의 공동 창업자인 리처드 디보스는 1982년 캐나다 정부에 2,200만 달러에 달하는 관세를 납부하지 않으려 했던 일에 대해 자신의 과오를 인정했다. 훗날 디보스는 그건 오해로 비롯된 일이었다고 주장했지만 캐나다 정부를 속이기 위해 회사 차원에서 정교하고 치밀한 계획을 세운 사실이 기록을 통해 분명하게 남아 있다. 디보스와 공동 창업자인 제이 밴 앤델은 결국 2,000만 달러에 달하는 벌금을 물어야 했다. 그렇지만 〈포브스〉가 추산한 바에 따르면 57억 달러에 달하는 디보스의 재산을 생각하면 2,000만 달러쯤은 정말로 아무것도 아니다. 2009년 역시 코크 가문 모임의 주요 인물인 리처드 디보스의 아들 딕 디보스와 며느리 베치 디보스는 오하이오 주 선거기부금법 위반으로 520만 달러라는 민사상으로는 기록적인 벌금을 물었다.[28]

에너지 관련 사업의 거물들 역시 코크 가문과 긴밀하게 연결되어 있다. 그들은 대부분 정부의 규제와 환경 문제에 예민할 수밖에 없다. 이른바 채굴 산업, 즉 석유와 천연가스, 그리고 석탄 관련 산업은 보통 정부의 규제에 가장 크게 대립각을 세우는 기업가들에 의해 운영된다. 동시에 그들은 이익을 올리고 국유지에서 채굴할 수 있는 허가를 얻기 위해 정부의 규제와 세법, 그리고 인가에 크게 의존해야 한다. 코크 가문을 포함해 최소 12개의 정유 및 천연가스 관련 기업의 경영자들이 코크 가문 모임에 참여하고 있는데, 그들은 모두 기후 변화와 환경 보호와 관련된 정부의 모든 정책을 지연시키는 데 지대한 관심을 가지고 있다. 그중 가장 널리 알려진 경영자는 코빈 로버트슨 2세로 그의 집안은 수십억 달러 규모의 정유 회사 킨타나 리소시즈 캐피털(Quintana Resources Capital)을 소유하고 있다. 로버트슨은 특히 석탄에 집중적으로 투자했는데 〈포브스〉는 그 보유량에 대해 '개인으로서는 미국 최대 규모인 무려 210억 톤에 달하는 보유량을 자랑한다'고 보도하기까지 했다.[29] 각 조사 보고서에 따르면 로버트슨은 몇몇 정치단체와 연계해 석탄 사용에 따른 오염물질 방출 규제 문제와 관련해 미국 환경보건국(Environmental Protection Agency)과 치열한 다툼을 벌였다. 우스꽝스럽게도 이와 관련된 한 정치단체의 이름은 'CO2가 필요한 지구(Plants Need CO2)'이다.

또 다른 석탄 재벌이자 코크 가문 모임의 일원인 리처드 길리엄은 버지니아의 광산 기업 컴벌랜드 리소시즈(Cumberland Resources)의 수장이다. 2010년, 기울어져가는 석탄 산업과 관련된 규제에 대항하는 다툼과 그 긴박한 위험이 분명하게 드러났다. 2010년 컴벌랜드는 메세이 에너지(Massey Energy)에 약 10억 달러에 매각되는데, 그 몇 주 전에 메세이 에너지 소유의 어퍼 빅 브랜치 탄광에서 비극적인 폭발 사고가 일어나 29명이 사망했다. 지난 40년 동안 있었던 탄광 사고 중 최악의 참사로 기록된 사고였다. 정부의 조사에 따르면 메세이 에너지는 안전 수칙을 여러 차례 무시했다. 연방 대배심은 CEO인 돈 블랑켄십을 연방정부의 탄광 안전 기준과 관련해 이를 위반하고 방해한 혐의로 기소했다. 그는 형사상 처벌을 받게 될지 모르는 최초의 석탄 재벌이 된 것이다. 이

후 메세이 에너지는 알파 내추럴 리소시즈(Alpha Natural Resources)에 71억 달러에 매각되는데, 내추럴 리소시즈의 CEO 케빈 크러치필드 역시 코크 가문 모임의 일원이었다.[30]

코크 가문 모임 명단에는 수압 파쇄 기술 같은 신기술로 자원을 채굴하며 엄청난 성공을 거둔 동시에 정부와 불편한 관계가 된 재벌들도 빠지지 않는다. 혁신적인 기술로 이른바 셰일(shale)층에서 원유와 천연가스를 채굴할 수 있게 되면서 미국 에너지 사업은 부활할 수 있었지만 환경보호론자들은 또 다른 위험을 목도하게 된다. '프래커(frackers)', 즉 새로운 셰일가스 시추 사업가들을 살펴보면 우선 오클라호마를 기반으로 하는 거대 기업 데본 에너지(Devon Energy)의 공동 창업자 J. 래리 니컬스가 있다. 컨티넨털 리소시즈(Continental Resources)를 이끄는 해럴드 함은 노스다코타 주의 바켄 지형 셰일(Bakken Shale) 개발업자들 중 가장 거물이다.[31] 가난한 소작농의 아들이었던 함은 2015년 〈포브스〉 추산에 따르면 82억 달러의 재산가로 미국에서 37번째로 재산이 많은 사람으로 명단에 올랐다. 그는 원유 생산업자들을 세금으로부터 보호하는 활동을 펼치기도 했다. 그의 회사는 환경오염과 작업 현장의 안전 수칙을 위반한 사례가 기록적으로 많은 것으로 악명이 높다.

이렇게 코크 가문과 관련된 수많은 부호와 재벌의 공통적인 특징 중 하나가 사업체를 공개하지 않고 개인적으로 보유하고 있다는 것이다. 따라서 그들의 정체는 수면 위로 잘 드러나지 않아 〈포춘〉은 그들을 일컬어 '보이지 않는 부자들'이라고 불렀을 정도다. 사업체를 개인적으로 소유함으로써 그들은 대중에게는 제한적으로 알려지지만 경영에 대한 재량권을 훨씬 더 많이 갖게 된다. 주주들의 감시 역시 거의 받지 않는다. 그럼에도 불구하고 그들은 대부분 정부에 의해 원치 않는 법률적 감시를 받고 있는 형편이다.

사실 코크 가문과 관련된 기업인들이 과거 혹은 현재까지도 얼마나 많은 심각한 법적 마찰을 일으키고 있는지 알게 되면 사람들은 깜짝 놀랄 것이다. 세계 최대의 도박 회사 라스베이거스 샌즈(Las Vegas Sands Corp.)의 창업자이자 최고경영자인 셸던 아델슨은 〈포브스〉 추산 314억 달러의 재산을 보유하고 있는데, 미국 법무부에 의해 뇌물공여죄 관련 수사를 받고 있다. 그의 회사가 마카오의 카지노 운영권을 획득하는 과정에서 미국 해외부패방지법을 위반한 혐의가 있다는 것이다.

코크 가문 역시 해외부패방지법과 관련해 위협을 느끼고 있다. 나중에 블룸버그통신에서 밝혀내지만 코크 가문 산하의 기업들도 알제리와 이집트, 모로코와 나이지리아, 그리고 사우디아라비아와 인도 등지에서 불법적으로 뇌물을 공여했다는 기록이 프랑스 법정에서 드러났다. 게다가 오바마가 대통령에 당선되기 불과 몇 개월 전인 2008년 여름에는 연방정부가 이란과의 거래에 대해 미국이 테러지원국으로 지정한 국가와 특정 거래를 금지하는 법을 위반했는지 조사를 벌이기도 했다.[32]

그러는 동안 모임의 또 다른 일원이자 윌리엄 R. 그레이스 컴퍼니(William R. Grace Company)를 세운 그레이스 가문의 올리버 그레이스 2세는 스톡옵션 부여일자 조작 사건의 중심인물로 지목됐고, 그 결과 폭력성과 선정성으로 악명 높은 비디오 게임 '그랜드 테프트 오토(Grand Theft Auto, GTA)'를 제작한 테이크투(Take-Two) 이사회에서 축출됐다.

신시내티 주에 본사가 있는 신타스(Cintas Corporation)는 미국 최대의 작업복 제조 및 공급 업체다. 이 회사의 회장 리처드 파머는 직원의 끔찍한 사망 사고 등을 포함해 여러 가지 법적 문제에 얽혀 있다. 기업들과 마찰을 빚을 것으로 예상되는 새로운 오바마 행정부가 워싱턴에 입성하기 바로 전, 신타스는 미국 직업안전위생관리국과 276만 달러에 달하는 배상금 지급 문제에 합의했다. 산업용 건조장비에 직원이 불타 사망한 사건을 포함한 여섯 건의 안전 관련 사고에 대한 보상이었다. 사망한 직원은 히스패닉계 이민자로 컨베이어 벨트에 몸이 끼어 건조기 속으로 빨려 들어갔다. 이 끔찍한 사건이 일어나기 전에 직업안전위생관리국은 신타스가 2003년 이후에만 170회 이상 안전 규정을 위반했으며, 그중 70회는 사망이나 심각한 신체 손상을 유발하는 수준의 규정 위반이었다고 밝힌 바 있다. 오바마가 대통령에 당선됐을 때까지도 신타스는 사망한 직원의 유가족과 보상 문제를 두고 모든 것이 직원 개인의 잘못이라 주장하며 법적 다툼을 계속하고 있었다. 파머 역시 코크 가문의 억만장자 모임의 일원이다. 〈포브스〉는 그의 재산을 20억 달러 정도로 추정했다.

코크 가문 모임은 반정부 운동과 자율적인 자유시장 체제를 만장일치로 지지하며, 여기에는 정부를 상대하는 주요 기업인들이 다수 포함되어 있다. 예컨대 스티븐 벡텔 2세는 그의 개인 재산만 〈포브스〉 추산 28억 달러에 달하는데, 그의 할아버지가 세우고 아버지가 이끈 엄청난 규모의 강력한 다국적 건축 회사 벡텔(Bechtel Corporation)의 회장을 역임했고 여전히 이사 지위를 유지하고 있다. 그가 회장에서 물러난 후에는 아들과 손자가 회사를 경영하고 있다. 가족이 소유하고 경영하는 벡텔은 미국에서 여섯 번째로 규모가 큰 개인 회사로 거래 내용의 거의 대부분을 정부 발주에 의존하고 있다.[33] 벡텔은 미국 정부 공공사업의 대표작이자 뉴딜 정책의 상징이라고도 할 수 있는 후버 댐을 건설했으며, 국가 안보와 관련된 가장 내밀한 사업도 함께 진행한 것으로 알려져 있다. 또한 2000년에서 2009년 사이에만 392억 달러에 달하는 정부 발주 사업을 계약했으며, 여기에는 미군 침공 이후 이라크를 재건하는 6억 8,000만 달러 규모의 사업도 포함되어 있다.

코크 가문 모임에 참석한 다른 수많은 기업가들과 마찬가지로 백텔 역시 정부와 법적 갈등을 빚고 있었다. 2007년 이라크 재건 사업에 대한 특별 감찰 보고서에 따라 백텔은 부실시공 혐의를 받게 되었다. 그리고 2008년에는 보스턴의 악명 높은 '빅 딕(Big Dig)', 즉 중앙 및 간선도로와 터널 건설 계획과 관련된 부실시공 혐의로 3억 5,200만 달러의 벌금을 내기로 합의했다. 또한 예산이 수십억 달러에 달하는 워싱턴 주 핸퍼드 원자력 발전 설비를 철거하는 사업에서 관련 비용을 초과한 문제로 의회의 조사도 받을 예정이었다.

코크 가문 모임에서 정부에 대한 적대감이 최고조에 이르자 한 모임 참석자는 단지 사업 문제뿐만 아니라 자신의 개인적인 안위를 염려하며 연방정부의 개입에 노골적으로 반대하는 입장을 내보이기도 했다. 아버지가 시애틀에서 시작한 식품 사업을 서비스 그룹 오브 아메리카(Services Group of America, SGA)라는 거대 기업으로 키워낸 토머스 스튜어트는 개인 소유의 헬리콥터와 회사 항공기를 타고 비행하는 것을 즐기는데, 한번은 회사 소속 조종사가 연방 비행 규정을 어길 수 있다는 이유로 지시를 거부했다. 지금은 회사를 떠난 그 조종사가 인터넷 신문사 〈시애틀 포스트인텔리전서Seattle Post-Intelligencer〉에 털어놓은 바에 따르면 스튜어트는 "저놈 당장 잘라버려!"라고 소리치며 "난 내가 원하는 건 뭐든 다 할 수 있다고!"라고 말했다고 한다.[34]

코크 가문 vs. 오바마 정부

2009년 코크 가문이 주최한 모임의 백미는 보수파가 선거에 패배한 이후 취해야 하는 다음 행동에 대한 직설적인 논쟁이었다. 모임의 주요 참석자들과 다른 손님들은 호텔 연회장에서 저녁 만찬을 함께하며 원형경기장에서 검투사들의 대결을 바라보는 로마제국의 원로원 의원들처럼 앞으로 취할 행동들을 요약하는 열정적인 토론이 펼쳐지는 광경을 바라보았다. 텍사스 주 상원의원 존 코닌 역시 무대 한쪽에서 참석자들을 바라보고 있었다. 그는 공화당 상원 의회 위원회의 수장이자 텍사스 대법원 판사를 역임하기도 했다. 큰 키에 시원하게 벗어진 상기된 이마와 한껏 솟아오른 백발의 코닌은 검은색 핀 스트라이프 정장을 즐겨 입었는데, 그런 그의 모습은 공화당 주류의 한 축을 담당하는 그의 위상을 잘 드러냈다. 어느 쪽에도 속하지 않은 중립적인 인터넷 언론 〈내셔널 저널National Journal〉에 따르면 코닌 의원은 상원 내에서도 두 번째로 완고한 보수파 공화당 의원으로 알려져 있지만 그의 전직 보좌관의 증언에 따르면 코닌은 '원칙적인 헌법론자'이기도 하다. 그는 정치적으로 꼭 필요할 때에는 예외적으로 법과 타협할 수 있다고 믿는다.

사회자를 중심으로 반대편에 있는 사람은 사우스캐롤라이나 주의 상원의원 짐 드민트였다. 그는 보수적인 선동가로 공화당의 강경파 비주류를 대표한다. 그를 존경하는 한 지지자는 그를 '유목민 기마부대의 총사령관'이라고 부르기도 했다. 당시 57세였던 드민트 의원은 코닌 의원보다 5개월 연상이지만 흑발에 호리호리한 체격으로 좀 더 격식을 덜 차린 모습이었다. 어딘지 모르게 어색해하는 모습은 그를 더 젊게 보이게 했다. 드민트는 처음 하원의원에 당선되기 전 사우스캐롤라이나에서 광고 회사를 운영해서 물건을 어떻게 팔아야 하는지 잘 알았다. 그런 그가 목청을 높여 미국 정치에 어둠이 몰려오고 있다고 역설하고 있었다. 역사학자 숀 윌렌츠에 따르면 드민트의 선조는 사우스캐롤라이나 주 출신으로 남부 연방의 분리주의자 존 C. 칼훈이 1860년대에 옹호한 급진적인 연방법 거부 주장에 동조했는데, 이런 배경을

생각하면 드민트 의원의 그런 모습은 당연한 것인지도 모른다.[35]

이 두 공화당 상원의원들은 전에도 몇 차례 서로 부딪힌 적이 있었다. 그날 밤 두 사람은 서로 반대되는 주장을 펼쳤다. 코닌은 유권자들의 관심을 더 끌 수 있는 정책을 확대해 정권을 되찾아와야 한다는 취지의 발언을 했다. 그 유권자들에는 중도파도 포함되어 있었다. 코닌의 전 보좌관은 "코닌 의원은 텍사스와 메인의 공화당 지지자들이 반드시 똑같은 모습일 필요는 없다는 사실을 잘 이해하고 있었다."고 말했다. 그는 공화당이 특정 계급이나 이념에 한하지 않고 다양한 계층이나 이념을 가진 사람들을 끌어모을 수 있는 일종의 포괄정당(包括政黨, big tent)이 되어야 한다고 믿었다. 더 많은 유권자들의 마음을 얻지 못한다면 승리는 요원할 게 분명했다.

반면에 드민트 의원은 타협은 곧 패배라는 입장이었다. 그는 법에 따라 움직이는 정부의 느린 현안 처리 과정을 참아낼 만큼 인내심이 크지 못했다. 그는 다른 많은 동료 상원의원들이 소심하고 자기 잇속만 차린다고 생각했으며, 연방정부를 미국 경제의 역동적인 움직임을 방해하는 중대한 위협으로 보았다. 따라서 정부의 규제와 지출 문제에 대해 전면전을 벌이는 것을 주저하는 것은 모두 핑계에 불과하다고 지적했다. 드민트는 새로운 극단주의의 상징과도 같은 인물로, 그날 저녁 그의 발언은 공화당 타협파가 아닌 순수파의 마음을 사로잡았다. 그는 아무런 신념도 없는 주류가 아닌 신념을 지닌 30명의 공화당 의원이 있다면 그쪽을 선택하겠다고 주장했다. 마치 자신에게 하는 주문 같은 이 말은 참석자들의 박수갈채와 환호성을 이끌어냈다. 공화당은 원칙과 타협하지 않고 새로운 행정부와 일을 함께하면서 오바마와 강력하게 대립각을 세울 필요가 있다는 것이 드민트 의원의 주장이었다. 2008년 대선 패배의 결과와 상관없이 강력한 저항과 방해 운동을 펼쳐나가자는 것이었다.

참석자들이 계속해서 환호를 하는 사이 드민트는 남부 출신다운 사근사근한 모습으로 특히 한 가지 문제를 골라 코닌 의원을 맹렬하게 공격했다. 그는 코닌이 보수주의 자유시장의 원칙을 배신했으며 '큰 정부'의 지출 정책 중에서도 가장 최악의 정책과 타협했다고 몰아세웠다. 전에 재무부에서 은행 긴급 원조에 막대한 예산을 투입하겠다는 방안을 내놓았을 때 거기에 동조했다는 것이다. 2008년 9월 15일 미국 최대의 투자은행인 리먼 브라더스가 파산하면서 여러 금융기관들이 연쇄적으로 무너지기 시작하자 공황에 가까운 사태가 벌어졌다. 연방준비제도이사회 의장 벤 버냉키는 의원들에게 '전 세계 금융체제가 완전히 붕괴되는 것은 시간 문제'라고 경고했다. 경제 재앙을 피하기 위해 부시 행정부의 재무부는 의회에 무려 7,000억 달러에 이르는 긴급원조자금 지원 승인을 요청했다. 이른바 부실 자산 구조 프로그램(Troubled Asset Relief Program) 혹은 TARP로 알려진 자금지원 계획이었다.[36]

오바마와 공화당 대선 후보였던 존 매케인은 모두 2008년 대선 기간 동안 이런 긴급 계획을 지원했다. 그렇지만 이후 계속해서 일반 대중과 드민트 같은 반정부 자유시장 옹호 보수파 모두가 이런 긴급 원조에 격렬하게 반대했다. 공화당의 미래에 대한 점잖은 토론이 이뤄질 것으로 예상했던 코닌은 갑자기 자신이 참석자들의 야유를 받으며 수세에 몰렸다는 사실을 깨닫게 됐다. 사회자인 스티븐 무어는 자유시장의 무조건적 옹호자로 〈월스트리트저널〉의 사설란에 자주 기고했는데 그런 그도 참석자들을 부추겼다. 연회장은 폭발 직전이었다. 참석자 중 한 사람인 랜디 캔드릭은 코닌을 꾸짖으며 이렇게 말했다. '이 가짜 공화당원아!' '리노(RINO)', 즉 '이름뿐인 공화당원(Republicans in Name Only)'이라는 모욕적인 표현이 튀어나오면서 장내는 더욱 흥분 상태로 치달았고, 사회자인 무어는 소란을 진정시켜달라는 요청까지 받게 된다.

제일 앞줄 탁자 앞에는 찰스 코크와 그의 아내 리즈가 계속 말없이 앉아 있었다. 누구도 코닌을 변호하고 나서지 않았다. 자유시장을 열렬히 옹호하는 사람들 중에서도 가장 중심이 되는 코크 가문이 민간 부문에 정부가 대규모로 개입해 원조해주는 일을 반대한다는 사실은 이미 널리 알려져 있는 터였다. 훗날 많은 기자들 역시 이 사실을 당연한 것으로 여기면서 코크 가문이 오바마 행정부로부터 등을 돌리게 된 결정적인 이유를 TARP 원조 같은 문제에 대해 원칙적으로 서로 의견이 갈린 탓이라고 분석했다. 그렇지만 실제로는 그렇지 않다. 관련 기록을 좀 더 자세하게 살펴보면 아마 감춰진 진실을 알 수 있을 것이다.

먼저 코크 가문이 후원하는 정치단체 '번영을 위한 미국인들(Americans for Prosperity, AFP)'은 실제로 정부의 원조에 반대하는 자유의지론적 원칙을 표방했다. 그런데 주식시장이 근간부터 흔들리기 시작하고 코크 가문의 방대한 투자 내역까지 위협받게 되자 빠르고 조용하게 입장을 바꾸었다. 보수파가 격렬하게 반대하는 가운데 의회에서는 예상치 못하게 연방정부의 구제 계획이 통과되지 못했고, 급기야 2008년 9월 29일 목요일 주식시장이 붕괴되기 시작했다. 그날이 저물기 전 다우존스 지수는 777포인트가 급락하며 전체 가치가 6.98% 떨어졌다. 단 하루 동안의 기록으로는 최고치를 경신한 것이다.

드민트 같은 보수파 단체나 정치가들이 여전히 정부의 지원을 반대했지만, 시장의 공황 상태는 많은 사람들의 생각을 뒤흔들기에 충분했다. 이후 48시간 동안 생각을 뒤집은 사람들 중에는 코크 가문도 있었다. 예상치 못한 의회의 반대가 나온 지 이틀 뒤, 이번에는 상원에서 구제 방안을 검토하기 시작했다. 이제는 정부의 방안을 지원하기로 한 보수파 단체들의 명단이 은밀하게 돌고 돌아 공화당 의원들에게 전달됐다. 바로 찬성표를 던지게끔 의원들을 설득하기 위해서였다. 거기에는 AFP의 이름도 들어 있었다.[37] 얼마 지나지 않아 상원에서는 공화당과 민주당을 가리지 않는 압도적인 찬성으로 TARP 법안을 통과시켰다. 존 코닌 의원이 포함된 것은 물론이었다. 코크 가문과 가까운 소식통에 의하면, AFP의 결정은 바로 코크 가문 스스로의 결정이었다고 한다.[38]

그렇지만 만일 코크 가문이 사적인 이해관계로 인해 자신들의 자산을 보호하고자 그동안 옹호해온 자유시장 원칙을 정말로 포기했다면 오바마와 싸우기 위해 돈을 아낌없이 내놓는 자유의지론자들로 가득 찬 이곳에 함께 있을 순 없었을 것이다. 따라서 목소리를 높여 분위기를 바꿀 수 있을지는 몰라도 코닌 자신이나 혹은 전통적이며 이성적인 정치적 반대 입장의 틀 안에서 책임 있는 행동을 하자는 생각을 옹호하는 사람은 아무도 없었다.

그 대신 오바마 시대를 맞이해 처음 열린 코크 가문 모임에서는 사람들 사이에서 격정만이 오갔다. 현장에 있던 어떤 사람의 증언이다. "마치 고릴라들이 모여 주먹으로 가슴을 두드리는 것 같았다." 양쪽의 의견을 모두 듣고 난 후 참석한 사람들은 결국 극단적인 방법을 선택하기로 결정했다.

코크 가문은 이미 자신들의 목적을 이루기 위해 새롭고 놀라운 정치적 방법을 찾을 필요가 있다는 결론을 내린 상태였다. 2009년 1월의 모임이 있기 며칠 전, 찰스 코크와 데이비드 코크는 코크 인더스트리즈 본사로 사용하고 있는 캔자스 주 위치토의 검은색 유리로 뒤덮인 요새 안에서 오랫동안 함께해온 정치 전략가와 함께 이미 어떤 결정을 내린 터였다.

나중에 두 사람이 위치토 지역의 일간지 〈위치토 이글Wichta Eagle〉의 빌 윌슨과 로이 웬즐과 함께 한 대담에 따르면, 오바마 대통령의 취임 연설이 끝난 후 두 사람은 정치 고문 리처드 핑크와 함께 미국이 파멸의 길에 들어섰다는 데 의견을 같이했다고 한다. 이 억만장자 형제들에게 리처드 핑크는 "모두 합치면 세계 제1의 부호가 되는 그 재산을 마음대로 사용해 오바마의 대통령 당선으로 인한 진보의 물결을 되돌리고 싶다면 그건 아마도 일생을 건 싸움이 될 것"이라고 말했다.[39]

〈위치토 이글〉의 보도에 따르면 핑크는 이렇게 말했다. "만일 우리가 그 일을 하려고 한다면 지금 당장 해야지, 그렇지 않으면 아무것도 못 하게 될 것이다. 만일 우리가 지금 당장 하지 않거나 아예 아무것도 하지 않는다면 우리 세력은 약해지고 그저 시간 낭비나 하며 살게 될 것이다. 그리고 나는 어디 가서 골프나 치는 신세가 되겠지."

그렇지만 만일 코크 가문이 핑크의 주장대로 지금 당장 하기로 결정을 내린다면 먼저 준비부터 단단히 해야 한다는 것이 핑크의 충고였다. 왜냐하면 이 일은 아주아주 추악한 싸움이 될 것이기 때문이다.

오바마 대통령의 고문들은 나중에 오바마가 직면하게 될 문제들에 대해 아무것도 모르고 있었다는 사실을 깨닫게 된다. 오바마 대통령은 당리당략에 치우치지 않는 정치가임을 내세우며 대선에 뛰어들었고 '이 나라를 이쪽과 저쪽으로 갈기갈기 찢어놓으려는 사람들'과 이상적인 방식으로 문제를 해결하려 접근했다.[40] 오바마는 '우리는 모두 같은 미국 사람'이라고 주장했다. 그의 이상은 자신의 특별한 인종과 출신 배경과 마찬가지로 단합하는 것이지 서로 갈라서자는 것이 아니었다. 그의 이런 생각은 취임식 연설에도 잘 나타나 있다. 오바마 대통령은 냉소적인 사람들을 비난하며 이렇게 말했다. "눈앞의 세상이 변한 것을 모르겠는가? 오랜 세월 우리를 지치게 한 낡은 정치적 논쟁은 이제 더 이상 아무런 쓸모가 없다."

　분명 마음을 울리는 말이다. 그렇지만 애석하게도 그건 그저 이상에 가까운 생각일 뿐이다. 백악관에 입성하며 취임 선서를 하는 대통령으로서 오바마는 이렇게 희망 섞인 이야기를 전하며 눈앞의 세상을 바라보았겠지만, 그전에 먼저 다른 것에 주목했어야 했다. 그의 눈 아래 그가 밟고 있는 양탄자는 바로 정부와 계약을 맺은 인비스타(Invista)라는 회사가 주문 생산한 것으로, 인비스타는 다름 아닌 코크 인더스트리즈의 자회사였다. 미국의 정치 문제에 관한 한 코크 가문의 손아귀에서 벗어나는 일은 이처럼 양탄자 하나까지 그렇게 만만한 일이 아니었다.

1부

자선사업을 무기로: 이념 전쟁
1970-2008

1 급진주의자들
코크 가문의 역사

정말 기이한 일이지만 이른바 열렬한 자유의지론자인 코크 가문이 지금과 같은 부를 쌓아올리는 데에는 역사상 가장 악명 높은 독재자였던 이오시프 스탈린과 아돌프 히틀러의 역할이 컸다. 가문의 시조라고 할 수 있는 프레드 체이스 코크는 두 독재자가 권력을 잡았던 1930년대에 석유 사업을 시작해 그들과 긴밀한 관계를 유지하며 사업을 키워 나갔다.

코크 가문에 전해오는 이야기에 따르면 네덜란드 출신인 프레드 코크의 아버지는 북쪽의 오클라호마 주와 맞닿아 있는 미국 텍사스 주 콰너의 한 작은 마을로 이주해 그곳에서 인쇄소와 출판소를 운영하며 주간지를 발행했다. 콰너라는 이름은 아메리카 원주민 부족 중 하나인 코만치족의 마지막 추장 콰너 파커에게서 따온 것으로, 그는 프레드가 태어난 1900년 무렵에도 여전히 변경 지역에서 위세를 떨치고 있었다. 영민할 뿐만 아니라 권위적인 아버지 밑에서 탈출하고 싶은 열망이 강했던 프레드는 어린 시절 코만치족과 함께 살기 위해 집에서 도망친 적도 있었다. 고등학교를 졸업한 프레드는 텍사스의 라이스대학교를 다니다가 다시 동부의 매사추세츠 공과대학으로 편입했고 그곳에서 권투부로 활동하기도 하면서 화학공학 학사학위를 받았다. 그 무렵의 사진을 보면 프레드는 큰 키에 어울리는 정장 차림에 안경을 쓰고 있는데, 덥수룩한 머리 아래로 자신감 넘치고 도전적인 인상이 드러나 보인다.

여러 가지 방면에서 재능을 나타낸 프레드 코크는 1927년 원유에서 휘발유를 정제하는 과정을 기술적으로 개선해내지만 훗날 아들들에게 씁쓸하게 이야기하듯, 미국의 거대 석유 회사들은 그를 단지 사업가로만 취급했고, 1929년에는 특허 침해를 이유로 그의 고객들까지 고소해 석유 산업 분야에 진출하지 못하게 했다. 프레드는 거대 석유 회사들이 독점하고 있는 특허권을 불공정하며 반경쟁적인 것이라고 생각했다. 석유 회사와의 이런 갈등은 나중에 코크 가문이 이른바 '국가와 기업의 정실(情實) 인사'에 반대하는 입장을 취하게 되는 것과 일맥상통한다. 코크 가문이 정부와 거대 기업들의 불공정한 협력에 맞서 싸우게 되면서, 프레드 코크는 자신을 부패한 제도와 싸우는 아웃사이더라고 생각했다.

프레드는 15년 이상의 법정 싸움 끝에 마침내 반격에 성공해 150만 달러의 조정배상금을 받았다.[1] 그는 상대측에서 최소한 한 명 이상의 무능하고 부패한 판사에게 뇌물을 제공했을 거라고 의심했고 그의 예상은 틀리지 않았다. 판사가 사건을 제대로 확인하지도 않고 역시 믿을 수 없는 법원 직원 손에 넘겨버린 것이다. 오랫동안 코크 가족과 가까이 일해온 어느 직원은 "판사가 뇌물을 받을 수도 있다는 사실은 정의에 대한 코크 가문 사람들의 관점을 완전히 뒤바꿔버렸다"고 말하며[2] "그들은 정의도 돈으로 살 수 있다고 생각하게 됐고 정직하게 법을 지키는 건 바보들이나 하는 일이라고 믿게 됐다"고 했다. 이러는 사이 각종 소송으로 사업이 지지부진해진 프레드는 자신이 개발한 혁신적인 원유 정제 기술을 들고 미국을 떠나게 되었다.

소비에트 연방과 프레드 코크

프레드는 1차 세계 대전이 끝날 무렵에 이미 영국에서 그의 스승이자 조언자라고 할 수 있는 찰스 드 가날과 함께 원유 정제시설을 건설하는 일에 참여한 적이 있었다. 당시 영국에 원유를 공급해주던 러시아가 볼셰비키 혁명 이후 자체적인 정제시설을 확보하기 위해 자연스럽게 프레드의 기술을 필요로 하게 된 것이다.

역시 가족들 사이에 전해오는 이야기에 따르면, 처음에 프레드 코크는 소비에트 연방에서 도움을 요청하는 전보가 오자 그것을 찢어버렸다고 한다. 그는 공산주의자들을 위해서는 일할 수 없으며 돈을 제대로 줄지도 믿을 수 없다고 말했다. 그렇지만 선불을 받기로 확실하게 계약을 하고 난 후 프레드는 자신의 이런 의심을 떨쳐버렸다. 1930년 '윙클러코크상사(Winkler-Koch)'라고 이름 붙인 그의 회사는 소비에트 연방 기술자들을 훈련시켰고, 스탈린의 제1차 5개년 개발 계획에 따라 15곳의 현대식 원유 정제시설을 소비에트 연방에 건설했다. 스탈린의 개발 계획은 성공을 거두었으며 소비에트 석유 산업의 기반이 여기에서 닦였다. 또한 석유 거래를 통해 막대한 현금이 소비에트 연방으로 흘러들어갔고, 이를 통해 다른 산업 분야를 현대화할 수 있었다. 프레드는 알려진 것만 해도 50만 달러의 수익을 거뒀다. 이는 당시 미국의 대공황 시기였다는 점을 감안하면 정말 엄청난 액수가 아닐 수 없다. 그렇지만 1932년이 되자 국내의 석유 수요가 급증했다. 소비에트 정부는 기술을 습득해 직접 정제시설을 건설하는 것이 앞으로 더 유리할 것이라는 결정을 내렸다.[3] 프레드 코크는 계속해서 기술 자문을 해주었는데, 100여 개가 넘는 공장들이 건설됐지만 자문 역할만으로는 전처럼 많은 수익을 거둘 수 없었다.[4]

이후에 일어난 일들에 대해서는 현재 코크 가문의 모기업이라고 할 수 있는 코크 인더스트리즈의 공식 연혁을 참고하자. 소비에트 연방에서 진행되던 사업은 앞서 언급한 것처럼 1932년을 기점으로 막을 내렸고 공식적인 기록은 1940년부터 새롭게 시작된다. 이 해에 프레드 코크는 새로운 회사를 세우기로 결심하고 우드 리버 석유 및 정제 상사(Wood River Oil & Refining)라고 이름을 붙였다.[5] 아들인 찰스 코크는 2007년 《시장중심의 경영The Science of Success》이라는 책을 통해 가문과 사업을 소개했는데, 역시 과거 사실에 대해서는 분명하게 밝히지 않았다. 그는 그저 아버지가 대공황 초기에 최초로 실질적인 사업적 성공을 거뒀다는 정도로만 언급한다. '해외, 특히 소비에트 연방에 공장을 세움으로써' 그렇게 됐다는 것이다.[6]

독일로 향한 프레드 코크

코크 가문의 성장에서 가장 논쟁이 될 만한 부분에 대해서는 정확하게 전해지지 않는데, 당시 소비에트 연방을 떠난 프레드 코크는 아돌프 히틀러가 지배하던 독일의 나치 제3제국으로 향했다. 히틀러는 1933년 독일 총리 자리에 올랐으며 곧 자금을 조성해 엄청난 규모의 산업 개발을 서둘렀다. 여기에는 물론 군사력을 증강시키기 위한 자체적인 연료 생산 시설을 건설하는 일도 포함되어 있었다. 1930년대에 프레드 코크는 석유 사업을 위해 독일을 자주 방문했다.[7] 문서 보관소에 남아 있는 1934년 기록에 따르면 당시 프레드가 사장으로 있던 캔자스 주 위치토의 윙클러코크상사는 독일에 기술적 자문을 제공하는 한편 함부르크의 엘베 강 유역에 거대한 원유 정제시설을 건설하기 시작했다.[8] 물론 윙클러코크 상사가 소유하게 되는 시설이었다.

당시 상황으로 볼 때 이런 정제시설의 건설은 프레드 코크가 독일에 진출하기 위해 시도한 아주 이례적인 모험에 가까웠다. 건설의 총책임자는 미국인이면서 나치 추종자로 악명 높던 윌리엄 로즈 데이비스였다. 그는 히틀러와 대규모 사업 협상을 벌였으며, 나중에는 미국 연방 검찰이 그를 이른바 나치 독일의 '영향 공작원(agent of influence)', 즉 드러나지 않게 나치를 지지한 혐의로 기소했던 혐의도 피해 갔다.[9]

1933년 데이비스는 함부르크에 있는 기존 석유 저장 시설을 사들여 대규모 정제시설로 개조하겠다는 제안을 했다. 유럽 원유 탱크 상사 혹은 줄여서 유로탱크(Eurotank)라는 회사가 소유하고 있던 시설이었다. 당시는 히틀러의 독일 군사력 재정비에 대한 야망과 그에 따라 연료의 확보가 얼마나 중요한지 이미 다 알려져 있던 상황이었는데, 데이비스의 계획은 원유를 배로 독일까지 실어 나른 후 정제해서 독일 군대에 판다는 것이었다. 미국 아메리칸 뱅크 총재는 나치 독일의 군사력을 재정비하는 데 도움이 될 것을 염려해 데이비스의 이런 계획에 대해 어떤 거래도 하지 않겠다고 했지만 다른 은행들은 자금을 조달해주었다.[10]

미국 은행들의 자금 지원을 받게 된 데이비스는 이번에는 나치의 승인과 지원이 필요했다. 이를 위해 그는 우선 자신이 히틀러를 도울 수 있다는 사실을 독일 사업가들에게 납득시켜야만 했다. 데이비스는 이게파르벤(I.G. Farben), 즉 거대한 규모에 자금도 풍부한 독일 화학공업 연맹을 이끄는 헤르만 슈미츠 회장을 먼저 만났고 그의 환심을 사기 위해 나치 방식대로 손을 높이 치켜들고 '히틀러 만세'를 외치며 인사를 했다. 이게파르벤은 2차 세계대전이 시작된 뒤 유대인 수용소의 가스실에 사용된 독가스를 만들어낸 것으로도 악명이 높다. 어쨌든 이런 노력에도 불구하고 원하는 대로 일이 진행되지 않자 데이비스는 히틀러에게 직접 접촉하려 시도했고, 결국 히틀러는 자신의 심복들에게 데이비스와의 거래를 승인하라고 명령했다.

총통의 명령에 따라 나치 제3제국 재무부는 데이비스의 정제시설 건설을 지원하게 되었다. 데이비스의 전기를 집필한 데일 해링턴에 따르면 히틀러는 데이비스를 믿지 못하는 부하들에게 이렇게 선언했다고 한다. "제군들, 나는 데이비스라는 사람의 제안서를 검토했고 타당성이 있다고 판단했다. 그러니 은행이 자금을 지원해줬으면 좋겠어."[11] 해링턴은 이후 몇 년 동안 데이비스가 최소한 대여섯 번 이상 히틀러를 만났으며, 한번은 히틀러의 자서전이라고 할 수 있는《나의 투쟁Mein Kampf》을 가져와 아내를 위한 선물이라며 그의 사인을 부탁하기도 했다고 전했다.[12] 역시 해링턴에 따르면 1933년 말쯤 데이비스는 나치주의에 깊이 빠져들었으며 유대인에 대한 증오를 공공연하게 드러내기 시작했다.[13]

1934년 데이비스는 프레드 코크의 회사인 윙클러코크를 찾아가 독일에서 사업을 진행할 수 있도록 도움을 요청했고, 프레드 코크의 지휘 아래 1935년 정제시설이 완성되었다. 하루에 원유 1,000톤을 정제할 수 있는 규모로 독일 제3제국에서 세 번째로 큰 규모를 자랑하던 이 시설은 데이비스와 코크가 힘을 합쳐 이룩한 업적이었다. 무엇보다도 해링턴의 설명에 따르면 이 시설은 고옥탄가의 휘발유를 생산할 수 있는 독일 내 몇 안 되는 시설 중 하나였으며, 고옥탄 휘발유는 전투기 연료로 전쟁을 위해서는 당연히 꼭 필요한 물자였다.[14] 해링턴은 유로탱크는 대부분의 사업을 독일 군부와 함께 진행했기에 미국의 기업가가 나치 독일의 전쟁 준비에 핵심적인 역할을 한 것이라고 설명했다.

독일 산업을 전문적으로 연구하는 역사학자들도 같은 의견을 제시했다. 노스웨스턴대학교 피터 헤이스 교수는 독일의 석유 산업 발전은 히틀러의 군사적 야망에 엄청나게 중요한 문제였다고 설명했다.[15] 히틀러는 '독재정치'를 시작하려 했는데, 여기에 반드시 필요한 것이 경제적인 자립이었다. 나치 정권 초창기의 경제 이론가였던 고트프리트 페더가 고위 관료가 되어 이 작업을 진두지휘했다. 정제시설의 경우 비록 원유는 수입해야 하지만 직접 정제할 수 있다면 외화를 절약할 수 있다는 명분이 있었다.

나치가 다가올 전쟁을 준비하는 동안, 데이비스는 영국의 견제를 뚫고 독일로 계속해서 원유를 들여오는 일을 치밀하게 계획해 성공시킴으로써 막대한 이익을 챙겼다. 그리고 2차 세계대전이 발발하자 고옥탄가 휘발유를 확보한 독일 공군은 차질 없이 작전을 수행했다.

데이비스와 마찬가지로 코크 가문도 이 사업으로 재산을 모았다. 스코틀랜드 글래스고대학교의 경영역사연구소 소장 레이먼드 스토크스는 라니어 칼쉬와 공동으로 나치 독일 시대 석유 산업의 역사를 기술한 《석유The Oil Factor》에서 프레드 코크의 회사와 나치의 관계를 이렇게 설명했다. "윙클러코크는 이 사업을 통해 직접적인 수혜를 입었다. 동시에 이 사업은 독일 제3제국의 에너지 정책 수립을 가능케 해주었다."[16]

프레드 코크는 이 시기에 자주 독일을 찾았다. 가족들의 회고에 따르면, 1937년 5월 기체가 전소되는 끔찍한 사고를 당한 여객기 힌덴부르크 호에도 탈 뻔했다. 그렇지만 바로 직전에 일정이 지연되어서 그는 사고를 면했다. 1938년이 저물어갈 무렵, 전쟁이 벌어지는 것은 시간문제며 히틀러의 야심도 분명하게 드러나자 그는 독일의 파시즘을 찬양하는 기록을 남기며 미국에서 벌어지고 있는 프랭클린 루스벨트 대통령의 경제부흥 정책인 이른바 뉴딜 정책과 비교하기도 했다. '아무도 내 말을 들어주지는 않지만 나는 지금 전 세계에서 제대로 돌아가는 나라는 독일과 이탈리아, 그리고 일본뿐이라고 생각해. 이유는 간단해. 그곳에서는 국민 모두가 다 일을, 그것도 아주 열심히 하고 있기 때문이지.' 그가 친구에게 보낸 편지의 한 구절이다.[17] 프레드는 또 이렇게 덧붙였다. '이 세 나라에서 일하는 사람들은 세계 어느 나라 사람들보다 더 열심히, 더 효율적으로 일하고 있어. 지금 독일 사람들의 정신 자세를 1925년과 비교하면 아마 국민들이 정부에 기대어 게으르게 살고 있는 지금 미국의 곤란한 처지도 영원하지 않으며 반드시 극복할 수 있는 문제라는 생각을 하게 될 거야.'

코크 가족들의 설명에 따르면 1941년 미국이 2차 세계 대전에 참전했을 때 프레드 코크도 군에 입대하려고 애를 썼다. 그렇지만 정부는 그의 화학공학 지식을 활용해 미 공군을 위한 고옥탄가 휘발유를 생산하는 일에 협조하라는 지시를 내린다. 그러는 사이 아주 얄궂게도 윙클러-코크가 세운 함부르크의 원유 정제시설은 연합군 공군 폭격기의 중요 목표가 되었다. 1944년 6월 18일, 미국의 B-17 폭격기 편대가 마침내 함부르크 시설을 완전히 파괴했는데, 폭격으로 인한 인명 피해는 이루 헤아릴 수조차 없을 정도였다. 장기간에 걸친 연합군의 함부르크 주요 산업시설에 대한 집중 공격으로 사망한 민간인의 숫자는 4만 2,000여 명에 달했다.

프레드 코크가 소비에트 연방, 그리고 나치와 함께 일을 하겠다고 결심하면서 현재 코크 가문의 기반이 닦인 것이나 다름없다. 프레드는 1932년 어느 경마장에서 자신의 아내가 될 메리 로빈슨을 만나는데, 당시 그는 스탈린을 위해 일하는 석유 사업가로 엄청난 부자가 되는 길이 탄탄대로나 마찬가지였다.

프레드 코크의 결혼생활

프레드 코크가 만난 메리 로빈슨은 웰즐리대학교를 졸업한 24세의 키가 크고 호리호리한 아리따운 여성이었다. 금발에 푸른 눈을 가진 그녀의 밝고 환한 모습은 가족사진에서 찾아볼 수 있다. 미주리 주 캔자스시티의 저명한 내과의사의 딸로 태어난 그녀는 개방적이고 자유로운 환경 속에서 성장했다. 그녀보다 일곱 살 연상이던 프레드 코크는 그런 그녀에게 첫눈에 반해 만난 지 불과 한 달 만에 결혼식을 올렸다.

얼마 지나지 않아 부부는 윙클러코크 본사가 있는 캔자스 주 위치토 외각의 넓은 땅에 고딕 양식의 웅장한 석조 저택을 세우기 위해 당대 최고의 건축가를 초빙했다. 한껏 솟아오른 부부의 사회적 지위를 보여주듯, 주변에는 드넓고 텅 빈 초원뿐이었지만 그 한가운데에 세워진 신혼집의 모습은 당당하기 그지없었다. 저택에는 마구간과 경마장, 사냥개 사육장, 수영장, 그리고 어린이용 수영장과 운전 연습장, 석조 테라스가 딸린 정원이 있었다. 미국 최고의 장인들이 강철로 만든 난간에 화려한 장식을 새기고 돌로 만든 벽난로에는 기묘한 모양의 눈꽃 무늬 장식을 새겼다. 몇 년이 지나지 않아 코크 가문은 또한 캔자스 주 리스 근처에 있는 거대한 스프링 크리크 농장을 사들였다. 이 농장에서 프레드는 과학과 유전학에 관심을 보이며 소들을 교배하고 키우기도 했다. 이 무렵의 가족사진을 살펴보면 부부는 마치 귀족처럼 아름답고 당당한 모습을 과시하고 있다. 그들은 각종 연회와 만찬을 열어 손님들을 초대하고, 때로는 잘 갖춰진 승마복 차림새로 말을 타기도 했다. 그들의 옆에는 항상 즐겁고 유쾌한 친구들이 둘러싸고 있었다.

결혼을 하고 8년이 지났을 무렵 부부는 네 명의 아들을 두었다. 1933년 가족에게 프레디라는 애칭으로 불리는 장남 프레더릭이 태어났고, 1935년 둘째 찰스가 태어났다. 데이비드와 윌리엄은 쌍둥이로 1940년에 태어났다. 아버지인 프레드는 사업 문제로 자주 집을 비웠고 어머니 메리는 사교 활동과 문화생활로 바빠 형제들은 대부분의 시간을 보모와 가정부들과 함께 보냈다.

1930년대에 프레드 코크가 실제로 히틀러에 대해 어떻게 생각하고 있었는지는 확실치 않다. 어쨌든 그는 독일 국민들의 노동 윤리를 당시 미국의 초창기 복지제도와 비교하며 칭찬했고, 그런 독일식 생활방식과 사고방식에 크게 매료되어 첫째와 둘째 아들을 위해 독일 출신 보모 겸 가정교사를 집에 들였다. 당시 프레디는 아직 어린아이였고 찰스는 기저귀도 채 떼지 못한 상태였다. 코크 가족과 가까웠던 친구의 말에 따르면, 이 작은 형제들은 엄격한 보모를 아주 무서워했다.[18] 보모는 아주 권위적이었을 뿐만 아니라 열정적인 나치 추종자여서 종종 히틀러를 과하게 찬양하는 말을 늘어놓기도 했다.

빳빳하게 풀을 먹인 하얀색 제복을 입고 머리에는 간호사들이 쓰는 것과 비슷한 모양의 뾰족한 모자를 쓴 그녀는《더벅머리 페터Der Struwwelpeter》같은 빅토리아 시대의 공포스러운 분위기를 풍기면서 지금으로선 이해할 수 없을 정도로 잔혹한 내용의 독일 아동서적을 챙겨왔다. 그 책들에는 아이가 잘못을 저지르면 벌로 엄지손가락을 자르고 죽을 때까지 불로 고문하는 등 끔찍한 내용들이 담겨 있었다. 이 친구의 회상에 따르면 보모는 기계처럼 엄격하고 권위적인 방식으로 아이들을 대했다. 심지어 아침에 눈을 뜨면 정해진 시간에 정확히 볼일을 보게 하기 위해 강제적으로 훈련을 시키는 과정에서 당시 설사약으로 쓰던 아주까리 기름이나 관장약을 억지로 사용하기도 했다.

이런 혐오스러운 교육 방식은 누구의 방해도 받지 않고 몇 년 동안 계속됐다. 1938년에는 부모가 일본과 미얀마, 인도, 필리핀을 여행하느라 두 형제만 몇 개월 동안 집에 남겨진 적도 있었다. 사실 어머니 메리 코크는 집에 있을 때조차 모든 일을 남편에게 의지하며 거의 아무런 참견도 하지 못했다. 윌리엄 코크는 훗날 미국의 연예 정보 월간지 〈베니티 페어Vanity Fair〉에 "아버지는 어머니에게 몹시 엄격하게 대하셨다."고 털어놓으며[19] "어머니는 아버지를 조금 두려워하신 것 같다고 덧붙였다." 그러는 사이 프레드 코크는 계속해서 독일을 포함해 세계 여러 곳으로 몇 개월씩 출장을 다니곤 했다.

1940년이 되어 쌍둥이 동생들이 태어나고 프레디가 일곱 살, 그리고 찰스가 다섯 살이 되자 이 독일 보모는 코크 집안을 떠났다. 코크 집안에서 내보낸 것이 아니라 자기가 요청해서 나간 것으로 보인다. 보모는 히틀러가 프랑스를 침공하자 독일 국민으로서 이대로 있을 순 없다며 조국으로 돌아가 총통과 함께 이 기쁨을 나누고 싶다는 이유를 댔다. 엄격한 독일 출신 보모와 보낸 몇 년의 세월이 찰스에게 어떤 영향을 미쳤는지 지금은 알 길이 없다. 그렇지만 그가 평생에 걸쳐 추구한 방향이 권위와 독재에 대항하는 것이었고, 그러면서도 자기 자신은 절대적인 권력을 가지고 사업을 운영해왔다는 사실은 매우 흥미롭다.

프레드 코크의 교육 방식

프레드 코크 자신도 강인하면서도 다른 사람들이 따라가기 벅찰 정도로 원칙과 규율을 중시하는 사람이었다. 데이비드의 어린 시절 친구이자 훗날 일종의 동업 거래 조합 사업체인 미국선물산업협회(Futures Industry Association) 회장이 되는 존 댐가드는 친구의 아버지에 대해 이렇게 회상했다. "진짜 서부 사나이 중에서도 정의의 편에 설 것 같은 그런 사람이었다."[20] 집안 사촌의 기억에 따르면 프레드 코크는 아들들을 아프리카 사냥 여행에 데리고 가고, 저택 지하실에 있는 당구장을 어딘지 모르게 이국적이고 무시무시한 느낌이 드는 박제된 동물 머리로 가득 채우는 등 거친 현장 교육을 강조했다. 사냥이 끝난 후 박제된 동물로는 사자, 곰, 물소, 코끼리 등이 있었다. 이런 동물들의 머리가 유리 눈을 번뜩이며 벽에 걸린 채 사람들을 노려보았다.[21]

여름이면 형제들이 살고 있는 집 길 건너편에 있는 가족 유원지 수영장에서 친구들이 물장구치며 노는 소리가 들려왔지만 코크 형제들은 친구들과 함께 놀 수 없었다. 다섯 살 무렵부터 아버지의 명령에 따라 쉬는 날이면 화단을 정리했고, 좀 더 자라서는 가족 농장에 가서 도랑을 치우고 거름을 지고 날라야 했기 때문이다. 프레드 코크는 물론 아들들을 아꼈지만 '놀이터에서 시간이나 때우는 게으름뱅이'로 키우지 않기 위해 단호한 모습을 보였다. 자신과 교류하는 다른 석유 갑부들의 아들들이 바로 그렇게 사치와 향락에 젖어가는 모습을 봐왔기 때문이었다. '당시에는 물론 그렇게 느껴지지 않았지만 어릴 때부터 노동의 고귀함을 느끼게 해주시려는 게 아버지의 깊은 뜻이셨다.' 여덟 살이 되자 아버지는 정말이지 내가 쉬는 시간마다 이런저런 일을 시키셨다. 찰스가 나중에 쓴 책에 나오는 구절이다.[22]

형제들 모두 나이가 든 뒤 아버지의 그런 교육 방식에 존경과 감사를 표하게 됐지만, 어쩌면 그건 어두웠던 기억을 애써 감추려는 노력의 일환이 아니었을까? 아버지 프레드 코크는 절대적인 존재였다. 규칙을 어기면 주로 신체적인 체벌을 주는 것이 그의 방식이었다. 그것도 잘못을 저질렀을 때 그냥 손바닥으로 때리는 정도가 아니라 가죽 혁대나 그보다 더 단단한 도구로 아이들을 때리기도 했다. 일가 중 한 사람은 그가 나뭇가지를 꺾어와 '마치 개를 두드려 패듯 그렇게 쌍둥이 형제를 매질하던 광경'을 지금까지도 기억했다. 쌍둥이가 정원의 판석을 어찌어찌해서 깨뜨렸고 그 때문에 화가 났던 것이다. "프레드는 애정을 갖기 힘든 사람이었다." 이름을 밝히기 거부한 이 코크 일가가 덧붙인 말이다. 또 다른 일가 중 한 사람도 프레드가 허리띠로 매질을 한 것을 기억했다. "프레드 코크는 집에 있는 시간이 그리 많지 않았지만 아들들이 잘못을 저지른 것을 귀신같이 알아차렸다."

코크 형제들

형제들은 태어나면서부터 서로 경쟁자가 됐다. 성인이 되자 그 정도는 정말로 심해져서 늘 긴장 상태를 유지해야 했다. 가족사진과 그 밖에 직접 촬영한 영상들을 보면 형제들이 어렸을 때 야외 놀이터의 안전 울타리를 각자의 장난감들을 손에 쥔 채로 뛰어넘는 장면, 서로를 울리는 장면, 그리고 거의 자기들 머리 크기만 한 권투 장갑을 손에 끼고 어설프게 권투를 하는 장면 등을 확인할 수 있다. 그리고 얼마 지나지 않아 첫째가 아닌 둘째 찰스가 형제들의 우두머리 역할을 했다. 투철한 경쟁심과 정력, 그리고 자신감을 갖춘 찰스는 금발에 체격 조건마저 뛰어난 매력남의 표본 같은 사람이었다. 일가 중 한 사람은 찰스가 가장 좋아하던 놀이가 남을 밀어내고 모래 언덕을 점령하는 놀이였다고 기억했다. "그때나 지금이나 하나도 변하지 않았다."

찰스는 실패를 겪는 일이 거의 없었지만 그런 일이 벌어지면 아주 심각하게 받아들였다. 가족들의 이야기에 따르면 한번은 권투 시합을 하다가 동생인 윌리엄에게 밀린 적이 있는데, 그 이후로 다시는 권투를 하지 않으려고 했다고 한다.

프레디가 어린 시절부터 다른 형제들과 다르다는 것은 누구나 알 수 있었다. 그는 거친 성향의 아버지와도 닮지 않았다. 프레디는 책을 좋아했고 예술적 취향에서 어머니를 많이 닮았다. 쌍둥이 동생들이 둘째 찰스와 공놀이를 하고 있으면 그는 혼자 조용히 방 안으로 사라져 책을 읽는 것을 좋아했다. 물론 찰스는 동생들에게 명령하는 것을 좋아했다. 그렇지만 그런 프레디도 최소한 한 번 정도는 찰스에게 강하게 나간 적이 있다. 주먹으로 얼굴을 내리쳐서 찰스의 코뼈를 부러뜨린 것이다. 찰스는 훗날 연예 전문 월간지 〈페임Fame〉에 이렇게 털어놓았다. '아버지는 모든 형제들이 진정한 남자로 자라나기를 바라셨지만 프레디 형은 그런 아버지의 교육 방식을 따라갈 수 없었다.[23] 아버지는 그런 점을 이해하지 못했다. 아니, 이해하지 않았다. 그래서 프레디 형에게 더욱 엄격하게 대했다. 프레디 형이 게으르거나 무언가 잘못한 것은 아니었기에 더 이상하게 생각했을 것이다. 형은 그저 남들과 달랐을 뿐인데 말이다.'

아버지는 프레디뿐만 아니라 모든 형제들을 다 엄격하게 대했다. 책 읽기를 좋아했던 데이비드는 한동안 《오즈의 마법사The Wonderful Wizard of Oz》 시리즈에 흠뻑 빠져 있었는데, 책의 배경이 자기 집안의 고향인 캔자스라는 이유도 있었을 것이다. 그렇지만 아버지는 그럴 시간에 집안일을 더 도우라고 했다. 나이가 들어갈수록 형인 찰스에게 점점 더 의지하던 데이비드는 동료이자 조력자가 되어 형의 말이라면 무조건 다 따르게 됐다. "나는 특히 데이비드와 가까웠다. 다른 두 형제들보다 모든 걸 더 잘했기 때문이다." 찰스의 솔직한 고백이다.

메리 코크는 그 상황을 이렇게 기억했다. "윌리엄은 항상 찰스와 데이비드가 자신을 따돌린다고 생각했다. 윌리엄에게는 자존감이나 자신감 같은 걸 전혀 찾아볼 수 없었다." 형제들 중 유일하게 빨강 머리인 윌리엄은 격정적인 성향이어서 기억에 남을 만한 사고도 많이 저질렀다. 한번은 값을 매길 수도 없는 골동품 화병을 바닥에 집어던져 박살낸 적도 있다. 물론 프레드 코크는 더욱 심하게 매질을 하는 것으로 아들의 행동에 대응했다.

클레이턴 코핀은 조지메이슨대학교 역사학자로 코크 집안의 내부 사정을 직접 보고 들은 몇 안 되는 외부인 중 한 사람이다.[24] 1993년 코크 인더스트리즈는 그에게 회사의 비밀 연혁을 작성해달라는 의뢰를 했다. 그 후 6년에 걸쳐 코핀은 거의 아무런 제약 없이 위치토 본사에 보관되어 있는 각종 비밀 기록들을 접할 수 있었다. 거기에는 개인 편지 등 프레드와 메리 코크 부부의 사적인 기록들도 포함되어 있었다. 코핀은 또한 사업 관계자들을 만나 이야기를 나눌 수 있는 전권도 부여받았다. 1999년 마침내 비공식 회사 연혁이 완성되고 코핀과의 계약은 끝났다. 그리고 2002년 윌리엄 코크가 그를 다시 불러 역시 비밀 조사 작업을 의뢰했는데, 이번에는 형인 찰스의 정치 활동과 관련된 내용이었다. 코핀은 첫 번째 작업을 진행하면서 코크 가문에 대해 알게 된 사실들을 두 번째 작업과 연결시켜 2003년 총 3부로 된 '보이지 않는 비밀: 찰스 코크의 정치 활동 역사(Stealth: The History of Charles Koch's Political Activities)'라는 보고서를 완성했다.

프레드 코크의 사적인 편지들을 많이 접할 수 있었던 코핀에 따르면 1946년 장남 프레디가 열세 살이 됐을 때 아버지 프레드는 가족과 가까운 친구에게 아이들을 제대로 키우는 데 엄청난 어려움을 느끼고 있다며 정말로 도움이 필요하다는 고백을 했다. 프레디는 그해 여름 가족 농장에서 아버지가 시킨 일을 억지로 하면서 감정적 고통에 시달리고 있었다. 친구는 뉴욕의 저명한 임상심리학자 포샤 해밀턴과 한번 연락을 해보라고 권했다. 아동발달 전문가인 해밀턴은 프레드 코크와 편지를 주고받기 시작해 나중에는 가족들을 직접 만나 자세한 평가와 기록을 했다.[25] 그 결과, 이 심리학자는 형제들과 거리를 두라고 조언했다. 안 그래도 각종 사회 활동과 여행 등으로 바빴던 어머니 메리 코크는 아이들을 좀 더 남자답게 키운다는 명목으로 아들들을 더욱 멀리했다. 당시의 심리학 이론에서는 남성 동성애의 원인을 과도한 어머니의 사랑 때문이라고 생각했다.

심리학자의 조언을 따라 우선 장남 프레디가 뉴욕 주 태리타운에 있는 고급 사립 기숙학교인 해클리 스쿨로 보내졌다. 거기서 프레디는 자신이 원하는 대로 예술 분야에 관심을 쏟을 수 있었다. 그는 맨해튼의 오페라 극장을 자주 방문했고 학교에서 주최하는 연극에서 배우로 활약하기도 했다. 훗날 프레디는 해클리 스쿨이 자신을 구원해준 느낌이었다고 술회했다.

다른 형제들과 자주 말썽을 빚던 찰스 역시 멀리 떨어진 학교로 보내졌는데, 그때 그의 나이는 열한 살이었다. 코크 가문이 선택한 학교는 서던 애리조나 남학교로, 엄격하기로 유명한 곳이었다. 어머니 메리는 모든 일이 동생 윌리엄을 위한 것이라고 했지만 이로 인해 형제들 사이에는 갈등만 깊어졌다.[26]

'나는 부모님께 나를 멀리 떠나보내지 말라고 간청했다.' 1997년 찰스는 〈포춘〉에 이렇게 털어놓았다.[27] 찰스는 학교에 잘 적응하지 못했지만 코크 가문은 아들의 부탁을 들어주지 않고 더 엄격한 기숙학교인 콜로라도 주의 파운틴 밸리 스쿨로 보내버렸다. 찰스는 '모든 것이 다 지긋지긋했다고 회상했다.'[28] 그러다가 어느 순간, 그의 부모는 마침내 아들을 가엾게 여기게 됐고 위치토에 있는 일반 고등학교에 진학시켰다. 찰스는 학교가 무척이나 좋았지만 거기서도 문제를 일으켰다. 그래서 다시 원칙과 규율을 강조하는 인디애나 주에 있는 컬버 기숙 사관학교로 보내졌다. 그곳은 고등학생을 위한 육군사관학교라고 할 수 있는 곳이었다. 그곳에서 학교 성적은 조금 나아졌지만 말썽은 여전히 줄어들지 않았다. 찰스는 결국 기차에서 술을 마셨다는 이유로 퇴학을 당해, 나중에 졸업장을 따기 위해 재입학하는 등 고등학교를 졸업하기까지 많은 일을 겪었다.[29] '아마 나에게는 반항적인 기질과 자유로운 영혼이 있었던 모양이다.' 프레드 코크는 아들을 텍사스에 있는 친척들에게로 멀리 쫓아버렸다.[30] 데이비드는 '아버지는 마치 신처럼 두려운 존재였다'고 회고했다.[31] '아버지는 '뭐든 제대로 해내지 못하면 넌 쓸모없어. 나를 실망시켰구나'라고 말했다. 그야말로 엄격한 주인이나 사장님 같았다."

의뢰받은 대로 보고서를 작성한 코핀은 이렇게 기록했다. '찰스는 그 후 15년 동안 집에 거의 돌아올 수 없었다. 명절에만 잠시 얼굴을 비쳤을 뿐이다.'[32] 가족들로부터 추방 아닌 추방을 당한 후 찰스가 집에 와서 제일 먼저 한 일은 동생인 윌리엄을 두들겨 패는 것이었다.

어린 윌리엄은 걱정스러울 정도로 우울하게 자라났다. 윌리엄은 사회성도 좋지 않고 쌍둥이 형제인 데이비드와 형인 찰스보다 열등하다는 자괴감에 휩싸여 있었다. 얼마 지나지 않아 쌍둥이 형제도 기숙학교로 진학하게 되었다. 흥미롭게도 윌리엄은 찰스처럼 컬버 기숙 사관학교로 진학했고, 데이비드는 동부에 있는 명문 사립학교 디어필드 아카데미에 진학했다. "형제들 사이에서 싸움이 정말 잦았다. 찰스는 권위에 끊임없이 반항하고 도전했다. 정말 우울한 학창 시절이었을 것이다."[33] 코핀이 나와 대담하며 들려준 이야기다.

아버지를 닮은 찰스의 훈육

시간이 흘러 아이들의 부모가 된 찰스는 아버지와 비슷한 모습을 보였다. 찰스의 아들 체이스가 열세 살이 됐을 때 테니스 경기를 성의 없이 치른 적이 있었다. 찰스는 아들을 당장 불러들여 가족 농장으로 보내 빵을 굽고 외양간을 청소시키는 등 일주일에 7일, 하루에 12시간씩 계속 일을 시켰다. 찰스는 당시의 일을 아주 자랑스럽게 〈위치토 이글〉에 상세하게 이야기했다. '나는 아들 녀석을 강하게 키웠다. 이곳 위치토에서도 한몫할 수 있었을 것이며 밤에 친구들과 외출해도 걱정이 없었다.'[34] 체이스는 결국 정말로 테니스를 잘 치게 되었지만 나중에 또 다른 심각한 문제를 일으켰다. 위치토에서 고등학교를 다니며 차를 몰다가 신호를 위반해 열두 살 남자아이를 치어 죽게 한 것이다. 체이스는 유죄 판결을 받고 집행유예 18개월에 사회봉사 100시간을 선고받았다. 사망한 아이의 사후 처리 비용도 모두 책임져야 했다. 그 후 대학을 졸업한 체이스는 아버지처럼 가족이 운영하는 회사에 입사했다.

그러는 사이 프린스턴대학교를 졸업한 찰스의 딸 엘리자베스는 온라인 블로그를 통해 아버지에게 인정받기 위해 노력했던 일들을 털어놓기 시작했다. '집에 돌아온 때면 도착하자마자 바닥에 납작 엎드려 먼지라도 핥아야 할 것 같은 그런 중압감에 시달렸다. 부모님이 나를 위해 해준 모든 일들이 얼마나 감사한지 그렇게 해서라도 보여줘야 할 것 같았기 때문이다. 나는 집안을 망친 문제아가 아니었는데도 부모님은 조심하지 않으면 곧 그렇게 될 것이라고 경고하곤 했다.'[35] 엘리자베스는 아버지를 쉴 새 없이 쫓아다니며 자신이 경제 문제에 얼마나 관심이 많은지 보여주려고 애를 썼다고 한다. 그러나 결국 그저 금수저를 물고 태어난 쓸모없는 자식이라는 자괴감에 어두운 나락으로 영원히 떨어지는 그런 느낌만 받았다고 했다.[36]

바로 한 세대 전 할아버지 프레드 코크가 자식들에게 반드시 쓸모있는 인간이 되라면서 그렇게 엄하게 훈육을 시켰었다. 물론 아들들에게 엄청난 재산과 지위를 물려줄 것이었지만, 1936년 쓴 한 편지에서는

다크 머니

마치 예언이라도 하듯 이렇게 경고했다.

> 스물한 살이 되면 너는 지금 기준으로도 엄청나게 많은 재산을 물려받게
> 될 거다. 그걸 가지고 뭐든 원하는 대로 할 수 있겠지. 그건 축복이지만 한
> 편으로는 저주가 될 수 있는 거란다. 그 돈을 무엇인가를 이루기 위한 유용
> 한 도구로 사용할 수도 있고 그저 어리석게 낭비할 수도 있을 거다. 네 자립
> 과 독립을 망치는 데 사용한다면 돈이란 결국 저주가 될 것이고 그렇게 돈
> 을 물려준 나 역시 큰 실수를 범하는 것이 되겠지. 만일 네가 무엇인가를 성
> 취하는 그 영광스러운 순간을 놓치게 된다면 나는 아주 많이 후회할 거다.
> 그리고 나는 네가 나를 결코 실망시키지 않으리라 믿고 있다. 역경은 많이
> 겪을수록 축복이 되며, 분명 가장 위대한 스승이라는 사실을 명심해라. 다
> 른 사람들뿐만 아니라 특히 네 어머니에게 언제나 친절하고 다정한 사람이
> 되도록 해라.[37]

찰스 코크는 이 편지를 액자에 넣어 사무실에 걸어두었다. 그렇지
만 〈포춘〉에서 확인한 것처럼 형제들은 성인이 되어 서로 지난한 법정
다툼을 벌이게 된다. '아무리 좋은 충고라도 듣지 않으면 결국 아무 소
용이 없다.'[38]

프레드 코크의 아이러니한 정치 사상

데이비드 코크는 아버지가 형제들에게 정치적인 사상까지도 주입하려
고 했다고 회상했다. "아버지는 어린 우리들에게 계속해서 정부의 잘
못된 점을 이야기했다." 그가 코크 가문의 지원을 받는 자유주의 잡지
〈리즌Reason〉의 편집장이자 2007년 발간된 코크 가문과 관련된 자유주

의 운동의 역사를 기록한 《자본주의의 급진파Radicals for Capitalism》의 저자이기도 한 브라이언 도허티에게 털어놓은 말이다. "나는 그런 환경에서 자라났다. 기본적인 관점은 큰 정부는 나쁘다는 것이었다. 그리고 우리 삶과 경제 문제를 좌지우지할 수 있는 정부의 과세 역시 좋은 것은 아니었다."

프레드 코크의 정치적 입장은 소비에트 연방에서 겪은 충격에 의해 정립된 것으로 보인다. 시간이 흐르면서 스탈린은 프레드의 친구들을 잔혹하게 숙청했다. 이를 통해 그는 공산주의 정권의 잔혹한 본성을 직접 체험하게 됐다. 프레드는 또한 소비에트 연방에서 사업을 하면서 자신을 감시하던 정부의 냉혹한 관리들에게도 충격을 받았다. 관리들은 공산주의자들이 머지않아 미국을 정복하게 될 것이라며 그를 위협했다. 프레드는 당시의 경험에 깊은 영향을 받았고, 훗날 사업을 정리하고 난 후 소비에트에 협력했던 일을 후회한다고 말했다. 그는 자신이 건설한 정제시설들이 나중에 어떻게 무너져갔는지 기록하기 위해 위치토 본사에 당시의 사진들을 보관해두었다. "소비에트 연방이 강력한 군사력을 보유하게 되자 프레드는 그 일에 일조했다는 사실에 죄책감을 느꼈다. 내가 볼 때 그는 그 일 때문에 크게 괴로워했던 것 같다." 위치토에 살고 있는 가족의 친구인 거스 디제레가의 말이다.

1958년 프레드 코크는 다른 열 명의 회원들과 함께 존버치협회를 창립했다. 존버치협회는 미국을 전복시키려는 공산당의 비밀 계획에 대한 음모론을 널리 퍼뜨린 것으로 잘 알려진 초보수 단체다. 프레드는 제과업체를 운영하는 로버트 웰치가 인디애나폴리스에서 개최한 창립 회의에 참석했다. 여기에는 비슷한 성향의 사업가들이 전국에서 참여했다. 그중에는 밀워키 주의 앨런 브래들리 회장 해리 브래들리도 있었다. 그는 훗날 우익 단체인 브래들리재단을 세우고 자금을 지원했다. 존버치협회 회원들은 많은 미국의 저명인사들을 의심했는데, 심지어 당시 대통령이었던 드와이트 D. 아이젠하워까지 공산당의 끄나풀로 생각했다. 보수주의 역사학자 러셀 커크는 이런 편집증적 오해를 풀어보려는 노력으로 다음과 같은 유명한 말을 남기기도 했다. "아이젠하워가 공산주의자라고? 아니, 그 사람은 그냥 골프나 치고 돌아다니는 사람일 뿐이야."

1960년 상대편을 공격할 목적으로 사비를 들여 직접 펴낸《공산주의를 주목하는 사업가A Business Man Looks at Communism》에서 프레드는 이렇게 주장했다. '민주당과 공화당을 가릴 것 없이 공산주의자들은 어디에나 침투해 있다.' 그의 관점에 따르면 교회와 공립학교, 대학, 노동조합, 그리고 군대와 국무부, 세계은행, 유엔, 그리고 현대 예술에 이르기까지 공산주의의 도구가 아닌 게 없었다. 그는 이탈리아의 독재자 베니토 무솔리니가 공산주의자들을 억압했던 사례를 감탄하듯 소개했으며, 반면에 미국의 인권 운동에 대해서는 경멸하는 듯한 내용을 남겼다.

존버치협회 회원들은 1954년 이른바 '브라운 대 교육위원회(Brown vs. Board of Education)' 사건에서 대법원이 공립학교에서의 인종 차별을 금지하는 판결을 내리자 대법관 얼 워런을 탄핵하는 운동을 벌이기도 했다. 이 사건은 아프리카계 미국인 올리버 브라운 목사가 자신의 딸을 흑인 학교가 아닌 집에서 가까운 학교에 보내려다가 백인 부모들이 반대해 벌어진 사건이다. 마침 공교롭게도 코크 가문의 고향인 캔자스 주 토피카에서 일어났다. '유색 인종들은 미국을 전복시키려는 공산당의 계획에서 아주 중요한 부분을 차지한다.' 프레드 코크는 자신이 직접 만들어 뿌린 선전물에서 이렇게 주장했다. 그가 볼 때 복지제도란 지방의 흑인들을 도시로 끌어들이려는 비밀스러운 음모였다. 그는 도시에서 '사악한 인종 간의 전쟁'이 불가피하게 일어날 것이라고 예언하기도 했다. 1963년에 했던 한 연설에서는 "공산주의자들이 미국 정부의 최고위층에서 암약하며 대부분의 미국 국민이 모르는 사이 공산당원이 대통령이 될 때까지 활동을 멈추지 않을 것이다"라고 주장하기도 했다.

훗날 아들들에 의해 이어질 새로운 길을 찾아 프레드는 자신의 재산을 정치적 활동에 사용했다. 그는 이 같은 주장을 담은 책을 자비로 250만 부나 찍었고 강연회도 다녔다. AP통신에 따르면 1961년에 있었던 한 강연회에서 프레드는 캔자스 여성 공화당 지지자 모임 회원들에게 공산주의에 대항하는 자신의 투쟁에 동참하는 일이 문제를 일으킬까 봐 두렵다면 이 사실을 기억하라고 말했다. "머리에 총알이 박힌 채 도랑에 뒹굴게 된다면 물론 더 이상 아무 걱정도 할 필요가 없을 것이다."[39] 이런 폭탄 발언을 통해 FBI는 프레드를 주목하게 됐고, 그의 연설을 터무니없는 헛소리로 평가한 보고서가 작성됐다.[40]

존버치협회의 주장은 단순했지만 그런 주장을 알리기 위한 방법은 매우 복잡하고 정교했다. 로버트 웰치는 회원들을 독려해 현대적인 판매 방식을 접목한 광고를 강화하면서 집집마다 선전물을 직접 뿌렸다. 이 운동은 특히 프레드 코크가 존버치협회 지부에 자주 참석하고 후원금도 아끼지 않았던 위치토에서 크게 인기를 끌었다.

얄궂은 일이지만 이 협회가 따른 방식은 공산당의 방식과 유사했다. 보이지 않게 여러 가지 구실을 대며 사람들에게 접근하는 것이 특징이었던 것이다. 누가 회원이며, 또 어떻게 정식 회원이 되는지도 대부분 비밀에 부쳐졌다. 내부적으로는 더러운 방식으로 싸우는 것을 승인하고 정당화했다. 이는 방심할 수 없는 만만치 않은 적들과 싸우기 위해 꼭 필요한 과정이었다. 웰치는 공산당과 싸우기 위해서는 완전히 그들과 똑같은 방식을 사용해야 한다고 생각했다. '속임수와 책략, 심지어 거짓말도 상관없었다.' 젊은 시절 위치토의 존버치협회에 참석한 경험이 있는 거스 디제레가의 회상이다.

디제레가에 따르면 가짜 단체들을 전면에 내세워 실제 목적과는 다른 행동을 하는 척하도록 시키기도 했다. 또한 약어나 기호 등을 섞어 남들이 눈치채지 못하게 조직을 결속시키기도 했다. 거기에는 TRAIN(To Restore American Independence Now, 미국의 독립을 회복하자) 혹은 TACT(Truth About Civil Turmoil, 사회적 병폐의 실체) 같은 표현도 있었다.[41] 또 다른 전략으로 자신들의 급진적인 방향성을 사람들에게 감추고 익숙하고 부드러운 표현, 즉 '작은 정부, 더 큰 책임' 같은 구호를 내세우기도 했다. 웰치가 좋아한 방식 중 하나는 '집산주의(集産主義, collectivism)'를 깎아내리는 것이었다. 그로부터 50년이 더 지난 2014년 찰스 코크가 웰치와 똑같이 〈월스트리트저널〉을 통해 자신을 비난하는 민주당 지지자들을 집산주의자들(collectivists)이라고 비난하면서 문제를 일으키기도 했다.[42]

프레드 코크의 아내 메리는 나중에 고향의 일간지 〈위치토 이글〉에 웰치가 '아주 지적이며 예리하고 통찰력 있는 인물'이라고 말했다.[43] 그렇지만 존버치협회에 대한 코크 가문의 지지는 1963년 11월 22일 당혹스러운 국면을 맞았다. 대통령 존 F. 케네디가 텍사스 주 댈러스에서 암살당한 것이다. 리 팡이 자신의 책《더 머신: 우파의 부활을 위한 길라잡이The Machine: A Field Guide to the Resurgent Right》에서 설명한 것처럼 이날 아침 케네디 대통령이 댈러스에 도착했을 때 존버치협회의 텍사스 주 회원들은 신문에 전면 광고를 내고 대통령을 '공산주의 정신'을 옹호하는 반역자라고 맹비난했다.[44] 케네디 대통령은 이를 무시하기보다는 정면으로 맞설 필요가 있다고 생각하고 끊임없이 잘못된 공포를 조장하는 이들을 음모론만 싸고도는 과격파라며 비난했다.

암살이 일어나자 프레드 코크는 급박하게 태세를 전환해 〈뉴욕타임스〉와 〈워싱턴포스트〉에 케네디 대통령의 죽음을 애도하는 전면 광고를 실었다. 이 광고는 애도에서 한 걸음 더 나아가 대통령을 암살한 리 하비 오스월드가 공산주의자들의 계획에 의해 일을 저지른 것이라는 음모론까지 제시하기에 이르렀다. 광고는 '공산주의자들은 이번 사건을 마냥 기뻐할 수만은 없을 것'이라는 경고로 끝을 맺었다. 광고 한 쪽 귀퉁이에는 이름을 적고 그 부분을 오려서 보내면 존버치협회의 유인물을 받아볼 수 있는 공간도 마련되어 있었다. 이에 대해 드루 피어슨은 언론 특별 기고를 통해 프레드 코크의 위선을 꾸짖으며 프레드 코크야말로 소비에트 연방을 위해 정유 시설을 지으며 공산주의를 도와 재산을 모은 사람이라는 사실을 폭로했다.

공산주의 음모론에 사로잡힌 프레드 코크와
경제 음모론에 매료된 찰스 코크

프레드 코크는 계속해서 극단적인 정치적 성향을 드러내며 활동했다. 1964년에는 공화당 대통령 후보로 나선 우파의 배리 골드워터에게 막대한 정치자금을 지원했는데 골드워터 역시 1964년에 제정된 미국 민권법과 앞서 언급한 대법원의 기념비적인 유색인종 차별금지법에 반대하는 입장이었다. 그러나 이런 극우적인 색채는 대선에서 공화당이 민주당의 린든 존슨에게 패배하는 치욕적인 결과를 안겨주었을 뿐이다.[45] 1968년 프레드 코크는 계속해서 극우적인 성향을 유지했으며 앨라배마 주의 주지사 조지 월리스가 부상하기 전까지 존버치협회 회원이던 에즈라 테프트 벤슨과 사우스캐롤라이나 주 상원의원 스트롬 서먼드를 후보로 밀면서 인종 차별을 지지하고 소득세 철폐를 주

장했다.[46]

데이비드와 찰스는 아버지의 보수적인 정치 성향에 빠져들었고 존 버치협회에도 가입했지만, 그렇다고 해서 형제가 아버지의 모든 모습을 다 따른 것은 아니었다. 1960년대 중반 위치토의 존버치협회 서점에서 책을 구경하다 찰스를 만나 친분을 쌓아온 디제레가에 따르면 찰스는 협회의 모든 음모론을 다 받아들이지 않았다. 디제레가는 자신보다 몇 년 연상인 찰스가 자신을 공산당 음모론 책들이 있는 서가에서 반정부 경제 전문가들의 책이 있는 곳으로 이끌었고, 그 책들이 훨씬 더 흥미로웠다고 회상했다. "이쪽이 훨씬 더 재미있지."

존버치협회 창립자 웰치는 경제교육재단(Foundation for Economic Education) 이사이기도 했는데, 이 재단은 극단적인 자유방임형 경제 정책을 옹호했다. 골드워터의 부상 뒤에 숨은 이야기를 적은 《폭풍 전야 Before the Storm》의 저자 릭 펄스타인은 거의 무정부주의에 가까울 정도였다고 표현했다.[47] 아버지가 공산주의 음모론에 사로잡혔던 것처럼 찰스는 이런 경제 관련 음모론에 깊이 매료됐다.

찰스는 대학을 졸업한 후 거의 쉴 틈 없이 바쁘게 시간을 보냈다. 1961년 찰스가 스물여섯 살이 됐을 무렵 건강이 나빠진 아버지 프레드는 별로 내켜 하지 않는 아들을 설득해 위치토로 돌아와 가족의 사업을 돕도록 했다. 찰스는 아버지가 재단 이사로 있는 MIT에서 공학 학사, 그리고 원자 및 화학 공학 석사를 받았고 보스턴에서 기업의 자문역으로 일하며 자유를 만끽하고 있는 중이었다. 집으로 돌아가지 않으면 아버지가 사업을 매각할 것을 안 찰스는 마지못해 고향인 위치토로 돌아왔지만 고향에서는 지적인 갈증을 채울 수 없다는 사실을 깨달았다.

찰스 본인의 이야기에 따르면 그는 아버지의 감정적인 반공주의와 자신의 좀 더 분석적인 접근 방식을 이어줄 새로운 정치 이론을 찾는 일에 거의 광적으로 매달렸다. 그는 또한 사업에 대한 자신의 생각과 공학 및 수학에 대한 자신의 흥미를 하나로 합치고 싶어 했다. '그 후 2년 동안 나는 책에 파고들며 거의 수도승처럼 지냈다.' 1997년 〈월스트리트저널〉과의 대담에서 한 이야기다. 친구들은 당시 그의 아파트가 경제학이며 정치학에 대한 난해한 서적들로 발 디딜 틈 없이 가득 차 있었다고 회상했다. 찰스는 나중에 자신은 자연계를 지배하는 일정한 법칙들이 있다는 사실을 알게 됐으며 인공적으로 만들어진 인간의 사회에 똑같이 적용되지 않는 자연 법칙들을 깨닫기 위해 애를 썼다고 설명했다.[48]

당시 찰스의 지적 목마름에 더욱 부채질을 한 것은 아버지와의 저녁 식사자리에서 나온 세금 문제에 대한 맹렬한 비난이었다. 아버지 프레드는 지금 미국의 세금제도는 거의 사회주의의 시작이라고 볼 수 있을 만큼 암울하다고 생각했다. 바로 얼마 전 국세청은 세금 미납을 이유로 그의 회사를 고발했으며 추가 세금은 물론 벌금과 법적 비용까지 청구한 상태였다.[49] 그는 각종 자산에 붙는 세금에도 격렬하게 반발했다. 그는 아들 찰스에게 미국 정부가 계속해서 과한 세금을 요구하면 결국 자신은 사업을 정리할 수밖에 없다며, 그렇게 했다가 아들들에게 물려줄 재산도 사라질까 봐 두렵다고 토로했다.[50]

앞으로 부과될 세금을 최소화하기 위해 프레드 코크는 정교한 자산 정리 계획을 짰다. 여러 전략 중에서 그는 이른바 '자선단체 기부 신탁(charitable lead trust)'이라는 방식을 선택했다. 자선단체 기부 신탁이란 자신의 재산을 일정 기간 자선단체에 기부했다가 돌려받는 방식으로 자선단체는 이자 수익만 활용하고 일정 기간 후에 원금을 그대로 돌려주는 것이다. 원금을 돌려받는 시점에 받는 사람이 자식과 같은 상속자라면 상속세를 면제받는다. 이 방식을 활용하면 프레드는 아들에게 상속세 없이 재산을 물려줄 수 있다. 하지만 대신 대략 20년 동안 재산에 대한 이자를 해당 자선단체에 기부해야 한다.[51] 다시 말해, 개인적인 이익으로 시작한 일이지만 덕분에 코크 가문의 형제들은 뜻하지 않게 자선사업에 기여하게 되는 셈이었다. 코크 형제가 엄청나게 많은 자선활동을 벌이게 된 근본적인 이유는 사실 바로 이렇게 세금을 피하려는 목적에서 시작됐다. 훗날 데이비드 코크는 이렇게 설명했다. "따라서 20년 동안 우리는 모든 수입을 다 내주는 셈이지만 어느 정도 상황을 이해할 수는 있었다."[52]

프레드 코크가 세운 자산 계획에서 네 아들은 모두 동등한 대우를 받았지만, 코핀에 따르면 대신 자신의 뜻을 계속 따르는 것이 전제조건이었다. 프레드는 재산의 절반은 죽은 뒤에 물려줄 생각으로 두 단계에 거쳐 물려줄 계획을 세웠다.[53] 우선 형제들 모두에게 자신의 두 회사 중 규모가 작은 코크 엔지니어링의 소유권을 똑같이 나누어주고, 나머지는 아들들이 아버지의 뜻을 어떻게 따르느냐에 따라 달라진다고 했다.

코핀에 따르면 찰스가 존버치협회 활동에 열심이었던 건 아버지의 마음에 들기 위한 계획의 일부였다. 디제레가에 따르면 이 시기 코크 저택의 비공식적인 토론 모임에서 찰스와 함께 어울렸던 사람들은 찰스가 확실히 존버치협회를 엉터리로 여긴다고 했다.[54] 디제레가는 '찰스가 악마처럼 영민했다'고 기억했고 실제로 1968년 아버지 프레드가 세상을 떠나기 1년 전 찰스는 자신이 반대하는 베트남 전쟁을 협회가 지지한다는 이유로 협회를 떠났다.

찰스 코크, 초보수주의 자유학교를 만나다

이 시기에 비슷한 비주류 모임 하나가 찰스 코크의 정치적 진화의 출발점이 되어주었다. 그 모임은 바로 '자유학교(Freedom School)'로, 파란만 장한 과거사의 주인공이자 급진주의 사상가 로버트 르페브르가 세운 학교였다. 르페브르는 1957년 콜로라도 주 스프링스에서 이 학교를 열었다. 자유학교는 시작부터 존버치협회에 버금갈 정도의 위상을 보였다. 1964년 존버치협회 위치토 지부의 중심인물이었던 로버트 러브는 찰스에게 자유학교를 소개해주었다. 찰스는 2주에 걸쳐 '자유와 자유 기업체제의 철학'이라는 주제로 진행되는 집중 과정을 들었다. 존버치 협회의 창립자 로버트 웰치 역시 자유학교를 방문했다. 그렇지만 르페브르의 관심사는 조금 달랐다. 그는 미국 정부에 대해 공산주의만큼이나 거의 절대적인 반감을 가지고 있었다.

르페브르는 국가의 소멸을 주장했지만 그렇다고 '무정부주의자(anarchist)'라는 꼬리표를 좋아했던 것은 아니다. 그는 자신을 일종의 '독재자(autarchist)'라고 불렀다. 르페브르는 "정부란 스스로를 치료할 수 있는 척 하는 질병과 같다"라는 말을 즐겨 했다. 자유의지론 운동의 역사를 연구하는 브라이언 도허티는 '르페브르는 찰스의 마음을 사로잡은 무정부주의자'라고 설명하면서 자유학교는 뉴딜 정책이 끔찍한 실수라고 생각하는 사람들이 모인 작은 세계라고 했다.[55] 1966년 FBI 보고서에는 자유학교에서 찰스 코크는 중요한 재정적 후원자였을 뿐만 아니라 동시에 운영자 겸 이사 역할을 했다고 기록되어 있다.

백발의 유쾌한 산타 할아버지처럼 보이는 르페브르는 들리는 소문에 따르면 예전에 '마이티 아이 엠(Mighty I AM)'이라는 이름의 열성적인 우파 자아실현 모임에서 자신이 맡은 역할과 관련해 가짜 편지를 쓴 혐의로 기소된 적이 있다. 그들이 하는 일은 모인 사람들을 자극해 당시 대통령이었던 프랭클린 루스벨트와 영부인 엘리너 루스벨트의 이름을 부르며 '그들을 무너지게 하소서!'라고 노래를 부르게 하는 것이었다.

기자인 마크 에임스의 설명에 따르면 르페브르는 이에 대한 정부 수사에 협조함으로써 실제로 법의 처벌을 받는 것은 면했지만, 계속해서 자신의 뜻을 고집하며 초자연적인 힘이 자신을 돕고 있으며 경제 공황과 인플레이션의 재난을 한 열네 살의 소녀와 함께 이겨내고 있다고 주장했다.[56] 훗날 상원의원 조 매카시가 격렬한 반공 운동가로 한창 주가를 올리고 있을 때, 르페브르는 FBI의 끄나풀이 되어 할리우드의 유명 인사들을 공산당에 동조한다는 혐의로 고발하고 여러 의심스러운 단체들을 찾아내는 데 앞장섰다. 콜로라도 주 스프링스에서 발행되는 초보수주의 신문 〈가제트텔레그래프Gazette-Telegraph〉에 몇 차례 사설을 썼던 르페브르는 이를 통해 이름을 약간 알려 자유학교를 시작할 자금을 모을 수 있었다. 근처에 있는 약 2km² 부지에서 초라하게 시작한 자유학교에서 그는 스스로 교장 자리에 올랐다.

이 학교는 미국 역사에 대해 일반적인 것과는 완전히 다른 시각으로 가르쳤다. 악덕 자본가나 사기꾼에 가까운 벼락부자들이 악당이 아닌 영웅으로 탈바꿈했으며, 비인간적인 자본주의가 정점을 이룬 도금 시대를 미국의 황금 시절로 찬양했다.[57] 세금은 정부가 저지르는 도둑질로 비난받았고, 20세기 초의 혁신주의 운동과 루스벨트 대통령의 뉴딜 정책, 그리고 린든 존슨 대통령의 빈곤과의 전쟁 등은 자유학교의 관점에서 보면 사회주의로 가는 파멸의 전주곡이었다. 이 학교에서는 사회의 가난한 약자들은 정부가 아닌 개인들의 자선활동에 의해 보살핌을 받아야 했다.

남북전쟁에 대해서도 완전히 다른 관점을 가지고 있었다. 전쟁은 일어나서는 안 되는 일이고 남과 북이 그냥 갈라서야 했다고 가르친 것이다. 노예제도보다 징병제도가 더 나쁜 제도라고 주장하기도 했다. 인간은 필요할 경우 스스로를 노예로 팔 수도 있기 때문이라는 것이 그 이유였다. 이 시기의 찰스 코크처럼 자유학교는 자신들이 생각하는 역사와 경제, 그리고 철학을 하나의 이론적인 틀로 합치려고 노력했고, 그 결과물을 '프런히스터리(Phronhistery)'라고 불렀다.

일리노이 주 교사 일부가 지역 상공회의소의 후원으로 1959년 자유학교에 참여했다가 큰 충격을 받고 돌아가 FBI에 이런 사실을 알렸다. 교사들은 정부도, 경찰서도, 소방서도, 공립학교도, 서민들을 보호하는 각종 법률도, 그리고 심지어 국방부도 없는 사회를 지향하는 자유학교를 맹렬히 비난하는 홍보물을 발간했다. 그들은 이것이야말로 당연히 무정부주의라고 주장했다. 또한 자유학교가 예컨대 세계 최초의 의회제정법이라고 할 수 있는 영국의 권리장전(Bill of Rights)을 그저 사유재산의 권리 정도로만 격하시키는 수준의 주장을 펼치고 있다고 설명했다.

1965년 〈뉴욕타임스〉는 자유학교를 '초보수주의'의 거점이라 묘사하며 이곳의 교육으로 인해 인생이 바뀌어버린 유명인 중에 찰스 코크의 이름을 언급하는 기사를 게재했다.[58] 기사에 따르면 찰스 코크는 MIT에서 화학공학으로 두 번째 학사 학위를 취득했으며, 이전에 받은 원자력공학 학사 학위가 정부와 밀접한 관련이 있을 수도 있다는 사실을 깨달은 후에는 다른 분야를 공부했다. 또한 당시 자유학교는 미국 정부에 극렬한 반대 입장을 취하고 있었는데, 일례로 헌법은 정부의 권력을 '의무 과세' 하는 일에 국한하도록 하고 나머지는 모두 폐기해야 한다고 주장했다고 설명했다. 기사에 등장하는 르페브르 또한 의료보험이나 빈곤 퇴치 정책에 반대했으며, 자유학교는 정부가 주도하는 인종 차별 폐지 운동에 반대했다. 르페브르는 기자에게 자유학교에는 흑인 학생이 한 사람도 없다며, 만일 있다면 문제가 일어날 것이라고 말

다크 머니

했는데, 그 이유는 '자유학교의 학생 중 일부가 인종차별주의자'이기 때문이라고 했다.

찰스 코크는 자유학교에 대해 아주 열성적인 동조자였다. 형과 동생들에게도 한번 다녀보라고 권할 정도였다.[59] 그렇지만 가족들과 거리를 두고 있던 프레디는 역사나 문학을 공부하는 데 더 열중해서 자유학교에서 가르치는 내용은 순 엉터리라고 생각했다. 프레디는 르페브르를 보면 싱클레어 루이스의 소설 속에 등장하는 사기꾼이 연상된다고 말하기도 했다. 후일 프레디는 찰스가 자신의 이런 반응에 몹시 화를 냈다고 사람들에게 말했다. 프레디에 따르면 찰스는 가족들이 가는 길을 함께 따라오지 않으면 때려눕히겠다고 위협했다.[60]

디제레가 역시 찰스가 형을 자유학교 일정에 참석시키려는 계획을 세웠고 모든 비용을 그가 다 처리했다고 알고 있다. 그의 기억에 따르면, 당시 교장을 자처하던 르페브르를 제외하고 교사라고 부를 수 있는 유일한 사람으로 제임스 J. 마틴이 있었는데, 마틴은 무정부주의 역사가로 나중에 역사검증연구소Institute for Historical Review와 함께 자신의 '역사 수정' 작업을 진행하며 나치 독일의 유대인 학살을 부정한 것으로 악명이 높다. 그는 2차 세계 대전 당시 나치가 저질렀다고 하는 인종 말살 정책은 날조된 것이라고 주장했다.[61] 훗날 진보주의 학자가 된 디제레가는 자유학교의 교육 내용이 이런저런 내용이 마구 뒤섞인 잡탕 같았다고 회상했다. 그렇지만 신보다 더 많은 재산을 가지고 자라나면서 신을 그저 기이한 존재로만 생각하게 된다면 과거의 악당들을 영웅시하는 이런 역사 교육을 받는 것이 오히려 더 마음에 들었을 수도 있다.[62]

자유학교에서 찰스는 특별히 자유방임주의 경제학자인 오스트리아의 이론가 루드비히 폰 미제스와 오스트리아 출신이지만 영국으로 망명한 그의 가장 유명한 제자 프리드리히 하이에크의 연구에 매료됐다. 하이에크는 직접 자유학교를 방문한 적도 있는데, 그의 책《노예의 길The Road to Serfdom》은 리더스 다이제스트 출판사에서 축약본으로 펴낸 후 1944년 공전의 베스트셀러가 됐다. 그의 책은 '집산주의'에 통렬한 비판을 가했으며 진보주의자들이 지지하는 중앙집권화된 정부의 정책은 결국 독재로 이어질 수밖에 없다고 주장했다. 여러 가지 측면에서 자유방임주의는 이상화된 자유로운 자본주의의 잃어버린 황금 시절을 꿈꾸는 퇴보된 사상이며, 무엇보다 대부분의 사람들은 그런 시절을 결코 누려본 적이 없다.

그렇지만 하이에크의 이론은 많은 미국의 추종자들이 이해하는 것보다는 좀 더 복잡한 것이었다. 앵거스 버긴이《위대한 설득The Great Persuasion》에서 설명한 것처럼, 많은 보수 반동주의 미국인들은 하이에크의 주장에 대해 리더스 다이제스트의 축약본에 소개된 왜곡된 해석만 알고 있을 뿐이었다.[63] 이 보수적인 출판사는 가난한 사람들을 위해 최소한의 생활과 환경 및 작업의 안정 규정을 보장하고 과도한 이득을 통해 독점하는 일을 막기 위한 가격 통제를 실시해야 한다는, 정치적으로 불편한 하이에크의 주장은 생략해버렸다.

하이에크의 주장이 미국에 소개된 건 대공황이 막 진정됐을 무렵으로, 당시 보수파 사업가들은 자유방임주의 사상의 위상을 회복시키기 위해 애쓰고 있었다. 1929년 시장이 붕괴되기 전까지만 해도 자유방임주의 사상은 미국에서 인기가 높았지만 대공황이 시작되자 자유방임주의를 밀어내고 이른바 케인즈 경제학이 그 자리를 차지했다. 하이에크의 천재성은 신뢰를 잃어버린 사상을 완전히 새로운 방식으로 재정립한 데 있다. 경제역사학자 킴 필립스페인이《보이지 않는 손들: 뉴딜 정책에서 레이건까지, 보수주의 운동의 역사Invisible Hands: The Making of the Conservative Movement from the New Deal to Reagan》에서 설명한 것처럼, 하이에크는 자유시장을 단순히 하나의 경제 모형으로 설명한 것이 아니라 인간 자유의 핵심이라고 역설했다.[64] 하이에크는 정부는 강제적인 제도라고 비난하고 자본가들은 자유를 이끄는 지도자라고 찬양했다. 그의 사상은 자연스럽게 자유학교의 후원자인 찰스 코크와 미국의 사업가들을 매료시켰다. 그들은 개인적인 이해관계로 인해 하이에크를 모든 사회에 이로운 사상가로 생각하게 되었다.

자유학교에 대한 찰스의 자금 지원은 평생에 걸쳐 이루어질 미국의 자유지상주의를 향한 후원의 첫걸음이었다. 물론 이런 후원은 다 세금 공제에 해당됐다. 찰스는 자신의 재산을 이용해 비주류에 불과한 자신의 사상을 주류 사상으로 만들고 싶어 했다. 그러기 위해 자유학교를 정식으로 인정받는 대학원 과정으로 만들고, 자유의지론 철학을 중점적으로 강조하는 4년제 대학을 만들고 싶어 했다. 그 대학의 이름이 바로 램파트칼리지다.

1966년 홍보용 책자에는 르페브르와 찰스가 새로운 학교 부지에서 함께 첫 삽을 뜨는 사진이 실렸다. 마틴은 램파트 칼리지 역사학과 학과장으로 초빙됐다. 하지만 에임스가 설명한 것처럼 이 야심찬 계획은 얼마 지나지 않아 관리 부실로 제대로 진행되지 못했고 시작하다가 만 공사장만 남게 됐다. 결국 자유학교는 남부로 옮겨가 그곳에서 노동조합을 반대하는 섬유 재벌 로저 밀리켄의 후원으로 계속 운영되었다.

1986년 르페브르가 사망할 무렵 코크 가문은 그와 상당한 거리를 두고 있던 상태였다. 아마 상당한 징치적 부담이 작용했던 것 같다.[65] 그렇지만 찰스는 1973년 르페브르에게 따뜻한 위로의 편지를 보내기도 했으며, 1990년대에 한 강연에서 자유학교가 자신에게 깊은 영향을 주었다고 언급하기도 했다. "내가 자유에 대한 열정적인 헌신을 쏟기 시작한 곳은 바로 자유학교다. 그곳은 인간의 본성과 현실이 가장 조화롭게 함께하는 사회 조직이었다. 나는 자유학교에서 미제스와 하이에크 같은 심오한 사상가들과 처음 조우할 수 있었다. 다시 말해, 거기서 배운 시장의 원칙이 나의 일생을 바꿔놓았고, 내가 하는 모든 일의 길잡이가 되어주었다."

맏형 프레더릭을 동성애자로 몰은 찰스 코크

찰스가 이렇게 자신만의 사상과 이념으로 무장하며 성장하고 있을 무렵, 쌍둥이 동생 데이비드와 윌리엄은 형의 뒤를 이어 아버지의 모교인 MIT에서 공학 관련 학위를 받았다. 반면에 이제 더 이상 프레디라는 애칭으로 불리지 않게 된 맏형 프레더릭은 하버드에 진학하고 미해군에서 복무한 뒤 다시 예일 드라마 스쿨에서 희곡 쓰는 법을 배웠다. 그는 가족이 운영하는 사업에는 전혀 관심이 없음을 분명히 했다. 그는 글쓰기와 연극 제작, 그리고 미술 작품과 골동품, 고서적 등을 수집하는 일에 더 애착을 보였다. 특히 역사적으로 유명한 저택들을 좋아했다.

여전히 결혼하지 않은 채 혼자 살고 있는 젊은 프레더릭의 사생활은 다른 형제들이 치사한 협박과 공격을 하기에 딱 좋은 대상이었다.[66] 1982년 윌리엄 코크가 진실임을 선서하고 한 증언에 따르면 1960년대 중반 윌리엄은 찰스, 데이비드와 함께 동성연애자로 믿고 있던 맏형 프레더릭에 대한 감정적 갈등이 극에 달해, 강제로 가족의 지분을 포기하게 하려고 애를 썼다. 그렇지 않으면 프레더릭의 사생활을 아버지에게 폭로하겠다고 위협까지 했다.

윌리엄에 따르면, 형제들의 협박 계획이 시작된 건 찰스와 한 친구가 예술가들이 거주하는 곳으로 유명한 뉴욕의 그리니치빌리지 건물 관리인에게 프레더릭이 살고 있는 방에 그가 없을 때 무단으로 들어가게 해줄 것을 요구한 후부터다. 결국 어찌어찌해서 안으로 들어간 두 사람은 이곳저곳을 뒤져서 의심스럽다고 생각할 만한 개인적인 정보들을 찾아냈다. 나중에 집에 돌아온 프레더릭은 초대받지 않은 누군가가 자신의 방을 뒤진 것을 눈치챘다.

윌리엄의 진술에 따르면 그로부터 얼마 지나지 않아 찰스는 동생들을 불러 모은 뒤 프레더릭이 사업의 지분을 갖고 임원 노릇을 하는 것을 그대로 두어야 할지에 대해 의논했다. 윌리엄은 이어진 추궁에서 자신은 다른 형제들과 함께 당시 상황이 가족 사업의 장래를 어지럽힐 수도 있을 것으로 생각했다고 인정했다. 그렇기 때문에 찰스를 믿고 프레더릭을 쫓아낼 계획을 세우기 시작했다는 것이다. 그리고 그 후 찰스는 보스턴에서 코크 엔지니어링 이사들과의 회의를 준비했다. 코크 엔지니어링은 가족이 이끄는 사업체의 일부로, 당시에는 형제들 모두가 함께 이어받아 이사를 겸하고 있던 회사다. 윌리엄의 설명에 따르면 그 회의는 사실상 준비된 함정으로 회사 업무를 처리하기 위한 자리가 아니라 프레더릭의 사생활을 심판하기 위해 준비된 일종의 인민 재판장이었다.

미리 준비된 자리에서 프레더릭은 반대편에서 나머지 삼형제를 마주보고 앉았다. 회의를 주도한 찰스가 프레더릭을 동성애자로 몰아가며 그런 그의 사생활은 결국 가족 전체에게 해가 될 것이라고 주장했다. 만일 프레더릭이 자신의 지분을 다른 형제들에게 양도하지 않으면 그 사생활을 아버지에게 모두 폭로하겠다는 위협이 이어졌다. 그리고 아버지가 사실을 알게 되면 안 그래도 건강이 좋지 않은 상태에서 치명적인 위협이 될 것이고 아울러 프레더릭은 상속권을 박탈당할 것이라는 경고도 덧붙였다.

프레더릭의 진짜 사생활에 대해서는 지금까지 단 한 번도 가족들 사이에서 공개적으로 이야기가 오간 적이 없었다. 어머니 메리 코크는 특별히 가까웠던 맏아들을 예술적 기질이 강하다고만 했으며, 아버지 프레드 코크는 아예 이야기조차 꺼내지 않았다. 가족 중 한 사람에 따르면 이 시기의 동성애는 가족들 사이에서 엄격하게 금기시되는 주제였다. 동성애는 결국 가족으로부터 쫓겨나게 된다는 사실을 의미했다.

윌리엄의 진술에 따르면 프레더릭은 형제들의 추궁에 맞서 자신을 변호하려고 했다. 그는 자신에게도 항변할 권리가 있다고 주장했지만, 찰스는 "입 다물어"라는 한마디 말로 형의 말을 끊어버렸다. 이 문제에 대해서는 아무런 변명도 듣지 않겠다는 단언이었다. 그러자 프레더릭은 자리에서 일어나 더 이상 아무런 이야기도 나누고 싶지 않다면서 회의실을 빠져 나갔다. 윌리엄은 프레더릭을 위해 중재해보려고 애를 썼다고 맹세했다. 그는 결국 형에게 미안한 감정을 품게 됐다는 것이다. 그의 주장에 따르면 프레더릭이 자리에서 사라지자 찰스가 자신을 비난하며 프레더릭을 제외한 세 사람이 하나로 뭉쳐야 한다고 몰아세웠다고 했다. 윌리엄은 나중에 프레더릭에게 사과했고 프레더릭이 자기편을 들어줘서 고맙다고 인사했다고 증언했지만 이미 때는 늦었다. 어쨌든 이 문제는 다시는 이야기를 꺼낼 수 없을 정도로 지금까지 가슴 아픈 기억으로 남았다.

당시의 갈등에 대한 전모는 윌리엄의 진술이 공개되지 않았기 때문에 한 번도 외부에 알려진 적이 없었다. 1997년 〈포춘〉에서 '찰스가 동성애를 미끼로 프레디를 협박해 그의 주식을 싼 가격에 양도받았다'라는 정도로 짧게 이 사건을 다루었으며,[67] 이에 대해 찰스가 '단호하게 부정했다'는 내용이 언급돼 있을 뿐이다. 몇 년이 지난 후, 이번에는 프레더릭이 짧게 그때의 사건을 언급했는데, 자서전 대필작가 대니얼 슐만에게 "찰스는 동성애를 미끼로 협박해 내 주식을 가져가려고 했지만 결국 내가 동성애자가 아니라는 너무도 단순한 이유로 성공하지 못했다"고 말했다.[68] 이런저런 이유로 다툼은 계속됐지만 어쨌든 프레더릭의 상속권은 다른 형제들과는 조금 다르게 처리됐다. 먼저 그는 형제들보다 현금을 더 많이 받았고 최종 상속에서는 제외됐다.

프레드 코크의 죽음과 경영권을 물려받은 찰스

1967년 가족들 사이에서 이런 갈등이 빚어지고 있는 와중에 프레드 코크가 심장마비로 사망했다. 당시 서른두 살이던 찰스는 이제 코크 가문의 사업을 총괄하는 회장이자 최고경영자 자리에 올랐다. 그는 아버지를 기려 모기업의 이름을 코크 인더스트리즈로 바꾸었다. 당시 회사의 주력 사업은 원유 정제와 송유관 관리, 그리고 목축업이었고, 연간 매출액은 1억 7,700만 달러에 달했다. 당시로서도 이미 작은 회사는 아니었다. 지금은 물론 그때와는 비교할 수 없을 정도로 거대한 규모의 기업으로 성장했다.

  몰수에 가까운 강제적인 세금 징수에 대한 프레드 코크의 두려움은 없던 일처럼 되어버렸다. 사망했을 당시 그는 캔자스에서 가장 부자였다. 그의 유산을 물려받은 아들들도 엄청난 부자가 됐다.[69] 찰스 코크는 도덕적인 선행을 찬양하며 선행이 결국 성공을 가져온다고 종종 말했다. 그런 내용을 담아 2007년 《시장중심의 경영》이라는 책을 출간하기도 했다. 찰스 코크는 자신의 성공이 물려받은 것이라는 사실을 드러내려고 하지 않았지만, 동생인 데이비드는 그와 반대로 자수성가

한 척 위선을 부리지 않았다. 데이비드는 2003년 자신이 졸업한 명문 사립학교인 디어필드 아카데미 동창회에서 2,500만 달러를 기부하겠다고 약속한 후 유일한 종신 이사 자리에 올랐다. 그는 이를 수락하는 연설에서 자신의 재산에 대해 이런 농담을 던졌다. "여러분들은 아마 이렇게 묻고 싶을 것이다. 도대체 어떻게 해서 데이비드 코크가 저렇게 많은 재산을 모았으며 또 기부도 많이 하게 됐을까? 글쎄, 그렇다면 내 이야기를 한 번 들어보라. 이 모든 것은 내가 어렸을 때 시작됐다. 어느 날 아버지가 내게 사과 한 알을 주었고 나는 그걸 5달러에 팔아 다시 사과 두 알을 산 후 10달러에 팔았다. 그런 다음 사과 네 알을 사서 20 달러에 팔았다. 이렇게 하루가 지나고 일주일이 지나고 한 달, 그리고 몇 년의 세월이 흘렀는데…… 그 일과는 아무런 상관없이 아버지가 돌아가시면서 내게 3억 달러나 되는 유산을 물려주신 것이다!"

프레드 코크는 아들들에게 현금과 사업 외에도 적지 않은 부동산을 물려주었다. 형제들은 이를 바탕으로 세계에서 가장 수익률이 높은 사업체들로 이루어진 제국을 건설할 수 있었다. 코크 인더스트리즈의 전직 임원에 따르면 물려받은 사업체 중 가장 노른자위는 미네소타 주 미니애폴리스에서 멀지 않은 로즈마운트에 있는 파인 밴드 정제 시설(Pine Bend Refinery)로 지금은 그레이트 노던 정유 회사(Great Northern Oil Company)로 이름이 바뀌었다. 1959년 프레드 코크는 이 회사의 주식 중 3분의 1을 사들였다.

찰스 코크가 아버지로부터 실질적인 경영권을 물려받은 지 2년 후인 1969년 코크 인더스트리즈는 파인 밴드의 제1주주가 된다.[70] 찰스는 훗날 이때를 코크 인더스트리즈의 발전 과정에서 가장 중요한 순간이라고 설명했다.

파인 밴드가 그렇게 중요한 이유는 그 회사가 캐나다로부터 저렴하고 잘 사용하지 않는 중질유(重質油)를 사들이기에 지리적으로 편리하고 독점적인 곳에 위치하고 있었기 때문이다. 값싼 중질유를 정제하면 고급 휘발유와 같은 가격에 판매할 수 있었다. 캐나다산 중질유는 가격이 무척 저렴해서 파인 밴드의 이익률은 다른 정제 회사들을 크게 앞섰다. 게다가 환경과 관련된 많은 규제 때문에 경쟁자들이 같은 지역에서 경쟁하기 위해 새로운 정제시설을 건설하는 일은 아주 어려워서 이 같은 간극이 좁혀지기는 매우 어려운 상황이었다.

2015년 기준으로 파인 밴드는 캐나다산 원유를 하루에 35만 배럴까지 정제했다. 로이터 통신과 제휴한 '인사이드클라이밋 뉴스(InsideClimate News)'의 데이비드 사순에 따르면 코크 인더스트리즈는 캐나다에서 원유를 들여와 처리해 수출하는 회사 중 세계에서 가장 규모가 크다. 2012년 사순은 '코크 인더스트리즈의 이 정제시설 한 곳에서 매일 캐나다에서 미국으로 들어오는 12만 배럴의 원유 중 25% 이상을 처리하고 있다'고 보도했다.[71] 코크 가문의 이런 성공은 전 지구적 시각에서 본다면 큰 불운이다. 캐나다의 원유는 더러운 오일 샌드(oil sands) 층에서 채굴되는 것으로, 채굴 작업 과정에서 엄청난 양의 에너지가 소비된다. 따라서 환경에 특히 해롭다.

재산을 놓고 벌이는 형제들의 난

1970년 코크 인더스트리즈가 사실상 파인 밴드를 소유하게 된 지 1년이 지난 후 쌍둥이 코크 형제가 형을 따라 코크 인더스트리즈에 입사한다. 데이비드는 뉴욕에서, 그리고 윌리엄은 보스턴 근처에서 일을 하게 된 것이다. 찰스는 자신만의 방식으로 사업을 이끌어 나갔다. 얼마 지나지 않아 다시 오랫동안 이어질 형제들 사이의 경쟁은 새롭게 불이 붙었다. 법원의 기록에 따르면, 윌리엄은 찰스가 수익의 거의 대부분을 형제들과 나누는 대신 사업에 재투자하겠다고 고집하는 것에 대해 자신이 무시를 당했다고 생각하며 화를 냈다. 윌리엄은 "나는 분명 지금 미국에서 가장 돈이 많은 사람들 중 한 명인데 집 한 채를 사려면 대출을 받아야만 한다"며 투덜거렸다.[72] 윌리엄은 찰스의 정치적인 성향에 대해서도 불만이었다. '찰스는 주주들에게 주는 배당금만큼이나 많은 돈을 미국 자유당에 후원하고 있다. 얼마 지나지 않아 우리 회사는 물론 코크 가문이 제정신이 아니라는 소리를 듣게 될 것이다.'

1980년 윌리엄은 맏형 프레더릭의 도움을 받아 회사의 경영권을 찰스에게서 빼앗으려고 한다. 코크 가문을 위해 일한 브루스 바틀렛에 따르면 찰스는 회사를 강압적인 방식으로 운영했다.[73] 이 같은 경영 쿠데타 시도는 찰스와 데이비드가 이사회를 자기들 편으로 끌어들이자 어이없게 끝나고 말았다. 그 앙갚음으로 윌리엄은 회사에서 쫓겨나고 만다.

이윽고 법정 다툼이 시작됐다. 윌리엄과 프레더릭이 한편이고, 찰스와 데이비드가 또 다른 한편이었다. 어린 시절 형제들 사이의 경쟁과 다툼이 재현된 것이다. 1983년 찰스와 데이비드는 다른 두 형제가 보유하고 있던 회사 지분을 약 11억 달러에 사들인다.[74] 조정 결과, 찰스와 데이비드는 코크 인더스프리즈 주식의 80% 이상을 소유하게 된 뒤 둘이서 똑같이 나누어 가졌다. 형제들의 법정 다툼은 이후로도 17년 넘게 계속됐다. 다른 고소 사건에서 윌리엄과 프레더릭은 찰스와 데이비드가 회사 가치를 낮게 평가해 자신들을 속였다고 주장했는데, 갈등의 핵심이 된 것은 바로 파인 밴드 정제시설이었다. 윌리엄과 프레더릭은 찰스와 데이비드가 이 회사의 실제 가치를 자신들에게 알려주지 않고 감췄다고 주장했고 찰스와 데이비드는 이를 부인했다. 서로 간에

악감정은 쌓일 대로 쌓여갔다. 형제들은 각각 변호사들과 사설탐정들을 고용해 말 그대로 서로의 쓰레기통까지 샅샅이 뒤졌다.

1990년 어머니 메리 코크가 사망하자 형제들은 돌처럼 굳은 얼굴로 장례식에서 만나게 된다. 그 자리에 프레더릭은 보이지 않았다. 친구들의 말에 따르면, 어머니가 사망할 무렵 위치토에 같이 살고 있던 찰스가 형인 프레더릭이 제때 장례식에 참석할 수 있도록 미리 일정을 알려주었어야 하는데 그러지 않았다. 게다가 당시 시카고에는 눈보라가 몰아쳐서 프레더릭은 제시간에 출발을 하는 데 어려움을 겪었다. 결국 프레더릭은 장례식이 다 끝난 뒤 사람들과 인사를 나누는 자리에 간신히 참석할 수 있었다. 친구들은 그때의 광경을 프레더릭이 가슴이 찢어질 듯이 슬퍼했다고 기억했다

윌리엄 역시 장례식에 참석하지 못할 뻔했다. 그는 일정에 빠듯하게 연락을 받아서 전세 비행기를 타고 겨우 제시간에 도착할 수 있었다. 그리고 친형제들 옆이 아닌 사촌들 옆에 자리를 잡고 앉았다. 게다가 윌리엄과 프레더릭 두 사람은 아버지 농장에서 있었던 가족들만의 추도식에도 고의로 배제됐다고 믿고 있었다. 역시 찰스와 데이비드가 주도하고 참석한 행사였다.

어머니 메리 코크의 유언장이 공개됐다. 거기에는 1,000만 달러에 달하는 유산과 관련, 자신이 사망한 지 6주 동안 고소와 고발을 하는 아들이 있으면 그 누구라도 유산 상속에서 제외한다는 조항이 포함되어 있었다. 당시 다른 두 형제를 기소 중이던 프레더릭과 윌리엄은 치매를 앓고 있던 어머니가 죽기 바로 전 유언장에 이런 조항을 포함시킬 때 누군가가 부당하게 압력을 행사하지 않았나 의심했다. 두 사람은 다시 고소했다가 패소했으며, 항소했다가 또 다시 패소했다.

결국 프레더릭은 계속 미혼인 채 대부분의 시간을 외국에서 보냈

다. 그는 오스트리아와 영국, 미국의 뉴욕과 펜실베이니아를 돌아다니며 역사적으로 유명한 건물들을 매입해 복원하는 일을 했다. 복원이 끝난 건물은 미술품과 골동품, 문학 작품의 초고 등으로 가득 채웠다. 이런 물건들은 나중에 대부분 박물관과 희귀서적 전문 도서관에 기증됐다. 프레더릭은 형제들과 달리 대부분 익명으로 기부나 기증을 했다. 그런 행동에 대해 그는 친구들에게 아버지가 늘 겸손하라고, 그리고 자선활동을 통해 어떤 이익을 얻는 건 아주 저속한 일이라고 가르쳤다고 설명했다. 프레더릭은 죽을 때까지 찰스와의 대화를 거부했다.[75]

한편 윌리엄은 직접 탄소 연료 중심의 에너지를 다루는 회사인 옥스보(Oxbow)를 세웠고, 〈포브스〉에 따르면 스스로 억만장자의 반열에 올랐다. 그는 화려한 삶을 살았다. 1992년에는 대략 6,500만 달러를 들여 아메리카 컵 요트 대회에서 우승하기도 했다.[76] 다른 형제들처럼 윌리엄 역시 공화당의 주요 후원자였으며, 환경 보호론자들과의 법적 다툼에 크게 휘말리기도 했다. 자신의 여름 별장이 있는 케이프 코드의 해변가에 풍력발전 시설이 들어서는 것을 반대했기 때문이었다. 별장에서 보이는 경관을 가로막는다는 것이 그가 내세운 이유였다. 윌리엄 역시 찰스와 수십 년 동안 대화를 거부했지만, 쌍둥이 형제인 데이비드와는 조금씩 연락을 하고 지냈다.[77]

경영권 장악 후 찰스와 데이비드의 삶

찰스가 확실하게 경영권을 장악하면서 코크 인더스트리즈는 빠르게 성장하기 시작했다. 투자은행 에버코어(Evercore)를 이끄는 로저 알트만은 코크 인더스트리즈의 성장에 대해 경이로움 그 이상이라고 평가하

다크 머니

며 도대체 어떻게 그렇게 할 수 있는지 정말로 알고 싶다고 했다. 그 공로는 대부분 찰스에게 돌아가야 할 것이다. 찰스는 영민할 뿐만 아니라 꼼꼼하고 숫자에도 밝은 경영자로 이름을 날렸다. 협상할 때 그는 아주 강경한 모습을 보였는데, 누군가는 "50 대 50의 거래에서조차 그는 반드시 하나라도 더 챙겨간다"고 농담할 정도였다.[78]

회사가 성장하면서 찰스는 위치토에 머물며 하루에 열 시간, 일주일에 6일을 일했다. 미래의 아내가 될 여인 리즈에게 청혼했을 때조차도 전화로 했다. 수화기 너머로 일정표를 뒤적이며 결혼할 수 있는, 일정이 비는 날이 있는지 찾는 소리가 들렸다고 한다. 결혼 전에 리즈에게 자유시장 경제에 대해 미리 공부해둘 것을 요구하기도 했다.

데이비드는 뉴욕에 살며 총괄부사장과 자회사인 케미컬 테크놀로지 그룹(Chemical Technology Group)의 최고경영자 역할을 수행했다. 코크 인더스트리즈를 잘 아는 한 재무 전문가는 이렇게 털어놓았다. "찰스가 바로 코크 인더스트리즈였다. 찰스가 회사를 지배했다." 그의 설명에 따르면 상냥하지만 어딘지 모르게 둔해 보였던 데이비드는 부자 독신남의 생활을 몇 년 동안 계속해서 즐겼다. 그는 요트를 타고 프랑스 남부를 항해하고, 사우샘프턴 해변가에 저택을 구입해 파티를 열곤 했는데, '뉴욕 사교계 소식'이라는 웹사이트는 이곳을 '동부 연안에서 즐기는 환락의 밤'이라고 소개했다.

데이비드는 특이한 웃음소리로도 유명했는데 창문 유리를 깨뜨릴 정도로 요란한 소리라는 농담을 듣기도 했다. 그렇지만 코크 가족과 오랫동안 가까이 지낸 사람의 말을 빌리면 데이비드는 종종 멍한 모습을 보였고, 사회적으로도 서툴러서 사람들은 실제로 그를 그렇게 살가운 사람으로 기억하지 않았다. 1991년 데이비드는 로스앤젤레스에서 비행기 사고를 당해 크게 다치는데, 1등석 승객 중 유일한 생존자였다. 회복 과정에서 정기 검진을 통해 의사들은 전립선암을 발견했고, 치료를 받으면서 데이비드는 자신의 인생에 대해 다시 한 번 생각해보게 된다. 이후 그는 결혼하고 정착해 가족을 꾸렸다. 〈업스타트 비즈니스 저널Upstart Business Journal〉과의 대담에서 그는 이렇게 말했다. "비행기 사고가 났는데 다 죽고 혼자서만 살아났다면, 아마도 이렇게 생각하게 되지 않을까. '오, 하나님, 하나님께서 뭔가 다른 목적으로 나를 사용하시려고 이렇게 살려주셨구나.' 여기서 농담 한마디 하자면 나는 지난 세월 아주 열심히 일해왔으니 아마 하나님께서는 나를 쓸 만한 인간이라고 생각하셨던 것 같다."[79]

휴가는 사우샘프턴이나 팜 비치 혹은 에스펀에 있는 저택에서 보냈지만, 데이비드와 그의 아내인 줄리아 플래셔는 주로 740 파크 에비뉴에 있는 약 254평에 달하는 복층 아파트에서 세 명의 자녀와 함께 살았다. 뉴욕에서도 가장 부자로 꼽히는 데이비드는 의학과 예술 분야를 엄청나게 후원했다. 그는 실제로 링컨센터, 메트로폴리탄 미술관, 미국 자연사 박물관 및 기타 여러 기관에 수백만 달러를 기부했다. 아카데미상을 받은 엘렉스 기브니 감독의 다큐멘터리 '파크 에비뉴(Park Avenue)'에 따르면 데이비드는 그리 자상한 남편이 아니었다. 한 전직 경비원은 데이비드 코크를 아파트에서 제일 싸구려 인간이라고 평했다.[80] "우리는 거의 매 주말 그의 차를, 그것도 두 대나 되는 승합차를 오가며 짐을 날랐다. 무거운 가방들을 싣고 내리는 일을 되풀이한 것이다. 그런데 단 한 번도 고맙다며 수고비를 준 적이 없다. 코크 부인 역시 한 번도 웃으며 인사를 하지 않았다." 크리스마스가 다가오면 아파트에서 일하는 사람들은 1년 동안의 수고에 대한 작은 선물 정도는 기대하는 법인데, 데이비드는 고작해야 경비원에게 50달러짜리를 한 장 건넸을 뿐이었다. 2012년 이런 내용을 담은 기브니의 다큐멘터리가 공영 방송인 PBS 방송국을 통해 방영되자 데이비드 코크는 크게 화를 내며 뉴욕의 공영 방송국인 WNET의 이사 자리를 그만두고 거액을 기부하기로 한 약속도 철회했다. 코크 인더스트리즈 대변인은 이 일이 다큐멘터리 방송과 관련 있느냐는 질문에 아무런 공식 논평도 하지 않았지만 데이비드는 툴툴거리며 한 친구에게 이렇게 말했다고 한다. "덕분에 1,000만 달러짜리 기부금을 날린 거지."[81]

"그들은 항상 뭐랄까, 고상한 거품 속에 둘러싸여 격리된 채 살고 있는 셈이다." 오랫동안 코크 가족과 가까이 지내온 지인의 이야기다. 그는 비판적 감시의 대상이 된 코크 가문의 여러 일탈에 대해 이렇게 설명했다. "코크 가족 사람들은 자신들을 좋아하는 사람들 속에 둘러싸여 살고 있다. 아니, 어쩌면 일부러 친해지려고 하는 사람들인지도 모른다. 그들은 세상에 가난한 사람들이 없다고 믿는다. 도움이 필요한 사람들에게 책임감을 느끼는 그런 종류의 사람들이 아니다."

목적을 이루기 위한 조직 구성

재산이 늘어나면서 찰스 코크와 데이비드 코크는 자유의지론 정책을 강경하게 지지하는 미국 내 주요 인사가 됐다. 데이비드는 찰스에 비해 좀 더 사교적이고 세계주의적인 태도를 견지했지만, 두 형제를 모두 다 만나본 자유의지론 관련 역사가인 도허티는 두 형제의 의견이 서로 비슷하다고 보았다. 그에 따르면 찰스의 목표는 정부를 그 근본부터 완전히 바꾸는 것이다.

앞서 소개한 것처럼 클레이튼 코핀은 두 차례에 걸쳐 각각 회사와 윌리엄 코크에게 고용되어 연혁과 보고서를 작성했고, 그 과정에서 편지 같은 가족의 개인적인 기록들을 열람하고 코크 가문 사람들은 물론 가족과 친밀한 외부 사람들과 만나 그들의 이야기를 들었던 사람이다. 코핀은 찰스 코크의 성장 과정이라는 맥락 안에서 그의 단호한 정치적 견해가 형성됐다고 보았다. 코핀은 2003년 작성한 미공개 보고서 '보이지 않는 비밀: 찰스 코크의 정치 활동 역사'에서 찰스의 정치적 성장 과정을 다뤘다. 코핀은 찰스가 최종적으로 정부에 적개심을 품게됐는데, 그건 바로 어린 시절 권위에 대항하며 갈등하던 모습이 연장된 것으로밖에는 설명할 수 없다고 이야기했다.

아주 어린 시절부터 찰스의 목표는 자신이 모든 것을 완벽하게 통제하는 것이었다. 코핀은 '그는 아버지 프레드가 사망할 때까지 그의 그늘에서 빠져나오지 못했다'고 기록했다. 아버지가 사망한 이후, 찰스는 모든 것을 장악하며 회사 경영에 관한 한 형제들은 물론 그 누구도 자신의 개인적 권위에 도전하지 못하도록 했다. 파인 밴드의 노조원이나 정부의 규제와 충돌하면서 그의 그런 태도는 더욱 단호해졌다.[82] '오직 정부와 법원만이 권위의 근원으로 남았다.' 코핀은 이렇게 적었다. 그리고 알려진 바와 같이 찰스의 '자유의지론 정책이란 이런 것들을 모두 없애버리는 것이었다.'

찰스의 목적이 그저 자유시장 경제 이론을 널리 퍼뜨리는 정도였다면 몇몇 기존 단체나 조직들을 후원하는 것으로 상황은 끝났을 것이다. 그렇지만 찰스는 무정부주의에 가까운 사상을 지향하는 비주류 조직들에 크게 매료되어 있었다. 코핀의 지적이다. '찰스 코크는 좀 더 깊은 충동에 이끌리고 있었다. 이 세상에서 자신을 억누르는 단 하나의 것을 무찌르는 것. 그것은 바로 정부였다.'

윌리엄 코크의 소유로 되어 있는 사적인 기록을 살펴볼 수 있었던 코핀은 이를 바탕으로 찰스의 정치적인 진화 과정을 추적할 수 있었다. 찰스는 실질적인 권력에 접근하기 위해 자신의 예전 스승인 르페브르 같은 비주류 지식인들을 떠났다. 실질적인 정치학이 아니라 자유의지론만이 변화를 위한 최고의 도구라고 주장하는 자유의지론 사상가들에 대한 대응으로 찰스는 1978년 〈리버테리언 리뷰Libertarian Review〉에 자신의 입장을 밝히는 글을 기고했다. 그는 비주류 외부인들도 하나의 조직이나 단체를 만들 필요가 있다고 역설했다. '사상이나 이념은 그것을 만든 사람들이 퍼뜨릴 수 있는 것이 아니다. 오직 일반 대중을 통해서만 퍼질 수 있다. 다시 말해, 우리는 조직적인 운동을 전개해 나갈 필요가 있다.'[83] 그의 말은 호전적이고 명령에 가깝다. '우리가 전개하는 운동을 통해 기존의 국가 중심 체제를 완전히 무너뜨려야 한다.'

코펀의 관점에서 보면 1970년대 말에 이미 모든 게 분명해진 상태였다. 찰스는 "자유의지론의 혁명 사상을 시작하고 퍼뜨리는 것에 만족할 사람이 아니었다. 그는 레닌이나 스탈린처럼 혁명을 완성한 주인공이 되고 싶어 했다."

비슷한 시기, 찰스의 후원으로 정체가 불분명한 회의가 열렸다. 코크 가문의 미래를 위한 청사진을 그리는 것이 그 회의의 사실상 목적으로, 그 청사진은 미국의 정치를 장악하는 것이었다.[84] 1976년 찰스는 6만 5,000달러를 뉴욕 자유의지론연구학회(Center for Libertarian Studies, CLS)의 출범을 위해 기부했다. 얼마 지나지 않아 자유의지론 운동을 이끌어 나갈 기준을 제시하는 회의가 개최됐다. 여기에서 선보인 비주류 운동이 어떻게 하면 진짜 권력을 얻을 수 있는가 하는 방향을 제시하는 각종 연구 내용 중에는 찰스가 작성한 것도 있었다. 연구 내용은 급진적 사상과 일반 대중을 바라보는 오만함, 그리고 정치적 기만이 꼭 필요하다는 믿음 등으로 아주 충격적이다. 회의에 참석한 연사들은 자유의지론자들이 '무정부주의'라는 단어를 쓰지 않음으로써 자신들의 극단적인 반정부 성향을 감춰야 한다고 제안했는데, 많은 사람들이 무정부주의를 테러리스트와 연결해서 생각하고 있기 때문이었다. 또 더 많은 사람들의 지지를 이끌어내기 위해 통합적인 풀뿌리 조직을 조직하고 거기에 자원하는 사람들에게 진짜 지휘권을 양보하는 일 없이 겉으로만 그럴듯한 지위를 약속해주자는 의견도 나왔다.

찰스는 자신이 잘 알고 있는 어느 조직의 강점과 약점을 방법론적인 시각에서 분석했다. 그 조직은 다름 아닌 존버치협회로, 회의에 모인 사람들이 앞으로 펼칠 운동에 대한 일종의 모범 사례였다. 찰스의 평가는 경영자의 시각으로 본 아주 냉철한 것이었다. 그는 비주류 집단이 갖고 있는 취약점에도 불구하고 존버치협회가 9만 명의 회원과 240명의 유급 직원을 확보하고 있으며, 연간 예산만 700만 달러에 달한다고 지적했다. 이런 수치들이 아주 인상적이기는 하지만, 찰스는 존버치협회가 음모론 같은 망상에 휩싸여 있는 것은 분명한 잘못이라고 지적했다. 또한 웰치가 구축한, 확인되지 않은 개인에 대한 숭배 역시 잘못된 것이라고 했다. 찰스는 웰치가 협회에 대한 지분을 통해 모든 통제권을 장악했으며, 자신에 대한 건설적인 비판마저 무시하게 됐다고 지적했다. 흥미로운 일이지만 찰스 역시 웰치와 같은 방식으로 자신이 소유한 비영리재단인 케이토연구재단(Cato Institute)의 주식을 발행하고, 그 지분을 대부분 소유하고 있다. 찰스는 그럼에도 불구하고 존버치협회에서 배울 것이 많다는 점을 아울러 이야기하며, 특히 비밀을 준수하는 은밀한 단결력을 본받아야 한다고 역설한다.

'원치 않는 비판을 피하기 위해서는 조직이 어떻게 운영되고 움직이는지 널리 알려지지 말아야 한다.' 찰스는 자신이 제출한 연구 보고서에 이렇게 적었다. 미국 정치계에 영향력을 발휘하려는 자신의 미래 계획 역시 은밀하게 진행되어야 한다는 것이다.

그는 또한 미래의 정치 사업을 위한 자금을 조성하기 위해서는 존 버치협회처럼 '모든 현대식 판매 전략과 동기 유발 기술을 동원해 기부자들에게 깊은 인상을 주어서 자금을 모아야 한다. 거기에는 일반 가정에서의 만남이나 휴양지 등에서의 편안한 만남도 포함된다'고 적었다. 코크 가문이 주최하는 기부자들의 모임은 바로 이런 홍보 전략에 따라 진행됐다. 이들은 기존 기금 마련 행사를 화려한 분위기 속에서 특별하게 초대받은 사람들만 참석할 수 있는 사교 행사로 탈바꿈시켰다.

찰스는 자신과 뜻을 같이하는 급진주의자들에게 승리를 위해서는 존버치협회와는 다르게 믿을 수 있는 지도자들을 양성하고 긍정적인 인상을 심어줄 필요가 있다고 이야기했다. 특히 언론과 예술계에 종사하는 사람들과는 다투지 말고 함께 나아가는 방향으로 사업을 진행해야 한다고 요구했다. 찰스의 형제들도 이런 계획을 충실히 따랐다. 데이비드는 뉴욕 예술계를 후원하는 큰손이 됐으며, 언론에서 사교계 소식을 전할 때에도 정기적으로 등장했다. 그러는 동안 찰스는 드러나지는 않지만 주도면밀하게 언론계 인사들 중 자신에게 공감하는 사람들을 자신이 주최하는 모임에 초대했다. 거기에는 라디오 토크쇼 진행자인 글렌 벡이나 〈워싱턴포스트〉의 찰스 크라우트해머, 〈내셔널 리뷰 National Review〉의 라메스 퍼너루 등이 포함되어 있었다. 코크 가문 모임에 참석한 최고 기부자들 중 두 사람은 언론사를 소유하고 있었는데 석유 재벌인 필립 앤슈츠는 〈워싱턴 이그재미너 Washington Examiner〉와 〈위클리 스탠더드 The Weekly Standard〉를, 그리고 투자업계의 거물인 포스터 프리스는 '데일리 콜러(The Daily Caller)'의 제1주주였다. 코크 가문 역시 2013년 '트리뷴 컴퍼니(Tribune Company)'를 사들이는 것을 심각하게 고려했다.

찰스는 지지자들을 끌어모으기 위한 최고의 승부수는 젊은층 공략에 초점을 맞추는 것이라고 주장했다. 왜냐하면 젊은층은 완전히 다른 급진적인 사회 철학을 받아들일 수 있는 유일한 집단이기 때문이라고 설명했다. 그는 이런 신념에 따라 오랫동안 수백만 달러에 달하는 후원금을 자유시장 원칙을 교육하는 일에 집중적으로 쏟아부었다. 심지어 자신의 신념을 초등학생들처럼 어린아이들에게 쉽게 알릴 수 있는 내용의 비디오 게임을 제작해 소개하기도 했다.

자유의지론 역사가인 레너드 리지오는 자체적인 청년 운동 구축을 지원하기 위해 나치 독일의 사례를 인용하기도 했다. 리지오는 코크 가문이 후원하는 인문학연구소(Institute for Humane Studies, IHS)에서 1974년부터 1998년까지 연구원으로 활약했으며, 자신의 보고서 '국가 사회주의 정치 전략: 근대 산업 사회와 권위주의 전통에서의 사회(National Socialist Political Strategy: Social Change in a Modern Industrial Society with an Authoritarian Tradition)'를 통해 나치 독일은 청년 운동을 성공시킴으로써 정권을 차지할 수 있었다고 설명했다. 그는 자유의지론자들 역시 나치처럼 대학생들을 끌어모아 자신들과 의견이 일치하는 집단이나 모임을 조직해야 한다고 제안했다. 존버치협회 위치토 지부의 전 회원인 조지 피어슨은 이 시기 찰스의 정치 보좌관 역할을 수행했는데, 이런 전략을 자신의 보고서에서 놀라운 방향으로 확장시켰다. 그는 자유의지론자들은 일종의 젊은 간부급을 양성할 필요가 있으며, 새로운 방식으로 학계에 영향을 미치는 방식으로 해야 한다고 제안했다. 그는 전통적인 방식의 대학에 대한 기부는 충분한 사상적 주입을 보장하지 못한다고 경고하면서, 대신 주요 대학 안에 있는 개인 연구소나 학술기관 등에 기금을 후원하는 방식을 추천했다. 이렇게 하면 후원자들은 급진적 사회 변화라는 목적을 감춘 채 이런 연구소나 기관들이 사람들을 채용할 때 혹은 그 밖의 다른 방식으로 운영 방향에 영향을 미쳐 원하는 바를 이룰 수 있다는 것이다.

코핀은 피어슨의 주장을 이렇게 요약했다. '모호하면서도 오해하기 쉬운 이름이나 명칭을 사용하는 일이 꼭 필요하다. 진짜 목적은 감추고 통제를 하는 방식도 모르게 한다. 이것이야말로 찰스 코크가 자신의 기부나 자선사업을 하면서 실천한 바로 그 방법이다. 나중에는 그의 정치적인 활동에서도 같은 방식이 적용된다.'

코크 형제의 본격적인 정치 참여

1976년에 열린 이 회의 이후 찰스는 미국 자유당에 참여한다. 그는 단지 든든한 재정적 후원자가 됐을 뿐만 아니라, 당의 에너지 정책에 대한 강령을 직접 작성했다. 정부의 통제에서 완전히 벗어나는 것이 그 강령의 목표였다. 코크 형제는 이후 더 적극적인 행보를 보였다. 그 연장선상에서 찰스는 자신은 계속 막후에서 활동하고 당시 서른아홉 살이던 데이비드를 설득해 1979년 선거에 나서도록 한다.[85] 코크 형제는 자유당 대선 후보자를 지지하는 활동을 계속했다. 대선 후보 에드 클라크는 같은 우파 후보인 로널드 레이건과 경합을 벌였다. 선거 기부금 제한 문제에 부딪힌 자유당은 합법적인 해결책을 찾을 수밖에 없었는데, 결국 데이비드를 부통령 후보로 내세우게 된다. 선거법에 따르면 후보자는 개인 재산을 얼마든지 선거에서 사용할 수 있었기 때문이다. 결국 데이비드는 1인당 1,000달러라는 선거 기부금 제한법에 구애받지 않고 자금을 마음대로 쓸 수 있었다.

보수파 활동가인 그로버 노퀴스트는 데이비드 코크는 선거전에 뛰어들어 선거법에 구애받지 않고 자금을 동원했는데 바로 자기 자신이 후보가 됐기 때문에 얼마든지 그렇게 할 수 있었던 것이라고[86] 설명했다. "그건 일종의 속임수였다." 코크 가문이 후원하는 연구소에서 일했던 경제학자 바틀렛의 말이다. 데이비드는 정치적 경력도 전무했고 대중에게 거의 알려지지 않은 인물이었기 때문에 사람들은 크게 당황했다. 그렇지만 자유당 전당대회에서 그가 선거를 위해 50만 달러를 사용하겠다고 약속하자 당원들은 모두 깜짝 놀라 환호성을 질러댔다.[87] 자유당 전당대회 입장권에 적힌 문구는 바로 이것이었다. '자유당을 도울 수 있는 건 오직 한 사람, 당신뿐입니다.' 이 말 역시 일종의 속임수였다. 실제로 자유당을 도운 건 데이비드 코크였다. 그는 200만 달러 이상을 쓰며 선거전 전체 예산의 60%가량을 홀로 감당했다.

돌이켜보면 데이비드가 1980년 대선에 자유당 부통령 후보로 나선 건 르페브르의 급진적 교육과 이른바 '티 파티(Tea Party) 운동' 사이의 가교 역할을 했던 셈이다. 여기서 말하는 티 파티란 미국 정치계의 보수주의자 유권자 조직을 의미한다. 그해 자유당 대선 후보로 나섰던 클라크는 〈네이션The Nation〉과의 대담에서 자유의지론자들은 '더 큰 티 파티'를 열 준비가 되어 있다고 말했다. 사람들은 세금으로 인해 죽을 정도로 고통스러워하기 때문에 곧 자유당을 지지할 것이라는 설명이었다. 그러는 사이 자유당의 선거운동본부의 주장은 자유학교의 급진적인 교육 과정을 거의 똑같이 닮아가고 있었다. 자유당은 모든 선거자금 관련 선거법의 철폐를 요구했으며, 이를 관리 감독하는 연방선거위원회(Federal Election Commission, FEC)의 해산도 요구했다. 또한 정부의 모든 보건 관련 정책을 폐지할 것을 요구했는데, 거기에는 저소득층의 의료보장제도와 노년층을 위한 건강보험제도도 포함되어 있었다. 자유당은 사회보장제도를 사실상의 정부 파산의 주범으로 공격하며, 역시 전폐를 요구했다. 자유당은 또한 모든 소득세 및 법인세에도 반대했는데, 여기에는 양도소득세도 포함됐다. 그리고 세금을 내지 않는 사람들에 대한 정부의 고소 및 고발도 중단하라고 요구했다. 증권거래위원회(Securities and Exchange Commission), 환경보건국, 그리고 FBI와 CIA를 포함하는 여러 정부기관들의 폐지를 요구하는 것도 공약에 포함됐다. 기업의 고용 활동을 방해하는 모든 법의 폐지도 요구했다. 다시 말해, 최저 임금 보장과 아동 노동을 금지하는 법 등을 철폐하라는 것이었다. 공립학교는 아이들에게 교육을 강요하기 때문에 역시 폐지 대상이었다. 자유당은 또한 식품의약국(Food and Drug Administration, FDA)과 산업안전보건청(Occupational Safety and Health Administration, OSHA) 폐지와 교통법 중 안전띠 관련 법 조항 폐지, 그리고 가난한 사람들을 위한 모든 복지 관련 법 폐지 등을 요구했다. 다시 말해, 20세기에 들어 진행된 모든 중요한 정치적 개혁들을 사실상 무효화하겠다는 의미였다. 코크 가문과 자유당의 다른 당원들의 관점에서 정부는 아주 기본적인 기능만 남을 때까지 축소되어야 했다. 바로 개인과 재산권을 보호하는 기능이었다.

그해 11월 대선에서 자유당은 1.06%의 득표율을 기록하는 데 그쳤다. 전쟁 반대와 징병제 반대, 그리고 마약과 성매매 합법화 같은 공약들은 일부 젊은 세대의 지지를 받기는 했다. 그렇지만 일종의 정책 시험 판매에서 이런 자유 지상주의는 철저하게 실패작으로 판명났다. 코크 형제는 자신들의 상표를 붙여 내놓은 정치 상품이 대선 시장에서 전혀 팔리지 않았음을 깨달았다. 찰스는 기존 정치계에 대한 냉소를 감추지 않았다. "정치란 더럽고 불결한 사업에 가깝다." 당시 한 기자에게 그가 한 말이다. "나는 좀 더 발전된 자유의지론 사상에 관심을 쏟을 것이다."[88]

브라이언 도허티에 따르면 코크 가문은 선거를 통해 당선되는 정치인을 그저 각본에 따라 움직이는 배우로 인식하게 됐다. 코크 형제는 더 이상 시간을 낭비하는 대신 이제 그런 각본을 직접 쓰는 사람이 되기를 원했다는 것이 코크 가문의 지인이 도허티에게 해준 말이었다. 미국이 가고 있는 방향을 바꾸기 위해 형제는 정치적 이념이 만들어지는 곳에 영향을 미쳐야 한다는 사실을 깨닫게 됐다. 바로 학계와 각종 연구소였다.

1980년 대선 이후 찰스와 데이비드는 사람들의 시선에서 사라진다. '그들은 정말로 사라져버렸다.' 리처드 비거리의 회상이다. 비거리는 우파의 광고물 사업을 통해 큰 성공을 거두었고, 우파의 자금줄을 이어주는 사람이라는 별명을 얻었다.[89] 이후 30년 동안 형제는 1억 달러가 넘는 돈을 대부분 익명으로 10여 개의 독립된 조직이나 단체에 기부한다. 자신들의 급진적인 이념과 사상을 더 발전시키기 위해서였다. 이들이 전면에 내세운 조직들은 미국 정부를 민주적으로 만들어진 시민의 대표자가 아닌 적으로 규정함으로써 악과 동일시했다. 또한 자유는 사라졌다고 주장하며, 개인이 아무런 제한 없이 마음대로 막대한 부를 쌓을 수 있는 나라가 바로 미국의 목표라고 했다. 시간이 흐르면서 이들 형제의 활동은 언론과 정치권, 학계와 연구소 등에 문어발식으로 보수적 이념을 전파한다고 해서 코크토퍼스(Kochtopus), 즉 '코크(Koch)'와 문어를 의미하는 '옥토퍼스(octopus)'를 합성한 신조어로 알려지게 됐다.

그러나 코크 가문은 혼자가 아니었다. 이들이 미국 정치의 방향을 선거의 결과와는 상관없이 오른쪽으로 틀려는 방법을 찾고 있는 동안, 비슷한 성향을 지닌 보수적인 부자 가문들이 속속 집결해 귀중한 지원군이 되어주었다. 이 가문들은 자신들의 재산을 같은 목적을 위해 사용하기를 원했다. 익명으로 펼치는 자선활동은 이들이 선택한 도구였다. 이들의 목적이 사실 누가 봐도 정치적이라는 것이 불 보듯 뻔했다. 린든 존슨 대통령의 위대한 사회 정책과 프랭클린 루스벨트 대통령의 뉴딜 정책은 물론 시어도어 루스벨트 대통령의 진보와 개혁 정책까지 모두 없던 것으로 만들겠다는 것이었다.

이 야심찬 목적을 이루기 위해 이들은 아버지들이 패배했던 전투를 다시 시작했다. 득의만만한 진보주의자들과 수많은 공화당 지지자들은 1970년대에 이르러서 미국의 정치적 균형추가 존버치협회 같은 초보수적 집단과는 완전히 반대되는 방향으로 기울었다고 생각했다. 크고 강력한 정부는 이제 사회와 경제를 더 나은 방향으로 이끌기 위해 꼭 필요한 도구라는 생각이 거의 대부분의 사람들에게 받아들여졌으며, 세금을 재분배하고 사용하는 일은 아무런 논쟁거리도 되지 못했다. 심지어 닉슨 대통령도 1971년 "나는 이제 경제 문제에 대해서는 케인즈 학파를 지지한다"라고 선언하기까지 했다.

그렇지만 보수당 전부가 이를 지지한 것은 아니다. 그 숫자는 얼마 되지 않지만 자금력이 풍부한 보수 반동주의자들이 극우파를 위한 싸움을 시작하고 승리하기 위해 이미 놀랍고도 새로운 방식으로 계획을 세우며 작업에 착수했던 것이다.

2

보이지 않는 손
리처드 멜론 스카이프

리처드 멜론 스카이프의 피츠버그 저택 현관에는 그의 애장품 하나가 오랜 세월 동안 집을 지키고 있다. 바로 마호가니 목재 받침대 위에 서 있는 황동 코끼리다. 저택을 찾는 방문객들은 이것을 가끔 공화당의 상징인 그 코끼리로 착각하는데, 멜론은행과 알로카 알루미늄(Alcoa aluminum), 걸프 석유 회사(Gulf Oil empire) 등 멜론 제국을 일궈낸 스카이프의 선조들이 100년 이상 펜실베이니아 주에서 공화당의 든든한 지원군 역할을 했기 때문이다. 그런데 현관의 이 코끼리는 공화당과는 아무런 상관없는, 한니발 장군을 상징하는 물건이다. 한니발은 고대 카르타고의 장군이자 전설적인 전략가로 코끼리 군단을 앞세워 알프스 산맥을 넘는 대담무쌍한 전술로 로마 군단의 허를 찔렀다. 이런 역사적 사실은 1964년 스카이프가 사적인 조직 하나를 만드는 데 영감을 주었다. 세상에 잘 알려져 있지 않던 이 조직은 미국에서 가장 돈이 많은 사람들 중 하나가 자신의 신념을 위해 믿을 수 없을 정도의 엄청난 노력을 기울이게 되는 첫 시작이었다. 또 다른 미국의 보수파 재벌들이 여기에 동참하면서 스카이프는 마치 한니발 장군처럼 전장의 지휘관 역할을 하며 치밀한 전략으로 미국 정치를 뒤흔들려는 목표를 향해 돌진하게 된다.

지난 수십 년 동안 스카이프는 그가 후원해준 사람들에게조차 신비한 은둔자처럼 비쳐졌다. 스카이프는 적어도 50년 이상 대략 10억 달러가 넘는 가문의 재산을 자선사업에 썼다. 이 액수는 그동안의 물가 상승률을 감안한 총액으로, 스카이프에 의하면 그중 약 6억 2,000만 달러 정도가 미국의 사회 문제에 영향을 미칠 목적으로 사용됐다고 한다. 1999년 〈워싱턴포스트〉는 스카이프를 두고 '20세기의 마지막 25년 동안 미국 정치를 근본적으로 바꾸는 운동에 앞장서 거액을 후원한 사나이'라고 평가했다.[1] 2014년 7월 4일, 그가 사망하자 〈뉴욕타임스〉는 그의 사진과 함께 장문의 부고 기사를 실었다. 그렇지만 그는 자신의 동기와 목적에 대해서는 언론과의 대담이나 일반인들을 상대로 한 연설 같은 것을 거의 한 적이 없다. 스카이프는 자신이 자금을 후원하는 연구소 운영자들과도 거의 이야기를 나눈 적이 없으며, 예전부터 알고 지낸 많은 친구들은 물론 헤어진 두 명의 아내와 성인이 된 자녀들을 포함해 가족들과도 관계가 소원한 편이었다. 〈컬럼비아 저널리즘 리뷰Columbia Journalism Review〉 기자인 카렌 로스마이어는 1981년 그와 이야기를 나누기 위해 그에게 접근했으나 이런 소리만 들었다고 한다. "이 빌어먹을 빨갱이야, 여기서 당장 꺼져!"[2] 치료 불가능한 암을 진단 받기 5년 전인 2009년, 스카이프는 자신의 회고록을 작성했는데, 지금도 출간되지 않은 이 회고록의 제목은 '보수적이면서도 화려했던 나의 삶(A Richly Conservative Life)'이다. 여기에는 지금의 보수주의 운동을 구축하게 된 사연에 대한 모든 숨겨진 이야기가 담겨 있다고 한다.[3]

그의 회고록에는 자신과 영향력 있는 몇몇 보수주의자들이 냉전 기간 서로 어떻게 만나 진보주의라는 존재론적 위협 앞에 놓인 미국

문명의 앞날에 대해 논의했는지 상세하게 나와 있다. 처음에는 비공개적인 만남으로 시작해 미국의 진보 운동에 대항하는 계획을 세웠다고 한다. 그러다가 한 모임에서 누군가가 지금 눈에 보이는 미국의 몰락 과정을 과거 로마제국의 몰락과 비교하는 것은 진부하고 쓸모없는 짓이라는 의견을 꺼냈고, 모임에 참석한 사람들은 로마가 아닌 카르타고의 멸망 쪽에 관심을 갖게 됐다. 카르타고는 지금의 북아프리카 지역에 있던 해양 강국으로, 카르타고 출신의 장군 한니발이 숙적 로마를 공격해 수도를 함락시키기 직전까지 갔지만 본국의 부유한 지도층이 제대로 지원하지 않아 결국 멸망한 것으로 알려져 있다. 국가 지도층의 소극적인 행동으로 인해 결국 적에게 승리를 헌납하게 됐으며 찬란하던 카르타고의 문화는 영원히 사라지게 됐다는 것이다. 이런 이야기가 오고간 끝에 이른바 '카르타고 동맹(the League to Save Carthage)'이라는 조직이 결성된다. 완고하고 영향력 있는 미국 보수주의자들이 모인 비공식적인 연결망이었다. 스카이프는 이에 대해 이렇게 기록했다. "미국은 카르타고의 전철을 밟아서는 절대로 안 된다. 이번에는 반드시 우리가 승리할 것이다."

1964년 이 모임은 공식적인 인가를 받은 조직 카르타고재단(Carthage Foundation)으로 정비됐고, 수많은 보수주의자들은 몰락한 고대 문명에 대한 비통함을 함께 나누게 됐다. 이 조직을 이끈 건 공화당 대통령 후보로 나섰다가 참패한 배리 골드워터였다. 당시 대선에서 승리한 민주당의 린든 존슨은 진보적인 시민 권리를 입법화하려고 했으며 '위대한 사회(Great Society)'라는 이름으로 빈곤을 퇴치하는 야심만만한 정책을 추진 중이었다. 그 내용은 정부의 권한을 급진적으로 확장하고 구세대의 질서에 도전하는 것이었다. 이런 진보적인 경향은 예술과 문학계를 넘어 사회 전체에서 당연한 것으로 여겨졌다. 당시 문화 비평가 라이오넬 트릴링은 스스로 크게 만족하며 '이제는 사회 전반에서 보수적이나 반동적인 사상을 전혀 찾아볼 수 없다'고 선언하기도 했다.[4] 우파를 대표하는 지식인 M. 스탠튼 에번스는 1965년 자신의 책《진보의 완성: 누가 미국을 이끄는가… 그리고 어떻게 이끌고 있는가The Liberal Establishment: Who Runs America…and How》에서 보수파의 상황 판단 능력이 부족함을 꼬집기도 했다. 그는 이렇게 선언했다. "문제의 핵심은 진보 운동이 완성됐고 이미 상황을 장악했다는 것이다." 이에 대해 루드비히 폰 미제스와 함께 공부하고 우파에서 활동하고 있던 에번스와 같은 사람들은 진보에 반대하는 운동을 펼치기로 했다. 그렇지만 이들은 이런 운동을 어디서 어떻게 시작해야 하는지 제대로 알지 못했고, 자금도 부족했다.

이런 상황을 받아들이고 도전하며 뛰어든 것이 바로 리처드 멜론 스카이프였다. 앞서 언급한 황동 코끼리 조각상 밑에는 '1950년부터 2000년까지 50년 동안 전장에서 활약한 카르타고의 영웅 리처드 멜론 스카이프'라는 내용이 새겨져 있고 스카이프는 '대담무쌍하고 충성되며 끈질긴 인물'이라며 찬양하는 내용도 새겨져 있다.

오랫동안 스카이프와 함께 일해온 보수파 기자이자 출판업자인 크리스토퍼 러디는 그와 정치적 역경을 함께하며 스카이프야말로 새로운 형태의 직접적인 정치적 기부 활동을 창안해낸 선구자라고 믿었고 지금과 같은 흐름을 만들어낸 선구자라고 말했다.[5] "나는 전에 그와 같은 일을 한 사람을 한 번도 본 적 없다. 그는 우파의 산타클로스인지도 모른다."

막대한 재산을 물려받은 리처드 멜론 스카이프

스카이프가 처음 활동을 시작했을 때에만 해도 그가 정치에 그렇게 큰 영향을 미치게 될 것이라고 생각한 사람은 거의 없었다. 물론 그는 엄청나게 돈이 많은 집안에서 태어났다. 1957년 〈포춘〉은 스카이프의 어머니 새러 멜론 스카이프와 다른 세 명의 가족을 미국에서 가장 부유한 여덟 명 중 네 명으로 꼽았다.[6] 그렇지만 스카이프는 부잣집에서 태어났다는 것 말고는 그리 눈에 뜨이는 점이 없었다. 30대 중반이 될 때까지 특별한 사회 경험을 쌓거나 성취를 이루지도 않았다. 심지어 스카이프 자신도 쓸모없이 방탕하게 세월을 보냈다고 인정했을 정도다. 그는 회고록에 자신은 작가들 중에서 존 오하라를 좋아하는데, 상류층에서 흔히 볼 수 있는 타락하고 쓸모없는 생활에 대해 그보다 더 잘 묘사한 작가가 없기 때문이라고 썼다. "펜실베이니아 상류층의 생활을 얼마나 잘 정리해놓았는지 놀랄 정도다. 너무 많은 재산과 술로 자신의 인생을 망치는 모습이나 자기들만의 모임에서 보이는 모습 등등."[7]

스카이프의 외증조부인 토머스 멜론은 멜론 가문의 부를 일군 장본인으로, 후손들이 물려받은 재산으로 인해 게을러지고 타락할까 봐 많은 걱정을 했다. 아일랜드 농부의 아들로 태어나 1820년 무렵 가족과 함께 미국 펜실베이니아에 정착한 멜론은 사업가로서 뛰어난 자질을 발휘했다. 그는 부동산 투자를 시작으로 대부업에 뛰어들어 크게 성공했으며, 피츠버그에서 유력한 멜론은행으로 성장시켰다. 도금 시대, 멜론 가문은 걸프 석유 회사와 알로카 알루미늄 등 막 성장세를 보이는 여러 회사들을 합병하며 세력을 크게 키웠다.

1885년 자신이 모은 막대한 재산을 살펴보던 멜론은 이렇게 한탄했다. "인간의 인생이란 결국 스스로 참아가며 열심히 일하다가 재산을 모으고 쌓아가는 것인데, 그걸 물려받은 후손들은 그럴 필요 없이 흥청거리고 살다가 결국 얼마 지나지 않아 영혼과 육신을 모두 망치게 되는 것이 아닌가."

1932년 피츠버그에서 토머스 멜론의 증손자, 가족들이 디키라는 애칭으로 부른 리처드 멜론 스카이프가 태어나자 그의 증조부가 살아생전 우려하던 일은 정말로 현실이 됐다. 스카이프의 어머니 새러 멜론 스카이프는 알코올중독에 빠져 헤어 나오지 못했다. 지금은 고인이 된 딸 코델리아 스카이프 메이는 그런 어머니를 술주정뱅이라고 불렀다. 코델리아는 또 이렇게 말했다. "그건 디키도 마찬가지였고, 나도 그랬다."[8]

그들 남매는 금수저를 물고 태어났지만 동시에 불만도 아주 많았다. 스카이프는 자신의 회고록에서 자신을 근본적으로 기존 체제를 반대하는 인물로 묘사했다. 이런 묘사는 그의 배경을 생각하면 이해되지 않을 수도 있지만, 멜론 가문에서의 그의 위치를 생각하면 그런 분노를 어느 정도 이해할 수 있기도 하다. 스카이프의 어머니는 잘생긴 지역 유지의 아들 앨런 스카이프와 결혼했는데, 앨런은 어려서부터 화려한 생활을 누리며 최고의 명문 학교를 졸업했지만, 그의 선조들은 금속 가공업체를 꾸려가며 힘들게 일했던 사람들이었다. 그런 이유로 어머니를 특히 아껴 멜론 가문의 막대한 재산을 적지 않게 물려준 스카이프의 외삼촌 R. K. 멜론은 앨런 스카이프의 가문을 아주 우습게 생각했다. "나의 아버지는 쓰레기 같은 취급을 받았다." 스카이프는 1978년 가족의 일대기를 쓰던 버튼 허시에게 이렇게 말했다.[9] 스카이프는 자신의 회고록에 가장 가까웠던 친척이며 '피기 삼촌'이라는 애칭으로 불렸던 외삼촌이 '내 아버지를 마치 집안의 심부름꾼처럼 취급했다'고 기록했다. 앨런 스카이프는 멜론 가문이 이끄는 여러 사업에서 명예직을 맡았지만, 실질적인 권력은 없었다. 그저 아내가 물려받은 엄청난 재산을 관리하는 정도의 일만 했을 뿐이다.

앨런 스카이프가 잠시나마 멋진 모습을 보인 건 2차 세계 대전 때로, 그는 CIA의 전신이라고 할 수 있는 미국전략정보국(Office of Strategic Services, OSS)에서 육군 소령 자격으로 복무했다. 양복점에서 맞춰 입은 군복이 깊은 인상을 심어주긴 했어도 실제 업무에서는 그렇지 못했던 모양이다. 훗날 CIA 국장이 된 리처드 헬름스는 당시 함께 복무했던 앨런에 대해 별 쓸모가 없었던 사람으로 기억했다.[10]

재산에 대한 집착과 세금과의 사투

아버지와 가족 사이의 갈등을 통해 스카이프는 평생에 걸쳐 정보 문제, 음모 이론, 국제 관계에 깊이 심취하게 된다. 공산주의에 대한 뿌리 깊은 반감도 이때부터 생겨났다. 그는 회고록을 통해 휴가를 나올 때마다 아버지는 가족들에게 공산주의란 멀리 외국에서만 벌어지는 일이 아니라 조국인 미국에서 지금 당장 커가고 있는 위협적인 세력을 가리킨다고 경고했다. 스카이프는 "내가 정치적으로 보수주의라고 해서 힐러리 클린턴은 나를 '거대한 우파의 음모'를 뒤에서 조종하는 악당쯤으로 생각하는 모양인데, 그건 단지 그녀의 망상일 뿐이다"라고 말하며 자신이 보수파로 기울어진 것은 1944년 뉴욕의 콜로니 클럽에서 아버지와 점심 식사를 하던 때, 즉 열두 살 생일을 맞은 그날이라고 설명했다.[11] 앨런 스카이프는 자신들과 같이 부유한 자본가들은 언제 공격을 당할지 모른다고 경고하기도 했는데, 그의 이런 발언은 노동자들의 시위와 계급 사이의 전쟁을 떠오르게 한다. "아버지는 미국의 안보 문제를 염려했고 식탁 주위에 앉아 있던 우리들은 우리의 모든 미래가 위기에 빠질지도 모른다고 생각했다."[12] 당시 한 지역 신문의 편집장이자 지금은 〈피츠버그 포스트가제트Pittsburgh Post-Gazette〉에서 일하고 있는 윌리엄 블록도 비슷한 경험이 있다. 그는 1940년대의 앨런 스카이프에 대해 과도하게 신경이 곤두서 있던 사람이라고 기억했다. 그는 앨런이 좌파가 부자들에게 가하는 위협이 점점 더 그 정도를 더해간다고 생각했다고 설명했다. '앨런 스카이프는 특히 상속으로 부자가 된 것에 대해 아주 많이 걱정했다.'[13]

멜론 가문의 재산에 대한 집착은 이전 세대부터 이어져 내려온 것이다. 스카이프는 사업체를 일구며 엄청난 재산을 모은 가문의 후계자였을 뿐만 아니라, 거대 자본가들이 모든 것을 독점하던 시대부터 이어져온 완고한 보수 반동주의 정치관을 가지고 있는 집안의 후손이기도 했다. 워런 하딩과 캘빈 쿨리지, 허버트 후버 등 여러 대통령 밑에서 재무부 장관을 역임한 그의 종증조부인 피츠버그의 은행가 앤드루 멜론은 진보주의 운동에 앞장서서 저항하는 상징적인 인물이었다. 그런 그가 특히 격렬하게 반대한 것이 바로 소득세였다.

1913년 의회에서 열여섯 번째 헌법 수정안에 따라 소득세법을 시행하기 전, 미국의 세금제도는 가난한 사람들에게 특히 불리하게 적용됐다. 술이나 담배처럼 대부분의 사람이 사용하는 소비재에 높은 세금이 부과됐으며, 도시에 살고 있는 사람들은 농장이나 부동산을 소유하고 있는 사람들보다 더 많은 세금을 납부해야만 했다. "소득세법이 시행되기 전 미국 사회는 완벽한 불평등의 전형 그 자체였다. 불합리한 세금제도는 그런 상황을 더욱 악화시켰다." 샌디에이고에 있는 캘리포니아대학교의 사회학 교수 아이작 윌리엄 마틴의 설명이다.[14]

《부자들의 저항: 세금을 내지 않겠다는 풀뿌리 운동Rich People's Movements: Grassroots Campaigns to Untax the One Percent》이라는 책에서 마틴 교수는 1913년 소득세법의 제정에 대해 많은 부자들은 이를 재앙으로 여기고 이를 되돌리기 위해 100년 이상 계속될 지루한 공방을 벌이기 시작했다고 설명했다. 21세기가 된 지금까지도 부자 보수파들은 수많은 정교하고 교묘한 방법들을 개발하고 동원해 자신들의 진짜 의도를 감춘 채 애국심을 내세우며 세금을 내지 않으려 하고 있다. 이 과정에서 이들은 개인적인 이익에 대해서는 거의 함구하고 있지만, 특별히 부자들에게 부과되는 높은 세금에 대해 끊임없이 저항하고 있는 것이다. 초창기부터 이런 조세 저항 운동을 조직적으로 이끌어온 사람들 중에서 앤드루 멜론을 능가하는 인물은 없었다.

의회가 연방 소득세법을 시행할 무렵, 앤드루 멜론은 미국에서 가장 돈이 많은 사람 중 하나로, 당시 '트러스트(trust)'라고 불리던 10여 개의 독점 기업들과 관련되어 있었다. 그의 유니언 트러스트 은행은 피츠버그에서 이뤄지는 투자의 절반 이상에 자금을 대출해주었다는 소문이 있었을 정도다.[15] 앤드루 멜론의 생각에 당시의 상황에서 빚어진 경제적 불평등은 단지 당연한 결과일 뿐더러, 성실하고 열심히 사는 사람들에게 주어지는 일종의 보상 같은 것이었다. 이런 생각에 대해 일반인들의 지지를 끌어내기 위해서 멜론은 《세금: 사람들의 진짜 문제Taxation: The People's Business》라는 책을 써서 아주 싼 가격에 보급하기도 했다. 이 책을 통해 그는 사람들이 피부로 느끼는 것과는 반대로 부자들에 대한 감세가 오히려 더 많은 세수 확장으로 이어질 것이며 공익에도 부합된다고 주장했다.[16] 그로부터 60년이 지난 후 이번에는 이른바 '공급자 중심의 경제 이론(supply-side economics)'의 아버지로 불리는 주드 와니스키가 자신에게 영감을 준 멜론에게 존경의 인사를 바치기도 했지만,[17] 당시 멜론이 쓴 세금을 반대하는 이 책은 사업가들이 단체로 구입했는데도 불구하고 거의 팔리지 않았다.

공직을 수행하던 앤드루 멜론은 1920년대에 들어서자 이전의 이른바 진보 시대에 있었던 수많은 개혁 정책들을 되돌리는 일에 전념한다.[18] 1921년 양도소득세가 폐지되고 주식시장은 호황을 맞는다. 재무부 장관으로 12년 이상 재직하면서 지속적으로 노력한 끝에 멜론은 마침내 마틴의 설명처럼 역사상 그 어떤 세법보다 많이 부과되던 미국 부자들에 대한 세율을 줄이는 법안을 통과시키는 데 성공한다.[19] 멜론은 더 큰 성장과 번영을 약속했다. 하지만 광적인 투기 열풍이 이어지다가 1929년 주식시장이 붕괴되면서 멜론의 약속은 그 빛이 바래고 만다. 그의 경제 이론은 이제 이기적이고 무책임한 것으로 취급됐다. 뿐만 아니라 멜론 자신이 아무도 모르게 미국의 가장 큰 규모의 사업체에 세금 혜택과 각종 보조금을 지급하고 있었다는 사실도 밝혀졌는데, 그 사업체의 대부분이 멜론 가문이 대규모로 투자하고 있는 곳이었다.[20] 결국 멜론은 이 문제와 관련해 기소 당했고 무죄 판결을 받았다. 그렇지만 그동안 내지 않았던 세금을 납부해야 했다. 이는 멜론 가문에 경멸과 모욕에 가까운 판결이었다.

1929년 주식시장이 붕괴된 지 3년이 지나 계급 간의 갈등과 경제적인 책략이라는 배경을 뒤로 하고 리처드 멜론 스카이프가 세상에 태어났다. 리처드 멜론 스카이프의 가문은 앤드루 멜론의 낮은 세금과 작은 정부 문제를 가장 중요한 원칙으로 삼았다. 스카이프의 부모는 세금을 적게 내기 위해 복잡한 자산 관리 계획을 짜고 있었는데, 이것을 보면 이 문제에 대해 조금의 관심만 있었던 것으로 추정된다.

1941년 12월 일본군이 진주만을 공격한 지 며칠 후 멜론 스카이프의 부모는 가문이 소유하고 있는 세금을 내지 않는 자선재단 중 가장 규모가 큰 재단을 만들었다. 바로 새러스카이프재단(Sarah Scaife Foundation)이다. 마치 세금이 오를 것을 예상하고 가족의 재산을 은닉하기 위해 시의적절하게 재단을 만든 것처럼 보였는데, 이에 대해 스카이프는 '당시 부모님의 진짜 의도가 무엇이었는지 나는 잘 모르겠다'고 기록했다. 그렇지만 그는 아마 임박한 일본과의 전쟁 때문이 아니었을까 생각했다. "소득세가 최고 90%까지 오를 거라는 소문이 있었다."[21] 루스벨트 대통령과 노조는 부자들이 전쟁 준비 비용을 더 많이 부담해야 한다고 주장했다. 그래야 공평하게 서로 희생을 분담할 수 있다는 것이었다.[22] 국가 안보에 대한 이런 강경한 분위기에도 불구하고 스카이프 가족은 전쟁 준비 비용을 분담하는 것을 피하기 위한 조치를 취한 것이다. 스카이프는 자신의 회고록에서 있는 그대로 객관적인 사실을 기록한다. "부자들은 정부의 징발을 피하기 위해 결국 자신들의 재산을 정리하는 데 나설 터였다. 법이 허락하는 한도에서 세금 징수원의 눈길을 피해 자신들의 돈을 적당한 곳에 감출 수 있는 일은 뭐든지 하려는 것이었다."

호화스럽지만 파란만장한 스카이프의 삶

그러는 와중에도 스카이프 가문의 생활은 넉넉하고 화려했다. 그들은 펜실베이니아 주 리고니어에 있는 약 877평 대지에 영국 시골풍의 커다란 석조 별장을 지었는데 바로 옆에는 멜론 가문이 조상으로부터 물려받은 약 1,089만 평 상당의 롤링 록 가족 농장이 있었다. 그들은 이곳을 '펭귄 궁전(Penguin Court)'이라고 불렀다. 어머니 새러 스카이프가 정원에 풀어놓고 구경하며 즐거워하던 애완용 펭귄들 때문에 지어진 이름이었다. 펭귄들이 사는 집은 얼음집인 이글루와 비슷한 모양으로 지어졌으며 매일 얼음으로 그 안을 채워주었다고 한다. 별장은 정말로 넓어서 스카이프는 어린 시절 혼자서 네 개나 되는 방을 썼던 것으로 기억했다. 서양에서는 보통 잠이 오지 않으면 양의 숫자를 세는데, 스카이프는 조금 달랐다. "잠이 오지 않을 때면 나는 별장에 있는 방의 숫자를 세었다. 50~60개 정도 됐던 것 같다."[23]

이런 화려한 삶도 스카이프를 행복하게 만들어주지는 못했다. 그는 아홉 살 때 말을 타다가 머리에 큰 상처를 입고 크게 고생했다. 낙마하면서 두개골에 금이 가서 열 시간 가까이 혼수상태였으며, 머리에 금속 조각을 박아 뼈를 연결해야만 했다. 덕분에 스카이프는 1년 이상 집에서만 지내야 했으며, 평생 동안 힘들거나 거친 운동은 하지 못했다. 이 사고로 군대 또한 면제됐다. 병석에 누워 있으면서도 스카이프는 세상이 어떻게 돌아가는지 면밀하게 살폈다. 전쟁 중 군대가 어떻게 이동하고 있는지 지도를 통해 살펴보았다. 그러면서 평생에 걸친 신문에 대한 열정을 키워나가게 된다. 어린 시절 동경하며 읽은 신문을 커서는 자신의 것으로 소유하게 된 것이다.

일반적인 삶에서 격리된 가족들의 삶 때문에 스카이프 가족의 자녀들은 많은 야유와 비난을 받았다. 대공황과 전쟁이 이어지는 동안 전용기사가 모는 리무진을 타고 지나가는 아이들을 보며 사람들은 뒤에서 야유를 보냈다. 대부분의 사람이 휘발유를 배급받아서 엄청나게 아껴가며 사용하고 있었기 때문이다. 스카이프는 열 살 무렵에 대해 이렇게 기억했다. '다른 사람들과 비교해보니 우리 가족이 많이 다르다는 사실을 깨달을 수 있었다. 우리 집은 정말 부자였다.' 그 시절 그는 부자라는 이유로 다른 사람들이 자신을 미워하지 않을까 두려웠다고 했다. 그렇지만 나이가 들면서 대부분의 진보주의자들과 달리 그런 많은 재산을 소유할 만한 자격이 있다고 생각하게 됐다. "친구들 중 일부가, 아니 대부분이 재산을 가지고 있는 것에 대해 죄책감을 느꼈다. 나는 그렇지 않았다. 단 한 번도 그런 적이 없다." 재산에 대해 그는 이렇게 설명한다. "재산이라는 건 사람뿐만 아니라 그가 속해 있는 공동체와 국가가 함께 물려받는 것이다. 이를 통해 아주 많은 선한 일을 할 수 있다." 그는 또한 이렇게 말하기도 했다. "나는 이념과 사상의 전쟁터에서 승리하기 위해 나의 돈을 쓸 수 있다는 사실이 아주 기분이 좋다."

스카이프는 자신의 어린 시절이 행복했다고 기억했다. 그는 자신을 돌봐준 보모가 좋았으며 아버지를 존경했고 어머니를 흠모했다. 그렇지만 그보다 네 살 많은 누나인 코델리아는 남매의 성장 과정을 다르게 기억했다. 그녀는 자신의 가족이 서로를 완전히 비참하게 만드는데 아주 뛰어났다고 말했다.[24] 스카이프 가족에게 그들이 가진 돈 만큼이나 넘쳐흘렀던 유일한 것이 있다면 그건 바로 술이었다. 열네 살이 되어 디어필드 아카데미, 즉 8년 뒤 데이비드 코크가 입학하게 되는 그 유명한 사립학교로 가게 된 스카이프는 당시 이미 술을 꽤 마실 줄 아는 아이였다. 졸업반이 되어 학교 교칙을 어기고 학교 안에서 술을 마시다가 발각된 그는 졸업을 하지 못할 뻔했다. 스카이프의 기억으로는 그의 부모가 황급히 새로운 기숙사를 짓는 데 막대한 돈을 기부함으로써 겨우 졸업을 할 수 있었다. 얄궂은 일이지만 몇 년 후 스카이프는 사회 비평가인 찰스 머리가 '유복한 집안에서 태어났어도 성공을 위해서는 더 엄격한 노동 윤리와 도덕 규범이 필요하다'는 이론을 내세웠을 때 후원금을 모아 그의 연구를 도왔다.

학교에서의 성적은 시원치 않았지만, 어쨌든 스카이프는 아버지의 모교이기도 한 예일대학교에 합격했고, 얼마 지나지 않아 다시 술자리를 쫓아다니게 된다. 모범생들을 골라 괴롭히는 것으로 유명했던 스카이프의 명성을 절정에 달하게 해준 건 텅 빈 맥주 통을 계단 아래로 굴려 동급생을 다치게 한 사건이었다. 스카이프는 나중에 자신은 오해받은 것일 뿐, 맥주 통을 굴려 떨어뜨린 건 다른 친구였다고 해명했다. 교내 음주 사건으로 다시 말썽을 빚은 그는 학생 지도 교수가 그 일을 문제 삼았는데도 대수롭지 않게 생각했지만, 결국 퇴학을 당하고 만다.

스카이프는 이듬해 예일대학교에 재입학을 할 수 있는 기회를 얻는데, 이번에도 역시 강의실보다는 극장을 더 많이 쫓아다니느라 낙제점을 받았고 이번에는 완전히 학교에서 쫓겨나고 말았다. 그래도 피츠버그대학교 이사회 이사장이었던 아버지의 도움으로 피츠버그대학교를 졸업한 뒤 스카이프는 자기 가문이 운영하는 사업체인 걸프 석유 회사에 입사하게 된다.

이런 일을 겪었는데도 그의 품행은 그다지 달라지지 않았다. 스물세 살이 되던 해 어느 비오는 밤, 술을 마시고 약혼녀인 프랜시스 길모어를 만나기 위해 급하게 차를 몰고 달리던 스카이프는 큰 사고를 일으켜 무릎이 박살났으며 자신이 몰던 차와 충돌한 다른 차 주인에게 거액의 배상금을 물어줘야 했다. 알코올 중독과 기행으로 인한 비극은 그가 성년이 된 이후에도 계속 이어졌다. 한 친구는 바로 그의 눈앞에서 자살했고, 누나의 남편은 도무지 이해할 수 없는 상황에서 총상을 입고 세상을 떠났다. 매형의 죽음이 사고인지 자살인지는 알 수 없으나 어쨌든 큰 추문임에는 틀림없었다. 이 일로 누나와의 사이도 영원히 멀어지게 된다. 누나 코델리아가 무슨 이유에서인지 남편의 죽음에 남동생이 관련되어 있다고 의심했기 때문이었다. 2005년 불치병에 걸린 코델리아는 비닐 봉투로 스스로의 숨을 틀어막아 자살하고 만다. 그녀가 남긴 유산은 8억 2,500만 달러 정도였다.

이런 비극들이 벌어지기 전인 1958년, 스카이프의 아버지가 갑자기 세상을 떠났다. 당시 스카이프는 겨우 스물여섯 살이었다. 그는 당시를 인생의 분수령으로 기억했다. 아버지는 아들에게 다 쓰러져가는 본가의 금속 회사를 물려주었고, 아들은 회사를 단돈 1달러에 매각했다. 그 밖에 외가에서 운영하는 멜론은행 이사회의 아무런 실권도 없는 이사 자리를 물려받게 됐는데, 이사장은 바로 아버지를 철저하게 경멸하고 무시했던 외삼촌이었다. 그보다 더 중요한 건 스카이프가 어머니의 재정 문제를 책임지게 됐다는 사실이다. 수억 달러에 달하는 재산을 투자하고 지키는 책임을 지게 된 것이다. 스카이프는 당시 상황에 대해 '가장 중요한 건 아버지가 그랬듯 어머니를 돌보는 것이었다'고 기록했다.[25] "당시 쉰여섯 살이 된 어머니는 아주 부유한 여성이었지만, 돈을 관리하는 데에는 아무런 경험이 없었다. 나로서는 그 역할을 피할 수 없었다. 모든 것을 다 내가 책임지게 된 것이다."

세금을 피하기 위한 기부

아버지가 세상을 떠난 지 얼마 지나지 않아 어머니는 자선단체 기부신탁을 통해 두 곳에 각각 5,000만 달러의 기금을 예치했다. 신탁기금의 수령인은 바로 스카이프 남매였다. 앞에서 살펴보았던 코크 가문의 경우와 마찬가지로 이렇게 예치한 기금으로 만들어진 모든 수익은 이후 20년 동안 비영리 자선단체에 모두 기부된다. 그리고 20년 후 5,000만 달러의 원금이 상속세 없이 스카이프 남매에게 그대로 상속될 수 있었다. 다시 말해, 20년 동안의 자선활동이 상속세 없는 유산 상속의 대가인 셈이었다. 스카이프는 이 제도에 대해 이런 말을 남겼다. "세법이 만들어지는 방식이 정말 놀랍지 않은가?"[26]

스카이프는 어머니가 이 방식을 아주 마음에 들어 한 것 같다고 적었다. 왜냐하면 어머니는 1961년에 다시 비슷한 신탁을 또 두 개 만들어 각각 2,500만 달러의 기금을 예치해서 남매를 수령인으로 정했기 때문이다. 이번에는 원금에 대한 수익 전부를 적어도 10년 이상 자선단체에 기부해야 한다는 조항이 붙었다. 그리고 1963년 그의 어머니는 또 다시 1억 달러를 같은 방식으로 예치하는데, 이번에는 손자와 손녀를 위해서였다. 그것이 이른바 '새러 스카이프 손자 손녀 기금(Sarah Scaife Grandchildren's Trust)'이다. 역시 원금에 대한 모든 수익은 기부되며 그 기간은 21년인데, 코델리아에게는 아이가 없었기 때문에 이 1억 달러 기금에 대한 관리는 당시 어린 남매를 슬하에 두고 있던 스카이프가 맡아서 하게 됐다. 따라서 스카이프는 1984년까지 21년 동안 어머니의 신탁기금이 만들어내는 자선 기부금 모두를 사실상 혼자서 관리했다. 그 총액은 무려 2억 5,000만 달러에 달했다. 액수도 액수려니와 이를 통해 얻어지는 연간 수익 역시 당시로선 상상할 수도 없는 엄청난 규모였다.

스카이프는 회고록을 통해 어머니의 이런 재산 관리 방식 덕분에 자신은 세금 없이 모든 재산을 물려받을 수 있었다고 회고했다. 사회적으로 아주 유용한 절세 수단이었던 셈이다. "돈을 기부하는 사람은 상속세나 증여세 없이 재산을 통째로 물려줄 수 있었다. 물론 일정 기간 동안 사회에 기여해야만 했다. 나로서는 나 자신이나 사회 모두에 아주 좋은 방식이었다고 생각한다."

그렇지만 이런 세금 관련 법 때문에 수많은 미국의 부자 가문들이 자신들의 재산을 지키기 위해 미국의 민간 부문에서 중요한 실력자로 등장하게 됐다. 실제 목적은 자신들의 재산을 세금으로부터 지키는 것이지만, 그 대가로 사회적으로 자선을 베푸는 역할을 하게 된 것이다. 코크와 스카이프 집안의 사례에서 볼 수 있듯, 결국 세법 때문에 현대 보수주의 운동의 자금줄이 생겨난 셈이다.

어쨌든 세금 문제 때문에 시작된 일이라고는 해도 자선사업 쪽에서 스카이프의 역할과 영향력은 나날이 커져갔다. 한 가지 중요한 문제는 계속해서 쌓여가는 막대한 이자나 수익금을 어떻게 제대로 활용하느냐 하는 것이었다. 세법에서 정한 기준을 확실하게 만족시키려면 이 돈을 자선활동에 적절하게 분배할 필요가 있었다. 스카이프나 코크 집안처럼 엄청나게 재산이 많은 집안이 선택한 적절한 해결책은 아예 자신들의 이름으로 자선단체나 재단을 만들고 거기에 돈을 기부하는 것이었다. 이를 통해 스카이프나 코크는 세금을 면제 받으면서 자선을 위한 기금이 사용되는 방식 등에 대해, 다시 말해 자신들의 재산에 대해 계속해서 영향력을 발휘할 수 있었다.

10만 개 이상의, 부자를 위한 재단

이런 개인 재단들에 대한 법적 규제는 매우 미미하다. 재단들은 자산의 최소 5% 이상을 매년 자선사업에 기부해야 하는데, 그 대상이 비영리조직이나 단체면 된다. 대신 기부자들은 세금을 면제받는데, 이렇게 하면 소득세를 엄청난 수준으로 줄일 수 있다. 결국 부자들은 세금 감면을 통해 막대한 액수의 돈을 정부로부터 보조받는 셈이며, 동시에 이런 재단을 활용해 자신들이 원하는 대로 사회에 영향을 미칠 수 있게 된 것이다. 게다가 이런 과정을 통해 부자 기부자들은 투철한 사회봉사 정신과 따뜻한 마음을 가지고 있다는 평판도 얻게 된다. 계층 사이의 갈등을 봉합하는 역할을 하면서 말이다.

이런 이유 때문에 지난 세기 동안 엄청난 재산을 보유한 대부호들은 앞다퉈 개인 자선재단 만들기에 나섰고, 이는 지금 아주 일상적인 일이 됐다. 이로 인한 논쟁이나 갈등은 거의 찾아볼 수 없지만, 정치에 관여하는 사람들은 일단 개인 재단 자체에 대해 많은 의심을 품고 바라보게 됐다.[27] 사회의 일반 분야로 밀고 들어오는 엄청난 개인 재산가들의 영향력은 선거로 뽑힌 것이 아니어서 책임을 질 필요도 없는 일종의 금권정치(金權政治)의 한 형태로 인식됐기 때문이다.

이런 재단은 도금시대의 존 D. 록펠러로부터 시작됐다. 자선활동에 대해 록펠러의 자문 역할을 했던 프레더릭 게이츠 목사는 이렇게 경고했다. "당신의 재산은 마치 눈덩이처럼 불어나고 있다. 그러다가 눈사태가 일어날 수도 있다! 거기에 짓눌리기 전에 재산이 불어나는 속도보다 빠르게 사람들에게 베풀어야만 한다!" 이런 경고 아닌 경고를 받은 록펠러는 1909년 의회로부터 일종의 정부 허가장을 받아 일반적인 목적의 개인 재단을 설립하기 위해 법적 해결책을 찾게 된다. 재단의 목표는 형편이 어려운 사람들을 구제하고 사회와 지식의 발전에 기여하는 것 등 아주 다양했지만, 전직 대통령인 시어도어 루스벨트를 포함해 이를 비판하는 측은 불법적으로 모은 재산을 자선활동에 사용한다고 해서 그 죄가 사라지는 것은 아니라고 공격했다. 당시 의회에서 이런 개인 재단 설립에 반대하는 증언을 한 유명인 중에는 존 헤인즈 홈즈 목사도 있었는데, 그는 민주주의 사회 이념 전체를 부정하는 일이라며 이를 맹렬하게 비난했다. 미국 노사관계위원회 위원장인 프랭크 월시는 1915년 "이른바 재단이라는 이름을 달고 있는 막대한 자선기금들은 오히려 사회복지에 위협이 된다"라고 주장했다. 스탠퍼드대학교의 정치학 교수이자 스탠퍼드대학교 민간 사회 및 자선활동센터 공동 소장이기도 한 롭 라이크는 개인 재단에 대해 이렇게 설명했다. "사실상 금권정치가 내리는 결정을 반영하는 것으로, 근본적으로 아주 심각하게 반민주적인 행태를 띠고 있기 때문에 문제가 된다. 그 실체는 정치적 평등을 무너뜨리고 공공정책에 영향을 미치며 영원히 존속하겠다는 것이다."[28]

미국 연방 의회의 승인을 얻지 못한 록펠러는 뉴욕 주 의회에서 자신의 계획을 승인받게 된다. 이후에 생겨난 모든 개인 재단의 원조격인 록펠러재단(Rockefeller Foundation)은 처음에는 법적으로 교육과 과학, 그리고 종교와 관련된 사업만 벌일 수 있었다. 시간이 흐르면서 개인 재단의 숫자는 늘어갔고 재단이 관여할 수 있는 분야도 함께 늘어갔다. 라이크 교수에 따르면 1930년이 되자 미국의 개인 재단 숫자는 200개가 넘었다.[29] 1950년에는 무려 2,000여 개에 달했으며, 1985년에는 3만 개를 넘어섰다. 2013년 기준으로 미국의 개인 재단은 10만 개 이상이며, 총자산은 8,000억 달러를 넘어섰다. 이런 특별한 미국식 조직들이 어떻게 운영이 되고 있는지는 알려진 바가 거의 없다. 이들은 유권자나 소비자들에 대한 아무런 책임도 지지 않으면서 공공연하게 세금 감면을 통한 정부의 보조를 받는다. 다시 말해, 엄청나게 큰 거인들이 공공 정책 분야에 영향을 미치고 있는 셈이다. 자유의지론에 관한 법학자이며 전통에 얽매이지 않고 인습을 거부하는 것으로 유명한 리처드 포스너는 이렇게 정해진 기간 없이 존속되는 자선 관련 재단을 일컬어 '완벽하게 무책임한 기관이며, 그 누구에게도 실체를 밝히지 않는 집단'이라며, '경제 문제의 수수께끼 중 하나로 왜 이런 재단들이 추문의 대상이 되지 않는가?'라는 것이 있다고 말했다.[30]

전 세기의 이른바 '강도 귀족'이라고 불리던 거대 악덕 자본가들이 자선을 위한 기부를 시작했을 때 그들이 받은 보상은 사실 세금 감면은 아니었다. 그렇지만 1913년 연방정부가 소득세를 걷기 시작하면서 부자들은 곧 특별한 세금 감면을 받지 못하면 더 이상 자선활동과 기부를 할 수 없을 것이라고 의회를 설득한다. 덕분에 1917년 기부자들은 자선활동에 대해 무제한의 세금 감면을 받게 됐는데, 그 이론적 근거는 아무리 부자라도 올바른 행동에 대한 보상이 필요하며, 적어도 개인의 이익을 위해서가 아닌 사회를 위한 기여를 하는 이상 그만한 보상을 해주어야 한다는 것이었다. 그럼에도 불구하고 다른 모든 사회 공학과 관련된 세법 적용에 반대하던 보수주의자들은 이런 제도에서 나타나는 허점을 적극 이용하는 데 나선다.

스카이프는 아버지가 사망한 1958년에 이미 자신의 소규모 재단을 설립한 상태였다. 가족의 고문 변호사는 스카이프가 스물한 살이 되어 유산을 상속할 자격이 주어지자 자선 관련 재단을 설립하는 것이 상속에 대한 세금을 절약할 수 있는 아주 좋은 방법이라고 설명해 주었다. 그 재단의 이름은 '앨러게이니재단(Allegheny Foundation)'으로, 주로 지역 공동체를 발전시키는 일에 집중했다. 1964년에는 자신이 활동하는 정치 모임의 이름을 따서 카르타고 재단을 설립한다. 카르타고 재단은 처음에는 국가 안보 문제를 지원했다.

1965년 어머니마저 세상을 떠나자 스카이프와 그의 누나 코델리아는 규모가 훨씬 더 커진 새러스카이프재단의 관리를 공동으로 맡게 됐다. 그렇지만 서로 생각하는 우선순위가 너무나 달랐기 때문에 얼마 지나지 않아 화해가 불가능한 다툼이 벌어지게 됐다. 결국 남매는 이후 죽을 때까지 거의 대화를 단절한 채 지내게 된다. 코델리아 스카이프가 생각하는 우선순위는 어머니와 비슷하게 예술과 자연 보호, 교육, 과학, 그리고 산아 제한 운동 등이었다. 새러 스카이프는 간호사 출신으로 산아 제한 운동을 벌인 마거릿 생어의 친구이기도 했다. 스카이프 역시 오랜 세월 산아 제한과 가족계획 운동의 든든한 후원자였지만 그의 회고록에서 밝힌 것처럼 사회 문제에 더 많은 관심을 기울였다. 1973년 스카이프는 새러스카이프 재단의 거의 모든 활동을 자신이 원하는 방향으로 바꾸는 데 성공한다. 그 결과, 새러스카이프재단은 아주 주목할 만한 영향력을 지니게 됐다.[31] 또한 스카이프는 자신이 미국을 위해 옳다고 믿고 있는 이념과 사상을 발전시킬 수 있게 됐다.[32] 세금 감면과 관련된 활동 덕분에 스카이프는 미국에서 가장 부유한 사람들 중 하나가 됐을 뿐만 아니라, 기부 활동을 가장 크게 벌이는 사람 중 한 명이 됐다. '리처드 멜론 스카이프의 전설이 시작됐다. 우파가 내세우는 주장 뒤에 숨은 어두운 영혼의.' 스카이프 자신이 회고록에서 농담처럼 쓴 대목이다.[33]

보수파의 부활을 위해 청사진을 제공한 루이스 파월

그렇지만 중요한 문제는 모든 돈을 어떻게 가장 잘 활용하느냐 하는 것이었다. 미국 보수주의의 대부 윌리엄 F. 버클리 2세를 오래전부터 흠모했던 스카이프는 자신이 상속받은 모든 유산을 우파 지식인들과 함께 진보주의자들을 무찌르기 위해 자체적인 조직을 구축하기 위해 필요한 이념과 사상을 만들어내는 데 사용하기로 결심한다. 전면에 나서서 이 사업을 이끌게 된 것은 스카이프가 만든 모임인 '카르타고 동맹'의 루이스 파월로, 그는 나중에 대법관이 되지만 당시에는 버지니아 주 리치먼드의 저명한 법인 변호사였다. 그리고 바로 그 무렵, 파월은 자신을 지원해줄 든든한 후원자를 찾고 있었다.

파월은 보수주의 사업가들이 미국 정치를 되돌릴 수 있는지에 대해 자세하고도 놀라운 청사진을 제시한 인물이다. 바로 한니발과 같은 정신으로 자만에 잔뜩 빠져 있는 체제에 깜짝 놀랄 만한 압도적인 공격을 퍼붓자는 것이었다. 당시의 체제는 스스로 좌도 아니고 우도 아니라고 생각하고 있지만, 보수주의자가 보기에는 이른바 진보적인 체제였다. 이 공격은 기존의 것과 크게 다르지 않은 상태에서 사회 지도층을 위한 대안을 제시하는 것처럼 보였지만, 특별히 여기에는 공공연하게 친기업적인 정서를 뿌리내리게 하기 위해 일단의 기부자들이 개인적으로 기금을 조성하는 방식이 사용됐다. 물론 이를 비판하는 쪽은 자신들의 이익만을 추구하는 정치적 행위에 불과하다고 말했다.[34]

파월이 보수주의 기업가들과 관계를 유지하는 방법은 다양했다. 본업인 기업과 관련된 법적인 업무도 번창했지만, 거기에 더해 담배 회사인 필립모리스(Philip Morris) 같은 10여 개가 넘는 미국 대기업이사회에도 참석했다. 그러다가 1971년 봄, 서른세 살이 된 파월은 급진적인 학생 운동이나 반전 시위, 흑인들의 폭력적인 인권운동 등과 같은 소요 사태가 계속되는 것을 목도하게 됐다. 게다가 진보적인 지식인층 상당수가 기업들과 밀착된 미국 정부의 부패상을 보고 등을 돌리게 된다.

파월은 미국의 자본주의가 위기에 봉착했다고 믿게 됐다. 그해 여름이 다가도록 파월은 정치적인 불안을 다룬 잡지며 신문 기사들을 읽고 수집했다. 그는 특히 노동부 차관보인 대니얼 패트릭 모이니핸이 자동차 업계의 안전 문제를 조사하기 위해 고용한 젊은 하버드 법대 졸업생 랠프 네이더를 주목했다. 네이더가 1965년 출간한《브레이크 없는 자동차 기업들의 탐욕Unsafe at Any Speed》은 미국의 자동차 기업들이 안전보다 수익을 올리는 데 혈안이 되어 있음을 폭로했다. 이를 통해 미국의 소비자 운동이 시작됐고 기업의 신뢰도는 바닥을 치게 됐다. 파월은 당시 미국 제1의 자동차 회사였던 제너럴 모터스(General Motors, GM) 고문의 친구로, 반기업 정서가 확대되는 것을 세상의 종말을 알리는 신호탄으로 생각했다.

그해 여름, 파월이 리처드 닉슨 대통령에 의해 대법관에 지명되기 두 달 전, 그의 가까운 이웃이자 미국 상공회의소 의장이었던 유진 시드너 2세는 파월이 정치적인 문제로 격앙되어 있는 것을 이해하고 기업체들과 관련된 특별 제안서를 작성해달라고 부탁한다. 그해 8월, 파월은 미국 경제계를 도와야 한다는 그야말로 반동적 보수주의 색채로 가득 찬 제안서를 제출하며, 미국 경제계가 정치적으로 서로 힘을 합쳐 싸우지 않으면 생존 자체가 위협받게 될 것이라고 경고했다. 5,000

개의 단어로 작성된 이 짧은 제안서에는 '극비'라는 표시가 붙었으며, 제목은 '미국 자유기업 체제의 위기Attack on American Free Enterprise System'였다.[35] 사실상 일종의 반공산주의 선언이라고 볼 수 있는 이 제안서를 통해 파월은 보수파의 부활을 위한 청사진을 제시했다. 킴 필립스페인은 자신의 책《보이지 않는 손들Invisible Hands》에서는 파월의 제안서가 미국 경제계를 일종의 사회적 운동의 선봉 부대처럼 만들었다고 평가했다.

진보주의자들과의 전쟁을 위해 전의를 불태웠던 건 지식인 계층뿐만이 아니었다. 스카이프를 포함해 미국에서 가장 큰 기업체를 물려받은 상속자들이 자신들이 소유한 개인재단을 보수주의 운동을 위한 자금줄로 만들었다. 이런 개인재단들은 기부자는 물론 그 수혜자 모두에게 몇 가지 다른 이점을 제공해주었는데, 대부분의 다른 사업과 달리 재단은 그 행위를 감시하는 사람이 거의 없기 때문에 사업 대상이나 목표를 빠르게 바꿀 수 있었다. 그리고 기부자들은 세금 감면과 함께 사회적으로 좋은 평판까지 얻을 수 있었다. 이 시기에 대해 맨해튼연구소(Manhattan Institute)의 연구원이자 훗날 몇몇 보수주의 재단의 중심인물이 된 제임스 피에르슨은 이렇게 말했다. "1970년대 우리가 이런 활동을 시작했을 때 우리에게는 아무것도 없었다. 심지어 미국 정치계의 주류에 영향을 줄 수 있는 연구소조차 전혀 없었다."[36] 그는 기업이 직접적으로 대부분의 극우 운동에 자금을 지원하고 있다는 진보 측의 주장을 오해라고 비난하기도 했다. "우리가 했던 일은 기업들로선 오히려 함께하기 꺼려지는 그런 방식으로 진행됐다." 또한 처음에는 아주 적은 숫자의 재단들만 있었다고 했다. 거기에는 석유 회사의 지원을 받은 이어하트재단(Earhart Foundation), 주로 감기약을 주로 생산하는 제약 회사의 스미스리처드슨재단(Smith Richardson Foundation), 그리고 가장 중요한 스카이프 가족의 여러 다양한 재단들이 포함되어 있었다.

새로운 규제 국가의 탄생과 그에 맞서는 파월

미국 기업에게 1960년대 후반과 1970년대 초반은 실제로 아주 어려운 시절이었다. 그런 기업들에 의지해서 살고 있던 사람들도 큰 곤란을 겪었다. 미국 경제계는 환경과 소비자 운동의 태동으로 인해 큰 타격을 받고 비틀거리고 있었는데, 게다가 이런 운동을 통해 정부는 더 새롭고 강력한 규제까지 만들어냈다. 1962년 레이첼 카슨은 《침묵의 봄 Silent Spring》이라는 책을 펴내 무책임한 화학 실험을 통해 황폐해지는 환경의 실태를 고발했다. 이런 상황에서 의회는 대기 오염방지법, 수질오염방지법, 독성물질관리법 등 다양한 규제 방안들을 통과시킨다. 새로운 형태의 규제 국가의 탄생이었다. 1970년에는 당파를 초월해 강력한 지원을 받은 닉슨 대통령이 환경보건국과 미국 직업안전위생관리국을 만드는 일을 승인한다. 정부는 이를 통해 경찰국가로 불릴 수 있을 정도의 새로운 권력을 휘두르게 된다. 예컨대 대기 오염 방지법에 명시된 조항들은 대단히 특별하게 보일 정도로 강력했다. 이런 각종 규제들이 만들어지면서 환경보건국은 오직 한 가지 문제에 집중하게 되는데, 그것이 바로 공공 보건 문제였다. 기업들이 부담하게 될 비용은 전혀 중요하지 않은 것으로 취급됐다. 그러는 동안 베트남 전쟁에 대한 반대 여론이 급증하는 것과 관련되어, 이번에는 사람들이 기업들을 겨냥해 분노를 터트리기 시작했다. 전쟁에 대한 책임을 져야 할 것으로 지목된 기업 중에는 핵무기를 제외한 재래식 무기 중 가장 치명적으로 알려진 네이팜(napalm)탄을 생산하는 다우 케미컬(Dow Chemical) 같은 회사도 있었다. 1970년대 다우 케미컬은 200여 차례가 넘는 시위의 표적이 되기

도 했다. 신좌파 운동의 지도자인 스타우튼 린드 같은 사람들은 수도
인 워싱턴 같은 곳에서 반전 운동을 하며 시간을 낭비할 것이 아니라,
그 대신 1969년에 한 말처럼 기업들을 공격하라고 주장했다.[37] 각종 선
거나 여론 조사 결과를 봐도 기업체에 대한 미국인들의 존경심이 추락
하고 있음이 분명했다.

과학자들이 흡연을 암의 발병과 연결시키자 이번에는 담배 산업이
집중 공격을 받게 됐다. 파월의 고민은 더 깊어져갔다. 1964년부터 대
법관이 되기 전까지 담배 회사 필립모리스의 이사이기도 했던 파월은
당연히 당당하게 담배 회사를 옹호해왔다. 그리고 비판하는 세력들을
공격하는 연례 보고서를 차례로 내놓기도 했다. 예를 들어, 필립모리
스의 1967년 보고서에서는 '우리는 이런 중대한 문제에 있어 객관성이
부족한 현상을 개탄하지 않을 수 없다. 불행하게도 지금까지 알려져
있는 흡연으로 인한 긍정적인 측면은 모두 다 흡연과 건강을 연결시키
는 수많은 연구 보고서에 의해 철저하게 무시당했다. 그리고 흡연의
장점에 대한 과학적인 연구 결과에는 아무도 관심을 갖지 않는다'와
같은 내용이 들어 있었다. 파월은 연방통신위원회(Federal Communications
Commission)가 담배 회사들에 텔레비전을 통해 비판하는 세력에 대해 대
응을 할 수 있는 충분한 시간을 주는 것을 거부하자 불쾌함을 드러내
며 헌법에서 보장하는 표현의 자유가 침해당했다고 주장했다. 파월의
이런 주장은 법정에서 받아들여지지 않았고, 일전을 불사할 수밖에 없
다는 그의 생각은 점점 더 확고해졌다. 제프리 클레멘츠는《기업은 사
람이 아니다Corporations Are Not People》을 통해 파월의 담배 회사 옹호는 기
업의 권리를 되찾는 운동의 시작이었으며 보수주의자들에게 좀 더 기
업의 편을 들자는 제안을 하게 되는 결정적 이유가 됐다고 지적했다.[38]

미국 기업들을 더 곤란에 빠트리게 된 것은 이른바 '스태그플레이

션(stagflation)'으로 인한 경제적인 압박이었다. 스태그플레이션은 높은 물가 상승률과 실업률이 비정상적으로 결합된 경제적 상황으로, 거기에 오일 쇼크로 인한 어려움이 더해졌다. 그리고 재분배를 위한 진보적인 소득세 및 상속세의 세대가 휩쓸고 지나간 후 경제를 이끄는 사회 상류층은 지도력을 잃어가고 있었다. 1970년대 중반 미국 사람들의 수입은 역사상 그 어느 때보다 계층 간의 격차가 줄어들었다.[39]

"제정신이 박힌 사람이라면 미국 경제가 지금 중대한 위협에 처해 있다는 사실을 부정할 수 없을 것이다." 파월은 자신의 제안서에서 이렇게 선언했다. 그의 주장과 다른 수많은 보수파들의 하나마나한 이야기들 사이의 중요한 차이점은 가장 큰 위협이 소수의 극좌파가 아니라 오히려 사회에서 완벽하게 존경받는 사람들에게서 비롯된다는 주장이었다. 그가 생각하는 진짜 적은 대학 캠퍼스와 종교계, 언론계, 지식인들과 문학가들, 예술가와 과학자들이었다. 물론 정치가도 거기에 빠지지 않았다.

파월은 미국 경제계에 반격에 나설 것을 주문했다.[40] 그는 미국 자본가들이 자본가와 기업들을 교묘하게 공격할 방법을 찾고 있는 세력에 대항해 은밀한 유격전을 수행하는 데 필요한 자금을 지원해야 한다고 주장했다. 보수파는 일반 대중의 의견을 정확하게 수집하고 파악해야 하는데, 바로 그런 의견이나 여론을 형성하는 연구소나 기관 등에 영향을 미침으로써 그렇게 해야 한다는 것 또한 그의 주장이었다. 그는 여론을 형성하는 연구소나 기관은 다름 아닌 학계와 언론계, 종교계와 법조계에 속해 있어야 한다고 생각했다. 파월은 보수주의자들이 정치와 관련된 논쟁에 대해서는 그 근원부터 장악하고 들어가야 한다고 주장했는데, 바로 교과서와 텔레비전 방송, 그리고 뉴스 보도 등에 균형 잡힌 시각을 요구해야 한다는 것이었다. 그의 주장에 따르면 기부자나 후원자들은 예컨대 대학의 고용이나 교과 과정에 대해 뭐라도 반드시 요구할 수 있어야 하며, 모든 정치적인 내용에 대해 끊임없이 압력을 가해야 했다. 파월이 생각하는 승리의 열쇠는 장기간에 걸친 신중한 계획과 실행이었으며, 그것을 뒷받침하는 것은 다름 아닌 서로 간의 협력을 통해서만 이루어질 수 있는 필요한 자금의 조달이었다.

파월은 혼자가 아니었다. 우파 쪽에서도 신보수주의의 대부라 할 수 있는 어빙 크리스톨 등 일단의 활동가들이 비슷한 경고의 목소리를 내고 있었다. 한때 미국에서 공산주의의 일파인 트로츠키파를 따르기도 했던 크리스톨은 〈월스트리트저널〉에서 보수파를 대변하는 사설을 썼고, 지면을 통해 기업을 이끄는 사람들은 홍보에 더 신경을 써야 한다고 충고했다. 사적인 이익만 추구하는 모습을 떨쳐버릴 필요가 있으며, 그 대신 가족이나 신앙 같은 도덕적 가치를 중요시하는 모습을 보이라는 것이었다.[41] 닉슨 행정부의 고문인 패트릭 뷰캐넌도 1973년 이와 비슷한 주장을 하며 보수파가 정치적 주류의 위치를 고수하려면 기업인들과 공화당에 우호적인 재단들이 '조세 피난처'와 '인재 양성소', 그리고 '의사소통 창구' 같은 역할을 하도록 설득할 필요가 있다고 말했다.[42] 그렇지만 파월의 제안서야말로 우파를 일깨웠으며 신세대 초보수주의자 부호들로 하여금 자신들의 자선이나 기부활동을 일종의 무기로 사용해 전쟁에 나서도록 만들었다. 그 전쟁이란 다름 아닌 미국의 정치사상에 영향을 미치는 전면전이었다.

보수파를 위해 더 많이 투자하기 시작한 스카이프

이 시기, 스카이프는 다른 많은 보수주의자들과 마찬가지로 그저 형식적으로 되어가는 정치활동 비용을 지출하는 데 회의감을 품고 있었

다크 머니

다. 특히 골드워터의 패배는 그에게 개인적으로 큰 실망을 안겨주었다. 이후 스카이프는 한 번 더 정치 활동에 참여해 닉슨의 1972년 재선 운동과 관련된 각기 다른 330개의 단체와 조직에 3,000달러씩, 거의 100만 달러에 가까운 정치자금을 기부했다. 이렇게 돈을 쪼개어 지원한 것은 연방정부의 정치자금기부법에 따른 것이었다.

그렇지만 닉슨 대통령이 이른바 워터게이트 사건으로 궁지에 몰리자 스카이프는 닉슨은 물론 돈을 모아 대선 후보를 돕는 방식 자체를 외면하게 된다. 이 무렵, 스카이프는 피츠버그 외곽 그린스버그에 있는 지역 신문인 〈트리뷴 리뷰Tribune-Review〉를 매입해 사설을 통해 1974년 닉슨의 탄핵을 강하게 요구했다. 그로부터 얼마 후 그는 심지어 대통령의 전화까지 거절한다. "그 이후 닉슨은 다시는 정치 전면에 나서지 못하게 됐다." 크리스토퍼 러디의 말이다.

선거와 정치에 크게 실망한 스카이프는 찰스 코크와 데이비드 코크처럼 정치적 승리를 위해 좀 더 간접적인 방식으로 자금을 지원하는 방식을 고려하게 된다. 비록 각종 선거나 정치 활동 협회에 기부를 하는 일을 완전히 중단하지는 않았지만, 보수파를 지지하는 연구소나 사상가들에게 훨씬 더 많은 투자를 하기 시작한 것이다. 그가 개인적으로 소유한 재단들은 곧 새로운 방식으로 정치와 정책을 펼치는 일에 가장 중요한 후원자가 됐다. 특히 각종 정책 연구소들은 피에르슨의 말처럼 일종의 포병 군단이 되어 보수주의 운동이 펼치는 사상과 이념 전쟁에서 막강한 지원 화력을 과시하게 된다.[43] 스카이프는 자신의 회고록에서 보수주의 운동을 지지하는 가장 중요한 300여 개 연구소 중 최소한 133개 연구소와 단체, 그리고 조직에 자금을 지원했다고 밝혔다.

1975년 스카이프 가족 자선기금은 워싱턴에 있는 새로운 정책 연구소인 헤리티지재단(Heritage Foundation)에 19만 5,000달러를 기부한다. 이후 10년에 걸쳐 스카이프는 가장 거액을 기부한 후원자가 되어 이 연구소에 1,000만 달러 이상을 후원했다. 1998년까지 기부금 총액은 2,300만 달러에 달한다. 다시 말해 스카이프는 이 연구소의 전체 기금의 대부분을 감당했다. 그전에도 스카이프는 헤리티지재단의 보수주의 경쟁 연구소쯤 되는 더 오래된 미국기업연구소(American Enterprise Institute, AEI)의 가장 큰 후원자였는데, 헤리티지재단이 제시하는 새로운 정책이 스카이프의 마음을 더 사로잡았은 것이다. 다른 연구소들과는 달리 헤리티지재단은 오로지 정치적인 문제에 매진하며 보수주의 사상과 이념을 만들고 퍼트리다가 결국 미국 주류 사회에 주입시키는 데 성공한다.

헤리티지재단은 좀 더 보수적인 연구소 모델을 생각하다 실패한 두 의회 고문의 경험을 통해 탄생했다. 그중 한 사람인 에드윈 풀너 2세는 펜실베이니아 경영 대학원인 와튼스쿨을 졸업하고 하이에크를 도운 경력이 있으며, 기금 모금에도 뛰어난 재주가 있었다.[44] 또 다른 사람인 폴 웨이리치는 위스콘신 주의 가톨릭을 믿는 노동자 집안 출신으로 영민하면서도 격정적인 보수주의자였다. 그는 국회에서 언론 관계 고문 역할을 맡았고, 스스로를 급진적이며 작금의 정치 구조를 뒤집기 위해 노력하는 사람이라고 대놓고 소개했다.[45] 이 두 사람은 미국기업연구소가 국회에서의 투쟁에 중점을 두는 일을 거부하자 크게 분노했다. 기업과 관련된 문제가 발생할 때 상황이 진정될 때까지 몸을 사리는 것은 비영리재단으로서의 지위를 잃을까 두려워하는 기존 정책 연구소의 모습을 그대로 보여주는 것이었다. 결국 두 사람은 새로운 종류의, 그러니까 행동을 우선시하는 연구소를 만들기 원했는데, 의회에서 정책이 결정되기 전에 적극적으로 나서 영향력을 행사하고 몸을 사리

다크 머니

지 않으며, 모든 문제에 대해 그저 생각만 하는 것이 아니라 먼저 행동하는 그런 조직이었다.

파월의 제안서는 자신들의 그런 계획에 필요한 후원자들을 일깨워주었다. 처음 나선 것은 바로 콜로라도 주 쿠어스 양조 가문의 초보수파 후계자인 조셉 쿠어스였다. 파월의 제안서를 읽은 쿠어스는 크게 끓어올라 자신이 살고 있는 콜로라도 주의 공화당 상원의원 고든 알로트에게 편지를 보내 보수주의 정책에 투자를 하겠다고 제안했다.[46] 당시 알로트 상원의원 밑에서 일하고 있던 웨이리치는 쿠어스의 편지를 읽고 크게 고무된다. 그는 아무런 간섭 없이 무제한으로 자금을 지원해줄 것 같은 이 재벌에게 지금 당장 워싱턴으로 와줄 것을 종용한다. 웨이리치는 훗날 한 친구에게 "조셉 쿠어스처럼 정치에 대해 순진한 사람은 다시는 못 만날 것 같은 생각이 들었다"고 말했다.[47] 그만큼 쿠어스는 마음이 달아올라 있었다. 웨이리치는 쿠어스에게 이렇게 이야기했다. "이 나라의 자유를 지키기 위해 싸울 준비는 이미 갖춰졌다. 그러니 승리를 위한 정보를 얻기 위해 우리가 필요한 게 무엇인지 생각해보자."

쿠어스는 그 즉시 이 일에 동참한다. 코크 가문이나 스카이프와 마찬가지로 쿠어스와 그의 형제들도 부모의 보수적인 사고방식과 함께 대단히 전망이 좋은 가족 사업을 물려받았다. 존버치협회의 후원자이기도 한 쿠어스는 노조와 인권 운동, 연방정부의 복지 프로그램, 그리고 1960년대의 반체제 문화를 자신과 선조들이 성공할 수 있었던 삶의 방식에 대한 존재론적인 위협으로 생각했다. 쿠어스 양조 회사는 독일계 이주민인 아돌프 쿠어스에 의해 1873년 설립됐으며 노조에 적대적인 것으로 유명했다. 콜로라도 주 인권위원회와도 계속해서 갈등이 있었다. 인권위원회는 쿠어스 양조 회사가 노동자들을 차별대우 한다고 고발했다. 급진적인 극좌파들이 나라를 좌지우지하고 있다고 믿던 아돌프의 막내 손자 조셉 쿠어스는 콜로라도주립대학교 이사로, 좌파 강사와 교직원, 학생들을 학교에서 몰아내려고 하면서 논쟁의 중심에 서게 됐다.[48] 교수와 교직원들에게서 미국에 대한 충성 서약을 받아내려고 했던 그의 시도는 다른 이사와 평의원들에 의해 저지당했다. 게다가 같은 대학교를 다니던 아들이 기성세대를 거부하며 자유를 위치는 이른바 히피 운동에 빠지자 분노한 쿠어스는 졸업식 연설에서 '아무런 근심 걱정도 없는 기생충들', '국가의 고혈을 빨아먹는 인간들'이라고 폭언을 했다. 바로 이 무렵에 웨이리치와 선이 닿게 된 쿠어스는 이미 우파에게는 새롭고 더 강력한 미국을 대표하는 연구소, 다시 말해 웨이리치가 원하는 그런 조직이 필요하다고 이미 생각하고 있던 터였다.

얼마 지나지 않아 쿠어스는 웨이리치와 퓰너가 준비해서 출범시키려고 하는 보수주의 정책 연구소의 첫 번째 후원자가 된다. 이 연구소가 바로 헤리티지재단의 전신이다. 이 연구소는 처음에 연구분석협회(Analysis and Research Association)라는 이름으로 불렸다. 제일 먼저 25만 달러를 기부한 쿠어스는 연구소 건물 건축을 위해 30만 달러를 더 기부할 것을 약속했다. 쿠어스는 전국적으로 주목받는 인물이 된 것에 흡족해 하며 콜로라도 주 골든에서 워싱턴까지 전용기로 왕복하며 바쁜 시간을 보냈다. 수많은 부자들의 정치적 몽상을 바탕으로 탄생한 첫 정책 연구소인 헤리티지재단은 1973년 본격적인 활동을 시작한다.

스카이프도 곧 여기에 합류해 더 많은 후원금을 전달했다.[49] "쿠어스가 맥주 여섯 개들이 묶음을 가져오더니 스카이프는 아예 상자째 가져왔네."[50] 쿠어스의 주력 상품이 맥주이고, 그 맥주를 보통 여섯 개들이 한 묶음으로 팔던 것에 빗대어 당시 유행하던 우스갯소리였다.

정체를 숨긴 정치적 무기로서의 연구소

20세기 미국에 독립적인 연구 조사 기관이 없었던 것은 아니다. 그렇지만 존 주디스가 《미국 민주주의의 역설The Paradox of American Democracy》에서 밝힌 것처럼, 초창기의 이런 정책 연구소들은 일반 대중의 관심사에만 주목했을 뿐 비주류나 개인의 관심사에는 관여하지 않았다. 진보 운동의 전통에 따라 이런 연구소들은 이념이나 사상이 아닌 사회과학적 가치에 따라 움직이는 것이 당연해 보였다. 그중에서 가장 유명한 곳이 1916년 세인트루이스의 사업가 로버트 브루킹스가 설립한 브루킹스연구소다. 브루킹스는 연구소의 목적이 모든 정치적 혹은 금전적 이해관계를 벗어나 연구만 하는 것이라고 규정했다. 그리고 청렴결백한 도덕적 원칙을 고수하기 위해 공화당원이었던 브루킹스는 연구소 운영진에 다양한 관점을 지닌 학자들이 많이 모일 수 있도록 하라고 지시했다.[51]

록펠러와 포드, 그리고 러셀세이지재단(Russell Sage Foundation) 같은 재단들을 자극한 것과 똑같은 사상과 이념은 〈뉴욕타임스〉 같은 당시의 주류 언론이나 대부분의 지식인 학자들도 자극했다. 그중에서도 〈뉴욕타임스〉는 편견 없는 사실만을 보도하기 위해 애를 쓰는 신문이었다. 이런 연구소들의 자아 인식이 현대적이면서, 심지어 진실에 대한 과학적인 추구와 관련 있었기 때문에 이들은 스스로 진보라고는 생각하지 않았다. 대신 이들이 사회 문제에 대해 내놓는 해답들이 정부의 정책들과 연계되는 경우를 자주 볼 수 있었다.

1970년대가 되어 스카이프 같은 몇몇 대부호 후원자들과 대기업 후원자들의 지원을 받은 완전히 새로운 형태의 '싱크 탱크', 다시 말해 정책 연구소나 집단들이 생겨났다. 이들은 이미 정해진 이념이나 사상을 정치가와 일반 대중에게 파는 일에 집중했다. 연구소의 진짜 목적인 학술적인 연구는 뒷전이었던 셈이다. 러셀세이지재단의 책임자였던 에릭 워너는 이런 모습을 이렇게 정리했다. "미국기업연구소와 헤리티지재단은 사회과학이 사회 정책을 만들어야 한다는 진보적 믿음이 뒤집어졌음을 상징한다."[52]

누군가에 따르면 진짜 정체를 숨긴 정치적 무기로서의 연구소를 만들 생각을 처음으로 한 것은 프리드리히 하이에크라고 한다. BBC의 다큐멘터리 제작자인 애덤 커티스에 따르면 1950년 무렵 〈리더스다이제스트Reader's Digest〉가 축약해서 소개한 하이에크의 《노예의 길》을 읽은 영국의 괴짜 자유의지론자 안토니 피셔는 이튼스쿨과 케임브리지 대학교를 졸업한 상류층 출신으로, 사회주의와 공산주의가 서구 민주주의 사회를 삼킬 것이라고 믿고 있었다. 그는 앞으로 자신이 할 수 있는 일에 대해 하이에크의 조언을 듣고 싶었다. 사회를 바꾸기 위해 공직에 출마해야 할까? 당시 런던 정경대학교에서 학생들을 가르치던 하이에크는 피셔에게 이미 자기 신념이 있는 사람이 정치에 발을 들이는 건 무익한 일이라고 말했다. 정치가란 기존 관념에 사로잡혀 있는 포로에 불과하다는 것이 하이에크의 생각이었다. 만일 사람들에게 이상한 취급을 받는 자유시장이라는 이념과 사상을 퍼트리고 싶다면 정치가들이 생각하는 방식부터 바꾸어야 하며, 그러기 위해서는 그런 일을 하고 싶다는 야심과 함께 어딘지 모르게 정체를 숨긴 광고 전략이 필요하다는 것이었다. 피셔가 기록한 바에 따르면 하이에크는 가장 좋은 방법은 학술 연구 기관을 세우는 것이라고 말했다. 그렇게 해서 이념과 사상의 전쟁터에 필요한 물자를 공급할 수 있어야 한다는 것이었다.[53] 만일 피셔가 이 일에 성공한다면 역사의 흐름을 바꿀 수도 있을 것이라고 하이에크는 말했다.

성공을 위해서는 그런 연구소의 진짜 목표를 조금은 감추어야 할 필요가 있었다. 피셔의 동업자라고 할 수 있는 올리버 스메들리는 자신들이 만들 조직을 중립적이며 어느 쪽에도 치우치지 않는 것처럼 조심스럽게 위장할 필요가 있다는 편지를 보냈다. 적당하게 자극적이지 않은 이름을 고른 두 사람은 런던에 자유의지론을 지향하는 집단의 선조쯤 되는 연구소를 세우게 된다. 그 이름은 바로 경제문제연구소(Institute of Economic Affairs)였다. 스메들리는 이렇게 기록했다. '절박한 상황 때문에 우리는 특정한 이념에 따라 사람들을 교육시키는 일을 하고 있다는 내용을 안내서에 명시할 수 없었다. 그렇게 하면 정치적인 편견을 갖고 있는 것으로 오해를 살 수도 있었기 때문이다. 다시 말해, 만일 우리가 공개적으로 자유시장 경제에 대해 새롭게 다시 가르치고 있다고 말한다면 우리의 적들은 이 연구소가 세워진 이유에 대해 무자비한 질문과 공격을 퍼부을 것이 분명했다.'

피셔는 전 세계에 걸쳐 150개 이상 되는 자유시장 정책 연구소를 설립하는데, 여기에는 뉴욕의 맨해튼연구소도 포함되어 있으며, 스카이프를 비롯한 다른 보수주의 후원자들이 그 뒤를 받치고 있다. 새러 스카이프 재단은 사실 오랫동안 맨해튼연구소의 가장 큰 후원자였다.[54]

스카이프가 볼 때 그런 투자는 확실히 성공을 거뒀다. 이런 연구소와 후원을 통해 보수주의 비평가인 찰스 머리와 공급자 중심 경제학의 거두 조지 길더 같은 사람들이 사회에서 두각을 나타내는 데 도움을 줄 수 있었다. 이들은 일반 미국인들의 생활에 엄청난 영향을 미치는 복지 정책과 세금 문제에 대해 강력하게 자신들의 주장을 내세웠다.

피셔가 맨해튼연구소를 세우는 데 처음에 함께했던 사람은 월스트리트의 금융가이자 훗날 CIA 국장에 오르는 윌리엄 케이시였다. 초창기의 정책 연구소들은 비밀 첩보 업무 같은 것과는 전혀 상관 없었지만 여기에 자금을 대는 부자들은 진짜 목적을 감추고 좋은 일을 하고 있다는 인상을 심어주기 위해 여러 가지 구실을 대거나 거짓 정보를 흘리는 일에 전혀 개의치 않았다. 사실 스카이프는 이 시기 CIA 산하의 위장단체들에도 자금을 지원했다. 그의 회고록에 따르면 스카이프는 1970년대 초 자신이 소유한 런던의 통신사 '포럼 월드 피처스Forum World Features'가 실제로는 CIA가 운영하는 홍보 조직이라는 사실을 이미 잘 알고 있었다. 그는 이 통신사를 조크 휘트니로부터 인수했는데 〈뉴욕 헤럴드트리뷴〉 사장이던 휘트니는 OSS 시절 스카이프의 아버지와 친구 사이였다.

이렇게 정체를 감추는 방침은 웨이리치의 초창기 계획에서도 찾아볼 수 있다. 그의 보고서에는 정치적 조직들의 일과 관련된 내용이 포함되어 있는데, 그것을 살펴보면 마치 비밀스럽게 조직된 전위 부대에 대한 내용 같다. 함께 일했던 어떤 사람의 기록이다. "사업하는 사람들이 정치적인 문제에 무관심하다는 건 잘 알려진 사실이다. 내가 생각할 때 가장 큰 이유는 정치 문제와 엮였을 경우 자기 사업에 미치는 영향과 연방정부로부터 있을지 모를 압력에 대한 두려움 같다. 우리가 만드는 조직은 이런 문제로부터 기업가를 지켜주고 정치적 영향력을 발휘할 수 있는 수단을 제공한다. 물론 거기에는 적절한 대가가 서로 오가야 하겠지만 말이다."[55]

이전에 미국 재벌들이 비영리재단이나 조직 뒤에 숨어서 정치적 영향력을 발휘해보려고 했던 시도는 법적으로나 정치적으로나 실패로 돌아갔다. 1930년대 민주당은 듀폰 가문이 미국자유연맹(American Liberty League)을 후원하고 있는 것을 적극적으로 밝혀낸 바 있었다. 자유연맹은 표면상으로는 독립적인 조직으로 루스벨트 대통령의 뉴딜 정책에 반대했는데, 그를 빗대어 민주당은 '미국 셀로판 종이 연맹'이라고 조소했다. 듀폰이 후원하고 있다는 사실이 듀폰의 대표 상품인 투명 셀로판 종이를 통해서 보듯 훤히 다 보인다는 뜻이었다. 1950년대에는 의회에서 훗날 미국기업연구소가 되는 단체를 조사하며 거대한 기업의 압력단체라고 맹렬히 비난하기도 했다. 그런 단체는 무조건 로비 단체로 등록되어야 하며, 따라서 단체의 후원자들이 세금을 면제받는 것도 금지해야 한다는 것이었다.[56] 1965년에 미국기업연구소 최고 임원이 골드워터의 1964년 대선 선거운동을 위한 참모진을 구성하기 위해 사직서를 냈다. 그럼에도 불구하고 국세청은 연구소가 세금을 면제받는 문제에 대해 은근히 압력을 가했다. 이런 쓰라린 경험 때문에 기업연구소는 물론 이 시절의 다른 보수파 모임들은 기업과 한 목소리를 내거나 지나치게 같은 편임을 드러내는 행동을 피할 수밖에 없었다.

1970년대 접어들면서 이런 염려는 다 지난 일이 되어버렸다. 새로 등장한 적극적인 기업 옹호파인 파월과 다른 사람들이 보수주의 조직은 편파적이라는 부정적인 시각을 긍정적으로 바꿔버렸는데, 바로 브루킹스연구소나 〈뉴욕타임스〉 같은 기존 단체나 조직들 역시 진보 진영을 편파적으로 옹호한다고 주장한 것이 먹혀들어간 것이다.[57] 이들은 '시장'이라는 사상과 이념은 모든 관점에 대해 공평하게 균형을 맞추기 위해서 꼭 필요한 것이라고 역설했다. 그렇지만 실제로 이들은 공공 부문과 관련된 문제에 대한 논쟁을 피하며 중립을 지키는 것을 당연하게 여겼던 이전의 조직들을 양극화된 전쟁터의 전투원 정도로 격하시켜버렸다.

이런 공격에 당황한 브루킹스연구소와 〈뉴욕타임스〉는 자신들이 중립적이라는 것을 주장하기 위해 서둘러 보수파들에 대한 내용을 다루기 시작했다. 특히 브루킹스연구소는 바로 공화당 지지자를 연구소 소장으로 내세웠고, 〈뉴욕타임스〉는 1973년 닉슨 대통령의 연설문을 작성한 빌 사파이어를 외부 기고자로 특별 초빙했다. 1976년 스카이 프가 후원하는 현대사회연구소(Institute for Contemporary Studies)가 진보 쪽 언론의 편파성을 고발하는 보고서를 발표하자 〈뉴욕타임스〉는 어쩔 수 없이 사설을 담당하던 편집자 존 오크스를 반기업적인 정서를 드 러낸다는 이유로 교체했다. 그러는 사이 양 정당이 초당적으로 협력하 는 운동과 공공 관련 법안을 지지하는 운동을 후원해온 포드재단은 1972년 처음으로 미국기업연구소에 30만 달러를 지원한다. 자신들의 성향이 진보 쪽에 치우쳐 있다는 비판에 맞서기 위해서였다.[58] "그야말 로 포드재단을 털어먹은 거나 마찬가지. 축하하네!" 미국기업연구소 임원의 친구가 한 말이다.[59]

결국 1970년대가 저물 무렵 보수주의 비영리재단과 연구소들은 카 르타고 동맹이 결성됐던 무렵에는 거의 생각할 수조차 없었던 권력을 쥐게 됐다. 우파의 엄청난 부자 후원자들은 이제 루스벨트 대통령 시 절 자기 잇속만 차리는 '경제계의 악덕 귀족들'이라는 비웃음을 사던 존재에서 벗어나 좌우를 가리지 않고 모두에게 인정을 받게 되었다.

새롭게 등장한 열성적인 보수파 정책 연구소들은 이제 워싱턴 정가 를 훨씬 넘어서는 영향력을 발휘하게 된다. 이들은 기존 학계와 과학계 의 영역에도 발을 들여놓아 전혀 편견 없이 활동하던 전문가들을 몰 아냈으며, 정치가들에게는 논쟁이 될 만한 통계표와 연구 결과를 들이 밀었다. 그리고 이를 통해 잠시 정통 진보주의를 넘어서는 훨씬 더 다 원화된 학술적 분위기가 만들어지기도 했다. 그렇지만 결국 얼마 지나 지 않아 한통속이 된 보수파들은 편파적인 연구를 바탕으로 한 자신 들에게 유리한 균형 상태를 만들었고, 후원자들의 금전적 이익과 관련 된 긴급한 사안들에 대해 대중을 기만하기 시작했다.

정체를 숨긴 연구소를 향한 우려의 소리

정치 분석 전문가로 닉슨 센터(Nixon Center)에서 일했던 스티브 클레먼스 같은 몇몇 내부자들은 새롭게 등장한 이런 정책 연구소나 조직들이 '악마에게 영혼을 팔아먹은 것 같다'고 비유했다. 클레먼스는 금전적 지원이 연구 과정을 망칠 수 있다고 우려하며 자신의 에세이에서 '후원자들은 자신들의 손익계산에 유리한 정책들이 만들어지기를 점점 더 많이 기대했다'고 고백했다.[60] "우리는 그저 돈세탁이나 하는 사람들이 되어버렸다. 진짜 중요한 정책 문제들은 그 뒤로 숨어버렸다. 그 누구도 거기에 대해 감히 말을 하지 못했다. 그야말로 가장 금기시되는 주제 중 하나였다."[61]

자신들이 실제로 본업에 충실하다는 것을 드러내기 위해 새로 만들어진 이런 모든 정책 연구소나 조직에서는 종종 후원자들과 별개로 움직인다는 증거를 내보이기도 했다. 그렇지만 실제로는 화학제품 및 군수품 생산 재벌인 존 M. 올린과 관련된 일 같은 사례를 훨씬 더 많이 찾아볼 수 있다. 올린의 재단은 미국기업연구소의 가장 큰 후원자이기도 했다. 그런 올린이 보낸 편지에서 드러난 것처럼 이들은 자신이 후원하는 연구소가 자신의 뜻대로 움직여주지 않을 때 계속해서 초조해 하며 질책하는 모습을 보였다. 예컨대 올린은 닉슨 대통령 시절 미국기업연구소에 기부하면서 연구소가 정부의 재산세 인상 방침에 반대하는 의견을 내놓도록 요구했다. 연구소 소장의 기록을 보면 올린은 재산세 인상을 완전한 사회주의 정책이라며 맹비난했고 연구소가 즉시 행동에 나서지 않는다고 불평했다. "나의 재산은 내가 죽기도 전에 이미 다 사라져버릴 것이다."[62]

데이비드 브록은 보수주의를 버리고 진보 쪽 활동가가 된 사람으로, 그는 젊은 시절 회원으로 있던 헤리티지재단을 부자 후원자들이 좌지우지하는 곳으로 묘사했다. 일종의 폭로이자 고백인 자신의 책 《우파의 눈속임Blinded by the Right》에서 그는 이렇게 이야기했다. "나는 강력한 몇몇 재단이 우파의 이념을 어떻게 만들어내고 통제하는지 목격했다."[63] 그의 평가에 따르면 그중에서도 스미스 리처드슨과 아돌프 쿠어스, 린드와 해리 브래들리, 그리고 스카이프 같은 후원자들은 훨씬 더 중요한 위치에 있는 사람들이었다. 브록은 특히 스카이프를 현대적인 개념의 보수주의 운동을 구축하고 그 이념을 정치적 영역까지 퍼뜨린 가장 중요한 인물이라고 표현했다.

개인적으로 스카이프가 어떻게 교묘하게 영향력을 미쳤는가는 아직도 일종의 수수께끼로 남아 있다. 스카이프는 그의 오랜 동지인 리처드 래리와 래리의 동료이자 전직 해병 출신 R. 대니얼 맥마이클 같은 핵심 고문들을 내세우지 않고 자신이 직접 영향력을 행사했다. 국제전략연구센터(Center for Strategic and International Studies) 책임자인 데이비드 앱셔와 레이건 행정부 시절 요직을 맡았던 헤리티지재단의 연구원 에드윈 미스 3세처럼 스카이프의 도움을 받은 사람들은 그의 날카로운 통찰력에 칭찬을 아끼지 않았다. 미스 3세는 스카이프를 '보이지 않는 손'이라고 표현했다. 미스 3세는 또한 그가 공공 분야에 균형과 적절한 원칙을 가져왔으며, 전체적인 움직임을 위한 기반을 다지는 데 남들이 모르게 조용히 도움을 준 사람이라고 설명했다.[64] 스카이프의 또 다른 조력자였던 제임스 슈먼은 〈워싱턴포스트〉를 통해 결국 스카이프가 막대한 유산을 상속받았다는 것이 중요하다며, 자신은 '그런 여러 가지 일들을 해낼 수 있을 만큼의 지적 능력을 그가 가지고 있다고 생각하지 않는다'고 밝혔다.[65]

스카이프의 사생활

스카이프는 자신의 회고록을 통해 재치와 매력이 넘치는 문체로 자신의 인생을 풀어 나갔다. 만일 자기 인식이 부족했더라면 그저 성미 급하고 놀기 좋아하는 사람으로 살았을 것이라며 말이다. 그렇지만 그가 한 얼마 되지 않은 대중 연설 중 헤리티지재단에서 공화당이 1994년 하원과 상원을 석권한 것을 기념하며 한 연설을 보면 딱히 그가 영민하다는 인상을 주지 않는다. 스카이프는 "정치적인 승리와 함께 이 나라를 반세기 이상 휘저었던 이념적 갈등은 이제 적나라한 이념의 전쟁이 끝나가고 있다는 분명한 신호를 보여주고 있다. 그 전쟁에서 우리 공화국의 기반은 위협 받았다. 우리는 그전에 먼저 더 조심했어야 했다"라고 말했지만, 그 안에서 논리가 부족하고 우왕좌왕하는 모습도 아울러 보여주었다.[66]

이렇듯 흔들리는 스카이프의 모습은 같은 해 재활시설을 들락거리면서 결국 다시 술에 손을 대는 모습에서도 확인할 수 있다. 1987년 그의 두 번째 아내인 마거릿 리치 배틀은 남편을 재활시설인 베티포드센터(Betty Ford Center)로 데려가는데, 그곳에서 스카이프는 몇 년 동안 술에 손을 대지 않고 지냈다. 그렇지만 그의 삶은 다시 엄청난 격랑에 휘둘리게 된다. 1979년 각각 유부남과 유부녀인 상태로 만났던 스카이프와 리치는 말 그대로 텔레비전 연속극에나 나올 법한 인생을 살았다. 스카이프는 자신이 리치를 만난 후 더할 나위 없이 행복한 삶을 누리게 됐다고 주장했다. 매력과 활력이 넘쳐나는 남부 여인 리치는 눈부시게 아름다운 하얀색 앙고라 스웨터를 입고 스카이프의 사무실에 나타났다. "그리고 우리는 자연스럽게 원하는 대로 움직였다." 그가 〈베니티 페어〉와의 대담에서 한 말이다.[67] 리치는 그런 그의 말을 반박했다. "앙고라 스웨터 같은 건 단 한 번도 입어본 적이 없다. 애초에 나는 그런 옷에 알레르기가 있다!" 서로 사랑에 빠진 후에도 리치가 스카이프의 사타구니를 너무 힘껏 걷어차서 응급실에 실려 가도록 만들었다는 소문이 들리기도 했다. 그러는 사이 스카이프는 첫 번째 아내와의 이혼 합의를 두고 10년 가까이 계속 다투고 있었다. 스카이프가 뒤늦게 물려받은 걸프 석유 회사 주식의 일부를 아내가 요구했기 때문이었다. 당시 리치는 이혼 소송이 진행되고 있는데도 여자를 만나고 있다는 약점이 잡힐까 봐 스카이프를 배려해 클레오파트라의 이야기처럼 양탄자 속에 몸을 감추고 심부름꾼의 도움을 받아 스카이프의 집으로 실려 들어갔다고 한다.

스카이프 가족 역시 상황은 마찬가지였다. 스카이프의 아들 데이비드에 따르면 리치와 스카이프가 이 무렵 디어필드 아카데미에 있는 데이비드를 찾아갔다. 두 사람은 술과 마리화나를 들고 왔는데, 스카이프는 아들과 함께 마리화나를 피웠다고 한다.[68] 1991년 스카이프는 마침내 리치와 결혼했는데, 리치는 근처에 있는 자기 집에서 따로 살았다. 두 사람의 결혼식은 결혼식장 입구에 내걸린 눈에 확 뜨이는 현수막 때문에 피츠버그 상류 사회에서 화젯거리가 됐다. 현수막에는 '리치는 딕을 사랑해'라고 쓰여 있었는데, 여기서 딕(Dick)은 스카이프의 이름인 리처드의 애칭이기도 하지만 동시에 남자의 성기를 의미하기도 했기 때문이다.[69]

두 사람의 갑작스러운 결별이 준 충격은 결혼식의 현수막 소동을 무색하게 만들었다. 리치는 사립 탐정을 고용해 남편을 추적했고, 탐정은 스카이프와 키 큰 금발 모델 타미 바스코가 도로변의 모텔을 빌려 함께 시간을 보내는 것을 포착했다. 바스코는 매춘을 하다가 체포된 전력이 있는 여자였다. 리치는 남편 집에 무단침입한 죄목으로 체포당한 적이 있는데, 창문가에서 집안일을 하는 사람들이 두 사람을 위해 로맨틱하게 초를 밝힌 저녁 만찬상을 차리는 것을 감시하다가 결국 집 안으로 뛰어 들어갔다고 했다. 리치는 무혐의로 풀려났지만, 얼마 지나지 않아 스카이프의 가정부가 애완견인 래브라도 리트리버 보르가드를 대하는 문제를 두고 다시 다툼을 벌이기 시작했다. 리치가 보르가드를 데리고 도망치자 스카이프는 집 앞 정원에 이런 광고판을 세웠다. '아내와 개 실종. 현상금은 개를 찾아오는 사람에게만 지급함.'[70]

이런 툭닥거림은 앞으로 있을 이혼 합의를 위한 싸움의 전초전에 불과했다. 스카이프는 변호사의 충고를 무시하고 리치와의 혼전 계약서를 작성하지 않았는데, 그때의 실수를 뼈저리게 후회한다는 내용이 그의 회고록에 등장한다. 스카이프는 계속해서 자신은 전 아내를 모욕할 의도가 전혀 없었다며 자신은 단지 자유로운 결혼이 가능하다고 믿었던 것뿐이라고 설명했다. 그는 이 문제를 두고 "이제 빌 클린턴 대통령과 비슷한 처지가 됐군"이라며 농담하기도 했다. 그러는 사이 타미 바스코는 스카이프가 죽는 날까지 그의 곁에 머물며 그와 함께 낸터킷과 페블 비치에 있는 저택을 오가며 생활한다. 물론 그의 집안일을 돌보는 사람들은 이를 매우 유감스럽게 여겼고, 피츠버그의 상류 사회는 경멸과 조소를 보냈다. 스카이프의 친구에 따르면 바스코의 매춘 경력에도 불구하고 스카이프는 암으로 죽어가는 와중에도 침대 머리맡에 그녀의 사진을 놓아두었다고 한다.

스카이프의 저급한 반대 운동

1990년에 헤리티지재단의 가장 큰 후원자였던 스카이프재단은 헤리티지재단에 어떻게 아무 문제없이 압력을 가할 수 있을지 고민하다가 보수적 사회와 도덕적인 문제들, 그리고 특히 가족의 가치에 더 많이 집중하도록 유도하기로 했다. 헤리티지재단의 책임자였던 에드 풀너는 후원자의 요청을 즉각 받아들여 윌리엄 J. 베넷을 고용한다. 얼마 지나지 않아 직설적인 성격의 사회적 보수주의자이며 레이건 행정부에서 교육부 장관을, 부시 행정부에서 마약통제정책국(National Drug Control Policy) 국장을 역임한 베넷은 문화 정책 연구와 관련해 새로운 특별 연구원을 초빙한다. 헤리티지재단의 공식 연혁을 작성한 리 에드워즈는 스카이프 재단이 "특별히 가족의 해체 문제에 관심을 갖게 됐으며, 이 문제는 재단이 가장 중요하게 다루는 주제가 됐다"고 말했다.[71] 베넷은 또한 스카이프 재단의 책임자로도 일했다.

스카이프가 자신의 재단을 통해 1990년대 클린턴 대통령의 여자 문제를 '아칸소 프로젝트'라는 이름으로 비정상적일 정도로 치밀하게 조사했던 일을 어떻게 그럴듯하게 합리화했는지 역시 확인하기는 쉽지 않다. 사립 탐정들을 고용해 클린턴에게 반감을 품은 사람들로부터 정보를 캐냈던 이 프로젝트는 지저분한 과거 사실의 일부를 우파 쪽 시사 잡지인 〈아메리칸 스팩테이터American Spectator〉에 흘렸는데, 이 잡지 역시 스카이프 가족 재단의 후원을 받고 있었다. 스카이프의 재단들은 또한 클린턴에 대한 소송에 막대한 자금을 쏟아부었다. 이런 모든 활동은 사람들을 선동해 클린턴을 청문회에 끌어내고 탄핵하기 위한 것이었다.

그러는 사이 스카이프는 클린턴 행정부의 고문인 빈센트 포스터의 자살이 사실은 살인이라는 믿을 수 없는 음모론에 푹 빠져 있었다. 스카이프는 이 사건에 대해 '클린턴 행정부의 모든 비리를 파헤칠 수 있는 열쇠'라고 말했다. 스카이프는 심지어 어떤 대담에서 "클린턴 대통령이 자기 마음대로 모든 증거를 파기하도록 명령했다. 클린턴 대통령

과 관련된 60명이 넘는 사람들이 의문의 죽음을 당했다"고 주장하기도 했다.[72]

스카이프의 클린턴에 대한 반대 운동은 엄청난 개인 재산의 후원을 받고 막대한 세금 면제를 받는 단체가 개입됐다는 점에서 한 부자 극단주의자가 국가 정책에 어떤 영향을 줄 수 있는지를 상징적으로 보여준다. 이는 훗날 코크 가문이 오바마 대통령에 대항해 벌인 전쟁의 전주곡이기도 했다. 미국 대통령들은 항상 비밀 요원과 수많은 변호사들, 그리고 그 밖의 다른 많은 공무원들의 도움을 받지만, 스카이프는 비영리단체나 재단을 앞세운 반대파들의 추적할 수 없는 막대한 자금을 사용하는 공격을 막아내기가 얼마나 어려운지 몸소 증명했다.

그렇지만 결국 아칸소 프로젝트는 정도를 넘어서버렸고, 스카이프는 심각한 법적 공방에 직면했다. 연방 대배심 앞에서 법을 위반하며 뒷조사를 벌인 혐의에 대한 증언하게 된 것이다. 스카이프의 전용기인 DC-9기를 조종해 뒷조사를 벌이는 스카이프의 끄나풀들을 아칸소로 실어 나르던 조종사 중 한 명이 증언에 나섰다. 스카이프에 대한 기소는 무혐의로 종결됐지만, 그는 격노해서 〈아메리칸 스펙테이터〉에 대한 후원을 중단했고 오랜 세월 그를 도왔고 이번에 클린턴을 음해하는 조사를 책임졌던 리처드 래리와도 맞서게 된다. 그리고 얼마 지나지 않아 래리는 스카이프의 곁을 떠난다.

세월이 흘러 2008년이 되자 스카이프는 다시 클린턴 전 대통령의 아내이자 남편의 뒤를 이어 대선에 나선 힐러리 클린턴과 맞붙었다. 힐러리는 스카이프를 공개적으로 지적하며, 자신과 남편을 괴롭혀온 '우파 음모꾼'의 우두머리라고 불렀다. 보수파 정치 비평가인 바이런 요크는 이렇게 선언했다. "상상도 못 했던 엄청난 일이 마침내 시작됐다." 자신이 소유하고 있는 신문사의 편집부 회의에서 유쾌한 분위기로 회의를 마친 스카이프는 민주당 대선 후보 힐러리 클린턴에 대한 자신의 생각이 바뀌었다며, 이제 보니 정말로 호감이 가는 정치인이라는 기고문을 직접 작성했다. 이런 예상치 못한 화해의 분위기는 힐러리 클린턴의 정치적 노련함과 스카이프의 어린아이와 다를 바 없는 감성을 한꺼번에 보여준다. 회고록에도 반복해서 등장하지만 스카이프는 자신이 싫어하던 사람을 직접 만난 후에 정치적인 견해를 바꾸는 경우가 많았다. 민주당 쪽 케네디 가문의 일원인 사전트 슈라이버나, 민주당 하원의원이던 잭 머서가 바로 그런 경우다. "다른 많은 억만장자들처럼 스카이프 역시 일반적인 환경과 격리되어 살아왔다." 스카이프의 친구이자 역시 클린턴 부부와의 해묵은 감정을 털어버린 러디의 결론이다. 객관적인 정보가 억만장자들을 둘러싸고 있는 벽을 뚫고 전달되는 일은 극히 드물다. 스카이프는 그 대신 물려받은 엄청난 재산으로 정치적인 보호막을 쌓아올리고 자신의 사상과 이념을 더욱 강화시킨 후 세상에 그것을 강요했다.

재단의 완전한 결정권을 쥐고 흔드는 찰스 코크

그러는 사이 위치토에서는 가문의 사업을 크게 확장하면서 자신이 믿는 자유지상주의 혹은 자유의지론을 퍼트리기 위해 선거나 투표가 아닌 좀 더 효과적인 방법을 찾고 있던 찰스 코크 역시 루이스 파월을 만나 새롭게 눈을 뜨게 된다. 1974년 찰스는 텍사스 주 댈러스의 한 호텔에서 있었던 기업인 모임에서 파월의 말을 인용해 이렇게 연설했다. "루이스 파월의 제안서에서 지적한 것처럼……" 코크의 경고가 이어졌다. "현재 미국에서는 사업이나 경영을 해나가는 데 큰 어려움이 있다. 대응하기에 너무 늦은 것이 아닌가 걱정될 정도다."

찰스 코크는 동료 기업가들에게 지금 널리 확산되어 있는 반기업, 반자본주의 정서를 극복할 수 있는 뭔가 획기적인 노력이 필요하다며 충분한 자금을 지원받아 자유시장의 철학을 열렬하게 설파하는 인물들을 키워내는 것이 지금 우리에게 가장 필요한 일이라고 선언했다.[73] 그는 사회주의 방식의 규제에 반대하는 일이야말로 자신들의 힘을 극대화시켜줄 수 있으며, 이를 위해 친기업적인 연구와 교육 과정에 투자해야 한다고 말했다. 그렇게 해야 자신들의 모든 노력이 몇 배나 더 되는 효과를 거둘 수 있다는 것이 찰스의 주장이었다.

이 문제에 대해 정부를 겨냥한 찰스의 분노는 단순한 철학이나 이념을 벗어나는 것이었다. 코크 인더스트리즈는 당시 연방정부 규제의 집중 목표가 되어 있었다.[74] 이보다 한 달 앞서 정부는 코크 인더스티리즈를 연방정부의 석유 가격 정책을 위반한 혐의로 기소했다. 1975년에는 코크 인더스트리즈의 한 자회사를 프로판가스에 대해 1,000만 달러의 부당 이득을 취한 혐의로 소환하기도 했다. 그리고 이보다 더 심각한 정부의 간섭과 개입이 계속해서 더 이어질 것으로 예상됐다.

서로 단결해 정부에 대항하자는 파월의 외침이 나온 지 얼마 지나지 않아 찰스도 정책 연구소를 한 곳 설립한다. 자신의 개인 재단 한 곳을 케이토연구재단으로 바꿔서 출범시킨 것이다. 케이토라는 이름은 미국이 영국의 식민지였던 시절, 독립과 자유를 지향하는 일련의 선언문을 발표했던 사람들이 사용했던 필명이다. 누군가의 설명에 따르면 찰스가 연구 재단을 설립하면서 조성한 기금은 스카이프가 헤리티지재단에 기부하기 시작했던 당시의 금액을 가볍게 뛰어넘었다고 한다. 첫 3년 동안 찰스는 대략 1,000만~2,000만 달러를 미국 최초의 자유주의 정책 연구소에 기부했다. 물론 세금은 면제받았다.[75]

에드 크레인은 캘리포니아 출신의 젊고 기민한 금융업 종사자로,

자유주의를 지향하는 사상에 대한 코크의 열정에 공감했지만 그 자신은 자금이 부족했다. 케이토연구재단의 청사진은 바로 에드 크레인에게서 나왔다. 크레인에 따르면, 1976년 대선에서 열심히 활약했지만 자신의 예상대로 자유당 후보가 참패하자 본업으로 돌아갈 계획이었다고 한다. 그런데 선거 기간 알게 된 찰스가 그를 불러 어떻게 하면 계속해서 자유주의 운동을 할 수 있겠냐고 물었다는 것이다. "나는 찰스에게 은행 잔액이 텅 비어 있다고 말했다."[76] 그러자 찰스가 얼마가 필요한지 다시 물었고 브루킹스 연구소나 미국기업연구소처럼 자유주의 진영에도 정책 연구소가 있다면 아주 도움이 될 것이라고 크레인이 대답하자 찰스는 즉시 이렇게 답했다. "그러면 그렇게 하도록 하지."

크레인은 케이토연구재단의 총책임자가 됐지만 처음 합류했던 직원들의 말에 따르면 찰스 코크 본인이 완전한 결정권을 쥐고 단독으로 재단을 관리했다고 한다. 자유의지론을 지향하는 행동가이자 초창기 케이토재단에서 일했던 데이비드 고든은 〈워싱터니언 매거진 Washingtonian magazine〉에서 이렇게 말했다. "에드 크레인은 항상 위치토에 전화를 걸어 찰스의 지시를 받은 뒤 모든 업무를 처리했다. 찰스 코크가 총책임자라는 사실은 누가 봐도 분명했다."[77] 또 다른 초창기 재단 직원인 로널드 하머위도 이렇게 덧붙였다. "찰스의 말은 곧 법이었다." 정부에 대한 크레인의 반감에도 불구하고 1977년 케이토재단은 수도인 워싱턴으로 근거지를 옮긴다. 그러면서 주류 언론에서 중립파 전문가들로 알려져 있는 학자들을 대거 영입한다.

그렇지만 기본적으로 케이토재단은 찰스의 뜻을 펼치기 위해 만들어진 곳이었다. 찰스의 뜻이란 바로 정부가 할 수 있는 유일한 합법적인 역할은 '사기나 부정행위 등을 포함하는 외부의 위험으로부터 개인과 재산을 보호하는 경비원과 같은 것이며, 그것이 정부가 할 수 있는 최대치'라는 개념이었다.[78] 찰스 코크는 1970년대 로터리 클럽 위치토 지부에서 이렇게 주장했는데, 코크 가문은 케이토재단을 포함해 자신들의 이념과 사상을 전파하기 위한 일을 재정적으로 후원하는 것이 중립적이며 사업과는 이해관계가 전혀 없는 일이라고 끊임없이 포장했다. 그렇지만 애초부터 코크 가문의 이념과 사업적 이해관계라는 것은 떼려야 뗄 수 없는 관계로, 도저히 따로 떨어뜨려놓고 생각할 수 없는 것들이었다. 세금을 낮추고 규제를 완화하며 가난한 사람들과 중산층을 위한 정부의 정책을 최소화하자는 것은 모두 코크 가문의 부와 권력의 상승과 연결되는 것이다.

국민 여론을 지배하는 보수파 연구소

1970년대 초부터 극소수의 엄청난 부자 가문들이 후원하는 개인 재단이나 기금들이 도대체 얼마나 많은 돈을 우파의 연구소나 조직에 쏟아부었는지, 그리고 실제로 어떤 영향을 미쳤는지에 대해서는 정확하게 알 수 없다. 개인들의 기부금은 곧 기업이나 법인의 기부금과 섞여버렸는데, 그 기업이나 법인 역시 사실은 모기업 가문의 의도를 충실하게 따랐다. 정치적 영향력을 이끌어내기 위해 다른 형태로 조성되는 기금들과 달리, 이렇게 모이는 돈은 그 실체가 절대로 외부에 드러나지 않았다. 비영리단체나 재단으로 들어가는 돈에 대해 일반 대중은 전혀 알 수 없었다. 새롭게 등장한 이런 정책 연구소나 조직 혹은 기관들은 매우 빠른 속도로 그 규모가 확장되어 기업의 보이지 않는 비밀 무기고가 되어주었다. 사실, 워터게이트 사건 이후 보수파의 정책 연구소들은 별 다른 추문 없이 정책에 영향을 미칠 수 있는 가장 안전한 방법으로 기업들과 연계하는 쪽을 택했다.[79] 1980년대 초 헤리티지재단을 후원하는 기업들의 명단이 초기 후원자들 중 한 사람이었던 클레어 부스 루스의 개인보고서에서 발견됐는데, 거기에는 〈포춘〉 선정 500대 기업들이 상당수 포함되어 있었다.[80] 석유 회사인 아모코(AMOCO), 유통 회사 암웨이, 항공기 제작 회사 보잉(Boeing), 체이스 맨해튼 은행(Chase Manhattan Bank), 역시 석유 회사인 셰브론(Chevron)과 엑손(Exxon), 다우 케미컬(Dow Chemical), 제너럴 일렉트릭(General Electric)과 제너럴 모터스, 메사 페트롤리엄(Mesa Petroleum), 모빌 오일(Mobil Oil), 제약 회사 화이자(Pfizer), 담배 회사 필립모리스와 RJ레널즈(R.J. Reynolds), 가정용 용품 제조업체인 프록터 & 갬블(Procter & Gamble), 시어즈 백화점(Sears), 유통 기업 로벅(Roebuck), 제약 회사 스미스클라인 배크먼(Smithkline Beckman), 화학 제품 제조업체 유니언 카바이드(Union Carbide), 그리고 철도 회사인 유니언 퍼시픽(Union Pacific) 등이 모두 헤리티지재단을 후원하는 기업들로, 재단은 이런 기업들에 유리한 내용들을 소개했다.

이런 보수주의 기금 후원의 핵심 인물이자 학자인 제임스 피에르슨은 "이런 정책 연구소와 보수 재단들은 최소한 사람들이 고개를 끄덕일 만한 보수적 이념이나 사상들을 만들어내야 한다"고 주장했다.[81] 후원금이 모이기 전의 보수주의 운동은 그냥 유별난 미국의 정치 비주류들로 보였다고 말하기도 했다.

이런 운동의 실질적인 영향력이 드러나기 시작한 것은 1973년 무렵부터다. 이후 수십 년에 걸쳐 정부에 대한 국민들의 신뢰는 서서히 추락하기 시작했다. 만일 이런 보수주의 운동에 의해 만들어진 한 가지 통일된 의견이 있다면 그것은 바로 정부가 기업보다 우선하는 것이 지금 미국의 문제라는 주장이었다. 1980년대 초 이제는 반대 입장이 되어버린 일반 대중의 목소리가 강력한 여론을 형성하게 됐고, 정부에 대한 미국 국민들의 불신이 사상 처음으로 기업에 대한 불신을 넘어서

게 된다.[82]

보수주의 운동에 대한 투자가 국가적인 규모로 성과를 올리기 시작했다는 또 다른 신호는 바로 1978년 중간선거에서 있었던 공화당의 압승이다. 그해 선거에서 공화당은 상원에서 3석, 하원에서 15석을 추가했고 주지사도 6명이나 더 당선됐다. 조지아 주에서는 이런 예상치 못한 영향의 결과로 뉴트 깅리치가 하원의원에 당선됐다. 끝없이 이어질 것 같은 석유 파동과 스태그플레이션 역시 이런 선거 결과에 큰 영향을 미쳤다. 그렇지만 역시 국민들의 불만을 더욱 부채질하고 지배적인 여론을 계속해서 만들어간 건 다름 아닌 새로운 보수파 정책 연구소들과 우파의 정치 조직들이었다.

이런 보수주의의 부활을 도운 또 다른 조직들은 우파 후원자들의 기금으로 조성된 대단히 공격적인 성향의 독립 선거운동 조직인 전미보수정치행동위원회(National Conservative Political Action Committee, NCPAC)가 주축이 되어 움직였으며, 미국 선거에서 처음으로 개인의 후원을 받아 진행되는 완전히 새로운 수준의 공격 전략을 선보였다.

계속적인 보수파의 공격은 의회에서도 두드러지게 나타나기 시작했다. 지미 카터 행정부에 큰 기대를 품었던 노동계는 기대와 반대로 기세가 살아난 기업들의 압도적인 역공에 속수무책으로 무너졌고, 그런 기업들을 지원한 것이 바로 보수파의 정책 연구소들과 외곽 로비 단체들의 연결망이었다.[83] 웨이리치는 여기에서도 중요한 역할을 하는데, 그는 일종의 정당 간부 회의라고 할 수 있는 공화당학습위원회(Republican Study Committee)를 조직해 공화당 출신의 선출직 공무원들과 외곽의 활동가들을 하나로 연결함으로써 의회에서의 보수주의 운동의 영향력을 한곳에 결집시켰다. 헤리티지재단 직원들은 바로 이런 복합적인 조직을 통해 오랫동안 중요한 회의에 공화당 의원들과 정기적으로 함께할 수 있었던 유일한 외부 단체였다. "우리는 기본적으로 의회의 보수파 의원들과 헤리티지재단을 서로 연결해주는 연결망인 셈이다." 1983년 헤리티지재단을 이끈 돈 에벌리의 말이다.[84]

스카이프의 재정적 지원을 받은 웨이리치는 이 시기에 또 다른 아주 독창적인 정치 조직 몇 개를 만들어냈다. 그중 하나가 바로 미국입법교류협의회(American Legislative Exchange Council, ALEC)다. 이 협의회는 미국의 모든 주 의회에서 보수주의 투쟁을 진행하는 것을 목표로 했다. 1973년에서 1983년까지 스카이프와 멜론 가문의 신탁기금은 이 협의회에 50만 달러를 기부해 필요한 비용을 대부분 충당했다. '입법교류협의회는 협의회를 만든 사람들의 기대에 충실히 부합하고 있다.' 웨이리치의 한 측근이 스카이프의 최고 고문에게 1976년 보낸 편지의 내용이다. '모든 것이 다 스카이프 가문의 자선 기금이 베풀어준 엄청난 호의와 신뢰 덕분이다.'[85] 협의회의 한 행정담당 직원은 스카이프의 재단이 협의회 의결 문제에 지나치게 많은 영향력을 발휘하고 있다고 불평했다. 반면에 스카이프 밑에서 일하는 한 직원은 이에 반박하며 협의회가 '기본 원칙에 따라 운영되기는 했는데 그 기본 원칙이 전부 다제각각이었다'고 반박했다.[86]

보수파의 극적인 부활과 성장

그러는 사이 웨이리치는 제리 폴웰이 이끄는 '도덕적 다수(Moral Majority)'라는 조직과 함께 보수주의 운동의 영향력을 크게 확장해 나가고 있었다. 도덕적 다수는 그 이름이 보여주는 것처럼 사회적, 종교적으로 보수적인 사람들을 친기업적인 정서의 기독교 교단과 연결시키는 일을 하고 있었다. 웨이리치는 특히 인종 차별 폐지 문제에 대한 백인들

의 분노를 이용하는 데 탁월한 재능이 있었다.[87]

이런 노력들이 결실을 맺게 된 것은 1980년이다. 이 해에 있었던 대선에서 보수파인 레이건이 카터를 압도적으로 누르고 대통령에 당선된 것이다. 불과 몇 년 전만 해도 진보 세력의 우두머리들에 의해 사망 선고나 다름없는 평가를 받았던 보수파는 극적으로 부활했다. 이에 대해 상원을 비롯한 사회 각 계층에서 분노의 목소리가 터져 나왔는데, 상원의 진보파 의원 조지 맥거번, 프랭크 처치, 존 컬버, 그리고 버치 바이는 모두 선거에서 패배해 의원 자리를 상실하게 됐다.

스카이프는 코크 가문과 마찬가지로 처음에는 레이건의 출마를 돕지 않았다. 사실 스카이프가 밀었던 건 레이건과 함께 공화당 대선 후보 경선에서 경쟁한 존 코널리였다. 그렇지만 문제될 건 없었다. 이미 개인적인 이념 생산 공장이나 다름없는 각종 정책 연구소들을 통해 스카이프 같은 극단적인 후원자들은 정당 밖에서 미국의 정치와 정책을 좌지우지할 방법을 이미 알고 있었기 때문이다. 대통령에 당선된 레이건은 헤리티지재단이 제출한 전화번호부 두께의 정책 제안서인《지도자의 통치 방식Mandate for Leadership》을 받아들여 의원들 전원에게 사본을 한 부씩 돌렸다. 레이건 행정부는 곧 제안서의 상당 부분을 실제 정책으로 옮기기 시작했다. 헤리티지재단이 제안한 특별한 정책들은 그 숫자만 1270여 개에 이르렀는데, 퓰너에 따르면 레이건 행정부는 그중 61%를 수용했다.[88]

앤드루 멜론은 레이건 대통령을 압박해 이루어낸 부자들을 위한 세금 감면 정책에 크게 기뻐했다. 레이건은 법인과 개인의 세율을 크게 조정했는데, 특히 부자들이 혜택을 입었다.[89] 1981년에서 1986년까지 소득세율은 최고 70%에서 28%까지 줄어들었으나, 소득이 있는 국민 80%의 실질 소득은 줄어들었다. 그동안 잠잠하던 경제적 불평등이 다시 나타나기 시작한 것이다.

석유업계가 가장 원하던 정책들도 시작됐다. 헤리티지재단의 제안한 내용들에 따라 레이건 행정부는 닉슨 대통령 재임 시절 석유 파동을 이겨내기 위해 시행했던 경제 규제들을 대부분 폐기했다. 바로 찰스가 강력하게 반발했던 것들이었다. 레이건은 또한 석유 산업에 부과되던 세금도 줄여주었다. 당연히 코크 인더스트리즈의 수익은 하늘 높은 줄 모르고 치솟기 시작했다. 〈포브스〉는 코크 인더스트리즈에 대해 잘 알려져 있지는 않지만 미국에서 가장 높은 수익을 올리는 개인 기업이라고 평가했다.

이 새로운 보수주의 비영리단체들은 성장을 거듭한다. 1985년의 헤리티지재단의 예산 규모는 브루킹스연구소와 미국기업연구소를 합친 것보다 많았다. 이때까지 1,000만 달러가 넘는 돈을 후원해온 스카이프는 이후에도 매년 100만 달러 이상을 후원했다.[90] 그는 루이스 파월의 꿈을 현실로 실현했다. 그것도 훨씬 더 큰 규모로 말이다. 그렇지만 파월의 또 다른 중요한 꿈은 실현되지 않은 채 남아 있었다. 보수파 재단들은 학계나 지식인들에게도 선을 대고 싶었으나 카르타고 동맹은 여전히 미국 대학들을 접수하지 못하고 있었다. 아이비리그 대학들은 스카이프가 예일대학교에서 쫓겨나던 당시와는 다르게 이제 스카이프 가문에 아무런 호의도 보이지 않았다. 스카이프는 진보적인 교육을 받지 않아 다행이라고 주장했다. '나는 정말 운이 좋았다. 좋은 대학에 계속 있었다면 아마 좌파가 됐을지도 모르니까. 그리고 그렇게 되지 않은 것을 결코 후회하지 않는다.' 그의 회고록에 나오는 말이다.[91] '부자들이 죄책감을 느끼는 주된 이유는 학교에서 그렇게 느끼도록 가르치기 때문이다.'

그리고 이제 변화의 시기가 다가오고 있었다.

3

교두보
존 M. 올린과 브래들리 형제들

보수주의 후원자들을 일깨워 미국의 고등 교육 분야를 장악하려는 시도를 하게 만든 한 가지 사건이 있다면 그건 아마도 1969년 4월 20일에 있었던 코넬대학교의 폭동 사태일 것이다.[1] 가족 방문 주간이었던 그날 오후 미국 뉴욕 주 이타카의 코넬대학교에서는 80명의 흑인 학생이 무리를 지어 자신들이 점거하고 있던 학생회관 밖으로 나와 행진하기 시작했다. 이들은 주먹 쥔 손을 하늘 높이 치켜들고 흑인들의 권리를 부르짖었다. 아이비리그를 찾은 고상한 신사숙녀들에게는 충격적인 모습이었다. 학생들 중 일부는 총까지 들고 있었다. 행진하는 학생들의 선두에는 스스로 코넬대학교 아프리카계 미국인 학생회의 방위사령관이라고 부르는 학생이 있었는데, 그는 마치 서부 영화에 나오는 무법자들처럼 탄띠를 허리와 어깨에 두르고 있었다. 흔들리지 않는 굳은 표정의 한 학생이 허리에 찬 탄띠에 받친 채 오른 손에 쥐고 있는 것은 다름 아닌 장총이었다. 머리를 둥글게 깎아 올린 아프로 머리에 염소수염을 기른 턱을 과시라도 하듯 치켜올린 이 학생의 얼굴에는 흑인 인권 운동가인 맬컴 X를 연상시키는 안경이 걸쳐져 있었다. 이 극적인 사건의 주인공은 금세 유명해졌다. 언론인인 데이비드 호로비츠 같은 보수주의자들은 미국 대학 교육 역사상 가장 수치스러운 장면이라며 이 사건을 오랫동안 기억했다.[2]

억만장자 사업가 존 M. 올린은 당시 코넬대학교에 없었고 해외여행 중이었다. 그렇지만 코넬대학교를 졸업하고 대학 이사회 이사까지 역임했던 그로서는 무장한 학생들이 등장한 그 유명한 사진을 보고 그대로 있을 수만은 없었다. '그 사진(the Picture)'으로 불린 무장 학생들의 사진은 순식간에 전 세계에 알려졌으며, 결국 그해 퓰리처상을 수상하게 된다.

얼마 지나지 않아 대학 측이 흑인 무장 학생들의 요구를 조건부로 수용하기로 했다는 소식 역시 빠르게 알려졌다. 유혈 사태를 막기 위한 고육지책이었다. 학생들에게 감금되어 있던 코넬대학교 총장은 독립적인 흑인 사회 연구 과정을 더 빨리 개설하기로 약속했고, 아울러 흑인 여학생들이 살고 있던 건물 밖에서 누군가 십자가를 불태운 사건에 대해서도 정식으로 조사하기로 약속했다. 수많은 학생과 교직원이 납득하지 못하는 가운데 총장은 이번 사태의 주모자들을 전원 사면하기로 약속한다. 학생들 중 일부는 얼마 전에 있었던 또 다른 소요 사태 중 도서관 서가에서 책을 꺼내 밖으로 집어 던진 일로 징계 절차가 진행 중인 상황이었다. 책을 던진 건 그 책이 흑인들의 입장을 제대로 반영하지 못하고 있기 때문이라는 것이 그들의 주장이었다.

나중에 전해진 말에 따르면 올린은 이날 사건에 특히 충격을 받았다고 한다. 코넬대학교 도서관은 캠퍼스 내에 올린 가문의 이름이 들어가는 캠퍼스 내 네 개의 건물 중 하나였다. 올린과 그의 아버지는 둘 다 코넬대학교를 졸업했는데, 이를 매우 자랑스럽게 생각하고 막대한 돈을 후원해왔다. 올린이 생각할 때 시위 학생들의 행위보다 나빴던

다크 머니

건 총장의 조치였다. 당시 코넬대학교 총장이던 제임스 퍼킨스는 진보 쪽 인사로 분류됐다. 그는 근처 소수 인종 학생들에게 문호를 개방하는 일에 많은 노력을 기울여왔는데 이제는 교육 과정을 수정하고 교칙에서 정한 징계 수준을 낮추면서까지 문제 학생들을 달래려고 한 것이다.

올린의 전기를 집필한 존 J. 밀러는 코넬 대학에서 발생한 이 사건을 통해 올린은 자신의 후원이나 기부 활동을 완전히 새로운 방향으로 바꾸게 됐다고 설명했다. 올린의 전기인 《자유의 선물A Gift of Freedom》은 올린의 인생과 그가 남긴 유산에 대해 처음으로 깊이 파헤친 아주 중요한 기록이다.[3] 올린은 '코넬대학교 학생들이 다른 주요 대학교의 학생들처럼 기업가들과 그들이 벌이는 사업에 적대적이며 미국의 이상에 의문을 품기 시작했다는 사실을 분명히 알 수 있었다.' 올린재단(Olin Foundation)의 한 보고서에서 나온 말이다.[4]

밀러에 따르면 이후에 올린은 1953년에 세운 존 M. 올린재단을 통해 병원과 박물관, 그리고 다른 일반적인 분야에 지금까지 막대한 돈을 직접 후원해오던 것과는 달리 완전히 다른 새로운 방식을 고민하기 시작했다고 한다. 올린은 미국 대학 교육의 정치적인 관점을 우파 쪽으로 돌리는 일에 적극 나서는 쪽에 돈을 후원하기 시작했다. 그의 재단은 미국에서도 가장 수준이 높은 대학들인 아이비리그와 그 학생들을 주시했는데, 이런 학교들이 앞으로 권력을 쥐게 될 사람들을 키워낼 것임을 잘 알고 있었기 때문이다. 어린 학생들을 자신과 비슷한 생각을 가지도록 교육시킬 수 있다면 미국의 정치적 미래를 보호하는 데 도움이 될 것이라고 생각한 것이다. 분명 해볼 만한 일이라고 생각하고, 올린은 총과 탄약이 아닌 돈을 자신의 무기로 삼기로 결심했다.

존 M. 올린재단은 2005년까지 창립자의 유지를 받들어 총자산 3

억 7,000만 달러의 절반이 넘는 돈을 쏟아부으며 자유시장 이념과 다른 보수적 이념을 미국 대학에 퍼뜨렸다. 이 과정에서 재단은 완전히 새로운 세대의 보수파 대학 졸업생들과 교수들을 배출하게 된다. 밀러는 보수파 후원자들이 운영하는 기관인 자선가원탁회의(Philanthropy Roundtable)의 2003년 펴낸 홍보 책자에서 '이런 노력을 통해 대학교 캠퍼스 내 좌파에게 확실하게 대응할 수 있게 됐고, 무엇보다도 미국 대학을 급진적인 활동가들이 장악하는 문제를 해결할 수 있게 됐다'는 결론을 내렸다.

"이 사람들은 혼자서 혹은 여럿이서 새로운 형태의 후원활동을 만들어냈다. 바로 행동하는 기부활동이다." 진보적 정치 전략가인 롭 스타인이 이 시기 지식인들을 겨냥한 보수파 운동을 후원한 올린재단과 그 외의 몇몇 개인 재단에 대해 한 말이다.[5] "이들이 시작한 일은 민주주의 체제 역사상 가장 영향력 있는 운동으로, 확고한 신념을 바탕으로 정부의 정책에 관여할 수 있게 됐다." 스타인은 이런 모습에 크게 고무되어 진보 쪽에서도 이와 유사한 운동을 시작해보려고 했다. 보수 진영과 진보 진영은 각각 상대방이 더 많은 자금과 영향력을 가지고 있다고 주장했는데, 이는 상대편을 어떤 기준으로 정의하느냐 따라 달라졌다.[6] 그렇지만 1970년대가 시작되자 좌파는 우파 쪽 기업가들이 시작한 광범위한 이념 전쟁에서 크게 밀리고 있다는 사실을 깨닫기 시작한다.

코넬대학교에서의 사건이 올린의 후원 행위를 급진적으로 몰아간 것은 분명하다. 그렇지만 공식적인 설명으로 이런 일을 근거로 내세우기에는 좀 부족한 면이 있다. 올린의 변호사의 설명에 따르면 코넬대학교의 사태는 1969년에 일어났고 올린이 자유 기업 체제를 지키기 위해 자신의 재단을 이념적 도구로 사용하기 시작한 건 그로부터 4년이 지난 1973년 봄부터다.[7] 좀 더 자세히 살펴보면 자신이 원래 하던 일을 그만두게 만든 또 다른 요인들이 있는 것처럼 보인다.

올린 코퍼레이션과 환경 문제

1973년 올린이 이끄는 올린 코퍼레이션은 환경 문제와 관련해 심각한 법적 문제에, 그것도 하나가 아니라 여러 건에 휘말리게 된다. 이로 인해 회사의 평판은 땅에 떨어졌고, 수익도 영향을 받았으며, 막대한 소송비용을 부담해야 했다. 올린의 아버지인 프랭클린 올린이 1892년 설립한 올린 코퍼레이션은 일리노이 주 이스트 앨턴에 터를 잡고 광산에서 사용하는 발파용 화약을 생산하다가 곧 소총과 권총, 탄약 등 생산 품목을 확대해 나갔다. 코크 가문의 아들들과 마찬가지로 올린은 아버지가 걸어간 길을 착실하게 따랐다.[8] 명문 사립 고등학교를 졸업하고 아버지가 졸업한 코넬대학교에 입학한 올린은 가족의 사업과 관련된 화학 실험을 할 수 있도록 허락을 받기 위해 잠시 학교 측과 갈등을 빚기도 했다. 올린은 1913년 대학을 졸업하고 화학 관련 학위를 받았으며, 일리노이로 돌아가 가족 사업에 합류한다.

자수성가했다고 생각한 올린은 뉴딜 정책 시대의 정부 정책에 반대했으며 그에 대한 신념으로 결국 나중에 자유시장 이념을 퍼뜨리는 일을 후원하게 됐지만 올린의 회사가 성장하고 부를 쌓는 과정에서 연방정부가 큰 역할을 한 것은 부인할 수 없는 사실이다. 밀러가 쓴 올린의 전기에 자세하게 나와 있는 것처럼, 1차 세계 대전과 2차 세계 대전 당시 올린 코퍼레이션이 정부와 맺은 대규모 무기 공급 계약은 회사의 수익 규모를 극적으로 상승시켜주었다. 1차 세계 대전 기간 동안 다섯 배로 늘었던 수익은 2차 세계 대전 동안에는 거의 폭발적인 수준으로 증가했다. 올린은 정부의 개입과 비효율성에 대해 불평했지만 2차 세계 대전 기간 동안 단독으로 4,000만 달러에 달하는 수익을 올렸다. 〈포춘〉은 1953년에 기업을 소유한 가문들 중 가장 강력한 몇 개의 가문 중 하나로 올린 가문을 소개하기도 했다.

1954년 올린 코퍼레이션은 기업을 공개하고 매디슨 케미컬 코퍼레이션(Mathieson Chemical Corporation)을 합병해 그 규모를 두 배로 늘리고 사업 분야를 다각화했다. 합병 후에도 올린 코퍼레이션이라는 이름을 정식으로 사용했다. 당시 연간 수익은 5억 달러에 달했고, 의약품에서 담배용 종이까지 손을 대지 않은 상품이 없었다. 윈체스터 연발 소총을 생산하던 무기 회사가 1969년에는 달에 착륙한 닐 암스트롱의 아폴로 11호를 쏘아올린 로켓의 연료까지 생산하게 된 것이다. 그러는 사이 올린의 개인적인 명성도 널리 알려져 〈포춘〉은 1957년에 아버지의 회사를 물려받은 존 M. 올린과 스펜서(Spencer) 형제를 미국에서 31번째 부자로 소개했다. 두 사람의 추정 재산은 7,500만 달러를 넘어섰다. 늘어난 재산만큼이나 명성도 드높아졌다. 1963년 회장직에서 물러난 올린은 주요 유명 대학의 이사로 활약하는데 거기에는 물론 모교인 코넬대학교도 포함되어 있었다. 또한 올린은 야외 활동에도 열심이었다. 1958년에는 아내와 함께 〈스포츠 일러스트레이티드Sports Illustrated〉 표지를 장식하기도 했다. 사냥총에 말쑥한 사냥복을 갖춰 입고 그림처럼 아름다운 수풀 사이를 지나가는 모습이었다. 사냥 애호가이자 최우수 품종의 개를 기르는 모습을 강조한 표지 사진이었다. 자연보호주의자로 알려진 올린은 세계야생동물기금의 총재직을 맡기도 했다.

따라서 1973년 환경보건국이 올린 코퍼레이션을 첫 번째 목표로 지목한 것은 개인적으로도 회사로서도 명예가 실추될 만한 냉혹한 일격이었다. 닉슨 대통령이 환경보건국을 만든 지 얼마 지나지 않아서 일어난 일이었다. 갑자기 강력해진 규제 아래 올린 코퍼레이션은 법을 지키지 않는 회사가 되어 한 곳도 아닌 미국 여러 주에서 동시에 엄청난 오염물질을 배출했다는 혐의를 받게 된다.

앨라배마 주에서 올린 코퍼레이션은 살충제인 DDT 생산 문제로 소송에 휘말린다. 《침묵의 봄》을 쓴 레이첼 카슨에 따르면 이 살충제는 생물학적 먹이사슬에 아주 치명적인 오염 물질이었다. 당시 올린 코퍼레이션은 미국에서 사용되는 DDT의 20%가량을 생산하고 있었는데 얼마 지나지 않아 연방정부와의 싸움은 격렬하지만 패배할 수밖에 없는 싸움임을 깨닫는다. 새로운 오염물질 허용 기준은 화학 물질의 생산과 사용을 엄격하게 제한했다. 올린 코퍼레이션은 공장을 계속 가동하는 것이 불가능할 정도라고 항변할 정도였다. 게다가 자연보호 단체인 환경관리기금(Environmental Defense Fund)과 국립오듀본협회(National Audubon Society), 국립야생동식물연맹(National Wildlife Federation)이 모두 함께 소송을 제기해 올린 소유의 앨라배마 공장이 근처의 국립 야생동물 보호구역 안에 DDT가 섞인 오염 물질을 배출하는 것을 금지시켰다. 1972년 연방정부는 DDT 사용을 아예 금지시켰고, 올린은 생산 공장을 폐쇄하지 않을 수 없었다.

염소(鹽素)나 다른 화학제품을 생산하기 위해 다량의 수은을 사용하는 일 역시 심각한 문제로 부각됐다. 1970년 여름 〈뉴욕타임스〉는 1면 기사를 통해 내무부가 하루에 12kg의 수은을 뉴욕 외각 나이아가라 강에 버린 올린 코퍼레이션을 고발 조치했다고 보도했다.[9] 그 무렵 수은이 인체에 치명적이라는 사실은 이미 널리 알려져 있는 상태였다. 과학자들은 수은이 인간의 뇌와 생식기, 신경계에 미치는 영향에 대한 연구 결과를 내놓았다. 뒤이어 법무부 역시 올린 코퍼레이션을 공문서 위조 혐의로 고발했는데, 수은을 포함한 화학 폐기물을 나이아가라 폭포 주변 쓰레기 매립지에 6만 6,000톤이나 무단으로 폐기했다는 내용이었다.[10] 후커 케미컬스 앤드 플라스틱 코퍼레이션(Hooker Chemicals and Plastics Corporation) 역시 독성 화학 물질을 같은 매립지에 버렸다는 혐의로 기소됐다. 한때 운하 공사를 시작했다가 중단한 이 지역은 '러브 캐널(Love Canal)'이라는 이름으로 불렸는데, 이제는 대표적인 독성 물질 오염 사건으로 국제적으로 알려지게 됐다. 결국 올린 코퍼레이션과 전직 임원 세 사람은 오염 물질 폐기와 관련한 공문서 위조 혐의에 대해 유죄 판결을 받았으며, 회사 측은 최대 7만 달러의 벌금형에 처해졌다.[11]

애팔래치아 산맥 근처의 작은 마을인 솔트빌은 버지니아 주에서도 남서쪽 끝에 있는 마을로, 여기에서 올린 코퍼레이션이 부딪히게 된 환경 문제는 그 정도가 아주 심각해서 이 지역의 공장만 가동이 중단된 것이 아니라 마을 전체가 몇 년 동안 제 기능을 못하게 됐을 정도였다. 올린 코퍼레이션으로 인한 환경오염이 너무도 심각하고 통제 불능이어서 그것을 처리하는 비용만 수억에서 수십억 달러를 쏟아부어도 끝이 보이지 않을 것 같다는 전망이었다.

수십 년 동안 솔트빌은 기업 의존형 마을의 모범 사례로 여겨졌다. 마을을 먹여살린 건 마치 봉건 시대의 영주와 비슷한 역할을 한 올린 코퍼레이션이었다.[12] 소박하지만 아름다운 산맥과 계곡 사이의 땅 약 1,210만 평가량이 회사 소유였으며, 450채의 판잣집에 2,199명이 몰려 살며 회사를 위해 일을 했다. 지역의 식품점이며 상하수도 시설, 학교까지 올린 코퍼레이션에서 관리했는데, 대부분의 주민이 초등학교나 중학교까지만 졸업하고 회사에 취업했다. 올린 코퍼레이션은 수영장이며 작은 경기장을 제공하며 가족적인 분위기로 경영하는 것을 매우 자랑스럽게 생각했다. 직원들이 아프면 그 치료비까지 회사 측이 부담할 정도였다. 마을 읍장을 비롯해 사실상 솔트빌 인구 전부가 1954

년 매디슨 케미컬 코퍼레이션과 합병한 올린 코퍼레이션에서 일을 했다. 마을 근처에 매장되어 있는 천연 소금 덕분에 솔트빌은 염소 및 기타 화학제품을 생산하기에 최적의 장소로 여겨졌다. 적어도 회사로선 오랜 시간 동안 미국 산업의 번영을 상징하던 그런 마을이었다. 그렇지만 실제로 일을 하고 있는 직원들에게는 잘 알려지지 않은 걱정거리가 있었다. 염소 제품의 생산 과정에는 막대한 양의 수은이 사용됐는데, 사용하고 남은 수은이 매일 마을의 수로로 방출됐던 것이다. 1951년에서 1970년까지 회사 측이 추산한 바에 따르면 매일 45kg이 넘는 수은이 공장에서 버려졌다고 한다. 그 대부분은 마을 가장자리를 맴돌아 흐르는 홀스턴 강에 직접 흘러들어갔다. 또한 수은 폐기물이 쌓여 침전된 연못에는 무려 25톤에 가까운 독성 물질이 모여 있었다.

"당시 그 위험성을 모르는 사람은 거의 없었다. 회사에는 정말 뛰어난 과학자며 화학자들이 일하고 있었다. 그럼에도 불구하고 독성 물질 관리에 대한 아무런 규정도 없었다."[13] 솔트빌에서 작은 역사박물관을 운영하고 있는 해리 헤인즈의 설명이다. 헤인즈의 아버지 역시 올린 공장에서 일했다. "모두들 수은을 장난감처럼 생각했다." 그의 회상이다. "아버지가 공장에서 수은을 가져와 마루에 떨어트리면 마치 가루처럼 흩어졌다가 물방울이 한 곳에 모이듯 다시 한 덩어리로 뭉쳐졌다." 회사 측은 유독 가스를 막기 위해 직원들에게 가스 마스크를 지급했지만 마을 주민들은 아무도 그런 건 쓰지도 않았다고 기억했다.

1972년 일본 미나마타 만 근처에서 심각한 수은 중독으로 인해 기형아로 태어난 아이의 사진 한 장이 전 세계를 경악시켰다. 과학자들은 기형아 문제는 물론 전신 마비와 정신 지체, 시력 상실과 청력 상실, 혼수상태와 사망 사고 같은 여러 끔찍한 결과들을 이 지역 주민들의 해산물 섭취와 연결시켰다. 그리고 그 해산물은 바로 수은 폐기물에 의해 오염된 것이었다. 바다로 흘러들어간 수은이 물에 녹아 해양 생물들의 몸속에 쌓였던 것이다. 미나마타의 이 끔찍한 일로 수은의 위험성이 전 세계에 알려졌다. 솔트빌 역시 마찬가지였다. 주립 정부가 확인한 바에 따르면 솔트빌을 돌아 테네시 주로 흘러들어가는 홀스턴 강의 수은 수치가 엄청나게 높은 것으로 드러났는데, 이 강은 낚시 명소로 이름 높은 체로키 호수 휴양지로 이어졌다. 솔트빌에 있는 올린 공장에서 12km나 넘게 떨어져 있는 이곳에서 잡힌 물고기에서 수은 수치가 치명적일 정도로 높게 나타났다는 보도까지 나왔다.[14]

솔트빌에 대한 우려가 높아지자 1970년 버지니아 주 정부는 새롭고 강력한 규제안을 통과시켰다. 올린 코퍼레이션은 이 기준을 충족시킬 수 없다고 발표했다. 결국 올린은 1972년 말까지 스톨빌의 공장 가동을 중단시키겠다는 성명을 발표했다. 실제로도 회사 측에는 공장을 폐쇄해야 하는 또 다른 이유가 있었는데, 우선 더 이상 서부 공장들과 효율성 면에서 경쟁하기가 불가능했으며, 노동자를 대신해 회사 측과 벌인 투쟁에서 승리한 전국광산노조의 압력도 날로 거세지고 있었다. 결국 환경 문제가 아니더라도 올린의 공장은 이제 문을 닫을 수밖에 없는 상황이었다.

그렇지만 환경 문제 활동가들에게 솔트빌 사태는 그냥 지나칠 수 없는 좋은 기회였다. 보도 사진을 중심으로 하는 주간지 〈라이프Life〉는 '기업 의존형 마을의 몰락'이라는 제목으로 애잔한 내용의 사진과 기사를 실었다. 〈월스트리트저널〉에는 새롭고 강력한 규제와 미국 기업들이 서로 부딪힐 수밖에 없는 상황을 유감스럽게 바라보는 기사가 실리기도 했다.[15] 그러는 사이, 올린 코퍼레이션은 공장을 폐쇄하고 회사가 보유하고 있던 솔트빌의 부동산을 대부분 매각했지만 수은 폐기물이 가득 차 있는 호수 근처의 땅을 사려는 사람은 아무도 없었다. 호수를 메워보려고도 하고 강을 따라 수로를 파서 독성 물질을 다른 곳으로 흘러가게 해보려고도 했으나 어떤 노력도 솔트빌을 예전으로 되돌리지는 못했다. 얼마 지나지 않아 환경보건국은 미국 최초로 솔트빌을 정부가 지원하는 '환경기금(Superfund)'이 필요한 장소로 지정했다.

"솔트빌은 유령마을이 됐다. 엄청나게 오염됐고, 지금도 상황은 크게 달라지지 않았다." 솔트빌 근처에서 자라 지금도 그곳에 살고 있다는 셜리 시시 베일리의 말이다.[16] "지금까지도 그 호수는 여전히 그대로다. 강에서는 지금도 수은 덩어리를 찾아볼 수 있다. 식수에서조차 납과 수은이 검출되어 사람이 마실 수 있는 물이라고는 생각할 수 없을 정도다." 베일리는 자신이 솔트빌의 '살아 있는' 역사라고 말했다. 어린 시절 뛰어놀던 강둑은 심각하게 오염되어 풀 한포기 자라지 않고, 항상 염소나 다른 화학 물질 냄새가 공기 중에 섞여 풍겼다. "올린의 공장은 더럽기 그지없었으며, 사람들을 아주 나쁘게, 아니 아예 사람으로 생각하며 대하지 않았다. 대부분의 직원이 많이 배우지 못한 사람들이었고, 그래서 회사가 시키는 대로 뭐든 다 했다. 수많은 사람이 병에 걸렸고, 근처 그 어느 곳보다 기형아의 출산율도 높았다." 물론 어떤 증거 자료나 연구 결과도 나오지 않았지만 그녀의 목소리는 단호했다.

하버드대학교 출신 과학자로 버지니아 주 폴스 처치에서 일종의 비영리 풀뿌리 환경보호단체인 보건·환경정의센터(Center for Health, Environment, and Justice)를 운영하고 있는 스티븐 레스터(Stephen Lester)는 "상식적으로 생각하면 관련 기업들이 책임지는 것이 당연했다. 그렇지만 1970년대까지 이런 문제에 대한 어떤 법적 근거도 없었다. 대신 환경보건국이 일정 정도 책임을 지는 형태가 되었다"고 설명했다. 이 단체는 나중에 솔트빌에서 수은 오염과 관련한 소송이 벌어졌을 때 베일리에게 기술적 자문을 해주기도 했다.[17] 물론 회사 평판이나 수익에 영향을 미쳤겠지만 그리 큰 타격은 아니었다. 실제로 당시 솔트빌에서 오염 물질 배출을 관리하는 비용은 3,500만 달러 정도로 추산됐다.

올린재단의 전직 직원들은 모기업의 이런 불미스러운 환경 문제와 관련해 비영리재단인 올린재단의 친기업적이며 규제를 반대하는 이념과 연결시키는 일에는 선을 그었다. 보수파 학자이자 1985년에서 2005년까지 올린재단의 총책임자와 이사를 역임한 제임스 피에르슨은 "올린이 회사와 관련된 소송이나 규제로 인해 어느 정도 영향을 받은 것은 아마 사실이지만[18] 그 사건은 다른 여러 가지 사건들 중 하나일 뿐이다. 어쨌든 당시 올린은 더 이상 회사를 전적으로 맡아 경영하는 것도 아니었다"고 말하며 "그것 말고도 냉전과 동서 화해 분위기, 워터게이트, 물가 상승과 주식시장 붕괴, 중동 전쟁, 베트남 전쟁, 그리고 환경과 페미니즘 문제까지 많은 사건이 있었다"고 덧붙였다. 1988년부터 2003년까지 올린재단에서 기획을 맡았던 윌리엄 보겔리는 "올린 가족 사람들은 이 시기에 재단이나 회사 일에 거의 관여한 바가 없다.[19] 적어도 재단에서 일하면서 재단의 일이 모기업과 어떤 연관이 된다는 말은 한마디도 들어본 적이 없고 올린 코퍼레이션의 주식이 재단 자산에서 차지하는 비중은 채 1%도 되지 않았으며, 재단에서 어떤 일을 한다고 올린 가족 사람들에게 금전적인 이익이 가는 것도 아니다. 재단이 추구하는 보수적 이념이나 사상과 관련된 일은 모두 어떤 이해관계와는 아무런 상관이 없었다"고 말했다.

그렇지만 이런 증언들은 점점 늘어가는 엄격한 정부의 규제와 심각하게 부딪히게 된 올린이 미국의 기업 정신을 지키는 싸움을 하기 위해 변호사들을 통해 자신의 재산을 사용하도록 지시한 것과는 상충됐다. 올린은 이렇게 말했다. "나의 가장 큰 소망은 이제 이 나라에 자유로운 기업이 다시 일어서는 것이다. 기업이든 일반 대중이든 2차 세

다크 머니

계 대전이 끝난 후부터 사회주의가 알게 모르게 우리를 좀먹어 들어 가고 있다는 사실을 반드시 깨달아야 한다.[20]

먼저 올린재단은 스카이프와 쿠어스도 함께 후원하고 있는 같은 보수파 정책 연구소들에 자금을 지원했다. 헤리티지재단과 미국기업 연구소, 그리고 스탠퍼드대학교 내에 있는 보수주의 정책 연구소인 후 버연구소(the Hoover Institution) 같은 곳들이었다. 그렇지만 얼마 지나지 않 아 올린의 관심사는 바뀌는데, 코넬대학교에서의 폭력사태에 대한 분 노 때문에 그의 재단이 특별히 대학 교육을 바꾸는 일에 집중하게 됐 는지도 모르겠다. 코넬대학교 총장에게 보낸 개인적인 편지를 보면 올 린은 대학 캠퍼스가 좌파적 시각을 가진 것이 분명한 학자들에 의해 점령당했다고 생각하고 있음을 알 수 있다.[21] 올린은 이렇게 말했다. "경제 개발이 마르크스를 따르든 케인즈를 따르든 나로서는 별로 상 관없다." 그는 진보주의와 사회주의를 같은 것으로 본다고 말했다. 이 런 학문적 경향들에 대해 올린은 "아주 진지한 연구와 수정이 필요하 다"고 역설했다.

그런 올린의 뜻을 따르기 위해 올린의 노사 문제 전문 변호사인 프 랭크 오코넬은 몇몇 다른 보수파 개인 재단들과 접촉을 시도했다. 그 는 코크나 스카이프재단, 그리고 우파 쪽의 이어하트재단이며 제약 회 사의 후원을 받는 스미스리처드슨재단에 있는 동료들에게 도움을 요 청했다. 당시 찰스코크재단(Charles G. Koch Foundation)을 맡아 운영하고 있 던 조지 피어슨은 오코넬을 도와 하이에크의 에세이인 '지성인과 사회 주의The Intellectuals and Socialism' 등을 포함한 자유시장 체제와 관련된 글들 을 읽어보도록 했다. 하이에크의 주장은 간단했다. 정치에 영향을 미 치려면 먼저 지식인들을 손에 넣어야 한다. 오코넬은 이렇게 회상했다. "마치 가정교사에게 수업을 받는 것 같았다."[22]

이제 막 나래를 펴기 시작한 우파 재단들도 이 시기 이미 자리를 잡고 있던 좌파 재단에 대한 연구를 하고 있었다. 특히 이들이 관심을 보인 것은 다름 아닌 포드재단이었다. 1960년대 후반 포드재단은 하버드대학교 학장 출신이며 케네디와 존슨 행정부에서 국가 안보 고문 역할을 수행한 맥조지 번디를 수장으로 해서 '기부 활동 중심(advocacy philanthropy)'으로 재단을 운영하기 시작했다.[23] 예를 들어, 포드재단은 환경관리기금과 천연자원보호협의회(Natural Resources Defense Council)에 기부를 함으로써 환경운동을 후원했다. 또한 공익과 관련된 소송을 지원함으로써 보수주의자들에게 기부나 자선활동이 법정을 통해서도 큰 변화를 이끌어낼 수 있다는 사실을 보여주었다. 이는 민주적 선거나 투표 절차에 의존하지 않고도 정치적 영향력을 미칠 수 있다는 사례이며, 개인 재단 설립 초기에 이를 비판하던 사람들이 두려워하던 모습이었다.

올린재단의 새로운 전략

1977년 올린은 윌리엄 사이먼을 재단 총책임자로 임명하면서 재단의 위상을 한 단계 끌어올린다. 사이먼은 롱아일랜드의 이스트 햄턴에서 만나 알게 된 사이로, 두 사람은 모두 그곳에 바닷가 별장을 가지고 있었다. 올린은 사이먼의 사상을 나의 사상과 거의 동일하다고 설명했다.[24]

올린이 사회적으로 자신을 잘 드러내려 하지 않았던 반면, 사이먼은 세상의 관심을 받는 것을 좋아했다. 그것도 아주 뜨겁고 열광적인 관심을 원했다. 루스벨트 대통령의 딸 앨리스는 아버지를 "마치 모든 결혼식에서 신부가 되고 싶어 하는 것 같았다. 그리고 모든 장례식에서는 자기가 고인이 되고 싶어 했다."고 묘사했는데, 보겔리는 사이먼이 그런 루스벨트 대통령과 비슷하다고 회상했다.

사이먼은 닉슨 대통령과 포드 대통령 정부의 재무부 차관과 장관을 거쳤다. 특히 차관 시절에는 미국의 에너지 정책을 책임지며 기업에 고압적인 모습을 보여 황제라는 별명으로 불렸다. 그리고 자신이 바보라고 생각하는 상대에게는 안하무인으로 비난을 가하는 것으로 유명했다. 이 바보에는 진보와 급진파, 그리고 심지어 같은 공화당 소속 온건파 의원들까지 포함됐다. 올린과 마찬가지로 사이먼도 미국 정부가 규제를 늘려가는 상황에 격분했다. 그는 특히 환경운동가들과 공공 문제에 있어 스스로 수호자처럼 나서는 사람들을 싫어했는데, 이들을 '새로운 폭군'이라고 묘사하기도 했다. 1978년에는 일종의 선언문 형식의 《진실의 시간A Time for Truth》이라는 책을 통해 이렇게 밝혔다. "1960년대 이후 의회에서 통과된 수많은 규제 법안들은 (중략) 대부분 공공의 이익을 위한 운동이라는 이름을 달고 새롭고 강력한 압력을 행사하는 무리들에 의해 만들어진 것이다."[25] 사이먼은 이들을 '대학 교육을 받은 이상주의자들'이라고 불렀으며, 이들이 소비자와 환경, 그리고 소수 인종들의 복지와 기타 정신이나 문화적인 문제들을 위해 일한다고 주장하고 있다고도 했다. 그런 그들 때문에 미국의 기업과 생산자들을 억압하는 견제와 감시의 기능을 지나치게 확대되고 있다고 주장했다. 사이먼은 이런 운동을 하는 사람들의 순수성을 의심하며 돈이나 이해관계에 신경 쓰지 않는다는 주장에 대해서는 또 다른 종류의 개인적인 이해관계로 움직이고 있다고 비난했다. 그와 함께 일했던 신보수주의 지식인의 대표인 어빙 크리스톨에 따르면 사이먼은 이렇게 남의 권리를 침해하는 사람들은 '우리의 문화를 만들어가는 힘'을 원하는 것이라고 주장했다. 그 힘은 전적으로 자유시장에 속해 있어야 한다는 것이었다.

진보 쪽 지식인과 지도층들에 대한 사이먼의 증오와 의심은 거의 음모론 수준이었다. 그는 1980년《행동의 시간A Time for Action》이라는 두 번째 책을 펴내 학계와 언론계, 관료들과 공공의 이익을 보호한다는 사람들 사이에 미국을 움직이는 비밀스러운 체제가 존재한다는 주장을 펼쳤다. 9년 전 루이스 파월이 만든 제안서의 일부분을 인용하면서 사이먼은 기업인들이 역습을 펼치지 않으면 우리의 자유는 엄청난 위험에 직면하게 될 것이라고 경고했다.

사이먼의 이런 불길한 예언은 마치 올린의 그것처럼 권력과 부의 정점에 서 있는 사람들에게는 그냥 허투루 들어 넘기기 어려운 무엇인가가 있었다. 이런 사람들은 이루 헤아릴 수조차 없을 정도의 재산과 직함, 그리고 명예와 업적을 가지고 있었으며, 태어날 때부터 특권층으로 자라온 사람들이었다. 스카이프와 마찬가지로 사이먼 역시 운전기사가 모는 자가용을 타고 초등학교를 다녔고, 집안이 얼마나 부유했는지 아버지와 어머니를 마치 소설에나 등장하는 아무런 걱정이나 근심이 없는 사람들로 생각했을 정도였다. 그럼에도 불구하고 사이먼은 자신을 자수성가한 사람이라고 생각하며 자랑스러워했다. 그의 아버지는 어머니의 재산을 모두 다 탕진하고 말았는데, 이 때문에 사이먼은 스스로 일어서겠다는 동기를 부여받았다는 것이다. 월스트리트로 간 사이먼은 샐러먼 브라더스(Salomon Brothers)라는 금융투자 회사에 입사해 높은 실적을 올리며 승승장구했으며, 이른바 차입금을 통한 기업매수라는 방식을 도입해 엄청난 수익을 거두었다. 그렇지만 올린이나 사이먼이 가진 재산만으로는 다음 세대를 좌지우지할 만한 영향력을 발휘할 수 없었다.

사이먼은 '우리는 현재 지나치게 빠른 속도로 집산주의를 향해 나아가고 있다'고 경고했다. 사이먼이 생각할 때 미국을 구할 수 있는 것은 이념과 사상의 전쟁뿐이었다. '지금 우리에게 필요한 것은 지식인들에게 대항하는 전쟁이다. 여론을 주도하는 '새로운 지배계층'에게 도전할 수 있는 조직을 만들어야 한다.'[26] 사이먼은 '이념과 사상이 우리의 무기가 된다. 전쟁에서 이기기 위해 우리만의 이념과 사상을 만들어야 한다'고 주장하며 '자본주의에 적을 돌봐줘야 하는 의무 같은 건 없다'고 했다.[27] 또한 개인이나 법인 재단들이 '자본주의에 적대적인 입장을 취하는 정치학과 경제학, 그리고 역사학과가 있는 대학들을 아무 생각 없이 후원하는 일은 이제 그만두어야만 한다'고도 했다. 그 대신 '이제부터라도 정치적 자유와 경제적 자유 사이의 관계를 이해하고 있는 학자들과 사회과학자들, 그리고 작가들에게 꼭 필요한 자금을 지원하는 수고를 마다하지 말아야 한다'고 했다. '그런 사람들이 필요한 자금을 더, 더, 더, 많이 지원받아 책들을 더, 더, 더, 많이 펴내야 한다.'[28]

사이먼의 지휘 아래 올린재단은 앞서 언급했던 것처럼 반대파 지식인들에게 대항하는 새로운 싸움을 위한 기금을 조성하기 시작했다. 재단은 먼저 보수주의적 사상과 후원금을 환영할 만한 잘 알려지지 않은 대학들을 지원했는데 사이먼과 재단 직원들은 곧 이런 전략은 크게 효과적이지 않다는 사실을 깨닫게 된다. 보다 효율적이려면 아이비리그에 속한 명문 대학들을 공략할 필요가 있었다.

보수주의의 교두보 이론

올린재단에서 올린 자신이나 총책임자인 사이먼보다도 더 큰 업적을 이룬 사람은 바로 상임이사를 맡았던 마이클 조이스다. 조이스는 강성 진보파였지만 노선을 바꿔 신보수주의자로 변신해 크리스톨을 도왔다. 조이스의 친구는 그가 기부나 후원활동이 막강한 힘이 될 수 있다고 믿었으며, 부자들에게는 자신처럼 중간에서 정치적으로 일을 해줄 행동대장이 필요하다고 생각했다. 바로 정치를 어떻게 활용할 수 있을지 알려주는 역할이었다. 조이스는 싸움꾼으로, 미국 진보 진영의 부족한 점을 뒤에서 보충하는 것이 아니라 정면에서 맞서 싸워 그들을 몰아내고 싶어 했다. 우파 쪽 블로그 운영자인 랠프 벤코는 〈포브스〉를 통해 이렇게 이야기했다. '조이스는 진짜 과격파였다. 그에게 영감을 준 건 이탈리아의 공산주의자인 안토니오 그람시다. 조이스는 급진적이고 과격한 변화를 이끌어내고 싶어 했다.'[29] 밀러가 보기에 조이스는 '활동가이면서 지식인이었고, 지식인이면서 활동가였다. 조이스는 이념과 사상의 세계가 진짜 세상에 어떻게 영향을 미칠 수 있는지 잘 알고 있었다.' 조이스는 퉁명스럽고 무뚝뚝한 사람이었다.

"내 성격은 아직 덜 자란 아이나 사춘기 소년 같다. 싸우고 또 싸우다가 쉬고 다시 일어나 싸우고 또 싸우고 다시 싸운다. 그런 내 성격을 보고 뭐라고 그런 사람은 지금까지 아무도 없었다. 나는 변화를 이끌어내는 사람이다. 친구도 적도 그런 사실을 잘 알고 있었다."

그런 조이스와 함께한 사람이 바로 제임스 피에르슨이다. 사려 깊고 부드러운 성격의 이 신보수주의자가 올린재단에 합류한 것은 역시 어빙 크리스톨을 통해서였다. 피에르슨은 펜실베이니아주립대학에서 크리스톨 가족과 알고 지내게 됐는데, 바로 크리스톨의 아들인 빌과 함께 정치학 이론과 통치 형태를 가르쳤던 것이다. 두 사람은 진보적인 교수들에 비해 자신들이 제대로 인정 받지 못하고 있다고 생각했다. 미국 학계의 지식인 계층을 면밀하게 관찰해온 피에르슨은 보수파 재단들이 가장 높은 명성을 자랑하는 교육기관에 침투할 필요가 있다는 결론을 내렸다. '그보다 못한 다른 대학들은 결국 높은 수준의 대학들을 본받고 따르게 마련이다.'[30] 올린재단에서 일했던 하이엘 프래드킨도 '미국에서 주류의 흐름을 바꿀 수 있는 유일한 방법은 명문 대학교를 찾아가는 것이다. 돈을 들고 학교를 찾아가 보수주의의 전진 기지로 삼아야 한다'고 이야기했다.[31]

이런 식의 활동 전략을 그들은 바로 '교두보 이론'이라고 불렀다. 그 목적은 피에르슨이 나중에 자신의 에세이에서 다른 보수파 후원자들에게 도움을 주기 위해 설명한 것처럼 보수주의의 전진 기지 혹은 그 교두보를 가장 영향력이 큰 교육기관 안에 세워 가장 큰 효과를 노리는 것이었다.[32] 교두보를 확보하기 위해서는 누구도 알아차리기 힘들 정도로 간접적인 방식을 취해야 하며, 심지어 사람들이 착각할 정도가 되어야 했다.

피에르슨은 교두보 확보의 핵심은 보수주의 지식인들을 후원하되, 학문적 순수성에 대해서는 뒷말이 나오지 않도록 해야 한다고 설명했다. 특정 인사를 높은 자리에 앉히려는 시도 같은 교수 사회에 대한 지나친 간섭은 격렬한 반발을 일으킬 뿐이므로 보수파 후원자들은 우선 자신들과 비슷한 성향의 교수들을 찾아야 한다는 것이었다. 외부에서 자금을 후원받을 수 있다면 그 영향력이 배가 될 수 있는 그런 교수들이었다. 때가 되면 그런 교수들이 드디어 보수주의와 관련된 사업을 펼쳐 나갈 수 있을 터였다. 그렇지만 피에르슨은 이런 경고도 잊지 않았다. "그런 사업에는 학문적 순수성과 명성이 뒤따라야만 한다. 이념이나 사상의 관점에 의해 규정되는 사업이나 교육 과정은 곤란하다." 사전에 이미 결론이 정해져 있음을 공공연히 드러냈다가는 오히려 모든 일을 망칠 수 있었다. 피에르슨은 마르크스주의 비판이나 자유 기업 체제를 옹호하기 위해 만들어진 사업이나 교육 과정이라고 이야기하는 대신 그저 학문적인 영역의 용어로 설명하는 것이 좋다고 충고했다. "'올린재단이 후원하는 전쟁사 관련 연구' 같은 것이 더 좋다. 또한 '프린스턴대학교 미국 사상 연구소의 제임스 매디슨 연구 과정' 같은 식으로 역사적으로 중요한 인물의 이름을 넣어 철학적이거나 혹은 학문적으로 순수한 느낌을 주는 것이 중요하다."

실제로 수년 동안의 시행착오 끝에 올린재단은 2000년 프린스턴대학교의 '매디슨 연구 과정'을 시작하는 데 52만 5,000달러를 후원했다.[33] 적극적인 성격의 사회적·종교적 보수주의자인 로버트 조지가 운영하는 이 과정은 '교두보' 이론을 적절하게 실천에 옮긴 것이다. 조지의 친구는 2006년 〈네이션〉을 통해 '임기응변이 뛰어난 우파 활동가로 진보 체제 안에서 허점을 찾는 사람'이라고 평가했다.[34]

피에르슨은 보수파 후원자들에게 인문교육 분야에서 진보 쪽 인사들을 몰아내는 데에는 인내심과 지혜가 필요하다고 경고했다. 그 자신도 교육계에 몸을 담은 적이 있기 때문에 정면 공격이 갖는 정치적 부담감이 얼마나 큰지 잘 이해하고 있었던 것이다. 단숨에 학계를 휘어잡으려는 시도를 공개적으로 하는 대신 계속해서 새로운 목소리를 냄으로써 기존 질서에 도전하는 방법을 생각해봐야 한다고 제안했다.[35] 그는 이렇게 이야기했다. "대학의 문화를 바꾸는 가장 좋은 방법은 바로 그런 것이다. 강력한 비판의 목소리를 계속해서 내다 보면 어느 순간엔가 모래성을 허물듯 대학 전체를 무너뜨릴 수 있을 것이다."

올린재단의 투명하지 못한 출판 및 연구소 후원

올린재단이 이런 일을 수행하는 데 있어 투명하지 못한 모습을 보였지만 그건 아마 처음이 아닐 것이다. 1958년에서 1966년까지 올린재단은 미국 중앙정보국(Central Intelligence Agency), 즉 CIA를 위해 비밀 은행 역할을 한 전력이 있다. 이 8년 동안 CIA는 올린재단을 통해 195만 달러의 자금을 세탁해 사용했다.[36] 밀러에 따르면 올린은 이런 비밀 업무를 애국자로서의 당연한 의무라고 생각했다. 정부가 비밀리에 조성한 이런 자금은 반공 사상을 가진 지식인들과 출판업자들에게 제공됐다. 1967년 언론이 이런 비밀스러운 선전 공작을 폭로하며 여론에 불을 지폈고, 결국 CIA는 이 공작을 그만두게 된다.[37] 당시에 알려지지 않았던 올린재단의 CIA 자금은 어디론가 조용히 사라져버렸다. 그렇지만 개인 재단들을 통해 이념적으로 정부를 지지하는 지식인들을 후원하는 공작은 그 후로도 계속됐다.

얼마 지나지 않아 올린재단은 이번에는 윌리엄 F. 버클리가 출연하는 텔레비전 프로그램인 '사선에서Firing Line'를 후원한다.[38] 또한 앨런 블룸도 후원했는데, 그는 《미국 정신의 종말The Closing of the American Mind》이라는 책을 통해 미국 교육계 우파의 역습을 파헤친 사람이다. 이 책에서 블룸은 록 음악을 상업적으로 잘 포장된 환상을 위한 자위 행위라고 신랄하게 비난했다. 올린재단의 후원을 받은 또 다른 보수파의 유명 인사로는 디네시 드수자가 있다. 그녀는 자신의 저서 《억압받는 교육Illiberal Education》에서 이른바 '정치적 올바름'을 비난하며 여성과 소수 인종만을 특별하고 조심스럽게 대할 것을 요구하는 규칙들을 공격했다. '정치적 올바름'이란 결국 진보 쪽의 사상경찰이 과도하게 개입하는 것과 다를 바 없다는 것이었다. 또한 올린재단은 미국 전역에서 명문으로 불릴 만한 대학교의 교수들을 후원했는데, 거기에는 하버드대학교의 하비 C. 맨스필드, 새뮤얼 P. 헌팅턴 등이 포함되어 있었다. 또한 맨스필드 교수가 진행하는 하버드대학교의 입헌 정치 연구 과정에 330만 달러가 지원됐는데, 이는 미국 정부에서 보수파의 역할의 중요성을 강조한 연구였다. 헌팅턴 교수의 전략적 학습을 지원하는 데 840

만 달러를 쾌척한 올린연구소(Olin Institute)는 외교 정책과 국가 안보에서의 강경한 입장을 대변했다.

이렇게 조심스럽게 진행되는 연구나 교육 과정을 통해 올린재단은 차세대 보수주의자들을 훈련시켰는데, 조이스는 이들을 '포도주 창고'라고 부르며 마치 포도주처럼 시간이 흐를수록 그 가치가 올라가고 지위와 권력도 늘어날 것이라고 기대했다.[39] 올린재단은 헌팅턴 교수의 올린 연구소를 거쳐 가는 학생들도 계속 후원했다. 그들 중 상당수가 공직과 학계로 진출한 것을 자랑스럽게 언급하기도 했다. 1990년에서 2001년 사이 하버드대학교에서 올린재단의 후원을 받은 88명 중 56명이 시카고와 코넬, 그리고 다트머스와 조지타운, 하버드, MIT, 펜실베이니아와 예일대학교 등에서 교편을 잡았고, 다른 사람들도 정부와 정책 연구소, 그리고 언론계에서 중요한 인물로 부상했다. 2005년 문을 닫을 때까지 올린재단은 하버드대학교에서만 11개가 넘는 연구 과정을 지원하며 재단의 이름과 사상을 세상에 알렸다. 이 과정에서 외부의 사상적 집단이 하버드대학교 내에서 교두보를 만들 수 있었다. 물론 적절하게 준비되고 후원받는 연구 과정에 한해서였다.

뿐만 아니라 100여 명이 넘는 교수들이 800만 달러가 넘는 후원금을 나누어 받았는데, 이를 통해 수십여 명의 젊은 학자들이 시간과 자금을 확보해 연구와 저술 활동을 할 수 있었다. 이는 이들이 경력을 쌓아가는 데 큰 도움이 됐다. 이렇게 후원을 받은 교수들 중에는 존 유 교수가 있다. 유 교수는 법학자로, 조지 부시 행정부에서 논란이 됐던 '고문 계획서'를 작성했는데, 여기에는 미국 정부에 테러를 가할 수도 있는 용의자들을 합법적으로 고문하고 취조할 수 있는 내용이 담겨 있었다.

올린재단은 명문 대학교 출판부에서 요구하는 엄격한 기준에 구애받는 일 없이 이런 후원을 통해 여러 연구서 등을 널리 알릴 수 있었고, 최소한 사람들의 입에 오르내리게 만들었다. 예를 들어, 올린재단의 후원을 통해 존 R. 로트 2세는 시카고대학교의 교수 자격으로《범죄를 줄이는 총기 허용More Guns, Less Crime》이라는 책을 펴내 유명세를 탔다. 이 책에서 로트 교수는 더 많은 총기를 허용하면 실제로 범죄가 줄어들 것이라며, 무허가 총기를 합법화하는 일이야말로 시민들을 더 안전하게 만들어줄 거라고 주장했다. 총기 규제를 완화해야 한다고 주장하는 정치가들은 종종 로트 교수의 책을 인용하는데,《총기 허용: 미국의 총기 소유 권리를 둘러싼 전쟁Gunfight: The Battle over the Right to Bear Arms in America》이라는 책을 쓴 애덤 윙클러는 로트가 받은 후원금을 의심해봐야 한다고 했다. "로트는 자신의 주장에 대한 근거로 '전국적인 조사 자료'를 인용했다고 했다." 그런데 이 조사 자료들은 아직 확인되지 않은 것들로, 로트는 그중에서 자신과 조수들이 참여한 한 가지 사례만 가지고 그 내용을 수정해 책의 근거로 삼았다.[40] 윙클러의 설명에 따르면 정확한 근거 자료를 요구하자 로트는 컴퓨터가 망가져 자료가 손상됐다고 했고, 그런 조사가 있었는지에 대한 정확한 근거에 대해서는 그런 건 확보해놓지 않았다고 했다. 다만 올린재단의 후원금은 이념적으로 편향되어 있지 않기 때문에 애덤 윙클러 역시 올린재단의 후원금을 받은 적이 있다는 사실을 여기에 밝혀둔다.

올린재단의 후원을 받아 유명해졌지만 결국 증거 조작 혐의로 지식인의 부정직성을 보여준 사례도 있다. 바로 데이비드 브록의《아니타 힐의 실체Real Anita Hill》라는 책이다. 브록은 이 책을 준비하는 과정에서 소액의 후원금을 받았다.[41] 이 책에서 브록은 대법관 클라렌스 토머스를 옹호하며 그에게 성추행 당했다고 주장한 아니타 힐이 상원 청문회에서 위증했다고 비난했다. 그렇지만 나중에 브록은 자신의 잘못을 인정하고 책에서 했던 주장들을 철회하며, 보수적인 의견에 휘둘려 잘못 판단했다고 사과했다.

그렇지만 밀러에 따르면 올린재단의 영향력은 여전히 유효했다. 보수주의자로서 2003년에 쓴 글을 보면 그는 '얼마 되지 않는 재단에 꼭 필요한 후원금을 지원하며 보수주의 운동을 이끌었다'며 감격스러워했다. 그는 라이오넬 트릴링이 보수는 끝났다고 선언한 것과는 반대로 '보수의 사상과 이념이 더 넓게 퍼져 나갔으며 많은 사람들이 보수파 세력이 다시 살아나고 있다고 믿게 됐다'고 지적했다. 또한 '만일 보수주의 지식인 운동이 자동차 경주 같다면, 그리고 그 운동에 참여한 학자들과 조직들이 경주에 나선 운전자들이라면 그 자동차 경주를 전적으로 후원한 것이 바로 올린재단이다'라고 지적했다.[42]

얼마 지나지 않아 우파 지식인들을 사회 전면에 앞세우고 유명하게 만든 올린재단의 이런 성과는 좌파들의 부러움을 사게 된다. "우파는 책이나 연구 성과가 중요하다는 사실을 잘 이해하고 있었다." 예일대학교 출판부 부장인 스티브 와서맨의 말이다.[43] "캘리포니아에 있는 한 식당에서 주요 민주당 당직자들과 후원자들이 만난 적이 있다. 마저리 타벤킨, 스탠리 셰인바움, 그리고 데이비드 게리 골드버그가 바로 그들이다. 나는 거기 모인 사람들에게 좌파의 사상을 알리는 책을 후원할 방법을 찾을 필요가 있다고 말했지만, 그 사람들에게 책은 그리 매력적인 존재가 아니었다. 그들은 별 관심을 보이지 않았고 정치 문화에서 책이 미치는 영향이 미미하다고 생각했다. 민주당은 선거를 통해 뽑힌 정치인 개인의 인기를 더 중요하게 생각했다."

올린재단의 가장 중요한 교두보, 법경제학

올린재단이 세운 가장 중요한 보수의 교두보는 미국 각 지역의 법학 대학원들이었다. 재단은 이른바 법경제학(法經濟學, Law and Economics)에 대한 새로운 이론을 소개하는 일에 많은 자금을 지원했다. 파월은 자신의 제안서를 통해 법원의 판결은 사회적, 경제적, 그리고 정치적 변화를 위한 가장 중요한 도구가 될 수 있다고 주장했고 올린재단은 여기에 화답했다. 법원이 소비자와 노동자, 그리고 환경 문제와 인종 및 성별의 평등 문제와 작업 현장의 안전에까지 관여하게 되면서 보수주의 기업가들은 사업을 진행하는 데 있어 법적 지원을 얻을 수 있는 방법을 간절히 찾게 됐다. 따라서 법학과 경제학을 하나로 묶어 연구하는 일은 이제 기업들이 사용할 수 있는 유용한 도구가 되었다.

하나의 학문으로서 법경제학은 처음에는 주로 자유주의를 지향하는 괴짜들이 연구하던 비주류 이론이었지만, 올린재단은 무려 6,800만 달러를 쏟아부으며 이를 주류 이론으로 성장시켰다. 개척시대 미국 전역을 돌아다니며 사과 씨를 뿌리고 과수원을 일궜다는 전설적인 인물 조니 애플시드처럼 올린재단은 학계의 조니 애플시드가 되어 1985년~1989년 사이 전국의 법학 대학원에 개설된 모든 법경제학 강의 유지비용의 83%를 부담했다. 우선 하버드대학교에 1,000만 달러가 지원됐으며, 예일대학교와 시카고대학교에 700만 달러, 그리고 컬럼비아와 코넬, 조지타운, 그리고 버지니아대학교에도 200만 달러가 넘는 후원금을 전달했다. 밀러는 이렇게 기록했다. '사실 존 올린은 자신이 후원한 어떤 과목이나 연구 과정보다 법경제학에 대한 후원을 더 자랑스럽게 생각했다.'[44]

피에르슨이 주의 깊게 제시한 충고에 따라 후원으로 개설된 강의나 연구 과정의 제목에는 사상이나 이념에 대한 내용이 전혀 들어가지 않았다. 법경제학은 법조문을 제대로 분석하는 일의 필요성을 강조했으며, 여기에는 정부의 규제안도 포함되었다. 단지 그 법이나 규정이 공정한지 규명하는 것뿐만 아니라 경제에 미치는 영향도 확인하는 것이다. 법경제학이라는 분야를 개척한 사람들은 정치적인 문제와 무관하게 법의 효율성과 투명성 등을 연상시키는 용어를 사용해 법경제학을 설명했으며, 사회적 정의와 같은 모호하고 측량하기 어려운 개념에 의존하지 않았다.

그렇지만 피에르슨은 그런 강의나 연구 과정의 진짜 목적이 보이지 않는 정치적 공격임을 인정했으며, 미국 최고의 법학 대학원들은 이런 목적을 제대로 확인하지 못했기에 그 안에 숨겨진 사상이나 이념이 그대로 대학원 안으로 들어오도록 내버려두었다. 피에르슨은 2005년 〈뉴욕타임스〉와의 인터뷰에서 '그렇게 해야 법학 대학원 내부로 접근할 수 있다는 걸 알았다. 어쩌면 이런 말은 하지 않았어야 했는지 모르겠다'고 밝혔다.[45] 정치학자인 스티브 M. 텔레스와의 대담에서 "경제 문제에 대한 분석이란 결국 보수화된 영향을 미치게 마련이다"라고 말한 피에르슨은 올린재단이 보수주의 헌법을 연구하는 과정도 후원했지만, 당시 재단 측은 직접적인 정치적 도전을 염두에 두고 있었기 때문에 아마도 헌법 연구에 대한 후원을 미국 최고의 법학 대학원에서는 받아들이지 않았을 것이라고 언급했다. "대학원장을 찾아가 보수주의 헌법 연구를 후원하고 싶다고 말했다면 아마 거부했을 것이다. 그렇지만 법경제학을 후원하고 싶다고 하면 훨씬 더 개방적인 태도를 보여줄 것이다. 법경제학은 중립적인 학문이지만 자유시장을 지향하고 정부의 역할을 제한하는 철학적 추진력이 있다. 다시 말해, 다른 많은 학문처럼 법경제학 역시 중립적으로 보이면서도 실제로는 그렇지 않다."[46]

올린재단은 미국 최고의 법학 대학원들에 매우 우회적인 방식으로 접근했다. 먼저 초창기 법경제학의 상징이라고 할 수 있는 자유의지론자이자 시카고대학교 자유시장 경제학파를 도운 헨리 만에게 자금을 지원했다. 영민하고 정치와는 무관한 데다 이념적으로 순수했던 만은 텔레스에 의하면 올린재단이 1970년대 초 그를 후원하기 시작했을 때에는 법학계에서조차 괴짜 취급을 받는 비주류 인물로 생각됐다.[47] 예상과 달리 만은 명문 대학교에서 가르치는 자리까지 올라가지는 못했다. 그런데 1985년 올린재단은 법학 교육의 정점에 교두보를 확보할 수 있는 절호의 기회를 잡게 된다.[48] 그해 하버드 법학 대학원이 예기치 않은 소란에 휘말리게 되는데, 좌파 쪽 교수들이 학생들과 졸업생들을 부추겨 법률 회사 내부로부터 방해 활동을 일으키도록 한 것이다. 우파 쪽 교수들과 졸업생들은 이에 대해 매우 분개했다. 이 소란은 〈뉴요커〉 같은 유명 언론의 관심을 끌었다. 분개한 수많은 하버드 법학 대학원 졸업생들 중에는 올린재단의 이사인 조지 길레스피도 있었다. 위기를 느낀 길레스피는 하버드 법학 대학원의 보수파 교수이자 학교 동기인 필 아리다와 접촉을 시도해 재단 측에 도움을 제안했다. 올린재단이 먼저 손을 썼고 하버드는 후원금을 받아 챙겼다. 이런 거래의 대가로 탄생한 것이 바로 하버드 법학 대학원의 '존 M. 올린 법·경제·경영학연구소(John M. Olin Center for Law, Economics, and Business)'다. 이 연구소를 위해 올린재단은 무려 1,800만 달러를 쏟아붓는다. 이 후원 금액은 올린재단 역사상 가장 큰 규모로, 당시 하버드대학교의 총장이던 데릭 보크는 새로운 후원금도 얻고 분개한 졸업생을 달랠 수 있는 기회를 얻어 아주 만족스러워했다.

하버드대학교에서 법경제학 과정이 시작되자 다른 대학교들도 곧 그 뒤를 따랐다. 1990년에는 거의 80여 개가 넘는 법학 대학원에서 법경제학을 가르쳤다. 그러는 사이 올린재단의 후원을 받은 연구원이나 교수, 그리고 학생들은 법조계의 최고봉에 오르는 길을 차근차근 다지기 시작했다. 바로 미국 대법원을 장악하는 것이었다. 1985년부터 적어도 1년에 한 명 이상은 대법원의 여러 가지 직책에 취직하거나 뽑혔다. 그들 중 상당수는 뛰어난 실력을 갖춘 변호사들로, 전부 다 보수주의자라고 할 수는 없지만 분명히 기존의 법조계 문화를 바꿔 나가고 있었다. 1986년 컬럼비아 법학 대학원 교수인 브루스 애커먼은 법경제학에 대해 이런 말을 남겼다. "하버드대학교 법학 대학원이 생겨난 이래 법학 교육에 있어 가장 중요한 사건이다."[49] 텔레스는 2008년 자신의 책 《보수주의 법적 투쟁의 시작Rise of the Conservative Legal Movemnet》을 통해 법경제학을 '지난 30년 동안 법과 관련해서 가장 성공한 지적 운동이며 비주류의 반란에서 주도권을 쥐는 주류로 빠르게 변모했다'고 설명했다.[50]

법경제학이 올린재단을 비롯해 코크 가문이나 스카이프 같은 보수파 후원자들의 도움으로 차츰 인기를 얻게 되자 진보 쪽 비평가들에게 비상이 걸렸다. 워싱턴의 진보 쪽 비영리재단인 '정의를 위한 연합(The Alliance for Justice)'은 1993년 비판적인 보고서를 내놓으며 소수의 부자들이 우리 사회에서 정의가 구현되는 방향을 근본적으로 바꾸려고 시도하고 있다고 경고했다. 이 보고서는 올린재단이 학생들에게 수천 달러에 달하는 후원금을 지원하며 조지타운 법학 대학원의 법경제학 과정을 수강하거나 컬럼비아 법학 대학원의 관련 학회에 참석할 것을 독려한다고 밝혔다. 이렇게 윤리적으로 모호한 상황인데도 불구하고 오직 로스앤젤레스의 캘리포니아대학교 법학 대학원만이 올린재단의 후원을 거부했다. 학생들에게 후원금을 지급하는 올린재단은 이런 점을 이용해 '학생들에게 특정한 사상을 갖도록 유도하고 있다'고 주장

했다.[51]

올린재단이 판사들을 위해 법경제학 학술회의를 주최하는 일 역시 논쟁거리가 됐다. 이런 학술회의를 시작한 사람은 바로 헨리 만으로 그는 당시 버지니아의 조지메이슨대학교 법학 대학원 학장으로 그곳을 자유주의 법학 이론의 중심지로 키우려고 노력 중이었다. 학술회의는 2주 일정으로 진행됐는데, 참석하는 판사들을 위한 모든 비용을 부담했고 플로리다 주의 키 라고에 있는 오션리프클럽 같은 호화스러운 휴양지에서 법경제학에 대한 집중 교육이 실시됐다. 이런 학술회의는 얼마 지나지 않아 판사들을 위한 공짜 휴가로 유명해졌으며, 판사들은 이를 철저한 사상 교육과 호화 휴양지 여행의 중간쯤 되는 것으로 인식했다. 환경과 노동에 관련된 법이 왜 문제가 되며 내부거래를 금지하는 법은 왜 득보다 실이 많은지에 대한 몇 시간 정도의 교육을 마치고 나면 판사들은 휴식을 취하며 골프와 수영, 그리고 맛있는 저녁 식사를 즐겼다. 몇 년이 지나지 않아 660명이 넘는 판사가 이 호화스러운 학술회의 겸 휴가에 참여했는데, 그중에는 미국 항소심법원 판사이자 대법관 후보에까지 오른 더글러스 긴스버그처럼 여러 차례 이런 기회를 즐긴 판사도 있었다. 어떤 보도에 따르면 연방 판사의 40%가 여기에 참석했다고 한다. 나중에 대법관이 되는 루스 베이더 긴스버그와 클라렌스 토머스도 참석했다.

수많은 주요 기업들이 올린재단이나 기타 여러 보수파 재단에 적극적으로 참여하며 거액을 후원했다. 중립적 입장인 공공청렴센터의 연구에 따르면 2008년에서 2012년 사이에만 185명이 넘는 판사들이 보수파의 이해관계가 얽힌 재단들이 후원하는 이런 학술회의에 참석했고, 관련 기업들 일부는 소송을 앞두고 있거나 진행 중이었다.[52] 여기에 앞장선 재단이나 기업들에는 찰스코크재단, 서얼자유기금(Searle

Freedom Trust), 엑손모빌(ExxonMobil), 셸 석유 회사, 제약 회사의 거물 화이 자, 그리고 보험 회사인 스테이트 팜(State Farm) 등이 있었다. 회의 주제 는 '자본주의의 도덕적 재단들'에서 '테러리즘, 기후, 그리고 자유와 법 의 규칙에 저항하는 중앙 통제식 정책' 등 아주 다양했다.

동시에 올린재단은 연방제지지협회(the Federalist Society)에 막대한 창립 자금을 지원했는데, 이 협회는 1982년 창립되어 보수파 법학 전공 학 생들을 지원하는 막강한 조직으로 성장한다.[53] 올린재단에서만 550만 달러를 지원했고 스카이프와 코크 가문, 그리고 다른 보수파 부호들의 재단 역시 적지 않은 후원금을 전달한 연방제지지협회는 세 명의 보잘 것없는 법학 전공 학생들의 몽상이 결실을 맺어 4만 2,000명의 우파 변 호사들을 연결하는 강력하고 전문적인 연결망으로 거듭났다. 여기에 는 또한 150여 개의 법학 전문 대학원 지부와 75개가 넘는 전국 변호사 모임이 함께했다. 대법원 직원들 중 보수주의를 지향하는 사람들은 모 두 이 협회 소속이며, 부통령을 역임한 딕 체니, 전 법무장관 에드윈 미 스와 존 애슈크로프트, 그리고 수많은 연방 법원 판사들도 여기에 속 해 있다.[54] 협회장인 유진 B. 메이어(Eugene B. Meyer)는 〈내셔널 리뷰〉를 세 운 편집부장의 아들로, 올린의 후원이 없었다면 연방제지지협회가 존 재조차 할 수 없었다는 사실을 잘 알고 있었다.[55] 돌이켜보면, 올린재 단 직원의 말처럼 그 어떤 재단도 하지 못했던 '최고의 투자 중 하나'였 던 셈이다.[56]

올린이 죽은 후 위상이 더 높아진 올린재단

존 M. 올린은 1982년 89세를 일기로 세상을 떠났지만 그의 사후에 올 린재단의 위상은 더 높아졌다. 올린은 재단을 위해 5,000만 달러를 남겼고, 아내를 위한 신탁기금으로 5,000만 달러를 남겼다. 이 기금은 1993년 그녀가 사망한 후 역시 재단의 자산이 됐다. 재단의 자산은 적절하게 투자되어 2005년 문을 닫을 때까지 총자산이 3억 7,000만 달러에 이르렀다. 올린은 재단 이사들이 살아 있을 때 재단을 해체하라는 지시를 내리고 사망했는데, 훗날 진보주의자들의 손에 재단이 장악될까 봐 두려웠기 때문이다. 그는 포드재단이 바로 그런 끔찍한 전철을 밟았다고 믿고 있었다.

윌리엄 사이먼은 2000년 사망할 때까지 올린재단의 총책임자로 남았다. 그는 또한 1980년대 논란 많은 금융 기법을 활용해 엄청난 재산을 긁어모으기도 했다. 1980년대 후반 〈포브스〉는 그의 재산을 3억 달러 정도로 추산했다.

거의 같은 시기, 올린재단은 2만 5,000달러를 잘 알려지지 않았던 찰스 머리라는 작가에게 투자해 맨해튼연구소를 위한 기금을 조성했다. 이렇게 만들어진 맨해튼연구소는 머리가 진보 쪽의 복지 정책을 비판하는 책을 쓸 수 있도록 지원했다.[57] 머리가 쓴 책인《몰락Losing Ground》은 보수주의 비영리재단의 성장과 영향력의 발휘에 대한 일종의 안내서다. 당시 서른아홉 살이던 머리는 무명의 학자로, 미국 정부의 사회복지 정책을 평가하는 워싱턴에 있는 한 회사에서 아무런 보람도 없이 격무에 시달리고 있었다. 좌절감에 억눌려 그날그날을 살아가는 데 허덕이던 머리는 문득 이런 생활을 끝내기 위해 추리소설 비슷한 걸 한 편 써보려는 생각을 하게 된다. 그는 헤리티지재단에 입사 지원서를 내면서 소설이라는 특이한 이력을 통해 입사 이후에도 사람들의 관심을 끌어보려고 했다.

얼마 지나지 않아 그는 자신의 바람대로 한창 규모를 키워가던 보수주의 재단의 지원을 받게 됐다. 우선 헤리티지재단은 머리에게 사회복지 정책을 비판하는 일을 맡겨 〈월스트리트저널〉에 글을 기고하도록 해주었다. 그다음엔 올린재단이 머리에게 관심을 보여 그는 1984년 출간되어 자신의 운명을 바꾼 책인 《몰락》을 집필하는 데 집중하게 된다. 사실 그는 자신이 연구한 내용이 이렇게 정말 한 권의 책으로 완성될지 반신반의했다.[58] "기업가들이 후원이나 기부활동에 참여하게 되는 가장 일반적인 과정을 그린 책이다." 머리의 설명이다. 그런 머리를 보이지 않게 도운 것이 바로 올린재단의 떠오르는 신예인 조이스였다. 머리는 조이스에 대해 20세기를 통틀어 가장 잘 알려져 있지 않으면서도 가장 큰 영향력을 미친 사람이라고 평가했다.

《몰락》의 문체는 분노라기보다는 슬픔에 가깝다. 이 책은 잘못된 복지 정책으로 가난한 사람들이 그저 의존만 하는 문화를 만들어낸 책임을 정부에 묻는다. 비평가들은 이 책을 두고 가난한 사람들이 전혀 관여할 수 없는 거시적 경제 문제들을 간과하고 있다고 평했다. 학계와 언론계는 의견이 둘로 갈라져 머리의 전문성을 문제 삼기도 했다.[59] 그럼에도 불구하고 올린재단을 비롯한 다른 여러 보수주의 재단으로부터 충분한 자금을 지원받은 머리는 미국 빈곤층에 대한 문제를 사회의 결함을 넘어서 자신들이 활용할 수 있는 주제로 바꾸는 데 성공한다.

레이건은 큰 정부에 대해 공공연히 반감을 드러냈지만, 실제로 레이건 행정부는 머리가 주장한 논쟁의 여지가 있는 자유지상주의에서 조금씩 멀어져갔다. 그리고 정부가 빈곤을 위한 대책을 세운다는 전체적인 개념은 그대로 유지하면서 복지를 내세운 사기 행각들을 집중적으로 공격했다. 진보 쪽에서는 당황할 일이었지만 빌 클린턴이 이끄는 새로운 민주당은 나중에 정권을 잡은 후 머리의 주장을 받아들인다. 머리의 분석을 기본적으로는 옳다고 평가하면서 그가 제시한 해결책을 대부분 정책에 포함시킨 것이다. 1996년 클린턴 행정부의 사회복지 수정안에는 취업 요건이나 빈곤층을 지원하는 복지 후생 정책을 지원하는 일을 일부 중단하라는 내용 등이 들어 있다. 이에 대해 머리는 이렇게 말했다. "내가 《몰락》에서 주장한 내용들이 단순한 논쟁거리에서 일반적인 통념으로 받아들여지기까지 10년 가까운 세월이 걸렸다."[60]

올린재단은 컬리지트 네트워크(Collegiate Network)라는 이름의 비영리 단체도 후원하며, 미국 대학 캠퍼스의 우파 학생 언론사에 자금을 지원했다. 그중에서도 다트머스대학교의 독립 언론인 〈다트머스 리뷰 The Dartmouth Review〉는 미국 흑인들이 사용하는 말투인 이른바 '예보닉스(Ebonics)'로 사설을 쓰는 것으로 악명이 높다. '이제 우리는 이곳에 들어왔다. 그리고 대학 과정에서 아프리카 혈통의 정체성은 찾을 쑤 없다. 그렇지만 우리는 여전히 최고 우등생 모임에 들어갈 쑤는 업따'라는 식이다.[61] 이 신문은 바닷가재와 샴페인이 나오는 만찬을 열어 전 세계 기근을 알리기 위해 단식하는 학생들을 우롱했으며, 망치를 들고가 학생들이 남아프리카공화국의 인종 차별 정책에 항의하기 위해 세운 가건물을 때려 부쉈고, 다트머스대학교의 동성애자 모임 소속 학생들의 만남을 비밀리에 녹음해 그 녹취록을 공개하기도 했다. 〈다트머스 리뷰〉는 디네시 디수자나 훗날 보수파 라디오 진행자가 되는 로라 잉그램 같은 언론계 인사들을 배출했다. 그러는 사이 여기에 맞서 바서대학교에서는 ABC 방송 기자인 조녀선 칼과 〈워싱턴포스트〉의 인터넷판 신문 기고자인 마크 타이센 같은 언론인들을 내세웠는데, 타이센은 부시 행정부의 테러리스트 용의자 고문을 옹호한 것으로 잘 알려져 있다.[62]

새롭게 떠오른 브래들리재단

올린재단이 정리를 시작할 무렵 마이클 조이스는 새로 만들어진 더 강력한 개인 재단으로 옮겨간다. 역시 또 다른 보수주의 가문이 시작한 재단이었다. 1985년 밀워키 주에서는 한 기업의 합병으로 그전까지 활동이 미미하던 지역의 소규모 재단이던 '린드 앤드 해리 브래들리재단(Lynde and Harry Bradley Foundation)'이 아무도 예상치 못한 엄청난 조직으로 변신해 활동을 시작했다. 아주 짧은 시간 동안 비영리단체들 중에서도 거물이 되어버린 것이다. 자산은 1,400만 달러에서 2억 9,000만 달러까지 치솟아 미국 내 재단 순위 20위권 내에 들어갈 수 있었다. 말 그대로 돈 속에서 헤엄을 치게 된 기존의 무보수 직원들은 지금까지는 주로 일반적인 지역의 복지 사업만을 해오다가 이제는 조이스를 찾아가 이렇게 말했다. "돈이 생기니 올린재단에서 하는 일을 우리도 하고 싶다. 서부의 올린재단이 되는 거지."[63] 조이스는 그 말이 끝나기 무섭게 밀워키로 달려가 브래들리재단의 운영을 맡게 됐다. 그는 성질 급하기로 유명한 사이먼 곁에 피에르슨을 남겨 그를 달래고, 20년에 걸친 올린재단 정리 작업에 들어가도록 했다.

브래들리재단에서 조이스는 더 많은 재량권을 쥐게 됐다. "그는 기본적으로 현대적 개념의 보수주의 후원단체를 창조해낸 사람이다." 피에르슨의 말이다. 이후 15년 동안 브래들리재단은 그가 선호하는 보수적 주제에 대해 2억 8,000만 달러를 지출했다.[64] 이 정도 지출도 기존 연구 중심 재단인 포드재단 같은 곳과 비교하면 적은 규모지만, 조이스의 지휘 아래 브래들리재단은 스스로 사상과 이념의 전쟁터에서 싸우는 정의의 전사로 생각하게 됐고, 한 가지 주제에만 전념하게 된다. 어느 분석가에 따르면 활동의 3분의 2 정도가 보수주의 지식인들의 활동을 재정적으로 지원하는 것이었다.[65] 600명이 넘는 대학 졸업 생들과 대학원생의 연구 활동, 우파 정책 연구소와 보수주의 언론사, 해외에서 공산주의에 대항해 싸우는 활동가와 자체 소유 출판사인 인 카운터 북스(Encounter Books) 사업을 지원하는 데 집중한 것이다. 전략적 으로 명문 대학교를 지원하는 일도 게을리하지 않아서, 조이스가 일을 시작한 지 첫 10년 동안 하버드와 예일대학교가 지원받은 금액은 550 만 달러에 달했다.[66] 그리고 중고등학교와 관련된 활동가들 역시 후원 을 받았다. 브래들리재단은 실제로 초창기 전국적인 '학교 선택(school choice)' 운동을 이끌어 교사 노조와 전통적인 공립학교에 대한 전면적 인 공세를 지원했다. 이는 미국 국민들과 정부 사이를 갈라놓기 위한 노력의 일환으로 브래들리재단은 학부모들을 독려해 공공기금을 사 용해 자녀들을 사립학교나 종교 단체 소속 학교에 보내도록 만들었다.

조이스는 브래들리재단을 책임지면서 올린재단에서 그랬던 것처 럼 유사한 수많은 학계 조직을 지원하는 일도 계속했다. 거기에는 역 시 올린재단이 후원한 대학교의 절반가량이 포함됐다. 대략적으로 올 린재단이 후원했던 것과 같은 학교 같은 학과를 지원했는데 어떤 경우 는 같은 교수나 학자들을 지원하는 일도 있었다. 브루스 머피는 〈밀워 키 매거진Milwaukee Magazine〉을 통해 이런 일이 지식계의 연줄을 만들어 냈다고 비판했다.[67] 선택 받은 학자들은 사상적으로 뛰어난 전사들이 었지만 학문적으로는 별로 뛰어날게 없는 사람들이었다는 것이 머피 의 평가다.

예를 들어, 조이스는 머리와 함께 1994년 발표해 논란이 된 책《벨 곡선The Bell Curve》에 쏟아지는 비난에 맞서야 했는데, 이 책에서 머리는 인종과 낮은 지능지수를 연계시켜 흑인들이 백인들에 비해 인지적으 로 우수한 계층이 되기 어렵다고 주장했지만 논란만 됐을 뿐 전혀 인정을 받지 못했다. 결국 맨해튼연구소는 책임을 물어 머리를 해고했는데, 머리는 이에 대해 "연구소 측이 문젯거리를 떠안고 싶어 하지 않았다"고 불평했다. 그렇지만 조이스는 100만 달러에 달하는 돈을 계속해서 머리에게 지원했다. 머리는 결국 미국기업연구소로 도망치듯 자리를 옮겼다. "나는 마이크 조이스를 통해 내가 계속해서 후원받을 수 있다는 사실을 알게 됐다." 머리의 책이 일으킨 논란은 결국 브래들리재단의 명성을 실추시키는 데 일조했다. 인종 차별 논란을 함께 겪은 조이스는 자신이 살해 협박까지 받았다고 말했다. 그는 공포에 질려 신변 보호를 요청하기도 했다. 그는 나중에 《벨 곡선》이 우리에게 지울 수 없는 낙인을 찍은 책이라고 평가했다.

조이스는 2001년에 알코올중독과 그에 따른 기행, 자해 행위와 같은 소문에 휩싸인 채 브래들리재단을 떠나게 됐다. "뭐에 홀린 것 같았다." 한 친구의 회상이다. 믿을 만한 한 소식통에 의하면 조이스는 워싱턴의 한 공식 행사에서 사회자로 나섰다가 점심 시간의 맥주 석 잔이 흥청거리는 술잔치로 이어졌고, 흥분 상태에 휩싸여 급기야 엄청난 추태를 보였다고 한다. 이 일이 있은 후 브래들리재단 이사회는 조이스에게 재활원에 들어가든지 아니면 자리에서 물러날 것을 종용했다. 이사회의 신임을 잃은 것을 깨달은 조이스는 사직서를 제출했고 얼마 남지 않은 생을 외롭고 힘없는 초라한 노인으로 살다 사망하고 만다.

그러나 조이스의 업적은 그의 개인적인 문제를 충분히 덮을 만하다. 그가 자리에서 물러났을 때 우파 쪽에서는 찬사가 쏟아졌다. 〈내셔널 리뷰〉는 그를 일컬어 보수주의 운동의 '최고 운영책임자(the chief operating officer, COO)'라고 부르며,[68] 사상과 이념의 전쟁터에서 어디를 보게 되든 그의 흔적이 남아 있지 않은 곳이 없다고 평가했다. 조이스에 대한 찬사는 이렇게 마무리됐다. '지난 세월 브래들리재단을 위해 일하면서 진보주의에 대항해서 벌인 싸움 중 마이크 조이스로 시작해서 마이크 조이스로 끝나지 않은 싸움은 단 한 번도 없다.'

브래들리재단이 연방정부의 기금을 받으면서 펼쳤던 작은 정부 보수주의 운동은 아무런 주목도, 칭찬도 받지 못했다. 브래들리재단은 아주 신중하게 큰 정부를 반대하는 조직으로 조금씩 자리매김했는데, 1999년 조이스는 극비 제안서를 작성해 재단 이사회에 전달하며 승리를 위해서는 보수파들이 대중의 관심을 끌 수 있는 포장을 해야 하며 극적인 이야기를 만들어낼 필요가 있다고 역설했다. 일반 시민들로 하여금 단호한 의지를 지닌 다윗인 보수파가 거대하고 앞뒤가 막힌 관료주의의 거인인 골리앗 정부와 용맹무쌍하게 싸우고 있다고 생각하게끔 만들어야 한다는 것이었다.[69] 그렇지만 재단은 바로 그 골리앗 정부에 너무 많은 빚을 지고 있었다. 정부의 면세 혜택도 그중 하나였다.

1985년 한 사업상의 거래로 브래들리재단의 자산은 순식간에 거의 스무 배 가까이 늘어나고 재단 자체도 정치적으로 막강한 조직으로 변모한다. 이 거래에서 미국 최대의 군수업체인 로크웰 인터내셔널(Rockwell International)은 밀워키의 전기 제조업체인 앨런-브래들리(Allen-Bradley)를 16억 5,000만 달러의 현금을 지불하고 매입한다.[70] 이 거래를 통해 회사 지분을 가지고 있는 브래들리 집안 소유의 개인 재단은 갑작스러운 전기를 맞이하게 되고,[71] 재단의 자산 역시 1,400만 달러에서 2억 9,000만 달러로 껑충 뛰게 된다.

앨런-브래들리를 매입할 무렵 로크웰은 매출의 3분의 2, 그리고 순수익의 절반 이상을 미국 정부 수주를 통해 벌어들이고 있었다. 로크웰은 사실상 정부의 돈을 낭비하는 조직 하나를 만들어낸 셈이었다. 〈로스앤젤레스 타임스Los Angeles Times〉는 이를 두고 '군수 산업체의 상징 같은 회사가 제정신을 잃었다'고 표현했다.[72] 당시 로크웰의 금고는 현금으로 가득 차 있었지만 그 명성은 B-1 폭격기의 주요 제작사로서 역할 때문에 흠집이 난 상태였다. 이 폭격기는 너무 문제가 많아 그 별명이 '하늘을 나는 말썽꾸러기'였다. 카터 대통령은 이 폭격기를 개발할 당시 돈 낭비라면서 개발 계획 자체를 취소하기도 했다. 그렇지만 로크웰이 엄청난 로비 활동을 벌인 끝에 레이건 대통령 재임 시 이 계획은 부활한다.[73] 레이건 행정부의 대규모 군사력 재정비 계획의 일환으로 역시 수십억 달러의 예산이 소요되는 MX 미사일 방어 계획도 승인됐지만 불필요한 결정이라며 격렬한 비난을 받았다. 로크웰은 가장 규모가 큰 군수업체였다. 정부의 방만한 국방 예산 낭비 덕분에 로크웰은 1984년 크게 흑자를 봤다. 장부상으로 13억 달러가 현금으로 채워진 것이다. 이에 대해 경영 분석가들은 정부 계약에 대한 의존을 줄이기 위해 사업을 다각화할 필요가 있다고 경고했다. 이런 상황에서 로크웰은 풍부한 자금을 바탕으로 새로운 사업을 찾아 나섰다가 결국 앨런-브래들리를 매입했고, 결과적으로 브래들리재단은 엄청난 돈을 만지게 된 것이다.

앨런-브래들리 역시 특히 초기에 회사를 꾸려나가기 위해 정부의 무기 계약에 크게 의존했다. 고등학교를 중퇴한 린드와 해리 브래들리 형제가 스탠튼 앨런의 투자를 받아 1903년 설립된 이 회사는 전기 저항기를 포함해 다른 많은 산업용 장비들을 생산하며 성장했는데, 특히 무전기와 기계 설비, 그리고 자동화 관련 기기들을 주로 생산했다. 밀워키의 역사가 존 거다는 미국이 1차 세계 대전에 참전하기 전까지는 늘 간신히 손익 분기점을 넘기는 수준이었다고 말했다.[74] 그러나 전쟁으로 인해 정부와의 계약이 늘어났고 이는 전체 업무의 70%를 차지했다. 6년 사이에 정부의 주문량은 10배 이상 증가했다. 거다에 따르면 이때 회사가 본격적으로 정상 궤도에 들어서게 된 것이다. 2차 세계 대전은 더 큰 이익을 가져다주었다. 거다는 이때의 상황을 회사가 '정신을 잃을 정도의' 충격이었다고 묘사했다. 1944년 앨런-브래들리 생산량의 80%는 정부 주문 품목이었으며, 2차 세계 대전 동안 회사 규모는 3배 이상 늘어났다.

올린 코퍼레이션 이상으로 앨런-브래들리는 가족주의를 표방하며 직원들의 복지에 힘을 썼다. 회사 내 재즈 악단이 있었고 정식으로 고용된 음악 감독이 악단을 이끌며 점심 시간이면 직원들을 위해 흥겨운 음악을 연주했다. 회사 건물 옥상에는 배드민턴장이 있어서 전문가가 지도해줬고 직원들을 위한 도서관까지 있었다. 브래들리 형제는 밀워키의 사우스 사이드 지역에 있는 공장 위로 17층 높이로 솟은 중세 이탈리아 느낌의 시계탑을 세웠는데, 사면에 시계가 있는 이 상징적인 건물을 통해 스스로 시민을 위하고 직원들을 가족처럼 여기는 그런 인정 많은 부자로 생각했다. 1939년 직원들이 노조를 결성하고 파업에 나서자 브래들리 형제는 시대가 변한 것을 목도하고 쓰라린 상처를 입게 된다.

형제 중 형인 린드는 이 사건이 있은 지 얼마 지나지 않아 세상을 떠났지만 동생인 해리는 1965년에 사망할 때까지 적극적인 우파 지지자로 살았다. 프레드 코크와 마찬가지로 해리 역시 존버치협회의 적극적인 후원자로, 협회를 세운 로버트 웰치를 자주 초청해 회사의 판매 회의 때 그의 이야기를 경청하곤 했다. 브래들리는 또한 오스트레일리아 출신의 감상적인 반공주의자이며 의사인 프레더릭 슈워츠 박사를 열렬하게 따랐다. 슈워츠 박사는 유대교에서 기독교로 개종했으며, 자신이 이끄는 반공주의 기독교 십자군(Christian Anti-Communism Crusade)의 대표로 칼 마르크스는 유대인이며 '다른 대부분의 유대인들과 마찬가지로 마르크스도 땅딸보에 추남으로 게으른 따라지 인생이라 애초에 먹고살기 위해 일을 할 생각도 없던 인간'이었지만, '다른 대부분의 유대인들처럼, 악마처럼 머리는 아주 뛰어났다' 같은 이야기를 미국 전역을 돌아다니며 퍼뜨렸다.[75]

슈워츠 역시 브래들리의 뜻을 따라 회사를 자주 찾아왔다. 브래들리는 매니언 포럼(Manion Forum)의 후원자이기도 했는데 이 포럼의 지지자들은 미국에서 복지 부문 예산이 늘어가는 건 소비에트 공산주의자들이 꾸민 음모 중 일부로 미국 재정을 파탄 내려는 것이 그 목적이라고 믿었다. 결국 정부와의 계약 덕분에 회사를 꾸려나갈 수 있었던 브래들리였지만 그는 점점 더 덩치를 불려가는 미국 연방정부와 전 세계 공산주의가 인간의 자유를 위협하는 '두 가지 중요한 위협'이라고 생각했다.[76]

이렇게 자유시장주의를 지향하는 것과는 별개로, 그의 회사는 가격담합을 마다하지 않았다. 1961년 해리 브래들리의 후계자이자 오랜 세월을 함께해온 친구인 프레드 루크는 다른 29개 전기 설비 회사와 제품 가격을 담합한 혐의로 유죄 판결을 받았다. 루크는 아슬아슬하게 교도소 행을 면했다는 것이 공식 기록이지만, 대신 회사와 경영진이 적지 않은 벌금을 물었다.

1960년대 들어서자 정부와의 관계는 더욱 악화됐다. 올린 코퍼레이션과는 달리 앨런-브래들리는 자신들이 감당하기 힘들 정도의 사회적 분담을 요구하는 새로운 법적 규제의 대상으로 정조준됐다는 사실을 깨닫게 됐다. 1966년 한 연방법원 판사는 같은 일을 하지만 남성보다 월급을 적게 준다는 이유로 회사를 고소한 여직원들의 손을 들어줬다.[77] 그리고 1968년 앨런-브래들리는 고용 정책에 인종차별적인 내용이 들어가 있다는 이유로 조사 대상이 되는데, 이에 대해 회사 측은 즉시 차별 규정을 철폐하는 데 동의했다. 그러는 사이 공장의 노조원들이 파업에 들어가 11일 동안 공장 가동이 중단되는 일이 있었다. 독점 반대와 인종 문제, 성차별 문제, 그리고 노조 문제가 겹치면서 브래들리와 회사 경영진은 이에 반발하는 정치적 활동을 펼칠 좋은 구실이 생긴 셈이었다.

보수주의 운동의 중심으로 자리매김한 브래들리재단

그러는 사이 브래들리재단 역시 급속도로 정치색을 띠게 됐다. 원래 브래들리재단의 목적은 직원들과 밀워키 주민들을 돕고, 동시에 학대 당하는 동물을 보살피는 것이었다. 해리 브래들리와 그의 아내는 동물 애호가로, 프랑스의 현대 미술가이자 개를 기른 뒤피의 이름을 딴 애완용 푸들 뒤피를 기르고 있었다. 하지만 1985년 조이스가 재단에 들어오고 난 후 새로운 임무에 대한 초안이 완성돼 '작지만 유능한 정부', 역동적으로 움직이는 시장, 그리고 적극적인 대응 등을 지원하기 위해 움직일 것을 지시하게 된다.

브래들리 형제는 회사를 계속해서 가족들의 손으로 운영하기를 원했고, 회사가 속한 공동체 안에서 해야 할 몫을 하며 영원히 유지되기를 바랐다. 두 사람이 남긴 유언장에도 이런 내용이 분명하게 드러나 있다. 그렇지만 두 사람의 후계자들은 밀워키의 법률 회사인 폴리 & 라드너(Foley & Lardner)의 도움을 얻어 회사를 로크웰에 매각해 적지 않은 현금으로 바꾸려고 했다. 법률 회사 소속의 변호사 중 한 명이었던 마이클 그레베는 이후 새롭게 자금을 확보한 재단의 이사장 겸 최고경영자가 된다.

로크웰에 매각된 앨런-브래들리의 이후 행보는 그다지 좋지 않았다. 애석하게도 20세기가 저물어가면서 미국 제조업체가 몰락하고 대우가 좋은 생산직 일자리가 줄어드는 길을 그대로 밟게 된 것이다. 25년 전 모기업이 매각되고 로크웰 오토메이션이라는 이름으로 밀워키에 남아 있던 사업체는 마지막 남은 공장의 일거리를 남아메리카나 아시아 같은 임금이 더 낮은 곳에 하청을 주게 된다. 미국 전기 및 기계 기술 노동자 연합 노조로 정리 해고되는 노동자들의 입장을 대변하는 단체인 로컬1111(Local 1111)의 위원장 로버트 그래넘은 〈밀워키 비즈니스 저널〉을 통해 '로크웰의 이런 결정은 미래의 노동자들에게 단란한 가정을 꾸릴 수 있는 일자리를 박탈하는 행위'라고 주장했다.[78]

앨런-브래들리의 상징 같은 시계탑은 사우스 사이드에 여전히 높이 솟아 있다. 그렇지만 지금 밀워키는 '양극화된 나라에서 가장 양극화된 주에서도 가장 양극화된 도시'라는 말을 듣고 있다.[79] 밀워키의 산업 기반은 완전히 무너졌고, 제조업체의 일자리는 사라졌다. 그리고 앨런-브래들리에서 일했던 백인들은 오래전 다른 곳으로 떠나 이제 밀워키는 흑인 인구가 40%에 육박하며 흑인들의 빈곤율은 미국에서 두 번째로 높다. 흑인들의 실업률은 백인들에 비해 거의 4배나 높게 나타나고 있다.[80]

그러는 사이 브래들리재단은 보수주의 운동의 중심으로 자리 매김했다. 적절한 투자와 불어난 자산 덕분에 가난의 원인을 정부의 무역과 노동, 그리고 산업 정책이 아닌 정부의 원조에 의존하려는 모습으로 보는 운동을 후원할 수 있었던 것이다. 가난의 원인이 정부 정책이 잘못되고 앨런-브래들리처럼 공장을 해외로 이전해서 일자리가 줄어드는 것 때문이 아니라는 것이었다. 2012년 브래들리재단의 자산은 6억 3,000만 달러 이상이 됐고, 2012년 한 해 동안만 3,200만 달러의 자금을 지원할 수 있었다. 또한 빈곤층에게 직업을 찾아주자는 사회복지 제도 개혁운동과 공공교육에 대한 공격이 있는데도 꾸준하게 자금을 지원했다. 브래들리재단은 하버드와 프린스턴, 그리고 스탠퍼드 등 35개의 명문 대학교에 보수파의 '교두보'를 설치하기 위한 지원도 게을리하지 않았다.

브래들리재단이 1년에 한 번 수여하는 브래들리 상 시상식은 아카데미 영화제 못지않은 화려한 축하 행사와 함께 진행된다. 포토맥 강변에 위치한 케네디 센터의 밤은 호화로운 정장을 차려입은 사람들로 가득 채워지고, 지루한 수상 소감과 연주자들이 직접 연주하는 환영 음악도 빠지지 않는다. 그리고 보수주의 운동을 성실히 해낸 사람들을 1년에 최대 네 명까지 선정해 각각 25만 달러의 상금을 수여한다. 이 상의 수상자로는 신문의 전문 기고자이면서 재단 이사를 역임한 조지 윌 등이 있다. 연방제지지협회의 창립자며 프린스턴대학교 교수인 로버트 조지, 〈위클리 스탠더드〉의 신보수주의파 편집장인 빌 크리스톨, 하버드대학교의 교수인 하비 맨스필드, 폭스 뉴스 사장인 로저 에일스, 그리고 헤리티지재단의 핵심 인물 에드 미스와 에드 풀너 등도 이 상을 받았다. 수상자들은 거의 대부분 미국 정치를 오른쪽으로 이끄는 데 중요한 역할을 한 사람들로, 오랫동안 숫자는 적지만 엄청난 재력을 보유한 개인 재단의 후원을 받아왔다. 이들 재단을 후원하는 것은 역시 소수의 부유한 보수반동주의자들로 이들의 정체성과 성장 배경에 대해서는 거의 알려져 있지 않지만 그 중요한 목적은 조이스의 말처럼 '후원과 기부금을 통해 사상과 이념의 전쟁을 지원하는 것'이 분명하다.[81]

4

코크 가문의 방식
그들만의 자유시장

코크 가문이 미국 기업들을 정부의 손아귀에서 자유롭게 만들어주는 것을 목표로 사상과 이념 전쟁에 자금을 지원하고 있는 25년 동안 도 널드 카슨은 회사에서 쓰레기를 치우고 있었다. 그가 일하는 미네소타 주 로즈마운틴에 있는 파인 밴드 정제시설에서 입는 작업복에는 '황 소'라는 글자가 새겨져 있다. 억센 모습과 다들 꺼려하는 일을 언제나 솔선수범하는 태도를 보고 직장 동료들이 붙여준 별명이었다. "항상 좋은 친구나 아버지는 아니었지만 그래도 매일 아침 일찍 일어나 일터 로 나갔다. 매일 책임감 있게 자기 할 일은 다 하던 사람이었다." 그의 아내 도린 카슨의 회상이다.[1] "회사에서는 힘들고 어려운 일이 있으면 다 남편에게 맡기곤 했다."

1974년 초 회사에 취직한 도널드 카슨은 코크 가문의 정제시설에 서 하루에 12시간, 때로는 16시간씩 교대 근무를 했다. 회사가 올리는 높은 수익은 코크 가문이 파인 밴드를 매입한 게 얼마나 탁월한 선택 인지 증명해주었다. 파인 밴드는 루이지애나 주 북쪽에서 가장 규모가 큰 정제시설로, 하루에 33만 배럴의 원유를 정제할 수 있었다. 이는 캐나다가 미국에 수출하는 전체 원유량의 25%에 해당되는 양이었다. 파인 밴드에서 처리하는 양으로만 미네소타 주 휘발유 사용량의 절반 이상을, 그리고 위스콘신 주 사용량의 40% 이상을 감당할 수 있었다. 도널드 카슨이 하는 일은 쉽지 않았지만 그는 만족스러워했다. 그는 납성분이 함유된 휘발유가 들어 있는 거대한 탱크를 청소할 때마다 손으로 찌꺼기를 긁어낼 정도로 성실한 모습을 보였다. 저장용 탱크에서 견본용 기름을 수거할 때도 있었는데, 그럴 때면 기름 증기가 솟아오르며 쓰고 있던 안전모가 벗겨지기도 했다. 탱크 안으로 들어가면 뜨거운 기름이 다리에 화상을 입을 정도의 깊이로 남아 있을 때도 있었다. 함께 일하는 1,000여 명의 동료들처럼 카슨도 종종 독성 물질에 노출됐다. "그런 탱크 안에서 말 그대로 몸이 거의 잠긴 채 일한 것이나 다름없었다." 도린 카슨의 회상이다.[2] 그렇지만 도널드 카슨은 그런 위험에 대해 한 번도 깊이 생각해본 적이 없다. '그때 나는 젊었으니까. 그리고 아무도 뭔가 이야기해주지 않았다. 나는 아무것도 몰랐다.' 그가 나중에 해준 설명이다.[3]

도널드 카슨의 이야기는 계속된다. 특히 벤젠에 대해 그에게 경고해준 사람은 아무도 없었다. 벤젠은 무색의 액상 화학 물질로 원유를 원료로 해서 만들어진다. 1928년 두 명의 이탈리아 의사가 벤젠과 암의 상관관계를 처음으로 추적해냈고, 이후 벤젠에 장기간 노출되면 백혈병에 걸릴 위험이 크게 높아진다는 연구 결과가 수없이 쏟아졌다.[4] 네 개의 연방정부기관들, 즉 미국 국립보건원(National Institutes of Health)과 식품의약국, 그리고 환경보건국과 질병통제예방센터(Centers for Disease Control)는 모두 다 벤젠이 인간에게 암을 일으킬 수 있는 물질이라고 확인해주었다.[5] 정말 맹세코 그런 경고를 받은 적이 한 번도 없느냐는 질문에 카슨은 이렇게 대답했다. '나는 발암물질이니 뭐니 그런 것 자체

를 알지 못했다.'[6]

1995년 카슨은 몸이 너무 안 좋아져서 더 이상 회사에서 일을 할 수 없게 됐다. 회사에서 넘긴 의료 기록은 부부에게 엄청난 충격을 안겨주었다. 1970년대 후반 미국 직업안전위생관리국(Occupational Safty and Health Administration)은 직원들이 벤젠을 다루는 일을 하는 기업들에 매년 피검사를 받도록 하는 규정을 만들고, 결과를 분석해서 문제가 있을 경우 해당 직원에게 알려주도록 했다. 문제가 발생한 직원에 대해서는 정밀 의료 진단과 치료를 제공해야 했다. 코크 정제 회사는 법에서 규정한대로 매년 피검사를 실시했으며 카슨도 정기적으로 검사를 받았다. 기록에 따르면 카슨은 1990년 피검사에서 심각한 문제가 발견됐고 1992년과 1993년에도 백혈구 수치가 비정상으로 나타났는데도 회사는 1994년까지 이에 대해 아무런 말도 해주지 않은 것이다.

찰스 코크는 정부의 각종 규제를 '사회주의 방식'이라고 비난했다.[7] 그의 관점에서 보면 이른바 진보의 시대부터 만들어진 규제 중심의 국가는 자유로운 기업의 권리를 불법으로 빼앗아왔으며 기업의 창의성과 발전을 가로막은 존재였다. 이런 주장이 회사를 경영하는 사람들에게는 그럴듯하게 들릴지 몰라도 수천, 수만 명의 직원과 노동자들에게는 전혀 다른 의미가 된다.

카슨은 1년 정도를 더 일했지만 건강은 계속 나빠져 일주일에 1.5리터에서 2.5리터에 달하는 피를 수혈 받아야 했다. 결국 1995년 여름이 되자 더 이상 아무런 일도 할 수 없을 정도로 상태가 심각해졌다. 그의 아내는 그 무렵을 이렇게 기억했다. "회사는 남편을 그냥 내보냈다. 6개월치 봉급이 우리가 받은 전부였다. 그것도 병가 중 받지 못했던 급여를 모아서 준 것일 뿐이었다." 카슨은 자신이 일을 하다가 병에 걸렸다고 주장했지만 회사 측은 이를 인정하지 않았고 연금 지급도 거부했다. 연금이 있어야만 병원비를 내고 아내와 아직 10대인 딸이 살아갈 수 있었다. 카슨의 아내는 "의사는 남편이 산재보험에 가입하지 않았다는 것을 알고 나서 어이없어 했다"고 말하며 이렇게 덧붙였다. "우리는 정말 순진했다. 설마 사람들이 남편을 그냥 죽게 내버려둘 줄 상상이나 했겠는가. 당연히 도와줄 거라고 생각했다."

1997년 2월, 23년 동안 코크 인더스트리즈에서 일한 도널드 카슨은 백혈병으로 사망한다. 그의 나이 53세였다. 카슨과 그의 아내는 21년을 함께했다. "최악이었던 건 남편이 죽어가면서까지 우리를 제대로 돌보지 못하고 죽는다고 생각했다는 거다. 남편은 그저 열심히 일하면 좋은 날이 올 거라고, 일한 만큼 보상을 받을 거라고 믿었던 죄밖에 없다."

분노한 아내 도린은 홀로 싸움에 나서 회사에 남편의 죽음을 인정하고 사과할 것을 요구했다. "나는 책임 있는 행동을 바랐다." 그녀가 〈미니애폴리스 스타 트리뷴Minneapolis Star Tribune〉의 톰 미어스먼 기자에게 한 말이다.[8] 도린은 3년 동안 법적 투쟁을 벌였다. 이에 대해 회사 측은 보상금을 제시했지만 그걸 산재와 관련된 공식 보상금으로는 인정하지 않았다. 양측의 공방은 끝까지 합의점을 찾지 못했다. 결국 이 사건은 판사의 손에 넘어가 마침내 법정은 그녀의 손을 들어주었지만, 비밀리에 작성된 합의서에 서명하고 이 문제를 개인적인 것으로 묻어둘 때만 인정받을 수 있는 것이었다. "회사 측은 아무것도 인정하지 않았다. 법원도 무시했다. 남겨진 기록 같은 것도 전혀 없다. 그저 돈을 몇 푼 던져주면서 남편의 죽음에 대해 입을 다물고 있으라고 했다." 도린의 회상이다.

그로부터 10여 년이 흘러 도린이 서명한 비밀 합의서의 기간이 끝나고 지난 일을 밝힐 수 있게 됐다. "나는 기자들이 코크 가문에 대해 내가 생각하는 대로 발표할 거라고 생각하지 않는다. 그들에게는 이건 그저 스쳐 지나가는 사건에 불과하다. 돈이 무조건 전부다. 그리고 돈은 아무리 벌어도 부족하다고 생각하는 게 바로 그들이다." 자신이 상대한 회사의 중간 관리자들이 아닌 코크 가문에게 직접 책임을 묻는 것이 과연 정당한 일인가라는 질문에 도린은 이렇게 항변했다. "경제 시설을 소유하고 있는 것은 바로 찰스 코크다. 그리고 계속해서 정부의 규제를 무시하고 있지 않은가? 정말 이해할 수 있는 일인가? 그들은 그저 자신들의 이익밖에 생각하지 않는다. 절대로 포기하지 않는다. 코크 가문이 수많은 정치가들을 후원하고 있다는 이야기를 들었다. 그것 역시 규제를 없애고 무시하기 위해서라고 나는 확신한다. 그렇지만 그런 규제야말로 노동자들을 위한 최소한의 안전장치. 그게 우리를 부자로 만들어주지는 않겠지만 적어도 죽게 만들지는 않을 것이다."

코크 인더스트리즈의 무책임한 경영과 법적 갈등

카슨 사건은 찰스 코크가 회사를 장악한 후 몇십 년 동안 코크 인더스트리즈와 관련되어 일어난 수많은 법적 갈등 중 하나일 뿐이다. 코크 인더스트리즈는 전 세계를 아우르는 규모의 다국적 대기업으로 급성장했다. 화학 산업은 물론 제조업과 에너지, 무역, 그리고 정제 사업까지 분야도 다양하다. 회사가 이렇게 성장하는 만큼 법적 문제나 갈등도 함께 커졌다. 찰스는 자신의 자유지상주의 이상을 가로막는 정부와 타협하는 대신 싸우기로 결심했다. 찰스 자신이 설명한 것처럼 이런 저항은 숭고한 원칙에 입각한 것이었다. 예를 들어, 1978년에 찰스는 〈리버테리언 리뷰〉를 통해 다른 기업인들도 싸움에 동참하라고 격렬한 어조로 주장했다. '각종 규제가 우리를 옥죄어오는 지금, 우리는 뒤로 숨어서는 안 된다. 거기에 자발적으로 협력하지 마라. 대신 법적으로 할 수 있는 방법을 다 동원해 모든 분야에서 저항하라. 항상 정의의 이름으로 그렇게 하라.'⁹

그가 얻는 이익을 생각해보면 정부의 규제에 대한 찰스의 이런 개인적인 철학을 포기하라고 하기는 어렵다. 찰스의 설명처럼 그는 자유라는 대의를 멈추지 않고 발전시키기 위해 노력하고 있으며, 오만하고 주제 넘는, 그리고 독재적인 법과 대항해 싸웠다.¹⁰《왜 가난한 사람들은 부자를 위해 투표하는가: 캔자스에서 도대체 무슨 일이 있었나What's the matter with Kansas?》를 쓴 토머스 프랭크는 캔자스 주에서 자라면서 코크 가문을 지켜본 사람으로, 상황을 전혀 다르게 보았다. "자유 지상주의는 고상한 원칙에 대한 것처럼 보이지만 실제로는 그저 정치적인 편의주의에 불과하다. 기본적으로는 기업의 입장을 대변하는 것인데도 마치 철학의 일종인 것처럼 위장한다."¹¹

여기에서 명백하게 드러난 사실은 그 동기가 어떤 것이든 상관없이 1980년에서 2005년까지 25년 동안 찰스 코크가 이끈 그의 회사는 엄청나게 많은 불법 행위를 저질렀다는 것이다. 1996년 4월 미네소타 주에서 '황소' 카슨이 백혈병으로 죽어가고 있을 때 코크 인더스트리스 소속의 환경 전문가 샐리 반즈솔리츠는 텍사스 주 코퍼스 크리스티에 있는 정부의 단속 책임자를 찾아갔다. 텍사스에는 코크 가문이 소유한 또 다른 정제시설이 있었다. 이 회사는 법으로 제한된 규모 이상의 벤젠을 대기 중으로 방출하는 문제에 대해 거짓말을 하고 있다는 고발이 접수된 상태였다. 환경과 관련된 규제는 작업장의 안전 문제보다 더 큰 장애물이 되어왔다. 코퍼스 크리스티에 있는 정제시설이 안고 있는 문제는 그런 상황에 대한 대표적인 사례였다.

반즈솔리츠는 나중에 월간지 〈블룸버그 마켓〉을 통해 이렇게 이야 기했다. '그곳의 정제시설은 아무런 대책 없이 그저 벤젠을 외부로 유출했다.'[12] 1995년 새롭게 제정되어 이런 유출을 줄일 것을 요구하는 연방정부의 규제에 대해 코크 인더스트리즈는 규제를 따르는 대신 텍사스 천연자원보존위원회(Texas Natural Resource Conservation Commission)에 먼저 민원을 제기할 필요가 있다는 보고를 하며, 유출 내용을 감추려고 시도했다.[13] 내부적으로는 회사 변호사가 회사의 자체 보고서는 정확하지 않은 잘못된 것으로 인정했고, 따라서 회사 측은 반즈솔리츠를 불러 좀 더 정확한 보고서를 제출하도록 요구했다.

반즈솔리츠는 5년 동안 코크 인더스트리즈에서 일했으며 직원들의 건강과 안전, 그리고 일반 대중에게 직접적으로 도움을 주고 있다는 생각에 자신이 하고 있는 일에 아주 만족스러워하고 있었다. 그녀는 회사의 지시에 따라 정제시설의 벤젠 방출량을 다시 주의 깊게 계산하고 회사가 규정보다 15배나 많은 양을 방출하고 있다는 사실을 알게 됐다. 반즈솔리츠의 상사들은 이런 보고를 별로 달가워하지 않았다. 그녀는 과학과 환경 보건학 관련 학사 학위를 소지하고 있었으며, 석사 학위는 산업 위생과 관련된 것이었다. 따라서 그녀는 자신이 하는 일에 대해 정확히 잘 알고 있었지만 그럼에도 불구하고 여러 번 같은 계산과 정리를 반복해야만 했다. 그래도 역시 달갑지 않은 결과가 나오기는 마찬가지였다. '보고서 내용을 바꾸려는 목적으로 회의가 여러 번 열렸다. 나로선 힘든 시간이었지만 그래도 객관적 자료가 있었기에 내가 내린 결론을 바꾸지 않고 고수할 수 있었다.' 〈블룸버그 마켓〉과의 대담에서 그녀가 한 이야기다. 반즈솔리츠는 회사 측이 텍사스 주 정부에 제출한 보고서 내용을 보고 놀라지 않을 수 없었다. 코크 인더스트리즈는 자신이 계산한 방출양을 149분의 1로 줄여서 보고를 했던 것이다. '위조한 것이 확실한 보고서를 보고 나는 누구와도 의논하지 않고 직접 주 정부를 찾아가 알리려고 했다.' 그녀가 〈블룸버그 마켓〉에 털어놓은 내용은 코크 인더스트리즈가 저지른 불법 행위의 단면을 잘 보여준다. 그녀는 점심 식사 시간을 틈타 차를 몰고 주 정부의 단속 책임자의 사무실을 찾아서 이런 사실을 고발했다.

코크 인더스트리즈를 옹호하는 사람들은 이런 내부 고발은 회사에 불만을 품은 직원들이 자신의 자리를 지키기 위한 방편으로 저지르는 일이라고 폄하한다.[14] 그렇지만 코크 인더스트리즈는 코퍼스 크리스티에서 2000년 9월 28일 97가지 죄목으로 기소를 당했다. 거기에는 91톤의 벤젠을 무단 방출한 일을 감추려고 한 혐의도 포함되어 있었다. 코크 인더스트리즈는 최대 3억 5,200만 달러의 벌금을 낼 수도 있는 상황에 처했으며, 네 명의 직원들 역시 1인당 175만 달러의 벌금과 함께 장기 수감될 수도 있는 판결을 받게 됐다. 회사 측은 법정에서 격렬하게 저항하며 수백 건에 달하는 관련 내부 이메일을 감추려고 했다. 그러나 재판관은 이메일에 회사 기밀이 담겨 있어 공개할 수 없다는 주장을 일축하고 회사 측 변호사를 회사의 부정행위를 찾아내려는 정부 당국의 노력을 방해하려고 시도하는 회사 측 앞잡이라며 크게 질책했다. 재판이 진행되는 동안 회사 측은 환경 기준을 지키는 데 필요한 비용이 700만 달러가량이라고 밝혔는데, 이는 일견 많아 보이기는 하지만 정제시설이 벌어들이는 수익에 비하면 아주 적은 액수에 불과했다. 검사 측은 코크 가문의 코퍼스 크리스티 정제시설이 1995년에만 1억 7,600만 달러의 수익을 올렸다고 증언했다.

결국 코크 인더스트리즈는 벤젠 방출에 대한 '정보 은폐'라는 중대한 혐의 한 가지에 대해 유죄를 선고받고 1,000만 달러의 벌금을 냈으며 환경 개선 분담금 1,000만 달러를 따로 납부하라는 판결을 받았다.

회사 측 대변인은 재판이 끝난 후 회사의 개별 직원들에 대한 기소는 기각됐음을 강조했다. 그리고 정부의 기소는 궁극적으로는 실패한 것이라고 주장했다.[15] 그렇지만 당시 법무부에서 환경 관련 범죄 부문 수사를 지휘한 데이비드 울만은 코크 인더스트리즈가 '발암 물질로 알려져 있는 벤젠의 무단 방출을 지역 사회와 단속반으로부터 감추기 위해 조직적으로 움직였다는 사실'에 대해 유죄를 인정했다고 말했다. 그는 이 재판에 대해 대기 오염 방지법이 시행된 이래 가장 중요한 판결 중 하나라고 지적했다. "환경 관련 범죄는 거의 항상 경제적인 문제와 오만함이 합쳐져 일어난다. 코크 인더스트리즈의 경우는 두 가지가 아주 분명하게 드러난 사례였다."

한편 반즈솔리츠에 대해 회사 측은 상식 이하의 방법으로 대응했다. 자신의 내부 고발로 인해 반즈솔리츠는 아무도 없는 텅 빈 사무실에 홀로 격리되어 아무런 일도 안 하고 이메일도 접속할 수 없는 상태로 지내야 했다며 분노를 터뜨렸다.[16] 그녀는 결국 회사를 그만두고 일종의 학대 혐의로 고소를 진행했다. 1999년 회사 측은 액수를 밝히지 않는 조건으로 보상금을 지급하고 사건을 매듭지었다.

거의 같은 시기에 또 다른 내부 고발 사건이 진행 중이었다. 카넬 그린은 루이지애나에 있는 코크 인더스트리즈의 평사원으로 일했는데 자신의 주장을 철회하지 않으면 체포당할 수도 있다는 회사 측의 위협을 받았다고 털어놓았다. 그린이 1998년과 1999년 윌리엄 코크를 위해 일하는 사설 조사원에게 두 차례에 걸쳐 진술한 내용에 따르면, 그는 회사 관리부서와 충돌했을 당시 송유관 기술자 겸 계량기 수리공으로 일하고 있었다.[17] 그린은 1976년부터 1996년까지 코크 인더스트리즈에서 일했다. 그동안 그는 자신이 확인하는 36개의 계량기에서 흘러나온 수은을 외부로 가져가 땅에 그냥 버리라는 지시를 받았다. 그린은 낡은 계량기를 일반 쓰레기장에 폐기하라는 지시도 받았는데, 거기에도 각각 1리터가량의 수은이 들어 있었으며, 또 다른 용기에 남아 있는 수은도 그냥 하수구에 버리라는 지시를 받았고, 실제로 자신의 상사가 그렇게 하는 것을 보았다고 했다. 그린에 따르면 수은은 어디에나 침투할 수 있어서 퇴근한 뒤 보면 옷과 신발에서 수은 방울들이 구슬처럼 굴러 떨어져 내렸다고 한다.

1996년 위험 물질에 대한 강의를 들은 후 그린은 자신의 상사들에게 수은이 건강에 치명적이며 적절한 방법을 통해 처리해야 한다는 내용을 담은 보고서를 제출했다. 그런데 상사들은 그에게 이 문제에 대해 입을 다물라고 했고, 얼마 지나지 않아 자신을 'FBI 특수요원 무어맨'이라고 밝힌 한 남자가 찾아와 위협하며 수은에 대한 잘못된 정보를 알린 혐의로 체포될 수 있다고 위협했다. 만일 이 같은 주장을 철회하지 않으면 체포해서 감옥에 집어넣을 수도 있다고 협박했다는 것이다. 그리고 이 일에 대해 외부 공무원을 포함해 그 누구에게든 한마디라도 하면 해고당할 것이라고 경고했다. 그린의 말에 따르면 그런 일이 있은 직후 그의 직속 상사가 진술서 한 장을 가져와 서명하라고 재촉하며 회사 설비에는 수은을 전혀 사용하지 않는다고 말했다. 감옥에 갈지도 모른다는 두려움에 그린은 진술서에 서명하고 말았다.

자신의 안위가 걱정됐지만 그럼에도 불구하고 그린은 자신의 주장을 정리해 직업안전위생관리국을 찾아갔다. 코크 인더스트리즈는 이후 그린을 해고했다. 그린의 설명에 따르면 '거짓 진술'이 해고 사유였다.

그린은 자신의 진술을 통해 '특수 요원 무어맨'은 FBI 소속이 아니라 '캔자스 위치토에 있는 코크 보안업체' 소속이라는 사실을 나중에야 알게 됐다고 이야기했다. 래리 M. 무어맨은 코크 인더스트리즈 법무부 소속 조사원으로, 나중에 코크 인더스트리즈 전체의 기업 보안을 책임지는 자리까지 올라갔다.

역시 사설 조사원인 리처드 짐 엘로이는 나중에 그린이 확인해준 수은으로 오염된 지역의 토양 시료를 채취해 사설 연구업체에 보냈고,[18] 이후 엘로이의 보고서를 보면 토양에 심각할 정도로 많은 수은이 포함되어 있으며 연구소 측은 일반 우편을 통해 다시 돌려보낼 수 없으니 위험 물질 처리에 대한 추가 비용이 필요하다며 요구했다고 한다. 바로 그 무렵에 그린이 직장에서 해고된 것이다. "그린은 그저 평범한 루이지애나의 흑인 노동자였다. 먹고살기 위해 늘 할 수 있는 한 최선을 다하는 보통 사람이었다." 엘로이의 말이다. 엘로이는 윌리엄 코크를 위해 일하며 그린의 진술을 수집하고 정리했는데, 당시 윌리엄은 찰스, 그리고 데이비드와 법정에서 소송을 벌이고 있던 중이었다.[19] 코크 가문은 평범한 노동자들을 마음대로 부리다가 마치 쓰레기처럼 폐기처분해버렸다. 그린의 주장과 진술에 대해 문의했지만 무어맨도 코크 인더스트리즈의 대변인도 아무런 대답을 해주지 않았다.

그렇지만 그린의 주장과 진술이 알려지자 연방 검찰은 이런 내용들을 취합해 수질 오염 방지법을 위반한 코크 인더스트리즈에 대해 대대적인 수사를 벌이게 됐다. 1995년 법무부는 6개 주에서 송유관 및 저장시설에서 수백만 리터의 기름이 누출된 것을 감춘 혐의로 코크 인더스트리즈를 기소했다. 연방 조사원들은 지난 5년간 적어도 300여 차례가 넘는 기름 유출 사고에 대한 보고서를 작성했는데, 여기에는 37만 리터가 넘는 원유가 새어나와 코퍼스 크리스티 해안에 35km에 걸친 긴 기름띠를 남긴 사건도 포함되어 있었다. 이 해안은 코크 정제시설이 있는 곳에서 그리 멀지 않은 곳에 위치해 있었다.

코크 인더스트리즈에 대한 수사를 지휘한 연방 검사 앤절라 오코넬은 훗날 이 사건에 대해 지금까지 처리해온 다른 정유 회사들과는 확연히 달랐다고 설명했다. 법무부에 들어온 뒤 25년 동안 그녀는 대부분 기업을 상대로 하는 수사를 담당했다. "그들은 항상 법을 위반하고 피해 가는 술수를 부린다." 그녀가 대니얼 슐만에게 한 말이다. 슐만은 《위치토의 아들들Sons of Wichita》이라는 책을 통해 계속해서 법을 위반해온 코크 인더스트리즈의 실상을 파헤친 것으로 유명하다.[20] 고의적인 유출이나 사고로 인한 누출은 정유 업계에서 일상적으로 일어나는 일이라는 것이 오코넬 검사의 설명이다. 그런데 다른 회사들은 대부분 일단 조사에 들어가면 자신들의 잘못을 인정하지만, 유독 코크 인더스트리즈만 반복적으로 거짓 진술을 하고 법의 심판을 피하려고 했다.[21]

오코넬 검사가 미국 여러 주에서 발생한 위반 사례들을 정리하고 있을 때 그녀는 누군가 자신을 감시하고 있는 듯한 불편한 느낌이 계속 들었다. 오코넬은 누군가 자신의 쓰레기통을 뒤지고 있으며, 전화를 도청 당하고 있다고 생각했지만 이를 증명할 방법이 없었다. 그녀는 자신이 행동하고 말하는 모든 것을 감시당하고 있다고 느낀 그 무렵부터 일을 재빨리 처리하기 시작했으며 수사를 진행하는 데 방해가 되지 않도록 최선을 다했다.

검찰의 보고서에 따르면 1983년 초 코크 인더스트리즈는 전직 미국 정보부 요원인 데이비드 니카스트로를 고용해 보안 업무를 맡겼다. 1994년에 니카스트로는 텍사스에서 자신의 소규모 사설 조사업체인 시큐어 소스(Secure Source)를 운영하고 있었다. 그의 말에 따르면, "그 이후에도 4년에서 5년 동안 코크 가문과 관련해 몇 가지 일을 맡아 했다. 거기에는 형제들 간의 법적 갈등도 포함되어 있었다."[22] 법원에 제출된 서류에서 니카스트로는 자신은 코크 인더스트리즈를 위해 여러 조사를 수행했으며, 이는 기본적으로 회사를 지키는 일이었다. 이런 니카 스트로를 도운 것은 전직 FBI 요원인 찰스 디키다.[23]

오랜 시간이 지난 후 오코넬 검사는 그 시간들을 돌이켜보며 자신은 코크 형제들을 위험인물로 생각했다며, 지금도 그들에 대해 이야기하는 것이 불편하게 느껴진다고 말했다. 마치 누군가 아직도 자신을 도청하고 있는 듯 목소리를 낮춘 채 그녀는 이렇게 회상했다. "그들은 나의 평판과 명성에 금이 가게 하려고 했다." 코크 인더스트리즈와 관련된 사건을 수사하고 있는 동안 당시 환경보건국장이던 캐럴 브라우너가 함께하는 회의가 있었는데, 그 자리에 코크 인더스트리즈 대표들이 참석해 '오코넬 검사를 지나치게 공명심에 치우쳐 일을 한다'고 비난했다고 한다. 실제로 그렇게 되지는 않았지만 그녀를 수사 과정에서 하차시키려는 노력의 일환이었다. "회사 측은 모든 것에 대해 다 거짓말을 했고, 그에 대한 책임도 지지 않았다. 이는 코크 인더스트리즈가 주식을 상장하고 실적과 정보를 공개하는 기업이 아니라 개인이 운영하는 체제였기 때문"이라는 것이 그녀의 설명이다.[24] "그들은 조사 시작 단계부터 거짓말을 시작했다. 항상 '나는 그 일을 하지 않았다.' '그건 우리가 유출한 기름이 아니다.' '그건 우리 회사의 송유관이 아니다'라는 식으로 일관하니 그들이 무엇을 말하든 전혀 믿을 수 없었다. 이들은 다른 회사들과는 절대적으로 다른 방식으로 수사에 대응했다."

2000년 1월 13일, 오코넬 수사반은 마침내 승리했다. 코크 인더스트리즈는 3,000만 달러의 벌금을 내는 것에 합의했다. 당시로서는 수질 오염 방지법 위반과 관련하여 역사상 가장 큰 액수였다. 환경보건국은 언론 보도를 통해 코크 인더스트리즈가 '상상을 뛰어넘는 수준의 위법 행위'를 해왔다고 밝혔으며, 거액의 벌금형은 우리의 환경을 오염시키면서 부당 이득을 취하려고 하는 기업이 있다면 그 대가를 반드시 치르게 된다는 사실을 보여준 것이라고 했다. 그렇지만 오코넬은 2004년 일선에서 물러난 이후에도 여전히 10여 년 전 자신이 맡았던 사건의 악몽에 시달리고 있다. "문제는 기름이 강물 속으로 가라앉아 물고기를 오염시키고 사람이 그 물고기를 먹게 된다면 정말로 큰 문제가 일어날 수 있다는 점이다. 사람들이, 죽게 된다는 뜻이다."

위험한 걸 알면서도 일부러 방관하는 코크 인더스트리즈

이런 법률 위반조차 그저 운이 나빠 일어난 사고쯤으로 치부하는 코크 인더스트리즈가 저지르는 오염 관련 사고는 그 엄청난 규모뿐만 아니라 처음부터 일부러 저지른 일이라는 점에 더 큰 충격을 준다. 오코넬이 사건을 수사하고 있을 때에도 미네소타 주 로즈마운트에 있는 파인 밴드 정제시설에서 수질 오염 방지법을 계속해서 위반하고 있는 것이 적발됐다. 수백만 리터가 넘는 암모니아가 함유된 폐수를 그대로 땅에 버린 혐의가 인정되어 회사는 800만 달러의 벌금을 물었다. 또한 회사의 관리 소홀로 220만 리터가 넘는 기름이 법으로 보호받는 자연 습지 지역과 미시시피 강 유역으로 유출되기도 했다. 그보다 앞서 파인 밴드는 이미 같은 내용의 위반 문제를 해결하기 위해 미네소타 오염 관리국(Minnesota Pollution Control Agency)에 690만 달러의 벌금을 납부한 상태였다. 일련의 사건들에서 정부 당국은 코퍼스 크리스티의 경우와 마찬가지로 코크 인더스트리즈가 자신들의 범죄를 은폐하려는 시도를 했다고 고발했는데, 예컨대 정부의 감시망을 피하기 위해 주말이나 늦은 밤 시간을 이용해 오염 물질을 무단으로 폐기했으며, 그 이후에는 기록을 위조하거나 조작했다는 것이다. 파인 밴드에서 일한 토머스 홀튼은 미네소타 지역 언론인 〈스타 트리뷴Star Tribune〉에 이렇게 말했다. "그러니까 거짓말을 한 적도 있다. 아니, 거짓말을 했다. 그걸 감출 생각은 없다."[25]

텍사스 주 댈러스에서 남동쪽으로 80km가량 떨어진 라이블리라는 작은 마을에 살고 있는 두 10대 청소년들에게 벌어진 일에 비하면 앞서 벌어진 일은 아무것도 아니다.[26] 1996년 8월 24일 오후 이제 막 고등학교를 졸업한 대니얼 스몰리는 집에서 대학에 가져갈 짐을 꾸리고 있었다. 곁에 있던 친구 제이슨 스톤은 그날 밤 있을 작별 환송회에 대한 이야기를 하고 있었다. 스몰리의 아버지 대니는 기계 기술자로, 그날은 집에서 쉬면서 텔레비전을 보고 있었다. 그때 미세하지만 매스꺼운 가스 냄새가 나기 시작했다. 아무리 찾아도 냄새의 원인을 알 수 없었던 대니얼과 제이슨은 차를 몰고 이웃집으로 가서 가스가 새고 있는지 확인하기로 했다. 집에는 전화가 없었기 때문이다.

두 사람은 대니 아버지의 트럭을 타고 출발했는데 몇백 미터쯤 가서 트럭이 멈춰 섰다. 운전대를 잡고 있던 대니얼이 다시 시동을 켜려고 하자 점화 플러그의 불꽃이 새어나온 부탄가스에 불을 붙였다. 대니얼의 집에서 멀지 않은 곳에 지하를 지나가는 코크 인더스트리즈의 가스관이 있는데 그 가스관이 부식되어 가스가 새어나온 것이었다. 곧 엄청난 폭발이 일어나고 불길이 치솟아 트럭은 잿더미가 됐다. 대니얼과 제이슨은 산 채로 불에 타 죽고 말았다. 코크 인더스트리즈는 대니얼의 아버지인 대니 스몰리에게 돈을 주며 사망 사고에 대해 제기한 소송을 취하해달라고 했다.[27] 앞서 도린 카슨의 경우처럼 대니얼의 가족들도 돈이 아닌 그 이상의 것을 요구했다.

소송 준비 절차는 아주 치열했다. 코크 인더스트리즈는 최고 수준의 변호사들을 단체로 고용했고, 사설 조사원을 시켜 스몰리에 대해 조사하게 했다. 한편 스몰리 쪽 변호사인 테드 리온은 자신의 사무실이 도청당하지 않나 하는 의심이 들었다. 그는 보안 회사를 통해 사무실을 수색하다가 소형 도청장치를 발견했다. '코크 가문에서 그런 일을 저질렀다고는 말하지 않겠다.' 리온이 나중에 한 말이다.[28] "나는 그저 내가 이 사건을 맡은 기간 동안 이런 일이 일어난 것이 매우 흥미롭다고 생각할 뿐이다."

양측에서 재판을 준비하고 있을 때, 코크 인더스트리즈의 관리 소홀을 보여주는 끔찍한 사진 보고서가 공개됐다. 미국 연방교통안전위원회(National Transportation Safety Board)가 조사를 통해 이 사건에 책임이 있는 코크 송유관 회사가 가스관이 부식되어 있었다는 사실을 사전에 알고 있으면서도 필요한 수리를 전혀 하지 않았고, 또한 근처에 살고 있는 40가구 이상의 가정에 비상시 어떻게 행동해야 하는지 전혀 알려주지 않았다고 지적했다.[29] 증인으로 나선 전문가들은 가스관이 마치 '스위스 치즈'처럼 구멍이 숭숭 뚫려 있었다고 설명했다.[30] 석유 산업 안전 전문가 자격증이 있는 또 다른 증인 에드워드 지글러는 이 사건이 "회사 측이 정해진 규정을 완전히 무시했으며, 규정에서 지시하는 대로 회사의 가스관을 안전하게 관리하고 운영하는 데 완전히 실패했기 때문에 발생한 결과"라고 증언했다.

실제로 회사 측은 사흘에 걸쳐 가스관 교체를 위해 사용을 중단한 적이 있지만 보수 작업을 위해 연간 700만 달러의 추가 비용이 들어간다는 사실을 알게 되자 낡은 가스관을 대강 고쳐 그대로 사용하기로 결정했다. 코크 인더스트리즈의 전무 빌 캐피는 진술서를 통해 '코크 인더스트리즈는 대니얼 스몰리의 죽음에 분명히 책임이 있다'라고 인정했지만, 자신이 가스관을 그대로 사용하도록 승인했을 때에는 안전하다고 믿고 있었다는 점을 강조했다.[31] 그는 찰스 코크가 존경스러울 정도로 안전 및 기타 관련 규정을 철저하게 준수하고 있다고 찬사에 가까운 말을 늘어놓았지만 경제적인 압박이 있었음을 인정했다. "우리는 불필요한 지출을 줄이기 위해 힘을 쏟고 있었다." 코크 인더스트리즈에서 일한 케노스 위드스틴은 진술서에서 회사 상사에게 문제가 생길 경우 끔찍한 사고를 일으킬 수도 있는 가스관 부식 문제를 심각하게 건의하자 그 상사는 새로 가스관을 설치하는 것보다 나중에 소송이 들어왔을 때 보상하는 것이 더 싸게 먹힌다고 말했다고 증언했다.

마침내 자신이 증언할 차례가 되자 대니 스몰리는 마지막 증인으로 법정 증인석에 서서 오직 돈밖에 모르는 코크 가문을 격렬하게 비난하는 분노의 말을 쏟아냈다. 나중에 텔레비전 시사 프로그램인 '60분60 Minutes'에 출현한 대니는 "그들은 그저 '유감입니다, 스몰리 씨. 댁의 자녀와 제이슨의 사망에 대해 유감스럽게 생각합니다'라고만 말했다. 유감이라는 말이 무슨 소용인가. 게다가 그들은 진심으로 유감스럽게 생각하지도 않았다. 그들이 신경 쓰는 건 오직 돈 문제밖에 없었다. 가스관을 차단할 경우 얼마나 손해를 보게 될지가 문제였다. 다른 건 아무것도 상관없었다. 그저 바라는 건 돈뿐이었다"라고 말했다.[32]

코크 가문의 이런 방만한 안전 대책은 도박에 불과했다. 배심원의 결정에 따라 그들은 소송에서 패배하고 말았다. 1999년 10월 21일, 배심원은 코크 인더스트리즈가 업무 태만뿐만 아니라 고의성이 짙다는 혐의로 유죄를 선고했다. 부식된 가스관이 극히 위험하다는 건 이미 잘 알려진 사실이었기 때문이다. 대니 스몰리는 코크 인더스트리즈에 1억 달러라는 어마어마한 금액을 청구했다. 그런데 배심원은 그 세 배에 가까운 2억 9,600만 달러를 원고에게 지급하라고 선고했다. 이는 사망 사고와 관련해 최고액의 보상금으로 기록됐다.

코크 형제에게 닥친 정치적 위기와 막무가내 대응

재판에서 진 충격이 가시기도 전에 이번에는 코크 형제에게 정치적인 위기가 닥쳐왔다. 미국 상원에서 코크 인더스크리즈가 아메리카 원주민 부족 소유의 땅에서 수천만 달러에 달하는 원유를 훔쳤다는 증거를 확보하고 조사에 들어간 것이다. 1989년, 1년에 가까운 조사 활동 끝에 상원은 원주민들 소유의 땅에서 원유를 훔치기 위해 각종 측정 결과를 속이는 광범위하고 정교한 방식을 계획한 혐의로 회사 측을 고발했다.

상원 조사위원회는 코크 인더스트리즈가 극비에 부친 기업 기밀들을 파헤쳐 찰스 코크를 위치토 본사에서 강제로 몰아내려고 했다. 위원회 소속 직원은 찰스가 정부의 이런 강압적인 개입에 격렬하게 분노했다고 회상했다.[33] 찰스는 원주민 땅에서 3년 이상의 기간 동안 대략 3,100만 달러에 달하는 원유를 부적절하게 가져갔다는 사실은 인정했지만 이는 오로지 사고였을 뿐이라고 주장했다. 그는 조사원들에게 원유 매장량과 관련된 측정이나 측량은 매우 불확실한 기술이라고 설명했지만 위원회는 비슷한 시기에 인디언 부족에게서 원유를 구매한 다른 어떤 기업도 관련 측정이나 측량 문제에 대해 심각한 문제를 일으킨 적이 없다는 것을 증거로 제시했다. 잘 알려진 일이지만 코크 인더스트리즈가 뭔가를 속이고 있다고 생각하고 비밀리에 고발한 건 바로 다른 석유 회사들이었다.[34]

코크 가문에 대한 상원의 조사는 점점 자주 이루어졌다. 코크 가문은 누군가 자신들을 감시하고 어쩌면 위협하는 것인지도 모른다고 느끼기 시작했다. 사립 탐정 리처드 짐 엘로이는 당시 FBI 요원으로 상원 조사를 돕기 위해 파견됐다. 그는 오클라호마 주에서 일어난 위법 행위 조사에서 실력을 발휘했으며, 조직범죄와 관련된 어려운 사건을 다수 해결한 경력을 가지고 있었다.[35] 그런 그도 얼마 지나지 않아 마피아들을 상대할 때에도 겪어보지 못한 상황에 직면하게 됐다. FBI 요원을 미행하는 사람들이 있었던 것이다!

어느 날 엘로이는 차를 운전하다가 멈추고 내려서 자신을 따라오던 차에 다가가 운전자를 끌어냈다. 그리고 권총과 신분증을 꺼내 들고 이렇게 경고했다. "너희 두목에게 가서 다음에도 또 나를 미행하면 목이 날아갈 줄 알라고 전해." 운전자는 이렇게 말했다. "나는 코크 인더스트리즈에 고용되어서 일하는 사설 조사원이다." 회사 측 법률 고문은 사설 조사원을 고용해 엘로이를 미행하게 했다는 사실을 물론 부인했다. 그렇지만 다른 상원의 조사원들도 비슷한 경험을 했다. 상원의 보고서에 따르면 한 조사원은 코크 인더스트리즈 직원이 자신과 아내 사이를 이간질하려고 시도하는 것을 밝혀냈다.[36]

위원회 수석 고문인 케네스 발렌(Kenneth Ballen)은 뉴저지의 조직범죄를 소탕한 전력이 있는 검사 출신으로, 자신의 조수 중 한 사람이 뇌물을 받고 자신을 모함하고 있다고 믿었다.[37] 발렌이 나중에 한 이야기에 따르면 다행히 실제로는 그런 일이 없었다. '정치와는 달랐다. 조직범죄를 조사하는 것과 비슷했다.' 발렌의 회상이다.[38] 그의 이야기는 계속된다. "찰스 코크는 상대하기가 정말 두려운 사내였다. 대부분의 사람들이 그와 엮이기보다는 그냥 뒤로 물러섰다. 코크 가문의 사람들은 도저히 가늠할 수도 없는 엄청난 힘을 축적하고 있었다."

상원 조사 활동에 참여하고 있던 또 다른 젊은 변호사 웍 솔러스는 나중에 잘나가는 법률 회사인 킹 & 스폴딩(King & Spalding)에서 일하게 되는데, 당시 조사에 참여하면서 역시 비슷한 경험을 했다. 솔러스는 볼티모어에서 검사 보조로 일을 하다가 상원위원회에 뽑혀 왔다.

"코크 인더스트리즈는 상원 조사를 매우 불쾌하게 생각했다." 솔러스의 지적이다. "그들은 다양한 종류의 사람들을 보내 우리가 하는 일을 막으려고 했다. 우리를 감시하는 끄나풀도 있었고, 변호사도 보냈으며, 심지어 상원의원 한 사람도 조사를 막으려고 시도했다." 문제의 그 상원의원은 오클라호마 주의 공화당 상원의원 돈 니켈스로, 그는 사회적 문제와 국가 재정 문제에 대해 보수적 성향을 가지고 있었으며, 몇 년 동안 코크 인더스트리즈로부터 막대한 선거자금을 지원받았고 나중에는 코크 인더스트리즈에 고용되어 로비 활동을 벌이기도 했다.[39]

솔러스에 따르면 몇몇 직원들은 누군가 자신들의 쓰레기통을 뒤지고 있다고 믿고 있었다. "우리는 누가 그런 일을 시켰는지 알지 못한다." 솔러스는 신중하게 말을 이었다. "그렇지만 누군가 사설탐정 같은 사람들을 고용해서 할 수 있는 한 모든 정보를 캐내려고 했다."[40] 상원에서 킹 & 스폴딩 법률회사로 옮겨가게 됐을 때, 그는 누군가 회사 상사에게 소포 하나를 보냈다고 회상했다. 그 소포는 솔러스의 경력을 망칠 수도 있는 내용들이 담긴 신문 기사며 법원 서류의 복사본으로 가득했다. 어떤 서류에는 코크 가문의 무죄를 주장하는 내용이 들어 있기도 했다. "나는 법률 관련 일을 해오면서 어떤 분야의 업무를 하든 그런 경험을 해본 적이 없다. 누군가 코크 가문을 반대하는 사람들을 위협하고 입을 틀어막으려고 하고 있었다. 나는 정치와는 아무런 상관이 없었지만, 역시 문제에 휘말렸다."

크리스토퍼 터커는 코크 가문에 대항해 상원 조사원들에게 증언했는데, 그도 예상치 못한 공격을 받았다. 원유 매장량 측정과 관련해 코크 인더스트리즈가 속임수를 썼다고 증언한 후에 터커는 신문 기사를 통해 위증을 한 사람으로 매도 당했으며 상원의원 네 사람은 편지로 그를 비난했고 세 들어 사는 집의 주인집 딸은 정장 차림의 남자들이 그의 쓰레기를 뒤지고 있다고 알려주기도 했다. 그에 대한 공격의 근거는 증인으로 참여할 때 내세웠던 전문 자격증이 조사 과정에서의 증언이 끝날 때까지도 완전히 승인되지 않았다는 것이었다. 결국 이 문제도 조사가 들어간 후에야 코크 인더스트리즈 측은 상원의원들에게 편지를 보내도록 유도했음을 인정했다. "정말 위협적인 일이었다." 터커가 기자인 로버트 페리에게 한 말이다.[41] "아주 많은 돈을 가지고 있는 회사가 눈앞에 있었다. 수많은 작은 나라들보다도 더 부자인 회사였다."

그럼에도 불구하고 인디언 문제 상원 특별위원회(Senate Select Committee on Indian Affairs)는 코크 인더스트리즈에 치명적인 위협이 될 수 있는 보고서를 제출했다. 그 후에 계속 FBI 요원 일을 하고 있던 엘로이는 오클라호마시티 검찰에 보낼 보고서에서 회사와 관련된 잠재적 형사 사건, 즉 기름 도난 사건이 있을 수도 있다고 썼지만 그 보고서를 보내기 전에 윌리엄 코크에게 수사가 계속 진행되면 윌리엄의 형제들이 감옥에 갈 수도 있다고 경고했다. 엘로이의 말을 들은 윌리엄은 "감옥에 갈 짓을 했다면 가야지!"라고 말했다. "나는 범죄를 배경으로 한 가족도, 유산도 필요 없다." 윌리엄이 한 언론과의 대담에서 한 말이다.[42]

형제들 사이의 불화와 증오는 그 정도를 더해갔다. 얼마 지나지 않아 찰스와 데이비드는 1983년 다른 두 형제의 지분을 모두 합해 8억 달러에 사들인다. 윌리엄은 가족의 재산을 나누는 과정에서 정당한 몫을 받지 못하고 속았다고 확신했다. 그는 찰스와 데이비드가 회사 가치를 교묘하게 낮게 책정했다고 비난했다. 이에 대한 보복으로 윌리엄은 찰스와 데이비드에게 계속 소송을 제기했다. 심지어 한 번은 자신의 어머니를 걸고넘어진 적도 있다. 윌리엄은 곧 자신이 밀리고 있다고 생각하게 된다.

정치적 압력으로 인한 무혐의 판결

약 18개월 동안 코크 인더스트리즈에 대한 위원회의 고발에 대해 숙고해온 오클라호마시티 대배심원은 회사 측이 속임수를 써서 사건의 본질을 감추려고 했다는 고발에 대해 무혐의로 처리했다. 코크 가문은 이 판결을 통해 훗날 본격적인 정치 행보를 보이게 된다. 〈네이션〉은 회사 측 내부 문건을 입수했는데, 문건에 의하면 코크 가문은 이런 고발과 고소 조치에 대한 정치적 도움을 얻을 수 있는 방법을 찾아 비상 전략을 수립했다. 예컨대 오클라호마 대배심원 회의 같은 경우 니켈스 상원의원 등 핵심 정치인에게 거액을 후원했으며, 거의 비슷한 시기에 니켈스 의원은 대배심원의 조사를 확인하기 위해 새로운 검사 후보를 추천했다.[43] 추천 과정에서 니켈스 의원은 수사과 책임자를 무시하고 공화당 주 상원의원을 역임한 티모시 레너드를 추천해 임명하도록 했는데, 레너드는 형사 사건에 대한 경험이 없었다. 그의 가족은 코크 인더스트리즈로부터 채굴권을 인정받은 유정과 금전적으로 얽혀 있었다. 그의 사임을 요구하는 목소리가 높아졌지만 조지 H. W. 부시 행정부의 법무부는 이를 받아들이지 않았다.

코크 인더스트리즈의 오클라호마 대배심원 조사에 참여한 부검사 낸시 존스는 나중에 조사를 가로막는 정치적 압력이 있었느냐는 질문에 아주 신중하게 대답했다. "그렇게 말할 수도 있다." 아주 길게 뜸을 들인 후 그녀가 한 말이다.[44] "검사 후보에서 밀려난 사람은 진보적인 민주당 출신의 외부인이고, 검사로 임명된 사람은 공화당 출신에 연방 정부 업무나 형사 사건 혹은 소송에 대해 아무런 경험이 없는 사람이었다." 전직 FBI 요원 엘로이는 낸시 존스보다는 덜 조심스러운 태도로 이렇게 말했다. "니켈스는 검사 임명 문제에 있어 분명하게 압력을 행사했다. 그는 검사 후보 추천과 임명에 관여했고 코크 가문으로부터 엄청난 지원을 받고 있었다. 니켈스는 코크 가문 사람으로, 돈으로 회유할 수 있는 가장 쉬운 상원의원이었다."

니켈스는 정치적인 압력을 행사했다는 주장에 대해 짤막하게 부인했다. "검사 자리가 코크 가문에 대한 형사 조사와 연결된다는 사실조차 인지하지 못했다."[45] 그는 또 자신은 티모시 레너드와 한 번도 사전에 이야기를 나눈 적이 없다고 덧붙였다. 레너드 역시 이 문제에 대해서는 어떠한 부적절한 처신도 없었다고 관련 주장들을 부인했다.

그렇지만 애리조나 주 민주당 상원의원이자 검사 출신으로 인디언 문제 상원 특별 위원회 소속이었던 데니스 드콘치니는 당시 이렇게 이야기했다. "나는 놀랐고 동시에 실망했다. 우리가 가지고 있는 증거는 확실했다. 조사 과정도 상원의 다른 조사들과 비교해 손색이 없었다고 자부한다. 코크 가문을 확실하게 옭아맬 수 있는 그런 상황이었다."[46]

연방정부 수사과 역시 코크 인더스트리즈와 관련된 중요한 서류가 흔적도 없이 사라져버림으로써 수사에 좌절을 겪었다. 낸시 존스는 상원에 보고하기 위한 기록들을 모아 정리하려고 애를 썼다. 그렇게 하면 회사 측에 불만을 품은 직원들의 주장으로 치부되어 인정받지 못할 증언을 하게 될 증인들에게 의존할 필요도 없었겠지만, 회사 측에 관련 서류를 요구하자 찾을 수 없다는 대답만 들었다. 실망한 그녀는 결국 사임하고 말았다. 엘로이 역시 FBI에서 은퇴했다. 그리고 윌리엄 코크를 찾아가 그를 위해 일하는 정식 사설 조사원이 됐다.

결국 코크 가문은 둘로 갈려서 각자의 사설탐정을 고용한 셈이 됐다. 윌리엄 코크는 엘로이 말고도 전직 이스라엘 정보부 출신 요원을 고용했다. 누군가 이에 대해 묻자 그는 정보부 출신 사람이 꼭 필요하다고 설명했다.[47] "합법적으로 해야 할 일도 있고, 불법적으로 해야 할 일도 있는 법이다."

코크 형제들의 비열하고 뻔뻔한 싸움

자신의 형제들이 법적으로 기소되기를 바랐던 희망이 무너지자 윌리엄 코크는 또 다른 법적 전략을 찾았고, 코크 인더스트리즈로서는 전보다 더 큰 문제들에 휘말리게 됐다. 자신이 가족의 잔혹함에 희생됐다고 생각하는 윌리엄은 자료를 모아 일종의 내부 고발 형태로 코크 인더스트리즈에 소송을 걸었다. 회사 측이 정부 소유의 땅에서 기름을 훔쳤으므로 부정 청구법(False Claims Act)에 해당된다는 것이었다. 남북전쟁 시대에 만들어진 법에 따르면 일반 시민들도 개인 회사들이 정부를 속이는 일에 대해 증거를 제시한다면 탈세나 정부를 기만하는 행위와 관련한 이런 소송을 제기할 수 있었다. 이 소송은 앞서 오클라호마 주 대배심원이 무혐의를 선고했던 사건과 근본적으로 같은 것이었지만, 일반 시민이 민사 사건으로 소송을 걸 경우에는 증명해야 할 증거의 수준이 그리 높지 않았다.

이 민사 사건이 천천히 진행 중일 때 엘로이도 작업에 착수해 코크 인더스트리즈에 대항할 수 있는 더 많은 증거들을 끌어모았으며, 미국 전역을 종횡무진하며 500명이 넘는 예비 증인들을 만났다. 만화의 한 장면처럼 형제들끼리 맞붙게 된 이 스파이 전쟁에서 윌리엄 코크의 조사원들은 찰스와 데이비드가 사설탐정들을 동원해 자신들의 대화를 도청하고 있다고 확신하게 됐다. 이들은 5,000달러를 들여 도청을 피할 수 있는 전화기를 구입했다. 윌리엄의 변호사 사무실도 의심스러워서 엉뚱한 내용을 적은 가짜 쪽지를 미끼 삼아 책상 위에 올려놓았는데, 엘로이의 주장에 따르면 상대편에서 바로 그 내용에 대해 물어왔다. "변호사 사무실을 드나들 수 있는 내부 첩자가 있었다. 같은 빌딩의 다른 층에서 일하는 사람이었는데 돈을 주고 그 일을 시킨 것이다."

엘로이의 이런 의심은 충분히 근거가 있었다. 한 공화당 당직자는 신변 보호를 위해 이름을 밝히지 않은 채 이렇게 인정했다. 즉, 찰스와 데이비드 코크가 한 법률 회사를 통해 자신을 고용해 수개월 동안 전국을 돌아다니며 윌리엄을 곤경에 몰아넣을 수 있는 개인이나 혹은 사업, 그리고 법적인 문제와 관련된 모든 정보를 모아오도록 시켰다는 것이다. 그는 이렇게 회상했다. "문제가 될 만한 건 뭐든지 찾아오는 작업이었다. 그러면 윌리엄의 약점을 찌를 수 있는 무기로 사용할 수 있었으니까."[48]

이런 비밀스러운 작전의 결과물은 지금도 여전히 메릴랜드 주 동부 연안의 고속도로 바로 근처에 있는 임대 수하물 보관소 안에 들어 있다. 보관소 문을 열면 오래된 서류 뭉치들이 들어 있는 상자들이 있는데, 바로 사설 조사원들이 윌리엄 코크의 뒤를 캔 흔적들이다. 서류 가운데에는 극비리에 수행된 작업 보고서들이 포함되어 있다. 지금은 없어진 사설 조사 업체인 베케트 브라운 인터내셔널(Beckett Brown International)이 작성한 것이다.[49] 특히 손으로 갈겨 쓴 내용들을 보면 1998년 이 회사가 윌리엄 코크가 당시 막 전파를 타고 마구 쏟아져 나오던 반코크 텔레비전 광고를 뒤에서 사주하고 있는지 확인하라는 명령을 받을 것을 알 수 있다. 이 광고는 스스로 '청렴한 미국 시민들'이라고 부르는 한 단체가 제작한 것으로 코크 형제가 환경을 오염시키면서 자기들 배는 불리고 있다고 주장했다. 이 단체의 뒤에 윌리엄 코크가 있는지 조사하라는 것이었다. 그렇지만 윌리엄의 가면을 벗기는 데 사용된 방법들은 윌리엄이 계획한 책략만큼이나 실효성이 의심스럽다는 것이 금방 드러났다.

우선 이 조사 업체는 'D 라인' 작전이라는 걸 세웠는데, D 라인이란 업계의 은어로 쓰레기통을 뒤지는 것을 의미한다. 이들은 또한 불법적으로 개인 통화 기록을 입수했다. 여기에는 버지니아 주 리치먼드에 있는 한 광고 회사 중역의 통화 기록도 포함되어 있었다. 이 작은 광고 회사는 반코크 가문 광고 중 하나를 제작한 회사였다. 중역인 바버라 필츠는 자신은 코크 가문과 아무런 상관이 없다고 이야기했다. 좋은 세상을 만들겠다는 어느 단체를 위해 광고를 제작했을 뿐이라는 것이다. 15년이 지난 후 당시 사설 조사원들이 자신의 개인 통화 기록을 조사했다는 이야기를 들은 그녀는 이렇게 말했다. "한대 얻어맞은 느낌이다." 그 조사 내용은 지금도 메릴랜드 주 동부 연안의 수화물 보관소 속 오래된 서류철 안에 끼어 있는데, 그녀가 통화한 사람들의 이름이 손글씨로 대강 적혀 있다.[50]

"나는 분명히 내 통화 기록을 아무에게도 알려주지 않았다." 지금은 은퇴하고 평범한 할머니가 된 필츠의 말이다. 필츠는 아주 오래전 리치먼드 경찰이 새벽 2시에 전화를 걸어와 사무실 문이 열려 있다고 알려주었는데, 매우 이상한 기분이 들었다고 말했다. 혹시 그때 그 일이 통화 기록이 새어나간 일과 관련 있는 게 아닐까. "누군가 나의 공간을 침입해 들어와 내가 모르는 사이 나에 대해 살펴본다면 두려운 일 아닌가. 나는 정치적인 문제와는 아무런 상관도 없는데 말이다." 그녀는 이렇게 말했다. "내가 슬픈 건 우리가 미국에서 누리고 있는 이 놀라운 자유가 권력에 굶주린 비열하고 뻔뻔스러운 인간들에 의해 무너질 수도 있다는 사실을 알았기 때문이다."

법을 무시한 코크 가문의 방식

1999년 후반, 대니얼 스몰리의 억울한 죽음에 대한 공방이 텍사스 법정에서 벌어지고 있을 때 윌리엄은 내부 고발 소송을 통해 코크 인더스트리즈가 오클라호마 털사의 소송에서도 역시 교묘한 사기 행각을 저질렀다고 주장했다. 윌리엄 밑에서 일한 엘로이와 다른 조사원들은 엄청나게 많은 증인들을 모아왔다. 코크 인더스트리즈에서 일했던 한 직원은 진실만을 말하겠다는 법정 선서를 하고 코크 인더스트리즈의 기름 절도 사건에 대해 증언했다. "나는 회사에서 시키는 대로 해야 했다. 그렇지 않으면 해고하겠다는 위협을 받았다." L. B. 페리(L. B. Perry)가 배심원들 앞에서 한 말이다. 이에 반박하기 위해 코크 인더스트리즈도 증인들을 내세웠다. 이들은 회사의 업무는 상식적이며 합법적인 것으로, 이를 트집 잡는 사람들은 회사에 불만을 품은 거짓말쟁이라며 회사 측을 옹호했다. 재판의 분수령은 루이지애나 출신으로 코크 인더스트리즈에서 27년간 일한 끝에 1994년 해고당한 필 듀보스가 증인석에 서는 바로 그 순간 시작됐다.

듀보스는 신참 직원들이 하는 검침원 업무를 맡아 직장 생활을 시작했다. 검침원은 공급자들이 들여오는 원유의 양을 측정한다. 듀보스는 계속 경력을 쌓으며 관리부의 고참 직원이 되어 동부 해안을 통해 회사가 들여오고 나가는 기름을 관리했다. 그는 6,400km에 이르는 송유관과 트럭 186대, 그리고 유조선 전체를 관리했다. 증인석에 선 듀보스는 자신과 다른 직원들이 '코크 가문의 방식'이라고 부르는 업무 방식에 대해 증언했다. 나중에 자세히 설명한 것처럼, "직원들은 인디언 저장소에서 들여오는 원유량을 고의로 틀리게 측정했으며, 미국 전역의 코크 인더스트리즈 산하의 정유 회사도 같은 방식으로 작업했다.

같은 값에 원유를 들여와도 계량기를 조작해 더 많이 들어오도록 하는 것이다. 회사 선배가 어떤 식으로 하는지 보여줬다. 야외 현장에 계량기가 있으면 눈금을 조작해서 원유를 구매할 때 1배럴이 들어와도 4분의 3배럴밖에 들어오지 않았다고 말한다. 방법은 여러 가지가 있지만 어쨌든 속이는 것이다. 만일 1,500배럴을 실은 유조선이 있으면 2,000배럴이 있다고 속여서 판다. 모든 것이 중량과 측정의 문제인데 여기에 손을 대는 것이다. 이것이 코크 가문의 방식이다."[51]

윌리엄의 조사원들은 듀보스와 아주 우연히 만나게 됐다. 전에 코크 인더스트리즈에서 일했던 직원들의 명단을 확인하는 과정에서 알게 됐다. 이들이 찾아가기 전에 가족의 비극적인 사건을 경험한 듀보스는 신앙에 의지하고 있었다. 조사원들이 코크 인더스트리즈에 대해 묻자 듀보스는 자신이 할 수 있는 한 최선을 다해 증언하겠다고 대답했다. 그가 루이지애나 특유의 억양으로 이야기를 시작하자 조사원들은 도저히 가치를 따질 수 없는 어마어마하게 중요한 증인을 찾아냈다는 사실을 알게 됐다.

듀보스는 이렇게 주장했다. "코크 가문은 한 번도 법이나 규정을 따른 적이 없다. 그들은 자신만의 법을 가지고 있다. 그것 말고는 아무것도 인정하지 않는다. 환경보건국은 물론이거니와 다른 기관들도 마찬가지다. 코크 가문과 회사는 계속해 오염 물질을 배출해왔고 벌금을 물어도 상관하지 않았다. 왜냐하면 그보다 훨씬 더 많은 돈을 벌어들이니까. 우리는 현장의 부식된 송유관 같은 문제는 한 번도 보고한 일이 없다. 그래 봐야 벌금만 물게 될 뿐이니까 말이다. 기름이 유출되어도 실제 유출량을 보고한 적도 없다. 그렇게 하라고 지시를 받았고 비용을 줄이라는 말만 들었다. 코크 가문이 원하는 건 거짓말과 은폐뿐이다."

듀보스는 계속해서 비용 절감에 대한 압력이 너무나 거셌으며, 그 명령은 당연히 회사 최고위층에서 내려온 것이고 회사 전체가 그 명령을 따르고 있다고 말했다. "적자가 1개월이나 2개월 이상 지속되면 바로 회사를 그만둘 각오를 해야 했다." 어쩌면 그가 특별한 이유 없이 회사에서 쫓겨났기 때문에 그런 이야기를 했는지도 모르지만, 그의 증언은 믿을 만한 확신을 심어주었다. "그들은 부정직한 방법으로 돈을 벌었고 속임수를 써서 어린 노동자들을 착취해 돈을 벌었다. 돈을 벌기 위해 빌 게이츠 같은 천재가 될 필요는 전혀 없다. 코크 가문이 하는 식으로만 하면 된다." 그의 결론이다. "그리고 미국 전역에서 그와 같은 일들을 계속했다."

재판이 끝나기 전, 이번에는 찰스 자신이 법정에 섰다. 그의 아내와 데이비드, 그리고 데이비드의 아내인 줄리아가 방청석에서 그를 바라보고 있었다. 찰스는 정부를 기만한 행위에 대해 부인하고 만일 원유 공급자 측에서 코크 인더스트리즈가 정말로 사기를 치고 있다고 생각했다면 분명 경쟁사에 원유를 판매했을 것이라고 주장했다.[52]

배심원들이 이에 동의하지 않는 것은 분명해 보였다. 1999년 12월 23일, 법원은 코크 인더스트리즈가 2만 4587회에 걸쳐 정부를 기만했다고 유죄 판결을 내렸다. 코크 인더스트리즈는 2억 달러에 달하는 벌금을 물게 됐다. 거기에 더해 벌금의 25%는 윌리엄에게 지급해야 할 수도 있었다. 윌리엄은 언론을 통해 의기양양하게 선언했다. "석유 산업에 있어 코크 형제들이 최고의 사기꾼이라는 사실을 보여준 결과다."

'코크 가문이 재판에 진 것은 그때가 처음은 아니었다.' 듀보스의 회상이다.[53] "우리가 승리한 이유는 우리가 쥐고 있었던 것만큼의 강력한 무기가 그들에게는 없었기 때문이다." 그 무기가 무엇이냐고 묻자 듀보스는 '진실'이라고 대답했다.

최종적으로 코크 인더스트리즈는 윌리엄이 제기한 소송에 대해 2,500만 달러에 합의했고, 벌금은 대부분 연방정부에 지급됐지만 윌리엄에게도 700만 달러가 넘는 돈을 지급해야 했다. 물론 소송에 관련된 비용은 별도였다. 가족들 사이에서 완전한 합의의 일부로 알려진 2001년 중반의 화해 과정에서 싸우던 형제들은 마침내 모든 다툼을 중단하기로 합의한다. 찰스와 데이비드, 그리고 윌리엄은 더 이상의 어떤 법적 다툼도 벌이지 않겠다는 협정서에 서명하고 서로에 대한 비방을 중단하며 위반 시에는 금전적 손해를 감수하겠다는 조항에도 동의했다. 최소한 한 번 이상 윌리엄이 형제들에 대해 지나치게 마음대로 이야기를 한 일이 있는데, 당시 코크 인더스트리즈 법률문제 관련 고문이 벌금을 물 수도 있으니 주의하라는 경고를 보내기도 했다. 합의 이후 불안한 평화가 이어졌다. 그렇지만 코크 인더스트리즈와 코크 가문의 명성이 입은 상처는 돌이킬 수 없는 수준이었다.

서로 상충되는 후원활동과 기업 이익

코크 인더스트리즈의 대변인인 멜리사 콜미아는 코크 가문이 여러 번 겪은 법정에서의 심각한 패배가 일종의 교육적인 경험이 됐으며, 그로 인해 세상과 한 걸음 더 화해하려는 노력을 기울이게 됐다고 말한 적이 있다. 1990년대 이후 전체적으로 보면 코크 인더스트리즈의 환경 관련 문제는 확실히 어느 정도 개선됐다. 물론 메사추세츠주립대학교 앰허스트 캠퍼스 정치경제연구소에 의하면 2010년에도 여전히 미국에서 가장 대기 오염을 많이 시키는 기업 10곳 중 한 곳에 올라 있기는 하지만 말이다.[54] 2012년 환경보건국의 자료에 따르면 코크 인더스트리즈는 미국에서 독성 폐기물을 가장 많이 배출하는 기업이다.[55] 650

가지 독성 발암 물질의 제조 과정에서 총 43만 톤에 달하는 독성 폐기물을 배출해 법에 의해 책임을 질 의무가 있는 8,000여 개 기업 중 최고치를 기록한 것이다.

찰스 코크는 2007년 펴낸 자신의 책《시장중심의 경영》을 통해 예전에 자신이 잘못 생각했던 내용들에 대해 인정했다. '우리는 규정을 지키며 빠르게 성장하는 일에는 준비되어 있지 못했다.' 그는 또 이렇게 설명했다. '사업이 점점 더 많이 규제를 받는 와중에도 우리는 계속해서 마치 우리가 순수한 시장 경제 안에서 사업을 꾸려나가고 있다고 생각했다.'

찰스의 관점에서 보면 법이나 규제가 문제며, 코크 인더스트리즈가 잘못한 것은 그다지 많지 않다. 그는 마치 자신이 원하는 '순수한 시장경제'는 그러한 법이나 규제가 전혀 존재하지 않는 상황이라고 주장하는 듯하다. 코크 가문의 생각에 미국은 자신들이 자유학교에서 이상향으로 그렸던 자유방임주의의 천국에서 한참 멀리 떨어져 있는 국가라는 것이 확실했다. 수백, 수천만 달러의 벌금을 물고, 미국 상원에 의해 사기꾼 기업이라는 오명까지 쓰게 됐으며, 연방정부의 감시에서 벗어날 수 없게 된 코크 가문은 전열을 재정비한다. 그들은 문제가 된 송유관의 상당 부분을 매각했다. 남은 송유관의 길이는 6,500km 정도로 유지했으며, 정유 사업이 아닌 금융 부문에 중점을 둬 소비재와 파생상품을 거래하는 쪽으로 눈길을 돌렸다. 다시 말해, 상대적으로 규제와 감시가 덜한 분야였다. 코크 가문은 빠르게 변모해갔다. 2004년에는 듀퐁(Du Pont)의 합성 섬유 부문 계열사를 41억 달러에 매입해 라이크라(Lycra)나 스테인마스터 카펫(StainMaster carpet) 같은 잘 알려진 상표의 상품을 세계에서 제일 많이 판매하는 회사가 됐다. 1년 후인 2005년에는 대형 목제 회사인 조지아퍼시픽을 210억 달러에 사들여 세계 최대의 합판 제조업체로 등극하면서 '딕시 종이컵'이나 '브로니 종이 수건', 그리고 '퀼티드 노던 화장지'처럼 종이로 만드는 모든 제품을 생산하는 제조업체가 됐다. 또한 방부제와 소독제로 사용되는 포름알데히드의 주요 생산업체가 됐는데, 이를 발암물질로 규정하는 법에 대해 코크 인더스트리즈는 표시나지 않게 규정을 바꾸기 위해 노력하고 있다. 데이비드가 암 치료 연구를 위한 후원을 하고 있다는 걸 생각하면 얄궂은 일이 아닐 수 없다.

코크 인더스트리즈 입장에서의 이익과 데이비드 코크의 후원활동이 상충되는 모습은 2009년에 세상에 알려졌다. 당시 데이비드는 국립암연구소(National Cancer Institute, NCI) 자문위원회의 일원이었는데, 미국 국립보건원이 포름알데히드를 인체에 암을 유발하는 물질로 취급해야 한다는 결론을 내렸고 이에 대해 조지아퍼시픽 중역 중 한 사람이 정부의 이런 결정에 반대의사를 표시했다. 조지아퍼시픽의 환경담당 부사장인 트레일러 챔피언은 연방정부의 보건 관련 기관들에 공식적으로 항의하는 편지를 보냈다. 그 편지는 조지아퍼시픽이 미국 국립보건원이 포름알데히드를 인체에 암을 유발하는 물질로 취급해야 한다는 결론을 내린 것에 대해 강력하게 반대한다는 내용을 담고 있다. 데이비드는 포름알데히드의 암 유발 문제가 논의되고 있는 동안 국립암연구소의 자문위원 자리를 사퇴하지 않았고, 그렇다고 회사 지분을 포기하지도 않았다.

문제가 불거지자 전립선 암을 치료받은 적이 있는 데이비드는 자신의 순수성을 의심하는 사람들에게 화를 냈지만 미국 국립보건원 산하 기관인 국립환경보건원(National Institute of Environmental Health Sciences) 부원장인 제임스 허프는 데이비드가 연구소 자문위원으로 일하는 것이 역겹다고 말했을 정도다.[56] "국민들의 보건 문제에 좋을 게 하나도 없다. 이해관계가 얽혀 있는 사람은 보건 관련 자문위원 자리에 있어서는 안 된다. 이런 위원회는 아주 주요한 기능을 하며, 포름알데히드가 어떤 물질인지 결정을 내리는 데 크게 영향을 미친다. 그리고 포름알데히드를 다루는 사람들은 엄청나게 많다." 국립암연구소의 소장을 역임한 해럴드 바머스는 데이비드를 과학 연구소를 후원하는 사람으로 알고 있고, 또 그의 지적대로 많은 후원자들이 사업적인 이해관계와 얽혀 있지만 그런 자신도 코크 인더스트리즈의 포름알데히드에 대한 입장을 듣고 "놀라지 않을 수 없었다"고 말했다.[57]

코크 가문 사람들의 후원이나 지원과 기업의 이해관계가 서로 상충된 일은 이것뿐만이 아니다. 이른바 정부와 연관된 '정경 유착(crony capitalism)'의 문제다. 코크 인더스트리즈는 정부 보조금의 혜택을 한껏 누리고 있었는데, 정부 소유의 땅을 약 6억 1,195만 평이나 사용해 목장을 운영하면서도 가축의 40%에 대해서는 방목 수수료를 낮추는 혜택을 받는 것부터 시작해 부시 행정부와 협의해 2002년 800만 배럴의 원유를 비상시에 사용하기 위한 전략 비축유로 국가에 판매하는 등 그 범위도 다양하다. "국가가 시장이 붕괴되는 비상시에 사용하기 위한 전략 비축유라는 것만큼 자유시장 경제와 반대되는 개념이 또 있을까?" 코크 인더스트리즈에서 일했던 한 중역의 말이다. "애초에 에너지 사업이라는 것 자체가 자유시장에서는 할 수 없는 사업이다"라고 지적했다.

코크 인더스트리즈가 벌이는 사업이 가문 사람들의 신조나 행동과 상충되는 예는 또 있다. 〈블룸버그 마켓〉의 보고서에 따르면 코크 인더스트리즈는 아프리카와 중동, 그리고 인도 지역에서 사업권을 획득하기 위한 부적절한 거래와 연관되어 있으며 미국에서 테러 활동 후원 국가로 규정하고 있는 국가인 이란에 수백만 달러 규모의 석유화학 공업 장비를 판매했다.[58] 이 보고서에 따르면 코크 가문과 이란 사이의 거래는 1995년 클린턴 대통령이 정한 불량 국가와는 무역 거래를 하지 않는다는 원칙을 무시하는 행위다. 코크 인더스트리즈는 이란을 도와 세계 최대 규모의 메탄올 공장을 건설하려고 했던 일에 대해서는 인정했지만 엄격하게 법적인 절차를 따라서 진행된 사업이라고 주장했다. 바로 해외에 있는 현지 자회사를 통해 그렇게 했다는 것이다. 그리고 논란이 된 업무 내용을 누출한 직원을 바로 해고했다.

찰스와 데이비드는 회사에서 올리는 수익의 90% 이상을 자신들의 사업에 다시 투자해왔으며, 이는 회사를 상장해 분기별로 일반 주주들에게 수익금을 나눠준다면 불가능한 경영 방식이라고 이야기했다. 그리고 그렇게 해서 회사의 수익은 천문학적으로 늘어갔다. 1960년에 7,000만 달러 정도 됐던 매출액이 2006년에는 900억 달러로 뛰어 오른 것이다. "놀라움 그 이상이다." 월스트리트의 투자은행가인 로저 알트만의 말이다.[59] "그저 모든 것이 다 엄청난 성공을 거두었다고밖에는 할 말이 없다."

코크토퍼스

자유시장 사상의 전파

의회와 법정을 통해 모욕에 가까운 고통을 겪었던 코크 가문은 전열을 재정비하고 사업적인 측면뿐만 아니라 정치적인 면에서도 세상에 맞서기 시작했다. 그들은 훨씬 더 전략적인 방식으로 대응하기 시작했으며, 완전히 다른 방식으로 권력을 얻기 위해 돈을 투자했다. 이런 코크 가문의 정치적인 변신을 주도한 인물이 바로 리처드 핑크다. 그를 비난하는 사람들은 핑크를 '해적'이라고 부르지만, 그에게 부탁받은 역할만 잘 해준다면 핑크가 지원해주는 돈으로 편안한 생활을 누릴 수도 있다.

1970년대 후반 핑크가 위치토에 처음 나타났을 때, 그는 스물일곱 살의 대학원생이었다. 새로 산 하얀색 선이 들어간 반짝이 양복에 바둑판무늬 셔츠, 그리고 번쩍이는 야한 파란색 넥타이로 사람들의 눈길을 끌었다. 그런 차림으로 찰스에게 나타나 후원을 요청했던 것이다. "얼마나 우스꽝스럽게 보였는지 이제는 알겠다." 핑크가 훗날 한 이야기다.[1] 자신의 거친 가족에 비하면 영화 '대부'의 마피아 가족쯤은 장난처럼 보일 정도였다고 농담 삼아 이야기하는 핑크는 가족들과 함께 뉴저지 메일플우드에서 자랐고 오스트리아에서 시작된 자유시장 이론에 크게 매료된다. 그는 찰스가 자신이 강사로 가르치고 있는 러트 거스대학교의 한 과정을 후원해주기를 바랐는데 그는 강사 외에도 뉴 욕대학교에서 대학원 과정을 공부하고 있었다. 당시는 오스트리아 경 제학을 가르치는 대학이 오스트리아 왈츠를 가르치는 대학만큼이나 찾아보기 힘들었지만, 핑크는 곧 기회를 잡았다. 찰스가 관련 강의 과 정을 위해 15만 달러를 쾌척한 것이다. 핑크가 훗날 왜 그런 거액을 장 발에 수염까지 기르고 무도회장에나 어울릴 법한 옷을 걸친 대학원생 에게 선뜻 건네주었느냐고 묻자 찰스는 이렇게 농담했다. "난 그런 반 짝이 옷을 좋아한다네. 석유를 원료로 한 합성섬유로 만든 옷이고, 난 석유 사업을 하니까."

1980년대 후반, 핑크는 케이토재단의 에드 크레인을 밀어냈다. 그 때까지 크레인은 정치 문제에 관한 한 찰스의 일급 참모장이었다. 자 유주의 사상과 이념에 흥미를 보였지만 진짜 정치가와 상대해야 할 때 에는 쓸모없는 것"으로 여겼던 크레인과는 달리 핑크는 권력의 기본 바탕에 마음을 빼앗겼다.[2] 6개월에 걸쳐 코크 가문의 정치적 문제점에 대해 연구한 핑크는 현실적인 계획서를 만들기 시작했다. 표면적으로 하이에크의 생산 모형에 영감을 받은 것처럼 보였던 그의 계획은 자신 이 직접 같은 문제에 대해 고민하며 만든 1976년의 제안서를 훨씬 뛰 어넘는 내용으로 찰스에게 깊은 인상을 심어주었다. '사회적 변화의 구 조The Structure of Social Change'라는 제목이 붙은 핑크의 계획서는 마치 다 른 일반적인 상품을 생산하듯 정치적인 변화에 대해서도 상품을 생산 하는 방식으로 접근하는 것이 특징이었다. 핑크는 훗날 어느 대담에서 그 계획서가 3단계에 걸쳐 미국 정치를 장악하는 내용으로 꾸며졌다 고 설명했다.[3] 1단계는 바로 '지식인들에 대한 투자'다. 지식인들의 사 상과 이념은 일종의 '원료' 역할을 한다. 2단계는 '정책 연구소에 대한 투자'다. 정책 연구소는 사상과 이념을 시장에 내놓을 만한 정책으로 빚어내는 일을 하는데, 이것은 '생산'에 해당한다. 그리고 마지막 3단계가 '시민 모임에 대한 지원'으로, 여기에는 '특별한 이해관계'를 통해 선거로 뽑힌 공무원들에게 압력을 넣어 앞서 만들어진 정책을 시행하도록 만드는 일도 포함된다. 이를테면 '판매 전략과 과정'이라고 볼 수 있다. 이 3단계가 바로 자유주의 생산 과정의 핵심이며, 이제는 누군가 고객이 그 '제품'을 사서 설치하고 전원을 넣기만을 기다리기만 하면 되는 것이다.

핑크의 계획은 하이에크를 깊이 흠모하면서 기술자 같은 체계적인 사고방식으로 경영과 정치 모두를 아우르고 싶어 했던 찰스에게 안성맞춤인 전략이었다. 누군가는 민주주의적 절차를 공장의 그것과 비교하는 일 자체가 어불성설이라고도 했지만 찰스는 곧 자신만의 방식으로 그렇게 접근해가기 시작했다. 자유주의 쪽 저술가인 브라이언 도허티에게 찰스는 이렇게 이야기했다. "사회적 변화를 이루기 위해서는 서로 어울리지 않는 것이 서로 합쳐지는 그런 전략이 필요하다." 찰스에 따르면 이 전략은 사상과 이념의 창조로부터 정책의 발전과 교육과 풀뿌리 조작과 로비와 정치적 행동까지 차례로 이어졌다. 얼마 지나지 않아 자유주의파 진영에서는 코크 가문의 이런 활동, 즉 조용하지만 다방면에서 이루어지는 체계적인 활동을 문어를 뜻하는 단어인 옥토퍼스와 합쳐 코크토퍼스라고 부르게 됐고 이 말은 코크 가문을 부르는 대명사가 됐다.[4]

비밀 정치자금을 이끈 코크 인더스트리즈의 핑크

예전 자유당 시절에는 이상주의적이지만 어설픈 방식으로 접근했던 것과 다르게 핑크의 도움을 받은 후 코크 가문은 분명히 좀 더 실용적인 모습으로 바뀌었다. 사업 자체에 대한 심각한 위협에 직면한 코크 가문은 다른 어떤 기업들보다도 훨씬 더 공격적인 모습으로 워싱턴 정가에 침입하기 시작했다. 예를 들어, 인디언 거주 지역에서의 원유 절도와 관련된 상원 청문회 과정에서 사람들과의 인맥을 쌓고 이를 이용하는 데 실패한 코크 인더스트리즈는 이념이나 사상과 관계없이 민주당 전국 위원회 회장인 로버트 스트라우스를 고용했는데, 그는 당시 워싱턴 정가에서 유명한 일급 로비스트였다. 코크 인더스트리즈는 곧 워싱턴에 사무실을 열고 의회에서 로비 활동을 활발히 벌이기 시작했다. 핑크는 수도인 워싱턴에서 기업의 존재를 알리는 일은 꼭 필요하다며, "입법이나 정책 수립 과정에서 심한 불이익을 당하고 있다고" 느껴왔기 때문이라고 설명했다.[5] 그리고 그에 대한 방어능력 부재로 인한 피해 역시 통감하고 있다고도 했다.[6]

코크 가문은 과거에 기존 정치계에 대해 오만한 태도를 보여왔지만 이제는 공화당을 적극 후원하는 큰손이 된 것이다. "앞서 행해진 비리 관련 조사들이 그들을 공화당 쪽으로 기울게 만들었다." 상원 조사위원회의 자문역을 했던 케네스 발렌의 지적이다.[7] 그의 지적처럼 이전에 찰스는 지나치게 우파 쪽으로 기울어 있어 현실과는 괴리감이 있었다. 코크 가문은 레이건 대통령도 배신자라고 생각했을 정도였다. 그렇지만 사업 걱정을 하지 않을 수 없었다. 정치권력으로 인한 문제를 염려하기 시작했던 것이다. 도허티는 코크 가문과 공화당 사이의 연계를 역시 같은 관점으로 바라보았다. 그는 우선 코크 가문이 자유주의 사상을 후원하는 사람들 중에서도 제일가는 위치였다고 인정하면서 동시에 그들이 공화당 정치가들을 직접적으로 후원하는 후원자가 된 것은 그들이 펼치는 다른 활동과 같은 이유 때문이었으며 자유주의파의 많은 사람들이 이에 대해 혼란스러워하며 그들을 배신자로 생각했다고 설명했다.

코크 인더스트리즈의 이런 투자는 바로 코크 형제의 정치적인 입지에 영향을 미쳤다. 1996년 형제는 공화당의 주요 인물로 성장했는데, 예컨대 데이비드는 1980년대 초반 코크 인더스트리즈의 고향이라 할 수 있는 캔자스 주의 상원의원 보브 돌을 도덕적 원칙이라고는 없는, 단지 또 다른 기성 정치인으로만 여기다 그가 1996년 빌 클린턴을 상대로 대선에 도전하자 선거운동 부위원장이 됐다.[8] 이제 코크 가문은 워싱턴 정치에 관한 한 외부인도 아니었고 보브 돌의 후원자들 중 세 번째로 중요한 위치를 차지하게 됐다. 실제로 데이비드는 돌을 위한 생일 축하 행사를 준비해서 15만 달러의 후원금을 모으기도 했다.

돌 역시 코크 가문을 도왔다고 하는데,[9] 그가 규제를 위반한 혐의로 기소되어 연방정부에 엄청난 벌금을 물게 된 코크 인더스트리즈 같은 기업들을 구제해줄 수 있는 입법 활동에 참여했다는 비난을 받기도 했다. 그렇지만 햄버거에서 살모넬라균이 발견되는 사건이 일어나면서 의회는 기업 활동에 대한 규제나 처벌을 줄이는 데 크게 망설이게 됐고, 결국 코크 인더스트리즈를 도울 수 있는 입법 활동은 흐지부지되고 말았다. 만일 그런 법이 통과됐다면 코크 인더스트리즈에 부과된 막대한 벌금은 모두 무효로 처리됐을 것이다.[10] 〈워싱턴포스트〉에 따르면 코크 인더스트리즈는 다른 문제에서도 돌의 도움을 받았는데, 자산에 대한 감가상각 일람표를 새롭게 작성하는 일을 면제받음으로써 수백만 달러를 절약할 수 있었다.[11] 오랜 세월이 지난 후 정치에서 은퇴한 돌은 결국 이렇게 인정했다. '누군가 거액의 돈을 건네줄 때면 분명히 무언가를 바라고 그런다는 것을 나는 언제나 잘 알고 있었다.'[12]

코크 가문과 정치권의 연계는 사업에서 그랬던 것처럼 많은 논쟁을 불러일으켰다. 1997년 코크 가문은 또 다른 사안으로 의회 조사의 대상이 됐다. 바로 그해 클린턴 대통령 부부는 후원자들을 백악관의 침실에 묵게 해준다거나 나중에 중국에서 의심스러운 사업을 벌인 혐의로 유죄 판결을 받게 된 사람에게 정체가 불분명한 정치자금을 받는 등 선거자금과 관련된 여러 가지 추문으로 신문 1면을 장식했다. 중국에서의 문제로 덜미가 잡힌 사람의 이름은 조니 청으로, 그는 '백악관은 지하철과 다를 바 없다. 돈을 내야 안으로 들어갈 수 있다'라는 유명한 말을 남겼다.[13] 이에 대한 대응으로 수적으로 당시 공화당에 밀리고 있던 민주당 상원의원들은 자체적으로 다른 추문들에 비해 훨씬 덜 알려진 문제들에 대해 조사에 나섰는데, 이 조사는 그때까지 거의 알려진 바가 없던 위치토 출신의 두 형제들에게까지 뻗치게 된다.

민주당은 자신들이 '대담한' 계획이라고 불렀던 내용을 폭로하는 깜짝 놀랄 만한 보고서를 하나 작성한다. 바로 정체가 알려지지 않은 거물급 후원자들이 1996년 선거 막바지에 불법적으로 선거에 개입했다는 내용이었다. 이 일을 진행한 것은 트라이어드 매니지먼트(Triad Management)라는 이름의 유령회사로, 이 회사를 통해 300만 달러가 지급되어 29개 주에서 민주당 후보들을 비정상적으로 가혹하게 공격하는 선거 광고가 제작됐다. 이 300만 달러의 절반 이상이 정체를 알 수 없는 한 비영리단체에서 나왔는데, 경제교육재단(Economic Education Trust)이라는 이름의 이 단체를 후원하는 인물이 진짜 누구인지는 아무도 알지 못했다. 상원위원회 조사원들은 이 교육재단이 사실은 캔자스 주 위치토의 찰스와 데이비드 형제로부터 일부 혹은 거의 모든 재정적 후원을 받고 있다고 믿었는데, 상원 보고서에 따르면 이 경제교육재단은 일종의 위장단체로, 선거자금법을 위반할 때를 대비해 실제 후원자의 정체를 감추기 위해 만들어진 것이었다.

오랫동안 자신들의 정치적인 투자에 대한 제약에 저항해온 코크 형제는 앞서 언급한 민주당을 공격하는 광고에 비밀리에 자금을 댄 것으로 의심을 받았다. 그 광고들은 대부분 코크 인더스트리즈의 사업체가 있는 주에서 방영됐다. 특히 트라이어드 매니지먼트가 주로 활동한 캔자스 주에서는 이 광고로 인해 접전을 벌이던 네 곳의 선거구 결과가 뒤집힌 것으로 추측되기도 했다. 보수주의자인 샘 브라운백은 상원의원 선거에 공화당 후보로 나섰다가 예기치 못한 지원을 받았는데, 그중에는 경쟁자인 질 도킹 후보가 유대인이라는 내용이 전화를 통해 유권자들에게 전달되는 등의 지원도 포함되어 있었다.[14] 캔자스 주에서의 미심쩍은 승리는 전국적으로 영향을 미쳤고, 클린턴이 대통령에 재선되는 것을 막지는 못했지만 공화당이 의회를 장악하는 데 도움을 주었다.

비밀리에 정치자금을 후원했느냐는 기자의 질문에 코크 가문은 대답을 거부했다. 찰스는 또한 상원 조사원들에게도 침묵으로 일관했다. 그렇지만 1998년 〈월스트리트저널〉은 마침내 코크 가문과 정치권의 연계를 확인했고, 코크 인더스트리즈의 임금 업무를 돕는 자문위원 한 사람이 이 계획에 관련되어 있다고 보도했다. 공화당은 그저 미국 노조들이 선거를 지원하는 것에 대응해 균형을 맞추는 정도의 노력이었다고 주장했지만, 1996년 공화당이 후원받은 정치자금은 노조의 그것에 비해 12배나 더 많았다. 결국 연방선거위원회는 트라이어드 매니지먼트의 활동을 불법적인 것으로 규정했고,[15] 창업자 겸 사장인 캐롤린 메넬릭(Carolyn Malenick)은 벌금형을 선고받았다.[16] 그렇지만 다른 관계자들에 대해서는 전혀 밝혀진 바가 없다.

아메리칸 대학교에서 조사 보고서 관련 특별 강좌를 진행하고 있고 좌와 우, 진보와 보수 그 어느 쪽에도 치우치지 않는 감시 기구인 공공 청렴 센터를 세운 찰스 루이스(Charles Lewis)는 1996년 트라이어드 사건에 대해 미국 정치에 있어 '역사적'인 순간이었다고 평가했다. 물론 그전에도 선거운동이나 지원과 관련해 더 큰 규모의 사건이나 추문이 많았지만 트라이어드 매니지먼트 서비스는 완전히 새로운 방식을 만들어냈다. 루이스는 거대 기업이 세금을 면제받는 비영리 재단을 앞세워 정치에 개입한 것이 처음 있는 일이라고 말하며 이렇게 덧붙였다. "비영리 재단을 앞세워 아주 위협적인 방식으로 비밀리에 정치에 개입하는 방식이 시작됐다." 그는 또 코크 가문이 "이런 비밀스러운 방식으로 돈을 얼마든지 퍼부을 수 있다는 사실을 보여주었다"고도 말했다. 오랜 세월 워싱턴 정가에서 벌어지는 정치적 부패와 타락에 대해 세상에 알려온 루이스는 이렇게 결론을 내렸다. "코크 인더스트리즈는 정도를 모르고 미쳐 날뛰는 기업의 전형을 보여준다."

이렇게 코크 가문이 미국 정치사에 있어서 막강한 돈줄 역할을 할 수 있었던 배경에는 단지 법과 규정을 깔아뭉개겠다는 의지뿐만 아니라 모든 형태의 정치 후원을 아우르는 핑크의 계획이 있었다. 바로 선거운동과 로비, 그리고 기부금이나 자선활동 등을 나중에 있을 커다란 보상을 목표로 하는 투자로 집결하는 계획이었다.[17] 루이스가 진행한 특별 강좌에서는 2013년 1년 동안 코크 가문의 금융 기록을 모아 정리한 끝에 이들의 활동이 "규모나 범위, 그리고 금액 면에서 상상을 초월한다"는 결론을 내렸다. 또한 이를 통해 코크 인더스트리즈의 "재정과 정치적인 이해관계 모두가 충족됐다"고도 했다.[18]

1992년 데이비드는 두 형제가 펼쳐온 여러 가지 정치 전략들을 하나로 묶어 다각적인 사업 분야를 가진 일종의 모험 투자 사업(venture capitalists)으로 통합한다. "나의 전체적인 청사진은 정부의 역할을 최대한 축소하고, 민간 경제의 역할과 개인의 자유를 최대한 확대하는 것이다." 데이비드가 〈내셔널 저널〉과의 대담에서 한 말이다.[19] "이런 모든 종류의 서로 다른 비영리 재단이나 기관들을 후원함으로써 나는 각기 다른 접근 방식으로 앞서 언급했던 목표를 이루려고 노력하고 있다. 전망이 있는 다양한 사업에 투자하는 일종의 모험투자사업의 투자가라고나 할까. 그 과정에서 다양성과 균형을 모두 달성하고 동시에 어느 정도의 위험도 감수하고 있다."

이런 접근 방식의 결과로 복잡한 작업 계획서가 만들어졌고, 이를 통해 코크 가문은 자신들의 재산을 이용해 한번에 엄청나게 많은 방향에서 공공정책에 영향을 미칠 수 있게 됐다. 그리고 여기에서 사용되는 모든 후원금과 기금은 모두 똑같은 곳, 바로 코크 가문과 코크 인더스트리즈에서 나왔다. 이런 모든 후원이나 기부는 결국 정부의 역할을 제한하고 기업에게 유리한 사회를 만드는 것을 목표로 했다. 이들은 그 자금을 동시에 세 가지 다른 방식으로 공급했다. 우선 개인적으로는 공화당의 위원회나 보브 돌 같은 거물급 후보자들에게 직접적인 방식으로 정치자금을 기부했으며, 회사 차원에서는 자사의 정치활동위원회를 통해 기부를 하고, 로비 활동을 통해 영향력을 행사했다. 마지막으로 코크 가문은 수많은 비영리단체와 기관을 세워 개인 재단들을 통해 세금을 면제받는 후원금을 전달했다. 다른 부유한 개인들도 정치인들에게 기부하고 다른 기업들도 로비 활동을 벌인다. 그렇지만 코크 가문은 이런 전략과 대규모의 일반적인 기부나 후원 활동을 앞세워 정치권에 영향력을 미침으로써 자신들의 영향력을 극대화했다.

개인적인 이익을 위한 코크 가문의 통제적인 자선활동

1990년, 보수파 기업인들과 자유주의 활동가들이 줄줄이 위치토에 모여들었다. 그곳에 모인 사람들은 예전에 핑크가 그랬던 것처럼 찰스의 후원을 기대하며 자신들의 계획을 설명했다. 1991년에는 너무도 자연스럽게 레이건 행정부 시절의 정부 변호사도 두 명 찾아왔다. 그들은 클래런스 토머스 대법관을 도왔던 클린트 보일릭과 윌리엄 칩 멜로 3세로, 새로운 개념의 법률 회사를 세우기 위한 종잣돈을 얻으러 온 것이었다. 바로 경제적 자유를 위해 정부의 규제에 대항해 공격적으로 싸우면서 우파의 이익을 대변할 그런 법률 회사였다. 멜로는 이렇게 회상했다. '누가 정말로 우리에게 그런 거액을 선뜻 내줄 수 있었겠는가?'[20] 멜로에 따르면 그들의 계획이 지지부진하게 진행되던 바로 그 시점에 찰스 혼자서 150만 달러를 지원하겠다고 약속하면서, 대신 자신이 계속 관여할 수 있어야 한다는 조건을 내걸었다고 한다. 멜로의 회상이다. 찰스는 1년에 50만 달러씩 3년간 지원하겠다는 자신의 계획을 말하며 그 대신 매년 자신을 찾아와 어떤 일을 했고 어떤 결과를 얻었는지 보고해야할 것을 요구했고 그 결과를 평가해 다음 해 지원을 할지 여부를 결정하겠다고 했다. 물론 결과가 안 좋으면 다음 지원은 없을 수도 있는 것이다." 이렇게 해서 탄생한 법률 회사인 '정의연구소(the Institute for Justice)'는 정부를 상대로 수많은 재판에서 승소를 이끌어냈다. 거기에는 선거자금법 등을 포함해 대법원까지 가는 투쟁 끝에 얻어낸 승리도 여러 건 있었다.

이런 결과를 예상이라도 한 듯한 1992년의 한 언론 보도를 살펴보자. "최근 들어 위치토에서 흘러나오는 돈이 워싱턴에 있는 모든 정책연구소들과 공공이익단체들의 주머니를 두둑하게 만들어주고 있다. 이런 연구소나 단체들은 특히 자유시장 경제와 극도로 제한된 정부의 역할을 주장하는 자유의지론 사상을 전적으로 지지하고 있다."[21] 이 보도가 지적하는 것처럼, 1990년 한 해 동안 찰스와 데이비드가 관여한 세 곳의 주요 개인재단은 겉으로는 중도파처럼 보이지만 결국 정치적인 의도가 있는 단체나 기관에 400만 달러가 넘는 자금을 지원했다.

완전한 자유방임주의 경제학이 인정받는 곳은 보기 드물게 극우를 지향하는 국가들을 제외하면 거의 볼 수 없지만, 코크 가문의 이런 다양한 정치적 후원은 멈추지 않고 계속 진행됐다. 예를 들어, 1998년에서 2008년 사이 찰스 코크의 개인재단인 찰스코크자선재단은 세금을 면제받는 4,800만 달러를 주로 자신의 정치적 견해를 대신 주장해주는 단체에 기부했다. 역시 찰스와 그의 아내 리즈, 그리고 두 명의 회사 직원과 한 명의 회계사가 함께 운영하는 클라우드램자선재단(Claude R. Lambe Charitable Foundation)도 2,800만 달러 이상을 세금 혜택을 받으며 지원했다. 데이비드의 재단인 데이비드코크자선재단(David H. Koch Charitable Foundation)은 1억 2,000만 달러 이상을 지원했는데, 대부분 정치가 아닌 문화와 과학 관련 기관에 집중됐다. 이 기간 동안 코크 인더스트리즈가 로비 활동에 사용한 돈은 정치활동위원회의 활동을 제외하고도 5,000만 달러가 넘는데, 코크 정치활동위원회는 800만 달러 이상을 정치활동에 사용했고 그 중 80% 이상이 공화당을 지원하는 데 집중됐다. 게다가 코크 형제와 다른 가족들이 개인적인 기부 형태로 정치권에 쓴 돈도 수백만 달러가 넘는다. 이 막대한 액수의 돈이 정확히 어떤 정치적 활동이나 로비 활동에 얼마나 어떻게 쓰였는지는 오직 코크 가문 사람들만이 알고 있다. 공개된 기록은 대부분 정확하지 않기 때문이다.[23] 이렇게 막대한 액수의 자금이 비영리단체나 기관들이라는 미로를 통해 세상에 뿌려짐으로써 코크 가문은 자신들의 정치적인 투자 전부를 거의 일반 대중이 알아차릴 수 없도록 만들었다. 2008년 한 해 동안의 세금 내역을 확인해보면 코크 가문이 운영하는 세 개의 주요 재단은 34개의 서로 다른 정치 및 정책 관련 단체나 기관을 지원했는데 그중 3개가 자신들이 직접 세운 단체로, 상당수가 그들의 지시나 관리를 받고 있었다.

물론 법적인 규제는 있다. 국세청은 세법 501(c)(3)에 따라 세금을 면제받는 기부나 자선활동 등이 반드시 로비나 선거 관련 정치활동과 연계되지 않도록 막아야 하며, 기부자 개인의 이해관계가 아닌 공공의 이익을 위한 활동이 되는지 확인해야 한다. 그렇지만 이런 관계 법령들은 강제성이 거의 없어서 융통성 있는 해석과 적용이 가능하다.

따라서 비판적인 세력들은 코크 가문이 세금을 면제받는 자선활동이 아닌 다른 목적으로 기부나 후원을 하는 것에 대해 문제를 제기하기 시작했다. 2004년 책임감 있는 '자선활동을 위한 전국 위원회 (National Committee for Responsive Philanthropy)'가 작성한 보고서에 따르면, 코크 가문의 자선활동은 순전히 개인적인 이익을 위한 것이었다. '이 재단들은 비영리단체들을 후원하고, 이 비영리단체들은 결국 코크 인더스트리즈의 수익에 영향을 줄 수 있는 문제를 조사해 회사 측을 옹호했다.'

그렇지만 코크 가문은 자신들이 단지 환경 규제 문제와 싸우고 공명심이 있는 기업과 개인 부자들에 대한 세금 감면을 지지하는 단체들에게 돈을 기부할 뿐이라고 맞섰는데, 오랜 세월 코크 가문과 함께해온 몇몇 사람들은 이에 대해 의문을 제기했다. 코크 가문의 친구였던 거스 디제레가는 단순히 자유 지상주의를 선망하던 코크 형제들의 예전 모습이 이제는 기업의 이익을 대변하는 논리적인 근거로 발전했다고 주장했다. "어쩌면 찰스는 이익 추구와 자유를 혼동하고 있는 것 같다." 코크 가문과 가까운 관계였지만 더 이상 관여하지 않고 관계가 소원해진 한 보수파 인사는 그들의 이런 세금 면제 기부 행위를 눈 가리고 아웅하는 야바위나 마찬가지라고까지 말했다.[24] 그의 주장에 따르면 코크 가문 사람들은 자선이나 기부를 하는 것이 세금을 납부하는 것보다 낫다고 생각했다. "사람들은 코크 가문 사람들을 보고 마음이 넓고 친절하다고 말할 것이다. 하지만 그들이 자선활동을 벌이는 건 그게 최선이기 때문이다. 자신들의 대의를 위해 그런 식으로라도 돈을 쓰지 않으면 그 돈을 몽땅 정부에 다 갖다 바쳐야 할 상황이었다. 기부나 후원 방식을 택하면 적어도 그 돈이 어떻게 쓰이는지 코크 가문이 관여할 수 있지 않은가." 그는 기업 활동과 자선사업이 함께 이루어지는 것에 대해서도 이렇게 지적했다. "코크 가문 사람들은 절대로 적정선을 넘지 않는다. 다시 말해 자신들에게 유리한 로비 활동을 한다." 그러면서도 그는 이렇게 인정했다. "사실 정말로 대단한 체계 하나를 만들어낸 것이다."

사실 코크 가문은 처음부터 이상하리만큼 자신들의 기부나 후원 활동에 깐깐하게 관여해왔다. "그렇게 거액의 돈을 쓴다면 누구나 자신의 의도에 맞게 돈이 쓰이고 있는지 반드시 확인하고 싶을 것이다." 데이비드도 그런 사실을 인정하며 도허티에게 이렇게 말했다. "그리고 만일 우리가 동의하지 않은 일을 시작한다면 자금 지원은 중단될 것이다."

찰스가 자신의 힘을 과시하기 시작한 건 1981년 케이토연구재단을 통해서부터다. 당시 그는 다섯 명의 공동 창립자 중 한 사람을 쫓아냈는데, 존버치협회의 창립자인 로버트 웰치가 자신의 지분을 과시하며 자기 자신을 지나치게 우상화한다며 비난했던 찰스가 각각의 지분을 가진 개인들이 모여 운영하는 비영리단체인 케이토재단을 같은 방식으로 쥐고 흔들었다는 사실은 얄궂기 그지없다. 그에게는 이사회 이사들을 선임하고 업무에 관여할 수 있는 힘이 있었다. 비영리재단이나 단체를 운영하는 데 있어 조정이나 합의에 이르는 건 쉬운 일이 아니지만, 찰스가 존버치협회에서 확인했던 것처럼 이사들을 통해서라면 그런 통제가 가능했다.

찰스가 케이토재단에서 쫓아낸 이사는 자유주의 진영에서도 위상이 높았던 머리 로스버드였다. 그는 뉴욕 어퍼 웨스트 사이드 지구 출신의 급진적인 유대인 지식인으로, 서로의 사이가 나쁘지 않던 시절에는 찰스가 그의 연구를 후원하기도 했다. 로스버드는 찰스가 자신을 몰아낸 일에 대해 불법적이며, 독단적이고, 동시에 사악한 일이라고 비난했다.[25] 그의 주장은 다음과 같다. '찰스는 내가 안전하다고 생각하며 코크 인더스트리즈의 위치토 사무실에 아무런 의심 없이 맡겨둔 나의 지분을 증명하는 서류를 압수해버렸다. 이는 우리의 합의를 저버린 행동인 동시에 자유주의 원칙의 모든 대의에 역행하는 행동이다.'

어떤 사람들은 순혈 오스트리아 경제학파 출신인 로스버드가 찰스를 비난했기 때문에 자리에서 밀려난 것이 아닌가 의심하기도 했다. 데이비드가 대선에 나선 1980년 찰스는 더 많은 표를 얻기 위해 당시 별로 인기가 없던 자유주의의 대의나 원칙을 분명하게 드러내지 않았다는 비난을 받았다. 예를 들어, 모든 소득세를 완전히 철폐하자는 주장도 슬그머니 뒷전으로 밀려났고, 군대 폐지도 군대 축소로 어느새 바꾸어버렸다. 그동안 별다른 갈등 없이 지내온 자유주의 공동체에는 경고를 알리는 빨간색 등이 켜졌고, 로스버드 편에 선 사람들의 눈에 찰스는 잔혹하고 탐욕스러우며 원칙이 아닌 권력에 더 관심이 있는 사람으로 비춰졌다.

찰스의 이런 통제나 간섭은 나중에 법정에서 중요한 쟁점이 됐다. 코크 가문의 네 형제가 유산 상속과 관련해 서로 수많은 법정 다툼을 벌이게 됐을 때 로스버드도 증인으로 나섰던 것이다. 관련 기록에 따르면, 로스버드가 찰스에 대해 어떻게 증언을 했는지 요약되어 있다. 그의 표현에 따르면 찰스는 '누군가 자신에게 반대하는 것을 참지 못했으며, 자신이 관여하는 비영리재단들에 어떤 식으로든 통제할 수 있는 권리를 요구하거나 계속 유지하려고 했다.'[26] 로스버드는 찰스가 케이토재단의 사무실 장식에서 전용 편지지 도안까지 모든 것을 다 휘두르려 했다고 비난했다. 아울러 찰스는 완전한 통제권을 원했을 뿐더러, 다른 사람들의 돈까지 자신이 마음대로 하려고 혈안이 됐다고 목소리를 높였다. 이런 비난은 훗날 이 책의 도입 부분에 소개한 코크 가문이 주최하는 모임에서도 그대로 재현됐는데, 모임에 참여했던 사람들은 찰스가 다른 사람들의 돈을 끌어모아 정치자금을 조성하고도 관리나 통제는 자신이 직접 하려고 하는 모습을 보였다. 로스버드는 또한 찰스가 정부의 영향력 있는 사람들에게 접근해 그들의 관심을 끌기 위해 비영리단체나 조직을 이용했다고 고발했다.

정치권을 넘어 학계에도 진출한 교두보

1980년대 중반, 그러니까 핑크의 계획에 따라 제1단계에 접어들었을 때 코크 가문은 정치권뿐만 아니라 학계에도 자신들이 직접 교두보를 건설하기 시작했다. 이들이 특히 관심을 기울였던 건 다름 아닌 조지메이슨대학교였다. 조지메이슨대학교는 잘 알려지지 않았지만, 버지니아 주의 상위권 명문 교육기관으로 워싱턴 외각에 위치하고 있었다. 1977년 〈워싱턴포스트〉는 이 학교를 잘 알려지지 않은 외진 곳에서 고군분투하는 교육기관으로 묘사했다. 1981년 핑크는 러트거스대학교를 떠나 조지메이슨 대학교에서 자신의 오스트리아 경제학 과정을 새로 시작했고, 나중에는 머케터스센터(the Mercatus Center)라는 이름의 연구소를 세워 모든 과정을 총괄하게 됐다. 이 정책 연구소는 모든 예산을 외부에서 후원 받았는데, 대부분 코크 가문이 부담했지만 공립대학교

부지 내 위치하고 있었기 때문에 세계 상위권 명문 대학에서 시장 중심의 사상과 이념을 전파하고 학문의 세계와 현실 세계 사이의 간극을 이어주는 가교 역할을 한다는 식의 오해를 불러일으킬 수 있는 선전을 자체적으로 하기도 했다.

재무 기록표에 따르면 코크 가문이 소유한 재단들은 조지메이슨대학교에 대략 3,000만 달러의 기금을 후원했는데, 대부분 머케터스센터에 집중됐다. 〈워싱턴포스트〉는 머케터스를 '코크 인더스트리즈의 강력한 후원에 힘입어 정부 규제에 싸우는 데 전력을 다하는 연구소'라고 설명했다.[27] 머케터스센터가 과연 실제로 독립적인 연구소인지 아니면 그저 코크 가문 로비 활동의 연장선인지에 대해서는 계속 의문이 제기됐다. 조지메이슨대학교에서 역사를 가르쳤고 윌리엄 코크를 위해 찰스의 정치활동을 비밀리에 연구해 정리한 클레이턴 코핀은 보고서에서 머케터스에 대해 이런 직설적인 평가를 내렸다. 바로 '중립적인 입장의 연구소로 위장한 로비 단체'라는 것이었다. 그의 지적에 따르면 이렇게 해서 코크 가문도 금전적인 이득을 봤는데, 이 센터를 통해 찰스는 단체나 기관을 후원하는 일에 있어 세금을 면제 받을 수 있었고, 머케터스를 포함한 단체나 기관들은 모두 실제로 코크 인더스트리즈의 이익을 위해 활동하는 로비 단체나 마찬가지였다.[28]

머케터스센터와 같은 건물에는 역시 코크 가문에서 예산의 대부분을 지원하며 찰스가 소장으로 있는 인문학연구소가 있다. 이 인문학연구소, 즉 IHS는 자유시장의 원칙을 따르는 근본주의자 F. A. 볼디 하퍼가 세웠는데, 하퍼는 자유학교 이사를 역임하면서 세금은 '도둑질'로, 복지 정책은 '부도덕한 일로', 그리고 노동조합은 '노예들'로 부르며 인종 차별을 금지하는 법원의 결정에 저항하던 소위 '자유민(The Freeman)'을 위한 글을 다수 발표했다. 찰스는 그런 하퍼를 열렬히 찬양하며 이렇게 말했다. '자유에 대해 가르치는 모든 스승들 중에 그 누구도 볼디 하퍼처럼 인정을 받지 못했다. 하퍼는 자유에 대해 가르치는 모든 교사들의 스승이며, 겸손과 교양이 무엇인지 그들에게 가르친 사람이다.'[29]

IHS의 목표는 차세대 자유주의 학자들이 자라날 수 있는 토양을 닦고 필요한 모든 것을 지원하는 것이었다. 다만 이념이나 사상의 전쟁이 그 특성상 매우 느리게 진행되는 것을 염려한 찰스는 학생들의 정치적 관점을 확인할 수 있는 더 좋은 방법을 찾으라고 지시했다.[30] 몇몇 교수들은 당황했지만 연구소 과정을 지원하는 학생들의 자필 소개서를 컴퓨터로 확인해 자유시장의 상징이라고 할 수 있는 아인 랜드와 밀턴 프리드먼의 이름이 몇 번이나 언급되는지 확인했고 매주 시작과 끝에 사상적인 발전이 얼마나 이루어졌는지도 시험을 통해 확인했다. IHS에는 또한 찰스 G. 코크 여름 인턴십 과정이라는 것도 있었는데, 여름방학을 이용해 학생들을 코크 가문이 후원하는 비영리단체나 기관에 보내 자유주의의 이상을 현장에서 공감하고, 서로 하나로 묶여 결속시키는 과정이었다.

그러는 사이 조지메이슨대학교 경제학과는 논쟁이 될 만한 이론들을 차례로 쏟아내 미국의 조세제도를 변화시키기 시작했으며, 레이건 행정부는 공급자 측면의 세금 감면을 주장하며 특히 부자들에게 엄청난 특혜를 주었다. 부교수 폴 크레이그 로버츠는 이 작업의 선봉장 역할을 맡아 레이건 행정부 최초의 관련 법안 초안을 작성했으며 예전에 그와 함께 일한 하원의원 잭 캠프가 이 법안을 의회에 상정했다. 이것만으로도 정부의 위상은 줄어들었는데, 조지메이슨대학교는 여기에 더해 정부의 역할을 사상과 이념적인 측면에서 줄이는 방법을 연구했다.

이 분야에서 가장 유명한 사람은 제임스 뷰캐넌 교수로, 그는 이른바 '공공선택이론(public choice theory)'의 창시자로 자신의 접근 방식을 '낭만을 배제한 현실 정치(politics without romance)'라고 표현하곤 했다. 왜냐하면 그는 선거로 선출된 공직자들과 공무원들을 단지 탐욕스럽고 자신만을 위하는 또 다른 이기적인 집단으로 분류했기 때문인데, 이런 관점은 정부를 반대하는 자유주의자들에게 큰 인기를 끌었다. 1986년 뷰캐넌이 노벨 경제학상을 수상하자 진보주의 경제학자들은 경악했다. 예컨대 로버트 레커먼은 뷰캐넌에 대해 '모든 인간의 행위 뒤에 그저 이기적인 목적이 있다고만 폄하했다'라고 비난했다.[31] 그럼에도 불구하고 역시 노벨상은 어디에도 견줄 수 없는 성취임에 틀림없었다. 그의 수상으로 결국 조지메이슨 대학교와 자유 지상주의는 주류의 반열로 끌어올려졌다.

케이토연구재단의 줄리언 산체스는 조지메이슨대학교를 자유의지론자들의 성지라고 치켜세우며 '미국 대학에서 가장 수준 높은 자유의지론 연구자들이 자리하고 있는 곳'이라고 했다.[32] 그렇지만 진보주의자들은 조지메이슨에 대한 코크 가문의 영향력을 의심스러운 눈초리로 바라보았다.[33] "조지메이슨대학교는 워싱턴에서 진행되는 규제 철폐 정책의 시발점이다." 민주당의 정치 전략가이자 우파의 자금 운용에 대해 연구한 롭 스타인의 말이다. 그는 코크 가문의 위상이 비정상적으로 높아지는 것에 대해 이렇게 지적했다. "조지메이슨대학교는 공립학교이며 정부의 지원을 받는다. 버지니아 주는 코크 가문이 실질적으로 지배하는 연구소에 자리를 내준 셈이다."

핑크와 함께 올라가는 코크 가문의 위상

핑크가 맡은 여러 직함도 대중의 우려를 자아냈을 뿐이다. 찰스에게 점점 더 중요한 인물이 되어가면서 핑크는 머케터스센터에서 맡고 있던 역할을 그만두고 관리 책임을 양도한 후 코크 인더스트리즈에 합류한다. 그리고 로비 활동을 진두지휘하게 되지만 조지메이슨대학교의 명성 높은 초청 이사 자리는 그대로 유지했다. 핑크는 또한 찰스코크자선재단과 클라우드램자선재단, 프레드&메리코크부부재단(Fred C. and Mary R. Koch Foundation)의 이사장 자리를 맡았으며, 그 밖에도 코크 가문의 몇몇 정치단체에서도 중요한 직함을 맡았다. 그가 맡은 역할들이 다른 사람들로 대체 가능했다는 점을 감안하면 코크 가문의 사업 범위 안에서 그들이 영리와 비영리 사이를 교묘하게 왔다 갔다 했다는 사실을 짐작할 수 있다.

핑크의 위상이 높아지면서 상대적으로 크레인의 가치는 떨어졌다. 크레인은 여전히 케이토연구재단을 운영했지만 1992년이 되자 찰스가 재단 이사회 이사직을 사임하고 데이비드만 이사로 남았다. 사람들은 명령 받기를 좋아하지 않는 크레인이 코크 가문의 후원자들에게 충분한 충성심을 보여주지 못한 것이 아닌가 의심했고, 크레인은 개인적으로 찰스의 경영 철학을 비웃었다. 찰스의 경영 철학은 이른바 '시장 중심의 경영(Market-Based Management, MBM)'으로 요약할 수 있으며, 훗날 그가 직접 집필한 《시장 중심의 경영》이라는 책에도 소개됐다. 찰스는 근본적으로 기업 문화란 자유시장에서 이루어지는 경쟁을 그대로 따라해야 한다고 믿었다. 지위고하를 막론하고 모든 임직원은 자신들이 창출해낸 가치에 의거해 평가 받았으며, 서로 경쟁해 잘하는 사람은 상여금을 받았는데 이 상여금이 1년 연봉의 상당 부분을 차지했다. 찰스는 자신의 MBM 철학에 대해 다섯 가지 측면을 담고 있는 '전체론적 체계'라고 설명했다. 바로 '꿈' '선한 마음과 재능' '지식의 과정' '의사 결정의 권리' 그리고 '보상'이다. 다른 회사의 직원들은 코크 인더스트리즈의 이런 냉정한 문화를 빗대어 '사람 잡는 경영'이라고 말하기도 했다. 〈포브스〉 역시 찰스의 책에 대한 서평에서 그를 빈정거렸는데, 그가 '인간의 복지를 좌우하는 일정한 법과 규칙' 안에서 마르크스주의자들을 연상케 하는 자신만의 신념을 가지고 있다고 묘사하며, 그는 일종의 독불장군으로 그가 말하는 직원들에 대한 보상과 대우 체계는 특히 시대에 뒤떨어진 것이라고도 지적했다.[34]

여러 가지 시선이 뒤섞여 있었지만, 찰스는 자신이 거느린 기업 곳곳에 모든 직원들이 자신이 세운 체계의 일부로 정기적으로 그 체계와 관련된 기술을 실행하고 확인하는 시간을 갖고 있다고 주장했다. 자유주의자들이 혐오할 만한 전형적인 관료주의의 형태 바로 그 자체였다. 코크 인더스트리즈에서 일했던 한 직원은 이렇게 덧붙였다. "그는 억만장자고 나는 아니다. 그러니 내가 이렇게 말한들 뭐가 달라지겠는가?" 시장 중심의 경영에는 가장 밑바닥에 있는 직원이라 할지라도 최고위층 임원보다 더 나은 생각을 할 수 있다는 개념이 포함되어 있다. 이론적으로만 보면 평등주의에 입각한 접근 방식이지만 실제로 크레인처럼 상명하복의 권위에 도전하는 일이 발생했을 때 찰스가 어떤 식으로 반응했는지 생각해본다면 논쟁의 여지가 있다. 많은 사람들이 찰스가 세계에서 손꼽히는 부자이면서도 직원들과 함께 회사 구내식당에서 정기적으로 식사를 할 만큼 소탈하고 겸손하다고 생각한다. 그렇지만 1990년의 어느 연설에서 찰스는 자신의 자유시장에 대한 신념을 가톨릭에 대항한 종교 개혁가 마르틴 루터의 그것에 비유하며 이렇게 말했다. "지금 여기에서 마르틴 루터가 한 말을 그대로 해보겠다. '내가 여기 서 있습니다. 내가 할 수 있는 것은 이제 더 이상 아무것도 없습니다.'"[35] 결국 자신의 한 가지 신념만 밀고 나가겠다는 뜻 아닌가.

어쨌든 찰스가 케이토연구재단의 운영 체계에 관여하려고 했을 때 크레인은 고분고분 고개를 숙이지 않았다. 멋들어진 현대식 조명이 번쩍이는 케이토재단의 워싱턴 본부에 있는 자신의 넓은 사무실에서 크레인은 자신이 찰스를 진지한 사상가이며 모범적인 경영인으로 여겼지만 그의 시장 중심 경영 철학만큼은 웃지 않고 그냥 넘어갈 수 없었다고 말했다. "찰스는 자신이 천재라고 생각했다. 마치 벌거벗은 임금님처럼 남들은 웃어도 자신은 옷을 입고 있다고 믿었겠지."[36] 크레인은 낄낄거리며 이렇게 말했다. 반면에 핑크는 찰스의 철학에 훨씬 더 진지한 모습을 보였다. "핑크는 그 시장 중심의 경영이라는 개념을 최대한 잘 이용하려고 했다." 케이토재단 직원의 말이다.[37] "그는 크레인의 뒤통수를 친 셈이다. 덕분에 찰스에게 더 신임을 받게 됐다."

케이토재단과 인문학연구소를 통해 코크 가문은 사회적 변화를 위한 핑크의 준비 목록 첫 번째를 손에 넣게 됐다. 자신들의 사상과 뜻을 같이하는 학문적 개념을 세상에 알릴 수 있는 연구소들이었다. 머케터스센터는 준비 목록에 두 번째로 올라 있는 것으로, 이런 사상을 행동으로 옮기는 것을 목표로 하는 좀 더 실용적인 조직이나 기관이다. 수도인 워싱턴에서 포토맥 강만 건너면 닿을 수 있는 지리적 위치는 일종의 덤으로, 연구원들은 독립적인 전문 연구자 자격으로 의회 청문회에 정기적으로 참석해 일종의 자문을 위한 증언을 할 수 있었다. 2004년 〈월스트리트저널〉은 머케터스센터를 두고 '지금까지 들어본 것 중 가장 중요한 정책 연구소'라고 보도하며, 조지 부시 대통령이 '주요 정리 목록'에 올린 23개의 규제 중에서 14개를 바로 머케터스의 연구원들이 정한 것이라고 지적했다. 그중 8개가 바로 환경 관련 규제였다. 핑크는 언론과의 대담에서 코크 가문은 자신들의 전투를 수행하기 위한 또 다른 방법들을 가지고 있으며 머케터스센터는 코크 인더스트리즈의 사적 이해관계에 대해서는 적극 나서지 않겠다고 밝혔다. 그렇지만 텍사스주립대학교의 법학과 교수이자 환경 문제 전문가인 토머스 맥가리티는 "코크는 환경보건국과 끊임없는 마찰을 빚었다. 그리고 머케터스는 끊임없이 보건국에 공격을 가했다"고 주장했다.[38] 한 환경 문제 전문 변호사는 머케터스와 계속해서 마찰을 빚으면서 그들은 비영리단체라는 가면을 쓴 단순한 로비 집단이라며, 경제적인 목적을 세탁하는 수단이라고 불렀다. 변호사는 그들의 전략을 이렇게 설명했다. "회사에서 중립을 표방하는 것 같은 전략 연구소에 돈을 가져다주면 연구소는 필요한 자격과 원하는 사상을 가진 사람들을 고용해 그럴듯하게 보이는 연구를 시킨다. 그런데 그 연구라는 것이 모두 아주 우연히도 연구소에 돈을 대주는 사람들의 경제적 이해관계와 완벽하게 맞아떨어졌다."

예를 들어, 1997년 환경보건국은 대기 오염의 기준이 되는 표면 오존의 기준 농도를 조금 낮췄는데, 원유 정제시설에서 배출되는 오염 물질로 인해 오존이 형성되며 기준이 되는 농도를 낮춘다는 건 그만큼 규제가 강화됐다는 의미다. 머케터스센터의 고위층 연구원이자 경제학자인 수전 더들리는 이에 대해 새롭고 기묘한 의견을 제시했다. 그녀는 환경보건국이 스모그로 인해 태양빛이 줄어들면 피부암도 따라 줄어든다는 점을 간과했다고 지적했다.[39] 더들리는 만일 공기 오염에 지나치게 관여한다면 피부암이 매년 1만 1,000건 이상 더 발생할 것이라고 주장했다.

1999년 컬럼비아 특별구 순회 법정은 더들리의 이런 스모그 유용론 주장을 받아들이며, 환경보건국의 새로운 규제 내용을 확인한 후 환경보건국이 오존으로 인한 건강상의 유익 문제를 확실히 간과했다는 판결을 내렸다. 환경보건국이 권위와 직권을 남용했다는 의견도 나왔다.

그 이후에 시민 감시 단체인 헌법책임센터(Constitutional Accountability Center)는 이런 판결을 내린 판사들이 그전에 바로 코크 가문의 재단들이 대부분의 예산을 부담하는 판사들을 위한 법 관련 학술회의에 참석했던 것을 확인했다. 그리고 판사들은 당연히 전혀 아무런 부담 없이 모든 비용을 제공받았다. 회의가 있었던 장소는 몬태나 주의 한 농장으로, 그 농장을 관리하는 것은 코크 가문이 후원하는 재단인 경제와 환경 연구 재단이었다. 판사들은 자신들이 내린 판결은 그 일과는 아무런 상관이 없다고 주장했다. 그렇지만 머케터스센터가 제시한 새로운 주장을 받아들인 일은 곧 매우 당혹스러운 결과로 이어졌다. 대법원이 만장일치로 이전의 결과를 뒤집으며 대기 오염 방지법의 기준은 절대적인 것이고 비용과 관련한 이익 분석의 대상이 될 수 없다고 지적한 것이다. 비록 이런 결과가 나왔지만 이 사례는 코크 가문의 영향력이 어느 정도 위력을 가지고 있는지를 생생하게 보여주었다.

마케터스센터의 가장 운명적인 순간은 경제 전문가인 웬디 그램을 고용했던 때라고 할 수 있다. 그램은 텍사스 주의 유력 공화당 상원의원 필 그램의 아내이면서 텍사스의 거대 에너지 기업인 엔론(Enron)의 사외 이사이기도 했다. 1990년대 중반 그녀는 머케터스의 규제 연구 과정을 책임지게 됐고, 바로 그 무렵 의회에 압력을 넣어 이른바 '엔론 루프홀(Enron Loophole)'로 알려진 각종 에너지 산업 규제 완화법을 통과시켰다. 이는 에너지 관련 파생상품에 대해 대형 투자자들이 전자거래나 장외거래를 할 때 세금을 면제해주는 법안으로, 엔론은 이를 통해 막대한 이익을 올렸다. 코크 인더스트리즈 역시 엔론처럼 파생상품 거래의 큰손으로, 이 법을 통과시키기 위해 필사적으로 로비 활동을 벌였다. 코크 인더스트리즈는 정부의 규제나 감시 같은 건 전혀 필요 없다고 주장했는데, 각 기업들이 자신들의 지위와 명성을 신경 쓰고 있기 때문에 자연스럽게 스스로 규제를 할 것이라는 이유에서였다.

물론 몇몇 전문가는 위험을 예감했다. 1998년 미국 상품선물거래위원회(Commodity Futures Trading Commission) 의장인 브룩슬리 본은 수익성은 높지만 위험한 파생상품 시장을 정부가 더 엄격하게 관리할 필요가 있다고 경고했다. 그렇지만 상원 금융위원회 위원장직을 맡고 있던 그램 상원의원은 이런 경고를 무시하고, 엔론과 코크 인더스트리즈를 위한 규제 완화법을 밀어붙인다. 그것이 바로 상품선물 현대화 법(Commodity Futures Modernization Act)이다. 브룩슬리 본의 경고에도 불구하고 당시 클린턴 행정부는 월스트리트 금융가의 압력에 밀려 이 법안을 통과시켰다.

2001년 엔론은 회계 장부를 조작하고 재무 상태를 허위로 보고했다가 결국 부도를 맞는다. 그렇지만 웬디 그램은 규제 완화법을 주장한 대가로 엔론에서 180만 달러를 챙겼고, 엔론이 부도나기 전 그램 상원의원의 선거운동에 막대한 후원을 했다는 사실이 밝혀졌다. 엔론 회장인 케네스 레이는 머케스터센터도 후원했다.

2002년 말, 그램 부부는 모든 공직에서 반쯤 물러난 상태였으나 머케스터센터를 통해 세금은 면제받지만 엄청나게 위험한 시장을 계속해서 열심히 선전했다. 코크 인더스트리즈 같은 기업들이 환영할 만한 에너지 관련 파생상품이 포함된 거래 시장이었다. 그리고 그 진짜 결과는 2008년 경제 위기가 닥쳤을 때에야 겨우 실체가 드러났다. 그 무렵 조지메이슨대학교는 고등교육기관으로서 코크 가문이 가장 많이 후원하는 단일 기관인 동시에 버지니아 주에서 가장 규모가 큰 연구 중심 대학으로 우뚝 서게 된다.

조지메이슨대학교는 코크 가문이 후원하는 가장 규모가 큰 자유주의 학문의 중심이었지만, 그런 교육이나 학문과 관련된 곳은 조지메이슨 말고도 아주 많았다. 2015년 내부 자료에 따르면 찰스코크재단은 미국에서 규제와 세금을 반대하고 기업에 우호적인 307개의 각기 다른 고등교육기관들을 후원하고 있었으며, 여기에 18개 교육기관을 더 추가할 계획이었다.[40] 거기에는 지원 기금이 부족했던 웨스트버지니아대학교에서 브라운대학교까지 다양한 학교들이 포함되어 있었다. 이 중 특히 브라운대학교는 올린재단을 통해 코크 가문이 아이비리그 대학교를 위한 교두보를 확보한 학교였다.

흔히 아이비리그 소속 대학교 중 가장 진보적이라는 평가를 받는 브라운대학교에 찰스 코크의 재단들은 2009년 14만 7154달러를 후원해 자유주의 쪽의 존 토마시 교수가 신입생들에게 자유시장과 관련된 고전을 가르치는 정치 이론 과정을 개설하도록 했다. '한 학기 내내 신입생들에게 하이에크에 대해 가르치고 나니 이후 졸업할 때까지 학생들이 자유주의 쪽 관점을 떨쳐버리기 어렵게 됐다.' 토마시 교수는 한 보수파 출판사를 통해 이런 내용을 아주 은밀하게 털어놓았다.[41] 찰스 코크의 재단은 이후에도 브라운 대학교에 추가로 돈을 더 지원해 '왜 금융 규제 완화가 가난한 사람들에게 더 이익인지' 같은 주제를 연구하는 교수와 박사후 과정 지원자들을 돕도록 했다.[42]

찰스코크재단은 웨스트버지니아대학교에 몇 가지 조건을 달고 96만 5,000달러를 기부해 자유기업연구센터(the Center for Free Enterprise)를 열도록 했다. 재단이 요구한 조건은 교수들에게 누가 기금을 후원했는지 정확하게 알리는 것이었는데, 이는 학문의 독립성을 보장하는 일반적인 전통을 위배하는 것이었다.[43] 코크 가문의 이런 투자는 작고 가난한 웨스트버지니아 주에는 큰 영향력을 미쳤다. 웨스트버지니아 주의 주요 산업은 석탄 산업이었는데, 이는 코크 가문이 사업적 측면에서 관심을 갖고 있는 분야이기도 했다.[44] 재단의 승인을 받아 후원이 결정된 웨스트버지니아대학교 교수인 러셀 소벨은 2007년《자본주의의 해방

Unleashing Capitalism》이라는 책에서 석탄 탄광의 안전 및 수질 오염과 관련된 규제들은 노동자들을 괴롭혔을 뿐이라고 주장하며 이렇게 되물었다. '안전과 낮은 수입을 맞바꿔 노동자들의 삶의 질이 정말로 더 나아졌는가?'[45] 얼마 지나지 않아 소벨 교수는 웨스트버지니아 주의 주지사와 각료들, 그리고 상원과 하원의 재무위원회의 합동 회의 자리에서 이런 내용을 보고했다. 주 의회의 공화당 위원장은 소벨의 규제 반대에 대한 책은 이제 웨스트버지니아 주 공화당 정책의 청사진이 될 것이라고 선언했다.

2014년 웨스트버지니아 주에서 정부의 규제를 덜 받던 프리덤 인더스트리즈(Freedom Industries)라는 회사가 주에서 가장 큰 도시인 찰스턴의 수로에 3,700리터나 되는 정체를 알 수 없는 지독한 냄새의 화학물질을 흘려보냈다. 이 때문에 30만 명의 주민이 공포에 질렸고, 정부 당국은 일단 수돗물을 사용하지 말라는 명령을 내렸다. 이것은 웨스트버지니아 주를 고통 속에 몰아넣은 비극적인 산업 재앙의 일부일 뿐이었다. 그렇지만 소벨 교수는 이미 아무런 책임도 지는 일 없이 사라진 후였다. 이후 그는 사우스캐롤라이나 주 시타델대학교의 객원 교수이자 조지메이슨대학교 머케터스센터의 전문가로 활약하게 된다.

코크 가문이 이렇게 대학교 교육에 영향을 미치는 것을 옹호하는 사람들도 있었다. 찰스코크재단에서 대학들과의 연계 사업을 책임지는 존 하딘은 자신들의 활동이 대학교에 이념적 다양성과 토론할 수 있는 주제를 던져준다고 주장한다. '우리는 대학 캠퍼스에 다양한 이념과 사상을 전달하는 교수들을 후원하고 있다.[46] 그리고 그런 모든 경우에 각 대학은 교수와 교육 방식에 대한 확인과 견제를 유지하고 있다.' 그가 〈월스트리트저널〉에 보낸 기고문의 일부다.

그렇지만 비판적인 사람들의 눈에 코크 가문은 대학과 학계를 타락시킬 뿐 도움을 주고 있지 않으며, 적절한 학문적 기준에 미달하는 과정만 후원하고 있는 것으로 보인다고 지적했다. 웨스트버지니아 공과대학교의 경제학 교수 존 데이비드는 학교가 변해가는 모습을 목도하고 신문 기고를 통해 이렇게 주장했다. '대학의 전체 학문 영역이 마치 정치가들처럼 돈에 휘둘리고 있는 것이 분명해졌다. 대학은 자유로운 대화와 생각을 나누는 곳이지 외부의 특별한 이해관계에 따라 만들어진 선전 내용을 순진한 학생들에게 주입해서 세뇌시키는 곳이 아니다.'[47]

이로써 핑크가 계획한 1단계와 2단계 작전이 완료됐다. 그렇지만 코크 형제는 아직도 변화를 이끌어내기에는 부족하다고 보았다. 자유시장에 대한 절대적인 지지는 여전히 미국 정치계에서 비주류였다. 핑크는 이제 자신의 마지막 3단계 계획을 실행에 옮길 때가 되었다고 보았다. 바로 앞서 만들어진 사상과 이념들을 실제 세상에 내보내 시민들이 그 내용을 지지하도록 만드는 과정이다. "아무리 위대한 사상이나 이념도 대학이라는 상아탑 안에만 있으면 무용지물이다." 1999년 찰스는 한 연설에서 이렇게 말했다.[48] 데이비드는 이를 약간 다르게 표현했다. '이제 필요한 건 영업 인력이다.'[49]

2부

은밀한 후원자들: 비밀 임무

2009-2010

늘대들이 자유를 만끽하면 양들은 떼죽음을 당한다.
−이사야 벌린(Isaiah Berlin)

6 현장 배치

1976년 자신이 직접 만든 자유주의 운동을 위한 청사진에서 찰스 코크는 모든 현대적인 판매 및 동기 부여 기술을 다 사용할 필요가 있다고 강조했다. 그로부터 10년이 채 지나지 않은 1984년, 찰스는 개인적으로 고용한 정치적 영업 인력들을 현장에 내보낸다. 서류상으로 이들은 여전히 코크 가문이 후원하는 또 다른 비영리재단 중 하나로 작은 정부를 만들기 위해 싸우는 집단으로, 스스로를 '새로운 경제를 위한 시민 모임(Citizens for a Sound Economy, CSE)'이라고 불렀지만 외부에서 볼 때 이 모임은 분명한 정치적 집단이었고 이해관계가 얽힌 시민들의 여론을 등에 업고 만들어진 것이었다. 랠프 네이더가 조직한 '공공이익조사단체(Public Interest Research Groups)'와 아주 많이 흡사한 모습의 이 모임은 곧 미국 전역에 지부를 만들고 세력을 확대해 나가기 시작했다.

중립적 성향의 비영리 시민단체인 공공청렴센터에 따르면 이런 모임은 실제로는 미국에서 가장 규모가 큰 사업체들이 준비한 새로운 종류의 무기며, 순수한 시민운동인 척 가장했지만 결국 시민 중심의 풀뿌리 운동이 아닌 기업의 후원을 통해 탄생한 것이었다. 예컨대 순수한 천연 잔디가 아닌 인조 잔디처럼 여러 가지가 섞여서 만들어졌다는 사실이 나중에야 밝혀지는데, 일반적인 기업의 로비 활동이나 선거 지원과는 다르게 이 '새로운 경제를 위한 시민 모임'은 스스로를 비영리 교육단체로 소개했기 때문에 그 활동의 본질을 숨길 수 있었다. 물론 그 모임에 자체적인 자선재단과 정치활동위원회도 포함되어 있기는 하다. 이 새로운 단체를 보이지 않는 곳에서 후원한 건 당연히 코크 가문이었다. 1986년에서 1993년까지 최소한 790만 달러의 자금이 이곳으로 흘러들어갔다.

가짜 시민단체를 전면에 내세워 그 뒤에 기업의 이해관계가 얽혀 있다는 사실을 감추는 건 사실 이게 처음은 아니었다. 심지어 프레드 코크도 이와 비슷한 활동을 벌인 적이 있었다. 뉴딜 정책 시절에는 듀폰 가문과 다른 재벌 가문들이, 그리고 1950년대에 들어서는 프레드 코크가 비슷한 단체를 만들었다. 프레드는 위치토에 본부가 있는 '정치적 자유를 위한 드밀재단(DeMille Foundation for Political Freedom)'에 처음부터 참여해 적극적인 활동을 벌였는데, 이 재단은 노동조합을 반대하는 단체로 이를테면 '노동의 권리를 합법적으로 보호하는 전국 모임 재단(the National Right to Work Legal Defense Foundation)'의 전신이라고도 할 수 있다. 훗날 공개된 어느 개인 서신을 보면 이 단체의 직원이 재단의 '인조 잔디' 전략에 대해 설명한 것을 찾아 볼 수 있다.[1] 그 직원은 크게 사업을 운영하는 기업인들은 익명으로 자신들을 보조하고 그러면서 자신들이 통제할 수 있는 그런 단체를 만들어 운영하고 싶어 한다고 설명했다. 그렇지만 동시에 거짓말로 선전할 필요가 있는데, 그런 단체가 가정주부와 농부들, 소상공인, 전문직 종사자, 그리고 일반 노동자들이 모여 만들어진 것이지 거대 기업인들과는 무관하다고 대외적으로 선전한다는 것이다. 그렇지 않으면 그런 단체나 운동은 분명 참담한 실패로 돌아갈 것이라고 인정하기도 했다.

프레드 코크의 아들들은 이 시민 모임에 똑같은 작전을 사용했다. 자유 지상주의 사상은 여전히 외롭게 고군분투하고 있었지만 CSE는 기업의 자금을 마음대로 활용하여 세력을 넓혔고, 더 큰 규모의 운동으로 발전시킬 수 있는 힘을 불어넣었다. 초창기 참여자인 매트 키브에 따르면 CSE의 임무는 복잡한 사상이나 이념을 미국의 일반 대중이 이해하기 쉽게 바꿔서 전달하는 것이었다. "우리는 오바마 대통령이 그랬던 것처럼 솔 앨린스키, 마하트마 간디, 마틴 루터 킹 등 비폭력 저항 운동을 했던 사람들에 대한 책을 읽었고, 비폭력 저항 운동으로 사회를 바꾼 사례인 '보스턴 티 파티'의 개념에 대해 연구했다. 이를 통해 우리는 뒤로 물러나 있는 것이 아니라 현장에 직접 나가 이런 사상과 이념을 팔아야 할 필요가 있다는 사실을 깨닫게 됐다."

몇 년이 지나지 않아 CSE는 50명이 넘는 유급 직원을 고용해 26개 주 현장에서 활동하게 하면서 감세와 규제 완화, 그리고 정부 지출 축소 같은 코크 가문의 주장을 지지하는 유권자들을 결집시켰다. 예컨대 이들을 통해 누진세가 아닌 일률 과세를 주장하고, 사회복지제도를 포함한 다양한 정부 주도의 정책을 민영화하도록 압력을 넣는 것이다. "사상이나 이념은 그 자체로는 아무런 힘이 없다. 역사를 봐도 그런 사상이나 이념을 지원해줄 후원자가 필요함을 알 수 있다." 키브의 지적이다.

처음 CSE를 조직하고 후원한 건 코크 가문이지만 얼마 지나지 않아 10개가 넘는 미국의 거대 기업들이 여기에 참여했다.[2] 그래도 CSE의 총책임자는 잠시 서로 협력했을 뿐이라고 주장했다. 그렇지만 〈워싱턴포스트〉가 입수한 개인 기록을 보면 엑손이나 마이크로소프트(Microsoft) 같은 거대 기업들은 CSE가 일반 대중의 지지를 이끌어낸 운동으로 부각되자 앞다퉈 후원에 나서기 시작했다. 그리고 그 기업들 중 상당수는 정부와 마찰을 빚고 있었다. 예를 들어, 마이크로소프트는 독점 문제와 관련된 소송을 벌이고 있는 중이었고, CSE가 만든 재단을 후원했던 목적도 법무부의 독점 방지법과 관련된 작업을 늦추기 위함이었다.

CSE의 부적절한 활동은 이따금 논쟁을 불러일으켰다. 1990년 CSE는 산하 조직인 '환경을 위한 시민 모임(Citizens for the Environment)'을 결성했다. 이 모임은 산성비를 비롯한 여러 환경 문제를 모두 허구라고 주장했는데, 〈피츠버그 포스트가제트〉가 이 문제에 대해 조사를 벌인 결과, 이 환경을 위한 시민 모임에는 실제 시민 회원이 단 한 사람도 참여하고 있지 않다는 사실을 밝혀냈다.

한 내부자의 고발에 따르면 모임의 회원에 대한 선전도 마찬가지로 거짓이었다. '항상 25만 명의 회원이 있다고 말했다.' 이 내부자의 회상이다. 그렇지만 회원 명단이나 회비 납부 자료 같은 것이 있냐고 물었을 때에는 그런 건 없다는 대답이 돌아왔다. 다시 말해, 액수나 기간에 상관없이 지금까지 한 곳에서 재정을 부담하고 있다는 뜻이었다. 일종의 지능적 사기였다는 것이 그의 설명이다.

내부 분란으로 인한 CSE의 분열

빌 클린턴이 대통령에 당선될 무렵, CSE는 기업이 후원하는 선거운동 단체의 전형이 됐다. 훗날 오바마 대통령이 당선될 때에는 그와 비슷한 단체의 숫자가 급격하게 늘어나 있었다. 1993년 이런 단체들은 클린턴 대통령의 에너지 분야에 대한 세금 부과 정책을 성공적으로 저지하는데, 이 법안이 통과됐더라면 기존 화석연료에는 무거운 세금이 부과되고 재생 에너지 사용에는 세금이 면제됐을 것이다. 후원하는 기업을 겉으로 드러내지 않으면서 일종의 무력시위를 하기 위해 CSE는 광고를 내보내고, 방송을 통한 행사를 진행했으며, 정치적 반대파를 집중 공격했다. 마치 워싱턴 정치권과는 상관없이 단지 세금을 반대하는 일반 시민들의 요란한 풀뿌리 운동처럼 보이게 활동하는 모습을 보고 국영 라디오 방송인 NPR이 '안 그래도 흔들리는 민주당에 두려움을 심어주기 위해 만들어진 조직'이라고 표현했을 정도였다.

한때 코크 가문의 고향인 위치토를 대표하는 민주당 의원이면서 에너지 분야에 대한 과세를 찬성한 댄 글릭먼은 코크 가문이 비밀리에 후원한 정치자금 때문에 자신의 18년 하원의원 경력이 끝나버렸다고 믿고 있다. "물론 증명할 순 없다. 그렇지만 나는 내가 그들의 희생자라고 생각한다."[3] 위치토 출신으로 코크 가문의 이념적 순수성을 보장한다는 사람도 많았지만 그가 보기에 정말로 순수한 면이 있더라도 그들의 정치 이론은 그저 자신들의 이익 추구를 그저 합리화한 것일 뿐이었다.

핑크는 나중에 글릭먼의 이런 의심은 맞는 것이었다고 인정했다. 선거가 끝난 후 자신들의 선거운동 목표는 문제가 되는 에너지 분야의 관련 과세를 막는 것이었다고 말한 것이다. '우리는 그 세금이 결국 시간이 지날수록 우리의 사업을 무너뜨리게 될 것이라고 믿었다.' 핑크가 〈위치토 이글〉과의 대담에서 한 말이다.[4]

CSE가 클린턴의 에너지 분야 과세를 막아내자 다른 조직이며 단체들도 이 결과에 한껏 고무됐다. 그다음 목표는 고소득자에 대한 세금 인상 문제였다. 〈월스트리트저널〉에 따르면 CSE의 광고들은 이번에는 완전히 내용을 호도해 세차장 주인이나 혹은 가족이 운영하는 소규모 사업체를 가지고 있는 사람들을 겨냥해 이번에 올리려는 세금이 중산층을 대상으로 한다고 주장했다. 실제로는 상위 4%의 고소득자들에게만 영향을 미칠 뿐이었다[5] 이런 과장된 위협 전술은 오바마 행정부 시절 코크 가문의 전매특허로 자리를 잡게 된다. 어쨌든 정체를 감춘 후원 기업들은 CSE를 열렬하게 지지했다. 누군가는 이렇게 경탄했다. '마치 레이더에도 안 걸리는 최신예 정찰기처럼 (중략) 활동의 한계도 제한도 없고 그렇다고 발각되는 일도 없다.'[6]

그렇지만 2003년 말 내부에서 일어난 분란 때문에 CSE는 분열되고 만다. '결국은 누가 우두머리 노릇을 하는가가 문제였다.' 텍사스 주 출신으로 하원의 공화당 원내 총무를 역임했던 딕 아미의 회상이다. 그는 의원직을 그만둔 뒤 이 시민 모임 책임자로 자리를 옮겼다.[7] '나는 그때에도 상황을 전혀 이해할 수 없었다. 지금도 역시 마찬가지다.' 아미에 의하면 코크 형제들이 CSE를 '자신들의 기업 이익에 유리하도록 이용하려 했다'고 믿었고 일종의 로비 단체로 생각했다는 것이다. 또 다른 사람들은 오히려 딕 아미가 자신의 법률 회사 고객들의 이익을 대변하려 했다고 주장했지만 본인은 부인했다. CSE가 분열이 된 배경에는 또 다른 요인들이 있었다. 아미의 주장이다. "나는 리처드 핑크가 참견하기 시작한 것이 가장 큰 이유라고 생각한다. 핑크는 자신의 위상을 유지하고 코크 가족들과 더불어 호화로운 생활을 누리기 위해 가장 좋은 자리에만 있으려고 애를 썼다."

아미 자신은 코크 가문과 깊은 사이는 아니었지만 그는 CSE에 들어오기 전에 찰스와 대화를 나눈 적이 있었다. 그는 찰스를 조금 특이하고 반쯤은 수수께끼 같은 사람이라고 묘사했다. "그는 반쯤 가면을 쓰고 있는 것 같았고 이상한 말투로 이야기했다. 그래서 '저 사람 지금 뭐라는 거지?'라는 생각을 하지 않을 수 없었다. 찰스는 이 사업에 대해 '조국을 구하는 일'이라고 했다. 그게 설명의 전부였다." 아미의 눈에는 찰스의 목표들이 서로 충돌을 하는 것처럼 보였다. "찰스는 자신이 좀 더 주도권을 가지고 싶어 했지만 그러면서도 또 자신의 정체를 잘 드러내고 싶어 하지 않았다. 그를 도저히 이해할 수 없었다." CSE에서 오랫동안 활동한 또 다른 사람은 코크 가문 사람들이 추상적인 의미로 자유를 사랑하는 것 같다는 결론을 내렸다. "상명하복을 아주 중시하고 굉장히 지배적인 성향이 있었다. 그런 사람들하고는 함께 조직을 꾸려나가지 못한다. 그냥 그 사람들 마음대로 운영하는 것뿐이지."

아미는 또 다른 보수적 성향의 자유시장 단체인 '프리덤워크 (FreedomWorks)'를 시작하려고 했다. 여기에는 CSE에서 빠져나온 몇몇 이탈자들이 함께했다. 바로 그 무렵인 2003년 코크 가문은 앞으로 1년에 두 차례 거행하게 될 후원자들의 모임을 시작했다. 한 내부자에 따르면 원래 그 모임은 환경과 규제 문제에 대해 코크 인더스트리즈가 정부와 대결하는 데 들어가는 비용을 분담하기 위해 기획되었다고 한다. 첫 모임은 그리 화려하지 않았다. 스무 명 남짓한 참석자들이 모였는데, 대부분 찰스와 개인적으로 가까운 사람들이었다. 그리고 강연 내용은 잠이 올 정도로 지루했다.

새로운 가짜 시민단체 AFP

그러는 사이 데이비드와 리처드 핑크는 CSE를 기반으로 새로운 비영리 시민단체를 만들었다. 이름은 '번영을 위한 미국인(Americans for Prosperity, AFP)'이었다. CSE와 마찬가지로 AFP는 비영리단체라는 가면을 쓰고 영리를 목적으로 운영된다는 비난을 샀다. 내막이 알려지지는 않았지만 결국 코크 가문의 기업과 정치적인 이해관계를 대변한다는 것이었다. 새로운 경제를 위한 시민 모임처럼 이 새로운 시민단체는 산하에 각기 다른 여러 단체나 지부를 두고 있었는데, 주로 각기 다른 세금에 대응하기 위한 것들이었다. 그중 하나가 바로 '번영을 위한 미국인 재단'인데, 이 재단의 이사진에는 데이비드 코크와 리처드 핑크가 포함되어 있었다. '번영을 위한 미국인 재단'은 세법 501(c)(3)에 따라 세금을 면제받는 교육단체였다. 따라서 여기에 기부되는 금액은 세금 공제를 받을 수 있었다. 그렇지만 일반 대중을 대상으로 한 교육은 가능해도 선거와 관련된 정치 활동에는 참여할 수 없는 것이 한계였다. AFP라는 시민단체 자체는 세법 501(c)(4)에 따른 '사회복지' 단체였으며, 정치활동이 주요 활동이 아닌 이상은 선거를 통한 정치 활동에 참여가 가능했다. 이 단체에 대한 기부는 익명이 보장됐고 역시 세금 공제를 받았다.

이렇게 좀 더 정치적인 성향이 가미된 단체들의 운영을 위해 코크 가문은 팀 필립스를 고용한다. 정치권에서 잔뼈가 굵은 필립스는 기독교연합(Christian Coalition)을 이끈 랠프 리드와 함께 일했는데, 리드는 기독교 우파 중에서도 가장 능력이 있는 정치권 인사라는 평가를 받았다. 리드와 필립스는 센추리 스트레티지스(Century Strategies)라는 회사를 공동으로 설립하는데, 이 회사는 선거를 위한 전략을 세우는 회사로 잭 아브라모프와 엮여 돈이 되는 사업에만 집중한 것으로 악명을 떨치게 된다. 아브라모프는 로비스트 활동을 하면서 미국 원주민들이 운영하는 카지노를 포함해 다른 많은 의뢰인들로부터 부당하게 수백만 달러를 받아 챙긴 혐의로 구속 수감됐다. 필립스는 이 사건과 관련해 기소되지는 않았지만, 그가 도와서 만든 종교적 성향의 단체는 실은 아브라모프를 위해 카지노에서 얻은 현금 수익을 관리해주는 곳이었다.[8]

필립스는 거칠고 강경한 단체의 소속으로, 그런 분위기는 찰스도 속해 있던 초창기 자유의지론 이상주의자들이 보여주었던 지적이지만 나약한 모습과는 사뭇 달랐다. 리드와 아브라모프는 둘 다 워싱턴에서 세금 반대 운동가로 활발하게 활동하던 그로버 노퀴스트 밑에서 일을 배웠다. 노퀴스트는 정부의 규모를 '욕조에 처박을 수 있을 정도'의 크기로 줄이는 것이 목표라고 주장해 유명세를 탄 사람이다. 그런 노퀴스트는 한때 리드와 아브라모프를 가장 뛰어난 제자로 생각한다고 말한 적도 있다. '그로버 노퀴스트는 나에게 랠프는 자신의 오른팔이고 아브라모프는 왼팔이라고 말했다.' 보수파 경제학자 브루스 바틀렛의 회고다.[9]

필립스는 사우스캐롤라이나 주 출신으로 가난한 어린 시절을 보냈다. 아버지는 열렬한 민주당 지지자로, 방직 공장에서 일하다가 버스 운전을 했고 할아버지가 루스벨트 대통령이 세운 공공사업 진흥청에서 일한 인연인지 프랭클린 루스벨트라는 이름을 얻었다. 필립스가 자신의 청소년 시절 중 정신적으로 가장 깊은 충격을 받았던 순간으로 기억하는 것은 1980년 로널드 레이건의 모습을 텔레비전으로 보고 있었을 때다. 그 모습에 깊이 매료된 필립스는 아버지에게 이렇게 말했다. "나도 저렇게 되고 싶어요."[10] 충격을 받은 그의 아버지는 텔레비전을 끄고 아내를 부른 뒤 단호한 어조로 아들에게 이렇게 타일렀다. "공화당은 부자들을 위한 정당이야. 너, 지금 무슨 소릴 하는 거야!" 필립스의 기억은 계속된다. "그러면 나도 언젠가 부자가 되면 되잖아요." 그의 부모는 크게 당황했다. "필립스가 마치 소비에트 연방으로 가서 하나님도 믿지 않는 공산당 무신론자가 되겠다고 말한 것 같은 그런 분위기였다."

남부 침례교 가정의 전통을 이어받은 필립스는 버지니아 주 린치버그에 있는 제리 폴웰이 세운 기독교 계통 학교인 리버티대학교에 입학했다. 그렇지만 돈이 떨어져 한 학기만 마치고 학교를 그만둬야 했다.

바로 그 무렵 필립스는 한 보수파 단체의 도움을 받게 됐고, 숙식을 제공받으며 인턴으로 일을 하다가 버지니아 주 공화당 하원의원 선거전에서 일을 하게 된다. 1997년 필립스는 리드와 함께 센추리 스트레티지스를 세운다. 두 사람은 2004년 기독교를 믿는 유권자들을 대상으로 선거운동을 펼쳐 조지 부시가 대통령에 재선되도록 도왔다. 그해에 있었던 이런 기독교 우파의 활약은 동성애자 권리에 대한 공포를 부추김으로써 사회의 보수파들을 움직였다는 비판을 받았다. 2005년 데이비드와 노스캐롤라이나 주의 소매 잡화점 재벌이자 코크 가문 모임에 정기적으로 참석하는 아트 포프는 필립스를 불러들여 AFP의 운영을 맡긴다. "나는 경제적 문제를 기반으로 시민운동을 전개해 나갈 수 있다는 계획을 내놓아 AFP에 참여할 수 있었다. 기독교 우파들이 사회적 문제를 바탕으로 시민운동을 전개했던 것과 같은 이치였다." 필립스는 자신이 AFP에 참여하게 된 과정을 이렇게 설명했다.[11]

인터넷에서 찾아볼 수 있는 필립스의 일대기를 보면 정치적 조직 구성에 대해 밑바닥에서 지도부 일까지 전문성을 두루 갖춘 사람으로 묘사되어 있다. 코크 가문이 현장에서 단련된 전문가인 필립스를 선택했다는 건 코크토퍼스가 더 강해진 새로운 단계로 접어들었다는 신호로도 볼 수 있다. 정치에서 강경한 태도를 지지하는 것으로 유명한 그로버 노퀴스트는 필립스에 대해 아주 만족해하며 '한다면 하는 사나이'라고 불렀다.

이로써 핑크의 제3단계 계획이 본격적으로 시작됐다.

7 　　　　　　　　　　　　　　　　　　　　　　　　　티타임

대부분의 사람들은 미국에서 일어난 세금 납부 거부 운동인 티파티 운동이 기득권층의 금전적 이해관계에 의해 자발적으로 일어난 것이라고 생각한다. 그렇지만 대부분의 만들어진 신화가 그렇듯 실제는 그와 많이 다르다.

우선 가장 많이 언급되는 이야기는 2009년 미국 전역을 떠들썩하게 했던 엄청난 규모의 반정부 시위가 릭 산텔리 기자가 생방송 도중 갑자기 고함을 내지르면서 시작됐다는 것이다. 산텔리는 선물 거래를 주로 하던 금융인이었는데, 당시 CNBC 경제 뉴스에서 일종의 경제 전문 객원기자로 활약하고 있었다.[1] 산텔리가 갑자기 공격적으로 소리를 지르며 소란을 피운 날은 오바마 대통령이 임기를 시작한 지 얼마 되지 않은 2009년 2월 19일로, 대통령에 취임한지 채 한 달도 지나지 않은 시점이었다. 당시 오바마 대통령의 지지율은 60%가 넘었다. 그로부터 1년이 지났을 무렵 오바마 대통령의 건강보험 개혁 법안을 지지하던 한 하원의원은 지독할 정도로 비난을 받았고, 2년이 지난 후 집권 민주당이 의회에서 과반수를 유지하는 데 실패하면서 오바마 대통령이 후보 시절 약속했던 '우리는 변화를 믿는다'라는 말을 실천에 옮길 수 있는 길이 사실상 막혀버렸다. 논쟁의 여지는 있지만, 갑작스러운 지지율 하락은 바로 그날 시작됐다고 볼 수 있다.

전문가를 자처하는 사람들과 반대파, 그리고 마음이 돌아서기 시작한 지지자들은 오바마 행정부가 약속을 제대로 지키지 않는다며 비난했다. 분명 대통령과 행정부는 그들 나름대로 실수를 저질렀다. 그렇지만 만일 오바마가 아니었다면 이렇게 백악관에 입성하자마자 산발적으로 공격당하는 어려운 상황을 맞이했을까 의심스럽다. 엄청난 재산을 지닌 소수의 사람들이 자신들의 목적을 위해 경제적 불안을 계획하고 조종해 퍼뜨렸다. 그들은 세금을 면제받는 기부금이며 후원금을 조성해 부자들에 대한 감세와 자신들이 운영하는 기업체에 대한 규제 완화를 주장하는 운동을 뒤에서 지원했다. 이런 일을 대신할 만한 단체와 개인들을 고용해 전적으로 자신들과 관련된 문제를 마치 일반 대중의 이익에 크게 영향을 미치는 것처럼 선전해온 부자들은 법의 테두리 안에서 자신들의 실체를 숨겼는데, 다시 말해 익명이 보장된 기부나 후원활동을 교묘하게 이용한 것이다. 그리고 산텔리처럼 좀 더 대중에게 익숙한 인물들을 내세워 자신들이 하려는 말을 대신 전했다.

방송으로 중계된 산텔리의 폭주는 산텔리가 시카고 산업거래소에서 장광설을 늘어놓고 있다가 차츰 분위기가 달아오르며 시작됐다. 앞서 등장한 초대 손님은 아예 직접적인 공격성 발언을 퍼부었는데, 산텔리가 등장하기 몇 분 전에 출연한 유명 투자 회사의 회장인 윌버 로스 2세가 오바마 대통령이 바로 전날 긴급 지원 대책을 언급한 것을 두고 격하게 비난했던 것이다. 오바마가 내놓은 대책은 재산 압류를 목전에 둔 수백만 명의 집주인들이 지고 있는 담보대출 상황을 긴급 지원을 통해 재편성하자는 것이었다.[2] 데이비드의 친구인 윌버 로스 2세는 정책 분석에 어느 정도 관심이 있는 사람으로,[3] 부실 자산 정리를 주로 하는 그의 투자 회사인 WL 로스 & Co는 주택담보대출 상품도 상당수 취급하고 있었다.[4]

자유시장을 지지하며 종종 거칠고 과격한 언행을 보인 산텔리는 로스의 비난에 격하게 동의하며 정부가 이런 일에 개입해서는 안 된다고 주장했다. "로스의 말이 옳다!" 그는 먼저 이렇게 말을 시작한 후 오바마의 계획이 마치 공산주의 국가의 통제 정책을 연상시킨다며 맹비난했다. 그의 관점에서 압류 위기에 몰린 주택 소유자들은 그런 자신들의 운명을 그대로 받아들일 수밖에 없는 패배자들이었다. 산텔리는 정부가 수요와 공급의 법칙에 개입하는 것에 반대했으며 자신의 그런 주장을 도덕적인 표현으로 포장했다. 금전적인 투자와 선택을 잘못한 주택 소유자들을 구제해주는 건 정부가 '도덕적인 해이'를 부추긴다는 것이 그의 주장이었다. 하지만 그를 비판하는 사람들은 부시 행정부 시절 미국의 대형 은행에 대한 구제 대책이 나왔을 때에는 다른 모습을 보였던 것을 지적했다. 당시 산텔리는 "대통령의 결단에 동의한다. 지금은 행동이 필요한 시기다"라며 불평이라도 하듯 상황을 인정했다.[5] 그렇지만 오바마 대통령이 정도 이상의 채무를 짊어진 중산층 이하 국민들을 돕겠다고 나서자 산텔리는 방송 카메라를 응시하며 괴성을 질러댔다. "이게 미국이다! 당신들의 이웃이 더 넓은 집에 살겠다고 빚을 얻고 이제 와서 감당하지 못하는 걸 대신 갚아줄 사람이 몇이나 되겠는가? 그럴 마음이 있는 사람이라면 어디 한번 손을 들어보라. 오바마 대통령 당신 지금 내 말을 듣고 있는가?" 거래소 안에 있던 직원들은 환호성을 지르며 박수를 쳤다. 산텔리는 계속 말을 이어갔다. "우리는 7월에 시카고 티파티를 계획 중이다. 미시간 호수에서 함께할 생각이 있는 모든 시민들은 들어라. 내가 이제부터 그 일을 시작하겠다."

하지만 그가 말하는 티파티는 처음부터 잘못된 비유였다.《새로운 뉴딜 정책The New New Deal》을 통해 오바마의 정책을 자세하게 소개한 마이클 그룬왈드는 이렇게 말했다. "미국 독립의 기폭제가 됐던 보스턴 티파티 사건은 국민들이 직접 선택하지 않은 지도자가 마음대로 세금을 올린 것에 대한 저항이었지만 오바마는 국민이 뽑은 대통령이며 오히려 일반 국민에 대한 세금을 줄여주었다."[6] 그럼에도 불구하고 보스턴 티파티를 자연스럽게 들먹거리는 산텔리의 이런 모습은 나중에 드러나듯 새로운 조세 저항운동을 불러왔다.

코크 가문의 정치 고문인 리처드 핑크도 이 모습을 보고 이렇게 말했다. "시카고의 저 사내를 보라. 거래소 현장에서 소리를 치는 저 모습을." 하지만 그는 이렇게 덧붙였다. "물론 우리가 하는 활동은 산텔리와 아무런 상관이 없다."[7]

2009년 4월 티파티 운동이 본격적으로 시작이 되자 코크 인더스트리즈의 대변인인 멜리사 콜미아 역시 코크 가문은 이 반정부 운동과는 아무런 직접적인 연관성이 없다고 부인하며 이렇게 말했다. "코크 인더스트리즈 산하의 어떤 기업이나 어떤 코크 재단도, 그리고 찰스나 데이비드 코크 그 누구도 이 티파티 운동에 자금을 후원하지 않았다." 1년이 지난 후 데이비드는 〈뉴욕 매거진New York Magazine〉을 통해 같은 주장을 계속했다. "나는 그 티파티라는 곳에 한 번도 참석한 적이 없다. 그리고 티파티 관계자 중에 나에게 접근해온 사람조차 없었다."[8] 〈데일리 비스트The Dailly Beast〉의 친한 기자인 일레인 래퍼티가 〈뉴요커The New Yorker〉에 보도된 코크 가문과 티파티에 대한 기사가 사실이냐고 또 물어보자 그는 이렇게 대답했다. "아, 제발 그 질문은 이제 그만……"[9]

이런 부정은 티파티 운동이 일반 시민들이 벌인 미숙하지만 순수한 저항이었다는 초창기 보도가 굳어지는 데 일조했다. "바로 우리 눈 앞에서 새로운 형태의, 그렇지만 우려스러운 민중 운동이 퍼져 나가고 있다." 마크 릴라가 〈뉴욕 북 리뷰The New York Review of Books〉에 쓴 글이다.[10] 티파티에 참여한 사람들은 그야말로 중립적인 입장의 일반 시민들로 보도됐으며 NPR 라디오 뉴스의 설명처럼 민주당과 공화당을 포함한 정치인들과 국가 채무 등 온갖 문제로 인해 분노가 폭발한 사람들로 알려졌다. 자발적으로 일어난 정치적 소요 사태에 대한 이런 보도들이 완전히 잘못된 내용을 담고 있었던 것은 아니다. 그렇지만 전체적인 이야기가 아닌 극히 일부만 보도된 것도 사실이다.

빈번하게 행해져온 티파티

이러한 티파티가 미국 정치권에 있어 '새로운 형태의 우려스러운 현상'은 아니었다. 티파티 운동의 규모는 물론 작지는 않았으나 역사적으로 보면 프랭클린 루스벨트 대통령 이후 사실상 민주당 출신이 대통령에 당선되기만 하면 비슷한 반동적 움직임이 일어나곤 했다. 자유연맹이나 존버치협회, 그리고 스카이프의 아칸소 프로젝트에 이르기까지 기업인들이 후원했던 초창기 우파 운동들은 모두 민주당 출신의 대통령을 배신자에 권력을 강탈한 자로 취급했고, 미국 헌법 정신을 위협한다고 생각했다. 계속해서 이어진 티파티 집회에 스며든 인종 관련 분노라는 부인할 수 없는 모습 역시 미국 정치사에서 오래전부터 이어져 내려온 수치스러운 일면이다. 게다가 티파티 자체를 확실하게 중립적인 운동으로 볼 수도 없었다. 훗날 〈뉴욕타임스〉의 여론조사가 보여주었듯 티파티를 지지한 사람들의 4분의 3 이상이 공화당 지지자였고, 나머지 사람들 중 상당수는 공화당이 제 역할을 충분히 하지 못한다고 생각했다. 결국 티파티 운동에 참여한 사람들 상당수가 정치적으로 새로운 바람을 따르는 사람들처럼 보였을지는 몰라도, 그 시작부터 표면적으로만 사회 상류층에 대항하는 운동처럼 보였던 티파티를 뒤에서 자금 지원을 하고 부추겨 조직화한 것은 이런 일에 경험이 많은 정치권의 상류층 혹은 지도층이었던 것이다.

그 내막을 좀 더 자세히 살펴보자. 하버드대학교의 정치학자 테다 스카치폴과 박사 과정 학생인 바네사 윌리암슨은 2012년에 펴낸《티파티와 공화당표 보수주의의 부활The Tea Party and the Remaking of Republican Conservatism》을 통해 이렇게 설명했다. '티파티는 거대한 규모의 저항운동이었지만, 거기에 자금을 후원한 건 코크 형제과 같은 억만장자 기업인들이었다. 이제는 한물갔지만 과거 공화당에서 높은 자리에 있던 딕 아미 같은 사람들이 전면에 나서 운동을 이끌었고, 글렌 벡이나 숀 헤니티 같은 언론계의 유명한 백만장자 인사들이 뒤에서 끊임없이 이를 부추겼다.'[11]

거리에서 벌어지는 이런 집회와 모임 뒤에는 미국에서 제일 돈이 많은 기업인들이 있었다. 그들은 1970년대부터 전력을 다해 자신들에게 반대되는 체제를 공격해 자신들을 위한 체제를 구축하기 위해 노력해왔고 이제는 일반 대중의 분노를 보고 오랫동안 기다려온, 자신들의 대의에 대한 사람들의 지지를 이끌어낼 수 있는 절호의 기회라고 생각했다. 경제학자인 브루스 바틀렛은 이렇게 지적했다. '자유주의 운동 전체의 문제점은 지금까지 늘 몸통이나 꼬리는 없고 머리만 존재해왔다는 것인데, 다시 말해 유권자와 같은 진짜 보통 사람들이 자기 일처럼 신경을 쓰는 일이 없었다. 따라서 단순한 이념이나 사상을 넘어 진짜 운동을 이끌어내기 위해 노력해온 코크 가문에게는 곤란한 문제가 아닐 수 없었다.'[12] 그는 티파티 운동에 대해서는 이렇게 이야기했다.

"모든 사람들이 갑자기 처음으로 진짜 사람들이 나서는 모습을 보게 됐다. 진정한 이념의 힘을 보여줄 수 있는 사람들이었다." 그는 코크 가문이 그 즉시 "자신들의 대의나 정책과 비슷한 길을 가는 얄팍한 대중영합주의자들에게 선을 대고 그들을 규합해 자신들 뜻대로 통제하려는 노력을 시작했다"고 말했다.

실제로 코크 가문을 포함해 소수의 부자 동맹들은 산텔리가 티파티 운동에 불을 붙이기 훨씬 전부터 반정부 움직임을 조장하려는 노력을 끊임없이 되풀이해왔다. 그 모습은 종종 원조 보스턴 티파티 사건을 연상시켜온 것도 사실이다. 앞서 언급한 것처럼 찰스 코크는 1970년대 후반에 자유주의 혁명을 위한 청사진을 만들었고, 리처드 핑크는 1980년대 '사회적 변화의 구조'라는 3단계 계획서를 작성했다. 1990년대가 되자 코크 가문을 비롯한 가까운 협력자들의 재정적 후원을 받는 비영리 '풀뿌리' 시민단체가 세금에 반대하는 주장을 당당하게 펼치기 시작했는데, 그건 티파티 운동의 주제와 다르지 않다. 그렇지만 이런 초창기의 노력들은 바틀렛이 지적했던 것처럼 일반 사람들의 지지를 거의 이끌어내지 못했다.

1991년 CSE는 노스캐롤라이나 주 롤리에서 '보스턴 티파티의 재현(re-enactment of the Boston Tea Party)'으로 대대적으로 광고된 세금 인상 반대 집회를 기획했다. 하지만 이 집회에서는 독립전쟁 당시의 복장이나 산타클로스 복장 혹은 엉클 샘 복장을 한 참석자들보다 취재를 온 기자들의 숫자가 더 많았다. 이듬해인 1992년에 CSE는 다시 또 다른 티파티 집회를 계획하는데, 이번에는 담배 회사들이 은밀하게 자금을 지원해 담배 관련 세금을 반대하기로 했지만, 이런 사실이 언론에 노출되면서 그만 취소되고 말았다. 2007년이 되자 앞서 언급했던 것처럼 CSE는 분열됐고, 코크 가문이 지원하는 새로운 단체인 AFP가 세금 인상에 저항하는 또 다른 티파티 운동을 텍사스에서 펼치려 했지만 역시 또 실패로 돌아가고 말았다. 그럼에도 불구하고 오바마가 대통령에 당선되고 경제가 어려워지자 새로 만들어진 정치 조직들이 다시 하나둘씩 자리를 잡아갔고 금전적으로 지원을 받는 정당 출신 전문가들의 조직도 여기저기서 마치 일반 대중의 지원을 받는 척하는 인조 잔디 단체를 만들어 세상에 모습을 드러내기 시작했다.

오바마를 절대적으로 반대한 찰스 코크

오바마가 맞서야 했던 것은 새로운 형태의 영구적인 선거운동 조직들이었다. 이런 조직들은 정치가가 아닌 돈이 많은 개인들에게 후원을 받았으며 다시 자체적으로 선거운동 현장에 돈을 뿌려 선거의 결과에 영향을 미치려고 했다. 이른바 이런 외부 자금은 직접적인 정당이나 정치인의 선거운동원이 아닌 외부의 개인이나 단체에 의해 사용됐는데, 오바마가 집권하는 동안 그 규모나 액수가 기하급수적으로 엄청나게 늘어났다. 이런 자금 중 어느 정도의 액수가 선거에 직접적으로 흘러 들어갔는지에 대해서는 많은 관심이 쏠렸지만, 이 외부 자금이 이 나라가 운영되는 방식에 어떻게 영향을 미치는지에 대해서는 그 중요도에 비해 사람들의 관심은 적었다. 그리고 이런 지출의 상당 부분은 한 번도 제대로 그 내역이 밝혀진 적이 없다. 코크 가문의 정치 참모인 핑크는 2012년 〈위치토 이글〉에 이렇게 밝힌 바 있다. '나는 오바마 행정부에서 실제로 이런 일들이 일어났을 것이라고 생각하는데, 추진하려던 정책이나 법안이 부결될 때마다 행정부 사람들은 누가 자신들에게 저항하고 있는지 확인했을 것이고, 그러다 이윽고 그 시선이 우리를 향하게 됐을 것이다.'[13]

선거에 대한 직접적인 개입 없이 이렇게 외부에서 시험적으로 자금을 지원해 영향을 미치려는 시도가 본격적으로 시작된 것은 2008년 여름부터다. 조지 부시가 2004년 재선에 도전하면서 공화당에서 설계자라고 불리던 선거 전문가 칼 로브는 기존의 전통적인 정당 중심의 조직이 아닌 외부의 보수적 정치 조직을 만드는 것을 오랫동안 꿈꿔왔는데, 이런 조직은 특히 실질적으로 액수에 대한 아무런 제한 없이 개인으로부터 지원받을 수 있다는 장점도 있었다. 그의 희망은 우선 모든 분야의 보수파 후원자들을 찾아 독립적인 재정을 확보한 일종의 민병대를 조직하는 것으로, 이 조직은 기존 선거운동 조직을 옭죄던 어떤 법적인 제한이나 일반인에게 그 내용을 공개해야 하는 의무, 그리고 책임감 같은 것 없이 바로 행동에 돌입할 수 있었다. 정치 전문기자인 케네스 보겔에 따르면 그해 여름 코크 가문은 이런 목표를 따르는 임시 모임에 잠시 참여한 적이 있다. 코크 가문의 대리인들은 또 다른 부자 후원자를 위해 일하는 정치 참모들과 은밀한 만남을 가졌는데, 그런 후원자들 중에는 라스베이거스의 카지노 대부 셸던 아델슨 같은 사람도 있었다. 한 참여자의 말처럼 그들이 꿈꾼 것은 '영원히 계속되는 선거운동'이었다.[14] 오바마의 승리로 큰 실망을 맛보고 모임은 끝이 났지만, 코크 가문은 또 다시 새롭게 모임을 시작했다.

지금은 고인이 된 텍사스의 억만장자 해럴드 시몬스가 지적한 것처럼 여기서 배운 교훈은 다음에는 더 많은 돈을 써야겠다는 것이었다. 자산 담보를 통한 대출로 기업을 인수해 재산을 모은 시몬스는 2008년 선거 기간 동안 300만 달러를 쏟아부어 오바마를 1960년대의 급진파 빌 아이어스와 비슷한 인물로 선전하는 텔레비전 광고를 제작하는 단체를 지원했다. '만일 우리가 더 많은 광고를 방영할 수 있었다면 오바마를 끝장낼 수 있었을 것이다.' 나중에 그가 한탄하며 한 말이다.[15]

오바마가 백악관에 입성했을 때 주식시장은 6,000포인트 가까이 폭락했으며 실업률은 7%에 육박했다. 전 상원의원 톰 대슐은 훗날 이렇게 회고했다. "커다란 위기가 다가오고 있다는 느낌이 들었다."[16] 오바마는 양당의 초당적인 지지를 기대했는데 당시 상황은 거의 경제 분야의 9·11테러 같은 느낌이었다. 정말로 위기 상황이었던 것이다. 오바마는 앞서 2004년 민주당 전당대회에서 기조연설을 통해 이미 이렇게 선언한 바 있다. "아메리카에는 좌도 우도 없다. 오직 아메리카합중국만 있을 뿐이다!" 그러나 그건 단지 그의 생각이었을 뿐인지도 모른다.

오바마를 적대시하는 억만장자들은 보통 대통령이 취임한 뒤 일정 기간 동안 비판이나 공격을 자제하는 관례도 지키지 않은 채 한순간도 낭비하지 않았다. 오바마가 취임 선서를 한 지 48시간이 지난 뒤 AFP는 오바마의 첫 번째 중요한 입법 활동부터 공격하기 시작했다. 바로 케인즈 학파의 주장에 영감을 받아 경기를 부양하기 위해 공공지출과 세금 감면에 8,000억 달러를 지원한다는 '미국 재생 및 재투자법 (American Recovery and Reinvestment Act)'이다. 코크 가문이 후원하는 시민단체들은 미국 전역에서 선심성 행정에 반대하는 집회를 시작했고, 공공부문의 지출에 부패한 선심성 행정이라며 조소를 보냈다. 선심성 행정을 뜻하는 신조어는 '포큘러스(Porkulus)'로 우파 논객인 러시 림보가 처음 만들어 사용했다. 코크 가문은 다른 문제로 너무 바빴으니 이런 사소한 일까지 신경을 쓰지 못할 것이라고 생각할 수도 있지만, 핵심 요직에 있던 한 내부 인물은 나중에 AFP는 딱 자신들이 원하는 일이라면 무엇이든 했다고 이야기했다.[17] 처음에는 참여율이 저조했지만 결국 이 선심성 행정에 대한 반대 모임은 나중에 있을 티파티의 예행 연습이었던 셈이다.

이렇게 AFP는 얼마 지나지 않아 '경기 부양책 절대 반대(No Stimulus)'

다크 머니

운동을 시작해 1월에 있었던 코크 가문 모임에서 맹활약한 사우스캐롤라이나 상원의원 짐 드민트를 앞세워 오바마를 반대하는 언론 행사를 후원했다. 또한 인터넷 웹사이트를 개설하고 텔레비전에 광고를 내보냈으며 오바마의 경기 부양책 통과를 의회에서 저지하는 것을 목표로 50만 명의 서명을 받아 청원서를 제출하기도 했다. '우리는 진정한 번영을 위한 길을 포기할 수 없다'는 것이 이들의 선언이었다. 경기 부양책이 구체적으로 형태를 갖추어 입법화될 조짐을 보이자 이번에는 아주 강경한 어조로 하원의 공화당 의원들에게 편지를 보내 새로운 오바마 행정부가 어떤 타협안이나 개선안을 내놓더라도 거기에 상관없이 절대로 찬성표를 던지지 말 것을 요구했다.

이런 공격은 찰스 코크의 수정주의적 믿음을 반영한 것으로 정부가 경제 문제에 관여하면 결국 지난번과 같은 대공황이 일어날 수 있으며 그때처럼 금융인들과 기업인, 그리고 중개인들만 비난을 받게 된다고 주장했다.[18] 지난 세기 있었던 대공황의 진짜 책임자는 허버트 후버와 프랭클린 루스벨트 대통령으로, 찰스의 관점에서 두 사람은 모두 위험천만한 진보주의자였다. 그리고 워런 하딩과 캘빈 쿨리지 대통령의 경제 정책, 특히 쿨리지 대통령이 '미국 국민들이 일에 전념할 수 있도록 해주는 것이 우리의 할 일'이라고 선언한 일은 부당하게 비난받아 왔다고 생각했다. 찰스는 뉴딜 정책은 그저 경제 불황을 더 악화시켰을 뿐이라고 주장했다.[19] 오바마가 대통령에 당선된 지 얼마 지나지 않아 찰스는 이런 역사적 교훈에 대한 내용을 담은 회사 소식지를 자신이 거느린 7만 명 이상의 임직원들에게 보냈다. 그 내용은 근본적으로 자신이 자유학교에서 배운 악덕 자본가들의 수정주의를 되풀이한 것에 불과했다. 그는 또 코크토퍼스 활동을 시작해 2008년 자신의 재산으로 후원하는 34개 공공정책 및 정치단체와 기구의 연결망을 묶어

발처럼 펼치기 시작했다. 코크토퍼스는 부시 대통령 재임 시절에는 상대적으로 그 활동이 적었다.

코크 가문이 후원하는 정책 연구소들과 다른 후원자들의 연결망인 케이토연구재단, 헤리티지재단, 그리고 코크 가문의 연례 모임에서 공식적으로 활동했던 여섯 명의 참석자가 있는 스탠퍼드대학교의 후버연구소 등에서는 오바마의 경기 부양책을 반대하는 연구 논문과 언론 자료, 그리고 각종 기고문들을 쏟아내기 시작했다. 물론 이런 연구 논문들 중 상당수는 나중에 좀 더 중립적인 전문가들에게 공격 받기도 했다. 예를 들어, 조지메이슨대학교의 머케터스센터는 경기 부양을 위한 기금이 민주당 지지 지역에만 차별적으로 집중됐다고 주장하는 보고서를 내놓기도 했다. 결국 이 보고서의 저자는 내용을 고칠 수밖에 없었지만, 그전에 러시 림보는 이런 내용을 인용하며 오바마의 정책을 민주당만을 위한 비자금이라며 공격했고 폭스 뉴스와 다른 보수파 언론들도 같은 내용을 보도했다.

금전적 후원을 받는 지지자들은 이런 내용을 앵무새처럼 되풀이했다. AFP의 정책 담당 부회장인 필 커펜은 폭스 뉴스의 인터넷 홈페이지에 계속 같은 내용의 기고문을 실었고, 또 다른 임원인 조지메이슨대학교 경제학과의 석좌교수인 월터 윌리엄스(Walter Williams)는 림보가 진행하는 라디오 프로그램에 초대 손님으로 자주 출연해 2,000만 명이 넘는 청취자들을 상대로 같은 주장을 되풀이했다.

어떤 보수주의자들은 티파티 운동이 부자들의 후원과는 아무런 상관없다고 주장하며 켈리 카렌더의 사례를 인용했는데, 카렌더는 표면적으로는 독립적으로 활동하는 시애틀의 활동가로 선심성 행정에 대한 그의 저항은 산텔리가 방송에서 소란을 피운 것보다 일주일 앞서 시작됐다. 그렇지만 카렌더가 이야기하는 그 선심성 행정, 즉 '포큘러스'라는 용어는 림보에게 빌려온 것이다. 그러는 사이 림보의 라디오 프로그램을 독점 방송하는 프리미어 네트웍스(Premiere Networks)는 헤리티지재단으로부터 연간 200만 달러가 넘는 막대한 액수의 자금을 후원받아 관련 문제에 대한 재단의 입장을 널리 알렸으며, 역시 재벌들로부터 후원을 받는 단체나 기관들과 그 논조나 내용을 통일했다.[20]

오바마 정부를 흔드는 외부 자금의 위력

이제 막 걸음마를 시작한 오바마 행정부가 일을 잘못하고 있다고 비난하는 내용이 조금씩 퍼져 나가자 일반 대중도 따라서 분노하기 시작했다. 선거에서 패배한 후 말 그대로 지푸라기라도 잡고 싶었던 공화당으로선 든든한 지원군이 생긴 셈이었다. 오바마가 당선된 직후에는 2008년 대선으로 공화당은 전멸했으니 살아남을 수 있는 유일한 희망은 대통령과 적절히 타협하는 길뿐이라는 것이 일반적인 생각이었다. 오바마 대통령은 감히 거역할 수 없는 대중의 지지를 등에 업고 있는 것처럼 보였다. 이제 유리하게 정국을 이끌어갈 수 있을 거라고 기대했던 대통령이며 측근들은 공화당 내부에서 상식 밖의 극단적 선택을 하리라고는 미처 생각하지 못했다.

의회의 새로운 회기가 시작되기도 전에 버지니아 주 리치먼드 출신의 변호사이자 하원의 소수당이 된 공화당의 새로운 원내 총무인 에릭 캔터는 워싱턴에 있는 자신의 아파트에서 믿을 수 있는 몇 사람을 만나 비밀회의를 열었다. "우리는 타협하기 위해 여기 모인 것도 아니고 계속 소수당으로 있으면서 부스러기나 주워먹으려고 모인 것도 아니다."[21] 그는 계속해서 이제는 싸워야 할 때라고 역설했다. 말 그대로 오바마가 어떤 정책을 선보이든 하나로 뭉쳐 반대를 해야 초당적인 지지를 받는 오바마의 존재를 부인할 수 있다는 것이었다. 캔터의 보좌관인 케빈 맥카시까지 참여한 이 모임은 스스로 '젊은 투사들(the Young Guns)'라고 불렀다. 이들이 채택한 무조건 반대하는 전략 덕분에 공화당은 '무조건 반대 정당(Party of No)'이라는 별명이 붙게 된다.

2009년 공화당의 첫 번째 공식 회의석상에서 공화당 하원의원들이 선택한 투쟁 방식은 바로 아프가니스탄의 무장 이슬람 단체인 탈레반의 방식이었다. 텍사스 주 하원의원이자 공화당 하원 대책 위원회의 새로운 위원장이 된 피트 세션스는 이 악명 높은 극단주의자들의 방식이 절대적인 정치적 세력의 열세를 이겨 나갈 수 있는 사례라고 소개했다. 그는 동료 의원들에게 현재 경제적으로 위기 상황이고 자신들이 의원으로 당선됐지만 정국을 주도할 순 없다고 말했다. 슬라이드 화면을 보고 발표하면서 그는 동료들에게 이렇게 되물었다. '다수당은 정국을 이끌어 나간다. 그렇다면 원내 소수당인 우리가 할 수 있는 일은 과연 무엇인가?'[22] 이에 대한 그의 대답은 아주 간단했다. '소수당이 할 수 있는 일은 다수당이 되기 위해 노력하는 것이다.' 그 하나의 목표를 달성하기 위해 '자신들은 지금 이 자리에 모인 것'이었다.

새로운 원내 대표인 존 베이너 의원은 자신이 앞서 언급한 젊은 투사들의 일원은 아니었지만, 그들을 따르지 않으면 대표 자리에서도 물러나게 될 것이라는 사실을 점점 확실히 깨닫게 됐다. 이제 권력의 중심이 당이 아닌 외부 후원자들에게로 옮겨갔고, 그 후원자들은 대개는 일반 유권자들보다 훨씬 더 극단적인 성향을 띠고 있었다. 중도파는 강경한 우파에서 시작된 도전과 내부 반란으로 인해 두려움을 느끼지 않을 수 없었다.

오하이오 주 출신으로 베이너 의원의 가까운 친구이며 오랫동안 공화당 내에서도 중도파로 활약해온 스티브 라투레 하원의원은 이렇게 설명했다. "과거에는 자신이 속해 있는 당에서 주류에 대항하는 일이 그리 흔하지 않았다. 그렇지만 외부 단체나 기관들의 돈이 유입되면서 비주류 과격파는 주류에 대항할 힘을 얻을 수 있게 됐다."[23] 그는 이 외부의 후원자들을 이렇게 설명했다. "한 무리의, 어쩌면 열 명 남짓한 부자들이 터무니없이 과한 영향력을 가지고 있다. 그중에는 정말 애송이에 불과한데도 수천만 달러나 되는 유산을 상속받아 중요한 인물로 부각되는 경우도 있다. 그들이 엄청난 돈을 쏟아부을 수 있게 되면서 불균형에 가까운 영향력을 미칠 수 있게 됐다. 이제 더 이상 한 사람이 한 표만 행사하는 원칙은 사라졌다." 그는 한숨을 내쉬며 이렇게 덧붙였다. "결국 돈이 모든 것을 결정한다. 다른 건 아무런 상관도 없다."

라투레 의원은 오바마 당선 직후 있었던 첫 공화당 간부회의에 참석했다가 깜짝 놀랐다. "왜 우리가 패배했는가"라는 질문이 나오자 "우리가 충분히 더 보수적인 색채를 띠지 않아서"라는 대답이 나왔다. 그렇지만 자료를 살펴보니 우리는 부동층에서도 58%나 표를 잃었다!" 그렇지만 라투레 같은 중도파는 아무런 말도 할 수 없었다. 그는 크게 실망했고, 결국 정계에서 은퇴한 후 로비스트로 전향해 공화당의 극단주의자들의 세력과 싸우는 것을 목표로 또 다른 단체를 만들었다. "나는 모든 것이 혐오스러웠다. 그래서 정계를 은퇴했다. 더 이상 견딜 수 없었다. 정치권에 뛰어든 지 18년이 지났고 만만치 않은 곳이라는 사실도 잘 알고 있다. 교통 문제나 서민들을 위한 정책이라면 당연히 모두 힘을 합쳐 해결해야 하는 것 아닌가. 그런데 이제는 그럴 수가 없다. 정부가 아예 아무것도 안 하기를 바라는 사람들이 나타난 것이다." 그는 이렇게 결론을 내렸다.

그룬왈드의 이야기에 따르면 공화당 수뇌부는 당 소속 하원의원들에게 하원세출위원회(House Appropriations Committee) 위원인 제리 루이스의 입을 빌려 이렇게 말했다고 한다. '이제 우리가 할 수 있는 일은 없다.' 하원세출위원회의 민주당 쪽 위원장인 데이비드 오베이는 공화당의 협조가 제대로 이루어지지 않자 격분하며 이렇게 말했다. '아예 처음부터 이런 식으로 나왔다. 민주당이 어떤 정책을 펼치든 협조는 없을 거라고 말이다. 그야말로 식물 의회가 된 것이다.'[24]

물론 공화당은 다른 관점으로 상황을 보았다. 그들은 오바마가 지나치게 편파적이라고 비난했다. 그들은 그가 선거 결과에 대해 자만하며 서로 협조가 필요한 상황 속에서도 독단적으로 일처리를 한다며 분노했다. "그러니까 결국 내가 이겼다는 생각뿐이었다." 루이스의 눈으로 보면 민주당은 오만하고 타협할 줄 몰랐으며 횡포까지 부리는 정당이었다.

그럼에도 불구하고 오바마는 계속해서 초당적인 협조를 요청했다. 그는 힐러리 클린턴이 '거대한 우파의 음모'라고 불렀던 상황에 대한 경험이 별로 없었다. 오바마의 정치 경력은 일리노이 주 상원의원 생활 5년뿐으로, 그 이후에 바로 백악관에 입성했다. 그는 하버드대학교 법률 학술지인 〈하버드 로리뷰Harvard Law Review〉의 편집장을 하면서 당파 간의 깊은 갈등을 초월할 수 있다는 비현실적인 자신감을 갖게 됐다. 베이너를 비롯한 공화당 하원의원들이 경기 부양책에 대한 문제를 논의하기 위해 만남을 제의하자 오바마는 쾌재를 부르며 그 제의를 받아들였다.

1월 27일 오바마는 대통령 전용 리무진에 올라타고 처음 공식적으로 의회를 방문했다. 공화당 의원들하고만 만나는 이런 자리는 아주 이례적인 것으로, 그야말로 적진에 들어서는 것이나 마찬가지였지만 공화당 수뇌부에서는 비주류 급진파는 회의에서 배제하겠다고 미리 약속한 터였다. 사실 오바마의 경제 고문들은 공화당 측이 납득할 만큼 정책을 다듬었다고 생각했다. 오바마의 정책 중 3분의 1은 세금 감면과 관련된 것이었다. 진보주의자들은 이런 타협에 당혹스러워했고 정부의 지출 정책은 세금 감면이 아닌 경제를 활성화시키는 쪽으로 집중되어야 하며 부양책을 위한 전체적인 지출 규모가 실제로 경제를 다시 활성화시키기에는 턱없이 부족하다고 경고했다. 하지만 이런 양보에도 불구하고 오바마와 공화당의 만남은 서로를 헐뜯는 재앙의 자리가 되고 말았다. 오바마가 의회에 도착해 의원들에게 자신의 정책을 설명하기 바로 전에 언론을 통해 보도된 바에 따르면 공화당 수뇌부는 이미 그에 대한 반대표를 던지기로 결의했다. 오바마는 처음에는 마음을 단단하게 걸어 잠근 의원들을 상대해야 했고 그 이후에는 빈손으로 상처만 입고 돌아오는 대통령을 보기 위해 모여든 기자들을 상대해야 했다.

'정말 놀랐다.' 오바마를 오랫동안 보좌해온 데이비드 엑설로드은 나중에 이렇게 인정했다.[25] '우리는 뭐랄까, 장차 있을지도 모를 엄청난 규모의 재앙과 마주하고 있는 그런 기분이었다. 향후 2년 동안 있을 일에 대한 전조가 바로 그 자리에서 벌어졌다고 보면 옳을 것이다.'

다음 날 아침이 되자 〈뉴욕타임스〉와 〈월스트리트저널〉 독자들은 한 면을 가득 채운 광고를 보게 됐다. 찰크 코크가 후원하고 동생인 데이비드 코크가 이사로 있는 정책 연구소인 케이토연구재단이 낸 광고로 직접적으로 오바마의 신뢰성을 공격하는 내용이었다. 광고는 먼저 오바마의 말을 인용한다. '정부가 취해야 할 행동에 대해 의견의 불일치란 있을 수 없다. 경제를 다시 살리기 위한 재건책을 바로 시행해야 한다.' 그리고 밑에는 굵은 글씨로 이렇게 적혀 있었다. '대통령님, 외람된 말씀이지만 그건 사실이 아닙니다.' 거기에는 230명의 개인 서명도 첨부되어 있었는데 그중 상당수가 바로 그동안 코크 가문과 브래들리재단, 존 M. 올린재단 등 우파의 부호들로부터 후원을 받아온 사람들이었다.

오바마 대통령의 언론담당 보좌관인 빌 버튼은 대통령 임기 첫 한 달 동안 맞닥뜨린 저항의 수준이 정말 충격 그 자체였다고 회고했다. "정말 너무나 아무렇지도 않게 대통령을 공격했다." 그는 정말 쓸쓸한 표정으로 말을 이었다.[26] "원하는 답을 듣지도 못했을 뿐더러, 백악관에 들어갔을 때에는 정리조차 되어 있지 않았다. 전임자들이 나간 자리가 그대로 눈에 보일 정도였다." 그 무렵을 생각하며 버튼은 자신들이 너무 순진했다며 고개를 흔들었다. "당시에 우리 쪽에서는 그 누구도 어떤 일이 벌어질지 예측하지 못했다." 그의 말은 계속된다. "특히 우리는 그 외부 자금의 위력을 대통령이 당선된 직후까지도 정확하게 이해하지 못했다. 처음 대통령이 해야만 했던 것, 그리고 유일하게 대통령이 할 수 있는 선택은 수조 달러에 달하는 예산을 쓰고 경기 부양책 법안 1호를 통과시킨 후 다시 2호 법안을 통과시키고 그런 다음 부실 자산 구조 대책, 즉 TARP와 자동차 산업 원조 대책을 차례로 시행하는 것뿐이었다. 돈으로 정치권을 휘두르려는 우파의 부자 세력은 물어뜯듯이 달려들어 이런 정부 지출에 대해 분노를 터트렸다." 버튼은 이렇게 인정했다. "누구도 코크 가문이나 딕 아미가 배후에 있다는 사실을 알아차리지 못했다."

오바마가 백악관에 입성한 후 채 2개월이 되지 않아 정치 환경은 급변하기 시작했다. "1월에 우리는 공화당과 함께 경제 부흥 계획을 논의하고 있었다. 그 중심에는 중도파가 단단히 자리하고 있었다. 경제 문제에 대한 주류의 관점은 지금의 상황이 결국 막대한 정부 지출을 필요로 한다는 것이었다. 우리는 공화당 측에 좋은 의견이 있으면 알려달라고 요청했고 서로 협력했다. 의원들 전원이 마음에서 우러나오는 생각을 편지에 담아 전달해왔다. 공화당의 고위층 한 사람은 심지어 고속 철도를 건설하자는 의견까지 내놓았다! 그런데 2월 초가 되자 상황이 변하기 시작했다. 공화당 측이 더 이상 의견을 내놓지 않았다. 그리고 모두들 정부 지출이라면 우선 의심부터 보였다." 코크 가문의 '경기 부양책 무조건 반대 운동'을 앞장서 선전해온 드민트 상원의원은 의회에서의 연설을 통해 우선 이렇게 선언했다. "나는 오바마 대통령을 굉장히 좋아하는 사람이다." 그런 다음 경기 부양책에 대한 이야기를 꺼냈다. "수조 달러가 들어가는 사회주의자의 실험에 불과하다." 다시 말해 지난 100년 동안 의회가 심사한 경제 관련 법안 중 최악의 것이라는 뜻이었다. 버튼은 이에 대해 이렇게 덧붙였다. "대통령이 된 지 6주일도 되지 않아 드민트는 '단임 대통령'이라는 말을 입에 올리기 시작했다."

2월 17일 오바마 대통령은 경기 회복 법안(Recovery Act)의 입법화에 서명한다. 이 법안은 의회를 간신히 통과했는데, 공화당 측에서는 상원에서 세 명만 찬성했고, 하원에서는 전원 반대했다. 5년이 지난 후 미국 유수의 경제 전문가들에게 사상의 다양성과 경제 분야의 성취 문제에 대한 설문 조사가 있었는데 시카고대학교의 글로벌마켓연구소(Initiative on Global Markets)에서 실시한 이 설문 조사에 따르면 거의 대부분이 오바마의 경기 회복 법안이 실업률을 줄이는 데 큰 공을 세웠다고 대답했으며 그렇지 않다고 대답한 사람은 37명 중에 한 명뿐이었다.[27] 워싱턴의 공화당을 지배하고 있던 자유시장의 원칙은 합리적인 전문가들에 의해 완전히 그 기조가 바뀌긴 했어도 여전히 극단주의자들이 우위를 점하고 있었다. 그런 상황에서 오바마를 반대하는 측은 경제 전문가들이 꼭 필요하다고 생각했던 것보다 더 적은 규모의 경기 부양책을 실시하라고 압박했고, 결국 경기 회복은 더디게 진행됐다. 오바마가 대통령이 된 지 한 달이 지났을 무렵에는 외부 자금에 힘을 얻은 극단주의 반대파들이 이미 대통령에게 큰 상처를 준 상태였으며, 법안에 서명을 한 다음 날 오바마 대통령은 750억 달러 규모의 주택보유자 구제 계획을 발표했다.

그리고 그다음 날 아침 산텔리가 방송에서 흥분해 소리를 질러댔으며 그 내용은 순식간에 퍼져 나가기 시작했다. 1인 인터넷 언론사를 운영하는 보수파 활동가인 매트 드러지는 이 소식을 자신의 인터넷 홈페이지 특종으로 보도하며 300만 정기 독자들에게 정치적 비상상황임을 알렸다.

몇 시간이 지나 또 다른 인터넷 사이트인 'TaxDayTeaParty.com'도 특종으로 이 사건을 보도했는데, 이 사이트는 에릭 오돔이라는 이름으로 등록되어 있다. 오돔은 시카고에 살고 있는 일리노이 주 자유당의 젊은 당원이다.[28] 오돔은 최근까지 샘애덤스연합(Sam Adams Alliance)이라는 단체에서 일해왔다. 이 단체의 대표는 오랫동안 코크 가문과 가까운 관계를 유지해온 사람이었다.[29] 샘애덤스연합에 대한 수상쩍은 뒷이야기는 소수의 부유한 이상주의자들이 오랜 세월에 걸친 개인적인 후원을 통해 비밀스러운 정치적 지지기반을 구축한 또 다른 사례라고 볼 수 있다.

시카고에 기반을 두고 세금을 면제받는 이 단체의 이름은 1773년 보스턴 티파티의 주역인 샘 애덤스에게서 따온 것이다. 이름만 들으면 미국의 건국 선조를 떠오르게 하지만 실제로 이 단체의 책임자는 위스콘신의 투자 전문가인 에릭 오키프로, 그는 데이비드 코크가 자유당 후보로 부통령 선거에 나섰을 때부터 자원봉사자로 일하며 코크 가문과 인연을 맺어왔다. 오키프는 결국 자유당의 사무총장까지 되지만 1983년 코크 가문과 마찬가지로 다른 방법을 통해 자유시장이라는 근본주의를 실행에 옮기기 위해 코크 가문의 후원자 모임에 참여했고 코크 형제들은 물론 다른 후원자들과 계속해서 힘을 합쳤다. 어린 시절부터 〈월스트리트저널〉이며 보수주의 독서 모임(Conservative Book Club)에서 펴낸 글을 읽고 영향을 받은 오키프는 〈워싱턴포스트〉의 표현에 따르면 '어려서부터 금전적으로 여유가 있었고 성인이 된 이후에는 투자자들을 통해 더 많은 돈을 끌어모아 수십 년에 걸쳐 야심차게 정치적 활동에 전념할 수 있었다. 물론 아쉽게도 그런 활동의 거의 대부분은 실패로 돌아가고 말았지만.'

누군가의 설명에 따르면 샘애덤스연합을 세운 사람은 숱이 적은 머리에 사람들 앞에 서는 걸 부끄러워하는 브루클린 출신의 부동산 재벌 하워드 리치였다. 친구와 적들 사이에서 호위(Howie)라는 애칭으로 알려진 리치는 코크 가문과 함께 굉장히 다양한 정치적 활동에 참여해왔다. 그는 젊은 시절부터 하이에크와 밀턴 프리드먼의 영향을 받았다. 별로 대중적이지 못한 자유주의의 대의를 오랫동안 지원해온 리치는 맨해튼과 텍사스, 그리고 노스캐롤라이나에서 주로 아파트 건물을 사고팔며 재산을 모았다. 오키프와 리치는 모두 데이비드와 함께 케이토연구재단의 이사이며 인생의 부침을 함께 겪을 만큼 가까운 사이다. 물론 찰스도 그들과 함께했다. 그만큼 가까운 사이였기 때문에 찰스가 이사장으로 있는 조지메이슨대학교의 인문학연구소에서는 30명 이상이 되는 찰스 G. 코크 장학금 수혜자들을 샘애덤스연합에 여름 동안 인턴으로 보내기도 했다.

수십 년 동안 끈끈하게 맺어진 이 소규모 부자들의 모임은 열정적으로 간직해온 자유주의의 이상을 펼치기 위해서 노력을 해왔지만 대부분 항상 비밀리에 그렇게 해왔다. 여러 개의 단체나 기관을 앞세우고 자신들은 그 뒤에 숨어 있었기 때문에 그들의 진짜 역할은 알려지지 않았다. 리치는 특히 전설적인 마술사 후디니를 아주 좋아했는데, 그 때문인지는 몰라도 마치 마술사가 몸을 감추듯 머리가 어지러울 정도로 복잡한 이름과 서로 다른 규모를 가진, 그러면서도 서로 연결되어 있는 여러 조직이나 기관, 그리고 단체 뒤에 자신의 모습을 감췄다.[30] 또한 리치는 언론이나 반대파와의 논쟁에도 거의 절대적이라 할 만큼 자신을 드러내지 않았다.[31] 그렇지만 티파티 운동 전까지 이런 여러 활동은 원하는 목적을 이루지 못했다. "32년이라는 세월 동안 실망 속에서 길고도 값비싼 교훈을 얻었다." 리치와 자주 정치적 활동을 함께 한 오키프도 이런 사실을 인정했다.[32]

1990년대 초반에 이런 비밀 정치단체들이 처음 시도해보았던 정치적인 노력이나 활동 중에는 유권자들에게 비밀리에 접근해 의회 의원의 임기 제한을 결정하는 투표를 실시하도록 설득하는 작업도 있었다. 정치 전문가들에 따르면 당시 현직 의원들에게 많은 부분 의지하고 있던 민주당으로선 임기 제한과 관련된 법이 제정되면 큰 타격을 받으리라는 생각했다. 반대로 그들처럼 돈을 가지고 정치에 관여하는 외부인들의 세력은 좀 더 강해질 수 있었다. 나중에 있던 티파티 운동에서도 그랬지만 이 임기 제한과 관련된 활동에서도 이들은 자신들의 후원이나 활동이 기존 권력에 분노한 일반 대중이 일으킨 풀뿌리 운동의 일부라고 주장했다. 캘리포니아에서는 1992년 주민투표를 실시할지 실시하지 않을지 결정하는 데 있어 코크 형제들이 막후에서 활동했다는 소문이 떠돌았지만 코크 인더스트리즈의 대변인은 어떤 직접적인 역할도 없었다며 이런 소문을 부인했다. 그러나 실제로 주민투표가 실시되고 난 후 〈로스앤젤레스 타임스〉는 이 일을 실제로 추진한 단체와 거기에 자금을 지원한 사람들을 추적해 하워드 리치와 에릭 오키프가 운영하는 비밀 단체인 '미국 의회 임기 제한을 위한 모임(U.S. Term Limits)'

이 그 뒤에 있었다는 사실을 밝혀냈다.[33] 그리고 코크 가문도 연결되어 있었다. 핑크는 언론의 보도가 나가자 실제로 종잣돈만 지원했다고 인정했다.

이와 유사하게 워싱턴 주에서도 1991년 의회 임기 제한 투표발의가 거의 통과될 뻔했지만 〈뉴욕타임스〉에서 코크 가문과 갈라선 급진적 자유주의 이론가인 머리 로스버드가 '코크 가문이 이 풀뿌리 운동에 자금을 지원했다'라고 폭로한 사실을 보도하자 무산되고 말았다.[34] 〈뉴욕타임스〉에서는 '들판이 이는 불길처럼 일어나는 민의'라고 선전된 이 운동이 실제로는 워싱턴에 기반을 둔 스스로 '의회 개혁을 위한 시민들의 모임(Citizens for Congressional Reform)'이라고 부르는 단체에 의해 기획된 것이며, 이 단체는 데이비드가 지원한 수십만 달러의 돈으로 시작됐다는 사실을 밝혀낸 것이다.[35] '나는 그저 불만 붙였을 뿐 불길 자체는 스스로 일어났다.' 데이비드는 자신이 한 일이 보도되자 이렇게 주장했다.[36] 그렇지만 사실 데이비드가 자신의 돈다발을 부채 삼아 그 불길에 부채질을 한 것이었다. 그가 지원한 단체는 이 풀뿌리 운동에 들어간 예산의 거의 4분의 3 이상을 지원했고 투표 문제를 선전하기 위해 동원된 전문가들에 대한 보상도 이 단체가 했다.

결국 대법원은 연방정부의 의회 임기 제한은 헌법에 위배된다는 결정을 내렸고, 이를 통해 의회와 관련한 임기 제한 문제는 영원히 제기할 수 없게 됐다. 물론 이 일을 은밀하게 지원한 사람들이 가짜 민의를 내세우는 버릇은 이후에도 계속됐지만 말이다.

'번영을 위한 미국인'과 '작은 정부를 위한 미국인'

자유 지상주의의 숨은 후원자들은 최소한 일반 대중의 힘을 빌리려는 노력을 쉬지 않고 계속했다. 2004년 새롭게 만들어지는 시민단체들에 대한 코크 가문의 첫 번째 투자로 탄생한 AFP는 '납세자들의 권리장전(Taxpayer Bill of Rights)'이라고 부르는 급진적인 조세 저항운동을 시작했는데, 이 운동은 주 의원들에게 심한 압박감을 주었다. 모든 증세에 대해 먼저 주민투표를 통한 승인을 받으라는 것이었다. 이들이 조세 저항 운동의 첫 전선으로 선택한 곳은 코크 가문의 고향이기도 한 캔자스 주로, 코크 가문이 증세에 대한 반대 운동을 펼치고 있었던 곳이다. 보이지 않는 비밀자금에 대한 비난이 쇄도했지만 AFP는 텔레비전 광고 등에 엄청난 돈을 쏟아부었고 결국 세금 인상은 이루어지지 못했다.

2년이 지난 2006년, 리치가 만들어 운영하는 단체인 '작은 정부를 위한 미국인(Americans for Limited Government)'은 또 다른 다양한 문제들을 투표로 결정하는 운동을 시작하는 데 800만 달러를 사용했다. 거기에는 부동산 소유주들이 토지 이용법에 따라 자신들의 땅이 사용될 때 그에 대한 보상을 요구하는 일도 포함됐다. 그리고 이번에도 배후의 후원자들은 이런 일이 풀뿌리 운동의 확산에 의해 일어난 것이라고 주장했다. 그렇지만 공공청렴센터는 실제로는 이름이 밝혀지지 않은 세 명의 후원자가 이런 일을 기획한 단체의 예산 중 99%를 책임졌다는 사실을 조사를 통해 밝혀냈다.[37] 그러나 이렇게 막대한 자금이 들어갔지만 비주류들의 이런 반정부 운동은 거의 모든 곳에서 환영을 받지 못했고, 투표를 진행해도 대부분 패배했다.

그로부터 얼마 지나지 않아 일리노이 주에서는 리치가 만든 단체가 필요한 재무 자료를 제시하지 못하자 자선이나 후원활동을 할 수 있는 자격을 정지시켰으며, 2006년에는 시카고 본부가 폐쇄됐다. 그리고 '작은 정부를 위한 미국인'은 버지니아 주 페어팩스로 본거지를 옮겨 이미 자리를 잡고 있던 리치의 다른 비영리단체들과 함께하게 된다. 그러는 사이 시카고에서는 새로운 단체가 '작은 정부를 위한 미국인'의 본부가 있던 바로 그 자리를 차지했는데, 그것이 바로 샘애덤스연합이다.

'작은 정부를 위한 미국인'에서 이사를 역임한 에릭 오키프는 이제 이 새로운 단체의 회장 겸 최고 운영자가 됐다. "우리는 문을 닫는 일 없이 계속 나아갈 것이다." 앞서 위스콘신에서 선거자금법 위반 혐의로 조사를 받을 때 그가 약속이라도 하듯 한 말이다.[38] 세무 기록을 보면 그해 샘애덤스연합의 예산 중 88%에 해당하는 370만 달러는 정체를 알 수 없는 한 명의 후원자가 후원한 돈이었다.

인터넷을 통한 연계 활동

2008년 여름 버락 오바마가 대통령에 당선될 확률이 커지자 샘애덤스연합의 에릭 오돔은 인터넷을 통한 의견 교환 방식을 시험해보기 시작했는데, 이 방법은 훗날 티파티 운동을 조직하는 데 도움을 주었다. 오돔은 트위터를 이용해 워싱턴의 하원 안에서 우파의 이른바 '번개 모임'을 시작할 수 있을지 시험해보았다. 친구인 롭 블루이(Rob Bluey)와 함께 '모이자 운동(DontGo movement)'을 시작한 것이다. 블루이는 자신을 거대한 우파 음모를 따르는 정식 회원이라고 소개하는 스물여덟 살의 블로그 운영자였다.[39] 두 사람은 트위터 메시지를 통해 하원의 민주당 수뇌부에게 연안 지역의 시추 작업을 법적으로 승인하는 투표를 진행해달라고 요구했으며 공화당에는 민주당이 그렇게 하지 않을 경우 공화당만이라도 여름휴가 기간을 반납하고 이 일을 처리해달라고 요구했다.[40]

트위터 실험은 아주 성공적이었다. 그해 8월 보수파 의원들과 석유 사업 관련 로비스트들, 그리고 연안 지역 시추를 찬성하는 다른 사람들이 하원에 모여들어 적어도 겉으로는 자발적으로 하는 것처럼 보이는 주장을 시작했다. 모두들 "모이자! 석유를 뽑아내자! 그것도 지금 당장!"이라고 구호를 외쳤다. 비록 연안 지역 시추에 대한 제한을 푸는데에는 실패했지만 이 일을 이끈 사람 중 한 명인 애리조나 주 공화당의 하원의원인 존 슈데그는 "보스턴 티파티가 2008년에 부활했다"며 자신들이 한 일을 한껏 추켜세웠다.

6개월 지나 산텔리의 소동이 있은 지 바로 직후에 에릭 오돔은 '모이자!' 운동을 다시 시작했다. 자신과 블루이가 연락처를 정리해두었던 1만여 명의 열혈 보수파 공화당 당원들에게 다시 한 번 행동에 나설 것을 주문하는 연락을 보냈던 것이다. 오돔은 또한 다른 활동가들과 함께 자신이 거국적인 티파티 연합이라고 부르는 조직적인 활동도 시작했는데 여기에는 딕 아미의 프리덤워크와 코크 가문의 AFP 직원들도 합세했다. AFP는 재빨리 'TaxPayerTeaParty.com'이라는 이름의 인터넷 홈페이지를 만들어 등록한 뒤 50명이 넘는 직원을 고용해 전국적인 활동을 위한 계획을 세우기 시작했다.

이렇게 인터넷을 통한 연계 활동이 시작되면서 이들은 전국을 아우르는 첫 티파티 모임의 거사일을 2월 27일로 잡았다. 바로 그날 미국 10개 도시에서 집회가 열렸다. 주최측은 3만여 명이 넘는 사람들이 참여했다고 주장했지만 대부분의 집회 장소는 분위기가 썰렁했다. 그렇지만 4월 15일 세금 납부일에 맞춰 두 번째로 티파티 집회가 전국에서 열렸을 때에는 실제로 참석 인원이 앞서의 10배가 넘는 30여만 명으로 추산됐다.

헤리티지재단과 케이토연구재단, 그리고 AFP는 집회에 필요한 연사와 주제, 교통수단과 언론 협조, 그리고 그밖에 필요한 물품을 제공했다. 이런 집회가 과연 '천연 잔디'인지 아니면 억지로 만들어진 '인조 잔디'인지 의문을 품은 사람들 중에는 진보파 인터넷 사이트인 '싱크프로그레스ThinkProgress'의 블로그를 담당하는 리 팽도 있었다. 그는 AFP가 갑자기 나타나 미국 전역에서 저항운동을 조직했다며, 그사이 프리덤워크는 플로리다에서 지역별 활동을 책임졌던 것으로 보인다고 지적했다.[41] 누군가의 지시에 의해 움직이는 저항운동을 좋게 보는 사람은 아무도 없다. 'AFP는 티파티에 참여한 일반인들을 불쾌하게 만들었다.' 자유주의 블로그 운영자 랠프 벤코의 회상이다. 'AFP 소속의 사람들은 차를 몰고 나타나 구호가 적힌 티셔츠를 입고는 사진을 찍어 찰스에게 보냈다. 그리고 이렇게 보고하는 거다. 당신의 돈을 받아서 이렇게 열심히 일을 하고 있습니다.'

《왜 가난한 사람들은 부자를 위해 투표하는가: 캔자스에서 도대체 무슨 일이 있었나》를 쓴 토머스 프랭크는 2009년 2월 백악관 건너편에 있는 라파예트 광장에서 열린 첫 티파티 집회를 관찰했다. 그야말로 짜고 치는 도박판 같은 느낌이었다는 것이 프랭크의 결론이다.[42] "의심스러운 단체들이 거기 다 모여 있었다. 프리덤워크에서부터 전혀 아무 상관없는 일반인인 척하는 사람들과 〈아메리칸 스펙테이터〉까지. 또한 독립 전쟁 시대 복장을 입고 '우리를 건드리지 마라'라는 말이 적힌 깃발을 흔드는 사람들도 있었고 진짜 활동가들과 아주 소수의 진짜 일반인들도 있기는 했다." 그의 설명이다. "그렇지만 보수파 단체들에 의해 아주 잘 기획된 행사임에는 틀림없었다. 돌이켜보면 지시를 받고 계획에 따라 준비된 행사가 분명했다. 그렇지만 이내 사람들의 관심을 끌었다." 프랭크는 누군가의 생각처럼 티파티가 별 소득 없이 끝난 것은 아니며 애초부터 기획되고 동원된 행사였다고 주장했다. "코크 가문과 같은 후원자들에게는 어쨌든 큰 소득이었다. 기업의 이해관계가 얽힌 문제를 일반인들 사이에서 일어난 저항운동으로 포장할 수 있었으니까 말이다."

코크 가문이 자신들은 전혀 상관없는 일이라고 공공연히 주장하는 동안 페기 베너블도 티파티 운동에서 자신의 역할을 잘 해내고 있었다. 베너블은 레이건 행정부 시절부터 활발한 활동을 해온 정치 활동가로 1994년부터는 텍사스 주에서 공화당 당직자로 일하다가 AFP의 텍사스 지부 책임자가 됐다. "나는 티파티 운동이 널리 알려지고 인기를 얻기 전부터 거기에 참여하고 있었다!"[43] 코크 가문이 텍사스 오스틴에서 후원했던 정치 행사인 '미국인의 꿈을 사수하라(Defending the American Dream)'에 참석해 대화를 나누던 중 그녀가 한 말이다. 티파티 운동이 시작되자 베너블은 AFP가 어떻게 정책적인 세부 사항에 대해 일반 활동가들을 교육시키는 데 도움을 주었는지 설명했다. 그녀에 따르면 운동이 시작되자 '다음 단계 훈련'이라는 것을 시켰고, 그 덕분에 티파티 운동에 자원한 활동가의 정치적인 에너지가 좀 더 효과적으로 발휘될 수 있었다. AFP는 또한 분노한 일반 참여자들에게 선거로 뽑힌 선출직 공무원들의 명단을 제공해 그들을 목표로 삼고 공격을 할 수 있도록 해주었다. 베너블은 코크 가문의 홍보 담당자와 먼저 상의하지 않은 채, 아주 유쾌하게 두 형제에 대해 이렇게 말했다. "그들이야말로 진짜 우리 편이다. 데이비드는 AFP의 이사회 총책임자이기도 하다. 나는 두 사람을 실제로 다 만나보았고, 그들의 활동에 매우 감사해하고 있다." 그녀는 또 이렇게 덧붙였다. "우리는 티파티 운동을 통해 벌어지는 일이 매우 만족스럽다. 왜냐하면 그것이 우리가 미국을 제자리로 돌려놓을 수 있는 길이기 때문이다!"

베너블은 고위층 회의에서 티파티 운동을 이끄는 여러 시민 지도자들을 크게 칭찬했다. AFP의 텍사스 지부는 올해의 블로거 상에 시빌 웨스트(Sibyl West)라는 젊은 여성을 선정했는데, 그녀는 자신의 홈페이지에서 오바마 대통령을 '미국 최고 멍청이'라고 비난하며 일종의 정신분열증 비슷한 증세를 보이는 것이 아닌가 의심하는 글을 적었다.

회의에서 준비한 점심 연회를 즐기는 동안 베너블은 텍사스 주 법무부 차관이자 훗날 상원의원이 되는 테드 크루즈를 소개했다. 그는 모인 사람들에게 오바마 대통령이 백악관에 입성한 대통령들 중 가장 급진적인 사람이라고 말하며, 유권자들에게 중요한 문제를 속이고 있다고 했다. 정부는 우리의 삶과 경제 모두를 통제하려 들 것이라는 것이 그의 주장이었다. 크루즈는 또 이렇게 역설했다. "오바마와 싸우는 것은 우리 세대의 위대한 의무다!" 사람들이 일어나 박수갈채를 보내자 크루즈는 과거 텍사스가 멕시코로부터 독립하는 데 결정적인 전기가 됐던 알라모 요새의 구호를 외치며 말을 끝냈다. "승리 아니면 죽음을 달라!"

프리덤워크의 티파티 운동

초창기의 이런 분위기 속에서 프리덤워크만큼 중요한 역할을 한 단체나 기관은 없었다. AFP와 한 핏줄이라고 볼 수 있지만 사이는 서먹했던 이 단체는 필립모리스 같은 기업과 리처드 멜론 스카이프 같은 재벌들의 후원을 받았다. "티파티 운동이 시작됐을 때 나는 프리덤워크가 티파티 운동이 아주 효과적인 활동을 펼칠 수 있도록 많은 역할을 해야 한다고 주장했다." 아미의 말이다.

돌이켜보면 아미는 브렌단 스텐하우저라는 이름의 젊은 조력자에게 특별한 신뢰와 기대감을 품고 있던 것 같다. 프리덤워크의 지역 및 전국 활동을 책임지고 있던 스텐하우저는 산텔리가 방송에서 소란을 피운 후 곧장 인터넷 사이트를 개설해 저항운동의 지지자들에게 모든 종류의 실질적인 충고를 해주었고 저항운동을 어떻게 기획해야 하는지, 그리고 어떤 주제를 주로 공격해야 하는지 등에 대해서 상담해주었다. 특히 오바마의 경기 부양책은 공격 목표의 제일 윗자리에 올라 있었다. 그는 또한 전국에 있는 50명이 넘는 티파티 활동가들에게 그들의 노력을 하나로 합치기 위한 구호나 푯말의 내용에 대해서 자기 의견을 제시하기도 했으며 매일 회의를 위한 전화를 거는 일도 지원했다. 얼마 지나지 않아 프리덤워크는 아홉 명으로 구성된 전문적인 지원 부대를 보내주었다. 아미는 스텐하우저에 대해 "프리덤워크 홈페이지를 통해 연결된 사람들과 통화를 하며 전화를 손에서 놓은 적이 없을 정도였다"고 회상했다.[44] 처음에는 프리덤워크의 다른 직원들이 그를 보고 웃을 정도였다. 그렇지만 아미는 스텐하우저가 이제 막 시작된 사람들의 분노를 거대한 정치적 운동으로 어떻게 바꿀 수 있었는지에 대해 이렇게 설명했다. "그는 사람들에게 무엇을 해야 할지 말했다. 그리고 훈련시켰다. 프리덤워크가 아니었다면 아마 티파티 운동은 제대로 시작도 하지 못하고 끝났을 것이다."

사실 아미는 워싱턴의 내부인사로 티파티 운동이 소수자가 갖고 있는 일종의 선민의식을 반대하는 운동이라고 그 진짜 속사정을 거짓으로 전했다. 아미는 하원의원 생활만 18년을 했고 'DLA 파이퍼(DLA Piper)'라는 이름의 법률 회사로부터 연봉 75만 달러를 받으며 로비스트 활동도 했는데, 이 회사는 제약업계의 거물인 브리스톨 마이어스 스큅 (Bristol-Myers Squibb) 같은 대기업을 고객으로 두고 있었다. 어쨌든 억만장자 후원자들은 아주 도움이 되는 존재들이었다. 이들 덕분에 티파티 운동이 시작되고 그 정치적 방향성이 정해질 수 있었다. 이들의 후원이 없었다면 아마 '월가를 점령하라' 운동처럼 티파티 운동 역시 흐지부지 끝나고 말았을 것이다. 저항운동을 시작했던 사람들은 결국 이런 부자 후원자들에게 도움을 요청할 수밖에 없었다. 사람들이 아무리 많이 모여도 그 뜻을 합법적으로 펼칠 수 있도록 도움이 필요했던 것이다.

아미는 "우리는 오랫동안 외롭게 투쟁을 계속해왔다. 우리 입장에서 본다면 부자들의 참여는 천군만마나 다름없다"고 지적했다.

나중에 밝혀진 바에 따르면 프리덤워크 역시 이런 자금을 지원받아 필요한 사람을 고용했다. 세금을 면제받는 이 단체는 아무도 모르게 폭스 뉴스 텔레비전의 선동적인 우파 진행자이자 당시 티파티 운동으로 인해 최고의 주가를 올리고 있던 글렌 백을 고용하려고 했다. 그의 보수는 1년에 100만 달러까지 올라갔다. 백은 프리덤워크 직원이 작성한 추가 조항을 읽어보았다. 거기에는 방송을 하면서 어떤 말을 해야 하는지, 또 아무도 눈치채지 못하게 필요한 선전용 자료 등을 끼워 넣어야 한다는 내용이 들어 있었다. 그리고 그것이 마치 백 자신의 의견인 것처럼 하라는 것이었다. 이런 비밀스러운 협약에 들어가는 비용이 프리덤워크의 세무 자료에는 광고비로 책정되어 있었다.

"우리는 적당히만 할 수 있으면 아주 유용한 방법이 될 수 있을 거라고 생각했다. 그렇지만 일이 너무 척척 진행되어갔다." 아미는 당시 상황을 이렇게 회상했다.[45] "일단 다른 활동가들과 지지자들에게는 비밀로 했다. 그리고 이 운동에서 아주 중요한 역할을 하고 있다는 환상을 만들어낸 후 이 운동의 상징적인 영웅이 그들에게 찬사를 보내도록 만들었다. 그런 언론의 관심을 끌기 위해 돈을 주고 사는 방법을 택했다."

백의 사상을 만들어준 사람은 존버치협회에도 영향을 준 정치적 망상을 가진 비주류 이론가 W. 클레온 스코센(Cleon Skousen)이었다. 벡은 매일 200만 명이 넘는 청취자들에게 초창기 프레드 코크 같은 극단적인 보수주의자들이 품었던 사상을 완전히 새로운 차원으로 전달하기 시작했다.[46]

프랭크 룬츠는 그로 인해 얼마나 중요한 일이 벌어졌는지 다음과 같이 설명했다. "산텔리가 방송에서 부린 소란으로 중산층 이상의 가정들과 투자자들이 자극을 받았고, 다시 글렌 벡이 나서면서 모든 사람을 다 선동한 셈이 됐다. 글렌 벡의 방송이 없었다면 티파티 운동은 일어나지 않았을 것이다." 그는 또 이렇게 덧붙였다. "2009년 세금 납기일에 시작되어 7월에 각 지역 공청회를 통해 완전히 폭발했다. 3개월이 채 지나지 않아 거대한 운동으로 번져 나간 것이다."[47]

문제를 불거지게 만든 또 다른 요소는 이런 대치 상황에 대한 오바마 대통령의 반감과 그의 지나치게 에둘러 말하는 표현 방식이었다. 이로 인해 월스트리트에 대해서 확실치 않은 태도만 보인 꼴이 됐다. 자신의 대통령 취임사에서 대공황 시기의 '악덕 투기 세력'을 비난했던 프랭클린 루스벨트와 달리 오바마의 대중을 향한 발언들은 그리 강도가 세지 못했다. 몇 주 지나지 않아 그를 비판하는 세력은 대통령이 티파티 운동을 벌이는 반대파에게 대중의 지지까지 내주며 밀리고 있다고 주장했다. "이런 중요한 상황에서 대통령은 우파가 기선을 제압하도록 허용하고 말았다." 진보 쪽 잡지인 〈뉴 리퍼블릭New Pepublic〉의 존 주디스의 주장이다.[48]

스텐하우저는 티파티 운동의 분위기가 인종 차별이나 기타 증오의 감정이 표현되는 것을 막으려고 노력했지만 오바마가 백악관에 입성한 지 채 2개월이 지나지 않아 거리와 공원은 '대통령을 탄핵하라!', '거짓말쟁이 오바마' 같은 구호가 적힌 팻말을 들고 행진하는 백인들로 가득 찼다. 영화 '다크 나이트'에 등장하는 악당 조커의 얼굴과 오바마의 얼굴을 합성한 사진도 나돌았는데, 입이 귀밑까지 찢어져 있고 얼굴은 하얗게 칠해진 그 사진에서 언뜻언뜻 진짜 피부색인 검은색을 내보이는 오바마의 시체처럼 음산하게 웃는 모습 밑에 '사회주의'라는 말이 적혀 있었다. 영리를 목적으로 선전활동을 해주는 인터넷 회사인 리지스트넷(ResistNet)은 '오바마＝히틀러'라는 제목의 동영상을 자사 홈페이지에 올렸다. 2월 27일 집회에 참석한 사람은 자신은 혼자가 아니고 여럿이 함께하고 있다고 주장하며, 대통령을 깜둥이라고 비하하는 팻말을 휘둘렀다. 오바마의 사진을 합성해 코에 뼈를 끼우고는 원시 아프리카의 주술사처럼 만든 사진도 있었다.

코크 가문의 정치참모인 핑크는 자신도 인종 차별에 좌절했다고 주장했지만[49] 데이비드는 오바마는 어쨌든 아프리카계의 피가 흐르고 있다며, 아프리카 케냐 출신 아버지에게 버림받았고 하와이에서 백인 어머니와 함께 살다가 아프리카에는 성인이 된 후에야 겨우 가봤다는 뻔한 이야기를 계속 되풀이하고 있었다. 나중에 보수파 지식인을 자처하는 매튜 콘티네티와의 대담에서도 데이비드는 오바마 대통령을 미국 역사상 가장 급진적인 대통령이라고 비난했고, 그런 성향은 아프리카계 혈통에서 비롯된 것이라고 주장했다.[50] "오바마의 아버지는 케냐에서 활동한, 뼛속까지 사회주의에 물든 경제학자였다. 물론 오바마는 아버지와 어린 시절에 헤어졌기 때문에 그리 많은 시간을 함께 보내지는 못했다. 그래도 내가 보기에는 아버지의 생각에 크게 공감하는 것같다. 이런 이유에서 반기업적인 정서가 그의 인생 거의 전반에 걸쳐 영향을 미쳤다고 볼 수 있다. 쓸데없이 말만 유창한 사람이 어떤 식으로 일하는지 우리는 지금 보고 있다."

역시 혼혈 출신으로 오바마 대통령의 언론담당 보좌관인 빌 버튼은 이렇게 말했다. "오바마 대통령의 출신 혈통에 대한 이해 없이는 우파와의 관계를 이해할 수 없다. 아무도 감히 말하고 싶어 하지 않지만, 인종적인 요소가 작용한다는 사실을 결코 부정할 수 없다. 우파에서는 백인 출신이라면 상상도 하지 못할 그런 방식으로 대통령을 취급했다. 대통령을 무시하는 태도는 정말 점입가경이다."

오바마가 취임한 지 3개월에 접어들 무렵 〈뉴스위크Newsweek〉는 표지 기사로 농담도 진담도 아닌 이런 제목을 올렸다. '이제 우리는 모두 사회주의자다.' 심지어 보수적인 〈뉴욕타임스〉 역시 우파에서 오바마를 미국 사회의 비주류로 몰아가는 상황을 꼬집어 보도했다. 대통령과의 만남에서 〈뉴욕타임스〉는 대통령이 정말로 사회주의자인지 물었는데, 오바마는 정말 깜짝 놀란 듯 보였다. 정확한 답변을 위해서는 나중에 다시 시간을 가져야 했다. "사회주의를 운운하는 질문을 정말 진지하게 할 수 있다는 것을 믿을 수 없다." 그는 지금 벌어지고 있는 상황이 전임 대통령인 조지 부시의 공화당 행정부에서 시작된 것임을 강조했다. "내가 집권한 이후에 은행 주식을 매입하기 시작했는데, 내가 집권하는 한 제대로 된 재정의 뒷받침 없이 감당하지 못할 새로운 일시적 처방 같은 건 없을 것이다."[51]

'오바마 케어'에 반대하는 캔드릭과 노블

오바마가 경제를 지키기 위해 전력을 다하자 앞서 오바마를 공격했던 부자들은 아무도 모르게 새로운 공격 방식을 준비하기 시작했다. 1월 팜 스프링스에서 있었던 코크 가문의 비밀 모임에서 주요 인물 중 한 사람인 랜디 캔드릭은 한 가지 화두를 던졌다. 어깨까지 드리우는 폭포수 같은 은발과 번쩍이는 보석 장신구들은 그녀를 여느 선동가와 달리 보이게 해주었지만, 캔드릭은 아주 직설적인 성격의 변호사 출신으로 수십 년 전 피닉스에 있는 극우 자유주의 정책 연구소인 골드워터 연구소(Goldwater Institute)에 입문하면서 여성해방주의 운동을 포기하고 나중에는 연구소 이사를 역임했다. 캔드릭과 남편 켄은 프로야구팀 다이아몬드 백스의 구단주이자 공동경영자이며 사람들이 주목할 만한 막대한 재산을 보유하고 있었다.

얼 켄 캔드릭은 웨스트버지니아 주 출신으로 자신이 설립한 데이터텔(Datatel)을 통해 대학에 컴퓨터 소프트웨어를 공급하며 수천만 달러를 벌어들였다. 켄은 이후 텍사스 주의 우드포레스트 내셔널 은행 주식을 사들였는데 이 은행은 2010년 지나치게 많은 대출 이자를 받은 혐의로 기소되어 이를 무마하기 위해 3,200만 달러를 환불해주고, 따로 민사소송에서 100만 달러의 벌금을 물기도 했다.[52] 경제적, 그리고 사회적인 문제에 대해 뼛속까지 보수주의자였지만 다이아몬드 백스 팀의 경기장과 관중 운송 문제에 대해서는 기꺼이 주 정부의 보조금을 마다하지 않았던 캔드릭 부부는 오바마가 대통령에 당선되자 크게 놀랐다. 부부는 코크 가문이 중심이 되는 모임의 주요 참석자였으며, 최소한 100만 단위 이상의 돈을 선뜻 내는 후원자이기도 했다. 두 사람은 코크 가문과 서로 도움을 주고받는 사이로, 예컨대 캔드릭 부부가 인문학연구소와 조지메이슨대학교의 머케이터연구센터를 후원하면 코크 가문 부부가 설립한 애리조나대학교의 '프리덤센터(Freedom Center)'를 후원하는 식이었다. 프리덤센터에서는 캔드릭 부부의 후원을 받는 철학 교수가 학생들에게 '진정한 자유'에 대해 가르쳤다.

그런 랜디 캔드릭이 이제 오바마가 건강보험제도를 개선하려는 시도를 자신들이 어떻게 막을 수 있을지 질문을 던진 것이다. 그녀는 민주당의 전 상원의원 톰 대슐이 2008년 펴낸《운명의 갈림길: 건강보험제도의 위기에 대해 우리는 무엇을 할 수 있는가Critical: What We Can Do About the Health-Care Crisis》를 읽고 경각심을 갖게 됐다. 그녀는 보험제도의 전반적인 확대를 주장하는 대슐이 오바마의 의중을 그대로 반영한 것이라고 경고했다. 대슐은 오바마 행정부의 보건사회복지부(health and human services, HHS) 장관 물망에 오르고 있었다.[53] 캔드릭은 만일 새로운 행정부가 대슐이 생각한 그런 방안을 채택한다면 그건 기업을 죽이고, 환자를 절망에 몰아넣으며, 평생 다시 보지 못할 거대한 사회주의 정부가 세상에 등장하게 되는 것이라고 주장했다. 그녀는 오바마가 하는 일을 반드시 막아야 한다고 철썩같이 믿고 있었지만 과연 어떻게 그렇게 할 수 있을 것인가?

캔드릭은 열정적으로 이야기하기 시작했다. 이 문제에 대한 그녀의 관심은 정치적인 동시에 개인적인 것이었다. 그녀는 개인건강보험을 선택함으로써 다리를 다쳐서 평생 휠체어 신세를 질 수도 있었을 신세를 면하게 됐다고 주장했다. 아주 드문 병을 앓고 있었기 때문에 처음에는 위험을 감수하며 수술을 진행할 수 없다는 진단을 받았지만 유명한 개인 병원인 클리블랜드 클리닉(Cleveland Clinic)의 전문가들이 성공적인 치료 방법을 찾아냈다는 것이다. 그녀는 결국 수술을 받았고 이제는 10대 쌍둥이를 기르는 활기찬 인생을 살고 있다고 했다. "랜디는 만일 미국이 캐나다나 영국 같은 건강보험 체계를 따른다면 자신이 죽었을 거라고 굳게 믿고 있었다." 익명을 요구한 한 친구의 말이다.

랜디의 이야기는 강력한 설득력을 갖고 있었다. 코크 가문 모임의 다른 참석자들은 크게 감명을 받았다. 그렇지만 오바마 행정부는 결코 캐나다나 영국 같은 건강보험 체계를 주장한 것이 아니었다. 나중에 알려졌지만 오바마의 환자 부담 적정 보험법(Affordable Care Act)이 시행된 이후 캔드릭을 돌봤던 클리블랜드 클리닉 레너 의과대학의 분자의

학 교수인 도널드 제이콥슨은 캔드릭에 대해 마음씨 좋은 기부자이긴 하지만 오바마의 건강보험법이 그녀가 주장하는 그런 위협이 된다는 건 터무니없는 망상이라고 말했다. "분명히 말하지만 이른바 '오바마 케어'가 어떤 식으로든 우리의 치료 방식이나 연구를 가로막는 일은 절대 없을 것이다." 그의 설명이다. "그렇지만 우파 보수주의자들의 오바마 케어를 막으려는 노력과 티파티 동료들이 오히려 의학 연구의 진보를 가로막았다. 국립보건원은 물론 많은 연구자들이 필요한 기금을 얻는 데 아주 큰 어려움을 겪고 있다. 오바마의 환자 부담 적정 보험법을 비난할 이유는 전혀 없다. 오히려 공화당이 비난받아야 마땅하다."

어느 참석자의 전언에 따르면 캔드릭이 열정 넘치는 이야기를 마치고 모두들 감명 받은 듯했지만 코크 가문은 뭔가 어색한 듯 입을 다물고 있었다. 물론 코크 가문은 어떤 정부든 사회보장계획을 확대하는 것을 반대해왔다. 그리고 거기에는 전반적인 건강보험 보장의 확대도 포함되어 있었다. 그렇지만 그 참석자에 따르면 코크 형제들은 이 문제에 그리 관심을 보이지 않았다고 한다. 형제는 보험 관련 산업에서는 자기들의 이해관계에 따라 알아서 싸움을 해야 한다고 생각했고, 따라서 거기에 끼어들 필요가 없다고 판단했던 것이다. 대신 오바마 행정부가 보험 관련 업계와 적절하게 협상을 벌인다면 물론 많은 지지를 이끌어낼 수는 있을 터였다. "어쨌든 코크 형제는 그 문제에 대해서는 별반 대응할 준비가 되어 있지 않았다." 다른 참석자의 말이다.

코크 가문도 나중에 오바마 케어에 대해 반대 입장을 취하기는 했으나 이 문제에 대해 제일 먼저 나섰던 건 실제로 랜디 캔드릭이었다. 그녀와 뜻을 같이하는 소수의 부자들은 최근에 애리조나 주가 주민들을 강제로 정부가 주도하는 건강보험에 가입시키려는 것을 막기 위해 자금을 지원했지만 큰 성공을 거두지는 못했다.[54] 그렇지만 캔드릭은 포기하지 않았다. 그녀는 단단한 의지를 지녔고, 자기 뜻대로 움직이는 일에 익숙했다. 그녀가 골드워터연구소에 다시 모습을 나타냈을 때의 일을 예전의 한 동료는 이렇게 회상했다. "모두들 모여 꽃다발을 전해주었다. 마치 여왕이 나타난 듯했다."

애리조나 주에서는 뜻을 이루지 못했지만 캔드릭은 자신의 싸움을 전국적인 규모로 확대하기로 했다. "누구에게 자금을 지원해야만 하는가?" 그녀는 애리조나 주 공화당 당직자인 숀 노블에게 이렇게 물었다. 실질적으로 그녀의 개인 정치 고문인 노블에게 캔드릭이 요구한 건 어떤 단체나 조직이 이 일을 해낼 수 있을지 알려달라는 것이었다고 〈내셔널 리뷰〉의 엘리아나 존슨은 설명했다.[55]

캔드릭의 요청에 따라 노블은 현장을 직접 돌아보고 2009년 초까지 실제로 이 문제에 대해 오바마를 공격하고 있는 단체나 조직이 전혀 없다는 사실을 확인했다. 아니, 최소한 국세청의 조세법 501(c)(4)에 따라 세금을 면제받는 사회적 복지를 위해 활동하는 단체들 중에서도 이 문제가 자신들의 중요 활동 목표가 아닌 이상은 관련 정치 문제에 참여할 수 있는 곳은 없었다. 기존의 정치단체들과는 달리 이런 비영리단체들은 후원자들의 정체를 일반 대중에게 알리지 않을 수 있었는데, 오직 국세청에만 관련 내용을 보고하면 됐다. 노블은 이런 '다크 머니' 단체가 특별히 개인 부자들에게 매력적으로 보인다는 사실을 잘 알고 있었다. 이들은 사람들에게 알려지는 일 없이 정치 문제에 영향을 미치기 원하는 사람들이었다. 코크 가문 모임에 참석하는 사람들처럼 말이다.

노블은 자신이 보좌한 철저한 보수주의자 존 슈데그 하원의원과 함께 코크 가문 모임에 참석하기도 했다. 슈데그 의원은 애리조나 주 출신으로, 그의 아버지 스티븐은 베리 골드워터의 선거전 참모이자 절

친한 친구였다. 노블은 10년 이상 슈데그 의원 밑에서 일하다가 결국 애리조나 주 공화당 의원 사무실의 최고당직자가 되기에 이른다. 2008년 노블은 자신의 길을 가기로 결심한다. 그의 정치 자문 회사인 노블 어소시에이츠(Noble Associates)는 고향인 피닉스에서 그 첫 걸음을 내딛는다. 슈데그 의원의 주요 후원자 중 한 사람인 캔드릭이 노블의 주요 고객이 되어 몇 년 동안 노블과 가까이 지냈다. 그는 1월에 있었던 코크 가문 모임에는 초대를 받지 못했지만 나중에 캔드릭이 도움을 받기 위해 그를 불러들였다. 그런 그녀의 관심사는 건강보험 개혁안에 맞서 싸울 조직을 만드는 것이었다. 그리고 코크 가문의 초대장은 아주 좋은 기회를 얻을 수 있는 보증수표나 마찬가지였다.

노블은 워싱턴 정가의 큰물에서 놀 만한 중요한 인물은 아니었지만, 나름대로 존경을 받았고 매력도 넘쳐흘렀다. 적당한 체격에 머리는 금발이고 관자놀이 근처의 적당히 바랜 회색 머리카락은 그의 순진한 모습에 권위를 더해주었다. 노블은 겸손하고 재미있는 사람이었다. 심지어 정치적으로 반대 입장에 있는 사람들도 그를 딱히 싫어하지 않을 정도였다. 스스로 '레이건 세대'라고 설명하는 노블은 카드 도박사의 이름을 딴 애리조나 주 작은 마을 쇼로에서 자랐다. 아침이면 라디오에서 흘러나오는 애국가를 들으며 가슴에 손을 얹고 하루를 시작했던 노블의 어머니는 평범한 가정주부였고 아버지는 치과의사였다. 부부는 몰몬 교도로 미국이 약속의 땅이라고 굳게 믿는 사람들이었다. 그런 노블의 집에서 공화당의 베리 골드워터는 영웅이고 민주당의 지미 카터는 악당이었다. 1976년 카터가 대통령에 당선되자 노블의 어머니는 소비에트 연방이 세계를 지배하게 될 것이라고 생각했다. 당시 노블은 대학생으로, 공화당 후보들의 선거전을 돕다가 슈데그를 만나게 됐다. 결혼을 한 뒤 다섯 자녀를 둔 노블은 몰몬교 피닉스 지회 책임자

자리에 오른다. 낙태를 반대하고 자유주의를 지지한 노블은 1988년 자유당 대선 후보로 나선 론 폴을 지지하기도 했다. 여러 가지 면에서 노블은 한 가지만 제외하면 코크 가문 모임에 완벽하게 들어맞는 사람이었다. 그는 '노블의 생각(Noble Thinking)'이라는 개인 블로그를 운영하며 사람들과의 대화를 과할 정도로 즐겼는데, 오바마의 건강보험 계획을 개인의 돈을 후원받아 저지하려면 무엇보다 비밀이 최우선이었기 때문이다.

'오바마 케어'를 막기 위한 위장술

2009년 4월 16일, 노블과 캔드릭은 메릴랜드 주에 '환자권리보호센터(Center to Protect Patient Rights, CPPR)'라는 이름의 법인을 설립하면서 자신들의 계획을 실행에 옮기기 시작한다. 실제로 이 법인의 실체는 '72465' 번호가 붙은 자물쇠 달린 금속 우편 사서함에 불과했으며, 피닉스 주 북쪽 사막 도로 끄트머리에 있는 볼더 힐스 우체국 안에 있었다. 나중에 알려진 사실이지만, 노블은 이 법인의 전무이사로 등록돼 있었다. 관련 내용을 끝까지 비밀에 부치려고 했기 때문에 2013년 법정 증언에서 배후가 누구냐는 질문을 받았을 때에도 노블은 대답을 거부하며 비밀 준수 서약을 했음을 이유로 내세웠다. 이런 이야기는 미국의 비영리 언론 단체인 〈프로퍼블리카ProPublica〉가 나중에 보도해서 알려졌다.

변호사의 질문에 노블은 이렇게 대답했다. "나는 내가 누구를 위해 일했는지 대답할 수 없다."[56]

"잠시만." 변호사가 갑자기 끼어들었다. "지금 누구에게 급여를 받았느냐는 질문을 하고 있다. 그리고 당신은 2009년 어떤 사람들과 회의를 한 적이 있다고 대답했다. 그러면서 그게 누구인지는 대답하기를 거부하는 것인가?"

"그렇다." 노블은 대답했다.

후원자들의 정체는 밝혀지지 않은 채로 남았다. 그러나 세금 기록을 통해 한 가지 사실은 분명하게 드러났다. 노블의 후원자들은 엄청난 재산을 소유한 사람들이라는 사실이다. 6월에 환자권리보호센터가 보유한 누적 후원금은 300만 달러가 넘었고 2009년 말에는 1,300만 달러에 이르렀다. 그리고 그중 1,000만 달러 이상의 돈이 재빨리 다른 세금 면제 단체에 전달됐으며, 거기에는 AFP도 포함이 되어 있었다. 얼마 지나지 않아 이 센터는 오바마의 건강보험 계획을 공격하는 중심이 된다. 2010년 말까지 센터 소유의 작은 금속 사서함을 통해 들어가고 나간 돈은 6,200만 달러에 육박했다. 그중 상당수가 코크 가문 모임에 참여하는 후원자 조직에서 나왔다.

이런 비밀스러운 자금의 흐름에 대한 첫 번째 구체적인 정황은 '생존자'라는 제목을 앞세운 텔레비전 광고였다. 거기에는 쇼나 홈즈라는 한 캐나다 여인이 등장해 이렇게 말한다. "나는 뇌종양을 견디고 살아남았다." 그녀는 자신이 만일 캐나다 정부의 건강보험에 따라 치료 순서를 기다리고 있었다면 죽고 말았을 것이라고 주장한다. 그 대신 애리조나 주의 평생치료보험을 택했기에 혜택을 받을 수 있었다는 것이다. 그러나 사실 관계 확인을 통해 드러난 바에 따르면, 그녀의 극적인 이야기는 대부분 거짓으로 캐나다 보건 당국이 그녀의 치료를 늦춘 것은 그녀의 뇌하수체에서 발견된 종양이 양성이기 때문이었다.[57] 그림에도 불구하고 데이비드 코크가 책임자로 있는 AFP 재단에서는 2009년 여름 이 광고를 방영하는 데 100만 달러 이상을 썼다.

이 광고를 만든 사람은 워싱턴의 언론 및 정치 상담 전문가인 래리 매카시다. 그를 유명하게 만든 건 인종 차별 문제로 물의를 빚은 윌리 호튼과 관련된 광고였다. 윌리 호튼은 아프리카계 미국인 살인범으로 매사추세츠 주 형무소에 수감되어 있다가 인도적인 차원에서 주말에만 외출을 나갔는데, 바로 그렇게 외출을 한 날 한 여성을 폭행하고 강간했다. 이런 사실을 비난하는 광고 덕분에 호튼의 주말 외출을 허가한 마이클 듀카키스 주지사는 범죄 처벌에 미온적인 인물로 비춰져 1988년 대선 후보전에서 낙마하고 말았다. 이처럼 매카시는 교묘하게 감정을 자극하는 광고로 악명이 높았는데, 특히 사람들의 공포심을 잘 이용했다. 민주당의 여론 조사 전문가인 피터 하트는 자신과 경쟁관계였지만 때로는 함께 협력하기도 했던 매카시에 대해 이렇게 이야기했다. "누군가를 암살하고 싶다면 역사상 최고의 저격수 중 하나를 고용하는 게 상식 아니겠는가."[58] 그해 봄, 현금을 잔뜩 지원받은 노블은 바로 그 매카시를 고용한다.

환자권리보호센터는 매사에 신중했다. 노블의 결정에 따라 그해 봄 센터에서는 아무도 모르게 프랭크 룬츠와도 계약을 했다. 공화당의 여론 조사 전문가이자 선전가인 룬츠는 오바마의 건강보험 계획을 공격할 수 있는 최선의 방법들이 실제로 효과가 있는지 시험해보는 일을 맡았다. 룬츠에게 정치학을 가르친 교수는 펜실베이니아주립대학교의 제임스 피에르슨으로, 나중에 올린재단을 운영하게 되는 인물이다. 룬츠는 보수주의 운동을 시작하는 방법을 연구했고, 일종의 통역가가 되어 상류 지도층의 의견을 대중에게 알기 쉽게 전달하는 일을 했다. "정책 연구소들은 이념과 사상을 만들어내는 일을 하고 나는 그런 내용을 설명하는 일을 한다." 룬츠의 말이다.[59] "내가 하는 일은 대부분 먼저 듣고 그다음에 들은 내용을 정리하는 것이다." 그는 상류 지도층이 전달자로서는 0점에 가깝다는 사실을 인정했다. 자신의 역할을 충실히 수행하는 과정에서 룬츠는 일종의 '정책 기업가'로서의 오랜 전통을 이어받은 사람 중 하나로 부각됐다. 정책 기업가란 부자 후원자들이 중요하게 생각하는 문제를 좀 더 쉽고 잘 이해되는 언어로 재조립해서 대중에게 알리는 일을 하는 사람이다.[60]

룬츠는 건강보험을 공격하는 언어를 완성하기 위해 투표와 표적 집단, 그리고 즉각적 반응을 확인할 수 있도록 고안된 실험 등을 사용했다. 그는 주로 미주리 주 세인트루이스의 평균적인 미국인들을 상대로 실험했다. 이를 통해 룬츠는 4월에 28페이지에 이르는 기밀 제안서를 완성한다. 매우 독창적인 내용의 이 제안서는 당시에 오바마의 건강보험 계획에 대한 대중의 반대 여론이 크게 형성되지 않았다고 경고했는데, 실제로는 많은 지지가 있었다. 룬츠는 사람들의 반감을 이끌어내는 가장 효과적인 방법으로 '정부가 모든 것을 빼앗아 간다'라는 꼬리표를 붙이는 것을 꼽았다. 마치 소수에 의해 국가가 전복될 것 같은 분위기를 조성한다면 사람들은 독재자에 의해 자유를 잃는 것 같은 기분을 느끼게 된다.

룬츠는 "건강보험에 관련된 권리를 '정부가 모든 것을 빼앗아간다'라는 구호로 만들고 우선 나부터 그 말을 믿었다"며 "이렇게 해서 2010년에 오바마를 무찌르는 데 필요한 무기를 공화당에 주었다"고 말했다. 그렇지만 대부분의 전문가는 이런 제안이 완벽하게 잘못됐다는 것을 알게 되는데, 오바마 행정부는 미국 국민들이 개인 건강보험을 이익 추구를 목표로 하는 기업들로부터 구매하는 것이지, 정부로부터가 아니라는 사실을 알리고 있었기 때문이다. 사실 진보주의자들이 분노했던 건 정부의 보험 계획을 선호하는 사람들의 공공 선택권을 지지하는 문제와는 관계가 없었다. 다만 개인이 건강보험을 알아서 책임지는 일에 대해 정부가 묵인하는 오바마의 계획은 헤리티지재단이 만든 보수파의 발상이었기 때문이며, 그 목적은 건강보험을 국가가 책임지고 전국적으로 확대하는 것을 늦추는 것이었다.[61] 룬츠의 구호는 완전히 잘못된 것으로, 심지어 중도파 시민 감시 단체인 폴리티팩트(PolitiFact)에 의해 '올해의 거짓말'로 선정되기도 했다. 그렇지만 행정부 공무원들의 지원 부대가 잘못된 것을 수정하려 애쓰는 사이, 룬츠의 이런 기만적인 선동은 제대로 먹혀들어 두려움에 질린 분노한 유권자들은 점점 더 흥분하기 시작했으며, 그들 중 상당수가 티파티 모임에 참여하게 됐다.

노블의 전략은 아주 신중하게 그 목표를 정했고 상원 재정위원회 위원들의 상황을 공격하는 광고를 만들었다. 위원회는 건강보험 법안을 작성 중이었는데, 위원회에서 이를 투표로 결정하기 위해서는 누군가의 도움이 필요했다. 오바마 행정부는 위원회 위원장에게 엄청난 권한을 부여했는데, 몬태나 주 출신의 민주당 소속 맥스 보커스 위원장은 초당적인 지지를 얻기 위해 그런 권한을 부여받았던 것이다. 보커스 위원장은 결국 사실상 위원회를 이끌던 아이오와 주 출신 공화당 상원의원 척 그래슬리의 지지를 얻기 위해 사력을 다할 수밖에 없었다. 노블은 위원회를 면밀히 살펴본 끝에 특별히 외부의 압력에 예민하게 반응하는 위원들을 추려내고 핵심 부동층을 파악한 뒤 루이지애나와 네브래스카, 메인, 아이오와, 그리고 몬태나 주 상원의원들을 자신의 목표로 잡았다. 그는 충분한 압력만 가하면 심지어 그래슬리와 보커스 의원까지 무력화시킬 수 있을 것이라 확신했다.

당시에는 오바마의 건강보험 계획이 틀어질 거라고 생각한 사람은 거의 없었다. 반대편에 선 보수주의자들은 다른 문제에 더 관심이 많았다. 노블은 설득 가능한 상원의원들을 상대로 풀뿌리 민초들의 압력을 이끌어낼 필요를 느꼈지만, 그럴 만한 분위기가 아직 조성되지 않았던 것이다. 상원의 여름 휴회 기간이 다가오자 비로소 건강보험에 대한 관심이 높아지기 시작했다. '이번 여름을 완전히 지옥으로 만들어야만 한다는 사실을 알고 있었다.' 노블이 〈내셔널 리뷰〉에 한 말이다.[62] 도움이 필요했던 그는 애리조나에 사는 옛 친구 더그 굿이어를 찾아갔다. 그가 운영하는 광고 회사인 DCI 그룹은 다소 논란은 있지만 큰 이해관계가 얽힌 문제에 대해 가짜 '인조 잔디'를 현대적인 방식으로 활용하는 데 정말로 전문적인 기술을 가지고 있었다. 예컨대, 담배 회사를 위해 거짓 광고를 만들어준 것이 그 예다.

이 회사의 총책임자인 굿이어는 1996년 두 명의 공화당 선거 전문 당직자와 함께 DCI 그룹을 세웠으며, 거대 담배 회사인 RJ레널즈를 위한 외부 광고를 제작했다. 이 3인조는 기존의 선거용 전략을 상품 광고에 활용해 담배처럼 누가 봐도 분명히 위해한 상품에 대한 광고를 성공적으로 만들어냈다. 1990년 담배 산업 내부에서 작성됐고 나중에 법적 판결에 따라 공개된 내부 문서에 따르면, 그 광고의 핵심은 담배 회사의 이익에 대한 문제를 마치 큰 원칙에 대한 문제처럼 위장하는 것이었다. 판매에 중점을 두는 것이 아니라 원래는 있지도 않은 '흡연자의 권리'를 만들어내 흡연 금지에 대해 그것이 마치 기본적인 인권의 문제인 것처럼 부각시킨 것이다.

3인조 중 한 사람인 팀 하이드가 쓴 내용에 따르면 당시 RJ레널즈의 전국 판매 총책임자는 회사가 필요로 하는 것은 '자유와 선택, 그리고 사생활의 문제와 관련해 전국에서 동조를 이끌어낼 수 있는 일종의 운동'을 만들어내는 것이라고 강조했다.[63] 하이드는 이렇게 적었다. '레널즈는 두 가지 전략을 따라야 한다. 한 가지는 워싱턴과 뉴욕 같은 중심지에서 지식인층을 상대해 언론 기고와 소송, 그리고 전문가들의 연구를 바탕으로 상류층 지식인들에게 영향을 미쳐야 하는 것이고 다른 한 가지는 풀뿌리 조직을 동원해 지방 도시에서 대규모의 일반인을 상대해야 한다.' 여러 단체나 조직을 전면에 내세워 대중의 정치적인 지지를 이끌어내야 한다는 것이다.

다양한 단체로 흐르는 검은 자금줄

2009년 노블은 이런 검은 술수를 쓰는 데 DCI 그룹을 능가할 집단이 없다는 것을 알게 됐다. 이 회사는 공화당과도 깊은 관계를 맺고 있었고, 엑손모빌과 전미 화물운송노조부터 미얀마의 군사 독재 정부에 이르기까지 커다란 이해관계가 얽힌 곳이라면 어디든지 가리지 않고 힘을 보태왔다. 굿이어는 특별히 기업과 관련되어 보이지 않는 손으로 인조 잔디 운동을 통한 로비 활동을 펼치는 데 일가견이 있었다. DCI 그룹은 그 밖에도 많은 재주가 있었는데, 엑손모빌의 의뢰를 받고 일할 당시에는 부통령을 역임한 앨 고어의 환경에 대한 호소를 단순한 웃음거리로 만드는 재주를 부린 적도 있다. 그의 책《불편한 진실 An Inconvenient Truth》과 동명의 다큐멘터리에 대해 비밀리에 이를 조롱하는 짧은 만화 동영상을 만들어 소개하며 '앨 고어의 펭귄 부대(Al Gore's Penguin Army)'라고 부르는 선전활동을 한 것이다.[64] 나중에야 여기에 DCI 가 개입했고, 마치 아무런 이해관계가 없는 개인이 순수하게 혼자 만든 것처럼 꾸몄다는 사실이 밝혀졌는데, 관련 정보를 반드시 공개해야만 하는 다른 로비 전문 기업들과 달리 광고 회사라는 간판을 달고 정치적인 압력을 행사하는 DCI 같은 회사들은 자금 출처를 숨길 수 있었다.

얼마 지나지 않아 노블의 환자권리보호센터는 수백만 달러에 달하는 자금을 또 다른 비영리단체들에 나눠주는데, 그들 중 일부는 DCI 그룹의 위장단체들이었다. 6월에 환자권리보호센터는 180만 달러를 이름이 비슷해 혼동마저 일으키는 환자권리보호연합(Coalition to Protect Patient Rights)에 기부했는데, 이 단체는 바로 6월에 DCI 그룹에서 일하던 한 회계사가 버지니아 주에서 설립한 단체로, 이 돈의 대부분을 DCI 그룹에 보냈다. 얼마 지나지 않아 미국의학협회(American Medical Association)의 전임 회장인 도널드 팔미사노가 전국에 방영되는 방송에 출연해 정체불명의 한 단체를 대신해 오바마 대통령의 건강보험 개혁 계획을 맹렬히 비난했다.[65] 팔미사노는 이름을 밝힐 수 없는 의료 현장과는 관련 없는 후원자들이 자신을 섭외해 방송에 출연해 달라고 했다는 사실을 인정했으며, 이들은 스스로 '의사들이 주도하는 연합(doctor-led coalition)'으로 소개했다고 했다.

앞서 등장한 DCI 그룹의 전 회계사의 이름은 워싱턴에 있는 또 다른 비영리재단과 관련된 문서에도 등장한다. 이 작은 재단의 이름은 '자유 연구소(Institute for Liberty)'로, 노블의 환자권리보호센터로부터 바로 150만 달러의 자금을 지원받았다. 그리고 그중 40만 달러가 역시 '상담비' 명목으로 DCI 그룹에 이체됐다. 바로 전 해 이 연구소 전체 예산은 5만 2,000달러에 불과했다. 그러다 갑자기 현금이 넘쳐나자, 연구소 소장인 앤드루 랭어는 〈워싱턴포스트〉와의 대담에서 '올해 우리는 정말로 운이 좋았다'라는 말을 남겼다.[66] 그는 이름을 밝힐 수 없는 기부자가 미국 다섯 개 주에서 오바마의 건강보험 계획을 공격하는 광고를 제작하기 위한 자금을 지원했다고 밝혔다. 〈워싱턴포스트〉는 놀라울 정도로 큰 규모의 광고전에 대해 보도하기는 했지만 자금 추적에는 실패하고 말았다. 실제로 방송에 나간 광고에서 유일하게 밝혀지지 않은 부분이 바로 후원자였다. 다만 '소상공인을 위한 모임에서 후원했음'이라는 자막만 떴을 뿐이다.

그러는 사이 AFP는 무모하리만큼 전력을 다해 이 싸움에 끼어들었고 '환자 연합(Patients United Now)'이라는 이름의 또 다른 조직을 만들어 운영했는데, 팀 필립스에 따르면 이것 말고도 건강보험 개혁 법안에 반대하기 위해 300여 개가 넘는 단체와 조직이 만들어졌다고 한다. 한 조직에서 민주당 의원의 인형을 목매다는 행사를 벌이면 또 다른 단체는 나치 수용소에 있는 시체가 그려진 깃발을 휘두르는 식이었다. 다시 말해 오바마식 개혁은 나치 독일이 자행한 학살이나 다름없다는 의미였다.

브래들리재단 역시 이 싸움에 끼어들었다. 세금을 면제받는 이 재단은 직접적으로 티파티 운동을 지원하지는 않았지만 재단 이사장인 마이클 그레베는 "AFP와 프리덤워크가 운영하는 공공교육 과정을 후원하며 이 두 단체는 티파티 활동에 매우 적극적으로 참여하고 있다"라고 말한 바 있다.[67]

그레베가 이렇게 공공연히 코크 가문과 관련된 단체인 AFP가 티파티에 대해 매우 적극적이라고 말했지만 핑크는 여전히 반대되는 주장을 했다. '우리는 절대로 티파티 운동에 자금을 지원하지 않는다. 다만 우리는 대학과 정책 연구소, 시민단체를 통해 20년에서 30년에 가까운 세월 동안 자유시장의 이념을 설파해왔는데, 그런 이념과 사상이 퍼져 티파티 운동이 시작되는 단초가 됐으면 하는 개인적인 소망은 있다.'[68]

2009년 코크 가문이 주최하는 모임이 두 번째로 열렸을 때, 그 대외적인 명칭은 '미국인들의 자유로운 사업과 재산을 위협하는 존재에 대한 확인과 이해'였다. 6월 말 콜로라도 주 아스펜에서 열린 이 모임에서 노블은 한 자리를 차지하고 참석할 수 있었는데, 단지 초대만 받은 것이 아니라 공식적으로 코크 가문의 정치 고문으로 계약을 하고 참석한 것이었다.[69] 코크 가문은 별도로 외부의 도움이 필요하다는 것을 절감하고 있었다고 한 내부자는 전했다. 오바마의 대통령 당선은 우파에게 큰 충격을 주었고, 알 만한 부자들이 모두 코크 가문과 함께하기 위해 몰려들었다. "갑자기 돈이 넘쳐나면서 코크 가문의 모임은 태풍의 중심이 됐다. 정신 없을 정도였다." 이 내부자의 회상이다.

바로 이때 특별 순서가 아닌 정해진 순서에 따라 랜디 캔드릭이 건강보험과 관련한 연사로 나섰다. 한 참석자에 따르면 캔드릭은 이렇게 주장했다. "이제는 일을 저지를 때다." 모임이 끝나기 전 다시 수백만 달러에 달하는 돈이 오바마의 최우선 과제인 건강보험 개혁 법안을 저지하기 위해 모금됐다.

그해 여름 민주당 하원과 상원의원들은 자신들의 지역구로 돌아가 흔히 하던 대로 공청회를 열었고, 엄청난 비난을 받았다. 주민들의 분노는 누가 시킨 것이 아니라 자발적으로 터져나온 것처럼 보였지만, 탐사보도 전문기자인 리 팽은 프리덤워크의 한 자원봉사자가 티파티 운동 참여자들에게 어떻게 하면 공청회를 엉망으로 만들 수 있을지 지시하는 내용의 문건을 돌렸다는 것을 밝혀냈다. 'RightPrinciples.com'이라는 웹사이트를 운영하는 보브 맥거피는 오바마 정책 반대자들에게 이런 충고를 남겼다. "공청회에 될 수 있는 한 많이 모여 세력을 과시하라." 그렇게 해서 자신들이 좀 더 중요한 인물들처럼 보이게 만들라는 것이다. "그리고 의원이 정견 발표를 시작하자마자 소란을 피워라. 소리를 지르고 무슨 말을 하든 반박해 의원을 뒤흔들어라. 미리 준비해 온 정견 발표를 제대로 하지 못할 정도로 자리에서 일어나 소리를 지르고 바로 자리에 앉는 일을 반복하라."[70] 맥거피는 혼자 활동하는 초보 활동가로 그의 충고는 별다른 반향을 불러일으키지 못했으나, 외부에 오바마 반대 활동을 전문적으로 하는 단체나 사람들이 있었고 이들은 코크 가문 모임에서 비용을 지원받았다. "우리는 공청회에 사람

들을 보내 무조건 소리를 지르고 반대하게 했다." 나중에 노블도 이렇게 인정했다.[71]

티파티를 통한 공화당의 역습

한 퇴역 군인이 민주당 하원의원인 브라이언 베어드에게 오바마의 건강보험 계획을 지지하는 것은 헌법에 위배되는 일이라는 표면상의 이유를 들어 그를 공격하고 난 후, 베어드는 이런 참을 수 없는 정치 환경에 대한 불만을 토로하고 정계에서 은퇴하겠다는 결정을 내린다. 필라델피아에서는 공화당의 중도파 상원의원인 앨런 스펙터와 보건복지부 장관인 캐슬린 시벨리우스는 한 행사장에서 건강보험 개혁 법안을 설명하려다 수백 명에게 야유를 받았다. 플로리다 주 템파에서 뉴욕의 롱아일랜드에 이르기까지 미국 전역에 있는 지역구의 하원의원들은 성난 시민들에게 둘러싸였다. 시민들 중 일부는 오바마의 개혁안이 나이 먹은 사람들을 안락사시키는 정부 주도의 기관을 만들 것이라는 그럴듯한 소문을 믿고 있었다.

이런 모습들은 오바마의 정치 개혁 일정을 무너뜨리고 있는 것이 무엇인지 분명하게 보여준다. 세금을 반대하는 활동가인 그로버 노퀴스트는 워싱턴에서 보수주의 지도자들과 매주 모임을 가졌는데, 거기에는 AFP도 포함되어 있었다. 노퀴스트는 여름의 이런 혼란스러운 상황을 일종의 분기점으로 묘사했다. 그에 따르면 하원의 공화당 수뇌부는 "8월의 그 혼란이 없었더라면 정국의 주도권을 잡을 수 없었을 것이다. 사람들이 거리로 쏟아져 나오기 시작하자 그래슬리 같은 협상가들도 풀이 죽고 말았다."[72] 분명 공화당에도 오바마와 적극적으로 함께 일을 해보려 했지만 그러지 못한 사람들이 있었다. 게다가 오바마에게 반대하는 시민들이 점점 늘어나는 것처럼 보이자 워싱턴에 있는 로비 전문 기업들을 중심으로 한 후원 기업들도 영향을 받았다. "워싱턴 로비 기업들의 동향은 30억 달러에 달하는 로비 자금이나 후원금의 향방을 가른다." 노퀴버스의 말이다. "오바마에 대한 지지가 높을 때에는 상공회의소에서 '우리는 오바마 행정부와 함께 일할 수 있다'라고 말한다. 그렇지만 수많은 사람들이 거리로 뛰쳐나와 의원들을 공격하는 사태가 벌어진 8월에는 모든 것이 달라졌다."

오바마와 그의 가족이 의회의 휴회 기간 동안 매사추세츠 주 연안의 고급 휴양지인 마서스 빈야드에서 여름휴가를 보내고 있을 무렵, 코크 가문 모임이 지원하는 건강보험 개혁 반대 광고의 맹공격에 시달리고 있던 그래슬리 공화당 의원은 자신은 당파를 초월한 지원을 하지 않을 것이라는 점을 분명히 했다. 역시 노블의 광고 공격의 주된 목표였던 민주당의 보커스 의원은 당황해하며 입장을 유보했다. 민주당의 거물이며 진보파였던 에드워드 케네디 상원의원은 보편적 건강보험 확대의 가장 큰 지지자였다. 그가 사망하자 건강보험 개혁안에는 또 다른 먹구름이 드리우게 된다. 그의 사망으로 공석이 된 자리를 채우기 위해 1월에 보궐선거를 치를 예정이었는데, 그 자리는 당연히 민주당이 다시 차지할 것으로 기대됐다.

민주당의 정치 고문이자 홍보 전문가로 오바마의 2008년 대선을 승리로 이끄는 데 크게 공헌한 짐 마골리스는 이런 상황을 매우 당황해하며 지켜보았다. 그는 백악관과 민주당 하원의원들에게 건강보험에 대한 문제와 관련해 조언하며 문제가 잘 해결될 것이라는 기대를 키우고 있었던 것이다. '나는 건강보험 문제에 대해 사려 깊은 공화당 위원들이라면 적당한 수준의 지지를 얻을 수 있을 거라고 생각했다.' 마골리스의 말이다.[73] "3~4월에 맥스 보커스는 올림피아 스노와 척 그래슬리를 접촉하고 있었다. 이 두 온건파 공화당 의원은 올바른 목소리를 냈지만, 일의 진행은 느리기 그지없었다. 그러다 8월의 휴회 기간이 지나갔고 정말로 위기 상황이 닥쳐왔다. 자금의 흐름이 어디로 향하고 있는지 알 수 있었다면 흥미로운 일이 됐을 것이다." 그의 설명이다.

엑설로드는 훗날 자신이 이 시기 우파의 자금 흐름을 제대로 추적하고 있지 못했음을 인정했다. 그리고 오바마를 위협하는 우파의 소수지배 세력이 있다는 사실을 나중에야 깨닫게 됐다는 것이다. "나는 여름에 접어들면서 외부의 힘이 강력해지고 있다는 의심이 들었다." 엑설로드는 "정부의 힘을 이용하면 문제를 해결할 수 있다고 믿었지만 사실상 자본이 모든 것을 결정하던 도금 시대가 다시 돌아온 것이나 다름없었다"고 말했다.[74]

혼란스럽고 극적인 정치 상황을 늘 주목하고 있던 언론들은 풀뿌리 운동의 규모를 과장해 보도하기 시작했다. 9월 12일 글렌 백과 프리덤워크의 '9/12' 모임을 지지하기 위해 워싱턴의 내셔널 몰 광장에 6만 5,000명가량의 사람들이 모였을 때 이들은 '죽은 케네디 의원과 오바마 개혁안을 함께 관 속으로'라는 문구가 적힌 팻말 등을 휘둘렀는데, 이를 두고 마치 미국 정치의 무게 중심 전체가 뒤바뀌는 듯한 사건으로 보도한 것이 그 좋은 예다.[75]

분명한 건 극우파의 세력이 점점 더 늘어나고 있었다는 사실이다. 1930년대 뉴딜 정책을 반대하는 모임이었던 자유연맹은 회원이 7만 5,000명가량이었으며, 1960년대 존버치협회의 회원 수는 10만 명을 헤아렸다.[76] 전체적으로 보면 최고 전성기에 미국 인구의 5% 정도가 존버치협회를 지지한 셈이다. 반면 티파티 운동은 〈뉴욕타임스〉가 추산한 바에 따르면 최고 18%가량의 지지를 받았는데, 데빈 버그하트는 중심

다크 머니

적으로 활동하는 사람은 33만 명 정도이다. 이는 여섯 개의 전국 규모 연합 조직에 회원으로 등록된 숫자라고 했다.[77] 만일 이런 계산이 정확하다면 골수 티파티 활동가의 실제 숫자는 역사적인 기준으로 볼 때 그리 많은 것은 아니지만, 지하에 구축된 전문적인 조직과 사람들의 공감대, 그리고 후원금을 받는 언론 매체들과 비주류의 주장을 중앙으로 밀어 올리는 데 집중되는 자금 등은 분명 무시할 수 없는 규모였을 것이다.

오바마의 대선 승리 1주년이 다가오던 10월 3일, 데이비드는 AFP가 후원하는 '미국의 꿈을 지키는 모임(Defending the American Dream Summit)'에 참석하기 위해 워싱턴으로 왔다. 오바마의 지지율이 빠르게 떨어지고 있던 시점이었다. 공화당 의원 중 메인 주 출신의 상원의원 올림피아 스노만이 유일하게 건강보험 문제와 관련해 오바마 행정부에 협조하고 있었지만, 결국 그녀 역시 떨어져 나가고 말았고 오바마 대통령은 크게 실망했다는 말이 전해졌다. 야당인 공화당은 가장 야심차게 추진 중인 국내 정책을 포함해 오바마의 모든 정책을 걸고넘어지면서 오랜 정쟁을 끝내고 시대를 넘어서는 다리가 되겠다던 그의 가장 큰 소망과 약속을 무너뜨렸다.

상원의 공화당 원내 총무인 미치 맥코넬은 기회가 있을 때마다 공화당 간부 회의를 열어 티파티 세력은 이미 준비됐고 정도를 벗어난 일에 반대하는 큰 도전이 시작되기를 기다리고 있다고 말했다. 따라서 외부의 자금 지원을 받는 외부 단체나 조직은 중요한 지원군이 되어줄 터였다. 계획은 척척 진행 중이었다. 가을이 되면 1년 전만 해도 오바마를 찬양하느라 정신이 없었던 전문가들도 대통령의 정치적 실수를 인정하게 될 것이었다.

10월 3일 버지니아 주 알링턴에 있는 크리스털 게이트웨이 메리어트 호텔 연회장을 가득 메운 사람들에게 데이비드는 이렇게 말했다. "5년 전 찰스와 나는 AFP라는 모임이 시작되도록 자금을 지원했고, 이 모임은 당시 내가 가졌던 소망을 훨씬 더 뛰어넘는 거대한 조직으로 이렇게 성장했다. 요즘 같은 때야말로 우리 이사진이 가지고 있는 꿈을 실제로 펼쳐 보일 때다. 5년 전 모임을 시작할 때 생각했던 꿈 말이다." 왠지 어색한 듯 두 손을 비비던 데이비드는 또 이렇게 덧붙였다. "하나의 거대한 모임과 운동을 마음속으로 그렸다. 미국의 한 주에서 시작됐지만 전국적인 규모로 퍼져 나가는……. 사회 각계각층에서 모인 수십 수백만 명의 미국 시민들이 자리에서 일어나 경제적인 자유를 위해 싸운다. 오늘날 역사상 가장 번영한 사회인 우리 조국 미국을 있게 해 준 바로 그 자유 말이다. 다행히도 저 멀리 캘리포니아에서 버지니아까지, 그리고 텍사스에서 미시간에 이르기까지 전국에서 일어난 움직임은 점점 더 많은 우리 동료 시민들이 우리와 같은 진실을 보기 시작했다는 사실을 알려주고 있다."

그가 뒤로 물러서자 AFP의 각 지역 대표자가 한 사람씩 차례대로 등장해 자신들이 어떻게 각자의 지역에서 수십 개가 넘는 티파티 모임을 결성할 수 있었는지 설명하는 보고회가 이어졌다. 그들 옆에는 출신 지역을 표시하는 커다란 수직 표지판이 서 있었다. 분위기가 고조되자 화려한 조명등 불빛이 연회장을 이리저리 비추기 시작했다. 대선에서 패배한 데이비드 코크가 정치 무대를 떠난 지 29년, 그는 성공적으로 자금을 운용해 자신의 꿈을 펼칠 수 있는 조직과 단체를 만들었고, 마침내 대통령 후보 지명 전당대회를 방불케 하는 이 자리에 승리자로 다시 설 수 있었다.[78]

8

화석연료

2008년 대선이 막바지에 접어들면서 펜실베이니아주립대학교에서 기상학과 지구과학을 가르치며 기후 변화 연구로 유명한 마이클 만 교수는 아내에게 누가 대통령이 되든 자신은 만족스러울 거라고 말했다. 공화당과 민주당 대선 후보 모두가 지구 온난화 문제의 중요성에 대해 이야기를 하고 있었고, 만은 지구 온난화 문제가 가장 중요한 화두라고 생각하는 사람이었다. 그렇지만 그는 티파티를 조직한 바로 그 세력이 정부에 대한 대중의 불만을 자신 같은 과학자들에게로 교묘하게 돌릴 줄은 미처 예상하지 못했다.

처음에는 마이클 만도 기후 변화의 과학적 근거에 대한 정확한 확신은 없었다. 1990년 그와 두 명의 공동 저자는 지난 1,000년 동안 북반구의 기후 변화에 대한 연구서를 출간했는데, 그 책에 단순하고 알아보기 쉬운 도표를 제시하며 다음과 같은 결론을 제시했다. 지구의 기온은 900년 동안은 특별한 변동이 없었으나 20세기에 접어들면서 마치 끝 부분이 위로 솟구치는 하키 채처럼 갑자기 올라가기 시작했다는 것이다. 이른바 '하키 스틱 그래프(hockey stick graph)'로 알려진 이 이론은 매우 강력한 설득력을 지녀서 기후 변화와 관련된 논쟁에서 상징적인 위치를 차지하게 됐다. 2008년 마이클 만은 다른 대부분의 전문가들처럼 인간이 지구의 기온 변화에 위협적이라는 과학적 증거가 충분하다는 결론에 이르게 된다. 너무 많은 석유와 천연가스, 그리고 석탄을 사용해서 빚어진 문제라는 것이었다. 화석연료를 사용함으로써 발생하는 이산화탄소와 다른 배출가스가 지구의 기온을 높이고 다른 엄청난 결과들을 불러왔다는 것이 이들의 주장이었다.

심지어 국방부조차 이해관계나 파벌과 상관없는 기술진을 통해 '기후 변화의 위험성은 실재하는 것이며 그것도 아주 급박하고 위험한 수준이다'라는 조심스러운 결론을 내렸다. 미국 국가안보전략원의 한 공식 보고서에서는 국가 안보가 위험한 상황이라고 선언하면서 이렇게 주장했다. '지구의 기온이 점점 올라가면서 생기는 변화로 난민과 자원과 관련한 새로운 분쟁이 일어날 것이며, 기근과 가뭄으로 고통받는 지역이 생길 것이다. 엄청난 수준의 자연 재해가 일어날 것이고, 지구 곳곳에서 해수면이 높아져 육지가 물에 잠기는 곳이 나타날 것이다.'[1] 보고서는 만일 적절한 조치가 취해지지 않을 경우, 기후 변화와 전 세계적인 전염병이 미국 국민의 건강과 안전을 직접적으로 위협할 것이라고 분명하게 예측했다.

세계 최대이자 최고 수준을 자랑하는 비영리 과학 단체인 미국과학진흥회(The American Association for the Advancement of Science, AAAS) 역시 같은 주장을 내놓았다. 이들은 '우리는 급박하면서도 예측 불가능하고 피할 수 없는 변화가 예상되는 상황을 마주하고 있다'면서 엄청나게 파괴적인 결과가 올 수도 있다고 주장했다.[2]

마이클 만에게는 특별한 정치적인 성향이 없었다. 그는 머리가 조금씩 벗어지기 시작한, 사람 좋아 보이는 중년 남성으로, 둥글둥글한 얼굴에 짙은 수염을 기르고 있었다. 만은 말 그대로 순수한 과학자로, 버클리대학교에서 응용수학과 물리학을 전공했으며 예일대학교에서는 지질학과 지구물리학을 공부했다. 그리고 그는 과학자가 공공정책에 어떤 중요한 역할을 할 수 있다고 생각해본 적이 없었다.[3] 오바마가 대통령에 당선됐을 때를 그는 이렇게 회상했다. "나는 기후 문제에 대해 어떤 조치가 취해지는 것을 보게 될 것이라고 생각했다. 나처럼 생각하는 사람들이 아주 많았다."

이런 예상은 얼핏 당연한 것처럼 보였다. 오바마가 민주당 대선 후보로 결정된 그날 밤, 그는 기후 변화에 대해 열변을 토하며 이제 미국인들은 해수면의 상승이 늦춰지며 지구가 스스로 치유되기 시작하는 모습을 보면서 과거를 반성하고 새롭게 전진하게 될 것이라고 말했기 때문이다. 백악관에 입성한 뒤에는 '탄소 배출권 거래제도' 관련 법안을 통과시킬 것이라고 약속하기도 했다. 탄소 배출권 법안이란 화석연료를 중심으로 하는 산업은 물론 다른 산업들까지 이 문제를 더 이상다른 누군가의 문제로만 여기지 않고 각종 오염이나 다른 문제들에 대해 비용을 지불하도록 하는 법안이다. 탄소 배출권 법안은 철저하게 시장을 중심으로 하는 해결책이다. 처음에는 공화당 역시 이 법안을 지지하며 이산화탄소 배출에 대한 허가제를 실시해야 한다고 주장하기도 했다. 그 구체적인 내용 중 하나는 각 산업에 오염 물질 배출을 중단하는 데 따른 재정적 특혜를 준다는 것인데, 앞서 이 정책을 실시한 결과 산성비의 주범인 산업시설의 탄소가스 배출이 놀라울 정도로 줄어드는 성과를 올렸다. 이렇게 사전 확인을 거친 결과를 바탕으로 당파를 초월한 온건한 접근을 통해 오바마 행정부와 수많은 환경운동가들은 또 다른 고무적인 결과를 얻을 수 있을 것이라 확신했다.

하지만 마이클 만은 "우리가 계산에 넣지 않은 것이 있었다"고 지적했다. "엄청난 이해관계가 얽힌 기업들과 정치가들이 무시무시한 역습을 가해올 것이라는 사실이었다. 우리는 지구 역사상 가장 강력한 세력을 자랑하는 산업에 직접적으로 도전하는 일을 벌였다. 그들은 자신들의 이익에 위협이 되는 것은 어떤 것이든 끝까지 무너뜨릴 각오가 되어 있었다. 거기에 대해 과학과 과학자들이 아무리 확실한 증거를 들이밀어도 전혀 개의치 않았다."[4]

만은 또 이렇게 주장했다. "화석연료 산업은 소수 독점 체제다." 어떤 사람들은 미국의 석유와 천연가스, 그리고 석탄 재벌들이 말 그대로 소수의 특혜를 받는 집단이지만 대신 정치에 있어 과두 체제의 장점처럼 여러 가지 문제들을 더 효과적이고 능률적으로 다룰 수 있지 않느냐고 주장한다. 그렇지만 그런 그들이 자금을 지원해 만 같은 과학자들의 신변을 개인적으로 공격하도록 만들고, 기후 문제와 관련한 법안을 부결시키며, 오바마 대통령의 정책 수행에 빨간 불이 켜지도록 만들었다는 사실은 절대로 부인할 수 없다.

만일 오바마가 백악관에 입성했을 때 그가 실패하기를 바랐던 엄청나게 부유한 이익단체를 한 곳만 들라면 화석연료 산업계를 빼놓을 수 없을 것이다. 미국 민주주의 체제를 흔드는 그들의 응집된 금권력을 확인할 수 있는 사례를 한 가지만 들어보라면 그건 기후 변화 문제에 대한 정부의 관여를 지체시킨 일일 것이다. 과학계는 물론 전 세계 다른 국가들이 지향하는 방향과 정반대되는 입장을 당당히 고수한 것이 바로 그들이다. 오바마의 건강보험 관련 법안이 티파티 활동가들을 하나로 모으는 데 중요한 역할을 했다면, 그의 환경과 에너지 정책은 코크 가문을 중심으로 모인 수많은 억만장자들의 진짜 공격 목표가 됐다. 기후 변화에 대한 미온적인 대책으로 사람들이 지불해야 하는 대가가 훨씬 더 커지는데도 불구하고 화석연료 산업계 사람들은 한

발도 물러나지 않았다. 만의 지적이다. "마치 19세기에 석유가 발견되면서 사양 산업이 된 고래 기름 사업자들 같았다. 결과가 눈에 뻔히 보이는데도 현 상태를 유지하려고 갖은 애를 썼다. 그게 아무리 바보처럼 보이는 일이라도 상관없었다."[5]

화석연료 업계에 닥친 위기

석탄과 석유, 그리고 천연가스 재벌들은 코크 가문 모임에서 중추적인 역할을 담당했다. 참석자들의 명단은 마치 미국 인명사전에 등장하는 가장 성공한, 그리고 가장 보수적인 성향을 띠는 화석연료 산업 재벌들의 명단을 보는 듯하다. 그들 중 대다수가 개인적으로 회사를 소유하고 있으며, 시장에 공개하지 않은 채 누구의 간섭도 없이 독자적으로 운영하고 있었다. 이들은 이렇게 채굴을 통한 에너지 자원으로 엄청난 재산을 일구거나 혹은 물려받았으며, 일반 주주들은 물론 자신들을 제외한 다른 누구에게도 사업 내용을 알려줄 필요를 느끼지 않았다. 예를 들어, 코빈 코비 로버트슨 2세는 텍사스에서 가장 유명한 석유 재벌인 휴 로이 컬런 손자로, 텍사스주립대학교를 다닐 때에는 미식축구 팀 주장을 맡기도 했다. 그는 1969년 대학을 졸업한 뒤 자신이 물려받은 재산을 걸고 예상치 못한 대단한 모험을 시도한다. 자신의 재산 거의 대부분을 석탄 산업에 투자한 것이다. 2003년 기록만 봐도 그는 개인적으로 미국에서 가장 많은 석탄을 보유한 인물이었다. 한 보도에 의하면, 그가 개인적으로 소유한 휴스턴의 퀸타나 리소시즈 캐피털(Quintana Resources Capital)의 석탄 보유량은 무려 210억 톤에 달한다. 이는 미국 전체가 20년간 사용할 수 있는 양이다.[6] 그보다 석탄을 더 많이 보유하고 있는 건 미국 정부가 유일했다.[7]

코크 가문 모임의 또 다른 참석자로 해럴드 함과 래리 니컬스가 있었다. 두 사람은 셰일가스 채굴에 있어 가장 성공적인 선구자들인데, 이들이 사용하는 기술은 환경적으로 크게 논란이 되는 방식으로 물과 화학 물질을 지하 암반층에 고압으로 쏘아 원유와 천연가스를 추출해냈다. 컨티넨털 리소시즈의 창업자인 함은 모험적인 사업 방식으로 자수성가한 억만장자로, 〈내셔널 저널〉은 전설적인 석유 왕 존 D. 록펠러와 그를 비교하기도 했다. 가난한 소작농의 13남매 중 막내로 태어나 부를 일궜고, 거의 10억 달러에 달하는 이혼 조정 소송을 겪는 등 그의 사생활은 유명 인사 소식란의 좋은 이야깃거리였지만, 기업과 관련해서 언론은 그의 회사에 지대한 관심을 기울이고 있다. 컨티넨털 리소시즈는 그야말로 순식간에 노스다코타 주 바켄 셰일 채굴의 절대 강자로 올라섰기 때문이었다.

래리 리컬스는 그와 함께 코크 가문 모임에 참여했지만 태생이나 성장 환경이 판이한 사람이다. 그는 데본 에너지의 총수로 나중에 석유업계 최고의 동업 조합인 미국석유협회(American Petroleum Institute) 회장직을 역임하기도 했다. 프린스턴대학교를 졸업하고 대법원에서 서기로 근무한 니컬스는 가족이 소유한 오클라호마의 석유 회사를 설득해 미첼 에너지(Mitchell Energy)를 매입한다. 셰일가스 개발 덕분에 천연가스 생산량이 늘어나고 있는 것을 눈여겨 본 후였다. 니컬스는 미첼 에너지의 새로운 셰일가스 채굴 방식을 자신의 회사가 보유하고 있던 수평 시추 기법과 결합시켰다. "완전히 새로운 자원 혁명이 시작됐다." 에너지 산업 관련 역사가인 대니얼 예긴은 자신의 책《2030 에너지전쟁The Quest》에서 이렇게 평가했다.[8] 코크 가문 역시 셰일가스 사업과 관련해 송유관과 화학 약품 및 기타 분야에 투자했다.[9]

코크 가문 모임에는 또 다른 엄청난 성공을 거둔 석유 사업가 필립 앤슈츠도 있었다. 그는 서부 원유 시추 사업의 후계자로 자신이 직접 1980년대 와이오밍과 유타 주 경계선에서 전설적인 규모의 유전을 발견해낸 것으로 유명하다. 그 이후에는 목축업과 철도 및 통신 사업으로 사업 분야를 다각화했다. 그 밖에도 와이오밍과 오클라호마, 텍사스와 콜로라도의 수많은 중급 규모의 석유 사업자들과 버지니아와 웨스트버지니아, 켄터키와 오하이오의 석탄 재벌들도 코크 가문과 함께했다. 여기에 미국 최대의 프로판가스 용기 공급업체도 합류했으며, 미국의 에너지 산업 분야에서 안팎으로 연결되고 서로 도움을 주고받는 수많은 업계 종사자들도 이들과 하나로 엮여 있었다. 코크 가문 말고도 송유관과 시추 장비, 그리고 원유 공급 회사들을 소유한 기업가들은 수없이 많은데, 그중에는 사우디아라비아와 베네수엘라 등 세계 각지에서 원유 정제시설과 송유관을 건설해 수십억 달러의 부를 쌓아올린 전설적인 벡텔 가문도 있었다.

코크 가문 모임에 참석하면서 실제로 행동을 함께하는 참석자들은 대부분 자신의 정체를 드러내지 않고 정치가들을 통해 자신들의 입장을 대변하게 하는 방식을 고수해왔다. 이들은 정부의 규제에 반대하는 자신들의 입장을 순수한 철학적 이념으로 포장하는 데 아주 뛰어난 재주가 있었다. 정치가들은 이들을 일컬어 일자리 창출자, 애국자, 그리고 미국의 에너지 자립을 책임지는 사람들이라고 했다. 그럼에도 불구하고 정부의 탄소가스 배출 제한이 이들의 이익에 직접적인 위협인 것은 분명한 사실이었다.

이들이 심각성을 느끼게 된 것은 2008년 기후 변화에 관계된 문제가 거의 상상할 수 없을 정도로 어려운 도전으로 부각되면서부터다. 지구의 기온을 21세기 중반까지 지금 상태로 유지하기 위해 전 세계가 과학자들이 적절하다고 생각하는 만큼만 탄소가스를 배출하게 된다면, 현재 화석연료 업계가 확보한 연료의 80%는 사용하지도 못하고 그대로 땅속에 묻혀 있어야 한다.[10] 다시 말해, 과학자들은 현재 화석연료 업계가 확보한 석유와 천연가스, 그리고 석탄의 양이 지구 환경이 견뎌낼 수 있는 양의 대략 다섯 배가 된다고 추산했다. 만일 지구를 지키기 위해 정부가 자유시장에 간섭하기 시작한다면 이런 기업들이 감당해야 할 손해는 거의 재앙에 가까운 수준이 된다. 그런데 정부의 간섭 없이 확보한 연료를 사용해 탄소가스를 배출하게 됐을 때 지구의 기온은 감당할 수 없을 만큼 올라가고 결국 지구상의 생명체가 돌이킬 수 없는 피해를 입을 것이라고 과학자들이 주장하기 시작한 것이다.

1997년 초, 코크 가문 모임의 한 참석자가 앞으로 닥쳐올 정부 규제의 위험에 대한 경종을 울렸다. 석유와 천연가스 생산자들의 독립적 거래 조합인 미국독립석유협회(Independent Petroleum Association of America) 회장직을 역임한 류 워드는 1997년 죽음을 앞둔 사람의 유언 같은 하소연을 남긴다. 오클라호마 출신의 석유 사업가인 워드는 지난 세월 자신이 도와 의회를 통과시킨 다양한 조세 회피 방법을 자랑스럽게 언급하며 이야기를 시작했다. "지난 몇 년 동안 공화당이 정권을 잡고 있었던 것이 우리에게는 참으로 행운이었다." 그는 최근에 에너지 업계와 부딪혀온 다양한 정책들은 전초전에 불과하다고 경고했다. "그런 것들은 진짜가 시작되기 전에 있는 예행연습에 불과하다. 탄소세(Carbon Tax)가 본격적으로 도입되어 탄소가스 배출로 인한 온실효과를 줄이기 위한 비용을 지불해야 하는 시대가 오고 있다." 워드는 기후 변화 문제가 현실로 다가오고 있음을 정확하게 인지하고 만일 급진적인 환경 보호론자들이 '석유 없는 사회'라는 문제를 들고 나온다면 그때 비로소 우리는 주변을 둘러보고 우리 업계가 완전히 포위되어 있음을 알 수 있을 것이라고 주장했다. 그리고 그는 이렇게 장담했다. "우리는 그런 일이 벌어지도록 내버려두지 않을 것이다. 분명히 약속할 수 있다!"

워드의 이런 호언장담은 충분한 근거가 있었다. 석유 산업은 특정 지역에 편중되어 있었지만 오랫동안 미국 정치계에 막강한 영향력을 미쳐왔다. 1913년에는 자신들의 세력을 과시하며 천연자원처럼 개발할수록 점점 규모가 줄어드는 산업을 지원하는 이른바 '감모공제(減耗控除, oil depletion allowance)' 제도를 통해 합법적으로 세금을 감면 받는 데 성공했다.[11] 이론적으로만 보면 석유 개발 사업은 위험하고 비용도 천문학적으로 많이 들기 때문에 정부는 그 소득에 대해 막대한 세금 공제를 제공했다. 이 밖에도 수많은 석유 회사들이 모두 소득세를 피할 수 있는 방법을 찾고 있었다. 1926년 드디어 석유업계의 세금 문제가 사람들의 입에 오르내리게 됐지만, 석유 산업을 옹호하는 의원들 때문에 많은 좌절을 겪은 진보 측에서 부당한 세금 공제를 폐지하는 데에는 무려 50년이 넘는 세월이 걸렸다.

기후 변화 문제에 반격하는 강력한 세력

지난 세기 석유업계의 힘을 빌려 세력을 키운 미국 정치인 중 린든 존슨을 따라갈 사람은 아무도 없을 것이다. 전기 작가인 로버트 카로가 쓴 《권력의 길The Path to Power》을 보면 존슨은 1940년 민주당의 초선 의원으로 시작해 엄청난 재산을 자랑하는 텍사스 석유 재벌들로부터 후원을 받는 대가로 그들의 이익을 옹호함으로써 민주당의 실세로 부상하고 결국 대통령 자리에까지 올랐다.[12]

석유 산업은 세금 우대뿐만 아니라 엄청난 정부 계약과 송유관 건설에 대한 지원, 그리고 다른 여러 특혜들을 통해 연방정부에서 엄청난 특혜를 받았는데도 불구하고 결국 정부에 반대하는 보수주의 거점이 되고 말았다. 사실 텍사스 석유 산업은 그 규모가 성장할수록 엄청난 선거자금을 지원하는 자금줄이 되어주었지만, 동시에 극단적인 성향의 극우파 정치인들에게도 큰 도움을 주었다. 미국의 석유 재벌들을 다룬 《거인The Big Rich》에서 저자인 브라이언 버로는 수많은 석유 재벌들을 자극한 것은 이 벼락부자들이 느꼈던 깊은 불안감이라고 주장한다. 그리하여 자신들이 막 쌓아올린 모든 재산을 지키는 데 전력을 다하게 됐다는 것이다.[13]

지금 볼 수 있는 텍사스의 초강경 보수파 석유 재벌들의 선조를 꼽으라면 그건 바로 코비 로버트슨의 할아버지인 휴 로이 컬런일 것이다. 컬런은 퀸타나를 수십억 달러 규모의 사업체로 키워낸 사람으로, 남북전쟁 당시 남부연합의 몰락한 명문가 출신이었다. 석유 산업에 투신한 후, 그는 북부의 진보파를 극도로 싫어하게 됐다. 그는 루스벨트 행정부의 뉴딜 정책을 '유대인의 책략'이라고 비난했고, 백인의 우월성 회복을 정당의 강령으로 내세운 제3당을 창당하기도 했다.[14] 컬런의 정치적인 야망은 재산이 늘어나는 것과 비례해서 함께 커져갔다. 코크 가문이 정치권의 거물 후원자가 되기 반세기 전인 1952년 그는 미국 정치권에 가장 많은 돈을 후원하는 사람으로 조셉 매카시 상원의원의 반공운동을 지원하는 중요 후원자였다.[15] 그렇지만 당시 그의 급진적인 우파 성향과 석유 산업을 기반으로 한 정치권의 후원은 비주류로 밀려날 수밖에 없는 운명이었다. 버로는 이렇게 설명했다. '정치권에서 성공을 거두기 위해 컬런이 필요했던 건 일종의 후원 조직이었지만, 그는 그런 조직을 만들 의사나 능력이 없었다.'[16] 그렇지만 반세기 후, 코크토퍼스가 만들어졌고 컬런의 손자와 동료 석유 사업가들은 컬런이 꿈꿨던 것보다 훨씬 더 많은 일을 하게 됐다.

탄소가스 배출 제한에 대한 업계의 반대 운동은 그 역사가 결코 짧지 않다. 일단 탄소가스 문제는 지구의 기온이 올라가고 있고 그 원인이 인간 때문이라는 것인데, 이런 주장이 주류 언론에 처음 등장한 것은 1988년이다. 당시 미 항공우주국의 고다드 우주연구센터(Goddard Institute for Space Studies) 소장인 제임스 핸슨은 기후 변화 모형을 제시하며 상원위원회에 출두해 이를 실험으로 입증해 전국적인 화제가 됐다. 〈뉴욕타임스〉는 그의 극적인 발견을 1면에 대서특필했으며, 아버지 조지 부시 대통령은 당시 양당을 대표하던 대부분의 정치 지도자들과 마찬가지로 별다른 논의 없이 이런 내용을 그대로 받아들였다. 부시는 환경을 지키겠다며 "백악관의 힘으로 온실효과를 막아내겠다"고 약속한다. 그리고 국무 장관 제임스 베이커(James Baker)를 기후 연구를 하는 과학자들의 첫 국제회의인 '기후 변화 범정부 회의'에 참석시킨다. 부시 대통령은 공화당 소속이었지만 이런 행동으로 비주류로 밀려나지는 않았다. 그 후 수십 년 동안 환경보호 운동은 초당적인 지원을 마음껏 받았다.

그렇지만 기후 변화 문제와 관련해 대중의 지지가 이어지자 화석연료 업계에서는 비밀리에 반격을 위한 보이지 않는 조직을 만들어 자금을 후원했다. 2008년 대선에서 공화당과 민주당 후보 모두 기후 변화 문제와 관련해 무엇인가 해야 한다는 필요성에 동의했지만 강력한 세력을 자랑하는 외부 이익단체들이 이런 합의를 무너뜨리기 위해 이미 오랫동안 작업을 해온 것이다. 이 전쟁에 필요한 이념적 문제를 책임지는 보수파의 하부 조직들도 이미 자리를 잡고 있었다. 기후 관련 과학연구에 대한 모든 공격의 중심은 바로 돈이었다. 그리고 이미 수면 아래에서 그 돈이 사용되고 있었다.

세계적인 환경운동 단체인 그린피스(Greenpeace)의 연구 부장 커트 데이비스는 몇 개월에 걸쳐 비영리단체며 개인들의 인터넷 웹사이트로 흘러들어가는 자금을 추적했다. 이들은 모두 마치 똑같은 자료라도 받아 읽듯 지구 온난화의 실체를 부인했다. 데이비스는 2005년에서 2008년 사이에 단 한 곳, 즉 코크 가문에서 2,500만 달러에 달하는 돈을 기후 변화 문제를 부인하는 10여 개의 서로 다른 단체와 조직에 후원했다는 사실을 발견했다.[17] 2,500만 달러라는 금액은 정말 엄청난 액수로, 그의 조사 자료에 의하면 찰스와 데이비드는 이 문제와 관련해 세계 최대의 상장 석유 회사인 엑손모빌보다 세 배나 더 많은 돈을 후원한 것이다.[18] 2010년 보고서에서 그린피스는 당시 사람들에게 많이 알려지지 않았던 코크 인더스트리즈라는 회사를 기후 변화를 부인하는 중심축으로 소개했다.[19]

기후 변화 문제에 대해 처음으로 상호 교차 검증 과정을 거친 학술 연구가 진행되어 더 자세한 내용들이 추가됐는데, 드렉셀대학교의 사회학 및 환경 과학 교수인 로버트 브루엘 교수는 2003년과 2010년 사이에 5억 달러 이상의 돈이 자신이 '기후 변화에 따른 위협에 대해 대중을 호도하고 여론을 조작하는 거대한 운동'이라고 설명하는 일에 사용된 것을 알게 됐다.[20] 그는 지구 온난화를 증명하는 과학 연구를 반대하는 일에 연루된 100여 개 이상의 비영리단체의 세금 기록을 확인했다. 거기에서 발견한 건 바로 세금 면제 후원 활동으로 위장된 기업의 로비 활동이었다. 140여 개에 달하는 보수파 재단들이 이 활동에 자금을 후원했다는 것이 브루엘 교수의 주장이다. 그가 조사 대상으로 삼은 7년의 기간 동안 이런 재단들은 5,299가지 명목을 만들어 91개의 비영리단체와 기관에 5억 5,800만 달러의 자금을 골고루 후원했다. 이 돈을 받은 것은 정책 연구소와 시민단체들, 협동조합, 다른 재단이나 학술 및 법 관련 과정 등 종류도 다양했다. 시간이 지나면서 이런 모습은 영구적인 활동과 운동으로 정착되어 기후 변화와 관련된 과학에 대한 미국인들의 신뢰를 갉아먹었고, 탄소가스 배출을 규제하려는 모든 노력을 무산시켰다.

브루엘이 밝혀낸 보수파 단체들의 실체는 현대 보수주의 운동의 자금 흐름을 조사한 사람이라면 누구나 다 익숙하게 생각할 만한 그런 모습이었다. 그 과정에서 브루엘 교수는 기후 변화 문제를 부인하는 데 가장 많은 돈을 쏟아부은 재단들이 다름 아닌 코크와 스카이프 가문과 관련 있다는 점을 지적했다. 두 가문 모두 석유 산업과 관련해 재산을 축적했다는 공통점이 있었다. 또한 브래들리재단을 비롯해 몇몇 다른 재단들도 깊숙이 관여하고 있었으며, 이들은 코크 가문 모임에 참석하는 거대 부호 가문들과 연결되어 있었다. 우선 드러난 것만 해도 디보스 가문과 노스캐롤라이나 주의 소매 잡화점 재벌 아트 포프, 아버지에게 막대한 재산을 물려받은 의사인 존 템플턴 2세가 있는데, 그의 아버지인 존 템플턴 1세는 미국에서 유가 증권 투자 사업을 처음 시작한 사람이다. 그는 중앙아메리카의 바하마에서 살기 위해 미국 국적을 포기했으며 덕분에 1억 달러나 세금을 절약할 수 있었다. 브루엘은 후원금이 분산되면서 자신이 '기후 변화 문제 반대 운동'이라고 부르는 활동에 들어간 자금의 4분의 3 이상이 추적 불가능하다는 사실을 깨닫게 됐다.

"강력한 후원자들이 지구 온난화에 대한 과학적 증거들을 부정하는 운동과 활동을 후원하고 있으며, 지구에 대한 이 거대한 위협의 이유와 해법에 대해 대중의 의심을 자극하고 있다. 최소한 미국의 유권자들이라도 누가 이런 일의 배후에 있는지 반드시 알아야 할 권리가 있다." 브루엘 교수의 주장이다.

그렇지만 오바마가 백악관에 입성할 즈음에 기후 변화의 과학적 증거를 부정하는 전쟁을 벌이던 이 재벌 후원자들 중 일부는 더 꽁꽁 숨어버렸다. 이제 이전보다 더 숫자가 늘어난 보수파의 개인재단과 후원자들은 직접적으로 자금을 후원하는 것이 아니라 이른바 '후원자신탁(DonorsTrust)'이라는 이름의 기금을 조성해 이를 통해 자신들의 후원을 통제하고 관리했는데, 이 신탁의 실체는 우파의 가림막이며 이를 통해 현금 흐름의 행방은 묘연해져버렸다. 버지니아 주 알렉산드리아의 어느 평범한 벽돌 건물에 자리하고 있는 이 후원자신탁과 그 자매 단체라 할 수 있는 '후원자펀드(Donors Capital Fund)'에 대해 〈마더 존스Mother Jones〉의 앤디 크롤은 '보수파 운동을 위해 검은돈을 인출해주는 기계'라고 적나라하게 표현했다.

1999년 웨스트버지니아 출신의 열렬한 자유주의자이자 코크 가문이 세운 케이토연구재단의 확장을 감독해온 휘트니 볼이 설립한 후원자신탁은 보수파 부자들이 매력을 느낄 만한 한 가지 중요한 장점이 있었다. 사람들의 불편한 시선을 끌 수도 있는 보수주의 단체가 아닌 그 정체가 모호하게 들리도록 만든 '후원자 조언 기금'을 통해 후원자들의 기금을 모아 운용한 것이다. 이렇게 하면 기금의 출처와 관련된 후원자들의 이름이 드러나지 않게 할 수 있었다. 물론 후원자들은 기부금 명목으로 세금 공제도 계속해서 더 많이 받을 수 있었다. 후원자신탁의 인터넷 웹사이트는 이렇게 광고하고 있다. '후원이나 자선활동을 개인적으로 은밀하게 하고 싶을 때, 그리고 특별히 아주 민감하거나 논란 있는 문제에 도움을 주고 싶을 때, 후원자신탁을 통해 계좌를 개설하면 익명을 유지하면서도 계속해서 선행을 베풀 수 있다. 후원자신탁 계좌에 들어오는 기금은 모두 국세청에 보고되지만 일반에게는 절대 공개되지 않으며 다른 개인재단과는 달리 원한다면 계속해서 익명으로 후원할 수 있다.'

후원자신탁은 1999년에서 2015년까지 7억 5,000만 달러에 달하는 기금을 모아, 이를 수많은 보수주의 현안과 대의를 펼치기 위해 사용했으며, 실제 후원자의 이름을 밝히지 않고 모두 후원자신탁의 이름으로 기금을 집행했다.[21] 찰스코크재단 같은 개인재단들은 세금을 면제받는 대신 법에 따라 누가 재단에 기금을 후원했는지 일반인에게 공개해야 한다. 그것은 이런 공익을 위해 만들어졌다는 기관이나 단체가 실제로 일반 대중을 위한 일을 하고 있는지 확인하기 위한 한 가지 방법이지만, 후원자 조언 기금이라는 명목으로 기금을 모으면 이런 최소한의 공개 의무도 피할 수 있다. 볼은 이런 체계가 결코 비정상적이거나 의심스러운 것이 아니라고 주장하며, 진보파 역시 '타이즈재단(the Tides Foundation)'이라는 이름으로 비슷한 후원 체계를 유지하고 있지 않느냐고 항변했다. 그렇지만 타이즈재단에 대한 대항마로 만들어진 보수파의 후원자신탁은 훨씬 더 전략적인 성격을 띠고 있으며 규모도 네 배 이상 크다. 후원자신탁의 이사 중에는 보수파 운동을 이끄는 가장 중요한 기관들의 최고 임직원들이 포진해 있다. 미국기업연구소, 헤리티지재단, 정의연구소(Institute for Justice), 자유주의법률센터(Libertarian legal center) 등이 바로 그런 기관이나 연구소다. 그중에서도 자유주의법률센터는 설립 당시 찰스의 후원을 받았다. 이사들이 모인 이사회는 중앙위원회 같은 역할을 하며, 기금 모금 업무를 관장한다.

기후 변화 문제를 부정하는 움직임 뒤에 숨어 있는 후원금의 추적 과정에서 브루엘 교수가 주목한 것은 2007년을 전후해 이런 움직임에 대한 비판이 크게 늘어났다는 점이었다. 그리고 코크 인더스트리스나 엑손모빌 같은 화석연료와 관계된 기업에서 후원하던 수천만 달러의 돈도 이런 다툼 속에서 어디론가 사라져버린 것처럼 보였다. 그 대신 익명으로 후원되는 돈이 그만큼, 아니 그 이상 후원자신탁을 통해 기후 변화 문제를 부정하는 활동이나 운동에 지원되기 시작했다. 예를 들어, 2003년의 경우 재무 기록상으로 140개 단체나 조직이 후원받은 기금 중 후원자신탁에서 흘러나온 돈은 3%에 불과했지만, 2010년이 되면 24%로 늘어난다. 이런 상황이 의미하는 것은 화석연료 업계가 자신들의 후원을 신중하게 감추고 있다는 사실이다. 하지만 브루엘 교수는 이런 사실을 증명할 순 없었다. '우리는 이런 모든 후원금이 어디에서 나오는지 그저 커다란 의문만 품고 있을 뿐이다.'[22]

코크 가문과 후원자신탁의 관계는 매우 돈독하다. 알려진 바에 따르면 코크 가문의 재단들은 막대한 기금을 후원자신탁에 맡겼고, 그 돈은 대부분 다시 코크 가문이 후원하는 비영리단체나 조직으로 들어갔다. 예컨대 2010년에는 단일 후원 액수로는 최대인 740만 달러가 다른 곳이 아닌 AFP에 지원됐는데, 이 재단의 이사장은 바로 데이비드 코크였다. 740만 달러는 그해 AFP의 전체 후원금의 40%에 해당했다. 물론 이 재단은 순수하게 일반인들의 후원으로 운영되는 재단이라고 주장했다. 그러는 사이 AFP는 티파티 운동을 조직하는 데 주도적인 역할을 했을 뿐만 아니라, 기후 변화 문제를 부정하는 전국적인 움직임의 선봉에 섰으며, 할 수 있는 모든 방법을 동원해 이 두 가지 문제를 서로 엮으려고 노력했다.

과학적 측면에서 의심하는 전략

이런 비밀스러운 후원이 대부분 집중된 곳이 바로 과학적인 측면에서 의심을 퍼뜨리는 일이었다. 화석연료 업계는 1960년대 담배 회사를 위해 힐 & 크놀턴(Hill & Knowlton)이라는 홍보 회사가 개발한 기만책을 그대로 따랐다. 이 회사는 담배와 암을 연결시키는 과학적 연구 결과에 대해 불확실하다는 의심을 퍼뜨린 전례가 있다. 이 회사의 악명 높은 사훈을 보자. '우리는 의심을 판다.' 이런 거짓 선전에 대한 신뢰도를 높이기 위해 담배 회사들은 공식적으로 권위가 있는 것처럼 보이는 연구소들과 흡연자의 권리를 주장하는 단체를 연결해 자금을 후원했다. 그리고 이런 전략은 지구 온난화를 부정하는 운동에도 똑같이 적용되기 시작했다.

물론 지구 온난화에 대해 실제로 의심이 있는 건 사실이지만, 모든 과학 이론에는 언제나 다른 반론과 의심이 뒤따르기 마련이다. 절대적인 확신이 아닌 가능성이야말로 과학적 연구의 본질이다. 그렇지만 국립해양기상국(National Oceanic and Atmospheric Administration) 국장을 역임한 제임스 베이커 박사는 2005년 이런 말을 했다. "내가 알고 있는 어떤 주제보다도 이 문제에 대해서는 과학적인 합의가 잘 이루어져 있다. 뉴턴의 제2운동법칙 이래 이렇게 의견이 일치된 경우는 거의 없을 것이다."[23]

그럼에도 불구하고 1998년 미국석유협회와 석유업계의 최고경영자들, 그리고 보수파 정책 연구소들의 임직원들은 은밀히 결탁해 200만 달러를 풀어 이런 과학적 합의에 대해 언론과 대중이 혼란을 느끼도록 만들 수 있는 비밀 계획을 수립했다. 이 계획에 따르면, 우선 지구 온난화에 대해 회의적인 과학자들을 섭외해 홍보에 적합하도록 훈련시킨다. 그렇게 해서 과학자들을 마치 대변인처럼 활용해 이런 주장이 정말 적절하고 석유업계의 이해관계와 관계없는 것처럼 보이게 만든다는 것이다.

《과학전쟁: 정치는 과학을 어떻게 유린하는가The Republican War on Science》에 따르면, 이 계획은 미국석유협회의 최고업무책임자를 역임했고 엑손모빌의 로비스트였으며 버지니아 주에 있는 보수파 정책 연구소인 조지마셜연구소(George C. Marshall Institute) 소장이었던 윌리엄 오키프의 머리에서 나온 것이다.[24] 오키프는 연구소 소장직을 수행하면서 엑손모빌을 위한 로비 활동도 병행했는데, 〈뉴스위크〉에 따르면 지구 온난화 부정 활동의 핵심인 이 정책 연구소는 특히 정체를 숨긴 의뢰인들을 위해 과학적으로 반대되는 증거를 제공하는 것이 특기였다.[25] 스카이프, 올린, 그리고 브래들리재단 등 여러 재단이 후원하는 이 연구소는 처음에 핵전쟁을 대비하는 레이건 행정부의 '스타워즈' 미사일 방어계획을 적극 옹호하는 냉전 시대 강경파들을 위해 만들어졌다가 나중에는 진보 혹은 반기업 정서를 공격할 수 있는 과학적 증거들을 제시하는 쪽으로 외연이 확장됐다. 그리고 여기에 자금을 후원한 건 자신들이 얽혀 있는 이해관계에 대해 위협을 느낀 기업들이었다.

지구 온난화 이론에 반대하는 선봉에 선 건 일선에서 물러난 두 명의 원로 물리학자로 조지마셜연구소에서 일했고 그전에는 담배 산업을 옹호하기도 했던 프레드 사이츠와 프레드 싱어였다.[26] 나오미 오레스케스와 에릭 M. 콘웨이가 《의혹을 팝니다Merchants of Doubt》에서 소개한 바에 따르면 이 두 프레드는 당대의 유명한 물리학자였지만, 환경이나 건강 문제에 대해서는 둘 중 누구도 전문적인 지식을 갖추고 있지 않았다. '그럼에도 불구하고 언론에서는 몇 년에 걸쳐 이 두 사람을 해당 분야의 전문가로 소개해왔다.'[27] 실제로 두 사람의 전문 분야는 비밀리에 돈을 끌어모아 '진실과 싸우고 의혹을 판매하는' 일이었다고 오레스케스와 콘웨이는 비판했다.

그렇지만 화석연료 업계가 대중의 지지를 얻는 것은 쉬운 일이 아니었다. 21세기가 시작되자 대중은 환경과 관련된 규제를 적극 옹호하는 쪽으로 태도가 바뀌었다. 2003년 말에 있었던 설문 조사에 따르면 공화당 지지자의 75%가 강력한 환경 관련 규제에 찬성했다.[28] 대중을 겨냥한 홍보 활동을 위해 2002년 탄소가스 배출 규제를 반대하는 측에서는 프랭크 룬츠를 고용하는데, 룬츠는 환경 문제는 아마도 공화

다크 머니

당, 특히 부시 대통령이 공공연하게 언급하는 주제일 것이며 동시에 가장 공격당하기 쉬운 주제일 것이기에 지구 온난화를 부정하는 운동을 승리로 이끌기 위해서는 오히려 자신들을 환경을 '보호하고 보존하는' 일에 앞장서는 모습으로 포장할 필요가 있다고 주장했다. 나중에 대중에게 유출된 그의 극비 제안서인 '지구 온난화 논쟁에서 승리하는 법(Winning the Global Warming Debate)'에서 룬츠는 가장 중요한 점은 탄소가스 규제에 반대하는 사람들이 절대적으로 경제적인 문제를 먼저 언급해서는 안 된다고 지적했다. 다시 말해, 경제적인 이해관계에 대해 진실을 말하는 즉시 이 싸움에서 패배하게 된다는 것이다.

그의 설명은 이어진다. 문제의 핵심은 과학을 앞세워 의심을 표시하는 것이다. "우리는 확실한 과학적 증거가 부족하다는 사실을 가장 중요한 문제로 내세울 필요가 있다"며 '유권자들이 과학자들 사이에서 지구 온난화에 대한 합의가 전혀 없다고 믿고 있는 한, 규제를 막을 수 있을 것이다'라고 충고했다. 그리고 이를 위해서는 '우리는 성급하게 판단을 내릴 필요는 없다'라든가 혹은 '정확하지 않은 국제적 합의에 따라 미국까지 나서 스스로 구속할 필요는 없다'라는 등의 표현을 써 가며 사람들을 설득해야 한다고 말했다. 나중에 룬츠는 입장을 바꾸어 지구 온난화는 정말 심각한 문제라고 인정했지만 자신의 연구 내용 때문에 기후 변화 부정 운동가들의 표적이 된 마이클 만에 따르면 룬츠의 2002년 제안서는 여전히 아주 유용하게 사용되고 있다. "기본적으로 말해, 과학자들을 불신하는 분위기를 조성하고 위장단체를 앞세우라는 것이다. '주요 인물들을 공격하라'고 말하지는 않지만 분명 그런 방향을 가리키고 있다."

마침 때를 맞춰서 코크 가문이 후원하고 활동 방향을 지시하는 단체들이 지구 온난화 주장을 공격하기 시작했고, 그 뒤를 이른바 전문가들이 지지했다. 찰스가 설립한 자유주의 정책 연구소인 케이토연구 재단에서는 '세상은 아직 끝나지 않았다: 과학과 경제, 그리고 환경 보호Apocalypse Not: Science, Economics, and Environmentalism'와 '기후 변화에 대한 공포: 왜 지구 온난화에 대해서 걱정할 필요가 없는가Climate of Fear: Why We Shouldn't Worry About Global Warming'와 같은 연구 보고서들을 서서히 선을 보였다. 여기에는 찰스코크자선재단과 엑손모빌, 그리고 미국석유협회 등에서 자금이 지원됐다. 지구 온난화 논쟁의 상징이 되어버린 북극곰들은 기후 변화에 의해 위협을 받지 않는다는 분명한 근거가 없는 주장을 펼치는 연구에도 연구비를 후원했다. 이에 맞서 국립야생동식물연맹 같은 현장의 진짜 전문가들이 이를 비난하며 2050년까지 북극곰의 3분의 2가 사라질 것이며, 이는 서식지인 빙하 지대가 녹고 있기 때문이라는 예측을 내놓았다.[29] 그럼에도 불구하고 석유 회사들의 지원을 받은 연구 보고서들의 결론은 코크 가문의 후원을 받는 단체나 조직들의 연결망을 통해 계속해서 퍼져 나갔다. "역사상 그 어느 때보다 지금 북극곰의 개체 수가 더 많다." 케이토재단의 책임자인 에드 크레인의 주장이다.[30] 크레인은 "지구 온난화 이론은 그저 정부가 경제 문제에 더 많이 간섭할 빌미를 제공할 뿐이다"라고 주장하기도 했다.

이런 내용을 담은 연구 보고서를 2003년 발표한 것은 수정주의적 관점으로 북극곰에 대해 다시 연구하고 동시에 마이클 만의 상징적인 하키채 이론을 처음으로 공격한 샐리 발리우너스와 웨이호크 윌리 순이다. 이 두 사람에 대한 비평가들의 신뢰는 아주 이례적인 것이었다. 순은 하버드 스미소니언 천체물리학 연구센터 소속 과학자로 알려졌지만, 나중에 밝혀진 바에 따르면 기후과학이 아닌 우주공학 박사학위 소지자였으며, 스미소니언 연구소에서 보수를 받지 않는 비정규직 연구원으로 일했다고 한다. 그는 아무도 모르게 2005년에서 2015년까지 화석연료 업계에서 120만 달러 이상 후원 받았다. 그중 최소한 23만 달러가 찰스코크자선재단을 통해 나왔다.[31] 훗날 밝혀진 바에 따르면, 그의 연구 보고서와 논문에 대한 보수의 일부는 화석연료 업계 기업들이 '지불할 수도 있다'는 단서가 붙어 있었다고 한다.

만에 대한 순의 공격은 물의를 불러일으킬 만했다. 만에 대해 동정적이던 편집자와 다른 몇몇 직원들은 이 보고서를 발간한 무명 잡지인 〈기후 연구Climate Research〉에 반대하는 의미로 회사를 사직했다. 그렇지만 바로 그 순간부터 당시 버지니아대학교의 환경과학 학부 부교수로 재직하던 만은 등 뒤에서 공격받는 신세가 됐다.[32]

부시와 함께 날개를 단 화석연료 업계

지구 온난화를 지지하는 과학적 합의가 점점 더 많이 이루어짐에 따라 업계가 가하는 공격의 강도 역시 점점 더 커져갔다. 2000년 환경운동 활동가를 자처한 앨 고어의 대선 출마는 화석연료 업계에 분명한 위협으로 느껴질 수밖에 없었다. 당시 대통령 선거전에서 코크 인더스트리즈와 그 임직원들은 경쟁 상대인 조지 부시와 다른 공화당 대선 후보군에 80만 달러 이상을 후원했다. 코크 인더스트리즈의 정치활동위원회는 엑손모빌을 포함해 다른 어떤 화석연료 관련 기업들보다 더 많은 기금을 선거전에 후원했다.[33] 워싱턴 정치권 로비를 위한 코크 인더스트리즈의 지출은 2004년에서 2008년까지 24배로 늘어났다. 그 총액은 2,000만 달러에 이르렀다.[34] 결국 코크 가문은 기업의 이익을 위해 기존 정치권과 엮이는 것을 경멸하던 초창기의 방침을 완벽하게 바꿔버린 것이다.

석유와 천연가스, 그리고 석탄을 다루는 기업들이 내는 정치 기부금은 이 시기에 양극화가 두드러지게 나타났다. 1990년에 석유와 천연가스 업계의 기부금 중 60%는 공화당에, 그리고 40%는 민주당에 들어갔다. 그런데 부시 대통령의 임기 중반에 이르러서는 공화당이 80%를 가져가게 된 것이다. 석탄업계의 경우는 아예 그 비율이 9 대 1에 달하기도 했다고 비영리 정치자금감시단체인 '책임정치센터(Center for Responsive Politics)'는 지적했다.

이런 투자는 곧 그 값어치를 했다. 하버드대학교의 정치학 교수인 테다 스카치폴은 기후 변화를 부정하는 운동이나 활동에 대해 연구하면서 공화당, 그중에서도 하원에서의 공화당이 급격하게 우파 보수주의자들의 편을 들었다는 사실을 알게 됐다.[35] 대중의 의견 대립은 그 차이가 대수롭지 않았지만, 선거로 뽑힌 공직자들 사이의 간극은 점점 더 커져만 갔다.

탄소가스 배출 규제를 반대하는 보수파 중에 오클라호마 주의 공화당 상원의원인 제임스 인호프는 코크 인더스트리즈의 정치활동위원회로부터 계속해서 선거 지원을 받아왔는데, 그의 관련 발언 수위는 위험 수준이었다. "지구 온난화는 미국 국민들을 기만하는 역사상최고의 사기 행각이다"라고 말해버린 것이다. 인호프의 대변인인 마크 모라노는 나중에 많이 말한 것처럼 사냥개처럼 상대방을 냉혹하게 공격하는 것이 전문인 정치권 인사였는데, 대변인이 되기 전에 보수단체인 '진실을 위한 참전 용사들(Swift Boat Veterans for Truth)'의 주장을 옹호하는 역할을 했던 전력이 있다. 이 단체는 2004년 대선에서 존 캐리 후보의 병역 기록에 흠집을 내고 비난했다. 알고 보니 모라노는 스카이프와 브래들리, 그리고 올린재단에서 후원받는 보수파의 언론 매체를 위해 일하고 있던 것이다.[36]

2006년, 모라노는 공격 목표를 정치권을 비난하는 과학자들로 바졌다. 다큐멘터리 영화 제작자인 로버트 케너는 모라노는 "사람들을 다 확인한 뒤 개인별로 공격을 했다"고 설명했다.[37] 모라노는 자신이 직접 정치적인 의견의 불일치를 만들어내는 것을 즐겼다. 방송이나 언론을 통해 반대파를 조롱하고 화를 돋우면서 말이다. 그는 제임스 핸슨을 보고는 '테러리스트가 되기를 꿈꾸는 사람'이라고 조롱했고, 만을 보고는 '사기꾼'이라고 했다. 스스로 희생해서 무엇인가를 밝히려는 사람들을 보고는 '그것 참 구경하기 재미있는 일이다'라고 하기도 했다.[38]

모라노는 만을 기후 문제를 팔아먹는 사기꾼들 중 하나라고 비난했다.[39] 그가 말하는 사기꾼이란 기후 문제와 관련된 조직이나 단체로부터 넉넉히 후원을 받으며 법률과 관련된 로비를 하고, 온갖 자료나 새로운 연구 결과를 들먹이며 '생각 이상으로 상황이 나쁘다'거나 혹은 '지금 당장 조치를 취해야 한다'는 등의 주장을 펼치는 사람들이었다. 이런 모라노의 뒤에는 바로 정치학이 자리 잡고 있었다. 그는 조지메이슨대학교에서 기후과학이 아닌 정치학을 공부했다. "나는 과학자가 아니지만 텔레비전으로 많이 봤다." 그가 던진 농담이다. 그럼에도 불구하고 "인간이 만들어낸 지구 온난화의 공포는 거대한 정치적 서사이지 과학의 영역이 아니다"라는 그의 공격은 설득력과 권위를 함께 풍겼다.

한편, 조지 부시 대통령의 재임 시절은 화석연료 업계로선 예상치 못한 호시절로, 이들은 부시 뒤에서 자신들의 세력을 마음껏 휘둘렀다. 특히 석탄 산업은 2000년 대선에서 민주당의 텃밭이라고 할 수 있는 웨스트버지니아 주의 다섯 명의 선거인단을 모두 부시에게 몰아줌으로써 민주당의 앨 고어 후보를 물리치고 승리를 확정짓도록 해주었다. '정치 전문가들과 백악관 수뇌부는 부시의 승리가 기본적으로 석탄업계의 승리라는 데 의견이 일치했다.' 〈월스트리트저널〉의 기사다.[40] 업계는 그 보상을 톡톡히 받았다. 유전 개발 장비를 생산하고 공급하는 회사인 할리버튼(Halliburton)의 최고경영자이기도 했던 부통령 딕 체니는 개인적으로 에너지 정책을 책임지고 있었다. 부시 대통령이 선거 기간 동안 온실가스 배출을 제한함으로써 기후 변화 문제에 능동적으로 대응하겠다고 약속했지만 실무를 맡은 것은 바로 체니였던 것이다. 체니의 전기를 집필한 바턴 갤먼은 체니의 정책을 두고 '상사의 잘못을 바로잡은 좋은 사례'라고 설명했지만, 어쨌든 체니는 지구 온난화 문제에 대해 부시 행정부의 입장을 '과학적으로 증명되지 않은 문제이기 때문에 '관련 연구가 좀 더 필요하다'는 식으로 바꾸었다.[41]

2005년 힐러리 클린턴이 딕 체니를 해당 법안과 관련된 '로비스트'라고까지 했던 에너지 관련 법안은 화석연료 중심의 기업들에 엄청난 보조금과 면세 혜택을 주는 내용이 담겨 있었다. 부시 행정부는 관련 규제 역시 완화했는데, 예를 들어 석탄을 사용하는 발전소 등이 그 혜택을 받았다. 이런 내용들은 결국 법원에 의해 뒤집힌 사례다. 부시 행정부 시절 대기 오염 방지법에 따라 수은 배출 관련 규제가 완화된 것은 클린턴 행정부 시절의 판결을 뒤집은 것이다. 셰일가스 개발 역시 탄력을 받았다. 체니 부통령은 자신의 영향력을 이용해 음용수 안전법(Safe Drinking Water Act)에 따른 규제를 피해 갈 수 있도록 해주었는데, 이는 환경 보건국의 반대를 무릅쓰고 벌인 일이었다.[42] 셰일가스 개발 업체들은 호황을 맞았다. 5년이 채 지나지 않아 래리 니컬스의 회사인 데본 에너지는 미국에서 네 번째로 큰 천연가스 생산 업체로 올라섰다. 해럴드 햄도 엄청난 부를 거머쥐었다. 체니가 운영하던 할리버튼 역시 셰일가스 개발 업계의 중요 기업으로 떠올랐다. 이는 자유시장 옹호자들이 정부의 비호 아래 엄청난 이득을 보았음을 보여주는 예다.

결국 부시 행정부의 에너지 관련 법안 개정으로 인해 석유와 천연가스 업계는 60억 달러, 그리고 석탄업계는 90억 달러에 달하는 정부 지원을 받은 셈이다.[43] 코크 가문은 계속해서 자신들을 자유주의자로 내세우며 정부의 과세와 규제, 그리고 보조금 지급 등을 문제 삼았지만 정작 자신들이 관련되어 있는 석유와 에탄올, 그리고 송유관 사업과 관련해 받을 수 있는 특별 혜택은 모두 받았다는 사실이 기록에 드러나 있다. 대부분의 경우 이런 혜택을 얻어내려면 로비스트들이 굉장한 노력을 기울여야만 한다. 코크 가문의 회사들은 그 밖에도 2000년 이후 정부와의 계약을 통해 거의 1억 달러에 가까운 수익을 올렸다고 진보파 감시단체인 미디어 매터스(Media Matters)는 밝혔다.

화석연료 업계를 향한 오바마의 역습

오바마가 백악관에 입성한 후 화석연료 업계는 단지 지금의 이익을 지키려고 노력하는 것뿐만 아니라, 그 어느 때보다 기후 변화와 관련된 과학적 연구 결과에 강력하게 반대 입장을 취했다. 스카치폴은 2007년이 이런 갈등의 분기점이라고 지적했다. 2007년 환경운동과 관련된 대표적인 유명 인사인 앨 고어가 노벨평화상을 수상했고, 그의 저서를 바탕으로 만들어진 다큐멘터리 영화 '불편한 진실(An Inconvenient Truth)'이 아카데미상까지 타게 된 것이다. 이 영화에는 앞서 언급한 만의 하키채 도표가 등장하는데, 앨 고어의 유명세와 만의 누구나 알아보기 쉬운 도표가 합쳐지면서 지구 온난화에 대한 관심은 최고조에 달했다. 미국 국민 중 41%가 지구 온난화 문제가 크게 걱정된다고 답한 것도 바로 이 즈음이다.[44]

　"이 중요한 전환점에서 어쩌면 대부분의 미국인이 지구 온난화 문제가 시급을 다투는 사안이라는 걸 이해하게 될 것 같았다." 스카치폴의 지적이다. 그렇지만 반대파는 더 강력하게 역공을 가했다. 리처드 핑크와 찰스가 수십 년 전부터 꿈꿔온, 보수파의 언론 매체 영역 모두를 아우르는 사상과 이념의 완벽한 생산 공정이 가동된 것이다. 폭스 텔레비전과 보수파 라디오 프로그램 진행자들은 기후 문제를 연구하는 과학자들을 반미 정서를 가진 급진적이고 편협된 선동가들로 치부하면서 문제의 본질을 흐리는 보도를 하기 시작했다. 서로 힘을 합친 보수파 정책 연구소들이 책과 관련 연구 보고서를 쏟아내고, 각 저자들은 의회 증언대에 서는 것은 물론 전국을 돌며 각종 강연회나 방송에 모습을 드러냈다. '기후 변화 문제를 부정하는 움직임이 정책 연구소의 보고서나 언론을 통해 계속해서 퍼져 나갔다. 미국 국민의 30~40%가 이런 언론의 보도에 노출됐다.' 스카치폴의 추산이다.[45]

반대파는 또한 보수주의 기독교 지도자들을 끌어들였다. 보통 정부를 신뢰하지 않는 이들은 정치권과 일반인들 사이에 막강한 영향력을 발휘했다. 이런 기독교 지도자들과의 암묵적인 협의로 탄생한 단체가 바로 '콘월 연합(Cornwall Alliance)'이다. 이 단체는 기독교인들 사이에 크게 인기를 끈 '초록색 용을 물리쳐라Resisting the Green Dragon'이라는 제목의 동영상을 제작해 퍼뜨렸는데, 용은 보통 성경에서 그리스도의 적으로 묘사된다. 따라서 초록색 용은 환경 보호론자들이 믿는 거짓된 신이라는 비유였다. 이 영상을 보면 지구 온난화는 우리 시대의 가장 큰 사기 행각 중 하나로 묘사된다. 기후 변화 문제는 기독교 근본주의자들에게는 아주 뜨거운 쟁점이 됐는데, 그중에서 미국복음주의협회(National Association of Evangelicals) 부회장으로 환경운동의 가장 강력한 지도자로 손꼽히던 리처드 시직은 기후 변화와 관련된 과학적 연구 결과에 공개적으로 찬성하다 2008년 말 협회 부회장 자리에서 물러나기도 했다.

다크 머니

그리고 얼마 지나지 않아 철저한 진보주의자들을 제외하고 대중의 기후 변화 문제에 대한 지지도는 크게 떨어지기 시작했다. 2008년 대통령 선거전이 본격적으로 시작되면서 기후 변화 문제에 대한 반응은 양극화된 모습으로 치달았다. 대선 바로 직전에 경제가 어려워지기 시작하면서 공화당의 대선 후보 존 매케인은 기후 변화 문제가 실제로 존재하는 위험이라는 주장을 되풀이했는데,[46] 그는 또한 이른바 '녹색 일자리(green job)'가 경제를 다시 되살릴 것이라고 주장하기도 했다. 그는 부통령 후보로 새러 페일린을 선택했는데, 페일린은 알래스카 주지사 출신으로 석유 개발에 찬성하며 '계속해서 더 파자'라는 구호를 외치던 사람으로, 이는 기후 문제에 대한 극단주의가 공화당 내부까지 영향을 미치고 있음을 보여주는 상징적인 사건이었다.

오바마가 백악관에 입성했을 때 당시 미국은 전체 에너지 사용량의 85%를 석유와 천연가스, 그리고 석탄에 의존하고 있었다. 따라서 관련 사업의 규모는 어마어마했으며, 그 이익과 영향력도 가늠하기 어려울 정도였다.

그럼에도 불구하고 대부분의 사람은 오바마의 당선으로 환경 보호론자들에게 유리한 상황이 전개될 것이라고 기대했다. 만 역시 낙관적으로 전망하는 한편, 동료들과 함께 '불안한 현실(troubling complacency)'이라고 부르는 문제들에 대해 염려하고 있었다. 그는 오바마 행정부가 화석연료 업계에 큰 위협이 되는 두 가지 정책을 준비하고 있다는 걸 알고 있었지만 업계가 순순히 물러나리라고는 생각하지 않았다. 오바마 행정부의 첫 번째 공격은 환경보건국을 통해 시작됐다. 환경보건국 국장인 리사 잭슨은 앞으로 온실가스 배출을 유독 오염 물질 배출과 같은 것으로 취급하겠다며, 사상 처음으로 대기 오염 방지법에 따라 규제하겠다고 발표했다. 이에 대해서는 이미 2007년 대법원에서 그 적법성을 인정해준 바 있지만, 이전의 어떤 정부도 감히 화석연료 업계와 정면으로 맞붙으려는 시도를 한 적은 없었다. 오바마의 두 번째 공격은 온실가스 배출을 규제하기 위해 민주당이 오랫동안 준비해온 탄소 배출권 거래제도 법안을 상정하는 것이었다.

대중을 겨냥한 업계의 선전활동

심지어 오바마 대통령의 취임식이 열리기 전에 AFP는 탄소 배출권 거래제도 계획을 겨냥해 선출직 공무원들에게 기후 변화 문제를 해결하려는 이런 새로운 시도에 반대하라는 요구를 하며 일종의 회람을 돌리기도 했다. 그리고 코크 인더스트리즈 역시 탄소가스 배출을 줄이려는 정부의 정책에 대항하는 로비를 시작했다. 취임식이 끝나고 얼마 지나지 않아 기이한 텔레비전 광고 하나가 전국적으로 방영됐다. 분명 비공식적으로 드러나지 않게 자신들의 뜻을 전하려는 의도였다. 대부분의 미국 국민이 점점 그 실체를 드러내며 오바마 행정부의 첫 몇 개월을 강타하게 될 경제 재앙에 휩싸여 아무것도 하지 못하고 있을 때 난데없이 칼튼이라는 이름의 게으르게 생긴 사내가 등장하는 텔레비전 광고가 방송을 탔던 것이다.

"안녕하시오." 교활하게 생긴 한 젊은 남자가 접시에 담긴 전채(前菜) 요리를 집으며 이렇게 이야기를 시작한다. "내 이름은 칼튼이고 환경을 생각하는 척하는 부유한 위선자요. 나는 많은 재산을 물려받았고 비싼 사립학교를 다녔소. 나는 집이 세 채에 자동차는 다섯 대가 있지만 항상 부자 친구들과 함께 지구를 구하는 일에 대해 이야기한다오. 그리고 나는 정부가 지구 온난화와 친환경 에너지 문제를 위해 수십억 달러의 예산을 썼으면 좋겠다고 생각하오. 그렇게 해서 엄청난 실업 사태가 발생하고 전기며 가스 사용료가 올라가도 말이지. 물론 당신네 같은 사람들은 그 때문에 경제적으로 훨씬 더 고생을 하게 될 거야. 누가 알겠나? 어쩌면 나 같은 사람은 그런 일을 통해 돈을 좀 만지게 될지 말이야!"

이 광고는 사실 데이비드가 대부분의 자금을 지원해 만든 비영리 '사회복지 단체'인 AFP의 작품이다. 그런데 데이비드는 칼튼처럼 엄청난 재산을 물려받았고 고급 사립고등학교인 디어필드 아카데미를 다녔다. 그리고 아스펜의 스키 별장, 팜비치의 고급 맨션, 햄프턴의 거대한 해안가 주택에 맨해튼 740 파크 애브뉴에는 방만 18개가 있는 고급 복층 아파트를 소유하고 있으며, 평상시 자주 타는 차만 해도 랜드로버와 페라리 같은 고급 승용차들이라는 점을 기억해두자.

이 광고는 하나의 미끼로, 코크 가문, 그리고 그들과 함께하는 다른 재벌들은 분명 대중이 기후 변화 문제에 대한 정부의 정책은 '당신네 같은 사람들' 혹은 보통 미국 국민들의 주머니를 털어가는 위협이 될 것이라는 사실을 깨닫게 되기를 바랐을 것이다. 그렇지만 정부의 정책은 그들 같은 화석연료 재벌들에게는 훨씬 더 큰 위협이었다. 원유 정제시설과 송유관 시설, C. 라이스 석탄 회사처럼 석탄을 취급하는 자회사, 석탄을 주원료로 하는 화력 발전소와 화학 비료 공장, 코크스 생산 공장, 목재 공장, 그리고 아직 개발 단계인 수백만 에이커 규모의 캐나다 오일 샌드 등을 생각해 보면,[47] 코크 인더스트리즈에서만 매년 정기적으로 3억 톤에 달하는 이산화탄소를 배출하고 있는 셈이었다.[48] 탄소가스 오염에 대해 정부가 부과하는 모든 금전적인 처벌은 당장의 이익뿐만 아니라 아직 개발되지 않은 화석연료 매장량에 대해 장기적인 가치를 생각하고 엄청나게 투자해놓은 부분에까지 위협이 됐다. 그렇지만 당시 코크 가문에서는 기후 변화 문제에 대해 정확한 견해를 거의 밝히지 않았다.

그런데 한 언론과의 대담에서 데이비드는 기후 변화 문제가 실제 상황이라는 전제하에 이런 주장을 펼쳤다. "훨씬 더 넓은 땅이 생겨나 경작이 가능해질 수도 있기 때문에 지구상에 지금보다 인구가 늘어나도 충분히 식량을 공급할 수 있을 것이다."[49] 찰스는 또 회사 내부의 소식지를 통해 '허풍'이라는 제목으로 자신의 의견을 이렇게 피력했다. '왜 이런 증명도 되지 않는 주장들이 자꾸만 불거지고 있는가?'

지구 온난화에 맞서 싸우기보다는 그것을 그대로 받아들이는 것이 인류에게 더 유리할 수도 있다고 코크 인더스트리즈의 내부 소식지는 제안했다.[50] "대자연을 통제할 수 없다면 그런 변화와 함께 살아가는 방법이 있는지 함께 고민해보는 것이 어떨까?" 워싱턴에 있는 스미소니언 국립자연사박물관에서 2010년 3월 문을 연 데이비드 코크 인간 역사 전시관을 가보면 역시 그와 같은 주장이 미묘하게 녹아들어가 있음을 알 수 있다. 데이비드의 후원으로 만들어진 이 전시관이 전하려는 내용은 인류는 환경 도전에 대응하면서 더 좋은 방향으로 진화해왔으며, 그러므로 기후 변화에도 역시 적응할 수 있을 거라는 주장이다. 전시관에 마련되어 있는 일종의 가상현실 장치를 보면 지구의 기온이 급변할 경우 인류가 지하 도시를 건설하고 작고 날씬한 신체나 굽어 있는 척추를 가진 형태로 진화해 한정된 공간 안을 자유롭게 돌아다닐 수 있게 되는 모습을 보여준다.

기후 변화와 관련된 문제는 얼마 지나지 않아 티파티 운동과도 조금씩 연결되기 시작했다. 2009년 봄과 여름에 걸쳐 국민들이 분노를 터뜨리게 되자, AFP와 프리덤워크, 그리고 다른 단체나 조직들은 비밀리에 티파티 운동에 자금을 후원하면서 대중의 분노를 기후 변화 문제와 연결시키는 데 성공했다. 2009년 4월 15일 첫 번째 대규모의 티파티 모임이 세금 납부일을 기해 시작됐다. 여기에 참여한 대부분의 사람은 오바마의 은행 구제 금융과 경기 부양책을 비난했다. 이때 AFP의 직원들이 나타나 거리로 나선 대부분의 사람들은 잘 모르는 문제를 적은 티셔츠와 팻말을 공짜로 나눠주기 시작했다. 바로 탄소 배출권 거래제도 법안에 대한 내용이었다. '오바마의 예산 집행 과정은 결국 역사상 가장 규모가 큰 세금 인상에 불과하다.' 당시 시민단체들이 집중한 내용은 바로 이런 세금과 관련된 것이었는데 말이다.[51]

기후 변화와 탄소 배출권 문제를 알리기 위해 AFP의 각 지회에서는 '탄소 경찰(Carbon Cops)'을 조직해 티파티 운동에 슬며시 참여시켰다. 이들은 환경보건국에서 나온 감시자 행세를 하며 평범한 가정의 정원 바비큐나 교회 예배, 그리고 잔디 깎는 기계 등이 대기 오염 방지법을 더 엄격하게 적용함에 따라서 사용 금지될 것이라고 경고했다. AFP는 또한 이른바 '지구 온난화 비용 체험(Cost of Hot Air Tour)'이라는 활동을 조직해 탄소 배출권 거래제도 계획을 조롱하기도 했다. 여기에는 높이가 20m에 달하는 열기구가 동원됐는데, 기구 옆에는 탄소 배출권 거래제도를 반대하는 주장을 담은 구호를 선동적인 여섯 개의 단어로 요약해 적어놓았다. 그것은 바로 '더 많은 세금, 실직, 자유의 제한'이었다. AFP는 2009년 이런 열기구를 미국의 여러 주 상공에 띄웠다. 이 단체의 회장인 팀 필립스는 훗날 이렇게 인정했다. "나는 그 무렵 1년 반 동안 다시는 기구 같은 걸 타고 싶지 않을 만큼 여러 번 열기구를 탔다. 그리고 사실 나는 열기구 타는 걸 그리 좋아하지 않는다."[52]

대중을 겨냥한 이런 선전활동을 뒤에서 지원한 건 더 음습한 비밀 활동이었다. 버지니아 주 샬러츠빌 출신의 민주당 초선 하원의원인 톰 페리엘로(Tom Perriello)는 탄소 배출권 거래제도를 지지했는데, 2009년 여름 지역 주민들이 사무실에 분노를 담은 편지 등을 쏟아붓기 시작하는 것을 보고 그 비밀 활동에 대해 알게 됐다. 유권자들로부터 끊임 없이 팩스가 쏟아져 들어왔는데, 발신자는 대부분 미국흑인지위향상 협회(NAACP)와 미국 여대생연합회(American Association of University Women) 등 보통 그동안 협조적이었던 진보주의 단체나 조직의 각 지역 지회를 자처했다.[53] 공식적으로 사용하는 편지지나 팩스 용지에 탄소 배출권 거래제도의 법제화는 전기세를 올리고 가난한 사람들을 더 괴롭힐 뿐이라는 주장이 열정적으로 적혀 있었다. 그렇지만 의원 사무실 직원이 발신자들과 접촉을 시도해본 결과, 유권자나 지역 주민을 자처하며 보내진 편지나 팩스는 모두 가짜임이 밝혀졌다. 바로 워싱턴에 있는 광고 회사인 보너 앤드 어소시에이츠(Bonner and Associates)를 통해 석탄 산업 기업들의 입장을 대변하기 위해 보내진 것들이었다.

이런 조작 행위가 적발되자 이 광고 회사는 관련 직원을 해고하는 것으로 사건을 마무리지었지만 이건 단지 한 직원의 실수로 저질러진 일은 결코 아니었다. 그해 여름 페리엘로 의원은 다른 많은 선출직 공무원들과 마찬가지로 공청회에서도 집중적인 공격을 받았다. 한 참석자는 그를 보고 탄소 배출권 거래제도를 지지하는 배신자라고 소리를 질렀고, 또 다른 사람은 그런 모습을 열심히 녹화했다. 이런 소란을 일으킨 사람들 중 한 명은 리 팽의 관련 조사 과정에서 AFP의 버지니아 주 지부장의 설득에 따라 그런 일을 하게 됐다고 실토하기도 했다.[54] 그해 여름에는 미국 전역에서 이와 유사한 소동이 쉬지 않고 벌어졌다. 에릭 풀리의《기후 전쟁The Climate War》을 보면 델라웨어 주의 중도파 공화당 하원의원인 마이크 캐슬은 어떻게 그런 사기성 정책에 찬성할 생각을 할 수 있었냐며 해명을 요구하는 유권자들에게 시달렸다는 대목이 등장한다.[55] 나중에 밝혀진 바에 따르면 미국상공회의소와 미국 석유협회, 그리고 다른 산업계 대표들은 '풀뿌리' 단체를 자처하는 에너지 시민들(Energy Citizens)이라는 단체를 만들어 티파티 운동에 참여해 다른 항의자들과 공청회에 참석하도록 했다고 한다.

이런 상황에 부채질한 것은 우파 성향의 라디오 프로그램 진행자들이었다. "이런 식으로는 지구를 구할 수 없다." 러시 림보가 청취자들에게 한 말이다. "이런 식으로는 아무것도 할 수 없다. 그저 세금이나 올리고 남의 재산을 빼앗아 억지로 분배하겠다는 것뿐이다." 글렌 벡은 청취자들에게 이제 물까지 배급제가 될 수 있다고 경고했다. "우리 삶의 모든 부분을 통제하겠다는 것이다. 심지어 목욕도 마음대로 할 수 없는 세상이라니!" 공포가 확산되는 동안 공화당 하원의원들은 헤리티지재단의 연구 결과를 인용하며 미국 국민들이 부담하는 전기며 가스 요금이 천정부지로 치솟고 대규모 실업 사태가 벌어질 것이라고 예측했다. 어느 당에도 치우치지 않는 의회예산국(Congressional Budget Office)은 이를 반박하는 권위 있는 연구 결과를 제시하며 국민들이 부담해야 할 비용은 하루에 우표 한 장을 사는 정도밖에 늘어나지 않을 것이라고 주장했다. 그렇지만 하원의 공화당 원내 대표 존 베이너 의원은 실제 통계를 무시하고 그런 걸 믿는 사람이 있다면 '하늘을 나는 용'도 믿을 수 있을 것이라고 주장하기도 했다.[56]

이런 선동적인 분위기에도 불구하고 하원에서는 2009년 6월 26일 탄소 배출권 거래제도 관련 법안을 통과시켰다. 물론 그 과정은 순탄하지 않았다.[57] 우선 이 법안을 지지하는 캘리포니아 주와 매사추세츠 주의 하원의원인 헨리 왁스먼과 에드 마키의 엄청난 노력이 있었으며, 환경 보호론자들과 법안에 영향을 받는 업계 사이에 상상할 수조차 없을 정도로 많은 타협과 거래가 있었다. 수많은 환경 보호론자들은 최종 성과물이 완벽하지 않아 투쟁한 만큼의 결과를 얻지 못했다고 생각했지만 오바마가 당선된 이후 하원에서 이 정도의 타협이라도 이루어지길 기다렸던 사람들에게는 첫 걸음을 내디딘 것이나 다름없었다.

그렇지만 승리의 기쁨도 잠시, 상황은 이내 다시 좋지 않게 돌아가기 시작했다. 이 법안을 지지했던 사람들, 특히 버지니아 주처럼 화석연료 산업에 크게 의존하는 보수적인 지역의 민주당 의원인 페리엘로와 릭 바우처 등은 그로 인해 엄청난 대가를 치러야 하지 않을까 두려워했다. 관련 업계 역시 점점 더 위협을 느끼게 됐고, 결국 뭔가 조치를 취해야 하겠다는 결정을 하게 된다.

그해 가을, 몬태나 주 등에서 일련의 텔레비전 광고들이 방영되기 시작했다. 민주당 상원의원 맥스 보커스는 이미 건강보험 관련 문제 때문에 코크 가문 모임의 회원들에게 공격을 당하는 상황이었다. '이산화탄소가 오염물질이라는 과학적 증거는 어디에도 없다. 사실 이산화탄소 농도가 지금보다 올라가면 지구의 생태계는 더 많은 활기를 띠게 된다.' 광고에서는 이런 말이 흘러나왔다. 이 광고를 본 시청자들은 보커스 의원에게 탄소 배출권 거래제도 법안을 지지하지 말라는 압력을 넣었다. 이 광고를 후원한 곳은 '이산화탄소는 녹색이다(CO2 Is Green)'라는 기묘한 이름의 단체로, 〈워싱턴포스트〉의 에너지 문제 관련 전문기자인 스티브 머프손에 따르면 남몰래 자금을 대고 있는 사람은 바로 코빈 로버트슨이었다. 로버트슨이라면 바로 미국에서 석탄을 가장 많이 보유한 기업가가 아니던가.[58]

로버트슨의 흔적은 기후 변화 문제를 부정하는 또 다른 표면상의 단체에서도 발견된다. 바로 '책임 있는 규제를 위한 연합(Coalition for Responsible Regulation)'이라는 이름의 단체였다. 오바마 행정부의 환경보건국이 온실가스 규제를 시작하기 직전, 이름조차 알려져 있지 않던 이 단체가 이를 막기 위한 소송을 걸었다.[59] 이 단체의 개인 이메일이 나중에 공개됐는데, 거기에는 이들이 어떻게 성공적으로 텍사스 주의 관료들을 선동해 이 소송에 함께하게 됐는지 나타나 있다. 텍사스 주 정부 소속의 기후학자는 인간으로 인한 지구 온난화가 실재하는 위험이라고 확신하고, 환경보건국의 과학적 설명도 그 근거가 분명했는데 말이다. 이 단체와 관련된 어떤 서류에도 로버트슨이나 그의 회사의 이름은 드러나 있지 않다. 그렇지만 이 단체의 주소와 최고책임자의 이름은 퀸타나에 있는 로버트슨의 회사에서 찾아볼 수 있었다.

티파티 활동가들이 시작한 여름 소동은 진정되지 않았고 워싱턴의 상황도 급박하게 돌아가기 시작했다. 2009년 9월 오바마 대통령이 상하 양원 합동 회의에서 자신의 건강보험 개혁안에 대해 연설을 시작하자 사우스캐롤라이나 주의 공화당 하원의원인 조 윌슨이 갑자기 소리를 지르며 말을 가로막았다. "거짓말!"이라는 외침이 회의장에 울려 퍼졌다. 하원에서는 윌슨 의원의 이런 경우에 어긋나는 돌발 행동을 징계했지만, 한 달이 지나지 않아 기후 문제에 회의적인 사람들은 윌슨의 선전포고 같은 외침을 되풀이했고, 심지어 'UN 기후 보고서: 그들은 거짓말을 하고 있다!UN Climate Report: They Lie!'라는 제목의 보고서까지 등장했다.[60]

정체를 알 수 없는 이메일 유출 사건

오바마가 2009년 12월 덴마크 코펜하겐에서 열리는 집권 후 첫 국제 기후 관련 정상회담에 참여하려고 할 무렵, 반대의 목소리가 더욱 커졌다. 각국의 정부 지도자들은 미국이 결국 상당한 수준의 개혁을 시행하게 될 것으로 기대했다. 그보다 앞서 미국은 교토의정서에 따라 온실가스 배출을 제한하는 문제에 대해 다른 선진국들과의 합의를 거부했던 전력이 있었다. 오바마 행정부의 입장을 고려해볼 때, 화석연료 업계와 자유시장을 지지하는 연합 세력에게 시간이 얼마 없었다. 그리고 2009년 11월 17일, 반대파 인터넷 웹사이트에 한 익명의 비평가가 이렇게 선언했다. "기적은 일어난다."[61]

이런 아주 급박한 시기에 정체를 알 수 없는 누군가가 아주 전문적인 솜씨로 이스트앵글리아대학교 웹사이트를 무단으로 뚫고 들어가 수천 통이 넘는 이메일을 찾아 공개했다. 이 대학교 소속의 저명한 기후변화연구소(Climatic Research Unit) 과학자들이 주고받은 사적인 내용들이었다. 이 영국 대학교의 기후학자들은 미국 학자들과 계속해서 연락을 주고받아왔으며, 과학자로서의 부주의한 의심이나 부주의하고 때로는 모욕적이기까지 한 반대파에 대한 험담 등이 전 세계 누구나 다 읽을 수 있도록 공개되어버린 것이다.

보수주의 기후학자이며 지구 온난화 문제를 부정한 크리스 호너는 이렇게 선언했다. "불신의 시대가 도래했다." 그런데 호너가 일하고 있는 경쟁기업연구소(Competitive Enterprise Institute)는 코크 가문을 포함해 석유 및 다른 화석연료 관련 기업들이 후원하는 또 다른 친기업 성향의 정책연구소였다.[62] 빌 클린턴 대통령의 재임 시절에는 모니카 르윈스키 같은 대중의 신뢰도가 떨어지는 일반인의 믿을 수 없는 폭로에 의존했지만, 이번 기후 변화 문제에 대해서는 세계 유수의 기후학자들을 동원해 그들의 입을 빌려 오바마를 공격했다. 교묘한 편집을 거친다면 지구 온난화가 실재한다는 주장을 지지하기 위해 누군가 과학적 증거와 자료들을 의도적으로 왜곡하려 했다는 주장이 반대파 쪽에서 나올 수도 있는 상황이었다.

과학자들이 불완전한 자료나 근거를 바탕으로 지구 온난화 상황을 과장했다며 이를 이른바 '기후 게이트(Climategate)'라고 부르며 공격해온 반대파는 정도 이상으로 공격에 총력을 다 했다. 코크 가문이 후원하는 재단들의 웹사이트에는 무단으로 접속해 뽑아낸 과학자들의 이메일 전문이 다 실렸으며, 케이토재단의 연구자들은 특별히 앞장서 기후게이트를 공격했다. 이메일이 공개된 지 2주일이 지나는 동안 케이토재단의 한 연구자가 혼자 20차례가 넘는 언론과의 대담을 통해 이 조작된 추문을 널리 퍼뜨렸던 것이다. 그리고 얼마 지나지 않아 이 소식은 〈뉴욕타임스〉나 〈워싱턴포스트〉 같은 주류 언론에도 보도됐다. 이렇게 되자 대부분의 사람들이 이를 사실로 믿게 됐다. AFP를 이끄는 팀 필립스는 이 이메일의 내용들을 비난하며 헤리티지재단에 모인 보수파 인터넷 블로거들 앞에서 "드디어 중대한 결전의 시기가 왔다"는 식으로 설명했다. 그리고 "만일 우리가 여기에 과학적 근거를 더할 수만 있다면 내 생각에 이제 모든 준비가 끝나 그들에게 맞설 수 있게 될 것 같다"고 덧붙였다.[63]

결국 일곱 차례의 개별적인 조사 끝에 관련 과학자들의 누명이 벗겨졌다. 그들이 주고받은 이메일에서 그들의 연구나 혹은 지구 온난화에 대한 합의를 부정할 만한 아무런 증거를 찾을 수 없었기 때문이다. 그럼에도 불구하고 이러는 사이 마이클 만의 삶은 물론 다른 환경운동까지 모두 혼란 속에 빠져들고 말았다.

만은 관련 과학자들 중에서 이 정체를 알 수 없는 이메일 유출 사건을 통해 가장 큰 피해를 입었다. 이메일에 쓴 몇 마디 말을 중점적으로 문제 삼아 그를 사기꾼으로 모는 증거로 제시했기 때문이다. 그의 연구를 설명하는 과정에서 동료들이 그가 솜씨를 부려 문제점을 감추는 데 도움이 되도록 한 것을 칭찬한 내용이 문제였다. 만을 공격한 쪽에서는 이를 터무니없이 과장해 만의 모든 연구는 대중을 속이기 위한 교묘한 솜씨에 불과하며, 지구 온난화에 대한 가짜 증거를 제시하기 위해 20세기의 실제 지구 기온 자료의 '문제점'을 계속해서 감춰왔다고 주장했다.

사실 모든 것을 다 이해하고 나면 상황이 완전히 다르다는 것을 알 수 있다.[64] 우선 솜씨니 혹은 문제점이니 하는 말을 쓴 건 만이 아니라 그의 영국인 동료 학자다. 그가 별 뜻 없이 그냥 그런 단어를 사용했다. 그리고 문맥을 잘 살펴보면 완전히 다른 의미를 가지고 있다. '솜씨'라는 말은 그저 관련 자료를 정리하는 과정에서 보여준 만의 뛰어난 기술을 칭찬한 것이며, '문제점'이라는 말은 1961년 이후 특정한 종류의 나무의 나이테로부터 필요한 정보를 입수하는 과정에 '문제'가 있다는 말이었다. 이 나이테 때문에 상호 일치하는 자료를 준비하는 것이 아주 어려웠다고 한다. 만이 아닌 또 다른 과학자가 이런 문제를 해결할 수 있는 다른 자료와 정보를 준비할 수 있었고 여기서 별 뜻 없이 '감추다'라는 표현이 들어갔다. 이들 사이에 오고간 이메일에서 정말로 부정적인 의미로 해석될 수 있는 내용은 만과 다른 기후학자들이 자신들의 연구 결과를 늘 비난하는 비평가들에게 일단 공개하지 않고 유보하자는 데 의견을 같이했다는 것뿐이었다. 이 문제와 관련해 과학자들이 겪은 고생을 생각하면, 이런 입장을 취하기로 합의한 것도 충분히 이해가 간다. 그렇지만 이것이 과학계에서 보통 기대하는 통상적인 정보 공유와 투명성을 해쳤다는 것만은 사실이다. 이것만 제외한다면 '기후게이트'라고 부를 만한 추문은, 다시 한 번 말하지만 하나도 없었다.

그렇지만 유출된 이메일을 통해 벌어진 잘못된 마녀 사냥에 대해 제대로 밝힐 시간이 없었다. 며칠 지나지 않아 코크 가문에서 선거 지원을 받아온 인호프를 비롯한 다른 공화당 하원의원들이 만에 대한 조사를 요구했다. 이들은 그가 정교수로 일하고 있던 펜실베이니아 주립대학교에 위협적인 편지를 보냈다. 나중에 버지니아 주의 법무장관으로 조지메이슨대학교 법대를 졸업한 켄 쿠치넬리(Ken Cuccinelli)는 만이 전에 일하던 버지니아 대학교 관계자를 소환해 그의 이전 연구와 관련된 모든 자료들을 공개하라고 요구했다. 정부가 공공연히 개입한다는 우려 같은 것은 전혀 아랑곳하지 않았다. 결국 버지니아 주 대법원은 법무장관의 이런 개입을 '편견에 의해' 법을 잘못 해석하고, 적용한 것으로 확인하고 없던 일로 해버렸다.

2009년의 마지막 밤, 만은 사방에서 공격을 받는 듯한 기분을 느꼈다. 보수주의 라디오 프로그램 진행자들은 줄기차게 그를 비난했고, 반대파 웹사이트는 그에 대한 문제점을 자세히 적은 블로그 포스트 등을 통해 문제를 확산시켰다. 스스로 전직 CIA 요원이라고 밝힌 한 남자는 만의 학과 동료들과 접촉해 그에 대한 비리 내용을 제공해주는 사람에게 1만 달러를 상금으로 주겠다고 제안하기도 했다. 물론 '비밀을 보장해준다'는 약속과 함께였다. 그로부터 얼마 지나지 않아 만은 공공정책연구전국센터(National Center for Public Policy Research)라는 이름의 한 정책연구소가 그가 국립과학재단(National Science Foundation)으로부터 받는 지원을 무효화하려는 운동을 펼치고 있다고 주장했다. 만은 자신의 책《하키 스틱과 기후 전쟁The Hockey Stick and the Climate Wars》을 통해 사우스이스턴 법률 재단(Southeastern Legal Foundation)과 랜드마크 법률 재단(Landmark Legal Foundation)이라는 두 곳의 보수파 비영리 법률 회사가 자신을 겨냥해 법적인 조치를 취하려 했다고 밝혔다.[65] 앞서 언급한 정책 연구소와 이 두 법률 회사를 후원하고 있는 건 역시 몇몇 부자 가문들로, 이들은 각자 보유한 개인 자선재단을 통해 이런 단체들을 후원하고 있었다. 여기서도 역시 어디에도 있고 어디에도 없는 브래들리와 올린, 그리고 스카이프 재단의 흔적을 발견할 수 있다.

찰스의 재단 역시 여기에 연관되어 있었다. 랜드마크 법률 재단을 후원하고 있었던 것이다. 코크 가문은 분명 랜드마크의 책임자이자 전 미국 법무장관인 에드윈 미스 3세와 오랫동안 함께 일해온 마크 레빈에게 깊은 신뢰감을 갖고 있었다. 2010년 AFP는 레빈을 고용해 전국적으로 방송되는 그의 라디오 토크쇼를 통해 단체를 홍보하려 했다. 이는 프리덤워크와 글렌 벡의 관계를 그대로 따라하는 것이었다. 레빈이 단정하면서도 박학다식한 코크 형제의 대변인을 자처하게 된 것은 흥미로운 선택이었다. 레빈은 매우 선동적이며 심지어 무례하게 보이기까지 하는 사람이었기 때문이다. 그는 훗날 〈폴리티코〉의 기자이자 AFP에 대한 실체를 처음으로 알린 케네스 보겔에게 '더러운 개자식'이라고 한 적이 있으며,[66] 한 여성 방문객에게는 '내가 당신 남편이면 벌써 자살했다. 당장 여기서 꺼져!'라고 소리치기도 했다.[67] 오바마 대통령의 정책에 대한 그의 공격 역시 이와 유사하게 매우 감정적이었는데 특히 기후 변화 문제에 대해서는 더욱 그랬다. 레빈은 만에게 이렇게 말했다. "인간 때문에 지구 온난화가 진행되고 있다는 식의 주장은 올바른 통계적 분석을 제대로 활용하는 방법을 몰라서 생긴 일이다." 그리고 이른바 환경 문제를 통해 정국을 주도하려는 사람들이 독재 정권에 정당성을 주기 위해 지구 온난화 문제를 만들어냈다고 비난했다.[68] 그의 주장에 따르면 그런 사람들이 원하는 것은 결국 진실이 아닌 권력뿐이라는 것이다.

그러는 사이 특히 만의 생계를 위협하는 공격도 시작됐다. 공격자는 펜실베이니아 해리스버그에 있는 또 다른 공공정책을 위한 '커먼웰스재단(Commonwealth Foundation for Public Policy Alternatives)'이었다. 이 재단은 스스로 전국공공네트워크(State Policy Network)로 알려져 있는 유사한 보수파 단체들의 전국 연합회 소속이라고 자처했지만 대부분의 예산은 후원

자신탁과 그 자매 단체라고 할 수 있는 후원자펀드의 지원을 받았다. 따라서 그 뒤에 있는 개인 후원자의 정체가 무엇인지는 절대로 알 수 없었다. 그렇지만 그 본거지가 스카이프 가문의 고향에 있기 때문에 커먼웰스재단이 특히 스카이프 가문의 재단들과 깊이 연결되어 있다는 사실은 추측 가능하다. 커먼웰스 재단 이사회 이사장인 마이클 글레바(Michael Gleba)는 새러 스카이프 재단 회장을 맡고 있었으며, 동시에 스카이프의 카르타고 재단 재무담당이었고, 또 다른 두 재단의 이사도 겸직하고 있었다. 바로 이런 이유 때문에 커먼웰스재단은 특히 펜실베이니아 주 의회 활동에 비정상적으로 막강한 영향력을 발휘할 수 있었다.

이 펜실베이니아 주의 정책연구소가 만의 해임을 종용하는 운동을 시작하고, 의회의 공화당 의원들을 성공적으로 설득해 펜실베이니아 주립대학교에 대한 지원을 유보할 수 있다는 위협을 가하도록 한 것이다. 만에 대한 적절한 대책을 대학 측에서 취하는 것이 조건이었다. 공립 대학교의 재정 지원 문제를 약점으로 잡힌 대학 측은 결국 만에 대한 조사에 동의한다. 그러는 사이 커먼웰스재단은 대학에서 발간하는 일간지에도 만을 공격하는 광고를 실었으며, 대학 내에서 만을 반대하는 운동이 조직되도록 뒤에서 조종했다.

"대학 자체에 대한 압력이 가해지니 견디기가 어려웠다." 만의 회상이다. "불법으로 유출된 이메일을 근거로 이런 실체가 불분명한 공격과 고발이 있었다. 일반적으로 생각해도 나에 대해 어떤 조사를 할 만한 증거나 근거는 전혀 없다는 것이 분명했지만 커먼웰스재단은 의회의 공화당 의원들에게 압력을 넣어 이런 일이 가능하게 만들었다. 나는 아무런 잘못도 하지 않았지만 이런 불안한 상황은 계속 나를 옭죄었다. 펜실베이니아주립대학교에 너무 강력하게 정치적인 압력이 들어왔다. 대학 측이 과연 견뎌낼 수 있을지 나로서는 도저히 알 수 없는 상황이었다."

그러는 사이 만의 목숨을 위협하는 협박도 시작됐다. "나는 내가 할 수 있는 한 가족을 보호하기 위해 최선을 다했다." 그의 말이다. 그렇지만 어느 날 별다른 생각 없이 의심스러워 보이는 편지 한 통을 열어보는 순간 그런 일조차 불가능하다는 사실을 깨닫게 됐다. 봉투를 열자 정체를 알 수 없는 하얀색 가루가 사무실 안에 흩어졌던 것이다. 당시 테러용 무기로 사용되는 탄저균이 아닐까 공포에 질린 만은 경찰에 신고했고, 곧 FBI가 도착해 사건 현장을 격리했다. "참으로 비통한 시간이었다. 우리 집의 냉장고에는 경찰서장 직통 번호가 붙어 있어 조금이라도 의심스러운 일이 생기면 연락을 했다. 나는 매우 정교하게 조직된 공격이 진행되고 있다고 느꼈다. 어떤 광기가 나를 둘러싸고 있다는 생각까지 들 정도였다."

특별히 그를 불안하게 만든 건 이 문제가 단순한 기후 변화 문제를 극렬하게 부정하는 사람들을 넘어 개인의 자위권과 자유를 보장하는 헌법 수정안을 열렬히 따르는 사람들에게도 영향을 미치고 있는 것 같다는 사실이었다. 그의 설명에 따르면 "어떤 냉소적이면서도 특별한 관심에 의해 사람들이 자극을 받은 것 같았다. 사는 게 여의치 않아 안 그래도 불만이 있는 사람들이라면 기후 변화와 관련된 문제에서 '정부'가 자신들의 자유와 더 나아가서 자위권까지 빼앗아갈 수 있다는 잘못된 오해와 믿음을 가질 수 있었다. 그리고 사람들을 그런 식으로 자극하는 아주 교묘한 선동이 분명히 존재했다. 우리 같은 사람들을 그런 선동에 의해 악당으로 만들려는 시도가 있었던 것이다."

이런 식의 위협을 받은 건 그만이 아니었다. 문제의 이메일 유출 사건이 있었던 기후변화연구소의 소장인 필 존스를 비롯한 다른 여러 기

　　　　　　　　　　　　　　　　　　　　다크 머니

후학자들도 개인 경호원을 고용하고 싶은 충동을 느낄 정도였다. 다행히도 만에 대해서는 주 의회의 요구에 따라 두 차례 철저한 조사를 벌인 펜실베이니아주립대학교와 보통 미국에서 가장 권위 있는 과학 단체인 국립과학재단의 감사에 의해 아무런 죄가 없음이 입증됐다. "2년이라는 시간이 걸렸지만, 모든 것이 잘 마무리됐다. 그렇지만 역시 2년은 긴 시간이었다." 만의 말이다. "나는 내가 이런 심각한 논쟁의 중심에 서게 되리라고는 상상도 하지 못했다. 이러기 위해서 내가 무엇을 했는지 그렇게 파헤친 건가. 내가 정말로 염려하는 것은…" 그는 잠시 말을 끊었다 다시 시작했다. "이런 우스꽝스러운 상황이 많은 젊은 과학자들을 겁에 질리게 만들 수도 있다는 거다. 이것이야말로 사실상 의욕을 저하시키는 일이다. 단지 자기 자신이나 자신의 상관이 위협받는 것이 두려워서 공공의 문제에 과학자들이 참여하지 못하게 되는 것 말이다."

만의 진실이 알려지고 기후 변화 문제가 정말로 심각하다는 것이 강조되면서 만의 연구와 조사는 겨우 지지를 받게 됐지만, 결국 모든 것이 너무 늦었다. 그 무렵 지구 온난화가 진행되고 있다고 믿는 미국인들의 비율은 2008년에 비해 14%나 급락했다. 2010년 조사에 응한 사람들의 거의 절반인 48%가 지구 온난화는 일반적으로 볼 때 과장된 것이라고 생각했는데, 이는 10여 년 전 지구 온난화 관련 여론 조사를 시작한 이래 나온 최고 수치였다.[69] 아무리 생각해도 그가 보기에는 미국이 과학이 가리키는 지점과 반대 방향으로 옮겨간 데에는 결국 돈 말고는 다른 이유가 없었다. "과학계에서는 기후 변화가 분명이 일어나고 있다는 확신이 점점 더 커지고 있다. 대중은 그저 그렇거나 오히려 더 잘 안 믿게 됐다. 이건 정말 비정상적인 상황이다. 이런 갈등을 불러온 것이 바로 관련 업계의 금전의 위력이다."

기후 개혁에 반대하는 세력의 승리

탄소 배출권 거래제도 법안이 상원에 상정됐을 때에는 이미 상황이 너무 늦어버렸다. 먼저 사우스캐롤라이나 주의 독립적 성향이 강한 공화당 의원 린지 그레이엄이 앞장서 싸움을 시작했고 민주당의 존 케리와 역시 민주당 소속이지만 독립적인 견해를 가지고 있는 조 리버만이 법안 통과를 주장해 환경 보호론자들을 놀라게, 또 기쁘게 했다. "나는 이 자리에 온실가스와 탄소가스 오염 문제에 대한 결론을 내리려고 왔다." 리버만의 말이다. "분명히 나쁜 것들이다."[70]

그렇지만 그레이엄은 자신의 우파 쪽 지지자들의 압력을 두려워했다. 그는 민주당 의원들에게 폭스 뉴스가 눈치채기 전에 빨리 행동에 들어가야 한다고 주의를 주었다. 그가 우려했던 대로 2010년 4월 폭스 뉴스는 '탄소가스 세금'을 지지한다는 이유로 그레이엄 의원을 공격했다. 악의에 가득 찬 티파티 활동가들은 즉시 사우스캐롤라이나 주에서 기자 회견을 열어 그를 동성애자라고 매도했으며, 아메리칸 솔루션(American Solution)이라는 이름의 한 위장 정치단체는 그를 반대하는 운동을 시작했다. 나중에 밝혀진 사실이지만 아메리칸 솔루션은 거대 화석연료 업계와 역시 이해관계가 얽힌 다른 기업들로부터 후원을 받고 있었고, 그 기업들 중 상당수가 코크 가문 모임과 엮여 있었다. 래리 니컬스의 데본 에너지, 딕 파머의 신타스, 스탠 허바드의 허바드 방송(Hubbard Broadcasting), 그리고 셸던 아델슨의 라스베이거스 샌즈 등이었다. 결국 공격이 시작된 지 며칠 지나지 않아 그레이엄은 이 문제에서 손을 떼고 말았다. 네바다 주 출신의 민주당 상원 원내 대표 해리 레이드는 탄소 배출권 거래제도 법안 해결을 위한 마지막 협상을 벌이려 했고, 자기 자신도 다음 선거가 걱정될 지경에 이르자 이 문제 때문에 민주당이 돌아올 수 없는 강을 건너는 것이 아닌가 걱정했다. 레이드 의원은 그레이엄이 손을 떼고 물러선 다음 이 법안을 상원 표결에 상정하는 것을 거부했다.

결국 이렇게 기후 변화 개력을 반대하는 세력은 소원을 이루었다. "이러지도 저러지도 못 하는 진퇴양난의 상황이 가장 큰 도움이 됐다. 사실 그거야말로 우리가 가장 바라는 상황이었다." 훗날 모라노는 이렇게 인정했다.[71] "우리가 원하는 법안 같은 것은 없었다. 우리는 그저 반대 세력에 불과했을 뿐이며, 반대하는 법안의 상정을 막기 위해 노력했을 뿐이다."

왜 기후 문제 관련 법안이 통과되지 못했느냐는 질문에 앨 고어는 〈뉴요커〉의 라이언 리자에게 이렇게 대답했다. "특별한 이해관계 문제로 인한 영향이 지금 극단적으로 유해한 수준까지 올라가 있다. 그게 문제였다. 현재 정치체제 안에서 어떤 중대한 변화를 이루기 위해 노력하는 사람들은 사실상 거대한 상업적 이해관계와 관련된 허락을 받지 못한다면 원하는 바를 이루는 게 불가능하다. 변화가 있을 때 가장 크게 영향을 받는 게 바로 그런 무리들이니까."[72]

기후 변화 문제를 해결하고자 했던 첫 번째 법안 상정이 이렇게 수포로 돌아갔을 무렵, 웨스트버지니아에서는 메탄가스 폭발로 메세이 에너지 소유의 광산이 무너져 내려 광부 29명이 사망하는 사고가 일어났다. 그리고 얼마 지나지 않아 멕시코 만에서는 시추선 딥워터 호라이즌 호의 폭발로 원유 유출 사고가 일어나 역사상 가장 규모가 큰 원유 유출 사고로 기록이 됐다. 이 사고는 수많은 해양 생물들이 돌연변이로 태어나는 원인을 제공했다. 대배심원은 어퍼 빅 브랜치 광산의 소유주에게 안전 규정을 준수하지 않은 형사상의 책임을 물었으며, 연방 법원은 시추선의 실소유주인 브리티시 페트롤륨에게 업무상 과실

치사 혐의에 대해 유죄를 선고했다.

한편 대기 중의 이산화탄소 수치는 이미 과학자들이 지구 온난화를 돌이킬 수 없는 상황으로 만들 정도라고 말한 수준까지 올라가버렸다. 오바마 대통령은 이 시점에 법안 상정 표결이 제때 적절하게 이루어지지 않을 수도 있음을 인지하고 있었다고 인정했다. 그렇지만 그는 "나는 앞으로 계속 해결책을 모색할 것이다"라고 약속했다. 그렇지만 보수파의 금전적 위력은 이미 오바마 대통령을 앞질렀으며, 그가 결코 성공하지 못하도록 만들 뻔뻔하고 새로운 계획이 진행 중이었다.

9

돈이 말을 한다
시민연합의 결성

2010년 5월 17일 뉴욕 메트로폴리탄 오페라하우스에서 검은색 넥타이를 맨 한 청중이 무대 위로 올라오는 큰 키의 쾌활해 보이는 한 억만장자에게 박수를 보냈다. 미국의 대표적 발레단 중 하나인 아메리칸 발레 시어터(American Ballet Theatre)의 열일곱 번째 봄 정기 공연이 열린 자리였다. 데이비드는 이사회 이사로서 그동안의 후의에 대한 감사 인사를 받기 위해 그 자리에 참석했다. 고전 발레에 오랫동안 심취해온 데이비드는 최근에만 앞으로 있을 공연을 위해 250만 달러를 기부했고, 그전에도 이미 수백만 달러를 쾌척해온 터였다. 데이비드가 축하를 받을 때 그의 옆에는 발레단의 명예이사 두 사람이 함께 있었는데, 복숭아 빛 겉옷을 걸쳐 입은 유명 인사 블레인 트럼프와 에메랄드 빛 녹색 옷을 차려입은 케네디 대통령의 딸 캐롤라인 케네디 슐로스버그였다. 캐롤라인은 특히 정치에 막 입문한 정치 초년생으로, 그녀의 어머니인 재클린 케네디 오나시스가 오랫동안 이 발레단을 후원해왔다. 그녀는 1995년 데이비드가 사들인 뉴욕 아파트의 전 주인이기도 했다. 데이비드는 살아보니 아파트가 너무 좁다며 11년 후 3,200만 달러에 팔아버렸다.

행사를 주최한 발레단은 데이비드를 뉴욕에서 가장 유명한 자선
사업가로 소개하며 그의 공식적인 참석을 알렸다. 70대에 접어든 그
는 그동안의 기부활동으로 이미 잘 알려져 있었다. 2008년에는 오페
라하우스와 이웃한 뉴욕 스테이트 시어터(New York State Theatre)를 재건축
하는 데 1억 달러를 기부해, 그 이름이 데이비드 코크 시어터로 바뀌었
다. 또 미국 자연사박물관에 2,000만 달러를 기부해 전시물 중 하나인
공룡 날개에 그의 이름이 붙기도 했다. 그해 봄에는 메트로폴리탄 미
술관 밖에 있는 분수가 낡은 것을 보고 보수비용으로 1,000만 달러를
쾌척했다. 그는 미술관 이사이며 뉴욕에서 가장 존경받는 사회 저명
인사였다. 데이비드는 또한 메모리얼 슬론 케터링 암센터(Memorial Sloan
Kettering Cancer Center)의 이사이기도 했는데, 센터에 4,000만 달러를 기부
한 후 이사 자리가 주어졌고 이후 연구소에는 그의 이름이 붙게 됐다.

그런데 이 오페라하우스 공연에 꼭 참석해야 하는 유명 인사 한 사
람이 보이지 않았다. 바로 발레단의 또 다른 명예이사인 미셸 오바마
였는데 영부인 미셸의 대변인은 시간이 맞지 않아 참석하지 못했다고
공식적으로 알렸다. 어쨌든 뉴욕의 사교계에서 데이비드는 누구도 무
시할 수 없는 명사였다. 홍보 전문가들의 도움을 받아 그는 아주 인상
적인 대중적 위상을 쌓아가고 있었다. 지인의 전언에 따르면 데이비드
는 매년 그의 수입 중 40%를 기부한다고 직접 털어놓았는데, 그 금액
은 약 4억 달러에 달했다.[1] 그러고도 그에게는 매년 6억 달러의 수입이
남았다. 어쨌든 기부를 많이 하면 세금 문제를 수월하게 해결할 수 있
을 뿐만 아니라 무엇보다도 데이비드 자신이 기부활동을 스스로 즐기
기도 했다는 게 한 가족의 전언이었다. 그렇게 함으로써 어느 정도 사
회적인 존경을 받을 수 있다는 이유에서였다. 그렇지만 기부 외에 그

다크 머니

의 다른 지출 내역은 여전히 대부분 잘 알려져 있지 않았다. 미국에서 가장 유명하고 명성도 높은 문화와 과학 관련 단체에 자신의 이름이 붙는 것을 기꺼워하고, 또 발레단 행사에 참여해 사람들의 감사 인사도 받지만, 그의 가족이 지출하는 막대한 정치자금은 그보다는 훨씬 더 은밀하고 사적인 활동에 속했다.

사실 코크 가문과 관련된 거대한 정치적 음모가 세금 기록 공개와 관련해 수면 위로 조금씩 떠오르기 시작한 건 불과 몇 년 전의 일이고 그 전체적인 사정은 절대로 알려질 것 같지 않다. 그렇지만 4개월 전 힐러리 클린턴에 대한 우파의 공격과 관련해 시작된 논쟁으로 대법원이 내린 결정에 영향을 받아, 코크 가문의 은밀한 지출은 대선과 관련되어 이미 더 새롭고 야심만만한 방향으로 흘러가기 시작했다. 데이비드 코크가 뉴욕의 오페라하우스에서 사람들의 축하를 받고 있을 때, 코크 형제를 위해 일하는 특별 직원들은 아무도 모르게 30여 년의 역사와 경험이 쌓인 이념과 사상의 단체와 조직들을 다른 조직으로 바꿔가고 있었다. 바로 공화당과 민주당을 닮았으면서도 경쟁할 수 있는 그런 조직이었다. 그렇지만 늘 그렇듯 누구나 알아차릴 수 있는 직접적인 후원이 아닌 미국의 다른 부자 가문들과 함께 여러 갈래로 쪼개고 쪼개 자금을 지원하는 방식이었다. 이제 이 부자 가문들은 자신들이 바라던 대로 가지고 있는 모든 재산을 미국의 정치를 뒤흔드는 데 마음껏 사용할 수 있게 됐다.

선거자금의 규제 완화가 부른 도금시대의 부활

2010년 1월 21일, 대법원은 이른바 시민연합(citizen united)과의 소송과 관련해 5 대 4로 소송을 걸어온 시민연합의 손을 들어주었다. 대기업이나 노조가 원하는 대로 선거 후보를 지원하는 것을 막아온 규제를 100년 만에 풀어버린 것이다. 대법원은 부정이나 부패가 만연하는 것을 막기 위해 기업이나 노조가 후보자에게 직접 선거자금을 전달하는 것을 막았지만 대신 외부 단체나 기술적으로 선거운동과 관계없는 조직에 돈을 주어 후보자를 지원하거나 상대편 후보자를 공격하는 것은 가능하도록 했다. 사실상 자신들이 선택한 후보자를 위해 무제한으로 정치자금을 사용하는 일이 가능해진 것이다. 결국 대법원은 기업이 개인과 똑같은 언론의 자유를 누릴 권리를 가지고 있다는 주장을 받아들였다고 볼 수 있다.

또한 이런 판결에 따라 관련된 다른 문제들도 결론이 났다. 상소 법원에서는 연방선거위원회와 'SpeechNow.org'라는 단체의 소송이 있었는데, 여기에서는 개인이 앞서 언급한 외부 단체나 조직에 기부할 수 있는 금액의 제한을 없애버렸다. 그전에는 정치활동위원회 혹은 PAC를 만들고 거기에 개인이 1년에 최대 5,000달러까지만 기부할 수 있었다. 그렇지만 이제는 시민 개인이 후보자의 선거운동에 직접적으로 관련되어 있지 않는 한 외부 단체나 조직에 무제한으로 돈을 기부할 수 있게 된 것이다. 그리고 선거운동에 직접적으로 소속되지 않은 채 무제한의 기부금을 받아 새로운 힘을 과시할 수 있게 된 이런 단체나 조직을 슈퍼팩(super PAC)이라고 불렀다.

시민연합이나 슈퍼팩에 대한 판결은 모두 결국 후보자에 대한 직접적인 기부만 아니라면 개인적인 기부나 후원은 얼마든지 할 수 있도록 인정해준 것이며, 그로 인해 부패나 부정은 일어나지 않을 것으로 기대한 것이다. 그렇지만 그 시작부터 보수적이지만 영민하고 인습에 얽매이지 않는 것으로 유명한 연방 판사인 리처드 포스너는 대법원이 순진하게 합리화하고 있다고 주장했다. "슈퍼팩의 후보자 지원과 개인이 직접 지원하는 것에는 부패나 부정이라는 관점에서 실질적으로 아무런 차이점을 찾아볼 수 없다"는 것이다.[2] 그 직접적인 영향에 대해 〈뉴요커〉의 제프리 투빈은 이렇게 요약했다. "부자들이 자신들이 원하는 후보자들을 원하는 만큼 거의 무제한으로 지원할 수 있도록 허가해준 것이다."[3]

이제는 정치자금을 규제할 방법이 거의 남아 있지 않은 상태에서 찬성표를 던진 다섯 명의 대법관이 믿은 건 모든 정치운동과 관련된 지출은 결국 대중에게 다 공개될 수밖에 없다는 오랜 기대였다. 찬성표를 던진 대법관 앤서니 케네디는 인터넷의 발달로 모든 정치자금 지출 내역의 공개가 이전보다 더 쉬워질 것이라고 예측했다. 그리고 이를 통해 부패나 부정을 막을 수 있을 것이며 공직자들이 이른바 이해관계에 얽혀 '휘둘리게 되는지' 시민들이 직접 확인할 수 있을 것이라고 생각했다.

그렇지만 이는 잘못된 기대였다는 것이 곧 드러났다. 반대하는 측에서 경고했던 것처럼 더 많은 돈이 계속해서 선거에 유입됐다. 그 돈의 출처는 정체를 알 수 없는 비영리단체들이었다. 그리고 이들은 기부자의 신분을 알리지 않을 권리가 있다고 주장했다. 스카이프와 코크 가문과 같은 부자 행동파들은 이미 기부나 후원활동을 자신들의 무기로 삼을 수 있는 길을 닦아놓은 상태였다. 이제 그들과 다른 후원자들이 이른바 '다크 머니'로 알려진 검은돈을 비영리 사회복지 단체나 재단에 기부하면 그 단체나 재단은 기부자들의 신분을 알리지 않고 선거에 그 돈을 그대로 사용할 수 있는 권리를 주장할 수 있게 된 것이다. 그 결과, 미국 정치계는 추적할 수 없는 무제한의 현금에 휘둘리게 됐다.

기존의 선거자금과 관련된 법과 규제가 다 사라진 상태에서 법원은 100년간의 개혁의 핵심을 다 제거해버린 셈이었다. 19세기 후반과 20세기 초 신흥 부자인 기업인들의 비밀 정치자금으로 인해 추문이 끊이지 않자 진보파에서는 부패와 부정으로부터 민주주의의 절차를 보호하기 위해 정치자금을 규제하는 법안들을 통과시켰다. 이 법안들은 말하자면 경제적 불평등이 생겨나던 시절에 정치적인 평등을 보장해주려는 안전장치였던 셈이다. 개혁 세력들은 석유와 철강, 금융, 그리고 철도 재벌들에게 부가 집중되면서 민주주의 평등 원칙이 위협당하는 모습을 목도했다. 예를 들어, 공화당의 윌리엄 매킨리가 치른 1896년과 1900년의 두 번의 대선에서 선거 전략가인 마크 한나가 록펠러의 스탠더드 오일 같은 대기업들로부터 거둬들인 정치자금이 뇌물로 흘러들어간 악명 높은 사례가 있다. 이런 부정과 부패에 대한 반감이 커져가는 과정에서 시어도어 루스벨트 대통령의 노력에 의해 하원에서는 1907년 이른바 틸먼 법(Tillman Act)을 통과시킨다. 기업이 직접 연방정부의 선거 후보자와 정치가들에게 자금을 지원하는 것을 금지하는 법이었다.[4] 그 이후에 일어난 정치적 추문들은 노조와 개인 후원자들의 기부금 규모를 제한하는 또 다른 규제들이 만들어지는 계기가 됐고, 관련 내용들은 일반인들에게 공개됐다. 이런 규제들의 대부분을 폐지해버린 시민연합과 슈퍼팩 관련 소송의 결과는 여러 가지 측면에서 미국이 도금시대로 돌아갔음을 보여줬다.

대법원 판사이자 중도파 공화당 지지자였지만 이후 대법원에서 진보 측의 입장을 오랫동안 대변해온 존 폴 스티븐스는 이런 대법원의 결정에 대해 '미국 헌법 수정안 제1조에서 보장된 내용에서 정도 이상으로 너무 많이 나간' 것이라고 설명했다. 긴 반대 과정에서 스티븐스 판사는 헌법을 처음 만들 때 여러 가지 자유의 권리를 보장하려 한 것은 미국 국민 개인을 위한 것이었지 거대 기업을 위한 것은 아니었다고 주장했는데, 다시 말해 독립된 미국 정부가 탄생한 이래 그 기반을 좀 먹으려는 대기업들을 막아야 한다는 필요성을 깨달아온 미국 국민들의 상식을 뒤집는 결정, 시어도어 루스벨트 대통령 시대부터 부패한 기업들이 선거전에 뛰어들 수도 있는 상황을 막으려고 싸워온 사람들을 배신하는 결정이라는 것이었다. 스티븐스는 이런 유명한 말을 남겼다. "미국의 민주주의가 불완전하다고 해서 그것이 정치권에 흘러들어가는 기업의 돈이 부족해서 벌어진 문제라고 생각하는 사람들이 대법원에 있는 모양이다."

대부분의 분석은 공정한 선거를 보장하는 이런 중요한 법안들이 뒤집어진 이유를 대법원장으로 존 로버츠가 임명되면서 독단적인 보수주의 성향이 강해졌기 때문이라고 봤다. 분명 이것도 중요한 이유 중 하나이겠지만 또 다른 숨은 이야기가 있었다.

디보스 가문과 암웨이

거의 40년에 가까운 세월 동안 아주 소규모의 거대 부자들의 모임이 있었고, 이들은 법이 정한 것보다 더 많은 정치자금을 사용하며 미국 정치에 영향력을 행사하고 싶어 했다. 그리고 그 과정에서 사법 당국과 끊임없는 마찰을 빚어왔다. 그중에서도 특히 이런 마찰이나 갈등에 굴복하지 않은 가문이 있었으니, 그것이 바로 미시간 주의 디보스 가문이다. 디보스 가문 사람들은 코크 가문 모임의 든든한 일원인 동시에 암웨이 직거래 유통 사업을 통해 미국 역사상 보기 드문 성공을 거두면서 수십억 달러의 재산을 긁어모았다. 1959년 동네 친구 사이였던 리처드 디보스 1세와 제이 밴 앤델이 미시간 주 그랜드 래피즈 외곽에 있는 에이더에서 시작한 이 직거래 사업은 가정용 생필품 등을 집집마다 직접 배달하고 판매하면서 회원제 방식을 도입해 거의 문화 현상에 가까운 부자에 대한 꿈을 함께 퍼뜨려왔다. 시간이 흐르면서 이 개인 사업은 미국 유통업계의 거인으로 성장했고 2011년 기준으로 110억 달러에 가까운 수익을 올리게 됐다.

디보스 가문은 칼뱅파의 한 갈래로, 네덜란드 이민자들에 의해 미국에 전파된 네덜란드 개혁파 교단(Dutch Reformed Church)의 독실한 신자인데, 이 이민자들은 대부분 미시간 호수 주변에 정착했다. 1970년대가 되자 네덜란드 교회는 크게 성장해, 누군가의 말처럼 기독교인 우파들이 모인 논쟁의 중심지로 자리매김했다. 이 교회의 신도들은 낙태와 동성애, 여권 신장, 그리고 자신들의 교리와 충돌하는 현대 과학에 격렬하게 반대했는데, 정부의 개입을 정면으로 부정하는 극단적인 자유시장 경제 논리와 성실하고 근면한 노동과 성공을 떠받드는 칼뱅주의의 전통 역시 이 교회의 많은 신도들이 믿고 따르는 원칙이었다. 디보스 가문은 이런 네덜란드 교회의 극단주의자들 중에서도 그 누구보다 더 극단적인 성향을 가지고 열렬하게 활동을 펼치는 사람들이었다. 디보스 가문 사람들은 보수주의 운동을 시작한 다른 가문들과 비교하면 비교적 미시간 주 안에서만 이름이 알려져 있었으나, 금전적인 후원과 관련해 디보스 가문을 능가하는 가문은 손에 꼽을 정도였다. 그리고 그런 디보스 가문이 특히 동조하며 따랐던 것이 코크 가문 모임이었다. 사회적 문제에 대한 디보스 가문의 관점은 코크 가문의 그것보다 오히려 훨씬 더 보수적이고 반동적인 성향을 보였지만, 정부의 규제와 과세에 대해 코크 형제들과 마찬가지로 격렬한 반감을 품고 있었다.

사실 암웨이는 연방정부의 세금을 피하기 위해 조직된 유통망이라고 볼 수 있다. 디보스와 밴 앤델은 화장품이나 청소용품, 그리고 식료품 등을 소비자의 집에 직접 방문해 파는 영업사원을 고용인이 아닌 일종의 '독립된 자영업자'로 정의함으로써 기업이 책임져야 하는 부담을 피해 갈 수 있었다. 사원이 아닌 자영업자의 개념을 적용하면 암웨이는 국민연금이나 기타 사원 복지 관련 예산을 줄일 수 있으며, 따라서 기업의 순이익이 크게 늘어난다. 그렇지만 이런 정책 때문에 국세청이나 연방거래위원회(Federal Trade Commission, FTC)와 끊임없는 마찰을 빚었다. 비록 관련된 혐의들이 대부분 무혐의로 처리됐지만 정부 입장에서 보면 암웨이는 다단계 회사와 다를 바 없었으며, 회원으로 가입해 더 많은 물건을 팔고 다른 회원을 모집해오면 금방 부자가 될 수 있다는 그릇된 희망을 심어주는 회사에 불과했다. 대부분의 회원이 단기간의 실적을 위해 자신들이 직접 대량으로 제품을 구입했는데, 실제로 그것을 팔지 못해 발생하는 손해를 다른 회원들을 끌어들임으로써 채울 수밖에 없는 그런 구조라는 지적이다.

이런 불법도 합법도 아닌 애매한 사업 환경에서 암웨이는 정치적인 영향력을 키우는 것을 중요하게 생각할 수밖에 없었다. 1975년 그랜드래피즈의 공화당 하원의원 출신인 제럴드 R. 포드(Gerald R. Ford)가 미국 대통령에 당선되자 정치적인 영향력을 활용할 수 있다는 사실이 실제로 증명됐다. 암웨이에 대한 연방거래위원회의 조사가 계속되는 동안 디보스와 밴 앤델은 백악관 집무실에서 포드 대통령과 장시간 면담을 가졌고, 그 후 얼마 지나지 않아 포드 대통령의 최측근 두 사람은 디보스와 밴 앤델이 시작하는 새로운 사업에 투자하게 된다. 이런 사실이 나중에 드러나자 이 두 측근은 백악관을 그만두는데, 그중 한 명은 암웨이의 정치권 로비스트로 고용됐다.⁵ 그러는 사이 어쩌면 우연의 일치인지도 모르지만 암웨이가 불법적인 다단계 회사인지 규명하기 위해 시작된 연방거래위원회의 조사는 유야무야 마무리됐고, 다만 회원들이 벌어들이는 수입을 과장 광고했다는 부분에서만 경고 처리를 받았다.

연방거래위원회의 한 변호사는 암웨이의 정치적 활동이 비정상적일 정도로 많다며 〈포브스〉에 이렇게 밝혔다. '암웨이는 기업이 아니라 종교집단에 가까운 사회·정치적 조직이다.'[6] 확실히 킴 필립스페인이 《보이지 않는 손들》에서 쓴 것처럼 암웨이는 '절대 단순한 직거래 유통 기업이 아니라 자유기업 체제라는 그 본질적인 개념을 신앙처럼 따르는 조직'인 것이다.

그런 디보스 가문이 선거에 정치자금을 제공할 수 있는 기준을 제한하는 법이 있었다. 1974년 워터게이트 사건이 터진 직후, 하원은 새롭게 정치자금 제한법을 만들고 대통령 선거전에서의 일반 기부금 관련 규정을 정했다. 반대파에서는 이 새로운 법과 규정을 빠져나갈 수 있는 방법을 찾기 위해 고심했는데, 1976년에는 일부 성공을 거두기도 했다. 대법원이 공화당 상원의원 후보인 윌리엄 F. 버클리 2세의 동생인 제임스의 손을 들어주며 '개인의 독립적인 정치자금 지원'에 대한 제한을 철폐한 것이다. 이를 통해 일찍이 볼 수 없었던 거대 규모의 개인 기부자들이 나타나게 됐는데, 1980년 리처드 디보스와 제이 밴 앤델은 '개인의 독립적인 정치자금 지원'이 허용되는 것을 이용해 로널드 레이건이 대통령에 당선되는 과정에서 가장 많은 자금을 후원하기도 했다.[7] 1981년에 이 두 사람이 차지한 직책을 보면 그 정치적인 영향력이 얼마나 커졌는지 잘 알 수 있다.[8] 리처드 디보스는 공화당전국위원회(Republican National Committee, RNC)의 재무 담당 총책임자를 맡았고, 제이 밴 앤델은 미국 상공회의소 소장이 됐다. 워싱턴에 입성한 두 사람은 요란스러운 행보를 보이며 포토맥 강가에 정박된 암웨이의 요트에서 호화로운 연회를 열기도 했다. 여기에는 공화당의 거물들과 암웨이가 진출한 세계 각국의 고관대작들이 참석했다. 가난한 네덜란드 이민자의 아들인 디보스는 할리우드 배우처럼 차려입고 굵직한 보석 반지를 끼고 롤스로이스 같은 고급차를 몰았다.[9] 그렇지만 암웨이 창업자들의 자금력은 디보스와 밴 앤델과 관련된 탈세 혐의를 조사하는 캐나다 정부를 막지 못했다. 두 사람은 1982년 형사 고발을 당하는데, 〈디트로이트 프리 프레스Detroit Free Press〉의 기자 키티 매킨지와 폴 매그니선이 관련 사실을 폭로하자, 평소 디보스와 밴 앤델이 애국심과 신앙심을 강조해온 것을 잘 아는 독자들은 큰 충격을 받았다. 이들의 탈세는 13년에 걸쳐 정교하게 진행됐다. 그것도 두 사람이 직접 지시한 것이었다.[10] 두 기자가 밝힌 바에 따르면, 이런 탈세 행각이 최고조에 달했을 때에는 모든 절차가 합법적으로 보이도록 비밀리에 가짜 송장을 만들어 캐나다 세관을 속였고, 암웨이가 캐나다로 들여가는 물품의 가격을 낮게 책정해 세금을 줄였다. 그렇게 해서 암웨이가 1965년에서 1978년까지 탈세한 액수는 2,640만 달러에 달했다.

암웨이는 처음에는 이런 폭로 기사 내용을 부정하며 명예훼손으로 5억 달러에 달하는 소송을 제기하겠다며 〈디트로이트 프리 프레스〉를 위협했다. 그렇지만 결국 간략한 공식 보도문을 통해 캐나다 정부를 속인 것을 인정하며 2,000만 달러에 달하는 벌금을 성실하게 납부하겠다고 했다. 대신 디보스와 밴 앤델을 포함한 암웨이의 최고경영자 네 사람에 대한 형사 고발을 취하해달라고 요청했다. 1989년 암웨이는 관련된 민사 소송을 해결하기 위해 추가로 3,800만 달러를 더 납부한다.[11]

디보스는 이 일이 있은 직후 공화당전국위원회에서 물러났다. 디보스는 이후에도 1982년의 극심했던 경제 불황을 환영할 만한 '정리 기간'이라고 하거나, 혹은 자신은 일자리를 원하는 사람이 자리를 못 찾는 경우를 한 번도 본 적 없다는 식의 발언을 해 물의를 빚었다. 그렇게 한번 추락한 명성은 회복되기 어려웠다. 공화당의 다른 후원자들은 그가 공화당전국위원회 회의를 암웨이 영업사원을 다루는 방식을 적용해 열성적인 애국자 모임으로 바꾸려는 시도를 보고 후원을 중단했다. 디보스는 부유한 후원자들을 무대로 불러내 이렇게 질문했다. "왜 미국 국민인 것이 자랑스러운가?" 오랫동안 공화당을 위해 활동한 한 당원은 〈워싱턴포스트〉에 이렇게 말했다. "안 그래도 지지를 잃어가는 와중에 디보스가 마지막 결정타를 날렸다"[12]

그럼에도 불구하고 디보스 가문은 여전히 공화당과 보수주의 운동의 가장 큰 돈줄이었다. 이들은 정치자금과 관련한 규제들을 되돌리는 일에도 지원을 아끼지 않았다.[13] 1970년부터 최소한 2억 달러가 넘는 돈을 이른바 뉴라이트(New Right) 운동을 떠받치는 모든 단체나 조직에 직접 기부했는데, 거기에는 헤리티지재단 같은 정책연구소부터 대학연합연구소(Intercollegiate Studies Institute) 같은 학술 단체에 이르기까지 다양한 보수주의 단체가 포함되어 있었다. 특히 대학연합연구소는 각 대학 캠퍼스에서 발행되는 보수주의 출판물을 재정적으로 지원하는 단체였다. '지난 50년 동안 디보스 가문을 모르고서는 공화당 출신 대통령, 아니 공화당 후보조차 될 수 없었다.' 미시간 주 공화당 지부장을 역임한 사울 아누지스(Saul Anuzis)의 말이다.[14]

디보스 가문은 또한 그 정체가 잘 드러나지 않은 국가정책위원회(Council for National Policy)에도 깊이 관련되어 있었는데, 이 조직은 〈뉴욕타임스〉에 따르면 미국에서 가장 강력한 힘이 있는 보수주의자 몇백 명이 모여 만든 잘 알려지지 않은 모임으로, 아무도 모르는 비밀 장소에서 극비 회동을 1년에 세 차례 정도 가졌다.[15] 그 자리에 누가 모였는지역시 비밀이었지만 거론된 명단에는 제리 폴웰, 필리스 슐래플리, 팻

로버트슨, 그리고 전미총기협회(National Rifle Association, NRA) 회장인 웨인 라피에르 등 알 만한 보수주의 인사는 다 모여 있었다. 그중 상당수는 코크 가문 모임에도 참석했는데, 특히 와이오밍 주의 투자 전문 회사 인 프리스 어소시에이츠(Friess Associates)의 창립자로 수천만 달러의 재산 을 보유한 포스터 프리스는 최소한 1996년 대선부터 코크 가문과 정 치적 행보를 함께했다. 당시 프리스와 코크 형제는 트라이어드 메니지 먼트라는 회사를 통해 은밀하게 자금을 지원해 상대방 후보를 비방하 는 광고를 제작한 바 있다. 찰스는 국가정책위원회에서 수여하는 상을 받은 적이 있지만 정식 회원은 아니었다. 어쨌든 이 위원회는 리처드 디보스의 표현에 따르면 '후원자들 중에서도 진정한 행동파'들이 모이 는 그런 장소였다.[16]

디보스 가문에는 법 문제로 인한 갈등이 단지 투지를 불태우게 만 드는 요소일 뿐이었다. 1994년 중간선거 기간 동안 암웨이는 공화당에 250만 달러를 기부했다. 이는 미국 역사상 단일 기업이 기부한 액수 중 가장 큰 것이다. 1996년 정부를 감시하는 민간인 단체들이 확인한 바 에 따르면, 디보스 가문은 정치자금 관련 규제를 피하기 위해 샌디에 이고 여행사라는 곳에 130만 달러를 기부해 그해 있었던 공화당의 전 국 전당대회를 생중계하도록 후원했다.

그 무렵 리처드 디보스 1세는 미국 프로 농구 구단 중 하나인 올랜 도 매직을 사들였고, 암웨이의 경영권을 아들인 리처드 디보스 2세에 게 넘겨준다. 흔히 딕이라는 애칭으로 알려져 있는 디보스 2세는 아버 지의 정치 및 종교적 사상을 그대로 이어받았지만, 사업에 있어서만은 철저하게 실용주의를 지향했다. 그는 자유시장의 이념을 따르는 사업 을 중국에서 대규모로 확장하기 위해 많은 노력을 기울였다. 2006년에 는 암웨이의 수익 중 3분의 1 이상이 바로 이 공산주의 국가에서 창출됐다.

　디보스 가문의 위상과 재산은 미시간 주 개혁 교파의 또 다른 명문가의 딸인 베시 프린스와 디보스 2세의 결혼으로 더욱더 공고해졌다. 베시의 아버지인 에드거 프린스는 자동차 부품 공장을 세웠다가 1996년 13억 5,000만 달러에 회사를 매각했다.[17] 오빠인 에릭 프린스는 세계적인 보안 회사인 블랙워터(Blackwater)를 세웠는데, 기자인 제레미 스카힐에 따르면 블랙워터는 세계에서 가장 강력한 용병 회사였다.[18]

소프트 머니로 위장한 검은돈

결혼한 베시는 나중에 미시간 주 공화당 지부를 책임지며 남편 못지않게 강한 정치적 열망을 보였다. 그녀의 지원을 통해 2002년 디보스 2세는 암웨이 경영을 그만두고 정치활동에 전력을 기울이게 되지만 그 결과는 참담했다. 디보스 가문은 2000년 미시간 주에서 이른바 교육바우처(school voucher) 제도를 실시하기 위해 강행된 주민투표에 200만 달러를 쏟아부으며 찬성 입장을 밝혔지만, 반대표가 68%나 나와 이 제도는 실시되지 못했다. 교육바우처제도란 학부모들이 자녀들을 위한 학교를 마음대로 선택하면 그에 따른 교육비를 대신 정부에서 지원해주는 제도로, 이 제도가 시행되면 일반 공립학교 제도는 완전히 무너질 수도 있는 위험이 있다. 이후에 디보스 가문은 2006년 다시 3,500만 달러를 들여 디보스 2세를 주지사로 만들기 위해 노력하지만 이마저도 실패로 돌아갔다.

　자신들이 갖고 있는 보수주의 이념을 퍼뜨리기 위한 이들의 열띤 노력 중에서 이들이 가문의 임무로 생각하고 가장 공을 들인 문제가 바로 정치자금 관련 규제안 철폐였다. 수년에 걸쳐 디보스 가문은 다양한 선거자금 관련 법안을 문제 삼아 법적 무효화를 위해 많은 자금을 지원했다. 이런 투쟁의 중심에 있었던 것이 바로 제임스매디슨언론자유센터(James Madison Center for Free Speech)였다. 베시 디보스는 1997년 언론자유센터의 창립이사로 활약했다. 이 비영리단체의 유일한 목표는 정치자금에 대한 모든 법적 규제를 철폐하는 것이었다. 센터의 명예소장인 미치 맥코넬 상원의원은 필요한 기금을 모금하는 데 보통 이상의 능란한 솜씨를 발휘했다.

보수주의자들은 선거자금에 대한 규제를 반대하는 자신들의 입장을 언론의 자유와 관련된 원칙으로 내세웠다. 이들에게 돈을 사용하는 것은 일종의 발언이며, 따라서 자유로운 선거자금 지원은 언론의 자유를 누리자는 것이나 마찬가지였다. 이런 대의를 가장 강력하게 주장했던 맥코넬은 이따금 좀 더 한쪽으로 치우친 동기와 주장을 내비쳤다. 민주당 일색이던 켄터키 주에서 공화당원으로 활동하던 1970년대, 맥코넬은 한때 이렇게 인정했다. '정치자금의 규제는 현재 공화당이 민주당과 경쟁할 수 있는 유일한 기회인지도 모른다.'[19] 그가 대학에서 강의할 때 정당을 구성하는 데 자신이 꼭 필요하다고 느끼는 세 가지를 칠판에 적으며 강의를 시작했다. '돈, 돈, 그리고 돈.'[20] 상원에서 선거자금 규제를 반대하는 문제로 토론이 있을 때 맥코넬은 동료 의원들에게 이렇게 말했다. "만일 우리가 이 규제를 철폐할 수만 있다면 향후 20년 동안 우리가 미국을 지배할 수 있을 것이다."[21]

언론자유센터는 이런 꿈을 현실로 이루기 위해 법정에서의 싸움을 선택했다. 디보스 가문 외에 일찌감치 이 싸움에 참여한 우파의 가장 강력한 단체 중에는 기독교연합과 전미총기협회 등이 있었다. 언론자유센터를 이끄는 실제 주체는 인디애나 주 테레 호트의 외골수 변호사 제임스 밥 2세였다. 그는 낙태를 반대하는 전국생명권리위원회(National

Right to Life Committee) 법률 자문위원이었으며 동시에 언론자유센터의 자문위원이기도 했다.

사실 밥 2세의 법률 회사와 언론자유센터는 같은 주소, 같은 전화번호를 사용했고, 밥도 이 센터와 계약하고 일하는 것으로 되어 있었지만, 실제로 후원자들이 언론자유센터로 보내는 모든 돈은 그의 회사로 들어갔다. 언론자유센터는 스스로 비영리 자선단체라고 내세웠지만, 사실은 디보스 가문과 다른 후원자들이 장기간 소송을 벌일 때 그 비용에 대한 세금 처리를 도와주고 있었던 것이다. 그리고 그 소송들은 거의 이길 승산이 보이지 않는, 어쩌면 결코 시작하고 싶지 않은 그런 싸움에 가까웠다. 워싱턴의 변호사이며 국세청과 함께 세금 면제를 받는 단체들을 감시해온 마커스 오웬스는 "언론자유센터와 밥의 법률 회사 사이의 관계는 실제로는 자선활동과는 아무런 상관이 없었다."고 말했다.[22] "나는 특정 법률 회사를 위해 자금을 모으는 자선활동 단체 같은 건 한 번도 들어본 적이 없다."

1997년 배시 디보스는 제임스매디슨언론자유센터의 설립을 돕고 난 후, 선거자금 규제에 대한 자신의 반대 입장에 대해 설명했다. 당시는 1996년 대선에서 민주당과 공화당 모두가 교묘하게 선거자금 규제를 피해 갔던 방식에 대해 전국적으로 비난이 일던 시기였다. 두 당은 선거 관련 광고가 아닌 사회적 문제에 대한 광고라고 주장하며 기업들로부터 무제한에 가까운 후원금을 받아 광고를 제작했다. 상원에서는 여야 구분 없이 이 문제를 개혁하자는 목소리가 높았는데, 의회 전용 신문인 〈롤 콜Roll Call〉에는 기업의 무제한적인 후원을 찬성하는 배시 디보스의 기고문이 실렸다.

'기업의 후원금, 즉 보통 '소프트 머니'라고 부르는 이 후원금의 정체는 기업이 정직하게 벌어들인 수입이며, 독재자라면 누구나 탐을 내겠지만 어쨌든 절대로 검은돈이 아닌 정직한 돈이다. 나는 사실 기업의 후원금에 대해서는 아는 것이 별로 없다. 물론 디보스 가문은 공화당에 미국에서 가장 많은 후원금을 지원하고 있지만 말이다. 그렇지만 우리 가문이 돈으로 정치적인 영향력을 매수하고 있다는 주장을 참고 견디는 일은 이제 그만두려고 한다. 딱 잘라서 요점을 말하겠다. 그런 주장이 완전히 잘못된 것은 아니다. 많은 후원을 하는 만큼 어떤 기대를 하는 것도 사실이다. 우리는 보수적인 국정 철학이 자리 잡아 정부의 역할을 최대한 줄이고 전통적인 미국의 가치를 존중하는 그런 사회가 되기를 기대한다. 우리가 투자한 것만큼의 결과가 있기를 기대한다. 우리는 정직하고 능력 있는 정부를 원한다. 또한 우리는 공화당이 우리가 보낸 돈을 잘 활용해 우리가 바라는 그런 정책들을 잘 수용하기를 바란다. 그러기 위해서는 물론 선거에서 승리를 해야겠지만 말이다.' 그리고 그녀는 마치 농담처럼 결론을 내린다. '선거에 이기고 우리가 바라는 꿈이 이루어진다면 그때에는 우리 같은 사람들은 다시는 필요가 없으리라.'[23]

선거자금 규제를 반대하는 대부분의 거액 후원자는 보수주의자였지만, 아주 이례적으로 부자이면서 진보적인 민주당 지지자들 중에도 여기에 동참하는 경우가 있었다. 2004년 민주당과 연계한 외부 단체들은 공화당 외부 단체들의 두 배에 달하는 1억 8,500만 달러를 조지 부시 대통령의 재선 도전을 막는 데 사용했다.[24] 이 중 8,500만 달러가 바로 14명의 민주당을 지지하는 후원자들의 기부로 채워졌다. 이 일에 제일 먼저 앞장 선 사람은 뉴욕 금융 투자계 거물인 조지 소로스로, 그는 미국의 이라크 침공을 반대하면서 이 일의 근본적인 원흉으로 생각하는 부시 대통령의 재선을 막을 수 있다는 보장만 있다면 70억 달러에 달하는 자신의 전 재산을 다 쓸 수도 있다고 말하기도 했다.[25] 민주당 당직자들의 도움을 받은 소로스는 민주당을 지지하는 외부 단체들에 2,700만 이상의 자금을 지원했으며, 도움을 받은 단체들의 숫자는 527개에 달했다.

같은 해 공화당에서는 역시 비슷한 조직 중 하나인 베트남 참전 용사 모임을 지원하며 존 케리 후보의 군복무 경력을 공격했다. 시민연합의 소송이 있기 전에는 이런 일들이 법적으로 완전히 합법적인 활동이 아니었다. 미국의 연방선거위원회는 거대한 규모의 외부 단체나 조직들이 이런 식으로 활동하는 것은 선거자금법을 위반하는 것이라고 못 박았으며, 공화당과 민주당 모두 적지 않은 벌금을 선고받았다. 이후 소로스는 후원의 방향을 이념적인 문제로 돌려 다시 수천만 달러에 달하는 자금을 동원해 인권과 시민의 자유를 옹호하는 단체와 조직들을 지원했는데, 대신 선거와 직접적으로 관련된 일에서는 거의 손을 뗐다.

만일 디보스 가문이 배시가 말할 것처럼 제임스매디슨언론자유센터에 대해 투자한 만큼의 결과를 기대했다면, 대법원의 시민연합 관련 소송에 대한 판결이 그런 결과 중 하나라고 볼 수 있을 것이다. 이것이야말로 제임스 밥의 발상이 빛을 본 경우다. 로스앤젤레스 로욜라대학교의 선거법 전문가인 리처드 L. 해이슨이 〈뉴욕타임스〉와의 대담에서 "그는 이 소송을 진두지휘하며 원하는 결과를 얻기 위해 대법원을 뒤흔들었다. 밥이야말로 이런 법정 논쟁의 전문가라고 할 만하다"고 말했다.[26]

제임스 밥도 이런 평가에 동의했다. '실제로 우리는 이 문제를 위해 10년간 공을 들였다.' 역시 〈뉴욕타임스〉와의 대담 내용이다.[27] '그리고 우리가 좀 더 열심히 했더라면 선거자금법이라고 부르는 모든 규제를 다 완전히 철폐할 수 있었을 것이다.'

불과 몇 년 전만 해도 누군가 이런 말을 했다면 터무니없는 소리로 들렸을 것이다. 실제로 소송이 시작될 무렵에는 아무도 이런 밥의 시도를 심각하게 생각하지 않았다. 비틀스를 연상시키는 더벅머리와 그의 극단적인 사상은 물론 법정에서의 고압적인 태도를 생각한다면 그가 소송에서 판사나 배심원을 설득할 가능성은 말 그대로 전혀 없어 보였다.[28] 당시 그는 대선에 출마하는 힐러리 클린턴을 터무니없이 과장해서 공격하는 동영상이나 영화도 공영 방송의 권위 있는 시사 프로그램과 똑같은 헌법의 보호를 받아야 한다고 주장했다. 그가 언급한 영화는 '최초 영상 공개: 힐러리Hillary: The Movie'라는 거창한 제목의 영화로, 오랫동안 매우 편파적인 선거용 광고를 제작해온 것으로 악명 높은 우파 단체인 시민연합이 제작한 것이었다. 대법원에 던져진 문제는 이런 영화를 언론의 자유 영역으로 볼 것인가 아니면 단지 후원자들의 기부로 만들어진 단순한 선거용 선전 영화로 볼 것인가 하는 것이었다. 후자의 경우라면 선거자금법의 규제를 받을 수도 있었다.

이런 소송까지도 세금을 면제 받는 기부활동으로 활용하는 부자 후원자들의 도움에 힘입어 밥은 현대 선거자금법의 근본 취지로부터 시작해 하나하나 사례를 들어가며 대법원을 흔들기 시작했다. 그는 때로 진보주의자들의 대의라고 할 수 있는 언론의 자유와 시민의 권리까지 앞세우는 데 성공했는데, 사실 이런 건 그를 포함한 우파의 사상과는 배치될 수도 있는 내용이었다. 그가 이런 전술을 쓴 건 다분히 의도적이었다. 정의연구소라는 단체를 내세운 보수주의 법정 운동의 선구자라고 할 수 있으며 찰스로부터 이 운동의 종잣돈을 후원 받기도 한 클린트 보일릭은 좌파와 싸울 때에는 좌파의 논리를 그대로 내세우며 공격해야 한다고 주장했다.[29] 이에 따라 시민연합은 기업들을 대신해 언론의 자유에 대한 권리를 대신 주장해주는 단체로 앞장섰고, 보수주의자들이 의도한 것처럼 이들의 주장을 통해 좌파는 딱히 할 말을 찾지 못하고 분열됐으며, 심지어 전통적으로 헌법에서 보장하는 자유의 권리를 대의로 내세우며 지지했던 사람들까지 설득할 수 있었다.

실제 여론 조사에서는 공화당이나 민주당 지지자 할 것 없이 대부분의 사람이 선거자금에 엄격한 규제를 가해야 한다고 대답했지만 소송을 뒤흔든 결정적인 핵심은 소수의 엄청나게 부자인, 다시 말해 코크 가문과 그를 따르는 보수주의 활동가 모임이었다.[30]

예를 들어 'SpeechNow.org' 소송의 경우, 시민연합 소송이 끝나자마자 서둘러 내려진 이 하급 법원의 판결에도 결국 같은 사람들과 관련되어 있다는 사실을 알 수 있다. 'SpeechNow.org'라는 인터넷 사이트와 단체는 오직 선거와 정치자금 규제를 풀기 위한 목적으로 몇몇 자유주의 활동가들이 만들어낸 것이었다. 이 소송을 처음 계획하고 시작한 건 위스콘신 주 출신의 투자가로 데이비드의 1980년 대선 출마 선거전을 도우며 코크 가문의 친구가 된 에릭 오키프다. 'SpeechNow.org' 소송이 마무리되면서 선거자금 규제는 결국 유명무실해졌다.

소송을 이끈 브래들리 스미스는 영민하면서도 급진적인 성향의 변호사로, 정부의 규제에 반대하는 입장이었으며 보수파의 '정치경쟁센터(Center for Competitive Politics)'의 공동 창립자이기도 했다. 그는 정치자금의 내역을 대중에게 공개하지 말 것을 주장했으며, 자신을 금전적으로 후원해주는 사람들도 공개하지 않았다. 그렇지만 2009년 국세청의 기록을 보면 브래들리재단을 포함한 여러 보수파 재단이 정치경쟁센터를 후원했음을 알 수 있다. 또한 스미스의 이력을 살펴보면 보수파 후원자들의 재산이 어떻게 이런 사람들의 재능을 발굴하고 키워왔는지 알 수 있다. 스미스는 찰스의 인문학연구소 출신으로, 선거자금 규제에 관해 이를 감독하는 연방선거위원회에 가장 직설적인 태도로 도전하며 문제를 제기한 사람이며, 그런 그를 후원한 것이 바로 미치 맥코넬 상원의원과 케이토연구재단이었다. "케이토 재단의 적극적인 후원이 없었다면 연방선거위원회 위원 자리에 오를 수 없었을 것이다."[31]

또한 'SpeechNow.org' 소송을 실질적으로 맡은 건 찰스의 종잣돈으로 시작된 단체인 정의연구소이며, 위스콘신 주에서 아버지의 회사인 영 라디에이터 상사(Young Radiator Company)를 수천만 달러에 매각하고 은퇴한 프레드 영이라는 자유주의자가 소송 비용의 대부분을 떠맡았다. 그는 회사를 매각하기 전에 노조를 피해 모든 일감을 노조가 없는 다른 공장에 하청을 주기도 했으며,[32] 코크 가문이 후원하는 이성재단(Reason Foundation)과 케이토연구재단의 이사를 역임하고 여전히 코크 가문 모임에도 정기적으로 참석하고 있다.

2010년 프레드 영은 선거자금 규제가 철폐된 것을 마음껏 활용한다. 그는 이른바 슈퍼팩이 되어버린 'SpeechNow.org'가 사용한 자금의 80%를 혼자 부담했다. 그 자금의 대부분은 위스콘신 주의 민주당 상원의원인 러스 페인골드를 공격하는 광고 제작에 사용됐다. 페인골드 의원은 상원에서 선거자금에 대한 엄격한 규제를 주장함으로써 상징적인 공격 목표가 되었다. 그는 엄격한 원칙에 입각해 외부 단체들이 자신을 지원하는 것을 반대했고, 그해 가을 결국 선거에서 패배하고 말았다.[33]

옹호하는 입장에서 본다면 시민연합과 그 지지자들은 선거나 정치자금과 관련해 불분명한 부분들을 명쾌하게 드러냈을 뿐, 진보 측에서 우려하는 것처럼 뭐든 흑백 논리로 문제를 해결하려고 했던 것은 아니다. 그렇지만 불분명한 부분이 해결됐다는 것이 아주 중요한 점인데, 규제를 확실하게 철폐하는 파란불이 켜지면서 결국 대법원은 부자들과 그들의 뜻을 따르는 정치활동가들에게 이제 자금을 모으고 사용하는 일에 아무런 법적 장애가 없다는 사실을 알려준 셈이 됐다. 법적인 장애는 물론 정치적인 불명예도 한꺼번에 사라져버린 것이다.

얼마 지나지 않아 코크 가문 모임에서 모인 돈의 액수는 2009년 6월에 1,300만 달러에서 이듬해 단일 모금 기간에만 9,000만 달러까지 치솟아 올랐다. "대법원의 판결은 근본적으로 남편이 아내에게 모든 지출을 마음대로 하라고 허락한 것이나 다름없었다." 보수파의 슈퍼팩인 아메리칸 크로스로즈(American Crossroads) 회장인 스티븐 로의 평가다. 아메리칸 크로스로즈는 시민연합 판결이 내려진 후 공화당 당직자 출신인 칼 롭이 만든 외부 정치활동 단체다.[34]

그럼에도 불구하고 오바마 대통령을 포함한 비판 세력은 이런 상황을 훨씬 더 중대하게 생각했다. 2010년 오바마 대통령은 신년 국정 연설에서 대법원의 판결을 공공연히 비난하며 이렇게 말했다. "이번 판결은 100년 동안 법으로 막아온 모든 것을 뒤집은 것이다. 이제 외국 기업들이 포함된 특별한 이해관계와 관련되어 선거에 영향을 미칠 수 있는 정치활동이 무제한으로 펼쳐질 것이라고 확신할 수 있다." 이에 대해 현장에서 대통령의 연설을 듣고 있던 대법원 판사인 새뮤얼 알리토 2세는 고개를 흔들며 이렇게 중얼거렸다. "그렇지 않아."[35]

시민연합 판결의 또 다른 결과는 권력의 균형추가 광범위한 합의를 바탕으로 이루어진 정당에서 부자이면서 스스로 자금을 조성해 막대한 액수의 정치자금을 사용할 수 있는 개인들에게 기울어졌다는 점이다. 결국 미국 전체 국민들 중에서도 이례적으로 적은 수의 개인들이 권력을 쥘 수 있게 됐다.

"돈을 가진 자들이 마음대로 날뛸 수 있게 됐다." 데이비드 엑설로드의 주장이다.[36] "시민연합은 계속해서 부정적인 영향을 미치고 있는데, 단지 대통령뿐만 아니라 정부가 하는 대부분의 정책을 겨냥해 공격한다. 이전에도 미국 대통령들은 이런 포위 공격에 시달린 적이 있지만, 이제는 더 이상 대통령이 공공의 이익만을 위해 정책을 펼친다는 기대를 하기 어렵게 됐다. 정말로 위기가 다가온 것이다." 판결이 확정된 후에는 이렇게 말하기도 했다. "사면초가라는 느낌이다."

10

완승
2010년 중간선거, 다크 머니의 등장

2010년 1월 말, 그해 처음으로 열린 코크 가문 모임에 참석한 사람들에게는 메마른 사막의 공기조차 희망이 가득 찬 것처럼 느껴졌다. 보스턴에서 보궐선거가 열린 지 일주일인가 이주일 뒤의 일이었다. '다들 기분이 들떠 있었다.' 한 참석자의 회상이다.

정체를 밝히지 않은 후원자들의 돈이 끊임없이 들어오면서 1월 초에 있었던 매사추세츠 주의 보궐선거에서 스코트 브라운이 깜짝 당선됐다. 진보주의의 텃밭에서 38년 만에 처음으로 공화당 상원의원이 탄생한 것이다. 막후에서 필요한 선거자금의 대부분을 조달한 건 바로 숀 노블로, 그는 당시 코크 가문을 위해 일하고 있었다. 선거가 시작되기 전에 많은 사람들이 브라운의 당선을 가망 없는 일로 보고 있을 때 노블은 브라운이 승리한다면 그로 인한 이익이 얼마나 클지 잘 알고 있었기에 승부를 걸어볼 만한 가치가 있다고 판단했다. 브라운의 승리는 오바마에게는 곧 재앙이었다. 보궐선거는 오랫동안 그 자리를 지켜온 전설적인 민주당 상원의원 테드 케네디가 사망하자 그 자리를 채우기 위해 실시됐는데, 공화당의 브라운이 당선되면서 의회에서의 무게 중심이 흔들리게 됐다. 상원에서는 여전히 민주당이 다수당이었지만 한 석을 잃으면서 각종 의사 진행에 차질이 생겼다. 특히 오바마는 건강보험 개혁 법안의 최종 손질을 마치고 의회에서 통과되기를 간절히 기다리고 있었는데, 아무 문제없이 무조건 통과되려면 상원 100석 중 60석을 확보해야만 했지만 보궐선거의 패배로 의석 수가 51 대 49가 되어버린 것이다. 이른바 '오바마 케어'의 법안 통과는 이제 요원한 일이 되어버릴 것만 같았다.

브라운의 승리 뒤에는 많은 도움이 있었다. 수치를 통해서도 이를 확인할 수 있다. 브라운은 공화당 상원의 새 얼굴로, 오래전 패션 잡지에 누드 사진이 실린 것 정도가 유일한 화젯거리였다. 그의 선거 비용은 경쟁자인 민주당의 마사 코클리보다 훨씬 많았는데 대략 6주간 사용한 선거 비용의 차이가 870만 달러 대 510만 달러 정도였다.[1] 870만 달러 중 300만 달러 정도가 매사추세츠 주가 아닌 다른 주의 정체가 분명하지 않은 비영리단체를 통해 지원됐다. 이 비영리단체를 후원하는 사람들의 정체 역시 밝혀지지 않았다. 이 검은돈, 그러니까 '다크 머니'를 가장 적극적으로 지원한 두 단체가 바로 '미국미래기금(American Future Fund)'과 '고용 안정을 지원하는 미국인(Americans for Job Security)'이었다. 이 두 단체는 상당한 액수의 현금을 정체를 알 수 없는 사회복지 단체로부터 후원 받았는데, 노블이 지난봄에 등록한 단체로 주소지는 애리조나 주 우편국 사서함으로 되어 있었다.[2]

그런데 몇 개월에 걸쳐 환자권리보호센터라고 알려진 단체가 랜디 캔드릭과 코크 가문의 다른 친구들로부터 막대한 현금을 지원 받아 이 사서함을 채웠다. 오바마의 건강보험 개혁 법안을 저지하기 위한 막바지 총력전에 사용될 군자금이었다. 노블은 이렇게 모인 후원금의 상당액을 매사추세츠 주 보궐선거전에서 싸우고 있는 위장 정치단체들에 보낸 것이다. 여기에서 공화당이 상원 한 석을 확보할 수만 있다면 법안 통과를 저지하고 오바마에게 치명적인 타격을 줄 수 있었다. 이 계획은 보기 좋게 성공했다. 브라운의 승리는 코크 가문 모임의 참석자들을 크게 흥분시키기에 충분했다. 많은 참석자가 자신들이 직접 오바마를 막은 것처럼 의기양양해했다. '우리 자신이 승리한 것 같았다!' 한 참석자의 회상이다.[3]

브라운의 당선으로 오바마 대통령은 크게 당황했다. 다음 날 아침에 있었던 백악관 수석 보좌관들과의 회의에서 그는 "국민들에게 뭐라고 해야 하지? 할 말이 하나도 없잖아!"라고 비난하듯, 아니 탄식하듯 말했다고 한다. 오바마 행정부가 외부 세력의 금전적 힘이라는 벽에 부딪힌 것이다.

코크 가문 모임을 더 흥분시킨 것은 대법원의 시민연합 관련 판결이었다. 판결이 내려진 것은 공교롭게도 스코트 브라운이 보궐선거에서 승리한 지 이틀 뒤인 1월 21일이었다. 그 바로 뒤에 코크 가문 모임이 열렸다. 대법원의 판결이 나자 브라운의 승리는 앞으로 더 많은 외부의 돈이 정치권으로 흘러들어갈 수 있다는 것을 보여주는 예행연습처럼 여겨졌다. 따라서 스스로 투자자들이라고 칭하는 사람들이 2010년에 있을 중간선거를 준비하는 분위기는 한껏 들뜰 수밖에 없었다.

보기 좋게 그을린 모습 때문인지 더욱 활기차 보이는 션 노블은 6개월 전인 2009년 6월에 있었던 모임에서는 단순한 구경꾼 비슷한 위치였지만, 이제는 당당하게 발언권을 가진 참석자가 되어 있었다. 학자금 대출을 제대로 갚지 못했던 것, 그리고 의회에서 일했던 것 등은 이제는 다 지나간 추억이 됐다. 그가 대표로 있는 정치 자문 회사의 인터넷 홈페이지는 아주 힘이 들어간 어조로 이렇게 선언했다. "무엇을 알고 있느냐가 중요한 게 아니다. 누구를 알고 있느냐가 진짜로 중요하다.”

이번 모임의 토론 주제는 '기회의 2010년: 유권자들의 태도와 선거구에 대한 이해'였다. 노블은 희망에 찬 어조로 건강보험을 둘러싼 투쟁에 대해 이야기를 꺼냈다. 그는 이를 계기로 전국적인 저항이 시작됐다고 믿고 있었다. 연단에는 또 다른 세 사람이 함께했는데, 각각 앞으로 민주당을 무너뜨릴 서로 다른 지하 정치활동을 대표하고 있었다. 세 사람 중 가장 유명한 사람은 바로 에드 길레스피였다. 길레스피는 미국 최고의 정치 전략가로, 2003년 마흔한 살의 나이로 공화당 전국위원회 위원장 자리에 오른 바 있다. 길레스피는 로비 활동을 통해 1,900만 달러에 달하는 재산을 모았다. 길레스피는 원래 민주당 지지자로 그가 동업으로 창립한 퀸 길레스피 & 어소시에이츠(Quinn Gillespie & Associates)는 당파를 초월해 정치적 순수성보다는 협상을 더 중요하게 여겼으며, 회사의 고객들은 거대 에너지 기업이자 추문에 휩싸여 도산한 엔론부터 반대파들에게 반역자라는 소리까지 들으며 오바마의 건강보험 개혁을 지지하는 단체들까지 다양했다.[4] 아일랜드 이민자의 아들인 길레스피는 자동차를 대신 주차해주는 일부터 시작해 워싱턴 최고의 영향력을 자랑하는 로비스트로 성장했는데, 그런 성공은 모두 그의 뛰어난 친화력과 날카로운 정치적 본능 덕분이었다.

본격적인 다크 머니의 움직임

대법원이 시민연합의 손을 들어주자마자 길레스피는 기회를 놓치지 않고 달려들었다. 몇 주 지나지 않아 그는 부시 행정부에서 함께 일한 칼 롭과 함께 텍사스로 떠났다. 댈러스 석유협회(Dallas Petroleum Club)에 속한 석유 재벌들을 찾아가 새로운 방식으로 일하는 배후 정치 조직을 위한 자금을 지원받기 위해서였다.[5] 두 사람은 이제 공화당이나 공화당 후보에게 제한된 규모의 후원금을 직접 건네는 시대는 지났으며, 자신들이 이제 곧 만들게 될 '외부의' 단체나 조직에 부호들이 현금을 무제한으로, 그것도 합법적으로 지원할 수 있다고 설명했다. 이런 새로운 단체나 조직은 롭이 오랫동안 꿈꾸어온 것 같은 개인이 이끄는 보조 세력의 역할을 하게 될 터였다. 롭은 석유 재벌들에게 이렇게 말했다. "사람들은 우리를 보고 거대한 우파의 음모라고 부르지만, 사실 그동안은 제 역할을 못한 음모론자에 불과했던 것이 맞다. 그렇지만 이제는," 롭은 이 대목에서 목소리를 높였다. "진짜 우파가 무엇인지 보여줄 때다."[6]

길레스피는 시민연합 판결이 내려지기 전에도 매우 바쁜 사람이었다. 오바마가 대통령에 당선된 후 얼마 동안 지지율이 천정부지로 치솟아 다른 많은 보수주의자들이 의기소침해 있을 때, 길레피스는 자신만이 생각할 수 있는 일을 시작하기 위해 정교한 계획을 세우기 시작했다. 그는 오바마가 지배하는 워싱턴을 포함해 미국 전역의 상황을 고민해보았다. 그는 2011년 새로운 인구 조사 과정에 따라 많은 주들이 지역 선거구를 다시 정하게 된다는 사실을 알고 있었다. 이런 일은 10년에 한 번씩 진행됐다. 길레피스는 미국 전역의 공화당 출신 주지사와 의회를 연결하는 야심찬 전략을 세웠다. 이들을 움직여 각 주의 선거구를 공화당에 유리하게 다시 정하도록 하겠다는 것이었는데, 사실 각 주의 입법 과정은 일반인들에게는 매우 난해하고 지루한 것이었기 때문에 길레피스로서는 공화당이 다시 우세를 점할 수 있는 좋은 기회라고 생각했다.

'버지니아 주 알렉산드리아에 있는 에드의 사무실에서 모든 계획이 세워졌다. 모든 것이 길레피스의 계획이었다.' 길레피스의 동료인 크리스 얀코스키가 나중에 〈폴리티코〉와의 대담에서 한 말이다.[7] "지금이야 아주 탁월한 전략이라고 생각되지만, 당시 우리가 얼마나 사기가 떨어져 있었는지 생각해보면……. 그때 길레피스는 우리가 할 수 있는 아주 좋은 계획이 있다고 말했다."

길레피스는 자신이 세운 계획을 'REDMAP'이라고 불렀다. 이는 '다수당 위치 탈환 계획(Redistricting Majority Project)'의 앞 머리글자를 딴 것이었다. 이 계획을 실행하기 위해 그는 우선 공화당 주별 지도부위원회(Republican State Leadership Committee, RSLC)부터 장악하기 시작했다. 지도부위원회는 일종의 비영리단체로, 각 주의 법과 이해관계가 얽혀 있는 기업들을 위해 잡다한 로비 활동을 펼치던 그런 곳이었다. 하지만 그가 필요로 했던 건 REDMAP을 실행하기 위한 충분한 자금이었다. 2010년 말 담배 회사인 필립모리스와 RJ레널즈부터 50만 달러에 달하는 자금을 후원받는 것을 시작으로 월마트와 제약업계, 코크 가문 모임의 참석자들 같은 개인 후원자들로부터도 자금을 끌어모은 지도부위원회는 3,000만 달러에 달하는 돈을 준비할 수 있었는데, 이는 민주당 자금의 세 배에 달하는 액수였다.[8] '한 걸음씩 천천히 나가자는 전략이었다.' 길레피스는 당시의 모금 현황에 대해 이렇게 회고했다.[9] '계속해서 쉬지 않고 모으고 또 모았다.' 특히 코크 가문 모임은 도움을 청하기에 아주 적격이었다.

우파의 기사 포프의 등장

노블과 길레피스 옆에는 작은 키에 머리가 벗어진 한 남자가 서 있었다. 정치와 관련된 모든 일을 앞장서 처리할 것처럼 끈기 있어 보이는 얼굴이었다. 노스캐롤라이나 주 특유의 억양과 자꾸만 흘러내리는 안경 때문에 남부 어느 상점의 점원처럼 보이는 이 남자, 제임스 아서 '아트' 포프는 실제로 상점 주인이었다. 대서양 연안을 중심으로 북쪽은 물론 남쪽까지 뻗어 있는 수백여 개의 대형 할인점을 소유한 가족 기업 버라이어티 홀세일러(Variety Wholesalers)의 회장 겸 CEO였던 것이다. 포프는 또한 코크 가문 모임의 특별 회원 같은 자격이 있었고, 찰스의 오랜 친구이자 동지로서 그와 자유시장 철학에 대한 열정을 함께 나누는 막역한 사이였다. 그는 케이토연구재단의 여름 과정에 착실하게 참석해 하이에크나 아인 랜드 같은 보수주의의 상징 같은 인물들에게 자신의 존재를 알렸다. 1981년에 듀크대학교 법대를 졸업하고 회사를 물려받은 그는 1억 5,000만 달러의 자산을 보유한 포프 가문 재단에 손을 대 강력한 정치 세력으로 키워냈다.

지난 10여 년 동안 포프와 그의 가족, 그리고 재단은 미국 정치를 우경화시키기 위해 4,000만 달러 이상을 사용했다.[10] 코크 가문의 비밀 모임에 정기적으로 참석하는 것 외에도 그는 코크 가문이 후원하는 시민단체인 AFP의 이사회 이사로 활약했으며, 그 선배격 단체인 새로운 경제를 위한 시민 모임인 CSE에서도 이사 자리를 맡았다. 그 밖의 다른 수많은 정치활동에서 코크 형제들과 힘을 합쳐왔다. 세금 기록을 살펴보면 포프는 코크 가문이 후원하는 단체들 중 최소한 27개 단체나 조직에 자금을 지원해왔으며, 거기에는 환경 규제와 증세, 노조, 그리고 선거자금 제한을 반대하는 단체들도 포함되어 있었다. 포프는 디보스 가문과 마찬가지로 제임스매디슨언론자유센터의 후원자이기도 했는데, 확실히 고향인 노스캐롤라이나 주에서 그의 역할을 살펴보면 여러 가지 면에서 전국적인 규모에서 코크 가문의 역할을 주 단위로 줄여놓은 것과 비슷했다. 비록 고향 밖에는 그리 많이 알려져 있지 않았으나 점점 영향력이 커져가면서 일간지인 〈롤리 뉴스 & 옵저버Raleigh News & Observer〉는 그를 '우파의 기사'라고 부르기 시작했다.

포프의 참석으로 코크 가문 모임의 후원자들은 그를 도와 노스캐롤라이나를 REDMAP 계획 실행의 예행 연습장으로 사용할 기회를 잡았다. 역사적으로 보면 노스캐롤라이나 주는 공화당과 민주당 사이를 오가며 아주 중요한 역할을 해왔는데, 남북전쟁 이후의 '새로운 남부(New South)'를 상징하는 주일 뿐만 아니라, 2000년대 초까지 공화당 상원의원으로 활약하며 강경 보수주의 운동을 이끈 제시 헬름스(Jesse Helms)의 텃밭이기도 했다. 오바마는 2008년 대선을 통해 이곳에서 많은 지지를 얻었고, 2010년에도 여전히 높은 인기를 누리고 있었다. 민주당 역시 주 의회를 장악하고 있었다. 공화당은 100년 이상 상원과 하원 모두에서 주 의회의 다수당이 된 적이 한 번도 없었다. '셔먼 장군이 다시 쳐들어온다면 모를까.' 남북전쟁 당시 북군의 영웅이었던 셔먼 장군을 빗댄 농담이다. 따라서 2010년 선거에서 공화당이 다수당이 되는 것은 쉽지 않아 보였다. 이 과업에 포프보다 적극인 인물은 없었다. 그는 복잡한 선거법을 잘 이해했으며, 개인적으로는 견줄 만한 상대가 없을 정도로 부자이기도 했다.

하지만 코크 가문이나 디보스 가문과 마찬가지로 그 역시 지난 세월 동안 유권자들의 마음을 사로잡는 일에는 운이 따르지 않았다. 주 의회 의원까지는 올라갈 수 있었지만 1992년 좀 더 큰 야망을 가지고 부지사 선거에 출마했다가 철저하게 외면당하고 말았던 것이다. "아주 형편없는 후보였다." 더럼(Durham)의 대안 언론인 〈인디 위크Indy Week〉에서 선거 기간 전체를 맡아 취재한 정치부 기자 보브 기어리의 회상이다.[11] "나는 그가 웃는 모습을 단 한 번도 본 적 없다. 포프는 아주 내성적이면서도 잘난 척하는 성향이 있었다." 아주 정확하고 꼼꼼한 성격으로 알려져 있는 포프도 그런 사실을 인정했다. "뭐, 나에게 대중을 사로잡을 만한 매력은 없었다."[12]

판세를 뒤집으려면 정치적인 기술과 약간의 술책이 필요했는데, 이를 위해 불러들인 사람이 바로 네 번째 참석자인 짐 엘리스였다. 코크 가문은 자신들의 모임에 참석할 사람들을 고르는 데 까다롭기로 악명이 높았지만, 이번만큼은 엘리스가 선거자금법 위반으로 고발당한 상태라는 데 신경 쓰지 않았다. 숀 노블의 오랜 친구이기도 한 짐 엘리스는 2010년 선거의 결과를 예측할 수 있는 인물로 초청됐지만, 그것 말고도 그에게는 또 다른 특별한 재주가 있었다.

엘리스는 인기 없는 기업이나 주장을 뒤에서 지원하는 가짜 운동을 만들어낸 전력이 있었다. 1990년대 그는 램허스트(Ramhurst)라는 이름의 회사를 이끌었는데, 이 회사는 거대 담배 회사인 RJ레널즈를 위해 은밀하게 홍보 작업을 했던 것으로 밝혀졌다. 램허스트는 엘리스의 지휘 아래 마치 자연적으로 일어난 것처럼 '흡연자를 위한 권리'라는 보호 운동을 가짜로 조직해 장차 담배에 부과될 것으로 알려진 세금과 규제에 반대하는 활동을 했다.[13] 레널즈는 1994년에만 램허스트에 260만 달러를 주고 필요 인력을 배치했다. 이들은 '게릴라전'이라는 일종의 작전명으로 클린턴 행정부의 보건 관련 법안에 저항하는 활동을 산발적으로 펼쳤다. 담배에 높은 세금을 부과하려는 법안이었다.[14] 그해에 있었던 관련 법안 반대 운동에서는 이런 구호가 울려 퍼졌다. '지옥으로나 꺼져라!'

만일 15년 후에 있었던 오바마의 건강보험 관련 법안에 대한 반대 운동에서 비슷한 모습을 찾아볼 수 있다면, 그건 아마도 비슷한 정치 조직이 같은 방식으로 개입했기 때문일 것이다. 램허스트에서 엘리스를 가장 가까이에서 도운 두 사람 더그 굿이어와 톰 신호스트는 1996년 DCI 그룹이라는 회사를 만들었는데, 숀 노블을 도와 오바마 케어에 반대하는 티파티 운동이 시작되도록 만든 것이 바로 이 홍보 회사였다.

그러는 사이 엘리스는 워싱턴 정가의 공화당 자금 운용 중심부로 들어갔다. 일부 언론의 표현처럼 그는 톰 딜레이의 오른팔이 됐는데, 딜레이는 텍사스 주 출신의 공화당 하원 원내대표였으며 자신이 책임진 'K 스트리트 작전(K Street operation)'으로 악명이 높았다. 'K 스트리트'는 원래는 백악관 근처 거리의 이름이지만, 로비 회사들이 주로 모여 있기 때문에 미국 로비 및 그 집단을 상징하는 용어로도 통용된다. 딜레이는 이 작전을 통해 기업들을 위한 로비를 했고, 대신 선거자금을 뜯어냈다. 엘리스는 딜레이의 정치활동위원회 상임이사로 임명됐다. 두 사람은 고압적인 태도와 접근 방식을 고수하다가 결국 2005년 모두 선거자금법 위반으로 기소되고 말았다. 당시 딜레이는 무혐의로 풀려났지만 엘리스는 그렇게 되지 못했고, 2012년 중범죄로 유죄가 확정돼 벌금을 물었다.[15] 하지만 엘리스는 거기에 그치지 않고 자신의 이력에서 딜레이와 관련된 부분만 삭제한 채 활동을 계속했다. 돈을 받고 시민운동이나 활동을 조작했느냐는 질문에 엘리스는 침착한 태도로 이렇게 대답했다. "풀뿌리 운동 자체가 사람들에게 자신들의 목소리를 내는 권리를 되돌려주기 위해 인위적으로 만들어진 것이 아닌가."[16] 그가 코크 가문 모임에 나타나 '기회의 2010년'에 대해 설명하고 있을 때, 사실 그는 법적으로 완전한 무죄 상태가 아니었다. 그렇지만 정치권의 어두운 면에 대한 그의 실력을 의심하는 사람은 아무도 없었다.

오바마 케어의 아슬아슬한 승리

참석자들은 2010년을 크게 기대하며 팜 스프링스를 떠났다. 모두들 노블과 다른 세 사람의 이야기에 한껏 고무된 상태였다. 그렇지만 얼마 지나지 않아 오바마 케어를 무너뜨릴 수 있다는 기대는 지나치게 성급했던 것으로 드러났다. '스코트 브라운이 당선됐을 때 워싱턴은 물론 미국 전역에서 이제 오바마 케어는 끝났다는 분위기가 지배적이었다.' 엑설로드의 회상이다. '그런데 오직 한 사람, 오바마만이 그걸 받아들이지 않았다. 그는 '아무도 모르게 다시 방법을 찾아야 한다'고 말했다.'

결국 민주당은 오바마 대통령의 건강보험 개혁 법안을 통과시킬 계획을 세우게 됐다. 하원에서는 지난 12월 60표를 얻어 이미 상원에서 통과된 관련 법안을 승인했다. 그리고 상원에서는 51표만 얻어도 통과가 가능한 규정을 활용해 수정안을 추가했는데, 이 수정안 덕분에 공화당의 필리버스터를 무력화시킬 수 있었다. 회의론이 확산됐지만 3월 중순 불굴의 의지를 지닌 하원 의장 낸시 펠로시는 마침내 승리가 눈앞에 와 있음을 확신하게 됐다.

법언 통과가 가시화되자 티파티 저항 운동은 이전보다 훨씬 더 과격한 양상을 띠게 됐다. 이 운동의 뒤에는 일반인들은 전혀 알 수 없는 코크 가문의 돈이 자리하고 있었다. AFP의 책임자인 팀 필립스는 3월 16일 워싱턴 의사당 앞에 '법안을 끝장내라'는 반대 운동의 주최자로 모습을 드러내 민주당이 '2,000쪽이 넘는 법안을 미국 국민들의 목구멍에 처넣어 질식시켜 죽이려 한다!'며 맹비난을 퍼부었다. 며칠 뒤에는 두 번째 집회가 열렸다. 집회에 참석한 사람들은 지나가는 민주당 하원의원들에게 침을 뱉었다. 매사추세츠 주의 의원이며 동성애자로 알려진 바니 프랭크가 지나갈 때에는 '남창(男娼)'이라는 조롱과 야유가 쏟아졌다. 그리고 존 루이스와 임마누엘 클리버, 그리고 짐 클리번 등 세 명의 아프리카계 하원의원의 등 뒤로는 원색적인 인종 차별 발

언이 뒤를 따랐다.[17]

그럼에도 불구하고 3월 21일, 흥분된 분위기 속에서 하원의 투표 결과, 찬성 216표로 오바마 대통령의 건강보험 법안이 통과됐다. 아슬아슬한 승리였다. "우리가 이겼다!" "우리가 해냈다!"라는 기쁨에 겨운 환호성이 의사당을 가득 채웠다. 그날 밤 오바마와 각료들은 백악관에서 서로 축하를 나눴지만, 대통령은 그 후폭풍을 염려하지 않을 수 없었다. 샴페인 잔을 높이 들고 민주당 전국 위원회 사무총장인 패트릭 가스파드를 바라보자 그는 잔을 부딪치며 이렇게 말했다. "분명 저자들이 반격을 해올 것이다."[18]

워싱턴 중심가에 있는 한 사무실에 숀 노블과 코크 가문의 몇몇 직원들이 모였다. 오바마의 예상은 틀리지 않았다. 하원에서 건강보험 법안이 통과된 후, 얼마 지나지 않아 노블과 동료들은 투표 결과를 면밀히 검토하기 시작했다. 그리고 그 속에서 어렴풋이나마 새로운 계획이 만들어지기 시작했다. 그들은 비금 당장 해야 할 일은 법안 통과를 저지하기 위해 만든 정치단체들을 다시 장악해 지금 막 오바마 대통령에게 가장 찬란한 승리를 안겨준 의회를 장악하는 데 이용해야 한다는 것에 모두 동의했다.

'우리는 신중하게 생각한 끝에 하원에 집중해야 한다고 결론을 내렸다.' 노블이 훗날 〈내셔널 리뷰〉와의 대담에서 한 말이다.[19] '바로 그 하원에서 법안이 통과됐다. 펠로시 하원의장은 이번 일을 위해 많은 무리수를 감행했다. 기업의 이해관계에 따라서 찬성한 사람은 한 명도 없었다. 오바마 케어는 하원 의석의 대다수를 공화당이 차지할 수 있는 동기를 제공해줄 중요한 분수령이 될 것임에 틀림없었다.'

아무도 알아차리지 못하는 사이 모든 노력이 중간선거에 집중되기 시작했다. 노블은 4월의 대부분을 출장 다니며 찰스와 리처드 핑크,

랜디 캔드릭, 그리고 코크 가문 모임의 다른 사람들과 이야기를 나누며 자세한 실행 계획을 세웠다. 데이비드가 빠진 건 나중을 위해서였는지 아니면 누군가의 말처럼 그가 찰스의 동생이어서 그랬는지 정확하게 알 수 없다. 어쨌든 신중하고 주도면밀한 찰스가 계획 전체를 이끌었다. 코크 가문 모임은 이제 규모가 상당히 커져서 참석자들과 연락하는 데 몇 주의 시간이 소요될 정도였다. 노블은 미국 전역을 돌아다니며 수많은 백만장자들과 접촉했다. 그들은 모두 나름대로의 입장이 있었고, 따라서 논쟁이 진행됐다. 그리고 이제는 자신들의 책무를 다할 때였다.

점점 불어나는 다크 머니의 위력

노블이 책임자로 있는 단체인 환자권리보호센터가 끌어모은 자금은 2010년 말에 네 배로 늘어나 무려 6,180만 달러에 달했다. 모든 자금은 사회복지 단체나 조직을 통해 모였고, 세법에 따라 자금의 출처를 밝힐 필요는 없었다. 코크 가문과 연결된 또 다른 비밀 단체, 이른바 TC4 신탁(TC4 Trust) 역시 같은 방식으로 그해에만 4,270만 달러의 추가 자금을 모았다. 그리고 이 중 3분의 1이 여러 가지 편법을 동원해 환자권리보호센터로 들어갔다.[20] 이런 식으로 숀 노블이 손에 넣은 자금은 거의 7,500만 달러에 달했는데, 넘쳐나는 현금 속에서 코크 가문은 마침내 자신들이 보유한 부의 규모에 걸맞은 정치활동을 펼치게 된다.

이전에는 세법 501(c)(4)에 따라 상대적으로 적은 금액을 사회복지 단체나 조직에만 후원했다.[21] 그렇기 때문에 시민연합 판결 전 이런 비영리단체나 조직들은 일반 기업들과 마찬가지로 선거에서 반대하는 후보를 공격하는 데 돈을 쓰는 것에 제한을 받았다. 불법과 합법의 경계선에서 이들은 선거가 아닌 일반 문제에 대한 광고라고 주장하며 선거운동을 했지만, 불법으로 규정될 우려는 항상 존재했다. 그런데 시민연합 판결이 난 후에 코크토퍼스는 말 그대로 새롭게 촉수를 뻗치게 된다. 그전에 먼저 선이 닿은 쪽은 정책연구소, 대학 연구 과정, 법률 상담소, 그리고 각종 현안에 대한 시민단체들이었는데 핑크는 이런 곳을 이념의 생산 라인이라고 불렀다. 이런 곳에 대한 지원은 법적으로 자선이나 기부활동으로 규정됐지만 후원 받은 자금으로 정치에 관여하는 일은 여전히 금지됐다. 그리고 후원 활동은 세금 면제의 혜택을 받았다. 2010년이 되어 새롭게 촉수를 뻗어 연결된 곳이 바로 사회복지 단체와 조직의 복잡한 연결망이다. 바로 이런 곳에서 중간선거를 위한 검은돈이 뿌려지기 시작한 것이다.

의회에서 사회복지 단체나 조직에 대한 법적인 제도를 만들기 시작한 건 거의 100년 전으로 거슬러 올라간다. 그렇지만 이렇게 부자들이 정치자금을 뿌리는 용도로 이용될 줄은 그 누구도 예상하지 못했을 것이다. 물론 실제로 세금 면제 혜택을 받기 위해서는 자신들이 전적으로 사회적 복지를 실천하기 위한 업무에만 집중한다는 것을 증명해야 했다. 나중에 국세청에서 이런 기준을 조금 완화했는데, 어느 정도, 그러니까 본업이 아닌 부수적인 정도로만 정치에 관여하는 것을 허가하게 된 것이다. 변호사들은 곧 이런 허점을 파고들었고, 예를 들어 만일 기금의 49%를 정치 문제에 사용하면 법이 정한 기준을 충족시킬 수 있는 것이 아니냐고 주장했다. 결국 숫자상으로는 부수적인 업무가 되기 때문이었다. 변호사들은 또한 한 단체가 다른 단체에 자금을 지원했는데 나중에 그 자금이 정치권으로 흘러들어간다면, 사실상 처음 자금을 지원한 단체는 정치하고는 무관한 지출을 한 것이 될 수 있다는 주장도 펼쳤다. 전문가들은 이런 주장과 방식을 큰 인형 안에 작은 인형이 계속 차곡차곡 들어가 있는 러시아의 마트료시카 전통 인형에 비유하기도 했다. 예를 들어, 2010년 말에 환자권리보호센터는 세금 신고를 하면서 한 푼도 정치 문제에 지출하지 않았다고 보고했다.[22] 그렇지만 이 센터는 1억 300만 달러에 달하는 돈을 다른 보수파 단체에 지원했고, 그중 대부분이 중간선거에 아주 적극적으로 개입했다.[23]

코크 가문은 이런 다크 머니의 중요한 근원지 중 하나였다. 2006년에는 외부의 정치 관련 지출 중 겨우 2% 정도만 후원자의 신분을 드러내지 않는 이런 사회복지 단체나 조직에서 나왔는데[24] 2010년에는 40%가 넘었고 액수도 수억 달러에 달했다. 선거자금과 관련된 개혁을 주장하는 쪽에서는 분개했지만 어쩔 수 없었다. "이런 정치자금을 간절히 필요로 하고 이를 통해 이익을 얻는 정치꾼들은 그런 자금의 출처가 어디인지 분명히 알고 있다." 진보파의 선거법률센터(Campaign Legal Center)의 상임 고문인 폴 S. 라이언의 주장이다.[25] "아무것도 모르는 건 아마 일반 유권자들뿐일 것이다."

이렇게 완전히 새로운 방식으로 다크 머니를 관리하는 일은 사실 여간 어려운 일이 아니었다. 4월, 선거 전문가들이 시민연합의 판결 내용을 최대한 어떻게 이용할 수 있을지 의논하기 위해 모였을 때, 길레피스는 이메일을 통해 '2010년 전망에 대한 비공식 논의'라는 명목으로 공화당 당직자들을 불러들였다. 워싱턴 북동부에 있는, 사람들의 눈에 잘 뜨이지 않는 위버 테라스에 있는 칼 롭의 거실에서 여느 때와는 다른 특별한 회의가 열렸다. 참석자들 중 일부는 자신들이 이른바 위버 테라스 조직이라고 알려진 모임에 처음 참석해봤다며 친구들에게 전설적인 정치 스승의 집에 초대된 걸 자랑해야겠다고 농담을 던지기도 했다.[26] 어쨌든 중요한 건 일종의 전시 최고회의가 열렸고, 그곳에 모인 스무 명의 야전사령관들은 전쟁 수행 작전에 합의한 뒤 각자의 임지를 배정받았다는 사실이다. 케네스 보겔은 자신의 저서《빅 머니 Big Money》에서 이 모임을 다음과 같이 묘사했다. '새로운 공화당의 탄생이었다. 선거와는 무관한 소수의 정치 관련 활동가들이 앞장섰다. 이들은 자신들을 후원하는 부자들의 명령만 따랐다.'27

얼마 지나지 않아 이들이 운영하는 개인 은행 창구 역할을 하게 될 두 개의 조직이 공개됐다. 첫 번째 조직은 아메리칸 크로스로즈였다. 이는 세법 501(c)(4)의 적용을 받는 자매 조직인 크로스로즈 GPS(Crossroads GPS)와 함께 롭이 만들었고 필요한 자금은 주로 텍사스의 재벌들을 통해 조달했다. 두 번째 조직은 노블의 환자권리보호센터로, 코크 가문 모임의 참석자들로부터 자금 후원을 받았다. 이들과 밀접한 관계에 있었던 것이 바로 미국 상공회의소(U.S. Chamber of Commerce)로, 기업들로부터 내역이 정확히 밝혀지지 않는 자금을 후원받아 수백만 달러를 사용했는데 대부분 오바마의 건강보험 법안을 무력화시키는 데 집중됐다.28 미국 상공회의소는 최고 임직원들을 위버 테라스와 코크 가문 모임에 모두 참석시켰는데 두 모임의 역할은 아주 주의 깊게 구분되어 있었다. 노블은 하원 선거에 집중했으며, 상원의 문제는 롭에게 맡겼다. 길레피스는 자신의 REDMAP 전략에 따라 계속해서 주지사와 주 의회에만 신경을 썼다. 이들은 자신들의 정체가 드러나지 않도록 주의했고, 다른 직원들이 자금을 운용해 더 규모가 작고 알려지지 않은 단체와 조직들을 지원했다. 그렇게 하면 공공복지를 주 업무로 하는 단체나 조직은 기금의 50% 이상을 선거와 관련해 사용할 수 없다는 법적 규제를 충족시킬 수 있다는 이점도 있었다. 얼마 지나지 않아 상황을 잘 모르는 사람들의 눈에는 민주당에 대한 시민들의 자발적인 비난과 공격이 미국 전역에서 일어나고 있는 것처럼 보이게 됐다. 그렇지만 실제로는 모든 일이 아주 정교하게 계획이 된 것으로, 누

군가의 말처럼 관련 문제마다 동시에 여러 단체가 한꺼번에 광고를 방영하지 않은 적이 없었다.[29]

노블은 나중에 자신의 방법론에 대해 보수파 매체인 〈내셔널 리뷰〉 편집자인 엘리아나 존슨에게 털어놓은 적이 있다. 그는 먼저 엑셀 프로그램으로 자료부터 정리했다. 거기에는 64명의 민주당 하원의원들의 명단이 공격 가능한 순서대로 정리되어 있었다.[30] 6월이 지나갈 무렵에는 목표 인원이 88명이 됐고, 8월에는 105명이 됐다. 그는 각 지역 선거구를 승리 가능성에 따라 1에서 5까지 등급을 나누었고, 각 후보자는 1에서 40등급까지 나누었다. 다른 무엇보다 지난 선거의 득표율과 지역구 구성을 기본 자료로 삼았다. 최종적으로 그는 105명의 후보자를 공화당 승리 가능성에 따라 세 개 항목으로 정리했다.

그런 다음 노블은 자신이 생각하는 당선 확률에 따라 코크 가문 모임에서 지원받은 자금을 풀기 시작했다. 자신의 조직을 드러내며 직접 지원하기보다는 각기 다른 위장단체들을 앞세우는 방식을 택했다. 예를 들어, 노년층의 로비 단체인 전미퇴직자협회(AARP)를 흉내낸 우파의 '60플러스협회(60 Plus Association)'를 선택해 애리조나 주의 제1 하원의원 선거구, 플로리다 주의 제2, 그리고 제24 선거구, 인디애나 주의 제2 선거구, 미네소타 주의 제8 선거구, 뉴욕 주의 제12 선거구, 오하이오 주의 제16 선거구, 펜실베이니아 주의 제3 선거구, 그리고 위스콘신 주의 제3 및 제8 선거구에서 민주당을 공격하는 광고를 방영하도록 시켰다. 그러는 동안 자신은 또 다른 단체이자 스콧 브라운 선거 때에도 앞에 내세웠던 '고용 안정을 지원하는 미국인'을 이용해 뉴욕 주 제24 선거구, 노스캐롤라이나 주 제2, 제8 선거구, 오하이오 주의 제18 선거구, 그리고 버지니아 주의 제19 선거구에서 광고를 방영했다. 그는 브라운 선거전에 활용했던 또 다른 위장단체인 아이오와 주를 근거지로 한 미국미래기금을 통해 앨라배마 주 제2 선거구, 콜로라도 주 제7 선거구, 뉴멕시코 주 제1 선거구, 그리고 워싱턴 주 제2 선거구에서 민주당을 공격하는 광고를 방영하도록 했다.

미국미래기금은 노블 자신의 비영리조직처럼 세법 501(c)(4)에 해당되는 사회복지 단체였다. 다시 말해, 후원자들의 신분을 드러낼 필요가 없으며 대신 정치에 직접적으로 관여해서는 안 된다는 뜻이다. 이 기금의 본 업무는 미국인들에게 보수적이며 자유로운 시장의 관점을 알려주는것이라고 명시되어 있지만, 실제로는 다른 위장단체들과 다를 것 없이 보수파의 정치자금 흐름을 감춰주는 역할을 했다. 그리고 이들을 추적해서 나오는 건 아이오와 주의 우체국 사서함 하나뿐이었다.[31] 아이오와 주의 한 공화당 당직자에 의해 2008년에 만들어진 미국미래기금은 미국 최대의 에탄올 제조업자 중 한 사람인 브루스 레이스티터(Bruce Rastetter)에게 종잣돈을 받아 시작됐지만 세금 기록을 보면 2009년에는 전체 기금의 87%가, 그리고 2010년에는 약 절반 이상을 한 곳에서만 지원 받았다는 사실을 알 수 있다. 바로 숀 노블의 환자권리보호센터였다.

이와 유사하게 세법 501(c)(6)에 따라 '사업단체(business league)'나 혹은 '동업 조합'으로 지정된 고용 안정을 지원하는 미국인들 역시 후원자들을 단지 회원으로만 분류하고 자세한 내용은 공개하지 않아도 상관없었다. 이 조직은 우체국의 사서함 같은 것이 아닌 버지니아 주 알렉산드리아에 진짜 사무실도 있었지만, 거의 늘 비어 있었다. 직원은 단한 사람뿐으로, 노블과 아는 사이인 스물다섯 살의 공화당 선거 도우미가 전부였다. 보험업계로부터 100만 달러에 달하는 자금을 지원받아 1997년에 만들어진 '고용 안정을 지원하는 미국인'은 더 엄격한 선거자금 규제를 지지하는 진보 단체인 퍼블릭시티즌(Public Citizen)에 따르면 역시 위장단체와 전혀 다를 것이 없는 조직이다. 고용 안정을 지원하는 미국인들이 처음 선거에 개입한 알래스카 주의 공무원들은 '오직 미국 전역에서 모이는 돈의 출처를 감추는 것을 목적으로 만들어진 조직'이라고 잘라 말하기도 했다.[32] 알래스카 주 정부는 공정선거법 위반으로 이 조직'을 기소했고 2만 달러의 벌금을 물었지만 유죄를 인정하지는 않았다. 그렇지만 2010년 노블의 도움으로 다시 전면에 나서게 됐고, 노블의 환자권리보호센터는 그해 480만 달러를 '고용 안정을 지원하는 미국인'에 지원했다.

게다가 노블은 이런저런 다른 단체와 조직들을 통해 수백만 달러의 지원금을 다른 선거전에도 투입했다. 여기에는 세금 반대 활동가인 그로버 노퀴스트의 '세금 개혁을 지지하는 미국인(Americans for Tax Reform)', 하워드 리치의 '작은 정부를 위한 미국인', 코크 가문의 대표 조직이라고 할 수 있는 'AFP'도 포함되어 있었다.[33] AFP의 예산은 계속 늘어났는데, 2004년에는 200만 달러 남짓하던 것이 2008년에는 1,520만 달러에 이르렀다. 그리고 2010년에는 환자권리보호센터의 지원까지 합쳐져 예산이 무려 4,000만 달러에 이르게 됐다.

6월이 되자 노블은 AFP를 이용해 버지니아 주 샬러츠빌의 민주당 초선 위원인 톰 페리엘로에 대한 공격을 시작하며 자신이 구축한 체제를 시험해보았다. 페리엘로 의원은 '탄소 배출권 거래제도' 법안을 통해 화석연료 업계의 이해관계에 도전한 바 있었다. 노블은 민주당의 텃밭을 더 많이 잠식해 들어가기 위해 이례적으로 빨리 공격에 나섰다. 열정이 넘치는 페리엘로는 기후 변화와 관련된 싸움을 '선물'이라고 부르며 이렇게 선언했다. '지난 30년간 처음으로 우리는 에너지 경제 문제를 새롭게 정의할 수 있는 기회를 갖게 됐다.'[34] 그렇지만 그해 여름 연속적인 흑색선전으로 무너진 것은 페리엘로였다. 그를 반대하는 세력이 아니라 정체를 알 수 없는 외부 세력에 의해서 만들어진 광고와 선전이었다.

페리엘로는 공화당과 민주당의 격전지에 속한 직설적인 성격의 진보파 의원이었으며, 따라서 보수파에게는 분명한 공격 목표였다. 또 다른 의원인 릭 바우처에게도 곧 검은돈을 통한 공격이 시작됐다. 보수적인 민주당 하원의원인 바우처의 지역구는 버지니아 주 솔트빌이었는데, 앞서 한 번 소개한 것처럼 그곳은 올린 코퍼레이션이 독성 화학 물질을 사용해 크게 문제가 됐던 기업 의존형 지역이었다. 바우처는 이지역에서만 28년 동안 의원 생활을 했으며, 그전에는 주 상원의원으로도 활약했다. 그는 버지니아 주 변호사 출신으로 기업들과 긴밀한 관계를 맺고 있었으며 탄소 배출권 거래제도 법안의 통과와 관련해 중대한 역할을 했다. 법안과 관련해 다양한 초안을 만들었으며 듀크 에너지를 포함한 거대 에너지 기업들로부터 지지를 받는 데에도 성공한 것이다. 협상 과정에서 그는 석탄업계에 많은 부분을 양보했는데, 많은 환경 보호론자들은 이 점에 크게 분개했다. 그럼에도 불구하고 그가 코크 가문 모임에 많은 자금을 지원하는 버지니아 주의 석탄 재벌들을 포함한 성난 보수주의 극단주의자들을 이겨내고 법안을 지지했다는 사실에는 변함이 없다. 바우처는 거액의 정치자금을 무용지물로 만든, 분명한 중도파 정치인이었다.

"코크 형제는 나를 말 그대로 매일 하루도 쉬지 않고 24시간 내내 감시했다." 11월 선거에서 패배하고 사이들리 오스틴이라는 법률 회사로 돌아간 바우처가 한 말이다.[35] 그의 회상에 따르면 AFP와 다른 보수주의 외부 단체들이 선거 당일까지 200만 달러를 쏟아부으며 그를 공격해 결정타를 가했다. "그럴 수밖에 없는 지역이었다." 그의 설명이다. "언론이나 광고와 관련된 시장이 아주 작은 곳이라, 200만 달러면 그곳에서는 1,000만 달러의 가치를 발휘하는 것이나 다름없었다." 그는 경쟁자였던 공화당의 모건 그리피스는 사실상 선거자금을 모금할 필요도, 돈을 쓸 필요도 없었다고 말했다. "자기가 나서서 그럴 필요가 없었다. 코크 가문이 대신 모든 일을 다 해주었으니까."

그리피스가 신경을 쓴 건 기후 변화와 다른 환경 관련 문제들뿐이었다는 것이 바우처의 설명이다. 환경보건국이 올린 코퍼레이션에 물고기가 살 수 없을 정도로 오염된 강 문제에 책임을 지라는 강제 조정을 명령했던 솔트빌은 공화당의 그리피스가 당선되면서 환경보건국을 가장 중요한 적으로 여기게 됐다.

바우처가 볼 때 선거자금법이 바뀌면서 가장 큰 수혜를 입은 것은 솔트빌 오염의 주범들이었다. 바우처는 시민연합 판결 이후 엄청난 변화가 있었다고 주장했다. "자신이 누구인지 전혀 밝힐 필요 없이 누구든 얼마든지 정치와 선거에 돈을 뿌릴 수 있게 됐다. 여러 단체와 조직의 뒤에 숨어서 말이다. 그야말로 막혀 있던 물길이 터진 것이나 다름없었다. 대법원은 엄청난 실수를 저질렀지만, 누구도 이 결과에 대해 책임을 지는 사람이 없었다. 그 누구도 말이다."

중간선거의 승리를 위해 노블은 여론 조사 전문가인 프랭크 룬츠를 다시 만나 상황에 대한 확인을 요청했다. 환자권리보호센터에서는 100여 곳의 선거 지역구 여론 조사 비용을 지불했고, 조사가 여러 번 반복되는 경우도 있었다. 물론 그 비용은 만만치 않았다. 나중에 드러난 기록에 의하면 2010년 환자권리보호센터에서 연락과 여론조사 명목으로 지출한 금액은 1,000만 달러가 넘었다.

표면 집단을 상대로 한 여론 조사를 마친 룬츠는 오바마 대통령에 대한 직접적인 공격은 삼갈 것을 주문했다. 그는 아직도 인기가 많은 대통령이었다. 대신 민주당 후보자들과 하원 의장인 낸시 펠로시를 하나로 엮어서 공격하자는 것이었다. 펠로시야말로 보수파가 보기에는 악의 축이었다. "사람들은 펠로시를 그녀의 지역구와 하나로 본다. 감히 손댈 수 없는 신성불가침의 존재라고 생각하지. 사람들은 그녀의 존재 자체를 하나의 즐거움이자 기쁨으로 생각한다."

광고를 통한 선제공격을 감행하기 위해 노블은 다시 관록 있는 언론 전문가이자 정치 고문인 래리 매카시를 불러들인다. 그는 복잡한 문제를 쉽게 보이도록 만들고 특히 부정적인 측면을 잘 강조하는 것으로 유명했다. 자신이 목표로 하는 상대편의 단점을 파악해내는 일에도 일가견이 있었다. 매카시는 여론 조사와 세밀한 분석을 통해 얻은 자료를 바탕으로 자신이 만드는 광고에 신빙성을 더하곤 했다. 여기에 특히 정치인에 대한 '시청자 반응 조사 분석(perception analyzers)'을 이용해 초 단위로 이루어지는 사람들의 반응을 평가하기도 했다.

매카시는 법적, 그리고 정치적인 말썽을 피하기 위해 현재 상황과 아무런 관련이 없어 보이기를 원하는 외부 단체나 조직의 의뢰를 받고 상대방을 비난하는 광고를 만드는 데 아주 노련한 솜씨를 발휘했다.[36] 말하자면 이런 광고는 광고를 통해 이득을 보는 후보자와는 아무 상관없는 독자적인 방식으로 만들어지고, 또 사람들에게 그렇게 비춰졌다. 예를 들어, 앞서 매카시를 소개하면서 언급한 윌리 호튼에 대한 광고는 시민연합을 만든 우파 활동가인 플로이드 브라운이 운영하는 외부 단체에서 자금을 지원해 만들어졌다. 그리고 이 단체는 나중에 힐러리 클린턴을 공격하는 영화도 만들고, 기업의 정치 관여의 자유에 대한 소송과도 관련된다. 브라운은 "래리 매카시는 단지 현재 미국에서 가장 광고를 잘 만드는 사람일 뿐만 아니라, 21세기 최고의 광고 전문가다. 그의 작업실에서 볼 수 있는 건 단순한 광고가 아니라 예술이다. 아름다운 예술이다"라고 말했다.[37] 그는 또 웃으며 이렇게 덧붙였다. "그러니까 내 눈에 아름다운 예술로 보인다는 뜻이다."

민주당의 여론 조사 전문가인 제프 가린은 과거에 매카시와 함께 일한 적이 있지만 두 사람의 성향은 판이하게 다르다. 가린이 좀 더 침착하고 냉정한 성격이다. 그런 가린은 매카시를 상습적인 범죄자로 봤으며, 그가 "미국 정치계에서 허용될 수 있는 광고의 기준을 낮추는 데 아주 큰 역할을 했다"고 평가했다.[38]

6월이 되어 코크 가문이 콜로라도 주 아스펜에 있는 세인트 레지스 리조트에서 그해 두 번째 모임을 열기 바로 전, 그러니까 이들이 세금 혜택을 받으며 금권으로 인한 영향력을 한껏 늘려가고 있던 그때, 민주당이 장악한 하원에서 오바마 대통령의 지원을 받아 법안 하나가 통과된다. 이른바 이자 수익에 대한 세금 면제 제도를 폐지하려는 것이었다. 미국에서는 많은 수익을 올리는 자산가나 금융 상품을 다루는 매니저들이 이자에 따른 수익이라는 이유로 세금을 면제 받고 있었는데, 그것을 폐지하겠다고 하자 금융 시장에는 공포감이 드리웠다. 오바마 대통령 자신은 2008년 뉴욕의 금융 재벌들로부터 깜짝 놀랄 만큼의 많은 지원을 받아 대통령에 당선되기는 했지만, 세금에 대한 그의 공식적인 입장은 타격을 입게 될 많은 사람들의 분노를 자아내기에 충분했다. 다만 그런 대통령의 뜻이 상원을 통과할 수 있을지는 미지수였다. 엄청난 수익을 올리는 사모펀드 전문 기업인 블랙스톤 그룹의 회장이자 CEO인 스티븐 슈워츠먼은 〈포브스〉 추정 재산만 65억 달러에 달하는 갑부였는데, 그런 그가 세금 혜택을 철폐하려는 대통령의 노력을 두고 전쟁이라고 불렀으며 '1939년 히틀러가 폴란드를 침공한 것과 같은 일'이라고 주장할 정도였다.[39]

슈워츠먼은 훗날 이런 표현에 대해 사과했지만 사실 오바마와 월스트리트의 관계는 대통령 취임 직후부터 악화되기 시작했다고 보는 것이 옳다. 금융업계는 2008년 경제 붕괴의 주범으로 몰린 것에 대해 분개하고 있었는데, 오바마 대통령이 '배부른 악덕 자본가'라며 비난하자 극단적인 분노를 감추지 못했다. 그러면서 오바마 행정부가 실무에 대해서는 전혀 알지 못하는 대학의 책상물림들에 의해 끌려가고 있다고 주장했다. 슈워츠먼과 다른 몇몇 금융업계 거물들은 이런 상황을 완전히 새로운 수준의 모욕으로 받아들였고, 6월이 되자 돈다발을 쥐고 코크 가문 모임에 모여들어 오바마의 재선을 막겠다는 다짐을 하게 됐다.

얄궂은 일이지만 이자 수익에 대한 면세 혜택이 사람들의 관심을 끌게 된 건 어쩌면 슈워츠먼 본인이 자처한 일인지도 모른다. 2006년 그가 블랙스톤을 상장 기업으로 전환하려고 결정했을 때 그는 먼저 자신의 수입부터 공개해야 했는데, 월스트리트와 워싱턴 모두 그 액수에 깜짝 놀라고 말았다. 슈워츠먼의 수입은 2006년에만 3억 9,830만 달러에 달했다. 이는 투자은행으로 유명한 골드만삭스 CEO 연봉의 아홉 배에 달하는 액수였다. 그리고 블랙스톤이 상장되면서 그가 보유한 주식의 가치는 70억 달러를 넘어섰다.

2008년, 〈뉴요커〉의 제임스 B. 스튜어트는 슈워츠먼의 친구의 말을 인용해 이렇게 보도했다. '월스트리트가 왜 슈워츠먼에 대해 놀랐는지 아는가. 금융업계에 종사하는 사람들은 보통 일반인들보다도 훨씬 더 많은 돈을 번다고 알려져 있다. 그런데 그런 그들이 모두 모여 평생에 걸쳐 일을 해도 만져보지 못할 돈을 슈워츠먼은 주식 상장 한 번으로 벌어들였다. 그것도 70억 달러나 되는 돈을 말이다.'[40] 〈뉴요커〉의 기사는 계속된다. '슈워츠먼은 월스트리트의 탐욕과 과시적인 소비를 비판하는 사람들에게 아주 쉬운 표적이 되어버렸다. 예컨대 그가 보유한 주택들은 너무 크고 화려해서 현재 월스트리트 부호들의 수준으로도 감당하지 못할 정도다.' 2007년 〈월스트리트저널〉은 슈워츠먼이 보유하고 있는 다섯 채의 주택 중 한 곳에 대해 이렇게 소개한 적이 있다. '플로리다 주 팜 비치에 있는 약 302평에 이르는 그의 집에서 슈워츠먼은 자신의 전용 조리장이자 부동산 담당인 장 피에르 주긴에게 이렇게 불평했다. 고용인 한 사람이 제대로 된 신발과 제복을 갖춰 입지 않았고, 그가 신은 신발의 고무바닥이 삑삑대는 소리 때문에 아주 신경이 거슬린다는 것이었다.'[41] 슈워츠먼의 어머니는 한 신문기자에게 이렇게 말하기도 했다. "돈이야말로 아들의 전부다. 아들은 돈을 세상만사의 기준으로 생각한다."

슈워츠먼의 가장 심각한 실수는 2007년 2월에 300만 달러의 돈을 들여 자축한 자신의 60번째 생일잔치였다. 당시 그는 당대의 팝스타인 로드 스튜어트와 패티 라벨을 섭외해 자신을 위한 축가를 부르도록 했는데, 억만장자의 이런 사치스러운 행각은 결국 언론의 관심을 끌게 됐고, 의회까지 나서 이런 부호들이 누리고 있는 세금 면제의 실태를 확인하고 나서게 된 것이다.[42]

이들이 받는 세금 면제 방식은 일종의 회계상 기술로 고위험 고수익의 금융 상품이나 사모펀드를 운영해 수익을 올리는 사람들은 자신들 수입의 대부분을 15% 정도의 세율만 적용받는 이자 수익으로 분류하고 장기적인 자본 수익으로 인정을 받았다. 이는 보통의 봉급생활자들 중 고액 연봉자로 분류되는 사람들이 적용받는 세율의 절반을 밑도는 수치다. 따라서 이를 비판하는 사람들은 백만장자와 억만장자들에게 일반 국민의 세금으로 엄청난 특혜를 주는 것이나 다름없다고 주장했다. 진보파의 정책연구소인 경제정책연구소(Economic Policy Institute)는 특히 금융 상품을 주로 다루는 투자가들이 받는 세금 혜택이 연간 60억 달러에 이른다고 추정했는데, 이 정도 금액이면 300만 명이 넘는 아동들에게 보건 관련 지원을 할 수 있다.[43] 전체적으로 보면 고작해야 25명의 사람들이 연간 20억 달러가 넘는 세금 면제 혜택을 받고 있다는 것이 이 연구소의 주장이었다.

의회에서는 최소한 2007년부터 이런 면세 혜택을 폐지하기 위해 노력을 해왔지만 민주당이 다수당인 하원에서 세 차례나 관련 개혁법을 통과시켜도 그때마다 상원에서 이를 무산시켰다. 이렇게 법안 통과를 거부한 의원들은 공화당이나 민주당 할 것 없이 모두 월스트리트에서 도움을 받고 있던 사람들이었다.

2010년 여름 다시 이 문제가 화두가 되자 금융업계 종사자들이 움직이기 시작했다. 코네티컷 그리니치에서 투자 회사를 운영하는 클리퍼드 애스니스는 오바마가 처음 이런 고위험 고배당의 투자 회사에 대해 '투기꾼'이며 '악덕 자본가'라고 비난하고 '사회의 감시가 꼭 필요하다'는 식으로 비판적인 이야기를 쏟아낼 때부터 전쟁이 시작됐다고 선포하기도 했다.[44]

슈워츠먼을 비롯한 다른 사람들이 참여한 6월의 코크 가문 모임에서 내세운 주제는 "미국의 자유기업과 재산을 향한 위협의 실체에 대한 이해와 연구"였다. 금융업자들은 공화당에 대해서 코크 가문과는 다른 태도를 보였고, 이념 문제에 목을 매는 사람은 거의 없었다. 그들은 대부분 그저 자신들이 매년 벌어들이고 있는 수익을 지키고 싶을 뿐이었다. 그렇지만 그런 그들이 돈을 벌 수 있는 근원이 보수파 운동을 시작한 사람들이 만든 이념 체계와 연결되어 있으며, 그 뒤에 이념을 중요시하는 코크 가문과 다른 반정부 급진파들이 있었기 때문에 결국 공화당 전부를 우파로 끌어들이기 위해 막대한 현금이 동원되는 것은 어쩔 수 없는 수순이었다.

코크 가문 모임의 투자 전문가 중에는 시카고에 본사가 있는 투자 회사 시타델(Citadel)의 창업자이자 CEO인 켄 그리핀도 있었다. 그는 처음에는 오바마를 지지했지만 공화당 지지자로 바뀌었다. 이런 그의 변심은 나중에 '투자 전문가의 변심'이라는 말로 알려지기도 했다. 홈데포(Home Depot)의 창업자에서 투자은행가로 변신한 켄 랭곤과 매사추세츠 주의 사모펀드 투자가 존 차일즈도 있었는데, 차일즈는 토머스 H. 리 파트너스(Thomas H. Lee Partners)의 2인자로 있을 때 음료 회사인 스내플(Snapple)의 인수 거래를 성사시켜 2년 동안 9억 달러의 수익을 올린 적도 있었다. 차일즈가 직접 운영하는 회사인 J. W. 차일즈 어소시에이츠(Childs Associates)는 부침을 거듭했지만, 자신은 보수파 정치 세력을 엄청나게 많이 후원해왔으며 한때 '공화당이 가장 가까이 해야 하는 매사추세츠 주의 현금 자동 인출기'라는 평을 듣기도 했다.[45] 2010년, 선거 기간 동안 차일즈는 9만 7,000달러에 달하는 돈을 선거에 썼다.

또 다른 거물 투자자이자 맨해튼연구소의 회장, 그리고 공화당의 주요 후원자인 폴 싱어는 코크 가문 모임에 참석하지는 않았지만 그의 심복인 애니 디커슨이 그 대신 참석했다. 싱어가 운영하는 회사인 엘리엇 매니지먼트는 금융업계에서도 틈새시장을 파고든 아주 독특한 회사로 알려져 있는데, 파산한 기업이나 국가의 부실채권을 사들여 보상을 요구하거나 필요하다면 소송까지 불사했다. 이를 비판하는 쪽은 특히 싱어가 형편이 좋지 않은 국가들을 상대로 이런 사업을 벌여 이익을 올리는 것을 전략적 부도덕성이라고 비난하며, 그를 죽어가는 동물을 공격해 뜯어먹는 짐승에 비유하기도 했다. 그럼에도 불구하고 싱어는 이 사업을 통해 9억 달러에 달하는 재산을 축적했다. 자신을 골드워터 의원을 따르는 보수주의 자유기업 옹호론자로 소개하는 폴 싱어는 동성애자의 인권을 지지하면서도 동시에 오바마 행정부의 금융 관련 규제 개혁 방안을 신랄하게 비판했다. 민주당에 크게 분노한 그는 그해 여름 맨해튼에서 직접 공화당을 위한 정치자금을 끌어모으며 도드프랭크 법안을 비롯한 여러 금융 개혁안에 반대하는 운동을 펼쳤다. 싱어는 또한 자신처럼 분개한 금융 재벌인 SAC 캐피털의 스티븐 코헨과 함께 코크 가문과 비슷한 모임을 만들어 1,400만 달러를 모으기도 했는데, 나중에 밝혀진 바에 따르면 이 억만장자 부호들의 모임은 중간선거에서 공화당을 돕게 될 단체나 조직에 최소한 1,000만 달러 이상을 지원하기로 합의했으며 역시 대부분 대중에게 알려지지 않는 경로를 통해 지원하기로 했다.[46]

이즈음 코크 가문 모임에 모인 부자들의 면면이나 재산의 규모는 상상을 초월할 정도였다. 6월에 아스펜에서 있었던 모임에는 200명 이상이 비밀리에 참석했는데, 그중 최소한 11명 이상이 〈포브스〉 선정 미국 100대 부자 명단에 드는 사람들이었다.[47] 이들 11명의 재산을 합치면 〈포브스〉 추산만으로도 대략 1,291억 달러에 달했다.

후원자들을 이해시키기 위해 노블은 텔레비전 광고 견본을 보여주었다. 오바마 케어를 공격하고 공화당에게 승리의 기회가 왔음을 역설하는 내용으로, 자막으로 나오는 광고 제목은 '11월, 국민의 힘을 보여주자'였다. 또한 모임에서 있을 토론을 위한 안내문에는 이런 질문이 적혀 있었다. '이번 가을이 자유와 사유재산의 가치를 위해 좀 더 강력하게 헌신할 수 있는 지도자를 뽑을 수 있는 기회인가?' '이번 모임에서 앞으로의 전망을 확인하고 경제 자유의 중요성에 대해 유권자들을 설득할 수 있는 계획을 소개하고자 한다.'

노블과 함께 토론에 참여한 AFP의 책임자 팀 필립스는 자신이 이끄는 단체의 계획은 유례가 없는 거액인 4,500만 달러를 이번 중간선거 기간 동안 몇몇 주요 지역에 뿌리는 것임을 밝혔다.

저녁이 되자 참석자들은 호화스러운 저녁 식사를 대접 받으며 '폭스 뉴스(Fox News)'의 진행자인 글렌 벡이 하이에크를 기리며 '미국은 농노제도의 시대로 돌아가고 있는가?'라는 취지로 하는 연설을 들었다. 그리고 마지막으로 밤이 무르익자 또 다른 단체인 후원자신탁이 주도가 된 칵테일과 디저트 시간을 가졌다. 이 단체를 설립한 휘트니 볼은 참석자들에게 익명으로 거액의 정치자금을 정치적으로 안전하게 전달하는 방법을 알려주었는데 이 자리에 있던 한 사람은 나중에 한마디로 이렇게 정리했다. '부자들을 위한 맞춤형 시간.'[48]

모임의 마지막 날 참석자들은 점심 식사를 함께하며 경매 방식과 비슷한 방법으로 자신들이 준비한 후원금을 전달했다. 서로 웃고 환호하며 100만 단위 이상의 돈을 경쟁하듯 후원하는 것이었다. 찰스와 데이비드 형제만 해도 1,200만 달러의 후원을 약속했다. 식사가 끝나자 코크 가문이 후원하는 비영리단체와 조직들이 끌어모은 자금은 2,500만 달러에 달했다.[49]

7월이 되자 민주당 선거 본부에서는 이상한 기류가 감지됐다. 마치 거대한 폭풍우가 몰려오기 전에 잠시 숨을 고르는 것 같았다. 한 당직자는 중간선거와 관련해서 공화당을 지지하는 열 개의 개별적 단체와 조직들이 준비하고 있다는 지원금의 내역을 정리해보았는데 놀랍게도 최소한 2억 달러에 이르는 금액이 될 수도 있다는 사실을 알게 됐다. AFP에서 4,500만 달러, 미국상공회의소에서 7,500만 달러의 돈을 공화당을 위해서 준비했다는 것이다. 그 외에도 다크 머니와 관련되어 정체를 알 수 없는 단체들이 포함된 수많은 단체와 조직들이 비밀리에 속속 모여들어 수백 수천만 달러의 돈을 모아 선거자금으로 사용할 준비를 하고 있었다. 민주당 내에서 비밀스럽게 오간 이런 내용을 확인한 민주당 당직자는 이렇게 인정할 수밖에 없었다. '끔찍한 재앙을 알리는 전조다'[50]

다크 머니에 속수무책으로 당한 민주당 의원들

이런 소식에 오바마 행정부도 허를 찔린 것은 마찬가지였다. 백악관 홍보국장 출신인 아니타 던(Anita Dunn)은 이렇게 인정했다. "시민연합으로 말미암아 무제한적인 정치자금의 봇물이 터졌다. 그것만으로도 민주당에는 나쁜 소식인데 더군다나 2010년 선거부터 그렇게 된 것이다. 중간선거 기간 동안 사용된 선거자금 규모에 놀라지 않는 사람이 없었다."[51]

5월까지만 해도 대통령 보좌관인 엑설로드조차 코크 형제들이 누군지 몰랐다.[52] 한 기자가 코크 형제들에 대해서 들은 적이 있느냐고 묻자 그는 아리송한 표정을 지어보였다. 나중에 코크 가문의 언론 홍보 담당은 언론에 형제들이 등장한 것이 백악관의 뜻 때문이 아니었을까 하는 의견을 제시한 적이 있다. 실제로 오바마의 정치 보좌관들은 코크 가문에 대해 거의 아는 바가 없었고, 노블이 아무도 눈치채지 못하게 미국 전역에서 민주당에 대한 공격을 시작하자 그제야 백악관에서는 뭔가 잘못되어가고 있다는 것을 느끼게 됐다. 엑설로드의 회상이다. "이런 거액의 선거자금이 도대체 어디서 흘러나오고 있는지 도무지 알 수 없었다."

아이오와 주에서는 미국미래기금이 래리 매카시가 만든 광고를 방영하기 시작했다. 민주당의 여론 조사 전문가인 제프 가린은 이 광고를 일컬어 '올해의 가장 터무니없는 수작'이라고 평했는데, 이 광고는 아이오와 주의 변호사이면서 민주당 의원인 브루스 브레일리(Bruce Braley)가 맨해튼 남쪽에 만들어질 이슬람 공동체 센터를 지지하고 나섰다고 공격했다. 그런데 이 내용이 '9·11 테러 현장인 그라운드 제로 지역에 이슬람 사원이 들어선다'라는 말로 왜곡되어 선전된 것이다. 9·11 테러로 무너져내리는 쌍둥이 빌딩의 모습을 화면으로 보여주며 이런 해설이 흘러나왔다. '지난 수세기 동안 이슬람교도들은 적국을 정복하고 난 그 자리에 자신들의 사원을 건설해왔다.' 따라서 마치 '이슬람 테러리스트가 3,000명의 미국인들을 죽인 바로 그 자리에' 9·11 테러를 승리로 축하하는 이슬람 사원이 들어서는 것처럼 보이게 됐다. 그리고 이는 마치 일본이 진주만에 승전 기념탑을 세우는 것이나 마찬가지라는 해설이 이어서 흘러나온다. 그리고 브레일리가 이슬람 사원을 세우는 일을 지지하고 있다고 공격한다.

사실 브레일리는 이 문제에 대해 어떤 입장을 표시한 적도 없다. 아이오와 주의 하원의원이 뉴욕 맨해튼과 별 상관없다는 건 당연한 일이다. 그렇지만 정체를 알 수 없는 어떤 사람이 아이오와 주 기념 축제 현장에서 갑자기 비디오카메라를 들이대며 브레일리에게 이 문제에 대해 물어본 적은 있었다.

그때 브레일리는 자신은 이 문제를 뉴욕 시민들이 결정할 지역적인 문제로 생각한다고 대답했다. 자신을 공격하는 광고가 방영된 지 얼마 후 그는 이런 말을 했다. "마른하늘에 날벼락 같았다."[53] 2008년 30%가 넘는 표 차이로 여유 있게 당선된 브레일리는 2010년에는 아주 아슬아슬하게 그 자리를 지켰다. 당시 브레일리를 공격한 미국미래기금의 광고는 단일 단체의 활동 중 그해 가장 돈이 많이 든 선거 선전활동으로 기록됐다.

선거가 끝난 후 브레일리는 광고를 만든 매카시에 대해 가장 저열한 방법으로 시민연합의 판결을 이용한 사람이라고 비난했다. 그런 매카시를 고용한 사람들에 대해서는 이렇게 말했다. "모두다 땅 짚고 헤엄치기로 돈을 긁어모은 사람들이니 그 정도 투자쯤은 아무것도 아니었을 것이다. 그들이야말로 진정한 승자다. 진짜 패자는 바로 미국 국민들이다."

노스캐롤라이나 주의 민주당 하원의원인 보브 에서리지는 7선을 자랑하는 베테랑이지만 더 험한 꼴을 당했다. 에서리지는 노블의 또 다른 위장단체인 '고용 안정을 지원하는 미국인'이 매카시를 후원해 만든 광고의 공격 목표가 됐다. 그해 여름, 에서리지는 워싱턴의 의사당 근처를 걷고 있다가 정장을 차려입은 젊은 두 남자가 다가오는 것을 보았다. 한 남자가 그의 면전에 비디오카메라를 들이미는 사이 다른 남자가 "당신은 오바마의 정책을 전폭적으로 지지하는가?"라는 질문을 던졌다. 놀라서 뒤로 물러난 에서리지가 이렇게 물었다. "당신들은 도대체 누구인가?" 남자들이 아무런 대답을 하지 않자 그는 다시 똑같은 질문을 던졌다. 점점 불쾌해진 그는 다섯 차례나 같은 질문을 했고, 마침내 카메라를 밀치고 질문을 한 남자의 팔을 움켜쥐었다.

"의원님, 내 팔을 놓아주시지요." 남자가 입을 열었다. 그사이 비디오카메라는 계속 돌아가고 있었다.

"당신들은 대체 누구냐니까?" 에서리지가 다시 물었다.

드디어 다른 남자가 우물거리며 이렇게 대답했다. "그냥 학생입니다만."

"학생이라니, 그러면 어느 학교?" 에서리지가 물었다.

"꼭 학교를 다녀야 학생인가요." 그에게 들려온 대답이었다.

며칠 후 이 과정을 녹화한 내용은 교묘하게 편집되어 보수파 인터넷 웹사이트에 '하원의원이 학생을 공격하다'라는 제목으로 실려 에서리지 의원을 몹시 당황하게 만들었다. 이 동영상은 삽시간에 퍼져 나갔는데 얼마 후 매카시가 나서 이 동영상을 '당신은 누구인가'라는 제목의 선거용 광고에 끼워넣는다. 이 광고에선 마치 에서리지의 지역구 유권자들처럼 보이는 사람들이 나와 '우리는 당신의 지역구 유권자들이다'라고 대답하고, 에서리지가 65세 이상 국민을 위한 노인 의료보험

제도를 축소하려 한다고 비난한다. 룬츠의 선거 전략에 따라 하원 의장인 낸시 펠로시도 이 광고에서 중요 인물로 등장하며 브레일리와 마찬가지로 에서리지가 9·11 테러 현장의 이슬람 사원을 지지한다는 내용으로 광고는 끝난다. 그리고 에서리지는 이 광고로 치명타를 맞게 된다.

중간선거를 취재한 롤리의 지역 텔레비전 방송국인 WRAL-TV는 '고용 안정을 지원하는 미국인'이 에서리지를 공격하는 광고에 36만 달러를 썼다고 보도했다. 그렇지만 선거전 당시에는 누가 '고용 안정을 지원하는 미국인'을 조종하고 있는지 아무도 밝혀내지 못했다.

17일에 걸친 재검표 끝에 에서리지는 1,000여 표 차이로 선거에서 패하고 말았다. 그리고 세라 페일린을 지지하며 티파티 운동에 공감하던 간호사 출신의 르네 엘머즈가 공화당 후보로 그 자리를 대신하게 됐다. 다음 날이 되자 처음에는 모든 관련 사실을 부인하던 전국 공화당 하원 위원회에서는 자신들이 그 동영상과 관련되어 있다는 사실을 인정했다. 기습적으로 촬영된 동영상이 어떻게 매카시의 광고로 흘러들어가게 됐는지는 전혀 밝혀지지 않았지만, 전국 공화당 하원 위원회는 매카시의 중요 고객 중 하나였다.

브레일리와 에서리지, 그리고 페리엘로를 비롯한 다른 많은 민주당 의원들이 이렇게 정체를 알 수 없는 기습적인 동영상 촬영의 희생양이 된 것은 결코 우연의 일치가 아니었다. 2010년에 AFP와 다른 여러 보수파 단체들은 회원들을 동원해 민주당 후보들에게 비디오카메라를 들이대고 그들이 거칠게 나오는 모습을 촬영하도록 했으며, 어떤 단체에서는 아예 관련 기술과 방법을 가르치기도 했다.[54] 물론 진보파 단체들도 비슷한 방법을 사용해 공화당을 공격했다. 인터넷 덕분에 이런 동영상의 파급력은 어마어마하게 올라갔으며, 특히 당혹스럽거나 불편한 상황을 포착하는 데 크게 활용됐다.

여기에 더해 선거 기간 동안 코크 가문 모임에서도 가장 돈이 많은 사람 몇 명은 아예 언론사나 방송국을 만들어 이런 동영상이나 관련 소식들을 더 많이 알리기도 했다. 예를 들어, 와이오밍 주의 전문 투자자이자 거부인 포스터 프리스는 2010년 300만 달러를 쏟아부어 '데일리 콜러'를 세우는데, 그것도 예비 편집부장 후보였던 터커 카슨과 점심 한 끼를 같이하고 내린 결정이었다. 이 온라인 언론사는 스스로 보수파의 〈허핑턴 포스트The Huffington Post〉라고 선전했지만, 실제로는 후원자들의 지원을 받아 정치적 반대파의 뒤를 캐내 알리는 일에 더 집중했다. 나중에 찰스도 후원에 참여하게 된다. 8월이 되어 〈뉴요커〉를 통해 코크 가문에 대한 나의 이런 취재 내용이 알려지자 '데일리 콜러'는 나에 대한 보복성 조사를 감행했지만 사실로 밝혀진 것이 없었고, 결국 아무런 보도도 하지 못했다.

2011년이 되어서야 뉴욕 맨해튼의 '9·11 테러 현장의 이슬람 사원' 논쟁은 로버트 머서의 지원으로 정치적인 이득을 보기 위한 물타기였다는 사실이 겨우 밝혀졌다. 머서는 롱아일랜드에 있는 150억 달러 규모의 투자 회사 르네상스 테크놀러지스의 공동 경영자였다.[55] 뉴욕 주의 보수파 후보를 돕기 위해 머서는 관련 광고를 만들도록 100만 달러를 지원했다. 컴퓨터 프로그래머 출신으로 정교한 수학적 지식과 괴짜 같은 면모로 유명한 머서는 코크 가문 모임에는 상대적으로 늦게 참여했지만 이내 깊은 인상을 받게 된다. 그는 오랫동안 정부를 대수롭지 않게 여겨왔고, 정부의 규제에 대해서는 코크 가문과 비슷한 혐오감마저 품고 있었다. 머서는 이슬람 사원 문제를 확대시키는 것뿐만 아니라 2010년 한 슈퍼팩에 30만 달러를 주고 오리건 주의 민주당 하원의원 피트 디파지오에 대한 낙선 운동을 벌이도록 했다.

디파지오는 주식 거래에 대한 과세를 주장한 의원이었다. 이른바 퀀트 펀드(quant fund)라고 불리는 컴퓨터 알고리즘을 활용한 대규모 주식 거래를 주 업무로 하는 르네상스 테크놀러지스로선 회사의 수익에 큰 영향을 미치게 될 이런 과세가 반가울 리 없었다. 머서를 잘 아는 사람이라면 그가 선거에 관여하게 됐을 때 그 뒤에 주식 거래에 대한 과세 문제가 관련되어 있으리라는 생각은 하지 않았을 것이다. 게다가 머서는 공화당 후보인 아서 로빈슨과 함께 지구 온난화 문제가 실재하지 않는다는 주장에 더 깊은 관심을 갖고 있었다. 그럼에도 불구하고 머서는 이런 문제들을 공개적으로 논의하는 대신 자신의 진짜 동기를 밝히기를 꺼려 테러리즘과 노인 건강보험 문제에 대한 유권자들의 두려움을 조작하는 광고를 만들었다.

선거전이 치열해지면서 길레피스의 공화당 주별 지도부위원회는 한 주의 선거전에 다크 머니를 투입하고 다시 차례로 다른 주 선거전을 지원하기 시작했다. 위스콘신과 미시간, 오하이오, 그리고 그 밖의 다른 주에서 의석을 탈환하기 위한 은밀하고 잘 조직된 작전이 시작된 것이다. 특히 노스캐롤라이나 주는 REDMAP 전략이 아주 완벽하게 맞아떨어진 시험장이었다. 아트 포프는 그곳에서 큰 역할을 하며 엄청난 부자 활동가 한 사람이 미국의 한 주에서 어떤 영향을 미칠 수 있는지를 아주 잘 보여주는 사례를 제공했다. 바로 시민연합의 시대에 벌어진 일들이다.

수많은 자세한 속사정은 여전히 사람들에게 제대로 알려지지 않은 채로 남았다. 그해 가을, 노스캐롤라이나의 서쪽 구석 선거구에서 이미 주 상원의원을 세 번이나 역임한 민주당 출신의 은퇴한 판사 존 스노는 자신이 연속적으로 벌어지는 정치적 공격의 목표가 됐다는 사실을 깨달았다. 종종 공화당 쪽 의원들과 뜻을 같이했던 스노는 주 의회에서도 가장 보수적인 민주당 의원으로 알려져 있었다. 그에 대한 기록을 보면 선거구 주민들에 대한 그의 견해를 잘 알 수 있다. 그의 맞수라 할 수 있는 공화당의 짐 데이비스는 티파티 운동에도 어느 정도 관여하고 있는 치과 의사로, 대학에서 미식축구로 이름을 날린 존 스노의 적수가 되기에는 부족한 점이 많았다. 그렇게 스노의 재선에는 아무런 문제가 없어 보였는데, 갑자기 데이비스가 엄청난 현금이라도 들어온 듯 스노에게 무차별 공격을 가하기 시작했다.

스노의 회상이다. '나는 해안가에 해양 수족관과 부두를 건설하는 계획을 지지했다. 노스캐롤라이나 주 하원과 상원에서도 별다른 반대가 없던 계획이었다.'[56] 그렇지만 텔레비전에서 '아무 쓸모없는 사치스러운 계획'이라는 공격성 광고가 나오기 시작했다. 스노가 예산을 낭비하고 있다는 것이었다. '우리는 직업을 잃었습니다.' 광고 속 여배우가 이렇게 말했다. '그런데 존 스노의 경제 해결책이 뭐냐고요? 부둣가로 낚시나 하러 가라는 거겠지요!' 그리고 만화로 그린 돼지로 장식된 이메일이 다량 뿌려지며 두 건설 계획을 스노의 '예산 낭비 정책'으로 폄하하기 시작했다.

스노 자신도 30통에 가까운 광고성 단체 메일을 받았다. 그중 한 통은 윌리 호튼 광고를 연상시켰다. 메일을 열어보니 아주 위협적으로 보이는 아프리카계 미국인 범죄자의 사진이 있고, 그 밑에는 이런 말이 적혀 있었다. '오만한 주 상원의원 존 스노께 감사 인사를 전하며. 덕분에 사형수 신세를 면했습니다.' 사실 스노는 사형제도를 지지했고 살인 사건을 기소하기도 했다. 그런데 2009년 이른바 '인종 평등 법(Racial Justice Act)'이 통과되는 것을 지지했다. 용의자가 자신이 인종 때문에 불이익을 당했다는 사실을 증명할 수 있다면 사형 판결에 대해 판사가 재고해볼 수 있도록 해주는 법안이었다. 이 법안은 사형 판결을 받은 죄수들이 인종적으로 너무 한쪽으로 치우쳐 있다는 사실을 알리려는 취지로 만들어졌다.

'공격은 쉬지 않고 계속됐다.' 스노는 나중에 이렇게 회고했다. '적들은 아주 두려운 전술을 구사했다. 나는 중도파였지만 그들은 나를 진보로 보이도록 만들려고 했다.' 결전의 날, 그는 정말 아슬아슬한 표 차이로 낙선하고 말았다. 채 200표도 되지 않는 차이였다.

선거가 끝난 후 중도파이지만 친기업적 성향의 단체인 노스캐롤라이나 자유기업재단(North Carolina Free Enterprise Foundation)은 서로 상관없어 보이는 두 외부 정치단체가 스노를 공격하는 광고에 수십 만 달러를 썼다는 사실을 폭로했다. 가난한 변두리 지역의 선거전에서는 보기 어려운 어마어마한 돈이었다. 포프는 이 두 단체, '시민행동'과 '노스캐롤라이나 정규직 운동(Real Jobs NC)'이 자금을 모으고 사용하는 데 중요한 역할을 했다.[57] 사실 포프는 2010년 노스캐롤라이나 정규직 운동이 시작되는 데 필요한 종잣돈 20만 달러를 지원했고, 앞서 언급한 '낚시나 하러 가라!'라는 광고와 스노가 '예산 낭비'를 한다며 공격한 단체 메일과도 관련이 있었다.

노스캐롤라이나 정규직 운동은 또한 에드 길레피스의 공화당 주별 지도부위원회로부터 125만 달러라는 어마어마한 돈을 지원받았다. 탐사보도 언론 단체인 〈프로퍼블리카〉의 설명에 따르면, 길레피스의 단체는 자신들이 모은 돈을 나눠주면서 유권자들에게 자신들의 정체가 드러나지 않도록 신경을 썼다. 광고에 자신들의 이름을 넣는 대신 마치 그 지역에서 활동하는 것처럼 보이는 비영리단체들을 새롭게 만들어 공화당이라는 명칭을 빼고 대신 활동하게 했다. 이런 단체들은 사회복지 단체인 동시에 자신들은 정치색이 없다고 주장했지만, 이들이 사용한 자금은 노스캐롤라이나 주의 20명에 달하는 민주당 의원들을 공격하는 데 사용됐고 공화당 쪽 후보에게는 아무런 공격도 가하지 않았다.

정치자금에 대해 엄격한 감시가 필요하다고 주장하는 '공동의 대의(Common Cause)'라는 단체의 노스캐롤라이나 지부장인 보브 필립스는 선거전 뒤의 감춰진 이야기들을 파헤친 후 시민연합 판결이 전국적인 규모의 대선보다는 이런 지역별 선거에서 훨씬 더 큰 중요한 변수 역할을 했다고 결론지었다. 그는 이 판결 덕분에 개인 후원자, 특히 포프나 코크 형제들처럼 거대 기업의 자금을 끌어올 수 있는 사람들이 아주 중요한 역할을 하게 됐으며, 심지어 선거의 판도를 결정짓는 역할도 했다고 말했다. "2010년 전에는 그런 일이 없었다." 필립스의 말이다.[58] "시민연합이 문을 활짝 열어젖혔다. 이제는 선거 후보자가 말 그대로 외부 단체로부터 마음대로 돈을 끌어다 쓸 수 있게 됐다. 그 모습을 우리는 노스캐롤라이나에서 목도했다. 거기서 쓰인 돈은 대부분 아트 포프에게서 나왔다.

사실 이렇게 정체를 알 수 없는 외부 단체들이 만든 여론을 호도하는 광고들은 선거 기간 내내 미국 전역에서 찾아볼 수 있었다. 노스캐롤라이나 주 페이엣빌에서는 친기업 성향을 보이는 예순한 살의 마거릿 딕슨이 주 상원의원 재선에 도전했다. 그런데 누가 봐도 보수적인 그간의 활동 기록에도 불구하고 낸시 펠로시와 똑같은 성향인 것처럼 알려져 낙선하고 말았다. 그녀를 반대하는 세력이 지원해서 만든 또 다른 광고에서 자신이 마치 '거리의 여성'처럼 그려졌다고 딕슨은 설명했다. 자신과 닮은 여성이 붉은색 루주를 짙게 바르고 등장해 돈을 받는 모습은 의원으로서 돈에 매수된 듯한 인상을 심어주었다. 나중에 포프는 그 광고를 보고 자신도 놀랐다고 했지만 그가 이사로 있는 AFP가 바로 딕슨의 경쟁 후보를 지원한 단체였다. '큰 상처를 받았다.'

덕슨의 회고다.[59] "나는 네 번이나 힘든 선거전을 치러봤지만 이번은 그 어느 때보다 추악하고 개인적인 부분을 공격하는 선거전이었다." 선거 당일 덕슨은 유권자가 15만 명인 지역에서 1,000표 차이로 낙선했다.

그해 가을 롤리에서 민주당 후보로 나선 변호사 출신의 크리스 헤가시는 이전에 선거 개혁을 주장하는 단체를 운영한 경험이 있었고, 따라서 정치자금에 대해서도 잘 알고 있었다. 그런 헤가시도 자신을 향한 계속되는 강력한 공격에 허를 찔리고 말았다. 노스캐롤라이나 정규직 운동과 진정한 행동에서는 7만 달러를 들여 그를 예산을 낭비하는 사람으로 보이게 하는 광고를 방영했다. 그 뒤를 지원한 것이 바로 AFP였다. 다른 광고에서는 헤가시가 '10억 달러 이상의 세금을 올리는 법안'에 찬성했다고 비난했지만, 사실 그는 이번에 처음 출마했고, 따라서 예산이니 세금 법안이니 하는 건 그와는 아무런 상관도 없는 일이었다. "포프가 지원하는 단체들이 모두 모여 공화당과 함께 나를 공격하는데, 실제 선거전에 맞붙었던 상대방이 아닌 그런 단체들이 더 많은 자금을 쏟아부었다."[60] 헤가시는 잠시 숨을 고르고 이렇게 덧붙였다. "한 개인이 그런 권력과 돈을 쥐고 있다는 사실이 두렵다. 노스캐롤라이나 주 정부는 돈에 팔려간 것이나 다름없다."

자신을 역사적으로 민주당이 강세였던 지역에서 선거에 패배한 성실한 개혁가라고 생각하는 포프는 이런 이야기에 대해 불쾌감을 표시했다. "사람들은 누가 선거를 매수했다는 식의 말을 아무렇게나 던진다." 그렇지만 그의 관점에서 그건 뇌물 수수 같은 엄연한 불법 행위며, 그가 노스캐롤라이나 주에서 힘겹게 싸워 없애려고 했던 불법과 타락 행위였다. 그는 자신이 쓴 자금에 대해서 그저 시민들을 교육시켜 그들이 정확한 정보를 가지고 선택할 수 있도록 돕기 위한 것이었다고 말했다. "정확한 정보에 의한 개인의 선택이야말로 헌법의 기본 정신 아닌가!" 그렇다면 결국 그런 자금을 댄 부자들의 목소리가 정책에 더 많이 반영되지 않겠느냐는 질문에는 이렇게 대답했다 "나는 노스캐롤라이나 유권자들에 대해 더 많은 신뢰를 가지고 있다."[61] 하지만 노스캐롤라이나 주 상원의 민주당 원내 총무인 마틴 네스빗 2세의 생각은 달랐다. 2010년 포프가 사용한 정치자금에 대해 그는 이렇게 말했다. "그건 교육의 문제가 아니라 그냥 상대방에 대한 비난과 공격일 뿐이다. 포프는 실제로 선거를 돈으로 매수했다."

다른 비판 세력은 포프가 세금을 면제받는 기부나 후원활동을 빙자해 자신의 회사에 도움이 되는 적극적인 친기업적 징세 반대 정책을 도왔다고 비판했다. 예를 들어, 포프의 가족 재단이 후원하는 한 정책연구소의 학자들은 최저 임금을 올리는 일에, 아니 최저 임금을 올리는 일과 관련된 모든 법안에 반대해왔다. 그리고 바로 그 순간에도 포프의 할인 매장에서 일하고 있는 수많은 근로자들은 최저 임금만 받으면서 생활하고 있었다. "나는 법을 아주 잘 지키는 사람이다." 포프의 항변이다. "그리고 내가 개인적으로 하는 활동은 나의 기부나 후원활동, 공공정책, 풀뿌리 운동, 그리고 정치 활동과는 또 별개다."

그는 자신이 탐욕스럽고 이기적인 인물로 묘사되는 것에 거부감을 표시하며 자신은 노스캐롤라이나 주민들에 대해 깊은 애정을 가지고 있지만, 정부의 사회복지 정책이 아닌 민간 기업들이 그들에게 더 많은 도움을 줄 수 있다고 믿는다고 말했다. 따라서 포프는 개인과 법인에 대한 소득세를 줄이고 재산세를 폐지하며 주 정부의 지출을 줄여야 한다고 믿고 있었다. 그의 친구들은 포프가 정부가 아닌 자신이 하는 것 같은 기부와 자선활동을 통해 가난하고 어려운 사람들을 도와야 한다고 믿고 있다고 설명했다.

포프의 사업은 저소득층의 소비와 밀접하게 연결되어 있다. 1930년 포프의 할아버지가 노스캐롤라이나 주에 다섯 개의 작은 할인점을 차려 사업을 시작했고, 근면하고 성실한 상인이었던 포프의 아버지는 가문의 사업을 13개 주로 확장해 할인점 제국을 세웠다. 포프 자신도 밑바닥에서부터 시작해 사업을 물려받고 최고경영자가 됐다. 포프 가문의 버라이어티 홀세일러는 로지즈(Roses), 맥스웨이(Maxway), 슈퍼 10(Super 10), 바겐 타운(Bargain Town) 등 유사한 여러 개의 할인 유통망을 보유하고 있는데, 주 고객층은 연수입 4만 달러 이하의 가정이다. 미국의 인구 비율로 보면 그중 최소 25% 이상이 아프리카계 미국인 가정이다.

다크 머니의 압승

여러 논쟁에도 불구하고 포프와 외부 단체들은 2010년 노스캐롤라이나 선거전에서 압승을 거두었다. 포프와 그의 가족, 그리고 그가 후원하는 조직과 단체들은 지역 의회에서 22개 의석을 공격 목표로 삼았고, 그중 공화당이 18석을 차지했다. 길레피스가 바란 것처럼 주 의회의 상원과 하원 모두에서 1870년 이후 처음으로 공화당이 압도적인 차이로 다수당이 된 것이다.

남부연구소(Institute for Southern Studies)에 따르면 노스캐롤라이나 주의 2010년 선거전에서 외부 단체들이 지원한 자금의 4분의 3이 포프와 관련되어 모인 돈이었다. 포프와 그의 가족, 그리고 관련 단체와 조직이 끌어모은 돈은 모두 220만 달러에 달하는데, 전국적인 규모로 보면 미미한 액수지만 한 개의 주에서 결정적인 영향력을 미치기에는 충분했다.

그리고 이런 모습은 미국 전역에서 그대로 반복됐다. '오바마의 참모들은 정말로 놀라운 일을 해냈다. 솔직히 아주 대단한 인물들임에는 틀림없다. 그렇지만 각 주 정부 의회는 상원 하원 할 것 없이 모두 민주당이 밀려나게 됐다.' 공화당 하원의원이자 REDMAP의 회장인 톰 레널즈는 훗날 〈폴리티코〉에 이렇게 털어놓았다.[62] 길레피스의 보좌관 역할을 하던 크리스 얀코스키는 나중에 이렇게 인정했다. "처음에는 나도 조금 겁을 먹었다. 도무지 경쟁이 될 것 같지 않아서였다. 조만간 큰 타격을 입게 될 거라고 생각했는데…, 그런데 갑자기 상황이 어떻게 돌아가고 있는지 깨닫게 됐다. 우리가 얼마나 앞서나갈 수 있는지 계산할 정도의 여유가 생긴 것이다."

중간선거가 있기 바로 전 달에 오바마의 정치 고문들은 앞으로 다가올 대재앙을 막아낼 방법이 전혀 없다는 사실을 깨닫게 됐다. "우리는 10월에 이미 모든 희망을 다 잃었다." 훗날 백악관의 한 참모가 한 말이다.[63] "우리는 아무런 감각조차 없었다. 그저 배가 침몰하는 것을 속수무책으로 바라보고 있을 수밖에."

마지막 저항의 노력으로 오바마는 유권자들에게 공화당이 은밀하고 특별한 이해관계가 얽힌 검은돈을 가져와 선거를 매수하려 한다고 경고했다. 그는 공개적으로 어떻게 시민연합이 위장단체와 검은돈을 앞세워 여론을 호도하는 광고를 통해 상대방을 공격하고 있는지 이야기하기 시작했다. 오바마 대통령은 심지어 코크 가문을 언급할 뻔했는데, AFP 같은 아무런 정치색이 없어 보이는 이름의 단체들 뒤에 거대한 기업들이 도사리고 있다고 말한 것이다. "소위 AFP가 정확히 어떤 단체고 누가 소속되어 있는지 말할 필요가 없다. 그 뒤에 어떤 외국 기업이 있는지 심지어 미국의 거대한 석유재벌이 있는지 우리는 알 길이 없다."

선거 바로 며칠 전, 민주당은 부시의 옛 친구들인 에드 길레피스와 칼 롭이 거대 기업의 앞잡이가 돼서 우리의 민주주의를 강탈하려 한다는 내용의 광고를 전국적으로 내보냈다. 광고에는 한 나이 든 여인이 등장해 강도를 당하는 장면이 나온다. 그렇지만 그런 광고는 아주 진부했고 전달하려는 뜻도 너무 직설적이고 평범했다. 이런 광고로는 국민들에게 다크 머니와 그 뒤에 숨어 있는 후원자들의 검은 이해관계, 그리고 오바마 정책에 대한 공격 내용을 속 시원하게 설명하는 것이 불가능했다. 전문적인 정치 전문가들의 눈으로 보았을 때 그런 광고를 눈여겨보고 이해할 수 있는 미국 사람은 거의 없었다. 아니, 아예 신경조차 쓰지 않았는지도 모른다.[64]

역사적인 흐름과 당시 9.5%에 달하던 실업률을 감안할 때, 2010년 공화당의 승리는 이미 예견된 일이었는지도 모른다. 그렇지만 도저히 대적할 수 없는 보수파의 몇몇 엄청난 부자들이 선거에 막대한 돈을 풀어 유권자들의 관심을 끌었다는 것도 분명한 사실이다. 숀 노블은 선거 막바지에 놀라울 정도로 활약했다. 아무도 낙선할 거라 예상하지 못했던 지역의 상대편 후보를 공격한 것이다. 미네소타 주 덜루스의 민주당 하원의원인 짐 오버스타가 모은 선거자금이 얼마 되지 않는다는 것을 확인한 노블은 지역 텔레비전 방송 시간을 확보해 오버스타를 구시대의 유물이며 선거구민보다는 자신의 이익에 더 신경 쓰는 인물로 묘사한 광고를 내보낸다. 그 결과, 오버스타는 노블의 또 다른 전리품이 됐다. 이를 보고 놀라지 않은 사람은 거의 없었다.

2010년 11월 2일, 민주당은 엄청난 패배를 맛보았다. 하원에서 다수당의 위치를 상실한 것이다. 백악관에 입성한 지 겨우 2년, 개혁을 시작할 수 있는 권력을 손에 넣었던 오바마와 민주당, 그리고 야심에 찬법안을 통과시키려 했던 대통령의 희망은 모두 다 그 자리에 주저앉고 말았다. 공화당은 하원에서 63석을 더 추가해 다수당의 위치를 공고히 다졌다. 1948년 이후 가장 큰 승리였다. 최초의 여성 하원 의장이자 룬츠의 공격 목표 1호였던 낸시 펠로시는 불과 4년 만에 그 자리에서 내려와야만 했다. 새로 하원 의장이 된 오하이오 주 출신의 공화당 의원 존 베이너는 이제 티파티 운동을 열광적으로 지지하는 사람들과 함께 공화당 간부 회의를 열었는데, 그들은 정부를 공격하고 그중에서도 특히 대통령 오바마를 공격하면서 힘을 끌어모았던 무리였다. 그들 중 일부는 온건파를 밀어내고 그 자리를 차지했으며, 대부분이 후원자들의 지지에 힘입어 선거에서 승리했다. 그리고 그 후원자들은 급진적인 보수 반동적 정책 변화를 주문했다. 적당한 타협 같은 건 그들의 안중에 없었다.

민주당의 패배 규모는 엄청났다. 그것도 거의 모든 지역과 의회에서 입은 패배였다. 공화당은 상원에서 여섯 개 의석을 추가했다. 각 주의 상황을 살펴보면 민주당은 단순한 패배 이상의 타격을 입었다고 볼 수 있었다. 미국 전역에서 공화당은 주 의회의 675개 의석을 확보했는데, 의회뿐만 아니라 21개의 주에서 주지사 자리를 탈환했으며 민주당은 총 11개 주에 그쳤다. 선거 결과를 알려주는 지도를 보면 대부분 공화당을 상징하는 붉은색으로 물들었고, 민주당의 푸른색은 드문드문 보일 정도였다.

선거 결과에 따라 공화당은 이제 민주당에 비해 지지자가 네 배나 많은 지역에서 자신들이 유리하게 선거구를 조정할 수 있게 됐다. 확실하게 안전한 의석을 확보하기 위해 지역구를 재설정함으로써 공화당은 이후 10년은 더 의회를 장악할 수 있는 일종의 방어벽을 설치할 수 있게 됐다.

상대적으로 적당한 수준이었던 투자에 비해 REDMAP이 거둬들인 성과는 분명 인상적인 것이었다. 〈폴리티코〉의 글렌 트러시가 말한 것처럼 공화당은 "계속해서" 그에 따른 이득을 누릴 수 있게 됐다. 새로 공화당의 수중에 들어간 미시간과 위스콘신, 오하이오, 그리고 노스캐롤라이나 주는 얼마 지나지 않아 오바마의 핵심 정책을 공격하는 전진 기지가 됐다. 이들은 건강보험과 낙태, 동성애자 인권, 선거권, 이민, 환경, 총기 소유, 그리고 근로 문제에 대한 오바마 대통령의 정책의 발목을 잡았다.

"기분이 썩 좋지는 않다." 오바마는 선거 다음 날 있었던 기자 회견에서 이렇게 인정했다. 가장 쓰라린 상처는 대통령 자신은 물론 자신의 정책을 지지해줘야 할 민주당 의원들이 자리를 떠나게 됐고, 그런 그들을 속수무책으로 보낼 수밖에 없었다는 사실이었다. 그를 지지했던 오하이오 주의 주지사 테드 스트릴랜드도 이번에 선거에서 낙선했다. "지난 며칠 동안 가장 견디기 힘들었던 건 정말 훌륭한 공직자들이 더 이상 국민들을 위해 봉사하는 모습을 볼 수 없게 됐다는 사실이다. 그들의 퇴장만으로도 비감스러운 기분이 드는데, 거기에 나 스스로 남은 임기 동안 뭔가 다른 일을 할 수 있을지, 아니 지금보다 일을 더 할 수 있을지조차 의문이 든다." 하지만 이내 노련한 모습으로 대통령은 이렇게 말을 이었다. "그렇지만 이건 모든 대통령이 피해 갈 수 없었던 숙명이라고 생각한다." 그리고 잠시 말을 멈추더니 이런 우울한 농담을 덧붙였다. "그렇다고 다음에 백악관에 들어오는 모든 대통령이 지난 밤 내가 겪었던 것 같은 큰 패배를 똑같이 겪어보라는 건 아니다."

이번 선거에서 거의 알려지지 않았지만 가장 큰 승자는 다름 아닌 숀 노블이었다. 워싱턴 의회에서 일할 때 그의 연봉은 8만 7,000달러였다. 그렇지만 2011년 그는 두 곳에 넓은 부동산을 소유하고 피닉스에는 따로 아내와 함께 주택 두 채를 구입할 만큼의 큰 부자가 되어 있었다. 워싱턴에 있는 연립 주택 한 채를 66만 5,000달러에 사들였으며, '유타 주 허리케인에는 약 160평에 달하는 방 여덟 개짜리 주택이 있는데 그 가격은 정확하게 밝혀지지는 않았다'고 블룸버그 뉴스는 보도했다.[65] 그리고 무엇보다도 2012년 대선에서 또 한 차례 엄청난 액수의 다크 머니가 넘쳐나게 될 터였다.

3부

정치의 사유화: 전면전
2011~2014

"물론 계층 사이에 갈등과 다툼이 있는 건 사실이다. 그렇지만
내가 속해 있는 부자 계층이 그런 갈등과 다툼을 조장하고 있으며,
게다가 거기에서 이기고 있다."-워런 버핏

11

전리품
의회를 장악하다

112대 의회가 공식적으로 개원한 건 2011년 1월 5일이다. 하원 의장 낸시 펠로시는 이날 후임인 존 베이너에게 의사봉을 넘겨주었지만 극우 성향의 억만장자들이 영향력을 행사하는 새로운 시대는 이미 시작됐다. 새 하원 의장의 취임식이 시작되기도 전에 이번 공화당의 승리를 위해 최소한 1억 3,070만 달러를 쏟아부은 코크 가문 모임의 대표 데이비드 코크는 새로운 하원 의장 사무실에서 직원들과 즐겁게 대화를 나누고 있었다.[1] '국민의 의회'는 이제 새로운 관리 체제, 아니 이를 비판하는 사람들의 말처럼 새로운 주인을 모시게 된 것이다.

데이비드가 워싱턴에서 사람들에게 그 모습을 드러내고 있을 때, AFP의 책임자이자 그의 정치 참모인 팀 필립스는 의회 위원회의 은밀한 내실(內室)에서 시간을 보내고 있었다. 그곳에서 논의되고 있던 문제는 대부분 코크 인더스트리즈와 관련된 것이었다. 그날 필립스의 가장 중요한 목적지는 하원 에너지 및 상업 위원회(House Energy and Commerce Committee)로, 이제는 새롭게 공화당이 다수 위원 자리를 차지하게 된 위원회는 오바마 대통령의 기후 관련 의제를 가로막는 데 힘을 모으고 있었다. 이 위원회는 기후 변화에 대한 진보적 정책과 환경보건국의 엄격한 관여를 머지않은 미래에 무력하게 만들 수도 있었다.

그날 데이비드의 등장은 앞으로 벌어질 놀라운 변화를 예고하는 것이었다. 코크 가문은 이제 자유주의 패배자의 과거를 완전히 벗어버렸다. 한 달 후 〈로스앤젤레스 타임스〉는 이런 기사를 실었다. '찰스와 데이비드 코크는 이제 더 이상 워싱턴 정가에서 멀찌감치 떨어져 완고한 보수주의에 의해 고립되어 있는, 그런 사람들이 아니다.'[2] 그들의 완고한 보수주의는 이제 미국 상하 양원 중 하원을 지배하게 됐으며, 동시에 미국 양대 정당 중 한 곳도 지배하게 됐다. 이 기사의 제목은 다음과 같았다. '공화당 권력의 핵심으로 올라선 코크 형제들.'

그날 오후 베이너가 하원 의장에 취임한 후 데이비드는 축하 행사를 위해 고급스러운 클래식 무늬 외투에 겨자색 캐시미어 머플러를 걸치고 의사당 앞마당을 지나 인디펜던스 애비뉴로 향했다. 그렇지만 얼마 가기도 전에 몇 개월 동안 코크 가문의 부상을 눈여겨 봐온 '싱크 프로그레스'의 진보파 언론인이자 블로그 운영자인 리 팽이 그를 따라붙었다. 팽은 자기가 누군지를 소개하고 함께 온 사진기자와 함께 마이크를 들이밀며 이렇게 질문했다. "당신은 티파티 운동을 자랑스럽게 생각하고 있습니까? 그리고 지난 몇 년 동안 그들이 어떤 성취를 이루었다고 생각하십니까?"

데이비드는 약간 당황한 듯 옆에 있던 필립스를 돌아보며 잠시 시간을 끌려고 했다. "리 팽은 좌파에서 유명한 블로그 운영자다." 필립스는 억지웃음을 띠며 데이비드에게 이렇게 주의를 주었다. 그렇지만 청력이 좋지 않은 데이비드는 그의 말을 귀기울여 듣지도 않고 별로 신경을 쓰는 것 같지도 않았다. 어쨌든 그는 이야기했다. "티파티 운동에도 극단주의자들이 있을 것이다. 그렇지만 대부분 그저 우리와 같은 보통 사람들이다. 그리고 나는 그 사람들을 존경한다. 어쩌면 미국이 독립한 이후 가장 올바른 길로 나아가고 있는 풀뿌리 운동일지도 모른다는 것이 내 생각이다."

이 대목에서 필립스는 카메라에 거친 행동이 보이지 않도록 주의하며 리 팽의 질문을 그만 막으려고 했다. "매우 실망스러운 행동이다. 이보다는 더 예의 바른 사람이라고 생각했는데……. 이봐, 리! 리! 질문은 이제 그만했으면 좋겠다!"

그렇지만 팽은 이에 개의치 않고 데이비드에게 베이너가 이끄는 새로운 의회에 어떤 점을 기대하고 있는지 물었다. 데이비드가 평소 버릇처럼 혀로 마른 입술을 핥으며 아까보다 더 생기에 찬 표정으로 대답했다. "쓸데없는 지출을 줄이고, 예산의 불균형을 바로잡고, 규제를 없애고, 음…, 아! 그리고 기업들을 더 도와주었으면 좋겠다!"

나중에 자신들의 평판을 높이기 위한 언론과의 대담에서 코크 형제는 스스로 사리사욕이 없는 선하고 순수한 박애주의자며 형사법 개혁 같은 문제들을 초당적 차원에서 지지하는 사회 진보 세력을 그동안 오해해왔다고 주장했다. 그렇지만 선거전 동안 있었던 광고와 관계에 대해 곤혹스러운 질문들이 쏟아지자 데이비드는 자신이 무엇을 중요하게 생각하고 있는지 분명히 밝히며, 개인의 이익과 공공의 이익을 같은 것으로 여기고 있다고 말했다.

《플루토크라트》에서 저자인 크리스티아 프릴랜드는 이런 거대한 부를 가진 사람들이 어떻게 거의 모든 분야에서 가지고 있는 돈을 활용해 자신들에게 유리하도록 정치적 이해관계를 이끌어가고 있는지를 설명했다. 특히 이들은 자신들보다 가난한 사람들을 이용해 그렇게 하는 경우가 많다고 지적했다.[3] 최근 미국에서는 여러 연구를 통해 이렇게 정치를 왜곡된 방향으로 흐르게 만드는 아주 구체적인 방식들이 많이 소개됐는데, 그중 중도파를 표방하는 선라이트재단(Sunlight Foundation)에서 이루어진 한 연구를 통해 정치학자 리 드러트먼은 점점 더 늘어나는 부의 편중화 현상 때문에 특히 우파 쪽의 극단주의적 성향이 높아져가고 있음을 확인했다. 공화당을 지지하며 후원과 기부를 많이 하는 소수의 부자들이 실제로는 나머지 미국 국민들보다 훨씬 더 많이 세금과 각종 규제를 반대한 것이다. '공화당 의원들이 1% 중 1%에 해당하는 부자 후원자들에게 더 많이 의존하는 것과 비례해 보수적인 경향도 점점 더 심해지고 있다.' 드러트먼의 결론이다.[4]

한 회사의 이익을 위해 일하는 공화당 의원들

112대 의회는 개원하자마자 조지 부시 대통령의 특별 보좌관을 지낸 데이비드 프럼이 공화당의 급진적 부자들에 대해 염려했던 모습을 그대로 보여주었다. 프럼은 그런 부자들의 세력이 점점 더 커지면서 아주 좋지 않은 영향을 미치게 된다고 생각한 사람이다. "공화당을 지지하는 후원자들이 급진적인 성향을 띠면서 공화당 역시 1964년 골드워터의 대선 도전 이후 가장 극단적인 정책들을 옹호하기 시작했다."[5] 또한 "의원들은 전에는 감히 생각도 못 했던 전략들을 시도했다."

물론 이를 뒷받침하는 구체적인 근거들이 있다. 하버드대학교의 테다 스카치폴은 정치학자들이 의원들의 성향에 대한 정량적인 내용 기록을 시작한 이래 의회가 가장 우파 성향으로 기울고 있음을 발견했다.[6] 하원 에너지 및 상업 위원회에 대해 코크 가문이 새롭게 영향력을 행사하게 된 것은 그런 현상에 대한 가장 극명한 사례였다.

이전 의회의 에너지 및 상업 위원회 위원을 역임했던 헨리 왁스먼은 캘리포니아 출신의 진보적인 민주당 의원으로, 탄소 배출권 거래제도가 하원을 통과하는 데 든든한 지원자 역할을 했다. 물론 이 법안은 상원에서 부결되고 말았지만 말이다. 그런데 이제 위원회를 장악하게 된 공화당은 석유 업계를 옹호하는 데 나서기 시작했다. 이들 중 상당수가 선거 기간 동안 코크 가문에 빚을 진 사람들이었다.[7] 코크 인더스트리의 정치활동위원회는 단일 위원회로서는 가장 큰 석유 및 천연가스 산업 분야의 정치인 후원단체로, 그 규모가 엑손모빌을 능가할 정도였다. 이 정치활동위원회는 하원 에너지 및 상업 위원회 소속의 공화당 의원 32명 중 22명을 후원했으며 민주당 의원 중 다섯 명이나 코크 가문의 지원을 받았다. 게다가 위원회에 처음 들어온 여섯 명의 공화당 의원들은 외부 단체인 AFP로부터 지원을 받아 선거를 치렀다.

그러는 사이 새로운 위원회 위원들 중 상당수가 코크 가문의 이해관계에 이익이 되는 활동을 하겠다는 이상한 약속을 했다.[8] 이들은 탄소 배출과 관련된 세금 문제에 대해서는 이를 상쇄할 만한 지출 삭감 보장이 없으면 어떠한 안건이라도 반대표를 던지겠다고 약속했다. 물론 그런 보장이 있을 가능성은 매우 희박했다. 처음으로 '환경세 반대' 약속을 생각해낸 건 AFP로, 이들은 2008년 대법원에서 환경보건국이 온실가스 배출에 대해 다른 오염 물질과 마찬가지로 규제를 가할 수 있도록 길을 터주자 이런 생각을 해냈다.[9] 코크 가문과 관련된 이런 일종의 계약은 엄청나게 효과적이었으며 증세 반대 투사인 그로버 노퀴스트는 이를 공화당 의원들을 위협하는 수단으로 사용했다. 그렇지만 이 경우는 어떤 대의를 위해서가 아니라 한 회사의 이익을 위해서였다.

2011년 의회의 회기가 시작됐을 무렵, 코크 가문의 '환경세 반대' 약속에 서명하고 동참한 의원의 숫자는 156명에 달했다. 하원 에너지 및 상업 위원회 소속 의원들이 제일 먼저 서명했는데, 새롭게 위원회에 소속된 열두 명의 공화당 의원 중 초선 의원 여섯 명을 포함해 아홉 명이 서명을 했다.

코크 가문과 이 위원회 사이의 관계를 상징적으로 보여주는 가장 중요한 사례가 바로 버지니아 주 솔트빌에서 릭 바우처를 상대로 의원에 당선된 모건 그리피스다. 그리피스는 선거전에서 공개적으로 코크 가문의 도움을 받아 승리한 뒤 에너지와 상업 위원회에 들어가게 된 의원들 중 한 명이기도 했다. 선거가 끝난 후 AFP의 직원들은 선거 승리를 자축하는 행사에 명예손님으로 초대됐는데, 그 자리에서 그리피스는 이렇게 사자후를 토했다. "이렇게 다방면으로 전력을 다해 도와주신 여러분께 정말로 감사드린다!"

코크 가문의 투자는 곧 그만큼의 성과를 거뒀다. 의원이 된 그리피스는 기후 변화와 관련해 공개적으로 회의적인 주장을 펼쳤다. 그는 의회에 참고 증인으로 출석한 전문가들에게 지구 온난화를 주장하려면 메소포타미아 지역 주민들과 바이킹이 지구 온난화 덕분에 자신들의 문화를 건설할 수 있었는지 먼저 고민해봐야 할 것이라며, 화성의 만년설이 녹는 것도 지구에 사는 인간 때문이 아닌지 생각해봐야 한다는 억지 주장을 펼쳐 전국적으로 화제가 됐다.

그리피스는 또한 공화당 의원들을 이끌고 환경보건국에 대한 전쟁을 펼치며 환경보건국에 자제할 것을 요구했다. 의회에 입성한 지 한 달이 되지 않아 그와 다른 공화당 의원들은 환경보건국의 예산을 27%나 삭감했다. 상원은 이에 반대하며 최종적으로 16% 삭감에 합의했다. 한편, 1980년에 제정되어 올린 코퍼레이션에 해당 지역을 원상복구시키도록 만든 '포괄적인 환경 대책, 보상 및 배상 책임 기금법(Superfund law)'은 그 기한이 만료됐고, 그동안 벌금 등을 통해 모은 기금 38억 달러도 모두 소진됐다.[10] 한 연구 결과에 따르면 미국 국민의 거의 절반 이상이 유독물질을 폐기하는 곳에서 반경 15km 안에 살고 있다고 하지만, 솔트빌 같은 마을에서는 문제 기업이 떠나고 일반 주민들만 남아 뒤처리를 해야 했다.

코크 인더스트리즈는 이제 조금 한숨을 돌릴 수 있게 됐지만, 코크 인더스트리즈의 공장 근처에 살고 있는 사람들의 입장은 그와 사뭇 달랐다. 주로 노동자들이 모여 사는 아칸소 주 크로셋의 작은 거리인 사우스 펜실베이니아 로드에서는 열다섯 개의 가정 중 열 개 가정이 암으로 신음하고 있었다. 대부분의 주민은 자신들이 겪는 어려움이 근처에 있는 조지아퍼시픽 제지 공장에서 나오는 화학 폐기물 때문이라고 믿었는데, 이 회사의 모기업이 바로 코크 인더스트리즈였다. 이곳의 공기는 매우 더러워서 아이나 노약자들은 주로 집 안에서만 지내며 인공 호흡장치에 의존하며 살고 있는 사람들도 많았다. 조지아퍼시픽은 자신들의 책임을 부인하며 암 발병 문제는 이미 집단소송에서도 인정받지 못하고 끝난 문제라고 지적했다.[11] 그렇지만 이곳에 살고 있는 데이비드 보위 목사는 이 문제와 관련해 환경보건국과 접촉하기 위해 무던히도 노력을 했다. "이 거리에 살고 있는 사람들은 계속해서 암에 걸리고 있다." 진보파 탐사보도 영상 제작자인 로버트 그린월드에게 그가 한 말이다.[12] "이렇게 많은 사람들이 한꺼번에 아프거나 세상을 떠났는데, 이 지역에 정말 문제가 있는 것이 아닌가. 왜 이렇게 암 발병률이 높은 것인가. 근처의 제지 공장은 정말 아무런 관련이 없는 것인가?" 이보다 2년 전, 〈USA투데이USA Today〉는 환경보건국의 대기 오염 자료를 바탕으로 깜짝 놀랄 만한 보고서를 출간했다. 이 보고서를 보면 크로셋에 있는 한 학교는 미국에서 가장 대기 오염이 심한 지역 중 1%에 속하며 근처에 있는 조지아퍼시픽 공장이 가장 큰 원인으로 지목된다는 것이었다.[13] 환경보건국 국장 리사 잭슨은 적절한 조치를 취할 것을 약속했지만, 의회에서 예산이 삭감되면서 보건국의 활동에 큰 어려움이 따르게 됐다.

코크 인더스트리즈와 관련된 오염 문제는 수치로 살펴보면 더 확실하게 문제점이 드러난다. 환경보건국의 '유해 화학 물질 배출 목록 자료집'은 미국 내 8,000여 개 기업들과 관련된 독성 및 발암 물질에 대해 기록했는데, 이 자료집에 따르면 2012년 코크 인더스트리즈는 미국에서 가장 많은 유독성 폐기물을 배출하는 기업이었으며, 그 양은 무려 43만 톤에 달했다. 이 자료집을 근거로 확인해보면 코크 인더스트리즈는 대기와 물, 그리고 토양 등에 2,500톤이 넘는 독성 물질을 그대로 흘려보내 미국에서 다섯 번째로 큰 공해 유발 기업에 들어간다.[14] 또한 2011년에는 2,400만 톤의 이산화탄소를 배출해 미국에서 온실가스를 가장 많이 배출하는 기업으로 기록되기도 했는데, 환경보건국에 따르면 이는 보통 500만 대의 차량이 1년 동안 배출하는 가스의 양과 맞먹는 것이다.

코크 인더스트리즈의 임원들은 구체적인 수치에 대해서는 별다른 이의를 제기하지 않았으나, 이는 단지 기업의 규모와 생산 제품의 종류를 반영할 뿐이라고 주장했다. 이들은 동종 업계의 다른 제조업체들과 공정하게 비교해도 자신들이 정부가 정한 법과 규제를 비교적 잘 지켜왔다는 점을 강조했다. 코크 미네랄스의 사장인 스티브 테이텀은 이렇게 주장했다. "예컨대 투자은행은 자연을 오염시키지 않는다. 왜냐하면 그들은 아무것도 만들어내지 않기 때문이다. 그렇지만 우리는 제조업체다."[15]

위원회의 또 다른 지지자는 마이크 폼피오로, 그는 코크 인더스트리즈의 고향이라고 할 수 있는 캔자스 주 위치토의 공화당 초선 의원이었다. 폼피오는 이 억만장자 형제들과 아주 가까운 사이여서 심지어 코크 가문 출신의 하원의원으로까지 알려져 있었다.[16] 코크 가문은

다크 머니

한때 폼피오가 세웠던 항공 우주 회사에 액수가 밝혀지지 않은 금액을 투자한 적도 있으며, 그가 선거에 출마했을 때에는 더 이상 그의 사업과는 아무런 상관이 없었지만 대신 그의 선거전을 후원한 주요 후원자들 중 하나였다. 코크 인더스트리즈의 정치활동위원회와 AFP 역시 중요한 역할을 했다. 선거가 끝난 후 폼피오는 코크 인더스트리즈의 로비 부서에서 일했던 변호사 출신인 마크 체노웨스를 자신의 수석 보좌관으로 뽑았다. 그로부터 몇 주 후, 폼피오 의원은 코크 인더스트리즈에 유리한 법안 두 개를 지지하고 나섰는데, 온실가스 배출 업체들을 관리하는 민간 환경보건국을 만들고, 안전하지 못한 제품들에 대한 일반 소비자들의 불만과 반응을 디지털 자료로 만들려는 오바마 대통령의 계획과 반대되는 법안이었다.[17] 물론 공개적으로 접근 가능한 자료 없이는 어떤 기업이든 그 독성 물질의 배출 문제를 추적하기란 아주 어려운 문제다. 어쨌든 나중에 코크 가문은 결국 한 걸음 뒤로 물러섰고, 디지털 자료집이 만들어졌다.

나중에 밝혀진 코크 인더스트리즈의 로비 활동 내용을 살펴보면, 2011년 의회와 관련된 로비 활동에 800만 달러를 사용했는데, 대부분이 환경 관련 문제였다.[18] 새롭게 얻게 된 의회에서의 영향력을 가장 적절하게 사용하는 방법은 정치 전문기자인 로버트 드레이퍼의 표현처럼 '대세를 따라 조용히 몸을 낮추는 것'이었을지도 모르는데, 이는 미시간 주 출신의 하원의원 프레드 업튼이 하원 에너지 및 상업 위원회의 위원장 자리를 손에 넣기 위해 썼던 방법이기도 하다.[19] 2010년 전에 업튼은 환경 문제에 대해서 중도파로 알려져 있었고 실제로 2009년, 그러니까 티파티 활동가들과 후원자들이 전면에 나서기 전에 그는 이렇게 말했다. "기후 변화는 심각한 문제이기에 그에 걸맞는 진지한 해결책이 필요한 것이다. 탄소가스 배출을 줄일 방법을 찾으려면 무엇보다 모든 것을 먼저 진지하게 논의하는 일이 필요하다고 나는 생각한다." 2010년이 되자 업튼은 다른 많은 공화당의 중도파들과 마찬가지로 우파로부터 자신의 경력이 끝장날 수도 있는 중대한 도전을 받았으나 간신히 살아남았다.

그렇지만 기후 변화에 대한 과학적 합의가 이루어져가고 있는 현실을 받아들인 사우스캐롤라이나 주의 로버트 잉글리스 같은 의원들은 선거에서 패배해 경종을 울렸다. 잉글리스는 의회 연수의 일환으로 남극 지방을 방문했다가 지구 온난화의 실체에 대한 확신을 갖게 됐는데, 그곳에서 과학자들은 산업 혁명 이후 늘어난 이산화탄소가 들어 있는 극지방 얼음 견본을 보여주었다. 그는 기독교를 믿는 보수주의자였지만 양심을 거스르며 진실을 부인하지는 못했다. 공화당 지지 일색의 사우스캐롤라이나 주에서 그의 과학적인 깨달음은 결국 정치적인 몰락을 의미했다. "밖으로 내쳐지는 듯한 고통이었다." 그는 나중에 이렇게 인정했다. "그렇지만 어쨌든 나는 공화당의 규율을 범한 셈이었다."[20]

반면에 업튼은 갑자기 모든 것을 의심하는 사람처럼 변해버린다. 2010년 그는 기후 변화 문제에 대해 진지한 고려가 필요하다는 이전의 입장을 버리고 AFP의 팀 필립스와 함께 〈월스트리트저널〉에 공동으로 이런 글을 기고한다. '탄소가스 배출을 규제하려는 환경보건국의 계획은 헌법에도 없는 월권 행위이며 의회의 개입이 없다면 수백만 개에 달하는 일자리가 사라질 것이다.'[21] 업튼 역시 AFP가 환경보건국을 겨냥해 벌인 불필요한 소송에 동참했다. 자신의 지난 생각은 잊어버리고 대세를 따른 일은 그만한 보람이 있었다. 새로운 의회 회기가 시작되자 업튼은 하원 에너지 및 상업 위원회의 위원장이 됐고 환경보건국 국장인 리사 잭슨을 손봐주겠다는 약속을 한다. 그리고 잭슨 국장은 이제 위원회에 자주 출석해서 증언을 해야 할 테니 아예 의회 주차장에 전용석을 하나 마련해두어야 할 것이라는 호언장담도 서슴지 않았다.

얼마 후 공화당 하원의원들은 워싱턴 출신의 민주당 의원 놈 딕스가 '오염 물질 배출 기업들의 희망사항 목록'이라고 부른 시책을 건의한다.[22] 지구 온난화를 막을 수 있는 정책들을 중단시킨 것에 더해, 이들은 더 이상의 새로운 멸종 위기종 선정을 막고, 그랜드 캐년 근처의 우라늄 광산 개발을 허가하며, 산 정상 부근의 광산 개발 규제를 풀고, 석탄재를 대기 오염 물질로 규정하는 일 등을 막으려고 했다. 환경보건국의 핵심 업무를 중단시키기 위해 이들은 또한 관련 규제에 따르는 비용을 먼저 고려할 것을 요구하는 법안을 상정했는데, 여기에는 물론 과학적, 그리고 보건상의 유익 같은 것은 고려되지 않았다. 이에 대해 〈로스앤젤레스 타임스〉 사설은 '40년 역사의 대기 오염 방지법의 숨통을 끊으려 한다'고까지 말했다.[23]

위원회 활동이 2개월 차에 접어들자, 공화당 출신 위원들은 새로운 재생 에너지 개발 계획도 가로막기 시작했다. 이들은 태양 전지판을 생산하는 캘리포니아의 솔린드라(Solyndra)와 다른 청정에너지 기업들에 대한 정부의 지원이 오바마 대통령과 관련된 어떤 뒷거래일지도 모른다는 소문을 퍼뜨리는 데 성공한다. 사실 이런 기업들에 문제가 될 수 있는 자금 지원을 확대해준 에너지국의 담보대출 계획은 부시 행정부에서 시작된 것이었다. 그리고 공화당의 편파적인 선전과 달리 이런 지원은 실제로 일반 납세자들에게도 이익이 되는 일이었다.[24] 게다가 솔린드라의 투자자들이 오바마를 지지하는 사람들처럼 보였지만, 그중에서 가장 많이 투자를 한 사람들은 보수파라고 알려진 월튼 가문 사람들이었다. 잘 알려진 것처럼 월튼 가문은 미국 유통업계의 거인인 월마트의 창업자다. 투자 전문가 딕슨 돌 역시 정부를 통해 대출을 받았다가 파산한 또 다른 태양 에너지 기업에 거액을 투자했는데, 그는 코크 가문 모임의 주요 일원 중 한 명이었다.[25] 그렇지만 하원에서 청문회가 열리고 다양한 보수파의 위장단체들이 정경 유착이 의심된다며 선동을 시작하자 진실은 감춰지고 상황은 화석연료 산업에 유리한 방향으로 흘러가게 됐다.

업튼 의원은 자신은 환경 문제에 대해 입장을 바꾼 적이 없다고 주장했지만 중도 성향의 국립야생동식물연맹 수석 부회장인 제레미 시몬스는 위원회의 성향이 손바닥 뒤집듯 변했다고 말했다.[26] "과거에 이 하원 위원회에서는 대다수의 위원들이 대기 오염 방지법을 일반 국민들을 보호할 수 있는 효과적인 방법으로 생각했다. 그렇지만 이제는 대기 오염 방지법과 환경보건국을 마치 적군처럼 대하고 있다. 유권자들은 오염물질 배출 기업을 옹호하는 이유를 묻지 않았지만 어쨌든 코크 형제는 적절하게 투자한 셈이다. 이제 그들의 존재감을 확실하게 느낄 수 있다."

2011년 말, 한 설문 조사에 응한 공화당 하원의원 65명 중 지구 온난화의 주범이 기후 변화라고 믿는다고 대답한 의원은 20명에 불과했다. 팀 필립스는 기후 변화 문제에 대한 회의론이 이렇게 극적으로 확산된 것을 기꺼이 자신의 공으로 돌렸다. '3년 전의 상황과 지금 상황을 비교해보면 아주 극적인 변화가 있었음을 알 수 있다.' 〈내셔널 저널〉과의 대담에서 그가 한 말이다.[27] '대부분의 의원들이 과학이 정치가 될 수 있다는 것을 이해하게 됐다. 우리는 큰 진보를 이루었다. 그것이 공화당 쪽 의원들에게 어떤 의미가 있느냐 하면, 만일 사람들이 청정에너지 기업의 주식을 사들이거나 이 문제에 대해 지지한다면 그건 정치적인 위험을 그만큼 감수해야 한다는 뜻이다. 공화당 의원 후보 선출

과정, 그러니까 전당대회며 예비 선거에 참여한 대다수의 사람들은 과학에 대한 의심을 품고 있다. 바로 우리 AFP와 같은 단체들의 영향을 받고 그렇게 된 것이 아닌가.'

정치적 영향력에 비례하는 의혹의 눈길

코크 가문과 가까웠던 어떤 사람이 전해준 이야기에 따르면 가문의 우두머리인 프레드 코크는 이에 대해 '모난 돌이 정을 맞는 법이다'라고 말했다고 한다. 그의 이런 경고처럼 코크 형제들의 영향력이 드러날수록 사람들의 의혹의 눈길은 커져갔다. 2011년 초 팜 스프링스에 있었던 코크 가문의 1월 모임에서는 처음으로 이 비밀 집회에 항의하는 사람들이 몰려들었으며 다소 과장된 방식으로 환경 문제를 사람들에게 알리는 환경 단체인 그린피스는 길이 40m가 넘는 비행선을 모임이 있던 휴양지 상공에 띄웠다. 녹색으로 번쩍이는 비행선 몸통에는 '코크 형제: 더러운 검은돈'이라는 글귀 위에 찰스와 데이비드의 얼굴이 그려져 있었다.

코크 가문의 인맥과 모임은 이제 더 이상 비밀이 아니었다. 시위 진압용 장비를 갖춘 지역 경찰 1개 대대가 랜초 미라지 휴양지로 이어지는 길게 굽어 있는 고속도로를 가로막았다. 휴양지 주변은 항의하러 몰려든 사람들로 사실상 포위되어 있는 것이나 마찬가지였는데, 다양한 옷차림을 한 이들은 '살인자 코크 형제!' '코크 가문의 비밀을 폭로하라!' 등의 글귀가 적힌 현수막을 흔들며 소란을 피웠다. 그중 스물다섯 명이 경찰에 체포됐다. 옷깃에 코크 가문을 상징하는 금색 'K'자 배지를 단 개인 경호원들은 〈폴리티코〉의 기자인 케네스 보겔이 휴양지 안 어느 카페에 앉아 있는 것을 보고는 당신도 체포될 수 있다며 위협하기도 했다. 당장 이곳을 떠나지 않으면 경찰이 아니더라도 합법적으로 체포해서 리버사이드 카운티 유치장에서 하룻밤을 보낼 수도 있다는 경고였다.[28]

철통 경호를 받는 휴양지 안쪽에서는 미국에서 가장 유명한 기업의 거물들이 찰스와 함께 어울리고 있었는데, 그중에는 암웨이의 디보스 가문, 홈데포의 켄 랭곤, 그리고 미국기업연구소의 소장이자 사모펀드의 거물 툴리 프리드먼 등도 있었다. 데이비드와 그의 아내 줄리아는 짙은색 선글라스를 쓴 채 인파들에 둘러싸인 왕족처럼 호텔 발코니에 잠시 모습을 드러내고 눈 아래 펼쳐지는 광경들을 냉정한 표정으로 바라보았다.

철통 같은 경호 태세는 코크 가문에 대해 점점 더 커지는 반감을 반영하는 것인지도 몰랐다. 코크 가문은 공공 분야와 관련해 더 늘어난 자신들의 역할에 대한 끓어오르는 반발을 마주하게 됐다. 형제의 가까운 친구들은 그들이 각종 폭로나 비난 기사 등에 휘둘리고 공격을 당하는 것처럼 묘사했다. 코크 형제는 자신들의 정치적 영향력이 커지는 것에 비례해 감시의 눈길도 더 매서워지자 놀라기도 하고 분개하는 것처럼 보였다. 이들은 스스로 일반 시민이라고 생각하는 데 익숙해져 있었고, 공공의 이익을 생각하는 마음이나 애국심이 있다고도 생각했다. 한 골프 친구는 데이비드가 자기 형제에 대해 샅샅이 조사를 하는 〈뉴요커〉나 다른 언론의 보도에 대해 '입에 게거품을 물 정도로 투덜거렸다'고 했는데, 이들 언론 때문에 신변의 위험을 느끼고 개인 경호원을 고용할 수밖에 없다고 비난했다는 것이다.[29]

코크 가문은 또한 정확한 근거도 없이 오바마 행정부가 기자들을 부추겨 자신들을 공격하게 만들었다고 말하기도 했다. '어쨌든 자신들이 선거를 위해 수천 수억 달러를 사용하면서도 아무도 그런 사실을 눈치채지 못할 거라고 생각한 것 같았다.' 코크 가문과 가까운 한 보수계 인사가 〈폴리티코〉에 한 말이다.³⁰ '따라서 이런 일에 거의 대비를 하지 않고 있었기 때문에 그렇게 당황한 것이다.'

특히 언론을 중심으로 점점 늘어나는 비난의 목소리를 잠재우기 위해 코크 가문은 새로운 홍보 전담반을 만들어 공격적으로 대응해 나갔다. 예를 들어, 이 무렵 자신들의 긍정적인 모습을 강조하기 위해 고용한 공화당 당직자인 마이클 골드팝은 〈뉴욕타임스〉에서 묘사한 바에 따르면 펜이 아니라 화염방사기를 휘두르는 보수파의 선동가였다.³¹ 골드팝은 부통령 후보로 나섰던 세라 페일린을 도와 함께 일했던 전력이 있으며, 당시 그는 자신이 하는 일을 '언론에 대한 공격'이라고 설명한 바 있다. 나중에 골드팝은 '워싱턴 자유 수호대The Washington Free Beacon'라는 이름의 인터넷 언론사를 만들어 편집자의 표현대로라면 '진보주의 허풍쟁이들에 대항하는 일종의 전투적인 언론'으로서 활동하게 된다.³² 이들의 좌우명은 바로 '눈에는 눈, 이에는 이'였다.³³ 이에 대해 한 보수파 언론인은 〈뉴 리퍼블릭〉과의 대담에서 이렇게 이야기했다. "나는 딱히 무례를 범하려는 것도 아니며 개인적으로는 골드팝을 좋아한다. 그렇지만 그는 우파에서도 가장 어둡고 음침한 인간이다."³⁴

그런 골드팝을 돕고 나선 것이 코크 인더스트리즈의 공공부문 공동책임자인 필립 엘렌더다. 그는 워싱턴에서 코크 인더스트리즈의 로비와 홍보 활동을 관장했으며, 〈폴리티코〉에 따르면 코크 가문이 결코 만만하지 않다는 인식을 심어주는 전략을 구사한 것으로 이름이 알려졌다.³⁵ 엘렌더는 회사의 대외적인 평판과 관련된 사항을 평가하기 위해 자주 여론 조사를 실시하는 등 위기 관리 계획을 이끌었다. 언론에 대한 역습을 위해 그는 'kochfacts.com'이라는 웹사이트를 개설해 인신 공격도 서슴지 않는 공격적인 대응을 해 나갔으며, 자신들에게 우호적이지 않은 기사를 쓴 기자들의 순수성이나 기자 정신 등을 문제 삼았다. 이들이 감시하는 언론 매체는 〈뉴욕타임스〉에서 〈폴리티코〉까지 보수와 진보를 가리지 않았다. 이런 공격적인 전술은 코크 형제들에게는 그리 새로울 것이 없었지만, 이제는 합법적으로 기사를 보도하는 기자들까지 공격 대상으로 삼은 것이다.

의혹에 대한 공격적 대응

2011년 1월 3일, 나도 이들의 이런 공격을 맛보았다. 〈뉴요커〉는 내가 1994년부터 전속 기고자로 일해온 곳인데, 그곳의 편집장인 데이비드 램닉에게서 이메일이 한 통 왔다. 램닉은 아주 뛰어난 편집자로, 자기 일만으로도 바빠서 소속 작가나 기고자들을 쓸데없이 귀찮게 하는 일이 없었다. 따라서 그가 연락을 해왔다는 건 뭔가 특별한 일이 생겼다는 뜻이었다.

램닉은 이메일을 통해 10분 전 케이스 켈리라는 기자에게 이해할 수 없는 질문을 받았다고 했다. 켈리 기자는 〈뉴욕포스트〉에서 언론 산업을 전담 취재하고 있었다. 그녀의 질문에 뭐라고 대답해야 할지 몰랐던 램닉은 기자의 질문을 내게 보여주며 어떻게 해야 할지를 물었다. 그는 정중한 말투로 불편을 끼쳐 미안하다는 말도 덧붙였다.

켈리 기자의 이메일은 가벼운 인사말로 시작됐다. '우리는 우파의 한 블로그 운영자가 제인 메이어에 대해 어떤 심각한 내용을 자신의 블로그에 올리려고 한다는 사실을 알았다. 어떻게 보면 그 내용은 2010년 8월 메이어가 코크 형제를 비난한 것에 대한 앙갚음 같기도 하다.'

그 블로거가 문제를 삼은 건 내가 5개월 전 〈뉴요커〉에 '비밀 작전'

이라는 제목으로 기고한 1만 단어짜리 기사였다. '이 억만장자 형제들은 오바마에게 대항하는 전쟁에 군자금을 대고 있다'라는 문장으로 시작되는 그 기사는 그동안 대중에게 잘 알려지지 않던 코크 형제가 자신들의 엄청난 재산을 이용해 미국 정치에 대한 영향력을 어떻게 늘려왔는지 최초로 심도 깊게 파헤친 내용을 담고 있었다. 그들의 작업 환경 및 안전에 대한 기록을 살펴보면 대외적으로 헌신적인 자선사업가라고 알려져 있는 것과는 달리 아주 우려할 만한 수준이라는 내용도 있었다.

나는 이전에도 〈뉴요커〉를 통해 대략 같은 분량으로 그와 비슷한 행보를 보이는 재벌 조지 소로스에 대해 기고한 적이 있었다. 소로스는 진보파 조직과 의원 후보들을 돕는 데 자신의 재산을 썼는데, 그런 내용을 소개한 내 글을 그다지 마음에 들어 하지는 않았지만 자신이 곤란해하는 문제를 언론이 파헤칠 수 있는 게 바로 민주주의라는 사실은 잘 받아들였다. 반면에 코크 가문은 자신들에 대한 기사가 〈뉴요커〉에 나오자마자 즉시 반응을 보였다. 코크 인더스트리즈의 법무 담당 고문인 마크 홀덴은 나중에 그 기고문에 대해 일종의 '경보음'으로 받아들였음을 인정했다. '우리는 그런 일에 어떻게 대응해야 할지 잘 알지 못했다.'[36] 피해를 최소화하기 위한 노력의 일환으로 적극 대응하기로 한 그는 곧 〈뉴요커〉 측에 항의 편지를 보냈다. 그는 기고문에서 사실이 아닌 부분을 찾아내지는 못했지만, 대신 '비밀 작전'이라는 제목을 문제 삼았다. 자신들이 하는 일에 뭔가 의심스럽거나 비밀이라고 할 만한 일은 아무것도 없다는 것이었다. 그렇지만 소로스와 달리 코크 가문은 〈뉴요커〉와의 대담을 거부했으며, 기사가 나간 후에는 〈데일리 비스트The Daily Beast〉라는 매체를 통해 아주 끔찍하고, 억지스러우며, 완전히 잘못된 내용이라고 비난을 퍼부었다. 그렇지만 그렇게 주장하면서도 어떤 내용이 그런지는 밝히지 않았고, 따라서 정정 보도 요청도 없었다. 그렇게 사건이 일단락되나 싶었는데, 사실은 모든 것이 다 일종의 기만전술이었던 셈이었다.

백악관에서 세 블록쯤 떨어져 있는 그다지 크지 않은 한 사무용 건물 안에 공격용 본부가 만들어졌다. 2010년 초여름, 코크 가문이 중간 선거를 위해 본격적으로 나설 준비를 하고 있을 때 높은 급여를 받는 5~6명의 직원들이 비밀리에 이 본부에서 열심히 작업에 들어갔다. 나중에 확인된 바에 따르면 이 직원들의 목적은 나를 공격함으로써 코크 형제에 대한 〈뉴요커〉의 기사를 신뢰할 수 없는 것으로 만드는 것이었다. "흠잡을 수 있는 건 뭐라도 찾아내라." 이들이 내 인생을 파헤치며 찾았던 것들이다. "그들은 뭔가를 찾아낼 수 없으면 만들어내기라도 할 그런 사람들이었다." 이런 내용을 알려준 사람이 해준 말이다.

이런 협박에 가까운 그들의 전술에 비판 세력들이 오랫동안 항의해왔지만 강력한 정치 세력, 그리고 법 집행 기관들과 연결되어 이 일을 대신 맡아온 사설탐정 회사는 자신들이 하는 일을 멈추지 않았다. 이 회사는 비질런트 리소시즈 인터내셔널(Vigilant Resources International)이라는 이름을 내걸고 있었으며, 창업자이자 회장인 하워드 사피어는 루돌프 줄리아니 시장 밑에서 뉴욕 시 경찰 국장을 역임한 사람이었다. 이 회사는 스스로 최고 수준의 기밀 유지와 업무 능력을 보여주는 회사라고 광고했다.

언론인인 기자의 개인 생활을 보복을 목적으로 파헤치기 위해 사설탐정까지 고용하는 건 아주 이례적인 일이다.[37] 그리고 결국 정치 문제를 다루는 언론인으로선 피할 수 없는 일이기도 하다. 코크 가문이 이런 일에 실제로 얼마나 연루되어 있는지는 아직도 밝혀지지 않은 채 남아 있다. 사설탐정들은 여러 경로를 거쳐 고용되는 일이 많으며, 보통은 법률 회사들과 계약을 한다. 이들은 변호사와 의뢰인 사이의 비밀 엄수 규정을 내세워 일종의 묵비권 비슷한 부인권을 행사할 수 있다. 이들은 이런 식으로 자신의 흔적을 세탁한다. 나에 대해 조사했느냐고 하워드 사피어에게 물어보자 그는 단지 이렇게 대답했을 뿐이다. "답변하지 않겠다. 부인하지도, 그렇다고 인정도 하지 않겠다." 아버지와 함께 일하고 있는 하워드의 아들 애덤 사피어 역시 아무런 답변을 하지 않았다. 찰스, 데이비드와의 면담 요청에 대해 코크 인더스트리즈 대변인인 스티브 롬바르도가 이메일을 통해 면담을 거부한다는 간단한 답변만 보내왔을 뿐이다. 계속 이메일을 보내 코크 인더스트리즈가 사설탐정을 동원해 나를 조사했냐는 질문을 해봤지만, 롬바르도는 답변을 거부했다.

그렇지만 이 일과 코크 가문이 관련되어 있다는 실마리는 얼마든지 찾을 수 있었다. 내가 입수한 정보로도 골드팝과 엘렌더, 그리고 다른 코크 인더스트리즈의 임직원들이 이 일과 깊숙한 관계가 있음을 알수 있었다. 한 정보통에 따르면 코크 가문과 깊은 관계가 있는 핵심 인물 중 한 명이며 코크 인더스트리즈 대변인을 역임한 낸시 포텐하우어가 바로 워싱턴 공작 부서의 총책임자라고 했다.

나는 가을이 올 때까지도 이런 일들에 대해 전혀 알지 못했다. 내가 쓴 글이 〈뉴요커〉에 소개된 후 몇 개월이 지나자 한 블로그 운영자가 내게 연락해 사설탐정들이 은밀하게 내 뒷조사를 하고 있다는 소문을 들은 적이 있냐고 물었고, 처음에 나는 그저 웃어 넘겼다. 겨울이 오고 어느 크리스마스 연회 자리에서 한 기자가 나를 구석으로 데리고 가 비슷한 경고를 했을 때에도 역시 별다른 생각은 없었다. 그 기자는 "어쩌면 아무것도 아닐 수도 있지만……"이라고 운을 뗀 후 자기가 알고 있는 한 사설탐정이 어떤 보수파 억만장자들이 워싱턴의 한 기자에 대해 뒷조사할 사람을 찾고 있다는 소식을 전해주었다고 말했다. 억만장자가 싫어할 만한 기사를 쓴 기자가 있다는 것이었다. "그들이 찾는 사람이 당신일 수도 있고 또 내가 그다음 차례가 될 수도 있다."

그런데 이런 경고를 계속 듣다 보니 지난 1월에 램닉이 받았다는 〈뉴욕포스트〉 기자의 이메일이 생각났다. 당시 켈리 기자는 나를 비방하는 소문들에 대한 나의 반응을 듣고 싶어 했다. 그는 어떤 블로거가 내가 다른 기자의 기사 내용을 심각한 수준으로 표절했다는 주장을 인터넷에 올리려고 한다고 알려주었다. 그런 소문에 내가 뭐라 대응할 기회를 갖기도 전에 두 번째 이메일이 램닉과 나에게 도착했다. 이번에 메일을 보낸 사람은 보수파의 온라인 뉴스 전문 인터넷 사이트인 '데일리 콜러'의 기자 조너선 스토롱이었다. 이 사이트의 편집장인 터커 카슨은 케이토연구재단의 수석 연구원이었다.[38] 스토롱의 메일 역시 나를 공격하는 내용의 기사가 곧 인터넷에 올라갈 것이라는 내용을 담고 있었다. 램닉에게는 아예 직접적으로 내 기고문이 표절 시비에 휘말릴 만한 것이냐고 물었다. 스토롱은 몇 가지 사례를 들며 다음 날 아침 10시까지 답변해줄 것을 요구했다.

다른 분야도 마찬가지지만, 표절은 언론계에서 도덕적으로 아주 심각한 수준의 범죄로 여겨진다. 자신의 이름과 신용이 전부인 이 세계에서 표절과 관련된 이런 시비는 파멸로 이어질 수도 있다. 면밀한 검증에도 불구하고 이런 주장은 아무런 근거가 없는 것으로 쉽게 판명났다. 아마도 누군가 컴퓨터 프로그램을 이용해 기계적으로 내 글들을 넣고 검색해본 결과 인용문이나 다른 곳에서도 널리 쓰이고 있는 관용구를 표절로 착각하고 다른 기자들의 보도 내용과 구조와 표현이 아주 흡사하다고 주장한 것 같았다. 그렇지만 표절이라고 주장하는 어떤 문장도 특별히 남이 쓴 글을 훔쳐온 것이 아니었다. 게다가 기사를 쓰는 법에 대해 조금이라도 알고 있는 사람이라면 관심조차 쏟지 않을 그런 내용들이었다. 심지어 나는 어떤 인용문에 대해서는 먼저 그 글을 쓴 사람의 이름을 특별히 언급하기도 했는데, 이런 것을 두고 '데일리 콜러'는 내가 남의 글을 훔쳤다고 주장했다.

언론계에 몸을 담은 지 25년 가까운 세월이 흐르는 동안 나도 물론 실수를 저지른 적이 있다. 그렇지만 지금까지 그 누구도 나를 두고 표절을 했다고 문제를 삼은 사람은 없었다. 사실 나는 인용한 부분이 있으면 그 사실을 밝히기 위해 항상 무던히 노력해왔다. 그렇지만 나는 이런 시비가 한 번 불거지면 쉽게 해결되지 않는다는 사실도 잘 알고 있었다. 이런 시비에 진실 자체는 별 상관이 없었다. 이런 주장이 언론을 통해 나오면 사람들은 역시 뭔가 구린 구석이 있나 보다 생각하게 마련이다.

나는 나중에야 이런 주장들이 모두 다 지어낸 이야기라는 것을 전해 들었지만, 어쨌든 워싱턴의 그 작전 사무실은 거의 승리를 거둔 셈이었다. "그들은 자신들이 이겼다고 생각했다. 그리고 코크 가문으로부터 큰 칭찬과 상을 받게 될 것이라고 기대했다." 한 내부 소식통이 나중에 내게 전해준 말이다. 그는 이들의 조사가 내 개인 사생활부터 시작됐지만 딱히 문제될 것이 없자 표절 시비로 방향을 틀었다는 말도 같이 전해주었다.

표절 시비로 나를 비난하는 기사가 인터넷에 올라오기 불과 몇 시간 전에 나는 거짓말이 퍼지는 것을 막고 진실을 알리기 위해 할 수 있는 최선을 다했다. 그날 밤이 되자 내가 글을 훔쳤다는 네 명의 작가와 기자들과 연락이 닿았고, 네 사람 모두 나를 위해 공개적으로 내가 표절하지 않았다고 증언해주기로 약속했다. 나중에 알고 보니 '데일리 콜러' 측에서는 이 네 사람과 연락조차 취한 일이 없었다.

진보파 인터넷 사이트인 '싱크프로그레스'의 블로그 운영자이자 코크 가문에 대한 최초의 보도로 나도 한 번 언급한 적이 있는 리 팽은 이 사건을 소개하며 이렇게 말했다. "메이어는 나의 글을 적절한 절차를 걸쳐 언급했으며, 본인이 땀 흘려 조사한 내용으로 글을 썼다. 같은 언론인으로서 그녀의 성실함에 대해 나는 추호의 의심도 없다."

〈워싱턴포스트〉의 기자인 폴 케인은 재빨리 상황을 파악한 후 내게 이런 이메일을 보냈다. "당신은 내 글을 훔치지 않았을 뿐더러, 바로 '그 아래 줄에' 내 글을 인용했다는 사실을 밝혔다."〈뉴요커〉는 심지어 그의 글과 나의 글을 비교해볼 수 있도록 인터넷으로 연결해놓기도 했다. 그리고 나중에 알게 된 사실이지만 내가 표절했다고 하는 폴 케인의 기사를 처음 받아서 확인한 사람은 바로 당시 〈워싱턴포스트〉에서 편집자로 일하고 있던 나의 남편이었다. 결국 나에 대한 표절 시비는 이런 우스운 헛소동으로 막을 내렸다. 앞의 두 사람을 제외한 나머지 두 사람도 자신은 아무것도 표절이라고 생각하지 않는다는 말을 해주었다. 나를 음해하기 위해 탐정까지 고용해 돈을 쓴 결과가 이것이라면 아주 쓸데없는 돈 낭비를 한 셈이다.

나는 이런 사실들을 '데일리 콜러'에 알렸고, 상황을 파악한 그들은 결국 표절 문제와 관련된 기사를 올리지 못했다.

그렇지만 케이스 켈리 기자의 취재는 계속됐다. 그는 코크 인더스트리즈 대변인을 압박해 이 사건의 배후에 그들이 있는지 알아내려고 했지만 흥미롭게도 아무런 답변도 듣지 못했다. 그는 이후의 일을 다룬 '사라져버린 표절 시비'라는 후속 기사를 통해 이런 의문을 던졌다. '〈뉴요커〉의 제인 메이어를 음해하려는 이런 시도 뒤에 숨어 있는 것은 과연 누구인가?' 그는 계속해서 이렇게 지적했다. "사건은 일단락됐지만 이런 음해성 공작의 배후에 누가 있는지, 개인이 벌인 일인지, 아

다크 머니

니면 여러 명이 계획적으로 벌인 일인지는 아직도 수수께끼로 남아 있다." 그는 이 일의 열쇠를 쥐고 있다고 생각되는 '데일리 콜러'의 편집장 카슨에게도 질문을 던졌지만 카슨은 이렇게만 주장했다. "어디서 이런 제보를 받았는지에 대해서는 우리도 아무런 실마리가 없다."

그렇지만 사실 중요한 실마리가 있었다. 이번 표절 시비는 코크 가문 관련 기사를 보도한 〈뉴요커〉가 내셔널 매거진 어워드의 수상 후보로 선정되는 것을 막으려는 시도로, 딱 그 시기에 맞춰 불거졌다고 〈뉴욕포스트〉는 보도했다. 그리고 〈뉴요커〉가 이 일과 상관없이 후보로 선정될 것 같자 코크 가문은 다시 훼방을 놓으려고 했다. 코크 인더스트리즈의 법무 담당 고문인 홀덴은 전미잡지편집자연합회의(American Society of Magazine Editors) 이사회에 아주 이례적인 내용의 서한을 보내 내글이 수상작으로 선정되는 것을 막으려고 했다. 어쨌든 우리는 수상하지 못했으니 그것도 다 하늘의 뜻이라고나 할까.

바로 그 무렵, 데이비드 램닉은 〈뉴욕포스트〉와의 대담에서 이런 일련의 사건들이 아주 애처롭고 우스꽝스럽게 보인다며 조롱하듯 이렇게 덧붙였다. '코미디 영화에서나 볼 수 있을 것 같은 이런 어리석은 일에 그 정도 공을 들였다니 조금 놀랍기도 하다.'

코크 가문은 케이토연구재단의 책임자인 에드 크레인에 대해서도 조사했다. 크레인은 찰스의 '시장 중심의 경영' 체계를 대수롭지 않게 평가한 〈뉴요커〉에 실린 나의 글에 대한 표절 시비 배후에 자신들이 있었음을 인정했다. 그에 대한 대응이었을까, 2011년 코크 가문 모임이 소집되기 바로 전에 찰스는 케이토연구재단에 대한 자신의 지분을 이용해 운영 체제를 강제로 바꾸려고 했다. 오랫동안 코크 인더스트리즈에 충성을 다해온 두 사람, 그러면서도 누구 하나 자유주의 사상과는 아무런 연관이 없다고 알려진 낸시 포텐하우어와 케빈 젠트리를 연구소 이사회에 포함시킨 것이다. 케이토재단의 공동 창립자인 크레인은 격노했다. 이는 그해 말 찰스와 데이비드가 그를 완전히 몰아내기 위한 마지막 작업의 전주곡이었다. 데이비드는 케이토재단의 이사장인 로버트 레비에게 앞으로 비밀스럽고 특별한 이론들을 개발하는 대신 표면적으로 중도를 표방하는 이 정책연구소를 통해 AFP와 다른 협력 관계의 단체들이 사용할 수 있는 실용적인 사상적 무기들을 제공하라고 말했다. 미국의 정치와 선거에 영향을 줄 수 있는 무기를 만들라는 뜻이었다.[39]

동상이몽, 공화당의 급진적인 예산안

그런데 언론의 비난에 대한 코크 가문의 서투른 대응과 감정적인 공격 태세는 오히려 그들을 지지하는 다른 세력들을 일깨운 것처럼 보였다. 2011년 2월 1일 팜 스프링스에서 열린 모임이 끝났을 때 코크 가문에 4,900만 달러 이상의 지원금이 쌓였기 때문이다.[40] 경매 방식으로 돈을 모금하는 모임의 마지막 순서가 얼마나 요란스러웠는지 한 호텔 직원은 참석자 중 한 사람이 "500만 달러!"라고 외치는 소리를 들었다고 주장하기도 했다.[41] 중간선거도 승리했고 모든 것이 다 잘 풀리는 듯 보였기 때문에 모임 참석자들은 2012년 대선에서는 오바마를 끝장낼 수 있을 것이라는 기대도 할 수 있었다.

그렇지만 그보다 앞서 이제 하원에서 다수당이 된 공화당 의원들을 어떻게 도울 수 있을지에 대해 많은 논의가 있었다. 계속해서 코크 가문의 정치 참모 역할을 하게 된 숀 노블은 폴 라이언을 돕는 일부터 시작하자고 사람들을 독려했다. 라이언은 위스콘신 주 하원의원으로 하원 예산위원회의 새 위원장이었다.

코크 가문 모임 참석자들에게 라이언은 유명 연예인이나 같은 존재였다. 늠름하게 각진 턱에 푸른 눈동자, 그리고 아인 랜드를 열렬히 추종하는 이 젊은 의원은 아직 '풋내기'라는 소리를 자주 들었고, 그게 그의 별명으로 굳어질지도 몰랐다. 그렇지만 라이언의 진짜 문제는 그의 예산안에 대한 공격이 일반 국민들과 진보파를 겁에 질리게 하는 것은 물론 많은 공화당 인사들까지 걱정하게 만든다는 것이었다. 그 자신의 표현처럼 그의 '책상 서랍에는 아직도 날카로운 칼들이 많이 들어 있었다.'⁴²

다가올 새로운 회기에 라이언은 재정 문제에 강경한 태도를 고수하는 보수파를 위한 청사진 역할을 할 예산안을 상정할 계획이었다. 아무도 그 법안이 2011년 안에 통과되리라고는 기대하지 않았다. 왜냐하면 민주당이 여전히 상원을 장악하고 있었고, 백악관의 대통령도 민주당이었기 때문이다. 그렇지만 만일 라이언이 충분한 지지 세력을 확보한다면, 공화당을 좀 더 강하게 우측으로 몰아붙여 오바마의 손발을 묶은 다음 2012년 백악관 탈환 계획의 서막을 장식할 수 있을 터였다. 전술적으로 봐도 그가 성공하느냐 성공하지 못하느냐에 많은 것이 달려 있었다.

지난 몇 년 동안 라이언은 정부의 지출을 극단적일 정도로 줄이는 일을 지지해왔다. 거기에는 현 민주당 정부의 두 가지 핵심 건강보험 정책인 노인과 저소득층을 위한 건강보험 지원이 포함되어 있었다. 그는 또한 개인이 준비하는 은퇴 연금 계획을 도입해 사회보장제도를 부분적으로 개인이 책임지게 하자는 계획도 갖고 있었다. 라이언은 국가의 재정 건전성을 위해서라면 어느 정도의 출혈은 각오해야 한다고 주장했다. 그가 볼 때 재정 적자는 이미 위험 수준이어서 각종 사회복지 정책을 더 이상 유지를 할 수 없었다. 그가 내놓은 방안들은 코크 가문 모임에 참석한 많은 부자들에게 큰 호응을 얻었다. 미국에서 가장 많은 세금을 내는 이들은 정부 지출이 줄고 따라서 세금이 줄어들면 가장 큰 이익을 보게 될 계층이었다. 게다가 그들 중 누구도 자신들의 건강이나 은퇴 이후의 생활에 대해 정부의 복지 정책에 기댈 필요가 없었다.

그렇지만 라이언의 그런 생각은 미국의 중산층 대부분에게는 재앙이나 다름없었다. 부시 대통령은 케이토연구재단이 내놓은 계획안에 따라 사회보장제도를 개인이 책임지는 것으로 바꾸려고 했다가 압도적인 반대 여론에 밀려 계획을 철회한 적이 있었다. 티파티 운동이 크게 일어나긴 했지만 현실적으로 보면 보수파 부자들은 그렇지 못한 대다수 국민들에 비해 소수의 특권층일 뿐이었다. 티파티 운동 지도자들이 사회보장제도 문제에 대한 자신들의 입장을 밝히지 않고 교묘하게 피해 가는 건 지지자들에게 등을 돌리는 모습을 보이지 않기 위해서였다.[43] 이들은 미국의 파산을 막는 문제에 대해 애매한 표현을 써가며 이야기했지만, 구체적인 언급은 피했다. 한편, 풀뿌리 티파티 운동 지지자들 중 단 한 사람도 사회보장제도를 개인이 책임지는 문제로 주장하며 연구한 저자를 만나본 적이 없었다. 중산층을 지원하는 이름의 정책이나 계획은 사실 대부분의 미국 국민들이 너무나 잘 알고 있는 내용이라 신성불가침의 영역이나 다름없었다. 부유한 자유시장 옹호자들이 종종 이런 정책이나 계획을 시장 중심의 다른 대책으로 바꾸기를 원했지만, 여론 조사 결과를 보면 사실상 거의 모든 사람들이 뉴트 깅리치가 노골적으로 우파의 사회 공학이라고 부르는 그런 변화에 강력하게 반대했다.[44]

라이언의 급진적인 예산안이 사람들의 인정을 받기 위해서는 다른 도움이 필요했다. 노블은 곧 후원자들의 도움을 받아 해결할 수 있는

다크 머니

방법을 생각해냈다. 그는 막대한 비용이 드는 여론 조사와 시장성 확인을 통해 라이언을 도와 계획을 다듬자고 제안했다. 그리고 위장단체들을 통해 대중의 시선을 끌 수 있는 활동도 벌이자고 했다. 일종의 시선을 끌기 위한 방법들로, 불법과 합법의 경계선을 아슬아슬하게 오가는 방법이기도 했다.[45] 정부의 1년 예산안을 계획하는 일은 의회의 가장 중요한 업무였다.

2011년이 시작됐을 무렵, 코크 가문 모임의 후원자들은 이런 노블의 계획을 그다지 반기지 않았다. 이미 선거전을 위해 막대한 비용을 썼기 때문에 왜 정부 정책에 대한 여론 조사와 시장성 확인을 위해 또다시 비용을 지불해야 하는지 납득할 수 없었기 때문이다. 그렇지만 얼마 지나지 않아 이런 분위기는 반전되어 코크 가문 모임으로부터 정체를 알 수 없는 돈이 흘러나오기 시작했다. 이런 돈은 대부분 우선 세법 501(c)(4)에 해당되는 '사회복지' 단체인 TC4 신탁으로 보내졌다. 이른바 퍼블릭 노티스(Public Notice)라는 이름을 내건, 예산 관련 문제에 집중하는 한 하위 단체와 밀접하게 관련되어 일하는 단체였다.[46] TC4 신탁은 버지니아 주 알렉산드리아에 있는 UPS 택배 회사용 우편함이 그 실체의 전부였지만, 국세청에 신고된 내용에 따르면 2009년과 2011년 사이 대략 4,600만 달러의 기금을 모아 그중 3,700만 달러를 다른 보수파 비영리단체들에 지원했다.[47] TC4 신탁은 스스로 자유시장을 옹호하는 단체로 규정하고, 국세청에 신고하는 서류에는 '정치적 목적을 위해 기금을 사용하지 않는다'라고 명시했다. 그렇지만 공화당의 예산안을 정리해 선전하는 것을 목표로 여론 조사를 하고 사람들의 지지를 이끌어내는 활동을 벌인 것이다.

이 예산 문제와 관련해 작업한 공화당의 여론 조사 기관인 타렌스 그룹(Tarrance Group)의 사장인 에드 고에스는 정부의 중요한 지출을 삭감

함으로써 벌어지는 정치적 타격을 최소화하는 것이 큰 문제였다고 말했다. "어쨌든 그건 개발 정책에 대한 내용도 아니고, 우리에게 유리한 쪽으로 선전하는 작업이었다."[48] 해결책은 건강보험이나 사회보장 정책에 대해 이야기할 때 '삭감'이라는 단어를 정직하게 사용하는 것을 피하는 것이었다. "정부로부터 내가 낸 세금의 본전을 뽑을 수 있는가 하는 내용을 다룰 때에는 '좀 더 효율적인 정책' 같은 표현을 써야지 '예산 삭감' 같은 표현을 써서는 안 된다. '효율성'에 대한 문제에 더 많이 집중해야 하는 것이다." 여론 조사를 책임졌고 역시 국민들의 지지를 이끌어내는 활동을 벌인 단체인 퍼블릭 노티스는 정부의 재정 적자를 아주 암울한 재앙으로 묘사하기도 했다. "퍼블릭 노티스는 코크 형제와 관련된 단체들 중 하나다." 고에스는 이렇게 설명하며 자신의 타렌스 그룹은 3년에서 4년 정도 퍼블릭 노티스를 위해 일해왔다고 덧붙였다. 그러면서 동시에 라이언 의원을 돕는 일을 해왔다고 했다.

라이언은 확실히 학습능력이 뛰어나다는 사실을 보여주었다. 그는 예산 문제의 세부적인 사항에는 강했으나 홍보에 대해서는 잘 알지 못했다. 이번 회기에서 벌어지는 일들이 그의 가치를 증명하는 일과 연결된 이상, 그는 자신에게 주어지는 도움에 감사한 마음을 가질 수밖에 없었다. 게다가 다른 대부분의 도움이나 충고와 달리 그가 받는 도움의 대가는 누군가 이미 그 값을 치른 것들이었다. 그해 봄 오바마 대통령은 행정부의 핵심 과제라고 할 수 있는 자신이 생각하는 예산안을 짜기 위해 고민하고 있을 때, 미국에서 가장 부자인 사람들 중 일부가 커다란 위험을 무릅쓰고 공화당의 예산안을 만들고 선전하는 비용을 부담하고 있을 것이라고는 꿈에도 생각하지 못했다.[49]

부자를 위한 세금 정책

라이언의 제안에 많은 관심이 쏟아지자, 세금 문제는 코크 가문 모임 후원자들에게 어느덧 중요한 문제로 부각되기 시작했다. 라이언이 하는 일은 아직 그렇게 미덥지 못했으나 '미국의 발전을 위한 자유센터(Liberal Center for American Progress)'의 소장인 니라 텐던은 이렇게 말하기도 했다. "소수의 중요 인물들이 정부의 방향타를 쥐게 됐을 때 그들은 뜻밖의 수확을 얻게 됐다. 바로 세금 정책에 대한 논쟁이었다."[50]

심지어 공화당이 공식적으로 하원을 접수하기 전에도 대통령은 이런 부자 계층에게 중요한 세금 문제에 대해 강제로 타협해야 할 것 같은 분위기를 느꼈다. 2010년 12월, 오바마 대통령은 아직도 실직 상태인 수백만 명의 미국 국민들에게 한시적으로 실업 급여를 확대 지급하는 방안에 합의했으며, 근로소득세를 줄이고 중산층을 위한 다른 지원을 함께하기로 합의했다. 이 합의의 대가로 오바마 대통령은 공화당에 그들이 가장 원하는 것, 즉 부시 행정부 시절 시행된 종합소득세 감세 조치를 확대하는 것에 동의해주었다. 이는 주로 부자들에게만 혜택을 주는 불공정한 정책으로, 정해진 기한이 끝나면 자동적으로 폐지될 예정이었다.

이런 감세 정책으로 종합소득세율은 최고 39.6%에서 35%까지 줄어들었다. 공화당과 민주당 모두로부터 지지를 받은 부시 대통령은 당시 불로소득에 대한 세금까지 감면해주었는데, 그 혜택 역시 대부분 부자들에게 돌아갔다. 예를 들어, 이자 소득 등에 대한 세율은 39.6%에서 무려 15%까지 줄어들었고, 양도소득에 대한 세금 등을 포함해 불로소득에 대한 세율은 전체적으로 20%에서 15%로 떨어졌다. 그 결과, 미국에서 내로라하는 부자들의 대부분이 중산층을 포함해 근로

소득으로 살아가는 사람들보다 더 낮은 세율을 적용받게 된 것이다.

예컨대 미국에서 가장 돈이 많은 납세자 400명에 대한 2008년 조사에 따르면 이렇게 20% 이하로 낮아진 소득세 세율의 혜택을 본 사람들의 연평균 수익은 2억 200만 달러에 달했다.[51] 이들이 신고한 소득의 60% 이상이 바로 이런 불로소득에서 나왔다.[52] 다시 말해, 1년에 2억 200만 달러를 버는 사람들이 3만 3,501달러를 버는 사람들보다 실제로 낮은 세율의 적용을 받았다는 뜻이다.

그렇지만 세법은 항상 그렇게 편파적으로 적용되지는 않았다. 20세기에 이르러 소수의 부자들이 점점 더 많은 소득을 올리게 되자 의원들에게 이런 부자들의 정치적 압력이 가해지며 세법은 점점 더 이들에게 유리하게 변해갔다. 이른바 미국 역사상 '첫 평화기(first peacetime)'인 1894년 만들어진 소득세법은 민주당 출신의 윌리엄 제닝스 브라이언이 주도한 인민주의 운동의 결과로, 당시 미국 인구 6,500만 명의 상위 0.1%에 해당하는 8,500명의 부자들에게만 적용됐다. 그렇지만 독점자본가를 중심으로 한 부자들이 대리인들을 앞세워 소송을 벌여 결국 대법원은 이 법안을 위헌으로 처리하고 말았다. 그로부터 18년 후 헌법 수정안 제16조에 따라 소득세가 다시 합법화됐지만 초창기에는 아주 극소수의 부자들에게만 적용됐다. 전시에는 소득세율이 특히 높았다. 이 시기에 세금 납부는 특권층이나 상류층이 마땅히 부담해야 할 애국적인 의무의 일부로 여겨졌다. 1차 세계 대전 동안 미국에서 가장 많은 소득을 올리던 부자들에게 적용된 세율은 77%에 달했고, 2차 세계 대전 때에는 94%였다. 당시 스카이프 가문은 정교하게 구성된 신탁기금과 재단을 통해 이런 세율을 피해 갔다.

그렇지만 얼마 지나지 않아 부자들은 자신들의 부담을 소득이 적은 대부분의 미국 국민들에게 돌리는 데 성공한다. 1942년이 되자 미국 국민의 3분의 2 이상이 소득세를 내게 된 것이다.[53] 세율은 수십 년에 걸쳐 조금씩 높아졌고, 1981년에는 최고 50%의 세율을 적용받는 사람들도 나타났다. 그렇지만 1970년대에 이르러 이른바 30년에 걸친 감세 시대가 시작됐다. 이 시기 미국 내 소득 상위 1%의 부자들은 자신들에게 적용되는 평균 세율을 3분의 1까지 줄이는 데 성공했다. 인구 비율로 계산해 상위 0.01%에 해당하는 엄청난 부호들은 그보다 더 많은 절반 이상으로 줄어든 세율을 적용받게 됐다.[54] 당연한 결과지만 미국에서의 빈부격차는 점점 더 벌어졌다.

이를 비판하는 쪽은 부자들이 자신들이 당연히 짊어져야 할 몫을 회피하고 있다고 주장했다. 그렇지만 찰스의 관점은 그와 달랐다. 그는 세금 문제에 있어 당연히 짊어져야 할 몫 같은 것은 없다고 주장했다. 부자들에 대한 감세가 다른 사람들의 부담이 된다는 개념도 잘못된 전제라는 것이다. 찰스는 부자뿐만 아니라 모든 사람들이 내는 세금이 줄어들어야 한다고 주장했다. 그의 궁극적인 목표는 바로 정부의 규모를 줄이는 것이다. 1978년 발표된 한 인상적인 기고문에서 그는 이렇게 밝혔다. '우리의 목표는 정부가 진 짐을 나눠지는 것이 아니라 아예 정부 자체를 줄여 나가는 것이다.'[55]

정부에 반대하는 자유 지상주의자들의 이런 급진적인 관점에서 보면 더 낮은 세금을 납부하는 일은 탐욕과는 관련 없는 원칙에 대한 문제다. 자유 지상주의는 이런 세금 반대 문제를 일종의 성전(聖戰)처럼 생각한다. 분명 찰스는 부자들이 자신들에게 부과되는 세금을 줄이려고 하는 것은 일종의 도덕적인 행위라고 주장했다. 앞서 언급한 그 기고문에서 그는 이렇게 설명했다. '도덕적으로 볼 때 세금을 낮추는 일은 그저 자신의 재산에 대한 권리를 줄이려는 노력의 일환일 뿐이다.' 1980년 자유당은 바로 이런 내용을 정당의 강령으로 내세웠다. 이들에 따르면, 시민의 책임은 결국 '전지전능한 정부라는 신앙에 도전하는 것'이었다.

와이오밍 주 출신의 투자 전문가인 포스터 프리스가 코크 가문과 정치적으로 힘을 합친 건 1980년대부터다. 프리스 역시 아무런 사심 없이 세금을 반대하는 듯한 입장을 취했으나, 코크 가문과는 그 모습이 미묘하게 조금 달랐다. 그는 부자들이 세금을 적게 낼수록 일반 국민들이 더 이득이라고 주장했는데, 왜냐하면 정부보다는 부자들이 자신들의 재산을 가지고 더 좋은 일을 많이 할 수 있기 때문이라는 것이었다. '부자들은 이미 일종의 자진 납세를 하고 있다.' 프리스의 주장이다. 자선이나 기부 활동을 자진 납세로 묘사한 것이다.[56] '하나만 물어보자. 정부가 당신들의 돈을 가져다 당신들을 위해 쓸 거라고 믿는가, 아니면 자기 돈은 자기가 직접 쓰고 싶다는 건가. 상위 1%의 부자들은 다른 99%의 사람들보다 세상을 더 살기 좋은 곳으로 만드는 데 더 많은 기여를 할 것이다.'

그렇지만 찰스는 세금에도 자선활동에도 관심이 없었다. 1999년 한 연설에서 그는 이렇게 말했다. "나는 12세기 유대인 철학자 마이모니데스의 의견에 동의한다. 그는 가장 올바르고 좋은 자선활동의 형태는 모두 다 함께 서로를 돕는 일이라고 정의했다. 주변 사람들이 자신에게 필요한 돈은 스스로 벌 수 있도록 도우면서 말이다."[57]

그렇지만 유대계 학자이자 문화 비평가인 레온 와이즐티어는 그의 연설에 반박했다. 그는 여러 대학교에서 마이모니데스에 대해 가르쳐왔다. "아주 잘못된 엉터리 의견일 뿐더러 의도적으로 왜곡된 부분이 있다."[58] 와이즐티어는 이렇게 설명했다. "마이모니데스는 확실히 사람들이 자립할 수 있도록 돕는 형태의 자선활동을 매우 중요하게 생각했다. 그렇지만 마이모니데스는 그와 상관없이 자선의 의무가 영원히 지속된다고 믿었다." 가난한 사람들을 돕는 책임은 분명하고 절대적인 것이었다. 그는 실제로 마이모니데스가 '자선의 의무를 회피하는 사람은 범죄자나 마찬가지다'라고 선언했다고 지적했다.

코크 가문과 그의 모임에 참석하는 다른 사람들은 세금을 반대하는 그들의 입장을 순수한 원칙의 문제로 포장하면서 오바마 행정부가 감세 정책을 실시하도록 계속해서 압박했다. 감세 정책은 그야말로 다른 사람들의 돈으로 부자들에게 직접적인 혜택을 주는 행위나 마찬가지였다. 예를 들어, 2010년 12월 공화당의 협상가들은 세금 문제 합의와 관련해 상속세를 줄일 것을 주장했는데, 그렇게 되면 재무부의 수입은 230억 달러가 줄어들고 미국에서 가장 돈이 많은 6,600명은 각각 평균 150만 달러의 이득을 보게 되는 셈이었다.

이들의 이런 요구가 무작정 받아들여진 것은 아니다. 코크 가문과 디보스 가문을 포함해 공화당을 지지하는 거대 부호들은 몇 년에 걸쳐 계속해서 상속세를 폐지시키기 위해 노력해왔다. 이들은 교묘하게도 상속세를 죽어서도 내는 세금으로 바꿔 부르기도 했다. 코크 가문은 월마트의 월튼 가문과 제과업체로 유명한 마르스 가문 등 미국에서 가장 부유한 16개 가문과 힘을 합쳐 몇 년 동안 지속적으로 대규모 활동을 펼쳐 나갔다. 바로 상속세를 줄이다가 최종적으로 폐지하자는 운동이었다. 2006년 만들어진 한 보고서에 따르면 이 17개 가문은 세법이나 세율이 변경되면서 710억 달러에 달하는 이득을 보게 됐는데, 이들이 왜 1998년부터 모두 합쳐 5억 달러나 되는 비용을 써가며 이 문제를 자신들에게 유리한 방향으로 해결하기 위해 노력을 해왔는지 이해가 가는 대목이다.[59]

이런 운동을 앞장서서 펼친 것은 몇몇 위장단체들로, 그중 하나인 미국 가족사업연구소(American Family Business Institute)는 가족이 꾸려나가는 농장들을 보호하기 위해서라도 세금이 줄어들어야 한다고 주장했다. 그렇지만 이 단체는 2001년 상속세 문제로 하던 일을 접은 가족 농장을 한 곳도 찾아내지 못했다. 허리케인 카트리나가 미국 남부를 강타했을 때 미국 가족사업연구소는 태풍으로 사망한 사람들의 자녀들이 상속세로 다시 고통받는 일이 있는지 찾아보았다. 감성에 호소해 상속세 폐지를 주장하려는 계획이었지만 마찬가지로 어디에서도 그런 경우를 찾아내지 못했다. 실제로 상속 문제와 관련된 세금으로 영향 받을 정도의 큰 부자들은 전체의 0.27%에 불과했다.

코크 가문 모임과 관련된 부자들이 가능한 한 더 많은 가문의 재산을 물려받기 위해 벌인 일들은 아주 놀라울 정도다. 비단 코크 형제만 재산을 둘러싸고 법정 다툼 등의 소동을 벌인 것은 아니었다. 이 시기 코크 가문 모임의 참석자 중 한 사람이자 고어텍스(Gore-Tex) 섬유 재벌의 상속녀이고 와이오밍자유연구소(Wyoming Liberty Group)라는 이름의 보수주의 정책 연구소를 세운 수전 고어는 자신이 물려받을 몫을 늘리기 위해 이혼한 전남편을 법적 양자로 입양하려고까지 했다. 그렇게 하면 법적 자녀수가 늘어나 더 많은 몫을 요구할 수 있기 때문이었다.[60] 그렇지만 2011년 말, 판사는 이 일흔두 살 먹은 상속녀의 작전을 인정해주지 않았고 그녀는 자신의 전남편을 아들로 입양할 수 없었다.

오바마 대통령은 분노했지만 공화당의 요구를 대부분 어쩔 수 없이 수용할 수밖에 없었다. 거기에는 상속세 면제 확대 요구도 포함되어 있었다. 오바마는 연수입 25만 달러가 넘는 사람들의 세금을 줄여준 부시 행정부의 정책을 확대하는 일에 반대해왔으나, 2010년 12월 공화당이 의회를 장악하자 이 방법만이 시간을 벌 수 있는 유일한 협상안이라며 실망한 자신의 지지자들을 설득하려고 노력했다. '과거에는 공화당 의원 몇 명을 상대하는 것만으로 올바르게 정책을 수행할 수 있었지만 지금은 글렌 백과 세라 페일린이 공화당의 중심에 있다. 협조를 기대하기란 불가능한 상황이다.'[61]

2008년 경제 붕괴의 책임 공방전

12월에 있었던 이런 상황은 그저 앞으로 펼쳐질 극적인 본편의 서막에 불과했다. 공화당은 마침내 미국이 지고 있는 채무를 이행하지 않겠다는 위협까지 했는데, 안 그래도 위태로운 미국 경제를 나락으로 떨어뜨릴지도 모를 이런 주장이 나온 건 모두 부유한 공화당 후원자들에게 유리한 세금과 지출 정책을 시행하도록 몰아붙이기 위함이었다. 이렇게 되면 경제적 불평등과 사회 계층 이동의 정체는 점점 심해지게 될 터였다. 사회적 계급의 구분이 없는 평등 사회를 지향하며 모두가 다 공정한 기회를 갖는 사회를 지향해온 미국은 실제로는 세대 간의 경제적 유동성이라는 측면에서 프랑스나, 독일, 그리고 스페인 등을 포함해 부유하면서도 사회 계층이 고착화되어 있는 다른 여러 나라보다 뒤처져 있었다.

이런 상황에서 미국 제일의 부자들을 위한 정책이 펼쳐지는 것은 보통 어쩔 수 없는 일일 때가 많았다. 그러는 사이 2011년이 됐지만 2,400만 명 이상의 미국인이 여전히 실업 상태였고, 2009년 서브프라임 사태 이후 계속된 대불황으로 9조 달러 이상의 일반 가계 자산이 증발해버렸다. 보수파 비영리단체들은 사상과 이념의 전쟁에서 더욱 능숙한 솜씨를 발휘했다. 우파의 각종 정책연구소와 시민단체, 그리고 방송 진행자들은 적극적인 행동에 나서 많은 사람들이 기대하는 정책의 수정에 대한 내용들을 피해가며 자신들에게 유리한 정치적 서사나 담론을 만들어갔다.

사상과 이념의 전쟁에서 핵심이 된 첫 번째 충돌은 2008년 경제 붕괴의 진실을 어떻게 해석하느냐 하는 문제와 관련 있었다. 경험주의적 관점에서 보면, 자유시장 근본주의를 주장하고 정부의 더 강력한 규제를 반대해온 사람들이 완전히 쓴맛을 보았다는 것은 부인할 수 없는 사실이다. 그리고 1930년대의 대공황 시기와 마찬가지로 무책임한 자본가들에 대한 반동이 일어나고, 그 결과 더 많은 정부의 개입과 더 공정한 조세제도가 만들어지리라는 기대가 있었다.

진보주의 경제 전문가 조셉 스티글리츠는 2008년 시작된 경제 위기에서 자유시장 옹호자들의 처지를 베를린 장벽이 무너진 것에 비유하기도 했다. 심지어 2006년까지 미국 연방준비제도 이사회 이사장을 역임했고 자유시장 문제에 있어 미국 최고의 현자(賢者)로 칭송받는 앨런 그린스펀도 애덤 스미스의 '보이지 않는 손'이 알아서 경제 위기를 이겨낼 수 있도록 해줄 것이라고 잘못 생각했다고 인정했다. 어쩌면 이 경제 위기는 경제 문제에 있어 보수주의를 자처하는 사람들이 무엇인가를 배울 수 있는 교훈의 순간이었는지도 모른다. 그렇지만 그런 일은 일어나지 않았고, 보수주의자들은 대신 자신들이 원하는 결론을 미리 내린 다음 그 결론에 맞추기 위해 노력했다.

경제 전문 저술가이자 자산 관리 전문가인 배리 리트홀츠가 월스트리트의 '새빨간 거짓말쟁이'라고 부른 보수파 정책연구소 학자들은 정부가 너무 많이 개입해서 문제가 발생한 것이지 너무 적게 개입해서 그런 것은 아니라고 주장했다. 이런 수정된 내용을 앞장서 주장한 것은 미국 기업연구소로, 이 연구소의 이사회는 이미 알려진 것처럼 기업계의 거물들로 채워져 있었다. 이들은 대부분 극단적으로 자유시장을 옹호하는 코크 가문 모임의 참석자들이었다.

구체적으로 말해서 미국 기업연구소는 저소득층 가정들이 주택담보대출을 받을 수 있도록 도운 정부의 정책이나 계획들이 참사를 불러왔다고 주장했는데, 리트홀츠는 이런 주장이 아주 간단한 확인도 통과하지 못하는 수준이라고 지적했다.[62] 물론 일종의 정부 지원 기업으로 미국의 양대 주택담보 금융업체라고 할 수 있는 페니 메(Fannie Mae)와 프레디 맥(Freddie Mac)이 잘못한 부분이 있기는 하지만 하버드대학교의 주택연구종합센터에서 정부 소속 회계 감사원에 이르기까지 수많은 중도파 기관이나 연구소가 내놓은 연구 결과를 보면 2008년 재앙의 주요 원인은 결코 두 회사가 아니었다. 그럼에도 불구하고 리트홀츠는 책임 공방 과정에서 이 두 회사의 '잘못된 판단과 철학이 위기가 발생하는 데 일조했다'는 점을 지적했으며, 보수주의자들이 자유시장은 어떤 정부의 규제도 필요로 하지 않는다는 잘못된 설명을 옹호하는 데 원인을 제공했다는 점을 분명히 했다.

기업들의 후원을 받는 보수파 정책연구소들이 편파적으로 시행한 조사는 2011년까지도 별다른 반향을 불러일으키지는 못했으나, 놀랍게도 거짓말을 일삼은 학자들의 끝없이 반복되는 주장을 통해 점점 진짜 사실처럼 굳어져가고 있다고 리트홀츠는 주장했다. 경제 위기가 발생한 원인을 조사하기 위해 의회가 발족시킨 초당적 위원회의 위원장인 필 앤절리디즈 역시 이런 새로운 관점을 접하고 깜짝 놀라기는 마찬가지였다. 한 언론 기고문에서 앤절리디즈는 국민들에게 '금융업계의 부주의함과 정부 규제 담당자들의 업무 부실이 경제를 바닥으로 끌어내렸다'라고 계속 일깨워줬지만, 그의 표현에 따르면 경제 조직의 수장들이 엉터리 주장과 자료들을 강제로 퍼트리고 있다는 것이다. 그리고 위원회는 이런 사실들을 분석해 밝혀냈다. 그는 역사란 결국 승자에 의해 기록되는 것이며 2011년 현재 아직 대부분의 사람들이 불황의 여파에 허덕이고 있는데도 금융 분야 종사자들은 다시 세력을 회복해 새로운 역사쓰기를 한창 진행 중이라는 사실을 인정했다.

얼마 지나지 않아 이 문제와 관련된 정책연구소들을 후원하는 보수파 부자들의 지원을 받은 정치가들도 새빨간 거짓말을 되풀이하게 됐다. 예컨대, 플로리다 주 출신의 상원의원으로 공화당의 새로운 인재로 떠오른 마르코 루비오는 2010년 6월 코크 가문 모임에 참석한 49명의 사람들에게 도움을 받아 2010년 공화당 경선에서 승리를 거두고 결국 상원의원이 됐는데, 의원이 되자마자 "우리가 지금 처해 있는 상황이 정부의 개입이 너무 없어서 벌어졌다는 주장은 사실이 아니다. 최근에 우리가 겪고 있는 경제 위기의 주범은 부주의한 정부의 정책과 개입이 만들어낸 주택 문제 위기 때문이다"라고 주장했다.

정부 지출을 제한하는 예산안 통과

이런 상황 속에서 2011년 4월 15일 '번영으로 가는 길(The Path to Prosperity)' 이라는 이름으로 포장된 라이언의 예산안이 하원에서 표결에 부쳐졌다. 얼마 전까지만 해도 민주당은 물론 공화당 의원들까지 이 법안의 초안에 대해 지나친 감이 없지 않다고 생각했으며, 하원 의장인 존 베이너 역시 미지근한 반응을 보였을 뿐이다. 그렇지만 이제는 상황이 바뀌어 공화당 지도부도 극우 성향으로 기울었으며, 법안도 새롭게 다듬어져 찬성 235표 대 반대 193표로 하원에서 쉽게 통과됐다. 물론 민주당은 모두 반대표를 던졌고, 공화당 내에서 반대표는 네 표뿐이었다.

완전히 새로 고쳐진 노년층을 위한 건강보험은 특별 지원이라는 이름의 일종의 상품권을 지급해 노인들이 사설 건강보험에 개인적으로 가입할 수 있도록 하는 방식으로 축소됐다. 또한 저소득층을 위한 건강보험 역시 전체적인 지원이 아닌 주에서 시행하는 구역 단위의 지원으로 땜질 정책 비슷한 모습이 됐다. 게다가 오바마 케어의 일부였던 저소득층 건강보험 지원 확대 방안은 폐지됐으며, 동시에 소득세는 두 가지 요율로 적용되어 최고 세율이 25%를 넘지 않아 로널드 레이건 시대와 비교하면 절반가량으로 줄어들게 됐다. 이론적으로만 보면 이렇게 해서 정부가 손해를 보는 부분은 다른 공제 내역들을 줄여 채워야 했는데, 그런 부분은 전혀 명시되지 않았던 것이다. 〈뉴욕타임스〉의 기자인 노엄 샤이버가 자신의 책《탈출의 달인: 오바마 행정부의 실수 The Escape Artists: How Obama's Team Fumbled the Recovery》에서 정리한 것처럼, 라이언의 법안은 오바마의 예산안과 비교해 부자들의 세금을 2조 4,000억 달러나 줄여주는 것이며, 또한 정부 지출은 6조 2,000억 달러를 줄이는 내용을 담고 있었다. 샤이버는 이런 내용을 '우파의 광란'이라는 말로 간단히 정리했다.[63]

그중에서도 가장 충격적인 사실은 미국의 사회계약, 즉 공동의 이익을 위한 사회적 합의 내용을 극단적으로 새롭게 재구성한 것이었다. 재정 적자를 줄이기 위해 라이언은 정부의 지출을 크게 제한하는 방안을 내놓았는데, 가난한 계층을 위한 지원을 62%나 줄이자는 내용도 포함되어 있었다. 심지어 이런 정책들은 연방정부의 예산 중에서 그 규모가 다섯 번째 정도밖에 되지 않았는데도 그렇게 한 것이다. 〈뉴욕타임스〉에 따르면 나중에 다시 다듬은 라이언의 예산안을 분석해보니 저소득층 180만 명에 대한 식료품 배급 중단, 아동 280만 명에 대한 점심 식사 지원 중단, 그리고 아동 30만 명에 대한 건강보험 지원이 중단되는 내용이 포함되어 있었다.[64] 예산 및 정책 우선순위에 대한 진보연구센터(Liberal Center on Budget and Policy Priorities)의 로버트 그린스틴은 이런 라이언의 예산안을 두고 의적이 아닌 도적 로빈 후드라며 근대 미국 역사상 가장 큰 규모로 가난한 사람들의 돈을 빼앗아 부자들에게 재분

배하는 정책이라고 비난했다.[65]

그럼에도 불구하고 라이언의 법안은 사람들에게 널리 인정받았고, 보수파 전문가들과 정책연구소의 학자들은 입을 모아 그를 찬양했다. 이들은 공화당 지도부에서 정책 결정과 관련해 중요하게 여기는 사람들이었다. 이런 찬양에 동참한 것이 바로 케이토연구재단과 헤리티지 재단, 그리고 그로버 노퀴스트가 이끄는 강력한 세금 반대 단체인 세금 개혁을 지지하는 미국인이었다. 특히 세금 개혁을 지지하는 미국인들은 폴 라이언의 예산안이야말로 진정한 보수주의 예산안이란 어떤 것인지 보여준다!고 선언했다. 퍼블릭 노티스, 60 플러스 협회, 그리고 독립 여성 포럼, 미국의 약속 같은 다른 많은 비영리 시민단체들 역시 이런 과감한 정부 지출의 삭감에 동조하고 나섰다. 대부분의 여론이 이를 지지하는 것처럼 보였지만, 실상 이런 단체나 조직들에게는 한 가지 공통점이 있었다. 바로 이들에게 흘러들어오는 현금의 원천이 코크 가문 모임이라는 사실이었다.

여론을 주도하는 다수의 지식인이나 저술가들 역시 라이언을 마치 예언자나 현자처럼 떠받들었다. 〈뉴욕타임스〉의 중도 보수파 특별 기고가인 데이비드 브룩스는 오바마를 인정하면서도 라이언의 예산안이 '평생 보지 못할 가장 과감한 예산 개혁안'이라며 '그의 법안은 이런 논쟁에 참여하고 싶은 모든 사람들을 위한 진짜 기준을 제공해줄 것이다. 또한 2012년 대선에서 누가 후보가 되는가에 상관없이 공화당의 주요 공약이 될 것이다'라고 선언했다.[66]

전국적인 언론 매체들 역시 라이언의 주장을 앵무새처럼 되풀이하면서 연방정부의 적자는 현재 미국이 직면한 가장 어려운 경제 문제라고 주장했다. 프릴랜드가 《플루토크라트》에서 지적했던 것처럼 4~5월에 미국의 5대 일간지는 취업 문제에 대한 내용보다 적자 문제를 세 배 이상

더 많이 다뤘는데 실업률이 9%에 달하는 중요한 시기에도 그랬다.[67]

라이언이 워싱턴 주류 언론들의 지지를 받을 수 있었던 건 그가 모두가 다 피하는 어려운 문제에 과감히 덤벼들어 자신만의 지도력을 보여주었으며, 사회보장제도의 문제점을 해결하기 위해 자신이 만든 계획을 과감하게 밀어붙였기 때문이었다. 그는 백악관마저 당황하게 만든 미국의 심각한 적자 문제를 해결하겠다는 의지도 내보였다. 백악관은 자체적으로 대안을 내세웠지만, 이미 추진했던 것 이상으로 정부 지출을 줄이는 것에 불과해 진보 측은 크게 당황할 수밖에 없었다. 대통령의 일급 참모진이라고 할 수 있는 데이비드 플루프와 빌 데일리는 자신들을 지지하는 진보 세력을 챙기기보다는 이미 오랫동안 중도파의 눈치를 보고 부동층의 마음을 얻는 데만 신경을 써왔다. 특히 플루프는 진보 세력을 철부지라고 폄하하기도 했다.

오바마 대통령은 향후 12년 동안 4조 달러에 달하는 정부 지출 삭감을 제안했는데, 이는 라이언의 4조 4,000억 달러와 그리 크게 차이 나지 않는 규모였다. 당시 국무장관이던 힐러리 클린턴은 이 문제로 크게 고민했고, 한 측근은 그녀에게 잠시 생각할 여유가 주어져야 한다고 말하기도 했다.

그러다가 기습공격으로 알려진 일이 일어난다. 백악관에서 오바마 대통령이 자신의 역제안을 밝히는 연설 자리에 라이언을 초대한 것이다. 자신을 바라보며 앉아 있는 하원의원들에게 오바마 대통령은 라이언의 법안을 맹렬히 비난하며 이렇게 이야기한다. "우리가 노년층에게 했던 약속을 더 이상 지킬 수 없다고 말하자는 것인가. 그러니까 간단히 말해서 우리가 알고 있는 그 노년층을 위한 건강보험 지원을 중단하자는 말이 아닌가." 오바마는 공화당이 부자들에게 1조 달러 이상에 달하는 세금 혜택을 주려고 한다고 공격했다. 그리고 이렇게 주장했다. "적자를 줄이려는 것이 아니라 미국의 기본적인 사회적 계약을 파기하려는 행위다."

라이언은 많은 사람들 앞에서 공개적으로 공격당한 셈이었다. 일반적인 관행에 어긋나는 이런 공격은 워싱턴에서 작은 논란거리가 됐다. 오바마는 훗날 워터게이트 사건 보도로 유명한 〈워싱턴포스트〉의 보브 우드워드에게 자신은 그 자리에 라이언 의원이 와 있는 줄 몰랐다고 말했다. '실수한 것 같다.' 대통령의 고백이었다.[68]

정치적인 예의범절보다 자신들이 받을 지원이 어떻게 되는지 더 신경을 쓰는 워싱턴 밖의 일반 국민들에게 라이언의 건강보험 지원 개혁법안은 즉시 큰 반향을 불러일으켰다. 뉴욕의 보궐선거에서 열세를 보이던 민주당 후보는 라이언의 법안을 신랄하게 공격하는 선거 전략으로 거의 승리가 확정적이었던 공화당 후보를 물리치기도 했다.[69]

그렇지만 이런 상황에 상관없이 하원의 공화당 의원들은 매우 흥분해 있었다.[70] 이들은 오바마를 압박해 자신들의 예산안 놀음에 강제로 끼워 넣었고, 오바마는 실업률과 정부 지출에 대한 내용, 정부 적자에 대한 이야기를 하면서 예산 삭감 규모를 얼마나 할지 협상을 벌였다. "우리가 협상을 주도하고 있다. 상대편은 그저 대응만 할 뿐이다." 공화당 원내 총무 케빈 매카시가 우쭐거리며 한 말이다.[71] 코크 가문 모임의 참석자들도 흥분하기는 마찬가지였다.[72] 오바마가 방어적인 태도를 취해야 하는 상황만으로, 라이언을 후원했던 이들은 자신들의 투자가 성과를 거두었다고 생각한 것이다.

국정을 마비시킨 정치계의 이단아

그해 봄이 저물 무렵, 공화당은 오바마를 또 다른 문제로 곤경에 몰아넣었다. 공화당의 의견이 대부분 반영된 예산안에 대해 일단 합의하기로 한 지 얼마 지나지 않아 스스로 '젊은 투사들'을 자처하며 티파티 운동의 후원을 받는 하원의원들이 연방정부의 채무 한계를 높이는 일을 걸고넘어지기 시작한 것이다. 채무 한계를 높이는 일은 미국의 재정 부채에 대한 상환을 보장하기 위해 오랫동안 양당의 묵인하에 사용해온 방법이었다. 이를 반대하고 나선 것은 마치 티파티의 과격파들이 정부의 과도한 지출에 반대하고 나선 것과 비슷해 보였지만, 실제로는 의회가 이미 승인한 채무에 대한 공식적인 인정과 상환 책임을 거부한 것이나 다름없었다. 좀 더 쉽게 설명하면, 지난해 사용했던 신용카드 대금을 이제 와서 결제하지 않겠다는 것과 똑같은 상황이었다. 결국 이런 자폭에 가까운 갈등은 다른 누구도 아닌 미국과 그 국민들에게 큰 피해를 주게 될 터인데, 미국 정부가 채무 불이행 선언을 하도록 강요하는 이런 과격파들의 행동은 엄청난 위기를 초래했다. 정치인들의 이런 막다른 교착 상태는 혼란과 정부의 기능 장애를 불러올 수 있으며, 그저 보수파의 정부를 반대하는 대의에만 도움을 주게 될 뿐이었다. 오랫동안 공화당의 고문을 지내온 마이크 로프그렌의 표현을 빌리자면, 공화당은 '종말론 숭배' 교도들처럼 되어가고 있었다.[73]

만일 의회에서 국가 부채를 책임지지 못한다면 미국의 신용등급은 떨어질 것이고, 시장과 기업 신용도 역시 흔들리게 되며, 안 그래도 좋지 않은 경제 상황은 더욱 악화될 것이었다. 채무 불이행의 결과가 어떨지는 아무도 정확하게 예측할 수 없었다. 일반적으로 봐도 상상을 초월하는 상황이 될 게 분명했다. 베이너는 공화당 지도부의 과격파들에게 어른이면 어른답게 처신할 필요가 있다고 경고했지만,[74] 하원의 공화당 측 원내 대표이자 젊은 투사들 모임을 만든 에릭 캔터는 채무 한계와 관련된 투표를 주장하며 지금이 아주 중요한 순간이라고 말했을 뿐이다.

2011년 갑자기 등장한 과격파들이 공화당 지도부 내에 강력한 파벌을 형성하고 베이너의 권위에 도전하기 시작했다. 그들 대부분은 자신이 속한 공화당보다는 코크 가문과 다른 과격파 부자들에게 더 많은 신세를 졌다. 백악관은 공화당 내 기업들과 연계된 세력이 정신을 차리고 무엇이 경제에 위협이 되는지 간파해 과격파들을 극단적인 상황으로 치닫지 않도록 설득할 것이라 착각했다. 그렇지만 미국 상공회의소로 대표되는 전통적인 기업 세력들이 극단적인 상황을 피하려 할수록 우익 후원자들은 이 젊은 투사들을 더욱 몰아붙여 파국으로 치닫도록 만들었다. 사모펀드 전문가이며 억만장자인 스탠리 드러켄밀러는 〈월스트리트저널〉을 통해 정부의 채무 불이행 선언보다 '진짜 문제를 해결하지 않는 것이 더 큰 재앙으로 다가올 것'이라고 말했다. 여기서 진짜 문제란 바로 정부의 지출을 의미했다.[75] 그리고 찰스는 2011년 3월 〈월스트리트저널〉 기고문을 통해 자신은 채무 한계를 높이는 일은 그저 어려운 결정을 미루는 임시방편에 불과하다고 생각할 뿐이라는 입장을 분명히 했다.[76]

공화당의 젊은 투사들을 경제 문제와 관련된 파국을 몰아간 건 코크 가문의 정치 전위 부대라 할 수 있는 AFP였다. 다른 40여 개의 티파티 및 세금 반대 단체들 역시 총력전을 주장했는데, 그중에서도 가장 큰 목소리를 낸 건 '성장 클럽(Club for Growth)'라는 이름을 가진 월스트리트의 소규모 외곬 단체로 이들이 강력한 주장을 펼칠 수 있는 건 오직 한 가지 이유 때문이었다. 이들에게는 원칙과 타협 사이에서 갈등하는 공화당 의원들을 유혹할 만한 현금이 있었다. 이 단체는 후보 시절부터 후원해온 이들이 막상 의원이 되고 나자 중도파로 돌아서는 좌절을 겪은 후, 연속해서 더 강하게 후원하는 전략으로 이들을 자신들이 원하는 노선을 따르도록 만들었다. 협박과 후원을 동시에 진행해야만 한다는 사실을 깨닫게 된 이 단체의 창설자 중 한 사람은 '의원들이 크게 당황하기 시작했을 것'이라는 농담을 던지기도 했다.[77] 성장 클럽을 만든 사람들 중 상당수는 코크 가문 모임의 참석자로, 그중에는 억만장자 사모펀드 투자가 로버트 머서와 폴 싱어, 그리고 역시 사모펀드로 재산을 모아 독립적인 회사를 운영하는 존 차일즈가 포함되어 있었다.

젊은 투사들은 타협에 반대하는 자신들의 모습을 순수한 원칙의 문제인 것처럼 포장했지만, 그 뒤에는 거대한 이해관계가 얽혀 있었다. 대통령과 하원 의장인 베이너는 '대타협'이라고 부르는 협상을 진행할 정도로 서로 가까운 사이였고, 이 대타협에는 몇 가지 면세 조치들을 끝내는 내용들이 포함되어 있었다.[78] 젊은 투사들은 그 성격상 사모펀드나 개인 기업들의 이익에 반하는 개혁을 반대하는 입장이었다.

그중에서도 캔터는 특히 이자 수익에 대한 세금을 면제해주는 조치를 크게 찬성했다. 그에게 있어 각종 사모펀드나 투자 전문 기업들의 이익은 자기 자신의 이익과도 직결됐는데, 이런 투자 전문 회사들로부터 가장 많은 후원을 받는 의원 중 한 명이 바로 캔터였다.[79] 2010년 선거에서 캔터를 가장 많이 후원한 세 사람은 코크 가문 모임과 관련 있는 금융업 관계자들로, 바로 엄청난 수익을 거두는 투자 회사인 SAC 캐피털(SAC Capital)의 창립자이자 억만장자인 스티븐 코헨, 역시 억만장자로 부실채권만을 노리는 악덕 펀드 회사로 악명 높은 엘리엇 매니지먼트(Elliott Management)의 창립자 폴 싱어, 그리고 블랙스톤 그룹의 공동 창립자 스티븐 슈워츠먼이었다. 상위 25명의 사모펀드 관련 전문 투자자들의 평균 연소득이 6억 달러에 달하면 면세 조치가 폐지될 경우 이후 10년 동안 이들이 내야 할 세금은 200억 달러에 달할 것이라는 연구 결과에도 불구하고 하원의 캔터와 그의 동료 지지자들은 재

정 적자 위기를 공공연히 주장하며 베이너의 대타협에 대한 지원을 거부했다.[80]

여러 소식통에 따르면 채무 한계 문제에 대한 합의가 막다른 골목에 이르러 긴장이 고조되고 있을 때, 베이너가 뉴욕으로 가서 데이비드의 도움을 간절히 요청했다고 한다. 코크 가족의 오랜 고문은 이렇게 이야기했다. "베이너는 데이비드에게 '공격을 멈춰달라!'고 사정했다. 그는 만일 미국이 채무 불이행을 선언하면 데이비드의 개인 투자금 역시 묶이게 될 것이라고 지적했다."[81] 베이너의 대변인인 에밀리 실링거는 베이너가 데이비드를 찾아간 사실은 인정했지만 베이너 의장이 그런 사정을 하지 않았다는 건 누구나 다 알고 있는 사실이라고 주장했다. 그렇지만 미국에서 가장 막강한 권력을 지닌 선출직 공무원 중 한 명이며 대통령 유고 시 부통령 다음으로 그 자리를 이어받을 수 있는 위치의 의회 의장이 억만장자 기업인의 개인 사무실까지 찾아가 의회 내에서 벌어지는 이전투구를 막아달라고 부탁했다는 것 자체가 2011년 공화당 권력의 무게 중심이 외부 후원자들에게 얼마나 기울었는지 보여주는 것이다.

채무 불이행으로 인한 국가 부도의 우려가 커지고 있던 7월 말, 오바마 대통령은 자신이 베이너와의 협상 타결에 거의 근접했다고 생각했는데, 많은 민주당 의원들은 이를 아주 불쾌하게 여겼다. 왜냐하면 다른 무엇보다 이 협상안에는 노년층과 저소득층을 위한 건강보험 지원 삭감 내용이 포함되어 있었기 때문이다. 오바마가 이런 태도를 취하게 된 건 재정 적자를 줄이는 일이 아주 중요한 문제였기 때문이며, 또한 경제를 안정시키기 위해서는 어쨌든 협상과 타협이 꼭 필요하다고 믿고 있었기 때문이다. 그는 민주당 의원들에게 아주 고통스러운 소식을 전할 준비를 하기 시작했다. 그런데 7월 21일 밤, 대통령이 베이너를 호출해 두 사람의 합의를 공식적으로 인정하려고 하던 그때, 그러니까 조금만 늦으면 국가 부도 사태가 벌어질 수도 있었던 바로 그때, 베이너 하원 의장에게 연락이 닿지 않았다. 계속해서 통화 연결이 되지 않자 대통령은 일단 메시지를 남겼고, 거의 24시간이 지났을 무렵 마침내 베이너에게 연락이 왔다. 두 사람 사이의 타협을 일방적으로 중단하면서 오바마를 공개적으로 비난하는 내용이 쏟아졌다.

의회의 기능 장애 문제를 다룬 토머스 만과 노먼 온스틴의 《실제 상황It's Even Worse Than It Looks》에 따르면 베이너는 아무런 사실적 근거도 없이 대통령이 두 사람 사이의 합의 내용을 어겼다고 주장했다.[82] "나는 모든 걸 다 내던졌지만 애석하게도 대통령은 내 의견을 따라주지 않았다." 베이너의 말이다.

캔터는 훗날 〈뉴요커〉의 라이언 리자에게 진짜 사정을 들려주었는데,[83] 대통령과 베이너 사이의 대타협을 수포로 돌아가게 만든 건 바로 자신이라는 것이었다. 캔터는 그 중요한 마지막 순간에 베이너로 하여금 대통령의 제안을 거부하도록 만든 건 순전히 정치적인 이유 때문이었다고 보는 것이 공정한 평가라고 했다. 캔터는 이렇게 주장했다. 왜 오바마에게 승리를 안겨줘야 하는가? 왜 그가 유능하게 보이도록 도와 재선에 유리한 상황을 만들어줘야 하는가? 두 사람의 타협을 방해한다면 미국이 어떤 상황에 처하게 되느냐와 상관없이 공화당에는 좀 더 유리한 상황이 전개될 것이었다. 그리고 다음 대통령 선거에서 공화당이 승리하면 그때 타협안을 내놓을 수도 있지 않겠는가?

최종 결과는 리자의 설명처럼 '복마전' 같은 권모술수가 점철된 합의였다. 미국의 부도를 막기 위해 공화당과 민주당은 예산안 전체에 걸쳐 분야를 가리지 않고 자동으로 지출을 삭감하는 데 동의했다. 그렇다고 어느 누구도 이른바 '일괄 삭감' 형태로 무분별한 예산 삭감이 이루어질 것이라고는 믿지 않았다. 그렇지만 어떤 추가 해결책이나 합의가 이루어지지 않는다면 실제로 그렇게 될 수도 있었다. 어쨌든 오바마는 재정 문제에 대해서 기한 없이 손발이 묶이게 된 것이나 다름없었다. 의회 내의 아프리카계 미국인들을 위한 권익 단체의 회장인 임마뉴엘 클리버는 이런 합의를 '자극적인 양념으로 범벅된 악마의 햄버거'라고 묘사했다. 낸시 펠로시는 '거기에 감자튀김까지 추가됐다'라고 했다.

정치적 상처는 크고도 깊었다. 중도 성향의 의회 예산처는 예산의 일괄 삭감이 진행되면 1년에 75만 개의 일자리가 사라지며, 정부의 지원에 의존해 살아가는 수백만 명의 미국 국민들이 큰 타격을 입게 될 것이라고 전망했다. 스탠더드 앤드 푸어스는 미국의 신용등급을 역사상 최초로 하향 조정했으며, 주식시장은 급락을 거듭하며 한 번에 635 포인트가 떨어졌다. 한편, 의회에 대한 일반 국민들의 불신감도 크게 높아져, 관련 조사가 시작된 이래 역사상 최저의 지지율을 기록했다. 오바마 대통령에 대한 지지율도 급락해 일종의 기준선으로 봤던 50% 이하로 떨어졌다. 대통령은 좌파와 우파 양쪽에서 비웃음과 비난을 샀고, 전체적인 여론은 그가 유약하다는 쪽으로 기울었다.

극단적인 성향의 지지자들의 이익을 대변했던 정치계의 이단아가 세계에서 가장 강력한 민주적 체제를 갖추었다고 하는 국가의 의정을 마비시켰다. '노년층과 저소득층을 위한 건강보험 지원의 폐지'와 '점점 늘어나는 사회복지 혜택의 철회', 그리고 '궁극적으로는 모든 세금의 폐지'를 주장했던 30년 전의 자유당의 강령을 기억하는가. 그 자유당을 지지했던 억만장자들이 마침내 실질적인 권력을 손에 쥐게 됐다.

이 시점에서 니라 텐던은 대통령이 마침내 자신이 누구와 맞서고 있는지 깨달았을 것이라고 확신했다. "나는 대통령이 기존의 당리당략적 정치를 진정으로 극복하려는 노력을 하게 됐다고 생각한다."[84] 텐던의 말이다. "나는 채무 한계와 관련된 싸움을 통해 대통령이 누가 진짜 자신의 적인지 깨닫게 됐다고 생각한다. 정치자금을 대는 자들이 원하던 불합리한 협상이 이루어졌다. 취임 후 2년 반이 지나서 마침내 그들이 진정으로 원하는 건 자신들의 이익 이전에 대통령의 파멸이라는 사실을 깨닫게 된 것이다."

가장 중요한 전쟁

2012년의 좌절

2011년 6월의 마지막 날, 콜로라도 주 비버 크리크에서 코크 가문은 다시 한 번 동맹군과 지원군들을 모두 불러 모았다. 찰스의 말처럼 '가장 중요한 전쟁'을 수행하기 위해서였다. 이 말은 이라크의 독재자였던 사담 후세인이 한 것으로, 이 억만장자 형제들이 다가오는 2012년 대선을 어떤 마음가짐으로 준비하고 있었는지를 알 수 있다.

2012년 대선은 대법원의 시민연합 판결이 난 후 처음 맞이하는 대선으로, 이들에게 이제 정치자금의 사용은 지금 모여 있는 리츠 칼튼 호텔의 밤하늘만큼이나 아무런 경계도 제한도 없었다. 1년에 두 차례 갖는 이 모임에는 300명이 넘는 사람들이 모였다. 이번 모임의 주제는 '미국의 자유 기업과 재산을 위협하는 존재에 대한 이해와 확인'이었다. 모임 주최측은 이번에는 특히 더 보안을 철저히 했다. 야외에서 모임이 있을 때에는 거대한 스피커들을 울타리처럼 둘러 세워 혹시 있을지 모를 외부의 도청을 막았다. 아니, 막을 수 있다고 생각했다. 그런데 〈마더 존스〉의 기자 브래드 프리드먼은 이 모임의 가장 중요한 순간을 녹음하는 데 성공해 녹취록 형태로 보도했다.[1]

로키산맥 산기슭에 모여든 참석자들에게는 상황을 긍정적으로 바라볼 만한 충분한 이유가 있었다. 〈뉴욕타임스〉의 전속 통계 전문가이자 냉철한 눈으로 선거 결과를 예측하는 네이트 실버는 먼저 이런 질문을 던졌다. '오바마는 과연 다음 대선에서 승리할 수 있을 것인가?'[2] 오바마의 흔들리는 지지율과 더딘 경제 성장지표 등을 분석한 실버는 오바마가 '다음 대선에서 여유 있게 승리할 수 있는 상황과는 멀어졌다. 어쩌면 패배할지도 모른다'라는 결론을 내렸다. 물론 만일 공화당이 제대로 된 후보를 내세우지 못하거나 경제 상황이 기적적으로 좋아진다면 상황이 바뀔 수도 있었다. 그렇지만 공화당이 제대로 해낸다면 오바마는 재선에 실패한 지미 카터나 아버지 부시 대통령의 전철을 밟을 수도 있었다.

오바마를 무찌를 카드를 찾아서

그러나 다음 대선을 15개월 남겨둔 시점에 경쟁력 있는 공화당 후보를 선출하는 일은 그리 쉬운 작업이 아니었다. 결국 코크 가문의 승인을 받은 숀 노블이 막후에서 아무도 모르게 수개월간 폴 라이언을 설득했다. 억만장자 후원자들은 라이언이 그의 책상 서랍에 간직하고 있다는 '날카로운 칼'을 연방정부 예산을 정리하는 데 사용하기를 강력하게 원했다. 그렇지만 라이언은 이를 탐탁하게 여기지 않았다. 그 자신은 물론 그의 아내조차 기나긴 대선 레이스에 참가하는 일에는 흥미가 없었다. '그냥 부통령 후보로 지명이 되는 게 더 쉽지 않을까?'[3] 그는 워싱턴의 의원 사무실에서 코크 가문이 보내온 비밀 특사를 만나 이렇게 말했다. "그러면, 그러니까 딱 2개월만 수고하면 되는 거니까."

라이언이 대선 후보로 나서는 것을 주저하자 코크 가문과 직원들은 다른 대안을 열심히 찾기 시작했다. 미트 롬니는 분명 진지하게 고려할 만한 대상이었지만 당선될 만큼 국민들과 서로 잘 이해하지 못하고 있다는 게 문제였다. 매사추세츠 주 주지사가 되기 전 금융업으로 재산을 모은 롬니에 대해 유권자들에게 '그가 국민들을 잘 돌볼 수 있을 것인가' 하고 물었더니 아주 부정적인 답변만 나왔다. 그래서 좀 더 가능성 있는 후보인 크리스 크리스티에 대한 열렬한 구애가 시작됐다. 크리스티는 아주 강경한 성향의 뉴저지 주 주지사로 데이비드는 그를 맨해튼에 있는 자신의 사무실로 불러들였고, 두 사람은 거의 두 시간 가까이 노조와 다른 진보 세력들에 대해 설전을 벌였다. 크리스티의 노동자 계급을 연상케 하는 모습과 그의 친기업적 경제 정책이 맞물리자 과연 거부할 수 없는 대선 후보로서의 면모가 드러나는 것 같았다. 6월이 되자 코크 가문 모임에서는 크리스티에게 모임의 기조연설을 할 기회를 주었다. 그 자리는 말하자면 자금을 후원해줄 사람들 앞에서 장차 공화당을 이끌 후보가 될 수 있는지 평가받는 자리였다.

크리스티에 앞서 연설한 텍사스 주지사 릭 페리는 크리스티를 돋보이게 하는 역할밖에 하지 못했다. 나중에 있었던 공화당 대선 후보 선출 토론회에서 "어어, 그게 뭐였더라. 음, 음"이라는 말실수로 크게 점수를 잃은 페리의 자질이 이미 드러났던 것이다. 그는 숫자와 계산에 냉철한 기업가들 앞에서 손가락 다섯 개를 펼쳐 보이며 네 가지 계획밖에 설명하지 못했다. 손가락 하나가 공허하게 남자 당황하면서 실망스러운 인상만 심어주었다. 그러면서 마치 계획적으로 그렇게 한 듯 연출하려 했지만 아무런 소용이 없었다.

반면에 크리스티는 마치 팝스타 브루스 스프링스틴이 정치가로 변신한 듯한 모습을 보였다. 스프링스틴은 노동자 계층의 입장을 대변하는 거칠고 힘 있는 노래로 큰 인기를 끈 슈퍼스타다. 데이비드는 직접

다크 머니

그를 소개하면서 그가 진실만을 이야기하는 진정한 정치 영웅일 뿐만 아니라 나와 닮은 사람이라며 깊은 관심을 감추지 않았다. 데이비드가 특히 감동한 건 크리스티가 주지사로서 보여준 용기와 지도력이었다. 그는 당파를 초월해 뉴저지 주의 공공 부문 노조 소속 임직원들에게 더 이상의 연금이나 수당을 지급하지 않는 협상을 이끌어냈던 것이다. 이런 합의에 대한 대가로 민주당과 노조 세력은 크리스티로부터 질병이나 상해를 당한 임직원을 위한 기금을 좀 더 늘리겠다는 약속을 받아냈다. 크리스티는 이런 단호한 모습을 통해 일약 미국 전역에 그 이름을 알리게 된다. 그리고 4년이 지난 후 한 판사가 그의 정책이 미끼를 던져주는 일종의 유인책에 가깝다는 판결을 내렸다.[4] 임직원 수당 지급이 중단됐지만 불경기에 시달리고 있던 뉴저지 주는 그 협상의 대가인 기금 확충 약속을 지키지 않았던 것이다. 그렇지만 2011년 코크 가문과 그 연합 세력은 크리스티야말로 미래를 책임질 수 있는 인물이라고 생각했다. "앞일을 누가 알겠는가?" 크리스티가 소개되고 참석자들이 환호성을 지르며 휘파람을 불어대는 등 환영과 승인의 의사표현을 하자 데이비드가 농담처럼 한 말이다. "뉴저지를 개혁한 그 놀라운 성과를 바탕으로 언젠가 우리는 그가 더 큰 무대 위에 우뚝 서는 것을 보게 될지도 모른다. 그 무대가 어디인지는 신만이 아시겠지만, 그가 정말로 간절히 필요한 그곳이 아니겠는가!"[5]

소개를 받고 무대에 선 크리스티는 이내 고소득자에 대한 세금을 낮추겠다는 다분히 인기를 의식한 발언으로 부자 참석자들의 갈채를 받았다. 그는 화려한 언변과 몸짓을 선보이며 자신이 '백만장자 세금'이라고 부르는 세제에 대항한 싸움을 어떻게 펼쳐 나갈 것인지 자세히 설명했다. 미국에서 가장 많은 소득을 올리는 상위 1% 사람들에게 세금을 더 인상하겠다는 정책에 대해 동의하지 않을 것이라며 원래 있던 자리로 돌려보낼 것이라고 민주당을 겨냥한 듯 장담한 것이다. 크리스티는 뉴저지 주를 풍력발전의 중심지로 만들겠다는 법안에 이미 서명했지만 온실가스 배출을 줄이기 위한 관련 정책을 취소하겠다는 말로 또 다시 박수갈채를 받았다.[6] 참석자들로부터 질문을 받는 시간이 되자 한 사람이 제일 먼저 흥분된 목소리로 이렇게 외쳤다. "버락 오바마를 물리칠 수 있는 진짜 후보자를 오늘 드디어 만났다." 그리고 환호성과 갈채 속에 크리스티에게 대선 출마를 요청하는 목소리가 줄을 이었다.

그렇지만 이날 모임의 가장 중요한 순서는 찰스가 주최한 기금 모금 행사였다. 찰스는 중서부 지방의 구수한 목소리와 억양으로 마치 미국의 생존 여부가 여기에 달려 있다는 듯 참석자들의 후원을 독려했다. 1990년 걸프전 당시 사담 후세인이 군과 국민들을 독려하며 했던 말을 상기시킨 찰스는 거기에 논란이 될 소지의 말을 덧붙인다. 앞으로 다가올 미국 대선이 '미국이 죽느냐 사느냐 하는 문제'나 다름없다고 경고한 것이다. 그러면서 익살스러운 말투로 또 이렇게 덧붙였다 "혹시나 해서 하는 말이지만 여기 모인 그 누구에게도 어떤 부담을 주려는 것은 전혀 아니다. 전혀. 그렇지만 이런 후원을 통해 기쁨을 느낄 수 있고 기꺼이 그렇게 하기를 원한다면 주저하지 마라." 그런 다음 정말로 모든 사람들을 압박이라도 하듯, 그는 지금까지 가장 많은 돈을 후원한 사람들의 이름을 공개적으로 밝히고 그들을 칭찬했다. "우리의 든든한 후원자들을 이 자리에서 모두 다 소개할 순 없다. 그렇지만 어쨌든 이 사람들은 지금까지 수억 달러에 달하는 기금을 후원해주었다. 수백, 수천만 단위가 아니라 억 단위의 후원금이다." 그는 억 단위라는 말에 크게 힘을 주었다. 그 자리에 모인 부자들이 무슨 뜻인지 잘 알겠다는 듯 너털웃음을 웃는 사이 찰스의 이야기가 이어졌다. "지금 오바마 대통령과 그가 끌어모으는 선거 기부금을 생각해 봤는데, 그렇다면 우리는 그 보다 더 많은 힘을 모을 수 있지 않을까. 지금 이 자리만으로 부족하다면 언제든 이야기를 하라. 특별 모임을 언제라도 다시 열어줄 테니."

그러고 나서 찰스는 지난 12개월간 100만 달러 이상을 후원한 32명의 이름을 언급했다. 이들 중 아홉 명은 〈포브스〉 선정 미국 400대 부호에 들어가는 억만장자들이었다. 그중 금융업계의 거물 찰스 슈왑과 켄 그리핀, 폴 싱어, 그리고 암웨이의 리처드 다보스와 천연가스 사업을 하고 있는 해럴드 함 등이 특히 대중에게 많이 알려져 있었다. 이 모임의 참석자들은 대부분 엄청나게 많은 수익을 올리지만 사람들은 잘 모르는 개인 회사를 갖고 있는 보이지 않는 부자들이었다. 예를 들어, 아홉 명의 억만장자들 중에서 존 매너드 2세와 다이엔 핸드릭스는 〈포브스〉 추산으로 각각 재산이 60억 달러와 29억 달러에 달했으며, 위스콘신에서 건축과 가정용품을 취급하는 개인 기업을 운영했지만 위스콘신 주 밖에서는 물론 그 안에서도 거의 아는 사람이 없었다. 억만장자 반열에는 못 들어도 코크 가문 모임에 꾸준히 참석하며 찰스와 가까운 사이로 지내는 사람들이 있었는데, 노스캐롤라이나 주의 유통 재벌 포프 가문과 와이오밍 주의 투자 전문가 프리스 가문, 그리고 텍사스의 석유 재벌 로버트슨 가문 외에도 석탄 재벌인 조 크래프트나 길리엄스 가문, 그리고 마셜 가문 등이 그들이다. 특히 마셜 가문은 코크 인더스트리즈 주식을 상당부분 보유한 유일한 외부인이기도 했다.

찰스는 농담처럼 이렇게 덧붙였다. "데이비드와 나를 포함해서 열 명 이상이 익명으로 후원하게 될 것이다. 그러니 우리들은 어쩌면 아주 겸손한 후원자들일지도 모르겠다." 그렇지만 그는 이내 아주 진지한 표정으로 이렇게 선언했다. "다음 모임에서는 1,000만 달러 이상 후원한 사람들의 이름을 공개하려고 한다." 모임의 규모를 본격적으로 키우겠다는 의미였다.

이렇게 후원자들의 이름과 액수를 공개하면서 찰스는 자신이 이렇게 모인 돈으로 무엇을 하고 싶은지 분명하게 밝혔다. 그는 자신이 '동업자'라고 말한 모임의 참석자들과 후원자들에게 '우리는 당연히 최선을 다해 이 돈을 아주 지혜롭게 투자할 것이며, 가까운 장래에 가능한 한 최대의 이익을 돌려줄 것'이라고 약속했다.

그렇지만 코크 가문 모임 밖에서는 이런 그의 뜻이나 희망사항 중에서 단 하나도 알려지거나 공유되는 것은 없었다. 시민연합 판결로 대법원이 의도했던 정치자금의 투명화와는 전혀 반대로, 코크 가문과 '동업자'들은 자신들이 하는 일을 감추기 위해 엄청나게 공을 들였으며, 이런 모습이 코크 가문 모임의 장점으로 작용했다는 것은 부인할 수 없는 사실이다. 코크 인더스트리즈의 특별 업무부서의 부책임자이자 오랫동안 코크 형제를 위해 자금 모금 활동을 관리해왔고 코크 가문 모임이 있을 때마다 공식적인 사회자 역할을 맡아온 케빈 젠트리는 그날 모임 참석자들을 이런 말로 안심시켰다. "모든 과정이 익명으로 철저히 보호될 것이다."

중요한 전쟁의 승리를 위한 물밑 작업

코크 가문은 최근에 자금의 흐름을 감추는 더 교묘한 새로운 방법을 제시한 바 있다. 2010년 중간선거에선 미로처럼 복잡한 익명의 비영리 자선단체나 사회복지 단체를 통해 정치자금을 전달했는데, 좀 더 효율적인 방법을 개발해낸 것이다. 우선 보유한 현금의 상당 부분이 세법 501(c)(6)을 적용받거나 혹은 사업단체로 등록된 비영리 법인에 공동으로 출자한다. 그중 하나인 미국혁신협회(Association for American Innovation, AAI)는 제도상으로 산하에 많은 소속 단체들을 거느릴 수 있었는데, 그 장점은 여기로 유입되는 자금을 일종의 회비나 조합비로 포장할 수 있다는 것이다. 또 활동 경비로 처리해 세금을 면제받을 수도 있었다. 다만 세법 501(c)(4)을 적용받는 단체에 대한 후원은 법적으로 익명을 보장받을 수 있지만, 이런 사업체나 법인은 주 법무부가 관장하는 자선 재단의 범위 밖에 있으며 익명이나 비밀 보호도 되지 않았다.

비버 크리크에서 열린 코크 가문 모임이 끝날 무렵, 코크 형제는 새롭게 7,000만 달러에 달하는 후원금을 끌어모았다. 이렇게 모인 돈이 어떻게 사용됐는지에 대해서는 어떠한 공개된 기록도 남아 있지 않지만, 아마도 대부분 사업단체로 등록되어 있는 미국혁신협회로 흘러들어갔을 것으로 추정된다. 세금 기록에 따르면 2011년 한 해 동안에만 곧 프리덤 파트너(Freedom Partners)로 이름을 바꾼 미국혁신협회가 모은 돈은 2억 5,000만 달러에 달했다.

처음에는 코크 인더스트리즈를 위해 로비스트로 활동했던 웨인 게이블이 맡아 운영한 프리덤 파트너는 국세청에 이 사업체가 만들어진 진짜 의도를 제대로 밝히지 않았다. 사업체를 설립할 당시의 관련 서류에 따르면 국세청에는 '어떤 선거에도 개입할 계획이 현재로선 없다'고 신고했으며, 다만 앞으로 그렇게 하게 될지는 몰라도 실질적인 개입은 없을 거라고도 했다. 그렇지만 프리덤 파트너는 설립되자마자 2010년 중간선거 기간 동안 코크 가문이 가동한 것 같은 정치단체와 조직에 자금을 후원하기 시작했다.[7] 그렇지만 이번에 오바마 대통령에 대항하는 지하 유격전을 후원하는 것은 사업단체였으므로, 일정 부분 세금을 공제받는 사업 경비로 인정받았다. 2011년 11월부터 2012

년 10월까지 코크 가문의 새로운 사업단체는 1억 1,500만 달러를 숀 노블의 환자권리보호센터로 보냈고, 3,230만 달러를 데이비드의 AFP에 보냈다.[8]

2011년 10월, 크리스티는 결국 2012년 대선에 참여하지 않겠다고 선언한다. 미국 정가에서는 대선 후보를 결정해야 할 순간이 다가왔을 때 '민주당 지지자들은 자신이 좋아하는 사람을 찾고 공화당 지지자들은 그저 대세를 따른다'는 말이 있다. 그렇지만 2012년에는 그 말이 들어맞지 않았다. 권력의 중심추가 중앙집권화된 당의 정치꾼들에게서 낯선 억만장자들에게로 넘어갔으며, 상명하복의 합의 절차는 각 계파들의 갈등 속에 사라져버렸다. 심지어 코크 가문의 선거 관련 조직 내부에서조차 서로 다른 의견들이 분분했다. 데이비드는 라이언을 따르다가 크리스티에게로 넘어갔고, 찰스는 하원의원 출신으로 인디애나 주의 주지사가 되는 마이크 펜스를 열렬히 지지했다. 펜스가 경선 참여를 거부하자 코크 가문에서는 그의 수석 참모장이었던 마크 쇼트를 또 다른 정치 고문으로 고용했다. 그러는 사이 코크 가문 모임의 다른 참석자들은 모두 각자 다른 공화당 후보를 지지했다. 노블은 모두를 한 곳으로 모으기 위해 무던히도 노력했지만 뜻대로 되지 않았다.

무엇을 더 어떻게 해야 할지 알 수 없는 상황에서 2011년 말이 되자 코크 가문의 직원들은 총선거에 관한 첫 번째 광고를 시작했다. AFP가 후원한 것으로 되어 있는 이 광고는 솔린드라 같은 청정에너지 기업에 오바마가 부정한 방식으로 특혜를 주었다고 공격했다. AFP는 플로리다와 미시간, 네바다와 버지니아 주 등 핵심 지역에서 언론에 수천 회 이상 이 광고를 게재하는 데 240만 달러를 썼다. 숀 노블의 계획은 성공했지만 약간의 문제가 있었다. 코크 가문 모임 참석자 중 솔린드라에 투자해온 사람이 있었고, 그는 이 광고가 별로 마음에 들지 않았던 것이다.

이 광고에 뒤이어 이번에는 미국미래기금에서 역시 논란이 될 만한 광고를 만들어 방영했다. 이를 위해 아이오와 주에 있는 정체를 알 수 없는 한 위장단체가 선택됐는데, 코크 가문과 관련성이 적어 보인다는 것이 그 단체를 택한 이유였다. 미국 소득의 상위 1%의 사람들에게 항의하는 사람들이 월스트리트 점령 시위대와 합세해 데이비드의 아파트로 행진하는 모습을 담은 이 광고는 오바마 대통령이 실제로는 월스트리트와 밀착 관계에 있다며 교묘하게 공격하는 내용이었다. 오바마가 월스트리트의 금융업자들을 악덕 자본가라고 부르는 장면을 내보낸 후 광고는 이렇게 되묻는다. '그런데 월스트리트를 구제하는 데 제일 앞장선 사람이 누구였더라? 백악관을 월스트리트 출신으로 가득 채운 사람은?' 그런 다음 오바마의 측근들 사진이 등장한다. 코크 가문의 정치 담당 부서는 우선 이 광고를 15개의 표본 집단을 대상으로 확인해 보았다. 일단 전파를 타자 인터넷 동영상 사이트인 유튜브에서만 조회수 500만 회 이상을 기록하는 등 크게 성공을 거둔 것 같았다. 그런데 코크 가문 모임 참석자들 중 금융업에 종사하는 사람들은 이 광고가 마음에 들지 않았다. '그런데 왜 하필 월스트리트를 공격하는 건가?' 이들의 의문이었다.

그중 한 사람이며 코크 가문의 6월 모임에도 참석한 피터 시피(Peter Schiff)는 확실히 논란이 될 만한 이 새로운 광고 내용을 인정하지 않았다. 코네티컷 주 출신의 금융 분석가이자 중개업을 했던 시피는 10월 맨해튼에서 있었던 점거 운동 시위의 한복판에서 '나는 상위 1%다. 나와 대화하자'라는 푯말을 들고 시위대와 맞섰다. 이후에 존 스튜어트의 '데일리 쇼'에 출연한 그는 최저 임금 폐지와 '정신 지체'가 있는 사람들의 임금은 시간당 2달러 정도라는 주장을 펼치다 웃음거리가 되기도 했다. 코크 가문이 치른 '가장 중요한 전쟁'의 시작은 사담 후세인이 겪었던 전쟁보다 별반 나을 것 없어 보였다.

스콧 워커를 향한 보수파의 막대한 지원

대선의 핵심 지역인 위스콘신 주에서는 상황이 훨씬 더 밝았다. 위스콘신 주의 초선 주지사인 스콧 워커는 아무도 예상치 못했던 대담한 반노조 정책을 밀어붙임으로써 전국적인 유명세를 타게 된다. 워커는 공화당 신세대의 상징적인 인물이었다. 그는 2010년 다크 머니의 위력으로 손쉽게 주지사에 당선됐고, 후원자들이 수십 년에 걸쳐 보수파 비영리단체들을 통해 정성 들여 준비한 정책을 실행할 준비가 되어 있었다.

코크 가문 모임의 후원자들에게 워커 주지사의 예상치 못한 부상은 큰 호재였다.[9] 코크 인더스트리즈의 정치활동위원회는 워커의 선거 전에 두 번째로 많은 돈을 기부했는데, 그보다 더 중요한 사실은 코크 가문이 공화당주지사협회(Republican Governors Association)를 금전적으로 가장 크게 후원하고 있다는 점이었다. 공화당에서는 위스콘신 주를 포함해 2010년 여러 주지사 선거에서 이를 활용해 엄격한 정치자금법을 피해 갈 수 있었다. 코크 가문의 정치 활동위원회 역시 위스콘신 주의 16개 주의원 선거구를 지원했으며, 모두 승리를 거둬 보수파가 상하 양원을 장악하고 위스콘신 주 자체가 우파로 돌아서는 극적인 상황을 만드는 데 결정적으로 기여했다.

워커는 또한 코크 형제 못지않은 초강경 보수파 형제인 린드와 해리 브래들리의 도움을 받았다. 이 두 형제는 오래전 세상을 떠났지만 이들이 남긴 브래들리재단은 밀워키의 강력한 사상적 중심지로 성장했다. 워커의 선거전을 지휘한 마이클 그레베는 브래들리재단의 책임자이기도 했으며, 재단의 후원을 받는 여러 정책연구소들은 오랫동안 정책과 관련한 새로운 제안들을 권력자들에게 제공해왔다. 그중에서 '미국의 발전을 위한 자유센터' 같은 연구소를 이끈 건 정부의 요직을 넘나들던 당내 유명 인사들이다.[10] 그렇다고는 해도 역시 두 가지 일을 겸직하는 것은 아주 드문 일이었는데, 그레베의 이런 겸직을 가장 자랑스럽게 생각한 건 그보다 앞서 브래들리재단을 이끌었던 마이클 조이스였다. 이것이야말로 조이스가 보수파의 기부나 후원 활동을 강력한 정치적 무기로 삼으려고 했던 노력의 결실이었던 것이다.

브래들리재단이 워커와 얼마나 가까운 사이였는지는 그의 활동 일정에 분명하게 드러난다. 선거가 끝난 후 그의 첫 번째 개인 약속은 브래들리재단 이사회 및 임원들과 가진 축하 저녁 식사자리였다. 미시간 호수가 내려다보이는 근사한 고급 식당에서 이루어진 축하 자리였다. 당시 브래들리재단의 자산은 6억 1,200만 달러가 넘었다. 워커의 많은 정책의 기본 밑그림을 제공한 것도 바로 이 브래들리재단이었다.

그레베는 자신이 이끄는 재단이 위스콘신 주의 노조에 타격을 주고 워커를 유명하게 만든 정책을 처음으로 제안했다는 사실을 부인했지만 어쨌든 그는 그런 워커를 응원했고 개인적으로 후원자들의 지지를 호소하는 편지를 보내 거대 정부의 노조 지도자들과 싸우는 워커를 도와달라고 한 것은 분명한 사실이었다.[11] 한편 브래들리재단은 2009년 공공 노조 세력을 분쇄하기 위한 계획안을 마련한 위스콘신 주의 보수파 정책연구소 두 곳에 막대한 후원을 했다.[12] 2011년 〈밀워키 저널 센티넬〉은 브래들리재단이 '미국의 보수주의 운동의 배후에 있는 가장 강력한 자선 및 후원단체 중 하나'며 '위스콘신 주에서 시작해 전국으로 확대된 공공정책 실험의 배후에 있는 재정 지원 단체'라고 설명했다. 이런 실험 중에는 '복지제도 개혁과 사립학교에 대한 교육 바우처 제도, 그리고 2011년 실시된 공공 노조 수당 삭감과 단체 협약 중단 등이 포함된다'고 보도했다.[13] 그레베는 나중에 〈뉴욕타임스〉와의 대담에서 워커의 반짝 유명세에 대해 "너무 나선다는 말을 들을 것을 각오하고, 나는 우선 그의 선거 유세 활동에 일종의 신뢰감을 더 해주기 위해 나섰다"라고 인정했다.

대학을 중퇴한 데다 특별한 매력이나 능력을 찾아볼 수 없었던 워커는 일반적으로 생각하기에 높은 자리를 넘볼 만한 인물이 아니었는지도 모른다. 그렇지만 위스콘신에서 많은 영향력을 가지고 있던 AFP는 그가 밀워키 카운티의 행정관이었던 시절부터 티파티 운동과 연계하여 현장에서 활동하고 사람들 앞에서 연설할 수 있는 기회를 많이 만들어주었다.[14] 코크 가문의 정치 조직은 2007년부터 위스콘신 주의 강력한 공공 노조와 다툼을 벌여왔다. 이런 다툼 뒤에는 더 큰 사정이 숨어 있었다. 1959년 위스콘신 주는 공공기관 임직원들이 노조를 결성하고 단체 협약에 나서는 것을 미국 최초로 허용했는데, 이런 노조들이 민주당에 큰 힘이 됐기 때문에 보수주의자들은 이런 조치를 아주 불쾌하게 생각했다. "위스콘신은 물론 다른 주에서도 원래의 모습으로 돌아가기 위한 먼 길을 걸어왔다." AFP의 책임자인 팀 필립스가 〈폴리티코〉와의 대담에서 한 말이다.[15] 과거에 필립스는 노조를 두고 좌파의 '현장 전투 병력'이라고 부르며 부러워한 적이 있었다.

워커의 노조 반대, 증세 반대, 그리고 작은 정부를 지향하는 정책은 코크 가문의 철학과 완벽하게 조화를 이루었으며 동시에 그들의 사업적 이익과도 부합됐다. 코크 인더스트리즈는 위스콘신 주에 제지 공장을 두 곳 소유하고 있었으며 제재소와 석탄, 그리고 송유관 사업 등에도 관여해 대략 3,000명이 넘는 직원들을 거느리고 있었다.

얼마 지나지 않아 코크 가문 모임과도 관련 있는 위스콘신 주에서 가장 돈이 많은 재벌 몇 사람이 후원금을 내놓기 시작했다. 예를 들어, 큰 부자로 알려져 있으며 2011년 6월에 있었던 코크 가문 모임에서 100만 달러를 후원한 존 매너드 2세는 역시 배후에서 검은돈을 조달해 워커를 돕고 있던 위스콘신 발전 클럽(Wisconsin Club for Growth)에 150만 달러를 후원했다. 매너드는 다른 사업 투자만큼이나 이런 정치자금 지원을 통해 큰 성과를 거두었다. 마침내 주지사가 된 워커는 주 경제 개발 공사의 이사장이 되어 매너드가 진행하는 사업에 180만 달러의 특별 세금 혜택을 주었으며,[16] 워커가 이끄는 주 정부는 오염 물질 배출 업체에 대한 규제 또한 줄여주었다.

워커가 주지사에 당선됐을 무렵, 나이 일흔을 바라보던 매너드의 재산은 2010년 기준으로 60억 달러에 달했고, 대부분 가정용 잡화를 전문적으로 판매하는 대형 할인점 사업을 통해 벌어들인 것이었다. 그렇지만 워커가 공직에 나설 때까지 정부와 매너드의 사이는 말 그대로 늘 긴장 상태였다. 〈밀워키 매거진〉의 2007년 기사에 따르면, 위스콘신 주의 천연자원관리국과 가장 많은 충돌을 빚은 회사는 바로 매너드의 회사였다.[17] 결국 매너드는 회사와 개인 이름으로 독성 폐기물을 불법적으로 투기한 혐의로 170만 달러의 벌금을 물었는데, 특히 독성 물질이 포함된 용액을 '운동장에 뿌리면 좋음'이라는 표시를 해서 처리한 사례가 유명하다.

노조에 대한 매너드의 적개심 역시 확고했다. 그는 노조에 한 번이라도 가입한 전력이 있는 사람은 절대로 채용하지 않았고, 관리직으로 채용할 예정이던 두 사람을 단지 노조에 가입된 직장에서 일했다는 이유만으로 채용을 취소했다는 내부 증언도 나왔다.[18] 뿐만 아니라 매너드 회사의 관리직들은 자신들이 관리하는 매장에 노조가 생기면 급여의 60%를 삭감 당했고, 개점 시간이 늦어지는 것 같은 규정 위반이 있으면 1분당 100달러의 벌금을 내거나 노사 간에 문제나 갈등이 발생할 경우 법원이 아니라 회사 내에서 처리하는 것에 동의해야만 했다. 매너드는 또한 직원들이 자기 집을 직접 짓거나 꾸미는 일도 못 하게 했는데 매장에서 필요한 자재나 물건을 훔쳐갈까 봐 걱정되어서였다. 한 직원은 휠체어를 사용하는 딸을 위해 경사로가 딸린 집을 직접 지을 수 있는 특별 허가를 받았는데, 회사에서의 좌천과 감봉까지 감수했지만 결국 해고를 당하고 말았다. 해고당한 이유는 집을 짓는 인부들이 경쟁사의 자재를 사용했다는 것이었다.

매너드는 수당이나 세금 문제에 대해서도 불명예스러운 기록을 갖고 있었다. 국세청은 매너드에게 600만 달러의 추가 세금 납부를 명령했는데, 그가 2,000만 달러의 수입을 배당금이 아닌 급여로 바꿔 신고하며 사업상 필요경비 명목으로 세금 혜택을 받았기 때문이었다. 또한 위스콘신 주 대법원은 160만 달러를 그의 이전 법률 고문에게 지급하라는 판결을 내리기도 했다. 이 여인은 당시 매너드 여자 친구의 언니로, 160만 달러는 성차별과 급여 미지불에 대한 보상이었다. 원고측 변호사는 매너드를 '완전히 제멋대로이며 법에 대한 존중이라고는 찾아볼 수 없는, 도무지 한계가 없는 사람'이라고 묘사했다.

매너드와 얽힌 법정 싸움은 이것뿐만이 아니다. 매너드가 2011년 해고한 동업자의 아내는 그가 남편에게 일종의 보복성 조치를 취했다며 소송을 걸었는데, 자신이 매너드 부부와의 변태적 성행위를 거부했기 때문에 남편이 해고당했다고 주장했다.[19] 매너드의 대변인은 이런 주장을 부인했다. 그러는 사이 이번에는 프로미식축구 구단인 인디애나 콜츠의 쿼터백의 아내인 또 다른 여인이 나타나 자신이 매너드의 접근을 거절했다는 이유로 해고당했다는 주장을 했는데 대변인은 이 역시 부인했다. 이렇듯 어느 모로 보나 매너드는 정치가인 워커의 후견인으로는 어울리지 않았는데, 워커는 침례교 목사의 아들로 자신의 기독교적 보수주의 배경을 강조해왔기 때문이다. 하지만 두 사람은 경제정책에 대해서만은 마음이 맞았다. 게다가 매너드는 언론의 노출을 극도로 피하는 것으로 유명해서 둘 사이의 관계는 극히 최근까지도 거의 드러나지 않았다.

위스콘신 주의 여성들 중 가장 부자이며 역시 코크 가문 모임의 일원으로 수백만 달러를 후원한 다이앤 핸드릭스 역시 세상에 그 모습을 잘 드러내지 않았지만, 한 다큐멘터리 제작자가 우연히 그녀의 모습을 영상에 담았다. 스콧 워커가 주지사에 취임한 지 15일 후인 2011년 1월, 핸드릭스가 새로운 주지사에게 노조를 몰아내라고 채근하는 모습을 포착한 것이다. 그녀는 아무도 모르는 개인적인 대화라고 생각했지만, 어쨌든 매혹적이면서도 조바심을 내는 듯한 이 60대 미망인은 위스콘신 주를 완전히 공화당 일색의, 우파 중심의 주로 만들라고 워커를 압박했고 워커는 자신도 나름대로의 계획이 있다고 핸드릭스를 안심시켰다. 그는 선거운동을 하는 동안에는 유권자들이 이런 내용을 알지 못하도록 신경 썼지만, 자신의 첫 조치는 '모든 공공 노조와의 집단 협약부터 처리하는 것'이라고 핸드릭스에게 넌지시 알려주었다. 이것이야말로 모든 노조 활동을 '분열시킨 후 분쇄하는' 전략이라는 것으로, 핸드릭스가 듣고 싶었던 대답도 바로 이것이었다. 그녀는 36억 달러 상당의 재산을 보유하고 있었는데, 이 재산의 대부분을 1982년 사망한 남편 켄과 그녀가 세운 전국적 규모의 건축용 자재 도매 유통업체인 ABC 서플라이(ABC Supply)를 통해 모았다. 이런 엄청난 성공에도 불구하고 핸드릭스는 미국이 사회주의 이상의 낙원이 될까 봐 두렵다는 말을 종종 했다. 주지사와 자신의 지향점이 같다는 사실을 확인한 핸드릭스는 회사를 동원해 기록에 남을 만한 후원을 시작했고, 결국 그녀는 워커의 가장 큰 재정상의 후원자로 알려지게 된다.[20]

워커는 자신이 약속한 것처럼 노조에 일격을 날리며 대부분의 공공기관 직원들이 급여와 수당에 대해 집단으로 협상할 수 있는 권리를 효과적으로 박탈해버렸다. 그는 공공기관 직원들, 그중에서도 특히 평균 연봉이 5만 1,264달러에 달하는 교사들이 주 정부 예산 적자의 주범이라고 지목했다. 주 정부를 파산으로 몰아넣은 방만한 공공기관 직원들에 대한 최후의 결정이 진행되는 와중에 한 가지 중요한 사실이 언급되지 않고 그냥 지나쳤다. 주 정부의 기록에 따르면 핸드릭스는 복잡한 회계상의 조치를 통해 2010년 한 해 동안 개인적으로 소득세를 단 한 푼도 납부하지 않았던 것이다.[21]

위스콘신 주에서는 긴장감이 고조됐다. 워커의 노조 분쇄 법안이 의결에 부쳐지고 공화당과 민주당 의원들이 속속 주의 수도인 매디슨으로 모여들었다. 워커에게 반대하는 성난 시위대 역시 매디슨 거리를 가득 채워 워커를 보고 노조에 반대하는 코크 가문의 꼭두각시라고 비난했다. 워커는 주지사로 취임한 후 채 한 달도 되지 않아 데이비드를 사칭하며 걸려온 전화를 받고 거의 아첨에 가까운 태도를 보이며 길게 통화했는데, 이 내용은 곧 공개되어 의도치 않게 꼭두각시라는 비난을 인정한 꼴이 되어버렸다.[22] 워커가 남긴 다음과 같은 말은 결정적인 증거가 됐다. 그는 아주 감격스러운 듯 "막대한 후원금에 감사드린다!"라는 말로 가짜 데이비드와의 통화를 끝냈던 것이다.

워커에 대한 엄청난 반감은 오랫동안 이어졌고, 재신임 투표를 통해 그를 끌어내리려던 반대파의 노력을 결국 무위로 그쳤다. 그리고 이들의 공세를 막아낸 코크 가문은 무시무시한 반격에 나섰다. 코크 형제는 AFP와 다른 단체를 통해 워커를 펀드는 집회와 활동을 펼쳤다.

이들은 '워커를 지켜라!' 혹은 '우리는 승리할 것이다' 같은 표어를 내세우는 수천 개의 텔레비전과 라디오 광고를 내보냈다. 또한 자신들이 개발한 최신 기술의 자료 분석 기술인 '테미스(Themis)'를 활용해 재신임 투표 결과를 예측하기도 했다.

재신임 투표가 끝난 후, 워커를 2016년 대선을 겨냥한 경선에 출마시키려는 와중에 한 특별검사가 재신임 투표 과정에서 혹시 있었을지도 모를 선거자금법 위반을 조사하게 된다. 그리고 위스콘신 주 밖의 수많은 부자들이 어떻게 보이지 않는 도움을 줘 투표에서 그가 승리할 수 있었는지 밝히는 이메일이 공개됐다.[23] 공개된 이메일을 보면 워커의 고문들은 코크 형제를 비롯한 억만장자들이 아무 관련 없는 별개의 단체라고 자칭하는 위스콘신 발전 클럽에 기부해 워커를 돕도록 하자는 계획을 세운다. '코크 가문의 돈을 끌어오자.' 한 이메일의 내용이다. 또 다른 이메일을 보면 주지사가 '비행기를 타고 라스베이거스로 날아가 셸던 아델슨을 만나야 한다'라고 주장하는 대목도 있다. 그리고 '당장 100만 달러의 지원을 부탁하라'는 것이었다. 사모펀드의 거물인 폴 싱어가 워커와 같은 휴양지에 머물게 될 터이니 그를 만나면 당장 매달리라는 충고도 있었다. 얼마 지나지 않아 위스콘신 발전 클럽은 정말로 싱어로부터 25만 달러를 후원받았다.

이 위스콘신 발전 클럽의 실제 주인, 그러니까 그 중심에 있는 사람은 코크 가문의 오랜 동반자인 에릭 오키프였다. 그는 위스콘신 주의 투자 전문가로 참패로 끝난 데이비드의 자유당 부통령 후보 출마를 도왔으며, 티파티 운동의 시발점이라고 할 수 있는 샘애덤스연합을 운영했다. 케이토연구재단의 이사회에 참여하기도 했다. 지난 세월 동안 오키프의 다양한 정치적 활동을 적극 후원한 것은 바로 브래들리재단이었다. 한 기록에 따르면 브래들리재단은 1998년에서 2012년 사이 오키프가 직접 설립하거나 관여한 단체와 조직에 300만 달러가 넘는 금액을 후원했다.[24] 브래들리재단은 또한 코크 가문 모임의 몇몇 참석자들과 관계를 더 단단히 맺어가 노스캐롤라이나 주 출신으로 역시 코크 가문과 오랜 인연을 맺어온 아트 포프, 그리고 위스콘신 주의 다이앤 핸드릭스를 이사로 영입한다. 아트 포프는 AFP의 이사이기도 했다. 오키프가 관련되어 있는 위스콘신 발전 클럽은 그 규모는 그리 크지 않지만, 그 영향력은 점점 커져가고 있었다.

리처드 핑크는 워커를 곤경에 빠뜨린 장난 전화에 대해 자신과 다른 후원자들이 어떤 입장을 취해야 할지 분명한 결심을 했다. 그는 '한 걸음도 물러나지 않겠다'고 선언했다.[25] "좌파에서는 코크 형제를 협박해 자유를 위한 지원을 중단하게 하고 다른 후원자들에게는 현 정부와 자신들에게 대항하면 어떤 일이 벌어지는지 본보기를 보여준 모양이지만, 우리는 이 싸움을 계속할 뿐 다른 선택의 여지는 없다." 핑크는 단호하게 이렇게 주장했다. "우리 인생에 있어 아주 중요한 순간이다. 한 걸음도 물러서지 않을 것이다."

점점 커져가는 코크 가문의 영향력

위스콘신 주에서의 승리로 한껏 고무된 코크 가문은 이제 대선에 전력을 다하기로 했다. 아직 시간이 많이 남았지만 2012년 대선에서 이들은 기존의 공화당 체제에 버금가는 세력의 중심이 될 터였다. 한때 이들을 경원시했던 정치권 내부 인사들 중에는 이제 이들의 활동 영역을 보고 놀라는 사람들도 많았다.

세계에서 가장 수익성 높은 사업을 꾸려온 코크 가문은 동시에 자신들의 사업에 정당성을 부여하기 위한 사상과 이념을 만들어내는 일에도 전력을 다했다. 이제 그들은 거기에 스스로를 보호할 수 있는 강력하고 실질적인 정치 조직을 더한 것이다. 코크 형제는 최고 수준의 정치 관련 직원들을 고용했고, 자체적인 자료 수집과 분석을 위해 투자했으며, 최첨단 방식의 여론 조사를 수행했다. 그리고 이를 뒷받침하기 위해 미국에서도 내로라하는 수백여 명의 부자들을 끌어모아 자금을 조달하는 모임을 만들었다. 이들은 또한 틈새 선거구를 겨냥한 17여 개의 보수단체들을 하나로 뭉치게 해 진짜 배후 세력은 감춘 채 자신들의 뜻을 전달하고 펼치게 했다. 히스패닉계 유권자들의 표를 얻기 위해 이들은 '자유협회(Libre Initiative)'라는 이름의 단체를 만들기도 했으며, 보수주의 성향 여성들의 마음을 사로잡기 위해 '미국을 걱정하는 여성(Concerned Women for America)' 같은 모임을 후원했다. 또한 '각 세대를 위한 기회(Generation Opportunity)'처럼 다음 세대를 겨냥한 단체를 만들기도 했다. 텔레비전 광고 등을 내보낼 때에는 자신들의 정체를 감추기 위해 미국미래기금이나 기타 여러 위장단체들을 앞세웠다. 코크 가문 모임에서 모인 자금 역시 각종 총기협회나 은퇴자 단체, 퇴역군인 단체, 반노조 조직과 증세 반대 단체, 그리고 기독교 관련 단체와 조직으로 흘러들어갔다. 심지어 '공유 서비스 센터(Center for Shared Services)'는 450만 달러나 되는 돈을 후원받았는데, 이 센터는 다른 관련 단체들을 위해 사무실 공간을 확보하거나 서류 작업을 하는 등 행정 업무를 총괄해 도와주는 역할을 했다. 그러는 사이 AFP는 미국 전역에 지부를 개설했다. 코크 가문은 실질적으로 자신들의 개인적인 정당이나 다름없는 조직을 만들어낸 것이다.

코크 가문의 정치활동은 어떤 부분이든 비밀 엄수가 최우선이었다. 코크 인더스트리즈 임원 출신으로 유권자 정보를 다루는 테미스(Themis)의 실무 총책이 된 벤 프랫은 자신의 블로그에 초현실주의 화가로 유명한 살바도르 달리의 말을 인용해 올렸다. 이 말은 테미스를 운영하는 좌우명이 됐다. "내가 가진 힘의 비밀은 언제나 비밀 그 자체로 남아 있을 것이다."[26]

코크 인더스트리즈의 대변인인 로버트 타펜은 비밀주의가 보안과 관련된 문제일 뿐이라고 항변했다. "코크 인더스트리즈와 코크 가문은 과거에 정부와 그 동조 세력들로부터 끊임없는 위협을 받아왔다. 바로 공공정책과 정치적 문제와 관련된 우리의 신념과 활동 때문이었다." 하지만 그는 존버치협회 같은 보수단체가 왜 처음 설립 당시부터 지금까지 계속해서 정체를 숨기고 있는지에 대해서는 간과했다.[27]

코크 가문의 세력 확장에는 선거자금 지원이 더 광범위하게 확장되고 또 집중되고 있는 전국적인 흐름이 반영돼 있다. 바로 시민연합 판결 이후 초거대 재벌들이 선거와 정치에 뛰어든 것이다.[28] 이렇게 선거와 정치에서 부자들과 그들의 돈은 점점 더 큰 영향력을 발휘했고, 결국 2012년 대선은 이런 모든 현상의 정점이 될 터였다. 미국 역사상 가장 많은 비용이 드는 선거일 뿐만 아니라 근대적인 선거자금법이 도입된 이래 슈퍼팩이며 세금을 면제받는 비영리단체들이 포함된 외부 조직들이 최초로 선거에 10억 달러 이상의 비용을 쏟아부으며 영향력을 행사하는 선거가 된 것이다. 그리고 이런 조직들 뒤에는 무제한적인 지원과 기부가 가능해진 미국 최대의 거부들이 있었다. 또한 비영리단체나 조직들의 선거 광고에 들어간 비용까지 감안하면 이런 외부 단체들이 사용한 금액은 역사상 최초로 양 정당의 선거 비용을 넘어서는 액수가 됐다.

이런 새로운 정치적 상황 속에서 갑자기 그 모습을 드러낸 거인이 바로 코크 가문 모임이었다. 우파 쪽에는 칼 롭이 만든 것 같은 만만치 않은 후원자 모임들이 있었지만, 지금까지 그 어떤 단체나 조직도 코크 가문 만큼 많은 돈을 지원한 적은 없었다. 2012년 코크 가문 모임에서는 몇백 명의 후원자들이 모여 최소한 4억 700만 달러 이상의 선거 자금을 모았고, 대부분 익명으로 기부됐다.[29] 4억 달러라면 존 매케인이 2008년 대선에서 사용한 전체 선거 비용을 넘어서는 액수며, 법적으로 개인이 기부할 수 있는 액수가 최대 5,000달러이던 시절 두 차례의 대선에서 566만 7,658명의 미국 국민이 후원한 액수보다 더 많은 금액이다. 〈폴리티코〉의 케네스 보겔은 이런 수치를 면밀하게 다시 분석해본 결과, 2012년 대선에서 상위 0.04%의 후원자들이 기부한 액수가 하위 68% 후원자들의 액수와 거의 비슷하다는 사실을 알게 됐다.[30] 이전의 어떤 기록도 이렇게 소수의 사람들이 더 많은 금액을 모으고 지출한 사례는 없었다.[31] 선거자금 모금 내역이 이렇게 한쪽으로만 엄청나게 편향된 모습은 2012년 대선을 완전히 새로운 정치적 평가의 장으로 만들었다. 미국의 변호사이자 미국 최초의 유대인 출신 연방대법원 대법관을 역임한 루이스 브랜다이스는 일찍이 이런 말을 남겼다. "우리는 선택을 해야만 한다. 우리는 민주주의를 누릴 수도 있고 또 비록 극소수의 사람들에게 그 부가 집중되더라도 부자 나라에서 살 수도 있다. 그렇지만 절대로 둘 다를 가질 수는 없다."

코크 가문의 정치적인 영향력이 커져갔다는 건 2011년 10월 4일자 롬니 선거 본부의 극비 내부 기록에도 분명히 드러나 있다. 미국의 다른 모든 야심만만한 공화당 의원들과 마찬가지로 롬니 역시 데이비드의 지원을 받기 위해 애를 쓰고 있었다. 기록에는 데이비드를 단순히 '티파티 운동에 자금을 지원한 사람'으로 묘사했지만, 동시에 '직접적인 관련을 피하는' 인물로도 설명되어 있다.[32]

나중에 밝혀진 바에 따르면, 롬니는 여름에 뉴욕 사우샘프턴에 있는 이 억만장자의 집에서 개인적으로 이야기를 나누며 도움을 요청할 수 있기를 바랐지만 실망스럽게도 때마침 불어 닥친 허리케인 아이린 때문에 이런 계획은 수포로 돌아갔다. 아이오와 주의 공화당 간부회의 가 시작되고 크리스 크리스티가 출마를 포기하면서, 롬니는 가을에 다 시 한 번 데이비드를 만나보기로 했다.

앞서 언급한 내부 기록이 작성된 후 얼마 지나지 않아 롬니는 억만 장자 형제가 좋아할 만한, 그렇지만 논쟁이 될 만한 두 가지 입장을 내 보였다. 먼저 그는 기후 변화에 대한 처음의 입장을 바꿨다. 2010년 출 간된 자신의 책《위대한 미국은 사과하지 않는다No Apology》에서 롬니는 이렇게 말했다. '나는 기후 변화 문제가 현재 진행형이며, 만년설이 녹 는 규모도 더 이상 무시하기 힘든 수준이라고 생각한다. 나는 또한 이 모든 상황의 근원에는 인간의 책임이 있다고 믿는다.' 2011년 6월에 있 었던 선거 유세 중에도 롬니는 이런 자신의 견해를 되풀이해서 이야기 하며 이렇게 강조했다. "지금 우리가 목도하고 있는 기후 변화 및 지구 온난화 문제의 근본적인 원인인 오염 물질과 온실가스 배출을 줄이는 것은 아주 시급한 문제다." 그렇지만 10월 말 뉴햄프셔 주 맨체스터 유 세에서 그는 갑자기 입장을 바꾼다. 기후 변화의 원인이 분명치 않다는 식으로 나오기 시작한 것이다. "내가 생각할 때 우리는 지구에서 일어 난 기후 변화의 정확한 원인을 잘 모르고 있는 것 같다." 그의 말이다. "그리고 이산화탄소 배출을 줄이기 위해 수조 달러에 달하는 돈을 투 입하자는 생각은 지금 우리에게는 맞는 방법이 아닌 것 같다." 그는 이 렇게 결론지었다. 이듬해 여름 플로리다 주 탬파에서 공화당 대선 후보 지명을 수락한 롬니는 아예 기후 변화에 대응하자는 개념 자체를 농담 처럼 취급한다. "오바마 대통령은 해수면 상승을 막는 일을 시작하겠다 고 약속했다. 그리고 지구를 구하겠다고도 했다. 나는 국민 여러분과 그 가족을 구하겠다고 약속하겠다." 그는 조롱하듯 이렇게 말했다.

기후 변화에 대한 입장 변화를 처음으로 보인 지 일주일이 지나 롬니는 아이오와 주에서 열린 공화당 경선 후보 모임에 불참했다. 다른 후보들은 모두 참석하는 자리에 빠진 대신, 그는 워싱턴에서 열린 AFP의 연례행사에 연사로 참석했다. '미국의 꿈을 지키자'라는 이름의 행사였다. 이 행사에서 롬니는 함께 참석한 데이비드의 시험을 통과할 만한 중요한 연설을 했다. 롬니는 그동안 매사추세츠 주 주지사로서 중도적인 입장을 취해왔는데, 폴 라이언을 연상시키는 자신의 예산안 계획을 밝힌 것이다.[33]

얼마 지나지 않아 롬니는 모든 소득세율을 5분의 1로 줄이는 계획을 발표한다. 중도 성향의 세금정책센터(Tax Policy Center)에 따르면 롬니의 예산안으로 상위 0.1%의 고소득자들은 연간 26만 4,000달러를 절약할 수 있게 되며, 하위 20%는 고작해야 평균 78달러의 절세 효과를 보게 될 뿐이었다. 중산층이 연간 절약할 수 있는 세금의 액수는 평균 791달러였다. 롬니는 또한 자신을 지지하는 부자 후원자들이 원할 만한 계획을 발표했는데, 거기에는 상속세 폐지와 기업들의 법인세 감세, 그리고 수출 기업들이 아직 납부하지 못한 세금을 감면해주는 내용 등이 포함되어 있었다. 세금정책센터에 따르면 이런 내용들은 전체적으로 볼 때 다음 해 예산에서 5조 달러의 세수 부족을 초래하지만, 롬니는 다른 면세 정책들을 폐지함으로써 부족한 부분을 충분히 메울 수 있다고 말했다.

찰스는 종종 자신이 세금 폐지 정책을 지지하는 이유가 바로 가난한 사람들을 염려하는 동기에서 시작됐다고 설명했다. '거대한 정부로부터 정말 고통을 받는 사람들은 바로 가난한 사람들이다.' 그가 고향 신문과의 한 대담에서 주장한 내용이다.[34] 그런데 그런 그의 주장에는 이미 부자인 사람들에게 공평하지 못하게 또 다른 엄청난 선물을 주게 된다는 사실은 전혀 언급되어 있지 않다. "이 사람들은 모두 재정 적자에 대한 이야기만 한다. 그렇지만 부자들에게서 이제는 빼앗아야 할 세금 혜택에 대해서는 단 한마디도 하지 않는다." 오바마 대통령의 선임 고문인 댄 파이퍼는 나중에 이렇게 지적했다.[35] 그는 또 이런 말도 했다. "자기 개인 전용기에 대한 세금 혜택을 폐지하자는 이야기가 나오면 그때서야 비로소 진짜 분노할 것이다."

만일 이런 입장이나 정책상의 변화에 코크 가문의 지지를 이끌어 내기 위한 의도가 숨어 있었다면 충분한 성공을 거둔 셈이다. 7월이 되자 데이비드는 롬니를 인정했을 뿐만 아니라 자신의 사우샘프턴 집에서 그를 위해 남녀 한 쌍당 7만 5,000달러를 내고 참석하는 기금 모금 행사를 열어주었다. 롬니와 데이비드가 다른 손님들이 도착하기 전 30분가량의 비밀 대화를 마치고 각각 아내를 동반한 채 계단을 내려올 때의 모습은 '신뢰와 자신감이 가득 차 있었다.'[36] 그로부터 몇 주 뒤 롬니는 폴 라이언을 부통령 후보로 지명한다. 이런 결정은 롬니 선거 본부의 참모인 스튜어트 스티븐슨의 의견을 무시한 것으로, 라이언의 극단적인 예산안 정책의 인기가 어떤지 알고 있었던 오바마는 롬니의 이런 결정을 이해할 수 없어 크게 당황했다. 데이비드와 그의 아내 줄리아를 포함한 보수파 후원자들은 라이언을 지지했다. 이런 상황은 보이지 않는 부자들의 결정이 미국의 나머지 유권자들이 투표도 하기 전에 이미 오래전부터 대선의 방향과 현장 분위기에 영향을 미치고 있었음을 다시 한 번 보여주는 것이었다.

거액의 정치자금이 부른 참담한 결과

세계 최대의 부자이면서 2012년 기준으로 둘이 합쳐 620억 달러의 재산을 보유하고 있었던 코크 형제는 미국 정치계에서 돈이 갖는 중요성이 점점 커지는 상황을 완벽하게 이용할 수 있는 위치를 선점했다. 하지만 그렇다고는 해도 역시 미국의 대선은 여전히 그들이 감당하기 어려운 난제였다. 외부의 후원자들 덕분에 기존 정당 선거 전문가들의 영향력이 줄어들면서 실제로 충분한 현금만 확보할 수 있다면 정치 신참자들도 자신들의 후원자들과 함께 이제는 얼마든지 대선 과정에 영향을 미칠 수 있게 됐다.

본격적으로 대선이 시작되자 숀 노블은 코크 가문 진영에서 자신의 말에 귀를 기울이는 사람이라면 누구든 붙잡고 이제는 뉴트 깅리치를 주목해야 한다고 주장하기 시작했다. 조지아 주 출신으로 하원 의장을 역임한 거물 정치인 깅리치는 당시 공화당 대선 후보로 나설 것을 고려하고 있었는데, 1990년대 깅리치가 공화당을 개혁할 때 함께 동참했던 보수진영 인사들조차 깅리치가 다른 공화당 후보들과 당에 돌이킬 수 없는 상처를 주기 전에 어떤 결단을 내려달라고 코크 가문에 개인적으로 부탁하는 형편이었다. 깅리치는 분명 가늠할 수 없는 잠재력을 지니고 있었고, 때로는 놀라울 정도의 웅변술을 발휘하며 다른 사람들을 열광하게 만들기도 했다. 그리고 누구든 자신의 앞길을 가로막는다면 무자비하게 짓밟는 사람이기도 했다. 뉴트 깅리치에게 정치는 전면전과 같았다. 그에게는 그가 겪은 치열했던 정치전쟁을 증명하는 무수한 상흔들이 있었다.

이런 깅리치를 견제하기 위해 노블은 아무도 모르게 2008년 텔레비전 광고 영상 일부를 이용해 새로운 광고를 제작한다. 그에게는 치명적인 공격이 되기를 바라면서 말이다. 문제의 과거 영상에서 깅리치는 사치스러운 2인용 소파에 낸시 펠로시와 나란히 앉아 지구 온난화와 싸울 필요가 있다는 사실에 동의한다. 공화당 입장에서 보면 치명타가 될 수도 있었지만 노블은 광고 방영을 승인받지 못했다. 이런 상황 뒤에는 코크 가문 모임의 일원이자 카지노 거물 재벌인 셸던 아델슨의 개입이 있었다.

부시 대통령이 언젠가 한번 "이 미친 유대인 억만장자가 나보고 소리를 지르네"라고 했다던 셸던 아델슨은 사실 정확하게 말해 코크 가문과 어울릴 만한 유형의 인물은 아니었다. 그는 강경 우파로 외교 정책에 있어서 특히 이스라엘의 안보 문제에 집중했다. 아델슨은 민주당을 지지하기도 했지만 노조와 오바마, 그리고 재분배를 위한 소득세에 대한 반감이 코크 가문과 비슷했다. '내가 다른 사람들보다 더 많은 세금을 내야 하는 것이 어째서 공정하단 말인가?' 그는 언젠가 이렇게 불평했다고 한다.[37] 어쩌면 그보다 더 중요한 건 2011년 기준으로 233억 달러의 재산을 보유하고 있던 일흔여덟 살의 이 라스베이거스 카지노 제왕이 아주 큰 판돈을 걸기 시작했다는 사실인지도 모른다. 아델슨은 코크 가문 모임의 세력을 엄청나게 키울 수 있는 그런 사람이었다. 코크 가문은 계속해서 그를 자신들의 모임에 초대했지만 그는 한 번도 모습을 비추지 않았다. 그러다가 마침내 2012년 1월 캘리포니아 주 인디안 웰스에 처음으로 그 모습을 드러낸 것이다. 모임의 참석자들은 그가 좋아하는 후보를 함부로 내칠 수 없었다. 그 후보가 바로 뉴트 깅리치였다.

"아델슨 때문에 불만이 끓어오른 사람이 아주 많았다." 코크 가문과 가까운 지인의 말이다. "그렇지만 깅리치 역시 잔뜩 열이 올라 있는 상태였다." 아델슨과 깅리치, 이 기이한 한 쌍은 오래전부터 친구 사이였다. 1990년대 깅리치는 아델슨이 다른 라스베이거스의 카지노들과는 달리 노조를 인정하지 않는 경영 때문에 힘든 시간을 겪고 있을 때 그를 도왔고, 그때부터 둘의 인연은 시작됐다.[38] 두 사람은 또한 이스라엘의 강격한 보수 노선에 대해 깊은 공감대를 느끼고 있었다. 특히 아델슨은 당시 이스라엘 총리였던 베냐민 네타냐후에 대해 일주일에 몇 번씩이나 언급할 정도였다. 아델슨은 깅리치가 정치적 부침을 겪는 와중에도 아낌없이 수백만 달러의 정치자금을 후원했으며, 그를 정말로 충직한 친구라고 불렀다. 아델슨은 또한 윤리적인 문제와 당내 반발 등으로 1999년 깅리치가 어쩔 수 없이 정계 은퇴를 선언한 후에도 그를 계속해서 도왔다. 정치권에서 깅리치의 위상은 보잘것없어졌지만 그래도 아델슨은 자신의 개인 전용기를 내주고 깅리치가 일하는 회사에는 800만 달러에 달하는 자금을 지원해주었다.

그렇지만 이스라엘과 관련된 문제에서 이 오랜 친구들이 서로 동의하지 못하는 부분이 하나 있었다. 아델슨은 유대계 미국인으로 미국 정부에서 일하면서 중요 정보를 이스라엘에 넘긴 혐의로 종신형을 받고 수감된 조너선 폴라드의 구명 운동을 오랫동안 펼쳐왔다. 반면에 깅리치는 폴라드를 두고 '미국 역사상 가장 악명 높은 배신자 중 하나'라고 비난하며, 클린턴 행정부 시절 폴라드를 석방하자는 의견을 묵살했다. 깅리치는 만일 폴라드가 풀려난다면 미국의 국가 안보를 해치는 배신 행위를 다시 할 것이라고 경고했다. 그렇지만 2011년 12월 아이오와 주 공화당 회의를 앞두고 현금 지원이 간절하게 필요했던 깅리치는 돌연 입장을 바꿨다. 지방 케이블 텔레비전 방송국인 '주이시 채널Jewish Channel'과의 대담에서 그는 이제 자신은 폴라드의 처지에 동정심을 갖게 됐다고 선언한 것이다.[39] 그로부터 몇 주 뒤 아델슨은 위태로운 지경이던 깅리치의 선거 본부에 500만 달러를 기부했다. 아델슨이 아니었다면 깅리치는 그 시점에서 모든 것이 다 끝장날 뻔했다.[40]

아델슨이 건네준 500만 달러는 깅리치의 숨통을 잠시 틔어주었지만, 이로 인해 의도하지 않은 결과가 연쇄적으로 일어났다. 깅리치에게 우호적인 슈퍼팩이 이 카지노 거물의 도움으로 사우스캐롤라이나 주에서 300만 달러를 들여 광고 시간을 확보했다. 텔레비전에 방영된 이 30분짜리 광고 영상의 제목은 '베인의 왕: 롬니가 찾아왔을 때(King of Bain: When Romney Came to Town)'로 롬니를 탐욕스럽고 무시무시한 기업 사냥꾼으로 그렸다. 여기서 베인은 롬니가 공동 설립한 사모펀드 회사인 베인 캐피털(Bain Capital)을 가리킨다. 광고가 공개된 후 깅리치는 베인 캐피털을 공격해 자신의 뜻을 널리 알리기 전까지 광고를 내리지 말아 달라고 부탁한다. 깅리치에 따르면 베인은 '부자들이 남의 회사를 더 교묘하게 빼앗기 위해 만든 회사'라는 것이었다.

어떤 좌파 쪽 인사도 이런 대형 금융 업체나 거래에 대해 이보다 더 분명하게 정의를 내리지는 못할 것이다. 롬니는 남의 불행을 이용하는 자본주의의 상징처럼 되어버렸다. 이런 금융 기업들은 경제 위기 상황 속에서 미국 중산층에게 남아 있는 것을 모조리 냉혹하게 빼앗아가는 집단으로 낙인찍혔다. 깅리치는 베인에 대한 공격을 끝냈지만, 곧 롬니에게 소득 내역을 공개하라고 요구했다. 노블이 두려워했던 것처럼 폭주하기 시작한 깅치리는 결국 공화당에 재앙이 되고 말았다.

자본주의의 지나친 폐해에 대한 깅리치의 공격은 공교롭게도 세계에서 가장 부자로 손꼽히는 인물의 지원을 받았다. 그리고 그가 세운 국제적인 카지노 제국은 당시 돈세탁과 해외 관련 부패 문제로 연방정부의 조사를 받고 있는 중이었다. 결국 법정 진술에 따라 아델슨의 회사는 합의에 따라 돈세탁 혐의에 대해 4,700만 달러의 합의금을 물게 됐다. 아델슨의 회사가 마약 거래 혐의로 조사를 받고 있던 중국계 멕시코 출신 사업가를 위해 현금 4,500만 달러를 밀반출해주었던 것이다. 또한 아델슨 회사의 전 CEO가 조직폭력단과 결탁해 마카오에 자회사를 세우고 지역 관리에게 막대한 뇌물을 준 혐의로 기소된 사건도 있었다. 이는 미국 시민이 해외에서 부패 관련 사건에 관련되는 것을 금지한 미국 법을 어긴 것이었다. 아델슨은 이런 기소 내용에 대해 망상과 짜깁기라고 주장했다.[41] 그렇지만 이런 일련의 사건들은 코크 가문 모임과 공화당에 타격을 주었고, 공화당의 지지율은 떨어져갔다. 공화당으로 흘러가는 거액의 정치자금은 도움이 된 것이 아니라 오명을 더하고 경선 과정만 지연시켰으며, 후보자들은 후원자들이 원하는 문제에 집중해 결과적으로 민주당에 유리한 상황이 전개됐다.

롬니는 부자를 대변하는 듯한 자신에 대한 이미지를 지우기 위한 어떠한 노력도 하지 않았다. '기업도 사람이다'라는 주장에 뒤이어 그는 "나는 사람들을 해고할 수 있었으면 좋겠다"라는 말을 하며 스위스에서 케이먼 제도에 이르기까지 여러 조세 피난처에 2억 5,000만 달러의 돈을 백지 신탁한 자세한 사정을 밝혔다. 그는 또 2010년 특강을 한 대가로 37만 4,000달러를 받은 것에 대해 평범한 미국인들과 완전히 괴리된 모습을 연상시킬 만큼 공감하기 어려운 태도로 그리 많은 액수는 아니라고도 했다. 깅리치의 압박 아래 자신이 2,170만 달러를 벌어 14%의 세율로 소득세를 납부했음을 밝히며 자신의 소득 내역을 모두 공개한 롬니는 결국 상위 1%의 삶이 이렇게 더 사회에 해가 될 수 있음을 보여주고 말았다. 14%의 세율은 미국 중산층 봉급생활자의 소득 세율에 절반도 미치지 못하는 수준이었다. 깅리치는 사우스캐롤라이나에서 롬니를 크게 이기며 경선에서 첫 승리를 기록하며, 미국인들은 개인의 성공을 존경하지만, 그것이 공정하게 이루어졌을 때만 그렇다는 사실을 보여준 것이다.

롬니의 대선 가도가 이렇게 깅리치에 의해 위협을 받으며 플로리다주에서도 완패했을 때, 이미 타격은 돌이킬 수 없을 정도까지 이르렀다. "베인 캐피털에 대한 공격으로 이미 오바마에게 백기를 든 것이나 다름없었다." 코크 가문 모임의 한 보수파 인사가 내뱉은 탄식이다.

와이오밍 주 출신의 사모펀드 전문 투자가로 역시 오랫동안 코크 가문 모임에 참여해온 포스터 프리스 역시 혼란스러운 상황을 만들어 냈다. 롬니가 깅리치를 몰아내려고 애를 쓰고 있을 때, 프리스는 펜실베이니아 주 상원의원 출신이자 자신과 비슷한 열성적인 기독교 보수주의자인 릭 샌토럼을 지지하는 슈퍼팩에 막대한 돈을 후원했다. 아이오와 주에서 거의 100만 달러의 돈을 쏟아부은 결과, 샌토럼은 밑바닥에서 경선 1위까지 도약하며 원래 정해져 있던 정치가로서의 유통 기한을 훨씬 더 늘릴 수 있음을 보여주었다.

샌토럼 못지않게 사람들의 관심을 받는 것을 즐기는 것처럼 보인 프리스는 자신이 직접 경선 과정에 뛰어들어 출산과 성 문제에 대해 자신만의 견해를 연달아 피력하며 수많은 미국 여성들을 충격에 빠트리기도 했다. 예를 들어, NBC 기자인 안드레아 미첼과의 대담에서 자신과 샌토럼이 왜 오바마의 건강보험 개혁안에 포함된 피임의 범위 문제를 걸고넘어지는지에 대해 설명하며 이런 농담을 던졌다 "내가 젊었을 때에는 사람들이 바이엘 아스피린을 피임약 대신 사용했다. 그러니까 여자 아이들은 아스피린을 무릎 사이에 딱 끼우고 떨어트리지 않도록 다리를 벌리지 않았다. 돈도 그다지 많이 들지 않는 좋은 방법이었지." 그러자 기자로서의 직업 정신이 투철했던 미첼조차 말을 더듬으며 이렇게 말했다. "그게 지금 무슨 말인가? 솔직히 정말 뭐라고 대꾸해야 할지 당황스러울 정도다."

봄이 지나갈 무렵 샌토럼과 깅리치가 경선에서 완전히 탈락할 때까지 프리스는 210만 달러를, 그리고 아델슨과 그의 아내는 2,000만 달러를 자신이 지지하는 후보의 경선 비용으로 지원했다. 민주당은 공화당의 괴짜 후원자들이 저지르는 기행에 넋이 나갈 지경이었다. "말하자면 피임 문제로 우리는 공화당을 무너뜨린 셈이었다." 오바마 선거 본부장인 짐 메시나의 말이다.[42] "그리고 우리는 1996년 이후 처음으로 세금 문제에 대해서도 공화당을 앞섰다." 공화당의 당직자인 스티브 슈미트는 당을 중심으로 한 일반적인 자금 모금 방식을 외부 재벌들의 도움을 받는 방식으로 바꿔 선거 과정 자체를 이념으로 움직이는 생태계로 바꾸자고 제안한다.[43] 그는 후보자들이 선수복에 후원자나 기업의 이름을 새겨 넣은 프로 운동선수 같다며, 자신이 후보자로 뛰고 있는 것은 모두 다 그런 사람들이나 기업 덕분이다. 인정하고 싶지 않지만 그건 분명한 사실이라고 말했다.

선거활동을 전문적으로 지원하는 회사인 GMMB를 세운 짐 마골리스는 민주당의 선거 고문으로 활약하며 오바마의 재선을 도왔는데, 그런 그가 롬니는 중도파로서 훨씬 더 유권자들의 인기를 얻을 수 있지만 과격파인 후원자들이 그걸 막고 있다고 설명했다. "롬니의 최우선 전략은 오바마의 일선 후퇴를 종용하면서 아주 기본적인 이야기를 되풀이하는 것이다. '우리는 모두 같은 희망을 가졌고 오바마도 노력은 했지만 뜻을 이루지는 못했다. 그렇지만 나는 할 수 있다. 나야말로 진정한 해결사로, 어떻게 일자리를 창출해낼 수 있을지 잘 알고 있다.' 그렇지만 롬니는 이런 전략을 결코 실행에 옮기지 못했다. 그 대신 전형적인 보수 우파 쪽으로 기울어져버렸다." 2010년에 있었던 티파티 운동과 그 뒤에 있었던 후원자들은 모든 것을 다 뒤집어버렸다. "이들은 공화당 경선 과정을 지나치게 과열시켰다. 우리는 그 결과가 어떻게 나타날지 알 수 없었지만 그런 과정 속에서 한 명의 후보를 선택한 것이 아니라 허먼 케인, 미셸 바크먼, 릭 샌토럼, 그리고 뉴트 깅리치까지 수많은 후보들이 난립했다! 그것이 바로 가장 유력했던 후보 롬니에게 가장 큰 문제였다."

가장 중요한 전쟁을 앞둔 롬니의 실수

대선이 본격적으로 시작되자 오바마 역시 부자 후원자들에 대해 걱정하지 않을 수 없었다. 그는 자신의 대선 공약의 핵심으로 공정한 경제를 내세우고 싶었지만 참모들은 지금처럼 민주당과 공화당 모두가 점점 더 크게 재벌 후원자들에게 의존하게 되는 상황에서 일반 국민들의 인기만 의식한 전략은 매우 위험한 선택이 될 것이라고 염려했다. 그렇지만 오바마가 대통령이 되려고 한 건 강력한 경제계의 거물들과 정치권 사이의 관계를 바꿔보려는 꿈 때문이기도 했다. "내가 대통령이되고자 한 것은, 매일 열심히 생활하는 미국의 보통 사람들의 목소리가 묻히지 말아야 한다고 굳게 믿기 때문이다. 그저 빚 안지고 열심히살아보려는 이들의 노력이 특별한 이해관계에 따른 워싱턴의 다른 강력한 세력 때문에 묻히도록 내버려 둘 수는 없지 않은가."

월스트리트 점거 시위는 오바마에게 더 큰 용기를 주었다. 그는 2011년 말 캔자스 주의 한 작은 마을인 오서워토미에서 재선을 위한 출마 선언을 하기로 결심한다. 1910년 시어도어 루스벨트가 정부에 '특별한 이해관계에 따른 영향이나 통제를 벗어나라'고 요구하며 역사에남을 연설을 했던 바로 그 장소에서 오바마는 점점 더 커져만 가는 미국의 경제적 불평등이라는 첨예한 문제에 정면으로 맞서보기로 한 것이다.

오바마는 주택 시장의 붕괴를 가져온 엄청난 탐욕과 공화당의 '자신의 일은 자신이 알아서 책임지라'는 태도를 싸잡아 비난했다. 그는또한 정치권을 파고드는 검은돈에 대해서도 쓴 소리를 서슴지 않았다. "불평등이 우리의 민주주의를 망치고 있다. 경제적 불평등을 통해 엄청난 돈이 들어가는 로비 활동과 선거운동을 감당할 수 있는 극소수

다크 머니

의 사람들이 자신들의 영향력을 키우고 있다. 따라서 우리의 민주주의를 돈을 더 많이 내는 사람에게 팔아넘기는 상황이 벌어지고 있는 것이다."

대통령의 이런 경고가 울려 퍼지자 청중은 박수갈채를 보냈다. 그렇지만 문제는 오바마가 아무리 경제적 불평등을 신랄하게 지적해도 그 역시 민주당을 지지하는 억만장자들과 백만장자들에게 도움을 요청할 수밖에 없다는 사실이었다. 실제로 오바마 대통령은 얼마 지나지 않아 현직 대통령으로선 가장 많은 정치 후원금 모금 행사에 참석하는 기록을 세우기도 했다. 오바마의 이야기는 여기서 그치지 않았다. 그는 심지어 미국에서 가장 부자로 알려져 있는 마이크로소프트의 창업자인 빌 게이츠를 포함한 소수의 재벌들로 이루어진 후원자 모임을 직접적으로 겨냥해 이런 말도 했다. "오늘 밤 이 자리에는 다음 대통령이 누구인지 결정을 내릴 수 있을 정도의 능력을 가진 5~6명의 사람들이 참석했다. 아니, 최소한 후보를 결정할 수 있는 사람들이다. 그러나 미국의 민주주의는 결코 그런 식으로 이루어져서는 안 된다."[44] 그렇지만 좋든 싫든 간에 상관없이 오바마는 곤경에 빠지게 된다. 진보파 인사들 중 가장 많은 후원을 해온 스트라이드 라이트(Stride Rite) 신발 회사의 아널드 하이아트의 지적이다.[45]

2012년 초에 백악관 루스벨트 룸에서 있었던 회의에서 오바마의 선거 본부장인 짐 메시나는 공화당 외부 후원자들이 이번 대선을 위해 6억 6,000만 달러에 달하는 후원금을 모았다는 충격적인 소식을 전했다.[46]

"확실한 정보인가?" 오바마가 물었다.

"확실하다." 메시니가 대답했다.

오바마는 이미 시민연합 재판 당시 자신은 '공공의 이익에 이보다 더 치명적인 일을 생각할 수조차 없다'며 대통령으로서 가장 강력한 비난을 한 바 있다. 따라서 그는 민주당의 지지자들을 부추겨 공화당과 같은 슈퍼팩을 만들어 무제한적인 도움을 얻는 일을 완강하게 거부했다. "우리가 입장을 바꿀 필요가 있다고 생각한다." 메시나는 이렇게 말했다. "이게 대통령에게 얼마나 중요한 일인지 이해하지 못한다면 우리는 지지자들에게 아무것도 얻을 수 없을 것이다."

얼마 지나지 않아 오바마는 새로운 현실을 받아들이고 자신을 추스른다. 민주당 선거 본부는 지지자들을 설득해 오바마를 지지하는 슈퍼팩인 '미국을 위한 최우선 행동(Priorities USA)'을 만드는데, 오바마가 선거자금을 마련하기 위해 이런 이율배반적인 행동을 보인 것은 이번이 처음은 아니었다. 2008년 상원에서 선거자금 개혁안이 통과되자 그는 자신이 했던 약속을 깨트리고 대선에 나서기 위해 공공 재정의 도움을 받기로 했다. 오바마는 자신이 다른 모든 정치가들과 같은 원죄, 즉 정치에 돈이 필요하다는 현실 때문에 고통 받고 있음을 인정했다. 그렇지만 그는 체제를 개혁하기 위한 싸움을 계속해 나갈 것이라고 주장했다. "나 혼자 고결하고 깨끗하다는 것이 아니다. 나 역시 똑같은 진흙탕 속에서 헤엄치고 있다. 그렇지만 나는 그것이 더럽다는 걸 알고 있고 또 깨끗하게 만들고 싶은 마음이 있다."

그렇지만 민주당 역시 공화당과 마찬가지로 정치자금과 관련된 똑같은 이해관계에 휘말릴 수밖에 없다는 사실이 분명해졌다. '미국을 위한 최우선 행동'이 첫 텔레비전 광고를 내보낸 이후부터다. 이 광고는 베인 캐피털 때문에 문을 닫게 된 한 제철소 노동자의 감정 섞인 장광설을 담고 있다. "그는 당신들에게 우리에게 준 것과 똑같은 절망을 안겨줄 것이다. 그가 모든 것을 다 가져갔다." 여기서 말하는 '그'란 바로 롬니다. 오바마 선거 본부는 뒤이어 역시 슈퍼팩의 도움을 받은 광고를 통해 강력한 메시지를 전달한다. 롬니를 일자리 말살자로, 그리고 그의 회사를 '노동자들의 피를 빨아먹는 흡혈귀'로 부른 것이다.

당시의 경제 상황에 대해서는 보수와 진보 가릴 것 없이 사려 깊은 경제학자들과 학계에서 우려 섞인 시선을 보내기 시작했다. 바로 금융업계가 미국의 경제적 불평등이 심화되는 데 영향을 미치고 있다는 것이었다. 금융업계의 고소득 임원들이 승승장구하는 동안 일반 봉급생활자들은 불황의 직격탄을 맞았다. 재무부 장관 출신의 로렌스 서머스부터 신보수주의 미래 정치학자인 프랜시스 후쿠야마에 이르기까지 수많은 전문가들이 중산층의 삶을 위협하고 기존 정치 체제를 붕괴시키는 이런 현상에 우려를 표시했다.[47]

그렇지만 이런 민감한 문제를 정면으로 다룬 오바마의 대선 광고는 월스트리트 금융업계와 연결되어 있는 민주당 의원과 지지자들의 분노를 자아냈다. 아내는 민주당의 재무 책임을 맡았고 자신은 투자은행인 라자드 프레어스(Lazard Freres)를 통해 수백만 달러의 수익을 올린 스티븐 래트너는 이 광고가 불공평하다고 비난했다. 테네시 주 출신으로 민주당 하원의원까지 했던 해럴드 포드 2세는 월스트리트로 일자리를 옮기며 금융 투자 사업은 아주 여러 가지 면에서 좋은 사업이라고 주장했다. 또 뉴저지 주 뉴어크 시장으로 정계의 떠오르는 유명 인사이자 금융업계로부터 많은 후원을 받고 있던 코리 부커는 텔레비전 방송에 출연해 금융업계에 대한 백악관의 분노에 대해 "지금 벌어지고 있는 일은 아주 불쾌하기 짝이 없다"고 말했다.

그리고 전직 대통령 빌 클린턴이 결정타를 날렸다. CNN 방송과의 대담에서 클린턴은 이렇게 말했다. "나는 우리 가족이 옳지 않은 일을 한다고 생각되는 곳과 서로 연결되어 있다고는 생각하지 않는다." 2006년에서 2009년까지 클린턴 부부의 딸인 첼시 클린턴은 140억 달러의 규모를 자랑하는 금융 투자 전문 기업인 애비뉴 캐피털 그룹(Avenue Capital Group)에서 직원으로 일했다. 이 회사의 공동 창업자인 마크 라스리는 클린턴의 가장 중요한 후원자였을 뿐더러 클린턴의 사위인 마크 메즈빈스키가 운용하는 펀드에 100만 달러를 투자하기도 했다. 클린턴 행정부는 월스트리트의 거물들과 아주 긴밀한 관계를 유지했는데, 오바마 행정부가 롬니의 과거 사업 경력을 중요한 공격 목표로 삼자 클린턴은 재빨리 "롬니의 금융 관련 사업 경력이 대선 주자의 자격에 적합하지 않다고 생각하지 않는다"는 요지를 발표한 것이다. 당시 힐러리 클린턴은 남편의 이런 발언을 막으려고 했으며, 개인적으로는 빌이 다시는 그런 말을 하지 못하게 할 것이라고도 했다.[48]

이에 대해 오바마 선거 본부는 좀 더 신중하게 자신들이 국민들에게 전하고자 하는 바를 다듬는다. 롬니가 재산을 모으게 된 배경을 직접적으로 공격하는 것이 아니라 예민한 계급의 문제를 에둘러서 겨냥하는 쪽을 택한 것이다. "이곳저곳에서 너무나 반발이 심해 간접적인 방법으로 문제를 언급하기로 했다." 마골리스의 설명이다. "예컨대 우리는 그가 도널드 트럼프의 전용기 옆에 서 있는 장면을 사람들에게 보여주었다."

중요한 후원자들이 보인 반응과는 상관없이 롬니의 베인 캐피털을 겨냥한 대선 광고는 가장 효과적인 전략이었음이 입증됐다. 선거 본부에서는 불안한 마음에 먼저 시범적으로 소수의 사람들에게 이 광고를 보여주었다. "광고를 본 사람들은 우리에게 걱정하지 말라고 말했다. 그리고 광고가 불공평하다느니 어쩌니 하는 말도 미리 할 필요가 없다고 했다." 마골리스의 회상이다. 결국 대부분의 국민은 승자가 모든 것을 독식하는 미국의 기업 윤리에 심각하게 불편함을 느끼고 있었다. 그렇지만 프린스턴대학교의 정치학 교수인 마틴 길렌스는 부자들이 정치 과정에 점점 더 많이 영향을 미침에 따라 미국 국민의 대다수의 선호도에는 기본적으로 아무런 영향을 주지 못하는 것처럼 보인다고 말하기도 했다.[49]

부자 후원자들과 나머지 다른 국민들 사이의 인식 차이가 갑작스럽게 드러난 것은 9월의 일이다. 좌파 성향의 월간지 〈마더 존스〉는 롬니를 지지하는 최고위층 후원자들과의 대화를 누군가가 녹화, 녹음한 내용을 폭로했는데, 일종의 불법적인 도청 형태로 퍼진 이 동영상에서 롬니는 플로리다 주 보카 레이턴의 한 저택에 모인 부자 후원자들과 칵테일을 마시며 미국 유권자의 47%는 무조건 민주당을 지지할 것이며, 자신은 그들에게 별다른 신경을 쓰지 않는다고 말했다.

롬니의 이런 말은 모든 사람들이 자신과 공화당을 지지하도록 만들 특별한 계획이 있느냐는 질문에 대한 대답으로 나온 것이다. 그리고 롬니의 이런 말은 마치 아무것도 하지 않고 정부에 기대려는 사람들이 많다는 뜻처럼 들렸다. "나는 그런 사람들에게는 신경을 쓰지 않는다. 그들에게 사람이란 자신의 삶에 책임을 져야 한다는 사실을 알아듣게 설명할 수도 없을 것이다." 롬니의 대답이다. "무슨 일이 있어도 지금의 대통령에게 표를 던질 유권자가 47%는 된다." 롬니의 설명에 따르면 그 47%는 "정부에 의존하며 자신들은 그저 피해자라고 여기고 정부가 돌봐줄 책임이 있다고 믿는 사람들이다. 이들은 건강보험과 먹을 것, 그리고 주택 등 모든 것을 다 무료로 받을 자격이 있다고 생각한다. 게다가 소득세 같은 건 한 푼도 내지 않는다. 따라서 세금을 낮추겠다는 우리의 공약과 이 사람들은 아무런 관계가 없다." 롬니는 흡사 미국 국민의 거의 절반을 마치 기생충처럼 취급하며 발언한 것이다.

이것은 단순한 말실수가 아니었다. 롬니는 〈월스트리트저널〉의 표현처럼 공화당의 새로운 교리를 표현한 것뿐이었다.[50] 가난한 사람들에 대한 정부의 지원을 반대하는 보수파의 오래된 주장을 새로운 방식으로 표현하면서 결국 롬니는 미국 국민의 거의 절반을 부자들에게 기생하는 사람들로 만들었다. 〈월스트리트저널〉의 표현을 빌리자면 '운이 좋은 녀석들'이라는 것이다. 이런 놀랄 만한 주장이 나온 건 미국 중산층과 근로 빈곤층의 상당수가 소득 세액 공제나 자녀 세액 공제 등 많은 세금 혜택을 보고 있기 때문이었다. 이들은 이런 식으로 소득세를 거의 한 푼도 내지 않을 수 있었다. 위스콘신 정책조사연구소(Wisconsin Policy Research Institute)의 한 연구원은 이런 사람들을 겨냥해 《빈대들의 나라A Nation of Moochers》라는 제목의 책을 쓰기도 했다.

이런 놀라운 주장 뒤에는 코크 가문을 비롯해 다른 부자 이론가들과 연결된 비영리 재단들이 있었다. 바로 헤리티지재단이나 미국기업연구소 같은 곳들이다. 그중에서도 가장 적극적인 태도를 보인 곳은 루스벨트 대통령의 뉴딜 정책에 반대해 만들어진 세금 반대 단체인 세금재단(Tax Foundation)일 것이다. 이 재단은 찰스의 후원과 웨인 게이블의 지도로 어느 때인가 부활했는데, 웨인 게이블은 바로 찰스코크재단의 책임자이며 코크 인더스트리즈의 워싱턴 정계 로비 활동의 우두머리였다. 세금재단을 이끄는 스콧 호지(Scott Hodge)는 이런 모습을 아주 단순하게 설명했다. "세상에는 두 종류의 미국인이 있다. 세금을 내지 않는 사람과 세금을 내는 사람이다."

이를 비판하는 쪽에서는 즉각 이런 주장이 미국의 중산층과 저소득층이 납부하는 수많은 종류의 다른 세금을 무시한 것이라고 지적했다. 이른바 소비세와 갑근세, 그리고 재산세며 자동차 기름에 붙는 세금 등으로, 이런 종류의 간접세는 전체 지출에서 상당 부분을 차지한다. 미국에 세금을 전혀 내지 않는 계층이 있다는 주장은 또한 은퇴자나 학생, 퇴역 군인, 그리고 비자발적 실업자 등 특수한 환경에 처한 사람들을 간과했다. 게다가 부자들 역시 많은 세금 혜택을 받고 있다는 사실 또한 완벽하게 무시했다. 이들은 주택담보대출이며 자선 기부금, 그리고 소득으로 인정되지 않는 다른 수입에 대한 혜택 등 다양한 종류의 세금 우대를 받고 있었다. 롬니 역시 이런저런 방법을 동원해 앞서 언급한 것처럼 전체 수입에서 14% 정도만 세금으로 납부했다. 그렇지만 보수파 정책연구소와 학자들이 만들어내 발전시킨 '세금을 내는 자'와 '혜택만 받는 자'에 대한 이런 그럴듯한 구분은 부유한 보수주의자들의 열렬한 지지를 받았다. 실제로 사실상 모든 증세에 반대해온 일부 보수주의자는 수입이 적은 사람들에게 새로운 세금을 부과하라고 주장하기 시작했으며, 표면적으로는 그것이 공공의 이익을 위한 것인 듯 주장하기도 했다. 온라인 매체인 '슬레이트'의 데이비드 와이겔은 다음과 같이 빈정거리는 글을 남겼다. '공화당은 마침내 세금을 거둘 수 있는 새로운 계층을 찾아냈다. 바로 미국의 가난한 사람들이다.'[51]

사모펀드 투자를 전문으로 하는 블랙스톤의 창립자이자 억만장자인 스티븐 슈워츠먼은 롬니에 앞서 9개월여 전에 비슷한 주장을 한 적이 있다. 두 사람이 말하려는 바는 기본적으로 똑같았다. 블룸버그 TV와의 대담에서 현재와 같은 긴박한 경제 상황 속에서 자신이 납부할 세금이 올라간다면 어떻게 반응하겠냐는 질문에 이자 수익에 대한 세금 혜택을 가장 강력하게 주장해온 슈워츠먼은 부자가 아닌 가난한 사람들이 세금을 더 내야 할 필요가 있다는 의견을 제시했다. "무엇인가를 얻기 원한다면 그만큼 투자해야 하는 법이다." 그의 말이다. "현재 국민의 절반가량이 소득세 납부와 관련 없다는 건 어떻게 보면 참 기이한 일이다. 그리고 나는 지금 세금을 무조건 많이 내자는 것이 아니라 모든 국민이 그 액수에 상관없이 어떻게든 납세의 의무를 지자는 말을 하고 있는 것이다." 정치적으로 예민하지 못한 것은 그렇다 치더라도, 이런 발언은 소득세의 역사에 대한 완벽한 무지를 드러내는 것이다. 소득세는 고작해야 전체 국민의 0.1%에게 부과되는 세금으로 시작됐다. 결코 가난한 사람들을 겨냥해 만들어진 것이 아니다.

당시에 슈워츠먼의 발언은 사람들의 주목을 거의 끌지 못했다. 그렇지만 이후 롬니의 발언 때문에 미국의 부자들이 국민의 절반을 거지로 취급한다는 사실을 알게 된 미국 국민들의 반응은 가히 폭발적이었다. 오바마의 지지율은 민주당 자체 조사에서만 48%에서 50% 사이를 오갔고, 때로는 53%까지 치솟아 롬니를 압도했다. 실제 현장에서도 롬니가 받은 타격은 심각했다. 그의 지지율은 그야말로 추풍낙엽처럼 떨어지고 있었다. 며칠이 지나지 않아 미국 국민의 80% 이상이 이 사실을 알게 됐다. 한 여론 조사에 따르면 북한의 존재를 알고 있는 사람들보다 더 많은 사람들이 롬니의 발언에 대해 알고 있었다고 한다.

오바마 선거 본부는 롬니가 뭔가 변명하는 동안 기꺼이 잠시 공격을 멈추고 있었다. 그렇지만 결국 열흘 뒤 선거 본부는 새로운 텔레비전 광고를 내보내 롬미의 47% 발언을 집중 공격했다. 실제로 광고로 나간 내용은 처음 구상과는 다른데, 처음에는 그 화면상의 배경에 사진작가로 유명한 워커 에번스나 로버트 케네디가 애팔레치아 산맥에서 만난 가난한 사람들의 안쓰러운 모습을 삽입했으나 나중에 그 자리를 중산층의 모습으로 채웠다. 먼저 보안경을 쓴 여성 공장 노동자들이 등장하고, 사다리 근처에 서 있는 히스패닉계 건설 노동자가 등장한다. 카메라가 이동하면 날카로운 눈매의 퇴역 군인들이 해외 파병 경력을 보여주는 모자를 쓰고 모습을 드러낸다. 이들은 결코 가난한 사람들은 아니다. 롬니는 결국 '가장 중요한 전쟁'인 대선의 구도를 극소수의 특권층과 사실상 미국 국민 모두와의 싸움으로 만들어버린 것이다.

검은돈의 배후를 찾아라

거의 대부분의 경우, 코크토퍼스는 우리가 알고 있는 것 이상으로 선거전 기간 동안 많은 역할을 했지만 선거를 한 달 남겨두었을 때에는 그 정교한 선거자금 모금 및 활용 체계가 거의 노출될 위험에 처했다. 캘리포니아의 경우 공정 선거 감시 단체인 공정정치위원회(Fair Political Practices Commission)가 문제가 많았던 두 건의 캘리포니아 주민투표에 영향을 미칠 목적으로 기부된 1,500만 달러의 배후를 밝혀내라는 요구를 하고 나섰다. 그중 한 주민투표는 부자들에 대한 증세의 가부를 결정하는 것이었고, 또 다른 투표는 노조의 정치자금 지원 억제에 대한 것이었다. 1,500만 달러의 정치자금은 정체가 모호한 애리조나의 비영리단체인 '책임 있는 지도력을 위한 미국인들(Americans for Responsible Leadership)'에서 나온 것으로 알려졌지만, 캘리포니아 주 당국은 그 정도에서 넘어가지 않았다. 결국 후원자의 정체를 완전히 밝혀야 한다는 엄격한 선거 관리법에 따라 더 자세한 조사가 시작됐다.

얼마 지나지 않아 캘리포니아 주 당국은 검은돈과 관련된 놀랄 만한 비리를 캐내기 시작했는데, 여기에는 역시 코크 가문과 관련된 수많은 후원자들과 당직자들, 그리고 위장단체 등이 엮여 있었고, 총지휘자는 코크 가문의 정치 고문인 숀 노블이었다. 그가 이끄는 환자권리보호센터가 정체가 밝혀지지 않은 개인 후원자들에게서 돈을 받아 앞서 언급한 애리조나의 비영리단체에 전달했고, 그 돈이 다시 익명으로 캘리포니아로 흘러들어간 것이다. 그리고 그사이에는 버지니아 주 알링턴의 또 다른 비영리단체인 '고용 안정을 지원하는 미국인'이 끼어들어 이리저리 관계 당국의 추적을 어렵게 만들었다. 그렇게 해서 처음 돈을 내준 사람들의 정체는 철저하게 감춰질 수 있었는데, 그중에는 코크 가문 모임에 정기적으로 참석하는 찰스 슈왑도 포함되어 있었다. 슈왑이 찰스에게 보낸 이메일이 공개됐는데, 거기에는 캘리포니아에서의 싸움을 위해 수백만 달러를 요청하는 내용과 선거가 끝나면 골프나 치러 가자는 잡다한 내용이 들어 있었다. '나는 개인적으로 다시 200만 달러를 보태 총 700만 달러를 후원하겠다.' 슈왑은 이메일에 이렇게 썼다. '숀 노블이 이번 일에 아주 큰 도움이 됐다는 사실을 꼭 말해주고 싶다.'

한 내부자의 전언에 따르면 캘리포니아 주 당국의 수사관들이 자신들과 엮여 있는 노블의 자금 운용 과정을 파헤치기 시작하자 코크 형제가 '공황 상태'에 빠져들었다고 한다. "어쨌든 잘못을 했고 어쩌면 법적 책임을 져야 할지도 모른다고 생각했다."[52] 수사 과정에서 붙잡힌 한 캘리포니아 정치 참모의 진술을 통해 자세한 내용들이 드러나기 시작했다. 그는 이번 일이 코크 가문과 관련 있는 몇몇 후원자들이 위스콘신에서 그랬던 것처럼 노조에 반대하는 싸움을 지원하고 싶어 하면서 벌어졌다고 설명했다.[53] "그들은 코크 가문이 하는 방식을 마음에 들어 했다." 문제의 정치 참모 토니 루소의 설명이다. 따라서 그 몇몇 후원자들은 자신에게 노블과 함께 일을 해보자는 제안을 했다고 한다. 노블이 코크 가문의 외부 참모인 것처럼 자신도 그들의 외부 정치 참모 역할을 한 것이다.

장기간에 걸친 조사 끝에 캘리포니아 공정정치위원회의 총책임자인 앤 레이블은 돈세탁 과정에 연관된 것이 분명한 위장단체들의 연결 고리를 폭로했고, 관련자들은 100만 날러라는 기록적인 벌금을 물게 됐다. '비영리단체의 연결 고리를 통해 전국적인 규모의 검은돈에 대한 돈세탁이 이루어졌다. 처음 돈을 준 사람들의 신원은 철저하게 감춰졌다.' 레이블은 사건에 대한 공개 보고서를 통해 이렇게 발표했다. 동시에 여기에 관련된 단체들이 코크 형제들의 모임과도 밀접하게 연결되어 있다고 지적했다.

코크 인더스트리즈는 이번 불법 행위가 부주의 혹은 가장 안 좋은 쪽으로 생각해도 사정을 잘 알지 못해서 일어난 것으로 인정받고 종결됐음을 강조했다. 그리고 코크 가문 사람들이 개인적으로 캘리포니아의 주민투표에 영향을 주기 위해 돈을 기부한 적은 없다고 아울러 강조했다. 또한 노블은 단지 계약 관계로 일하는 사람일 뿐이라고도 주장했다. "코크 인더스트리즈가 이런 단체나 조직에 관여했다고 해서 코크 가문의 인맥이나 연결망 같은 것이 있다는 뜻은 아니다. 왜 이런 이야기가 나오는지 도무지 이해할 수 없다." 코크 인더스트리즈의 법무 담당 고문인 마크 홀덴이 〈폴리티코〉의 보겔과의 대담에서 한 말이다. 그렇지만 보겔은 홀덴의 주장과는 반대로 찰스가 2011년 후원자 모임을 주최하며 자신이 직접 우리의 연결망이라고 표현했음을 지적했다.[54]

2013년 말까지 계속된 캘리포니아 주 사건 이후, 당황한 코크 가문은 노블을 멀리하기 시작했다. 그때까지 미국 소도시의 선량한 시민 같은 모습을 해온 노블은 아내와 함께 일을 해오며 2012년에는 자신과 회사의 업무 대가로 2,400만 달러에 달하는 돈을 청구해 더욱 악명을 떨쳤다. 2,400만 달러는 그가 책임자로 있는 환자권리보호센터 예산의 6분의 1에 해당했다고 〈프로퍼블리카〉는 설명했다.[55] 캘리포니아 주의 수사가 계속 진행되면서 코크 가문은 더욱 교묘하게 노블과 거리를 두었다. "정말이지 아주 교묘하게 일을 잘 처리했다." 노블 친구의 말이다. 이 친구 역시 처벌을 두려워해 자신의 정체를 밝히지 않는 조건으로 대화에 응했다. "그저 열심이 일한 것밖에는 없다. 진실이 무엇이냐고? 억만장자들이 노블을 고용해 돈을 쓰게 했는데 그게 불법 행위로 걸린 것이다. 그래서 노블이 유죄인가? 문제는 노블이 아니다. 그 배후에 있는, 불법적인 사업 자체가 문제고 유죄인 거지!"

검은돈의 패배

대선이 막바지에 접어들면서 대선 결과는 투표율에 달려 있다는 것이 분명해졌다. 다른 어느 곳보다도 특히 오하이오 주에서는 투표율이 높아야 롬니가 유리한 상황이었다. 이곳에서도 코크 가문과 다른 보수파 단체들은 보이지 않는 활약을 했다.

　유권자나 투표율과 관련된 잡음은 여름 내내 계속되어 폭발 직전까지 끓어올랐다. 공화당과 민주당은 비열한 수작을 벌이고 있다고 서로 비난했고, 더 나아가 민주주의 자체를 더럽히고 있다는 비난도 쏟아졌다. 공화당 전국위원회 의장인 라인스 프리버스는 민주당이 투표를 조작하는 비열한 술수를 써서 핵심 선거구 중 최소한 두 곳에서 유권자의 권리를 빼앗아 승리를 가로채려고 한다고 비난했다. 민주당 역시 공화당이 인종차별주의를 계속해서 자극하는 압박 전술로 시민 평등권 운동을 침해하고 있다고 맞섰다. 빌 클린턴은 이렇게까지 선언했다. "미국 역사에서 인두세를 폐지하고 평등한 선거와 투표를 가로막는 모든 장애물들을 제거한 이래 시민의 참정권을 제한하기 위한 가장 치밀하고 집요한 노력이 진행되고 있다." 캘리포니아 주립대학교의 선거법 교수이자 중도파 전문가인 리처드 헤이슨은 선거나 투표 과정에 부정행위가 있다는 주장이야말로 새빨간 거짓말이라고 말하기도 했다. 1980년부터 선거 결과에 따라 조작이나 부정이 있다는 주장이 나오면 관련 조사를 해왔지만 아무런 부정이나 문제도 찾아내지 못한 헤이슨은 그 모든 것은 허황된 신기루에 불과하다고 결론지었다.

그럼에도 불구하고 이런 소동들 때문에 법적 조치가 취해져 2011년에서 2012년 사이 미국 37개 주에서는 투표 당일에 사진이 들어간 공식적인 신분증을 제시해야만 투표할 수 있게 됐다. 또한 전국적으로 정체가 모호한 시민 감시단체들이 속출해 부정 선거를 감시하겠다고 나서기도 했다. 그중 한 단체인 오하이오 공정선거모임(Ohio Voter Integrity Project)은 부정선거를 감시하기 위해 선거인 명부를 확인한 후 지역 선거관리위원회를 설득해 의심스러운 유권자에게 소환장을 보내 자신에게 아무런 문제가 없다는 것을 스스로 증명하게 하기도 했다. 신시내티 주 교외에 살며 평생 민주당만 지지해온 쉰세 살의 테레사 샤프는 이런 소환장을 받고는 감시 단체라고 자칭하는 시민단체가 자신의 집 주소가 없는 주소인 줄 착각하고 문제를 제기했다는 걸 알게 됐다. 아프리카계 미국인인 샤프의 회상이다. "처음 든 생각은 이들이 가난한 흑인을 방해하려 한다는 것이었다. 도대체 누가 내게서 투표할 권리를 빼앗아갈 수 있단 말인가?"[56]

선거 과정에서 발생할지 모르는 부정행위에 대한 공포가 전국으로 퍼져 나가자 그 결과로 자발적인 풀뿌리 시민운동이 생겨났다. 그렇지만 그 깊은 내막을 파헤쳐보면 여기에도 돈이 관련되어 있고, 그 끝에는 부유한 우파 후원자들이 도사리고 있었다. 예를 들어, 테레사 샤프에게 소환장이 가게 만든 오하이오 공정선거모임은 전국 규모의 비영리단체인 '진실한 투표(True the Vote)'에서 관련 작업을 위한 소프트웨어를 지원받았고, 진실한 투표는 각기 다른 방식으로 브래들리재단과 헤리티지재단, 그리고 AFP의 후원을 받았다.

진실한 투표는 스스로 비영리조직이라고 칭하며 시민들의 자발적인 참여로 시민들 자신을 위해 만들어졌으며 합법적 유권자라면 그들이 지지하는 정당에 상관없이 보호하는 것이 자신들의 목표라고 했다.

그렇지만 이 조직을 만든 휴스턴 출신의 티파티 활동가인 캐서린 엥겔브릿은 공화당을 지지하는 변호사이자 헤리티지재단의 연구원이며 진보파의 선거권 개혁을 방해한 전력이 있는 한스 폰 스파콥스키의 도움을 받았다. 헤리티지재단이 이런 문제에 대해 좋지 않은 전력이 있다는 사실은 누구나 알고 있었다. 이 정책연구소를 세운 폴 웨이리치는 공개적으로 이렇게 인정했다. '나는 모든 사람이 공평한 선거권을 갖는 것을 원하지 않는다.' 1980년 그는 자신의 지지자들에게 이렇게 말했다. '솔직히 말해 서민들이 투표를 적게 할수록 선거 결과는 우리에게 유리해진다.'[57]

스파콥스키가 최근에 펴낸《투표 결과의 비밀Who's Counting?》은 부정선거에 대한 선동적인 내용으로 가득 차 있는데, 이 책을 출간한 엔카운터 북스(Encounter Books)는 브래들리재단의 후원을 받고 있으며, 공동 저자인 존 펀드(John Fund)는 헤리티지재단의 연구원이다.[58] 한편 진실한 투표는 브래들리재단의 지원을 받았다. AFP 역시 진실한 투표를 지원했고, 펀드와 엥겔브릿이 주장한 부정선거 문제를 자신들의 중요 정치 사안으로 삼았다.[59]

만일 이들의 목적이 샤프 같은 유권자들을 당황하게 만들거나 겁을 주려는 것이었다면 그것은 큰 오산이었다. 이들은 곧 역풍을 맞았다. 일종의 소규모 청문회에 출석한 샤프는 여섯 명의 가족과 함께 앞으로 나와 자신의 지갑과 각종 신분증명서를 단상에 내던지며 이렇게 물었다. "왜 이렇게 모두들 나를 괴롭히는 건가?" 나중에 그녀는 이렇게 말했다. "마치 인민재판에 끌려나온 것 같았다. 100명 중 아흔아홉 명과 맞서 싸우는 기분이라니! 나는 주변을 둘러보았다. 청문회 위원들과 속기사가 보였다. 모두 백인이었다. 처음 이 문제를 제기한 사람도 백인이었다." 샤프는 이렇게 결론지었다. "내 생각에 이들은 가능한 한

다크 머니

많은 흑인들이 투표하지 못하도록 막고 싶어 하는 것 같았다."

대통령 선거 당일, 민주당 지지자들이 공화당의 예상보다 훨씬 더 많이 적극적으로 투표에 참여하는 모습을 보고 롬니와 그 후원자들은 깜짝 놀라고 말았다. 코크 가문 모임에서는 최소한 4억 700만 달러가 넘는 놀라운 액수의 자금을 이번 대선에 퍼부었다. 그 대부분은 익명의 후원자들에게서 나왔다. 선거 관련 업무를 맡은 코크 가문 직원들은 얼마나 많은 표가 나올지 정확하게 예측할 수 있다고 자신했다. 여론 조사가 허용되는 11월 6일까지도 이들은 롬니의 선거 본부처럼 승리를 장담했었다.

캘리포니아 투표 사건으로 이미 코크 가문에서 밀려난 숀 노블 역시 승리를 확신하고 선거 당일 후원자들에게 곧 온 미국이 기쁜 소식을 접하게 될 것이며, 그것은 자신들은 이미 알고 있는 소식일 거라는 내용의 짧은 서신을 보냈다. 그 소식은 다름 아닌 롬니의 대통령 당선이었다. 그날 오후 4시 30분경, 프랭크 룬츠에게 연락이 왔다. 출구 조사 결과가 그리 좋지 않다는 것이었다. 그렇지만 노블은 물론 롬니를 후원한 거물 단체의 그 누구도 그런 이야기를 믿지 않았다.

밤 11시 12분이 되자 NBC 뉴스에서 오하이오에 있는 오바마를 연결해 그에게 선거 결과를 알려주었다. 폭스 뉴스도 그 뒤를 따랐다. 독립 선거운동 조직인 아메리칸 크로스로즈를 만들고 투표 당일 폭스 뉴스의 해설가로 참석했던 칼 롭은 생방송 중 거의 이성을 잃은 듯한 모습을 보였다. 그는 부자들이 자신의 슈퍼팩에 1억 1,700만 달러를 후원했고, 익명으로 수백, 수천만 달러의 후원금이 흘러들어왔다고 말했다. 그는 역사적인 승리를 거둘 것이라고 그들에게 장담했다. 지금 폭스 뉴스는 선거 결과를 너무 빨리 예측하고 발표했다는 것이 그의 주장이었다. 그렇지만 확인된 표 차이는 그대로였고, 롬니는 대선에서 패배했다.

"무슨 일이 있었느냐고? 엉터리 자료 때문이었다." 코크 가문의 한 내부 인사는 대선 결과가 발표된 후 이렇게 불평했다. 그들은 유권자들의 성향이 2008년 오바마가 승리했을 때와 비슷할 거라고 추정했는데, 2012년의 유권자들은 훨씬 더 다양한 성향을 보였다. 백인과 나이 든 유권자들의 투표 참여율은 저조했고, 히스패닉계 주민들과 여성, 그리고 젊은 유권자들이 더 많이 투표장을 찾았다. 아프리카계 유권자들은 지난 대선과 크게 달라지지 않았으며, 93% 이상이 예상대로 오바마에게 표를 던졌다. 보수파 지지자들이 생각한 미국의 모습은 실제와 크게 달랐던 것이다.

선거 이후 자신의 가장 중요한 후원자들과의 전화 통화에서 롬니는 상황을 조금 다르게 설명했다. 그는 오바마가 지지자들에게 정부의 복지 혜택을 미끼 삼아 선심성 뇌물을 건넨 게 문제라고 했다. '오바마의 선거 전략은 기본적인 지지 계층에 집중되어 엄청나게 많은 혜택을 약속했다. 그리고 아주 공격적으로 그들을 투표소로 이끌었다.'[60]

롬니의 이런 분석을 들은 오바마는 웃음을 터트렸다. "아마도 그 47% 이야기를 또 하고 싶은 모양이군." 측근들에게 대통령이 한 이야기다.

선거가 끝난 후 며칠이 지나 아칸소 주 벤턴빌에서 월마트의 최고 경영진과 회의를 하고 있던 존 매케인 상원의원의 휴대전화가 울리기 시작했다. 전화를 건 사람의 이름이 직접 나오게 설정해둔 터라 전화기에서는 '미트 롬니!'라는 소리가 울려 퍼졌다. '미트 롬니!' 조금 놀란 매케인은 주머니에서 휴대전화를 꺼내 대답했다. 곧장 자리에서 일어나 회의실을 나왔기에 다른 사람들은 대화 내용을 듣지 못했다. 회의실로 돌아온 매케인은 궁금한 표정의 다른 사람들에게 롬니가 대선에서 패배한 후 어떻게 해야 하느냐고 도움을 요청해왔다고 말했다. "나는 우선 그에게 내가 저질렀던 실수에 대해 이야기해주었다. 대선에서 패배하고 나자 집사람은 내게 따뜻한 섬나라로 가서 좀 쉬라고 말했다. 내 생애 최악의 실수였지." 매케인의 이야기는 계속됐다. "그다음에는 그냥 다시 하던 일로 돌아갔다. 그랬더니 견딜 만했다. 그래서 롬니에게 이런 충고를 해주었다. '다시 하던 일로 돌아가라.'" 하지만 문제가 있었다. 누군가 빈정거렸듯 롬니에게는 그가 놀고먹는다고 비난했던 47%의 국민들처럼 할 일이 없었다.

정치 평론가들은 2012년 대선에서 돈은 선거 결과에 거의 아무런 영향을 미치지 못했다고 결론 내렸다. 〈폴리티코〉는 대선 관련 기사의 제목을 원래 기획했던 '돈으로 선거를 사다'에서 '돈으로 선거를 망치다?'로 바꿨다. 최종적으로 확인한 결과 지난 대선과 하원의원 선거전에 들어간 돈은 대략 70억 달러로 추산됐다. 지금까지 있었던 미국 선거전 중 가장 많은 비용이 들어간 셈이다. "필요한 만큼 쓰겠다"고 공언했던 셸던 아델슨은 혼자 거의 1억 5,000만 달러를 선거전에 쏟아부었다. 그중 9,200만 달러의 사용처는 알려지지 않았다. 지금까지도 그 내역은 정확하게 알 길이 없다. 1,500만 달러 정도가 코크 가문이 관련된 AFP에 흘러들어갔다고 전해질 뿐이다.[61]

슈퍼팩들과 독립적으로 활동했던 단체들은 거의 무제한에 가까운 지원을 받아 25억 달러라는 천문학적 금액을 선거전에 사용했지만 아무것도 바뀌지 않았다. 오바마는 백악관에 그대로 남았고, 민주당도 상원을 계속 지배했으며, 공화당은 그전처럼 하원의 다수당으로 남았다.

코크 가문이나 다른 후원자들은 대선에서의 패배를 깨끗하게 받아들일 수 없었다. "사람들은 격노했다." 한 관계자의 회상이다. 크게 실망했지만 그 어느 때보다 군건한 의지로 정신을 차린 찰스는 모임 참석자들에게 다음 모임이 1월에서 4월로 연기됐다며, 그동안 자신과 직원들은 이번 대선 패배의 원인을 분석하고 있겠다는 내용의 이메일을 보냈다. '자유롭고 풍요로운 미국을 건설하겠다는 우리의 목표는 우리가 생각했던 것보다 더 어려운 일이 됐다. 그렇지만 우리는 이 싸움을 결코 포기하지 않고 계속해 나갈 것이다.'[62]

언론의 분석을 보면 돈으로 정치에 영향을 미친 다양하고 은밀한 방법들을 확인할 수 있다. 엄청나게 돈이 많은 우파의 극단주의자들은 비록 대선에서는 패배했지만 미국 민주주의의 본질을 바꿔버렸다. 이들은 공공 선거 과정의 상당 부분을 개인이 관여할 수 있도록 만들었으며, 미국의 두 정당 중 한 곳을 지배하게 됐다. 실제로 데이비드는 공화당 전당대회에 대표 대리 자격으로 참석했는데, 이는 공화당이 얼마나 많이 변했는지 보여주는 상징적인 사건이었다.[63] 아니, 어쩌면 데이비드 자신이 변한 것 아닐까. 전당대회에서 그는 동성 결혼에 찬성하는 입장을 보였다. 앞에서도 한 번 언급했지만 그는 오래전 동성애와 관련해 다른 형제들과 함께 큰형을 위협한 적이 있었다. 코크 가문은 동성 결혼 문제에 대해 재정적인 후원 같은 것은 하지 않았다. 데이비드의 개인적인 의견은 공화당에 어떠한 실질적인 영향도 주지 못했다.

그렇지만 기후 변화와 세금 정책, 사회복지 예산과 현재 공화당이 과거와는 다른 입장을 보이고 있는 선거 지원 내역 공개 등 다른 문제에 대해서는 코크 가문과 그들의 정치적인 동지들의 뜻이 그대로 반영됐다. 대기 오염 방지법을 강화하자는 이야기는 더 이상 전혀 나오지 않았고, 정교한 예측이 없는 이른바 '미신 경제학'에 대한 조롱도 사라졌으며, 부시 행정부 시절의 통치 이념인 온정적 보수주의 혹은 건강보험으로 노년층에 의약품을 저렴하게 공급하는 등의 정책을 지지하자는 의견도 사라졌다. 그들에게 정부는 공공의 이익을 위해 존재하는 것이 아니라 일종의 필요악이었다.

일반적인 예측과 달리 시민연합 판결은 기업의 정치자금 제공을 엄청나게 늘리는 계기는 되지 못했다. 대신 극소수의 엄청난 개인 부호들에게 극단적이면서도 자신만을 위한 문제를 내세울 수 있는 권한을 주었다. 중도 성향의 선라이트재단이 대선 후 분석을 통해 결론을 내린 것처럼 거대 재벌들이 미국 정치의 감시자가 된 것이다. 미국 인구의 1만 분의 1 혹은 '1% 중의 1%'가 한 번에 하나씩 수용할 수 있는 담론의 수위를 결정하고 있었다.[64]

오바마는 재선에 성공했다. 그렇지만 자신이 돈의 힘을 이겼다는 착각은 하지 않았다. "나는 미국 전역에 수많은 후원자들의 모임이 갖고 있는 거대한 힘의 정체를 이미 경험한 대통령이다." 그가 몇몇 지지자들에게 한 말이다.[65] 그리고 그 역시 자신의 후원자들을 통해 코크 형제가 얼마를 쓰든 거기에 대응할 수 있었다. 그렇지만 오바마는 이런 경고를 잊지 않았다. "나는 다음 대통령 후보가 똑같은 방식으로 그들에게 대응할 수 있을지 확신할 수 없다." 메시나 역시 같은 생각이었다. "이번에는 그들이 전략적으로 크게 실수한 것 같다. 그렇지만 다음에도 똑같은 실수를 할 거라고는 생각하지 않는다."

13 역전의 발판

대선 다음 날, 노스캐롤라이나 주 롤리의 힐스보로 스트리트에 있는 공화당 당사에 조기(弔旗) 같은 건 내걸리지 않았다. 워싱턴에서는 여러 전문가들이 모여 오바마의 승리는 금권정치의 실패를 증명해주는 것이라고 선언했다. 그렇지만 공화당은 적어도 노스캐롤라이나 주에서만큼은 대대적으로 승리를 축하했는데, 에드 길레피스가 18개월 전 코크 가문 모임에서 설명한 REDMAP 계획이 놀라울 정도로 잘 먹혀들어갔던 것이다. 공화당은 주 의회를 확실하게 장악했고, 선거구도 감탄이 나올 정도로 교묘하게 다시 잘 정해 전체 득표수가 민주당에는 뒤졌지만 결국 의석수에서 다수당이 될 수 있었다. 2012년 민주당 지지자들이 전국적으로 결집해 투표율을 높였지만 다른 많은 주에서도 이와 비슷한 방식으로 공화당이 의회를 장악했는데, 이는 아주 기이한 결과처럼 보였으나 절대로 우연의 일치는 아니었다.[1]

노스캐롤라이나 주는 코크 가문 방식을 적용해본 일종의 실험실이었고, 그 실험은 성공을 거두었다.

"몇 년 전 우리는 몇 개의 주를 골라 우리의 뜻을 펼쳐보기로 했다." AFP를 이끄는 팀 필립스가 2013년에 한 설명이다.² '노스캐롤라이나 주는 아주 훌륭한 기회의 장이 되어주었다. 미국의 그 어떤 주보다 우리의 기대에 훌륭하게 부응한 것이다. 다른 주들도 이렇게 바뀌 나갈 수만 있다면 우리는 진정한 개혁을 이루어낼 수 있을지도 모른다.'

필립스는 코크 가문의 정치 조직이나 단체들이 도대체 얼마나 많은 돈을 노스캐롤라이나 주에 퍼부어 공화당과 보수파가 권력을 잡을 수 있도록 도왔는지에 대해서는 언급을 피했다.³ "어쨌든 상당한 도움을 받았다." 그는 이렇게만 말했다. "우리가 가장 적극적으로 활동을 한 곳 중 하나가 바로 노스캐롤라이나 주다."

'게리맨더링'의 달인 호펠러의 등장

공화당이 노스캐롤라이나 주 의회를 장악하려는 계획의 제1단계가 2010년에 시작됐다면, 제2단계는 2011년 2월에 시작됐다. 특정 정당에 유리한 기형적이고 불평등한 선거구 획정, 그러니까 이른바 '게리맨더링'의 달인인 백발의 톰 호펠러(Tom Hofeller)가 힐스보로 스트리트의 공화당 당사에 그 모습을 드러낸 것이다.

그리고 내실 하나가 지도를 작성하기 위해 준비됐다.

의회 선거구를 결정하는 데 바탕이 되는 인구 조사 결과는 아직 발표되지도 않았지만 호펠러는 처음부터 모든 것에 완벽을 기하지 않으면 못 견디는 성격이었다. 컴퓨터가 등장하면서 선거구 결정은 값비싸고 냉정하며 매우 정교한 과학적 작업으로 바뀌었다. 1970년대부터 공화당을 위해 이 일을 해온 최고의 전문가 호펠러는 이념에 따라 다양하게 구분되는 미국의 각 주를 치열한 정치전쟁의 현장으로 만들었다. 그의 컴퓨터에는 '맵티튜드(Maptitude)'라는 프로그램이 깔려 있었는데,

여기에는 인종 문제까지 포함해 전국 인구 분포의 세부 사항이 다 들어 있었다.

호펠러는 그동안 공화당 당직자로 일해왔지만, 2011년 개인 사업자로 돌아서서 외부의 거대 조직들을 위해 일하기 시작했다. 물론 이에 따른 세부 지출이나 금전 문제는 외부에 알려지지 않았지만, 나중에 있었던 소송과 관련된 자료에 따르면 호펠러는 노스캐롤라이나 주를 열 번이나 찾아가 공화당과 가능한 한 많은 의석을 확실하게 확보할 수 있는 방책을 논의했다. 이 작업을 통해 그가 받은 수고비는 16만 6,000달러에 달했다.[4]

작업 과정은 철저하게 비밀에 부쳐졌으며 작업실 출입도 엄격하게 통제됐다. 그렇지만 최소한 우리가 알 만한 유명인 한 사람은 자유로운 출입을 허락받았는데, 그가 바로 할인점 재벌이자 코크 가문의 오랜 동지, 그리고 노스캐롤라이나 주에서 정치자금을 가장 많이 후원하는 아트 포프였다. 그는 일종의 고문 자격으로 이곳에 나타났다.

'우리는 작업용 컴퓨터를 앞에 두고 함께 일했다.' 기술진 중 한 사람인 조엘 라프가 훗날 법정 진술에서 한 말이다.[5] "그는 바로 내 옆에 앉아 있었다." 포프는 변호사 자격이 있지만 실제 업무 경험은 없으며, 선거로 뽑히는 공직도 경험한 적이 없었다. 그렇지만 노스캐롤라이나 주 의회 공화당 지도부는 그런 포프를 소리 소문도 없이 이렇게 정치적으로 민감한 사안에 대한 공동 고문으로 임명했다.

게리맨더링은 미국의 역사만큼이나 오래된 양 정당의 첨예한 대립 과정이라 할 수 있다. 시민연합 판결 이후 게리맨더링에서 달라진 점은 철저히 정치적인 입장에서 진행되던 과정이 이제는 선거로 선출되는 일과 관련 없는 부자들이 필요한 자금을 지원하고 관여하는 과정으로 바뀌었다는 것이다. 이 작업을 위해 부자들은 우선 정치와는 무관한 사회복지를 위한 조직이라고 주장하는 위장단체들을 앞세웠다. 그리고 이런 단체들은 코크 가문처럼 세계에서 가장 큰 기업이나 재벌들의 후원을 받았다. 외부에서 흘러들어와 정치의 아주 밑바닥부터 채워 올라오는 이런 막대한 정치자금은 그 형태도 아주 다양했다. "코크 가문 덕분에 공화당은 주 의회를 장악할 수 있었다." 오바마의 정치 고문 데이비드 엑설로드의 평가다.[6] "공화당은 위에서 지시하고 아래에서 따르는 방식이었다면, 코크 가문은 다른 계획을 가지고 있었다. 바로 풀뿌리 조직을 만드는 것이다. 이건 아주 영리한 방식으로, 민주당은 이와 비슷한 대응 방식을 가지고 있지 못했다. 코크 가문과 그 무리는 정말이지 조직 하나만큼은 끝내주게 만들고 운영했다."

〈프로퍼블리카〉의 보도에 따르면, 호펠러와 그의 직원들은 주 정부지도재단(State Government Leadership Foundation)이라는, 검은돈으로 만들어진 단체를 위해 일했다.[7] 이 단체는 길레피스가 REDMAP 계획을 실행하기 위해 만든 공화당 주별 지도부위원회지부의 일종이었다. 그렇지만 이 재단은 세법 501(c)(4)를 적용받는 '사회복지' 단체로, 후원자들의 신분을 법적으로 밝히지 않아도 상관없었다. 여기에 노스캐롤라이나 주에서 벌어지는 활동을 감추기 위해 하나 더 추가된 단체가 바로 '공정하고 합법적인 노스캐롤라이나 선거구 획정(Fair and Legal Redistricting for North Carolina)'으로, 이 단체 역시 검은돈의 후원을 받았다.

이들의 활동은 자금 조달 과정과 마찬가지로 비밀스럽게 이루어졌다. 호펠러는 자신의 컴퓨터만을 사용해 파워포인트로 회의를 주관했다. 그러면서도 '보안 철저'라는 경고를 항상 잊지 않았다.[8] 그는 특히 개인용 컴퓨터 사용과 보안에 주의하라라고 말하면서 이메일은 편리하지만 무서운 적이 될 수도 있다고 경고했다. 또한 자신과 함께하는 작업에서는 '개인적으로 은밀히 연락하거나 혹은 안전한 전화를 사용하라!' '필요 이상의 노출은 삼가라!' '자신을 중도파나 초당파라고 소개하는 사람을 특히 조심하고 이유 없는 선물을 경계하라"는 지침을 강조했다. 호펠러는 그런 사람들은 아마 우리의 친구가 아닐 것이라고 덧붙였다.

이론적으로만 보면 선거구 획정 과정은 1인 1표라는 가장 기본적인 민주주의의 원칙을 반영해야 하며, 새롭게 진행된 인구 조사 결과와 분석에 따라 미국 전역 435개에 달하는 하원의원 선거구에는 새롭게 바뀐 미국의 인구분포도가 공정하게 반영되어야 한다. 이런 공정함을 내세우며 노스캐롤라이나 주의 공화당 의원들은 선거구 획정을 위한 공청회를 열어 어떤 방법이 최선인지에 대해 시민들의 의견과 제안을 들었다. '우리는 선거구 획정에 대해 시민 여러분이 기본적으로 어떤 생각과 이상을 가지고 있는지 듣고 고민하기 위해 이 자리에 모였다.' 이 과정을 책임진 주 상원위원회 위원장이 더럼에 모인 사람들 앞에서 한 말이다. 그렇지만 나중에 호펠러가 인정한 바에 따르면 실제로 일반 시민들의 의견은 전혀 반영되지 않았다.[9]

호펠러가 작업을 끝내고 만든 새로운 선거구 지도에 따르면 민주당이 가져갈 수 있는 의석의 숫자는 크게 줄어든다. 이를 위해 호펠러의 직원들은 이미 아프리카계 미국인 유권자들이 잔뜩 몰려 있는 세 개 선거구에 소수 민족 유권자들을 모아버렸다. 이렇게 하면 백인이 주류를 이루면서 공화당을 지지하는 선거구가 더 늘어나게 되며, 이런 선거구에서 민주당이 승리할 확률은 크게 떨어진다. 실제로 이렇게 만들어진 새로운 선거구 지도를 통해 인종과 표심이 분리되어 민주당을 지지하는 유권자들은 한 구역에 몰리게 되지만, 결국 다수당은 공화당이 차지하게 될 가능성이 더 커진다.

진보 단체는 새로운 선거구 지도가 소수 민족의 투표권을 보호하는 투표 권리법(Voting Rights Act)을 침해한다고 주장하며 소송을 제기했고, 공화당 출신 공무원들은 당연히 아무런 문제가 없다고 맞섰다. 여기에서도 정체를 알 수 없는 현금이 유입됐다. 바로 포프를 비롯해 코크 가문 모임의 다른 참석자들과 관련된 검은돈의 단체들이 소송 결과에 영향을 주기 위해 개입하기 시작한 것이다.

소송은 노스캐롤라이나 주 대법원까지 올라갔지만 그곳은 이미 공화당이 4 대 3으로 과반수를 차지하고 있는 곳이었다. 따라서 공화당이 주도한 선거구 계획이 그대로 인정받을 확률이 더 컸다. 그런데 판결이 나기 전인 2012년에 대법원 판사들을 뽑는 선거가 있을 예정이었기 때문에 보수파는 대법원에서의 과반수를 확보하기가 어려워질지도 모른다는 염려를 하게 됐다. 민주당 출신의 도전자가 승리하면 대법원의 정치적 무게 중심이 민주당으로 기울어지고, 공화당의 선거구 계획은 수포로 돌아갈 수도 있었다.[10]

선거에서 패배할 것으로 우려되던 공화당 출신 판사인 폴 뉴비를 구하기 위해 외부에서 딱 적절한 시점에 막대한 현금이 흘러 들어갔다. 이 외부 단체들은 230만 달러 이상의 자금을 동원해 뉴비를 도왔는데, 사법부 관련 선거에 이 정도의 선거자금이 동원된 것은 아주 이례적인 일이다. 자금의 출처를 추적하는 것은 아주 복잡한 일로, 사실 보통 시민이라면 거의 불가능에 가까운 일이다. 그렇지만 결국 그 배후에 길레피스가 이끄는 공화당 주별 지도부위원회와 포프의 회사인 버라이어티 홀세일러, 그리고 코크 가문의 단체인 AFP였다는 사실이 밝혀졌다.[11] 선거자금은 대부분 언론 광고에 투입되어 공화당 판사가 범죄에 단호하게 대처하는 모습을 크게 부각시켰다.

선거는 끝났고 뉴비는 가까스로 재선에 성공했다. 그리고 얼마 지나지 않아 노스캐롤라이나 주 대법원은 공화당이 주도한 선거구 계획을 승인했다. 그렇지만 2015년 미국 연방대법원은 이 문제를 처음부터 다시 재고해 보라는 명령을 내렸다. 소수 인종으로만 채워진 선거구는 인종 차별의 한 형태가 될 수 있다는 이유에서였다. 그렇지만 이미 그 무렵 선거는 끝났고 노스캐롤라이나 주 후보들은 하원에 안착했으며 다수당이 된 공화당은 다시 새롭게 오바마 행정부의 정책에 격렬하게 저항할 수 있게 됐다.

노동 운동과 긴밀한 관계였던 민주당 전략가인 스티브 로젠탈(Steve Rosenthal)은 '우리를 패배시킨 건 결국 그 배후에 있는 힘이었다'고 인정했다. 후원자들의 돈이 대거 선거에 투입되면서 공화당은 자신들의 정치적 주장을 전면에 내세울 수 있었을 뿐만 아니라 장차 크게 성장할 수 있는 민주당의 차세대 하급 선출직 공직자들을 미리 다 제거할 수 있었다. 단지 노스캐롤라이나 주에서만 이런 일이 벌어진 게 아니었다. 2010년과 2014년 연속으로 중간선거에서 패배한 민주당은 전국적으로 900여 개가 넘는 의석과 11개 주지사 자리를 잃었다고 민주당 전국 위원회는 보고했다.[12]

길레피스의 REDMAP 계획은 엄청난 성공을 거두었다. 노스캐롤라이나 주는 오랜 세월 동안 정치적으로 분열되어 있거나 민주당과 공화당이 한 치의 양보도 없이 혈전을 벌이던 주였다. 2008년에는 오바마를 지지했다가 2012년에는 그 반대로 돌아섰는데, 마치 처음부터 공화당을 지지해온 것처럼 순식간에 그렇게 돌아섰다. 그해 11월 공화당은 노스캐롤라이나 주지사 자리를 차지했고 주 상하원에서 거부권을 막아낼 수 있을 만큼의 다수 의석을 확보했다. 남북전쟁 이후 처음으로 공화당이 주 정부를 완전히 장악할 수 있게 된 것이다. 또한 호펠러의 기술이 발휘된 선거구 지도 덕분에 공화당은 연방 하원의원 선거에서도 승리를 거둬 민주당 7석, 공화당 6석이던 상황이 2010년에 공화당 9석, 민주당 4석으로 바뀌었다.

아트 포프의 농단

이런 선거 결과로 가장 큰 혜택을 본 것은 다름 아닌 아트 포프였다. 처음에는 그저 뒤에서 보이지 않게 영향력을 발휘했지만 이제는 공권력의 바로 중심부에 자리하게 되었다. 공화당 출신의 새로운 주지사 패트 맥크로리는 취임 직후 자신을 후원한 포프를 주의 예산 국장으로 지명해 많은 사람들을 놀라게 했다.[13] 노스캐롤라이나 주 유권자들은 1992년 포프가 부지사 선거에 출마했을 때 그를 떨어뜨린 전력이 있고, 주 의회 역시 주립대학교의 운영위원회 위원 등 주 정부가 임명해야 하는 여러 직책에 그가 지원했을 때 역시 그를 승인해주지 않았다. 포프는 많은 존경을 받고 있었지만 사랑받는 인물은 아니었다. 처음에는 가까운 사이였으나 사이가 틀어진 공화당 의원 리처드 모건은 포프가 동료들 사이에서조차 별로 인기가 없었다고 말했다. 항상 자신은 옳고 다른 사람들은 다 틀렸다는 식의 태도가 포프의 문제라고 모건은 지적했다.[14]

포프는 어쨌든 노스캐롤라이나 주에서 두 번째로 강력한 권력을 지닌 공직자가 됐다. 예산 국장으로서 그는 주지사에게 가장 크게 영향력을 미칠 수 있게 됐으며, 상하 양원에서 압도적인 다수 의석을 차지한 공화당의 지원을 받았고, 주 정부의 활동에 예산을 지원할 것인지 결정하는 엄청난 권력을 쥐게 되었다. 주 정부의 예산을 삭감하는 것은 그의 오래된 희망 사항이었다. 모건은 포프가 오랜 시간 동안 숫자와 씨름을 했다고 회상했다. "포프가 작업을 끝내고 나면 찾아내지 못한 예산 항목 같은 건 전혀 없을 정도였다." 이제 포프는 노스캐롤라

이나 주 전체를 바꿀 수 있는 기회를 잡은 셈이었다.[15]

소수가 지배하는 과두정치를 전문적으로 연구한 정치학자 제프리 윈터스는 미국에서 이런 거침없는 금권정치가 직접적으로 영향을 발휘하게 된 건 아주 이례적인 일이라고 설명했다.[16] 엄청난 부자들이 직접 통치에 나서 위험스러울 정도로 많은 간섭을 시작한 것이다. 뉴욕 시장을 지낸 마이클 블룸버그처럼 지금까지 자신의 막대한 재산을 이용해 미국의 공직에 오른 사람들은 일반적으로 소수가 지배하는 과두정치처럼 보이지 않게 하기 위해 애를 써왔다. 포프도 분명 그런 위험을 짐작했을 것이다. 그는 자신은 봉급도 포기할 것이고 예산 국장 자리에 1년만 머무를 것이라고 조심스럽게 이야기했다. 그렇지만 그가 개인적인 이익을 위해 일할지도 모른다는 의심은 사람들 사이에 금방 퍼졌다. 노스캐롤라이나 주 정부가 가난한 사람들에게 돌아갈 비용으로 부자들을 위한 정책을 펼치자 정치와 금권력이 결탁한 상황에 대해 뜨거운 논쟁이 시작됐고, 특히 아트 포프의 예산 계획과 그 동기에 대해 많은 이야기가 오갔다.

몇 개월 뒤 의회는 주의 세법과 예산을 밑바닥부터 철저하게 확인했다. 거의 모든 문제에 대해 의회는 우파의 지침을 따랐다. 이 지침을 처음 만든 건 존로크재단(John Locke Foundation)과 시민연구소(Civitas Institute)라는 두 정책 연구소로, 그중에서도 시민 연구소는 포프 가문이 세운 1억 5,000만 달러 규모의 존윌리엄포프재단에서 대부분의 예산을 후원해 만들어졌다. 이를 비판하는 쪽은 시민연구소가 포프의 이념 공장이나 다름없으며 노스캐롤라이나 주의 정치를 우파 쪽으로 더 밀어붙이는 강력한 원동력이라고 비난했다. 물론, 포프는 이런 설명을 인정하지 않았다. "시민연구소는 나와 관련이 없으며, 내가 소유하고 있지도 않다." 그렇지만 포프 가문의 재단이 2005년 시민연구소가 만들어진 이래 전체 기금의 97%에 해당하는 800만 달러가량을 부담해왔다는 것은 분명한 사실이다. 그리고 포프는 이 연구소의 이사 중 한 사람이었다. 포프 가문 재단은 또한 존로크재단 기금의 80% 이상을 부담했다. 나머지는 담배 회사들과 코크 가문이 운영하는 두 재단이 지원했다.

실제로 1980년대가 시작되자 포프와 그의 가문이 후원하는 재단은 6,000만 달러를 들여 노스캐롤라이나 주에 보수파의 이념을 체계적으로 발전시키는 사업을 시작했으며, 또 다른 보수주의 정부의 역할을 했다는 것이 공화당 정치 고문인 디 스튜어트(Dee Stewart)의 설명이다.[17]

미국의 정책 연구소는 세법 501(c)(3)에 해당되는 조직으로, 교회나 대학교, 그리고 자선단체와 똑같은 세금 혜택을 누린다. 이런 조직은 법적으로 정치에 관여하거나 어떤 식으로든 로비 활동을 벌이는 것이 금지되어 있지만, 그 기준은 사실 확실히 정해져 있지 않다.[18] 예를 들어, 포프 가문과 관련된 정책 연구소들의 고위 책임자들은 공화당 선거 본부와 포프가 이사장으로 있는 AFP를 들락거렸던 사람들이다. 이런 정책 연구소의 연구원들은 의원들을 위해 의안을 만들고 확인하며, 주 의회에 대한 자신들의 영향력을 더 강화했다. 포프는 이런 사실을 매우 자랑스럽게 여기며 보수파의 비영리단체인 자선 원탁회의(Philanthropy Roundtable) 모임에 참석해 이렇게 말했다. "한 세대 만에 우리는 노스캐롤라이나의 공공정책을 왼쪽에서 오른쪽으로 이동시켰다."

자신들의 이념을 알리는 사업을 위해 6,000만 달러를 쓴 포프와 그의 가족 재단은 2010년과 2012년에도 선거에 출마한 후보들과 공화당 위원회를 위해 50만 달러를 따로 쓰기도 했다. 또한 포프리 회사인 버라이어티 홀세일러도 이 시기 100만 달러 이상을 독자적인 선거운동을 벌이고 있던 외부 단체와 조직들에 후원했다. 노스캐롤라이나 주에

서 포프는 그의 정치 고문 중 한 사람인 스콧 펠리스의 말처럼 또 다른 코크 형제나 다름없었다.[19]

공화당이 노스캐롤라이나 주 의회를 장악하면서 뒤에 숨어 있던 검은돈의 진면목이 전면에 드러난다. 그리고 몇 개월이 지나지 않아 주 의회는 개인 정책 연구소들이 몇 년 동안 준비해온 보수주의 정책을 실행에 옮겼다. 우선 부자들과 기업에 대한 세금 부담을 줄여주면서, 동시에 중산층과 가난한 사람들에 대한 혜택과 지원을 줄였고, 환경 관련 정책들을 중단시켰으며, 여성이 낙태할 수 있는 기준을 엄격하게 적용했다. 또한 동성 결혼을 법으로 금지시키는 정책을 지지했고, 총집에 들어 있어 겉으로 드러나 보이지 않으면 권총을 술집이나 야외 혹은 학교 교정 내에서 휴대하는 것을 합법화했다.

그리고 새로운 관료주의라고밖에 볼 수 없는 투표권 행사를 방해하는 정책들도 시작됐다. 예컨대 인두세나 차별적 성격이 짙은 읽기와 쓰기 시험 등은 민주당을 지지하는 가난한 소수민족 유권자들이 투표하는 것을 어렵게 만들도록 고안된 새로운 장애물이라고 이를 비판하는 쪽은 주장했다. 선거법 전문가인 리처드 해이슨은 이렇게 선언했다. "나는 감히 투표 저지 방책이라고 부를 수밖에 없는 이런 정책들을 예전에는 한 번도 본 적 없다."[20] 사우스캐롤라이나주립대학교의 역사학자이자 미국 남부 지방 역사에 정통한 댄 T. 카터는 만일 다른 곳에 살고 있는 친구들이 노스캐롤라이나 주의 실태가 밖에서 보는 것만큼 심각하냐고 묻는다면 "아니, 그보다 훨씬 더 안 좋은 상황이다"라고 대답할 수밖에 없다고 말하기도 했다.[21]

공화당 의원들은 자신들의 새로운 정책들을 통해 주민들이 자신들이 힘들게 벌어들인 수익을 더 유용하게 쓸 수 있게 됐다고 주장했다. 그렇지만 AP통신이 전한 한 시민 감시 단체의 분석에 따르면, 이른바 근로 빈곤층은 더 많은 세금을 내는 동안 부자들은 더 많은 것을 챙겨가게 됐다는 것이다. 노스캐롤라이나 주의 시민 감시 단체인 예산과 세금센터(Budget and Tax Center)는 절약된 예산의 75%가 상위 5% 납세자들에게 혜택으로 돌아갔다고 추산했다. 의회는 저소득층 노동자들의 근로 소득세 관련 혜택을 모두 줄여버렸다. 또한 상속세를 폐지하면서 이후 5년 동안 3억 달러 정도의 세수 손실이 발생할 것으로 예상했다. 그렇지만 이런 여러 세금 혜택 등은 결국 여기에 해당될 정도로 많은 유산이 오가는 극소수의 부자들에게만 돌아가 2011년에 상속세 폐지 혜택을 본 경우는 23건에 불과했다. 여기에는 기존 세법에 따라 이미 처음 상속받는 535만 달러에 대해 세금 면제 혜택을 주고 있는 것도 한 가지 이유가 됐다. 이런 식으로 상위 부자들이 혜택을 받는 세제를 처음 제안한 건 포프가 지원하는 시민연구소로, 여기에는 공급 중심의 경제학을 창안해 논란의 중심이 된 특별 고문인 아서 래퍼의 도움이 컸다.

의회는 또한 실업 수당을 크게 줄여 더 이상 연방정부에서 실업 보조를 위해 비상시 지급하는 7억 8,000만 달러의 예산을 받을 수 없게 됐다. 그런 정책이 아니었더라면 받을 수 있는 예산이었다. 그 결과, 미국에서 다섯 번째로 실업률이 높은 주인 노스캐롤라이나 주는 곧 가장 적은 실업 급여를 주는 주가 됐다.

노스캐롤라이나 주 정부는 또한 노년층의 건강보험 지원 확대를 거부해 오바마 대통령이 통과시킨 새로운 건강보험법에 따라 무료로 혜택을 받을 수 있던 사람들이 그 혜택을 받을 수 없게 됐다. 이는 개인 보험을 들지 않은 저소득층 주민 50만 명이 무료로 건강보험 지원을 받을 수 있는 길을 사실상 막아버린 것이다. 하버드대학교와 뉴욕대학교의 보건 문제 전문가들이 실시한 한 연구에 따르면, 이렇게 보험 지원을 막아버림으로써 1년에 455명~1,145명의 희생자가 발생할 수 있다.

포프는 자유의지론자들이 흔히 말하는 '세상에 공짜 점심은 없다'는 말을 즐겨 사용했는데, 노스캐롤라이나 주에서 그가 예산 국장으로서 벌인 일들을 보면 과연 이 말이 옳다는 것이 증명됐다. 부자들을 위한 세금 감면 혜택으로 1년에 수억 달러에 달하는 세수 손실이 발생하는데, 그렇다면 누군가는 그 자리를 채워야 한다. 따라서 주 의회는 그동안 노스캐롤라이나가 다른 남부의 여러 주들과 다르게 칭찬을 받아온 정책에 손을 대게 됐다. 바로 공공교육 체계였다.[22]

공격은 체계적으로 시작됐다.[23] 의원들은 공공교육 예산을 줄여 나가는 한편 사립교육 바우처 제도를 공식적으로 승인했다. 이들은 보조교사 제도를 폐지했으며, 교사의 봉급을 줄여 미국 내 21위였던 봉급 수준이 46위까지 떨어졌다. 의원들은 또한 좋은 성과를 기록한 교사들에게 지급되던 성과급을 폐지하고, 미취학 아동들을 위한 우수한 지원 과정에 대한 예산도 줄여 나갔다. 유권자들은 이런 예산 삭감에 격렬하게 저항하며 한시적으로나마 판매세를 1% 올리는 방법으로 교육 관련 예산을 유지하려고 했지만, AFP가 시작한 증세 반대 약속에 서명한 상당수의 의원들은 아랑곳하지 않고 교육 예산을 줄여 나갔다.

노스캐롤라이나 주의 명망 높은 주립대학의 교육 체제 역시 타격을 받았다. 이념 전쟁의 불이 붙은 것이다. 포프 가문과 지지자들은 대학 지원을 줄이자는 주장을 오랫동안 지원해왔으며, 포프 가문의 또 다른 비영리단체인 고등 교육 정책을 위한 존윌리엄포프센터(John William Pope Center for Higher Education Policy) 연구원들은 지금의 대학 교육 체계가 과격파들에게 유리하게 돌아가고 있다고 공격하며 정부의 지원을 무익한 일이라고 주장하며, 의원들에게는 잘못된 교육에 대한 지원을 중단하라고 요구했다. 존윌리엄포프센터는 대학 교수들의 투표 기록을 파헤쳐 이들의 정치 성향을 알아내려고 했다. 공화당이 의회의 다수당이 되자 의회는 재빨리 예산 삭감에 들어가 등록금은 인상됐고, 교직원은 정리 해고당했으며, 장학금 혜택도 줄어들었다. 주 헌법에서 고등 교육은 모든 주민들이 실질적으로 무료로 누릴 수 있는 것이 되어야 한다고 명시되어 있는데도 불구하고 이런 정책이 실시된 것이다.

노스캐롤라이나대학교 총장을 역임한, 존경받는 교육계 인사인 빌 프라이데이는 2012년 사망하기 얼마 전 이런 변화를 통해 많은 중산층과 가난한 사람들이 고등 교육의 혜택을 받지 못하게 되는 것이 아닌가 두렵다는 고백을 하기도 했다. "도대체 무슨 일들을 하고 있는 것인가? 희망의 문을 눈앞에서 닫아버리겠다는 것인가?" 그는 이런 질문을 던졌다.[24] "전쟁이 시작된 것이다. 정부의 진짜 역할에 대항하는 전쟁이었다. 나는 이것이 정말로 비극적인 모습이라고 생각한다. 그동안 노스캐롤라이나 주를 다른 곳들과 차별화하는 원동력이 과연 무엇이었는데."

포프 가문 모임이 대학 예산을 줄이기 위한 전쟁을 벌이는 동안, 포프는 자신이 좋아하는 주제와 관련된 교육 과정에는 개인적인 후원을 아끼지 않았다. 서구 문명과 자유시장 경제 등이 바로 그것이다. 포프가 기부한 50만 달러를 가지고 노스캐롤라이나주립대학교는 보수주의자들이 원하는 강좌를 개설해 유지할 수 있었다. 존로크재단과 협력하며 강사를 섭외하는 일을 맡았던 한 교수는 "당연히 진보주의 경제학자인 폴 크루그먼 같은 인사는 초청받지 못할 것으로 생각한다"고 인정했다.[25] 몇몇 교직원들은 포프의 지원을 학계마저 장악하려는 시도로 봤다. "견딜 수 없을 만큼 슬픈 일이다." 노스캐롤라이나주립대학교의 영어 교수인 캣 워렌의 말이다. 그녀에 따르면 포프는 고등 교육 예산을 줄이는 데 성공하더니 이제는 그걸 이용해 교육 과정 전체에 대한 자신의 영향력을 늘리려 했다.[26]

존 로크 재단 역시 노스캐롤라이나 주의 역사 연구 과정을 후원했는데, 이 과정은 주의 역사 교육 방식을 새롭게 정립하는 것이 목표였으며, 개인의 성공이라고 불릴 만한 일들을 지지하는 데 있어 이에 따른 사회 운동과 정부의 역할을 대수롭지 않게 여기는 고등학교 교사들에게 온라인 강좌를 제공하려는 것이었다. 비슷한 맥락에서 주 상원의 공화당 의원들은 2015년 노스캐롤라이나 주의 고등학교 학생들이 미국 역사의 일부로 보수주의 원칙을 공부해야만 하는 법안을 통과시켰다. 그 과정을 공부하지 못하면 졸업할 수 없는 내용의 법안이었다. 이 법안은 특히 세금과 지출에 대한 정부의 권한을 헌법으로 제한하는 내용을 강조했는데,[27] 진보파 시민 감시 단체인 노스캐롤라이나 주 정책 감시단의 소장인 크리스 피츠사이먼은 이 모든 것이 자신의 이념과 철학을 좀 더 교육적인 차원에서 지원하고 퍼트리기 위한 포프의 계획이라고 했다.

포프는 자신의 이름이 널리 알려지는 것만큼 많은 비난을 받게 됐다. 미국의 흑인 인권 단체인 NAACP는 매주 월요일 '깨끗한 월요일'이라는 이름의 행사를 통해 노스캐롤라이나 주도에서 시작해 주 정부가 우파로 기울고 있는 상황에 항의했으며, 마침내 포프의 회사인 버라이어티 홀세일러 소속의 대형 할인 매장 앞에서 시위하기 시작했다.

심지어 몇몇 공화당 지지자까지도 포프가 너무 많이 나갔다며 공격했는데, CBS와 폭스 텔레비전 소속의 지방 방송국을 소유하고 있는 캐피톨 브로드캐스팅 컴퍼니(Capitol Broadcasting Company)의 회장 겸 CEO인 짐 굿몬(Jim Goodmon)은 이렇게 말했다. "나는 공화당원이지만 지금 노스캐롤라이나의 상황에 심히 당황하고 있다. 이게 모두 다 아트 포프 때문이다."[28] 굿몬은 노스캐롤라이나 주의 보수파와 깊은 유대관계를 형성하고 있었으며, 그의 할아버지인 A. J. 플레처는 보수 강경파로 이름 높은 상원의원 제시 헴스의 가장 큰 후원자 중 한 사람이었다. 굿몬은 포프의 영향력을 반공동체적인 것으로 규정하며 이렇게 덧붙였다. "그들은 정부를 비난하는 방식으로 권력을 손에 넣었다. 그리고 유일하게 내세우는 정책이라고는 부자들의 세금을 줄여주는 것뿐이다." 그는 이렇게 결론을 내렸다. "그런 식으로는 아무것도 발전시킬 수 없다. 그저 중산층과 가난한 사람들을 파멸시킬 뿐이다."

아트 포프의 변명

롤리의 버라이어티 홀세일러의 본사 건물에 있는 주차장이 내려다보이는 한 사무실에서 포프는 자신을 극단주의 과격파로 부르는 사람들에게 모든 것은 다 오해라고 간단하게 해명했다. "좌파에서는 희생양이 필요하다 싶으면 내 이름을 던져준다." 그는 또 이렇게 이야기했다. "아트 포프에 대한 몇 가지 평판은 나도 들었다. 그런 식으로 입에 오르내리는 아트 포프라면 나도 싫다. 그런 포프는 나도 모르는 사람이다. 만일 사람들의 말이 맞다면 나는 나 자신의 많은 부분이 싫어질 것이다. 그런데 다행히 사람들의 평가는 사실이 아니다."

거의 네 시간 가까이 이어진 대담에서 그는 마치 변호사가 장황하게 변론하듯 자신과 같은 보수주의자들은 노스캐롤라이나 주에서 언제나 비주류에 불과했으며, 자신의 예산 계획은 단지 수입과 지출의 균형을 맞추려는 노력의 일환일 뿐이라고 주장했다. 포프는 단순히 자기 기업의 이익을 위해 일하는 것이 아니라 추상적인 이념과 이상을 위해 일하는 것이라고 말하며 스스로를 정치적으로는 보수주의자이지만 철학적으로는 전통적인 진보주의자라고 규정지었다. 그는 자신이 후원하는 비영리단체나 조직들이 자신이 벌이고 있는 사업들의 입장, 예컨대 최저 임금에 반대하는 것 등을 어느 정도 대변하는 것은 사실이라고 인정했다.[29] 실제로 진보적 성향의 사업가인 딘 데브넘 같은 비판 세력은 포프가 과거 노예를 부리던 대농장 시절의 사고방식을 그대로 가지고 있다고 비난했다. 가난한 사람들 중에서도 가장 가난한 사람들을 희생양으로 삼아 부자들 중에서도 가장 부자인 사람들의 이념과 뜻을 펼치는 데 주력한다는 것이다.[30] 그렇지만 포프는 자신의 입장을 강화하기 위해 지금까지 그런 활동을 펼쳐온 것은 아니라고 말했다. 17세기 영국의 철학자이자 사상가였던 존 로크의 전통에 따라 자신은 시민이 자신의 노동을 통해 부를 이루었을 때 사회가 최고로 그 기능을 다할 수 있다고 믿고 있을 뿐이라는 것이었다.

케이토연구재단의 여름 강좌를 듣고 처음 자유시장 이론을 접한 포프는 미국에서 경제적 불평등이 심화되는 것과 관련해서 부자가 나타나고 사라지는 것은 끊임없이 반복해서 일어나는 일이기 때문에 걱정할 필요가 없는 문제라고 주장했다.[31] 그는 모든 미국인들에게는 성공할 수 있는 공정한 기회가 주어져 있다고 말했다. 농구 스타인 마이클 조던이나 팝스타 믹 재거를 예로 들며 포프는 이렇게 되물었다. "그 사람들의 돈을 왜 다시 빼앗지 않는가? 그렇게 엄청난 돈을 벌어들이다니 불공평하지 않은가?" 그러면서 그는 이렇게 말했다. "나는 빌 게이츠가 이룬 부를 부러워하지 않는다. 그리고 미국은 귀족이 통치하는 나라도, 금권을 앞세운 재벌들이 통치하는 나라도 아니다."

그는 사람들이 가난한 것은 그들이 잘못된 선택을 했기 때문에 그렇게 됐을 가능성이 크다고 했다. "가난한 사람들을 보면 그 이유가 나이나 결혼의 여부와 관련 있다. 아직 젊고 혼자 산다면 그런 환경에서 아이를 혼자 낳아 키워서는 절대로 안 된다. 그러다가 고등학교도 제대로 못 마치면 제대로 된 직장을 얻을 수 있겠는가? 그렇게 해서 하위 20%에 들어가게 되는 것이다."

포프가 지원하는 비영리단체들도 이런 '자신의 선택에 의한 결과'라는 관점을 반복해서 전달했다. 예를 들어, 시민연구소의 한 연구원은 미국의 가난한 사람들은 대부분의 진보주의자들이 주장하는 것보다는 더 잘 살고 있다고 주장했다. 연구원 보브 루브키는 가난한 사람들도 집과 냉장고를 가지고 있으며 케이블 방송도 보고 있다는 헤리티지재단의 한 연구결과를 예로 들며 이렇게 단언했다. "언론에서 과장해서 보여주는 가난한 사람들의 실태는 결국 허구에 불과하다." 포프의 재능 있는 부하 직원이면서 존로크재단을 나와 2015년에 존윌리엄포프재단의 총책임자가 된 존 후드도 이렇게 강조했다. "노스캐롤라이나 주와 미국 전체의 빈곤의 실태는 심하게 과장되어 있다." 그리고 그의 주장에 따르면 가난이 발생하는 이유는 대부분 본인이 스스로 나쁜 길을 선택한 결과라는 것이다.

노스캐롤라이나주립대학교의 법학과 소속인 '빈곤과 노동, 기회센터(Center on Poverty, Work, and Opportunity)'의 소장인 진 니콜은 노스캐롤라이나 주 유색 인종 아이들의 3분의 1은 가난한 환경에서 살고 있는데, 이것은 결국 아이들이 시작부터 가난하게 출발했기 때문이며, 개인의 선택과는 아무런 상관없는 문제라고 지적했다. 그렇지만 포프와 지지자들은 학교에 압력을 넣어 결국 2015년 이 센터를 폐쇄시키고 말았다. 소장인 니콜이 공화당의 정책을 비판하고 나선 이후의 일이다.

사실 포프는 가난에 대한 경험이 거의 없다. 그는 아주 부유한 가문에서 태어나 고급 사립학교를 다녔으며 노스캐롤라이나대학교와 듀크대학교에서 공부했다. 그리고 가족이 운영하는 할인 매장 사업에 뛰어들었는데, 이미 그의 할아버지가 터를 닦고 아버지가 크게 확장해 놓은 사업이었다. 그럼에도 불구하고 포프는 종종 자신은 편하게 상속받은 사람이 아니라고 강조했다. 그는 자신의 아버지가 자녀들에게 가족이 운영하는 상점에서 필요한 물건을 돈을 주고 사라고 요구했다는 일화를 들려주었다. 찰스나 그 모임에 속해 있는 수많은 다른 사람들처럼 포프 역시 자기 자신의 힘으로 여기까지 왔다고 믿고 있다. 포프를 잘 알고 있는 사람들은 그가 엄청나게 열심히 일하고 거의 강박적일 정도로 사치를 멀리한다는 사실은 인정한다. 그렇지만 그 역시 부모로부터 많은 것을 물려받은 금수저이며, 거기에는 그가 지금까지 정치활동을 하며 쏟아부은 수십, 수백 만 달러의 돈도 포함되어 있다.

1992년 포프가 노스캐롤라이나 주 부지사로 출마했을 때 선거 본부장을 맡았던 스콧 펠리스는 한 가지 일화를 생생하게 기억했다. 포프의 아버지에게 선거에 필요한 자금을 일종의 기부 형태로 받으러 갔을 때의 일이다. "그가 수표책을 꺼내며 이렇게 물었다. '얼마면 되지?' 그러자 포프가 대답했다. '글쎄요, 한 6만 달러쯤요.' 포프의 아버지는 뭔가 투덜거렸고 나는 깜짝 놀라 자리에서 벌떡 일어섰다. '너무 큰 액수 아닙니까?' 그러자 포프의 아버지는 이렇게 대꾸했다. '글쎄, 어쨌든 그건 포프가 물려받을 재산의 일부이니까. 그걸로 뭘 하든 큰 상관은 없겠지.' 그런데 그 모습은 '자, 아들아 돈을 받아가거라'와는 조금 달랐다." 펠리스의 회상이다. "그건 마치 '여기 네 몫이 있으니 가지고 썩 꺼져!' 뭐 그런 느낌이었다."[32]

기록을 살펴보면 선거가 포프의 패배로 막을 내리기 전에 포프의 부모가 그에게 대출을 해주고 받지 못한 돈은 대략 33만 달러에 이른다. 물가상승률을 감안하면 현재 가치로 50만 달러를 뛰어넘는다.

펠리스는 포프에 대해 이렇게 말했다. "포프는 누군가 가난한 사람이 있으면 그건 그 사람이 열심히 일하지 않아서라고 생각했다. 모든 것이 일종의 자유 경쟁과 선택이라는 사상에서 비롯된 것이다. 포프가 아버지의 사업을 더 크게 키웠으며, 아주 영민하고 정치 감각이 있다는 것은 어느 정도 사실이다. 그렇지만 포프는 은수저나 금수저가 아니라 아예 다이아몬드 수저를 입에 물고 태어난 것이나 다름없는 사람이다." 팰리스는 이렇게 결론을 내렸다. "누구든 그렇게 백지 수표를 뿌릴 수 있다면 아주 쉽게 정치적인 영향력을 발휘할 수 있을 것이다."

노스캐롤라이나 주 민주당을 이끄는 데이비드 파커는 포프가 특권층으로 태어난 사실 자체를 얼버무리려 한다고 비난했다.[33] "포프는 늘 청교도의 근면 성실한 직업의식에 대해 이야기하지만 아주 고전적인 방식으로 돈을 거머쥐었다. 그냥 부자 집안에서 태어난 것이다." 그는 또 이렇게 덧붙였다. "우리는 모두 아트 포프가 만들어낸 환상의 세상에 사로잡혀 있다."

주 단위로 세력을 확장하는 보수파 세력

포프가 노스캐롤라이나 주에서 후원한 이념 생산 방식은 이례적으로 아주 강력한 위력을 발휘했다. 그렇지만 오바마가 대통령에 재선됐을 무렵, 보수주의자들이 미국 전역에 수백만 달러를 들여 구축한 다른 비영리 재단이나 단체의 협력 체계는 제대로 그 기능을 발휘하지 못했다. 보수주의자들이 원래 연방주의를 지지하며 중앙집권화된 권력에 의심을 품었기 때문에, 이런 모습은 어쩌면 자연스러운 현상인지도 몰랐다. 19세기 남북전쟁부터 20세기 중반의 인권 운동 시대에 이르기까지 보수주의자들은 미국 각 주의 고유 권리를 줄기차게 내세웠다. 특히 남부 지방에서 그런 모습을 더 자주 찾아볼 수 있었다. 역사적으로 보면 각 지방 정부는 중앙 정부의 간섭에 계속 저항해왔으며, 이런 와중에 인종 차별 문제가 자주 함께 발생하곤 했는데, 1980년대 레이건 행정부가 들어서자 이런 모습은 친기업적인 형태로 바뀌어 나타났다. 루이스 파월이나 윌리엄 사이먼 같은 보수주의 기업가들이 내세우는 기업의 이익은 미국 전역에서 진보파가 주장하는 공공의 이익과 충돌했고, 보수주의자들의 연합은 미국 각 주와 지역에서 자신들의 뜻을 내세울 수 있는 비슷한 조직과 단체들을 결성했다. 이런 노력을 펼친 대표적인 인물인 토머스 A. 로는 사우스캐롤라이나 주의 그린빌 출신으로 노조를 인정하지 않는 건설 회사를 운영하는 재벌이었는데, 그는 1980년대 헤리티지재단의 동료 이사들 앞에서 이렇게 선언했다. "당신들은 소비에트 연방을 책임져라. 나는 미국을 책임지겠다."[34]

로는 1992년 주 정책연합(State Policy Network)을 발족시킨다. 각 주에 있는 보수주의 정책연구소를 전국적인 규모로 연계해 활동하는 조직이었다. 2012년 주 정책연합에 참여한 정책연구소는 모두 64개에 달했으며, 미국의 각 주에 한 곳 이상의 중심 거점을 확보하자는 등 별로 색다를 것 없는 정책 보고서 등을 발표했다. 노스캐롤라이나 주에서도 포프 가문이 만든 정책연구소 두 곳이 모두 이 연합에 참여했다. 회장인 트레이시 샤프는 각 정책연구소들이 지독히도 독립적인 성향을 띠고 있다고 설명했다. 그렇지만 실제로 조직 내부에서는 스스로 전 세계적인 규모의 조립식 가정용품 전문 기업인 이케아(Ikea)에 비유하고 있었다. 샤프는 2013년 연례 모임에 참석한 800명이 넘는 회원들에게 이케아의 경영 사례를 통해 자신들이 보유하고 있는 역량과 제공할 수 있는 활동 영역의 목록을 체계적으로 정리해 각 지역 정책연구소들이 이를 누구나 쉽게 조합해낼 수 있도록 지원해야 한다고 말했다. 그녀는 이렇게 말했다. "필요한 것들을 가져가서 각 지역에 맞게 가장 좋은 형태로 만들어내라."[35]

2011년 주 정책연합의 예산은 무려 8,320만 달러까지 치솟았다.[36] 각 주의 정책 연구소들을 모으고 관리하는 일은 100여 명의 협력 단체 회원들이 맡아서 했는데, 여기에는 AFP와 케이토연구재단, 헤리티지재단, 그리고 코크 가문도 지원하고 있는 그로버 노퀴스트의 세금 개혁을 위한 미국인들도 포함되어 있었다.

우파가 미국의 각 주 단위로 세력을 확장하는 일에 더욱 힘을 보태 준 것이 바로 미국입법교류협의회다. 웨이리치가 만든 이 단체는 1970년대 이후 놀라울 정도의 규모로 성장했다. 출범 당시의 필요한 비용을 대부분 책임진 것은 다름 아닌 리처드 멜론 스카이프였다. 이를 비판하는 쪽은 이 협의회를 두고 보수파 기업들의 '법안 생산 공장'이라고도 불렀다. 수천 개가 넘는 사업체들이 엄청난 참가비를 내고 지역 공직자들과 은밀한 회합을 가졌다. 그리고 그 자리에서 함께 만들어낸 법안들은 곧 각 주의 의원들에게 전달되어 그들이 직접 발의한 법안으로 소개됐다. 미국입법교류협의회는 평균적으로 1년에 1,000건 이상의 새로운 법안을 만들어냈는데, 그중 200건 이상이 각 주의 정식 법이 됐다.[37] 주 정책연합 소속 정책연구소 중 29개는 미국입법교류협의회에도 속해 있으며, 법안과 관련된 연구 결과를 제공한다.

미국입법교류협의회는 여러 가지 면에서 기업의 로비 활동과 닮았지만 스스로 세법 501(c)(3)에 의해 세금을 면제받는 교육 단체로 규정한다. 그렇지만 회원들에게는 자신들의 성과를 크게 과시했는데, 자신들과 함께하는 것이 기업을 위한 아주 좋은 투자라는 것이다. 이들은 어디에서도 이보다 더 큰 투자 대비 이익을 거둘 순 없을 것이라고 주장했다.[38] 혹시 있을지 모를 잡음을 피하기 위해 의원들은 자신들이 만든 법안의 원안의 출처가 어디인지 언급하지 않도록 주의했지만, 위스콘신 주 의원에서 훗날 주지사까지 오른 토미 톰슨은 이렇게 인정했다. "미국입법교류협의회의 회의에 참석하는 것은 언제나 즐거운 일이었다. 그곳에 가면 항상 좋은 의견들을 듣고 올 수 있기 때문이다. 회의를 마치고 위스콘신으로 돌아오면 거기서 들은 이야기들을 조금 정리해 내가 생각한 법안이라고 발표했다."

코크 가문은 이미 오래전부터 이렇게 미국 각 주를 겨냥한 활동에 자금을 지원해왔다. 코크 인더스트리즈는 이미 20년 가까이 미국입법교류협의회의 기업 이사회에 자사 대표를 파견해왔다. 이 시기 미국입법교류협의회는 코크 인더스트리즈 같은 에너지 관련 기업들이 관심을 가질 만한 화석연료와 관련된 수많은 법안들을 제안했다. 2013년 한 해 동안만 정부가 새로운 대체 에너지 개발 계획을 지원하는 것을 막는 70여 개의 법안을 만들어낸 것이다.

훗날 코크 가문은 스스로 사법제도 개혁의 대표 주자라고 내세웠지만, 미국입법교류협의회와 함께 활동하는 동안에는 엄격한 징역형을 더 많이 적용할 것을 주장하는 데 힘을 보탰고, 결국 미국의 형무소가 감당하지 못할 만큼 죄수들이 늘어나는 결과를 초래하기도 했다. 미국입법교류협의회에서 가장 활발하게 활동한 회원은 영리를 목적으로 한 민간 교도소 산업이었다. 1995년 미국입법교류협의회는 마약 사범들에게 최소한의 의무 징역형을 내리는 정책을 지지하기 시작했는데, 그로부터 2년 뒤 찰스는 미국입법교류협의회에 43만 달러의 긴급자금을 지원했다.[39]

2009년 미국 각 주의 보수주의 운동은 새로운 국면을 맞이한다. 주정책연합은 프랭클린 뉴스센터(Franklin Center for Government and Public Integrity)라는 새로운 단체와 공동으로 자체적인 조사 보도 내용을 제공하며, 미국 40여 개 주에서 보도 전문 사무소를 개설했다. 소속 기자들은 취재한 내용을 자체 통신사와 인터넷 웹 사이트를 통해 제공했다. 이런 취재 기자들 중 상당수는 주 정책연합이 제공하는 내용에 의지했으며, 미국입법교류협의회가 우선순위로 내세우는 법안들을 지지하는 활동을 했다. 기자들이 정부의 정책을 공격하는 일은 아주 흔하다. 특히 오바마 대통령이 추진하는 정책에 대해서는 이런 성향이 강하다. 이들은 중립적인 시민 감시 단체의 역할을 하고 있다고 주장하지만, 이들이 보도하는 내용은 대부분 자신들을 지원하는 보수주의자들의 의도를 반영하고 있다.

전문 언론인들은 곧 프랭클린 뉴스센터가 자신들이 내보내는 소식을 뉴스라고 부르는 것에 이의를 제기했다. 위스콘신 주 메디슨의 〈캐피털 타임스The Capital Times〉에서 편집자로 근무하다 은퇴한 데이브 와이펠(Dave Zweifel)은 이들이 운영하는 인터넷 웹사이트를 '양의 탈을 쓴 늑대' 혹은 '객관적인 보도의 전통을 망치는 또 다른 위험'이라고 불렀다.[40] 여론 조사 기관인 퓨리서치센터(Pew Research Center)의 언론사 평가에 따르면 프랭클린 뉴스센터의 보도는 지나치게 이념적이다. 그렇지만 이 센터를 세운 제이슨 스트렉은 그런 평가에 구애받지 않았다. 그는 한 보수주의자들의 모임에 참석해 프랭클린 뉴스센터는 미국 전역에서 기존의 언론 중 상당수가 경제적 문제로 어려움을 겪으며 발생한 공백을 메울 계획이라고 말했다. 그러면서도 누가 센터를 경제적으로 후원하고 있는지는 밝히기를 거부했다.[41]

시간이 지나면서 이 세 단체는 미국의 각 주에서 보수주의 혁명이라고 할 만한 활동이 밑바닥에서부터 서서히 일어나도록 만들었는데, 이 활동의 목적은 오바마의 정책을 수포로 돌아가게 하는 것이었다. 이들 단체의 자금은 대부분 누군가 위에서 내려주는 방식으로, 거대 다국적 기업들이 이들을 후원했는데 거기에는 코크 인더스트리즈, 담배 회사인 RJ레널즈와 필립모리스, 마이크로소프트, 컴캐스트(Comcast), AT&T, 버라이즌(Verizon), 글락소스미스클라인(GlaxoSmithKline), 그리고 크라프트 푸드(Kraft food) 등이 포함되어 있었다. 소수의 엄청난 부자 후원자들과 그들의 개인 재단들도 역시 여기에 힘을 보탰다.

대부분의 돈은 우선 앞서 언급했던 후원자 개인의 신분을 밝히지 않기 위해 만들어진 후원자신탁으로 들어가 그들의 흔적을 지웠다.[42] 대략 200여 명에 달하는 엄청난 부자들과 그들의 개인 재단들이 7,500만 달러 이상을 1999년부터 후원자신탁과 그 자매 단체라고 할 수 있는 후원자펀드에 보냈다. 그중 상당수가 코크 가문 모임에도 참석하는 사람들이었다.

상대적으로 적은 숫자의 후원자들이 보낸 돈으로 후원자신탁은 2011년 프랭클린 뉴스센터 수입의 95%를 책임졌다. 후원자신탁과 후원자펀드를 떠받치는 거물급 후원자들은 또한 5,000만 달러 이상을 2008년부터 2011년까지 주 정책연합 산하의 정책연구소에 지원했는데, 이 금액은 곧 더 늘어났다.[43] 후원자신탁을 운영하면서 동시에 주 정책 연합 이사회의 이사장을 함께 맡던 휘트니 볼은 오바마 정부 때 보수주의 후원자들은 미국의 각 주에서 변화를 이끌어낼 수 있는 더 나은 기회를 찾게 됐다고 설명했다.[44]

셧다운 전략으로 과격하게 저항하는 보수파

2013년 가을, 노스캐롤라이나 주에서 보수파가 승리한 여파는 비단 노스캐롤라이나 주 안에서만 머물지 않았다. 이때 새롭게 획정된 선거구에서 당선된 공화당의 초선 하원의원 한 사람이 연방정부의 '셧다운', 그러니까 업무 부분 정지로 이어지는 과정이 시작되는 데 도움을 주었다. 이 일화는 공화당을 지지하는 과격화된 후원자들이 불과 몇 년 전만 해도 거의 상상할 수조차 없었던 양극화된 정치를 만들어냈다는 점에서 하나의 좋은 사례가 될 수 있다.

2012년 하원의원에 당선될 때까지 마크 매도즈는 노스캐롤라이나 주 서부 끝자락에 있는 한 식당의 주인으로, 일요일이면 주일학교에서 성경 교사를 하던 평범한 사람이었다. 그보다 앞서 이 변두리 산악 지역의 11번 하원의원 선거구에서 당선되어 의정 활동을 한 사람은 미식축구 쿼터백 출신의 보수적인 민주당 인사인 히스 슐러였다. 그렇지만 의도적인 선거구 조정으로 많은 민주당 지지자들이 이 선거구에서 빠져나가게 됐고, 슐러는 재선 가능성이 없는 곳에서 돈과 시간을 낭비하느니 차라리 정계에서 은퇴하는 것을 선택한다. 그리고 그 자리를 공화당 출신의 매도즈가 차지하게 된 것이다.

의원 생활을 시작한 지 8개월도 채 되지 않아 매도즈는 전국적인 유명세를 치렀다. 바로 하원의 공화당 지도부에게 돈지갑을 열어 오바마의 건강보험 개혁안을 저지하라고 요구한 것이다. 그 무렵 오바마의 개혁 법안은 대법원에 상정되어 있다가 유권자들이 2012년 오바마를 다시 대통령으로 선택함으로써 확정된 터였다. 매도즈는 공화당이 일종의 태업을 벌여 관련 예산이 집행되는 것을 막아야 한다고 주장했다. 그리고 만일 뜻대로 되지 않는다면 정부의 업무 정지 상황이 벌어지도록 만들어야 한다고 했다. 2013년 가을, 매도즈는 공화당 하원의원 79명에게 이런 계획을 찬성한다는 서명을 받아내는 데 성공하고 하원 의장인 존 베이너를 압박하기 시작했다. 베이너는 과격한 방식에는 반대했지만, 이들의 요구에 응할 수밖에 없었다.

매도즈는 나중에 언론이 자신의 역할을 지나치게 과장해 보도했다고 비난했지만, 그는 지역 티파티 단체로부터 '우리의 영웅'이라는 찬사를 들었다. CNN은 그를 2013년 정부 셧다운의 설계자라고도 불렀다. 그렇지만 하원의 과격파가 뒤로 물러나기를 거부하며 사실상 연방 정부 전체가 10월에 16일 동안 업무를 중단하자 세간의 평판은 부정적인 쪽으로 흘렀다. 정부의 필수 업무가 거의 대부분 중단됨에 따라 미국 국민들이 큰 곤란을 겪게 된 것이다. 매도즈의 지역구에서도 연방 정부의 예산 집행에 따라 운영되는 주간 어린이집이 문을 닫아 부모들을 곤란하게 만들었으며, 근처에 있는 국립공원도 폐쇄되어 찾아온 관광객들이 큰 불편을 겪었다. 여론 조사에 따르면 국민들의 여론은 이런 셧다운에 크게 반발했으며, 심지어 〈워싱턴포스트〉의 특별 기고자이자 보수주의자인 찰스 크라우스해머조차 이렇게 대응하는 공화당 의원들을 자살 특공대라고까지 불렀다.

그렇지만 2010년 선거구 재조정은 〈뉴요커〉의 라이언 리자의 말처럼 '역사에 남을 기이한 현상'을 만들어내[45] 이제 정치적인 극단주의자들이 나타나 아무런 타협도 하지 않고, 심지어 자신들이 속해 있는 정당의 지도부의 말도 듣지 않게 됐다. 반면에 새롭게 만들어진 초보수주의 성향의 선거구 출신 공화당 의원들이 마주하게 된 유일한 위협은 자신들보다 더 보수적인 후보자들의 도전뿐이었다.

숫자로만 살펴보면 이 80명의 자살 특공대가 얼마나 소수이며 비주류에 속하는지를 알 수 있는데, 이들은 미국 전체 인구의 불과 18%만 대표할 뿐이며, 전체 공화당 하원의원의 3분의 1에 불과한 숫자다. 게리맨더링을 통해 만들어진 이들의 지역구는 인종적 다양성이라고는 찾아볼 수 없으며, 미국의 다른 지역 전체보다도 더 우편향적인 성향이 두드러졌다. 이들의 출현은 아주 이례적인 일이지만, 공화당을 지지하는 과격파 후원자들의 힘을 얻어 자신들의 규모에는 어울리지 않는 막강한 힘을 휘두르게 됐다.

라이언 리자는 이렇게 적었다. '이전에는 이념적으로 극단적인 성향을 보이는 소수라도 당 지도부의 통제를 따랐다. 그런데 지금 하원을 보면 공화당의 경우 당의 원칙이 사라졌다는 것을 알 수 있다.' 당의 지도부는 더 이상 권위를 유지하지 못했다. 외부에서 흘러들어오는 막대한 액수의 검은돈은 2012년 대선을 사지는 못했지만 미국 정부를 마비 상태에 빠트리는 데에는 성공했다.[46]

물론 매도즈가 혼자서 정부의 업무 마비를 불러올 수 있었던 것은 아니다. 셧다운 전략의 상당 부분을 조율하고 이끈 것은 역시 2012년 우파를 지지하는 외부 자금의 도움으로 텍사스 주에서 상원의원에 당선된 테드 크루즈(Ted Cruz)였다. 한편, 이름만 들어도 알 만한 공화당 거물 지지자들의 후원을 받는 보수주의 비영리단체들도 매도즈가 관련 청원을 할 수 있도록 도우며 동시에 각 주를 기반으로 오바마 케어에 반대하는 거대한 운동을 조직했는데, 그 기세가 얼마나 대단했는지 1954년 공공 교육기관에서의 흑인 차별을 금지한 대법원의 판결에 남부 지방들이 격렬하게 저항했던 모습이 떠오를 정도였다. 마치 분리와 차별 정책을 지지하는 사람들처럼 이들 역시 자신들의 패배를 결코 인정하지 않았다.[47]

대부분의 미국 국민들은 이런 과격한 대응에 깜짝 놀랐지만 보수파 활동가들은 사실 그전부터 이런 다양한 저항 운동을 은밀하게 계획하고 있었다.

이런 과격한 대응 뒤에 숨어 있던 진짜 분노가 어떤 것인지는 조지 메이슨 대학교의 법학 교수인 마이클 그레베가 2010년에 열린 미국기업연구소 회의에서 한 말에 분명하게 드러난다. 그레베 교수는 정부 규제를 반대하고 자유시장을 옹호하는 워싱턴의 정책 연구소인 경쟁 기업 연구소(Competitive Enterprise Institute) 소장으로 오바마 케어를 극렬하게 반대했는데, 브래들리와 쿠어스, 코크, 그리고 스카이 재단 및 여러 거대 기업들이 그의 연구소를 후원했다. 그레베 교수의 연설 중 다음과 같은 말이 있다. '이 개자식은 깨끗한 정치를 위해서라도 죽여버려야 한다.[48] 손발을 자르든 심장을 꿰뚫든 방법 따위는 상관없다. 아니, 목을 조르거나 개척시대처럼 온몸에 타르를 뿌리고 깃털을 씌워 조리돌림을 해도 아무 상관없다. 누가 그걸 하는지도 개의치 않겠다. 아무 곳이나 상관없다. 법정이든 아니 미국 하원에서라도 말이다. 무슨 방법을 쓰든 얼마의 비용이 들든 충분히 그럴 만한 가치가 있는 일이다. 이를 위해서는 아주 작은 실천도 도움이 되며 어떤 말로 하는 공격이나 행동도 다 미국을 위한 애국하는 길이 될 것이다.'

이런 과격한 저항은 2012년 봄 대법원에서 정당하다는 판결을 내리고 그해 가을 미국 국민들이 오바마를 다시 선택함으로써 종지부를 찍게 된다. 우파는 다시 전열을 정비했다. 〈뉴욕타임스〉는 훗날 이런 기사를 올렸는데, '보수파 활동가들의 느슨한 연합'이 워싱턴에 비밀리에 모여들기 시작해 오바마의 건강 개혁 법안을 어떻게 하면 무너뜨릴 수 있을지 모의하기 시작했다는 것이다.[49] 이 회합을 통해 '오바마 케어에 예산이 들어가지 못하도록 하는 계획'을 만들었다. 여기에는 스스로 '보수주의 행동파(Conservative Action Project)'라고 부르는 40여 개 가까운 보수파 단체들이 참여했다.[50] 이들을 이끄는 사람은 레이건 행정부에서 요직을 맡았던 에드윈 미스 3세였다. 팔순을 넘긴 보수주의 운동의 지도자는 헤리티지재단의 종신 연구원이며 조지메이슨대학교 머케터스센터의 이사이기도 한데, 코크 가문 모임에도 자주 참석했다. 건강보험 정책에 들어가는 예산 집행을 의회에서 제동 걸자는 이들의 계획을 받아들여 실천한 것이 바로 매도즈였다.

이들의 또 다른 계획은 연방정부의 법을 따르지 않는 분위기를 만들어내는 거대한 '교육' 활동이었다. 이런 활동은 각 주의 공무원들과 시민들이 함께 벌이는 것으로, 실제로 노스캐롤라이나 주는 의료 보험 거래소를 설치하라는 연방정부의 명령을 이런 식으로 거부한 적이 있었다. 코크 가문의 사업단체인 프리덤 파트너 상공회의소가 이 싸움에 들어가는 비용의 상당 부분을 책임졌다.[51] 이들은 청년들이 중심이 된 위장단체인 '각 세대를 위한 기회'를 이용해 인터넷에 아주 저속한 분위기의 만화를 올렸다. 미국의 상징이라고 할 수 있는 엉클 샘이 부인과 진찰받고 있는 젊은 여성의 다리 사이를 뛰어다니는 모습을 보여주면서 개인의 건강 문제에 정부가 관여하는 정책에 대한 두려움이나 거부감을 퍼트리려고 했던 것이다. 그런데 코크 가문의 단체나 조직들은 정부가 건강한 성생활에 관여하는 문제에 대해 아무런 반감도 보이지 않았다. 각 세대를 위한 기회는 또한 학생들이 주축이 되어 베트남 전쟁 당시 징병 통지서를 불태웠던 것과 비슷하게 오바마 건강보험카드를 불태우며 이 정책을 조롱하는 저항 운동을 지원하기도 했다. 이런 잘못된 선동들은 두려움과 혼란을 야기시켰다. 기자들은 특히 극심한 빈곤층 지역에 널리 퍼져 있는 소문, 즉 정부가 이른바 '죽음의 위원회'를 만들어 누구에게 보험 자격을 줄지 마음대로 결정할 것이라는 소문 등에 대해서 소개하기도 했다.[52]

2013년 여름과 가을, 매도즈가 자신의 공개서한과 요구를 위해 후원자들을 모으고 있을 때 AFP는 오바마 케어를 반대하는 텔레비전 광고를 위해 550만 달러를 추가로 지원했다. 팀 필립스는 AFP가 건강보험 법안을 위한 예산 지원을 막는 것이 아니라 법안 폐지 자체를 요구하고 있다고 강조했다. 그렇지만 그는 어느 쪽이 되든 자신들은 포기하지 않을 것이라고 했다. 오바마와 싸우기 위해 돈이 얼마가 들어가더라도 다방면의 노력을 기울일 계획이라는 것이었다.

이런 노력의 일환으로 AFP는 미국의 각 주를 압박해 오바마 케어에 포함되어 있는 노년층을 위한 보험 적용의 확대를 거부하도록 했는데, 이는 개인 보험이 없는 400만 명의 성인에 대한 의료보험적용을 거부하겠다는 뜻이나 마찬가지였다.[53] 이들은 또한 미국 전역의 공무원들에게도 압력을 넣어 법으로 규정된 자체적인 보험 거래소 설치를 거부하도록 했다. 그러는 사이 케이토연구재단과 경쟁기업연구소는 연방정부가 각 주에서 통과되지 않은 법 문제에 관여하는 것은 불법이라는 이론을 내놓았다. 각 주에서 법안을 상정한 공화당과 민주당 의원들이 논의 끝에 모두 반대한 경우를 뜻하는 것이다.[54] 어쨌든 오바마의 건강보험 개혁안은 이 문제와 관련해 두 번째로 다시 대법원에 상고됐고, 대법원은 2015년 여름에 또 다시 연방정부가 각 주 정부의 결정에 관여하는 것이 합법이라는 판결을 내렸다.[55]

처음 오바마의 건강보험 개혁안이 대법원에 상고됐을 때에도 코크 가문과 그 지지자들은 이미 보이지 않는 곳에서 조용하게 금전적인 지원을 아끼지 않았다. 공식적으로 이 재판의 주체는 전국자영업연합(National Federation of Independent Business)이었지만, 2010년 이 전국자영업연합을 설득해 재판의 원고로 나서게 한 것은 바로 헤리티지재단이었다. 이후 코크 가문의 조직인 프리덤 파트너와 후원자신탁, 칼 롭의 검은돈을 세탁하는 단체인 크로스로즈 GPS, 그리고 브래들리재단 등이 나서 모두 이 전국자영업연합을 도왔다.[56]

필립스는 이 전쟁에 보수주의 단체들이 계속해서 엄청난 돈을 쏟아붓도록 했다. 필립스는 '마치 다윗과 골리앗의 싸움 같다'고 주장하며 자신들에게 불리한 싸움이라고 했지만[57] 칸타 미디어(Kantar Media)의 언론 분석 그룹(Campaign Media Analysis Group)이 추적한 바에 따르면 보수주의 단체에서는 텔레비전 광고비용만 2억 3,500만 달러를 투자해 2년 동안 오바마 케어를 비난하는 활동을 펼쳤다. 이에 반해 피고 입장의 개혁안 지지자들이 쓴 광고비는 6,900만 달러 정도였다.[58]

정부의 업무 마비를 계획하고 준비하는 일에는 헤리티지재단도 중요한 역할을 했다. 2013년 사우스캐롤라이나 주의 상원의원 짐 드민트는 헤리티지재단 이사장직을 맡기 위해 의원직을 사임했다. 그의 지휘에 따라 헤리티지재단은 공화당을 지지하는 세력들 사이에서 점점 더 과격하고 공격적인 모습으로 변해가기 시작했다. 이런 새로운 모습의 하나로 헤리티지재단은 세법 501(c)(4)를 적용받는 검은돈을 처리하는 하부 조직인 헤리티지액션Heritage Action을 만들었고, 코크 가문 모임에서 50만 달러를 지원 받아 즉시 정부를 무력화하는 싸움에 뛰어들었다. 하부 조직을 만들어 앞세우는 전략을 생각해낸 건 '미국의 발전을 위한 자유센터'를 이끄는 존 포데스타였다. 그는 이를 두고 정책연구소에 새로운 연료를 주입하는 것이라고도 했는데, 2010년에 헤리티지재단은 그의 전략을 따라했다.

헤리티지액션이 오바마 케어의 예산 중단을 요구하는 매도즈의 제안에 동의하지 않는 의원들을 공격하자 공화당의 중도파는 모두 깜짝 놀랐다. 내분이 격화되자 오랫동안 헤리티지재단과 함께해온 공화당 하원 지도부도 헤리티지 액션을 멀리할 수밖에 없었다. 그렇지만 그들의 압박 전술은 큰 효과가 있었다. 중도파 매체로 유명한 〈쿡 폴리티컬 리포트Cook Political Report〉의 데이비드 와서맨은 〈더 타임스〉와의 대담에서 이렇게 말했다. '미국 역사상 초선 하원의원 한 사람이 동료 의원 80명을 이끌고 정부의 기능 자체를 마비시킨 일이 또 있었던가?'[59]

2012년 선거가 끝난 후 양당의 지도부는 양당 사이의 갈등이 가라앉고 정부는 경제와 사회, 환경, 그리고 국제 문제에 더 신경을 쏟을 수 있게 될 것이라는 희망을 피력했다. 세계 최강국인 미국이 지금 당장 관심을 보여야 할 문제들이었다. 하원 의장인 존 베이너는 공화당의 극단주의자들에게 이제는 한 걸음 뒤로 물러설 때라는 것을 분명히 했다. 오바마가 다시 대통령이 됐다는 사실을 일깨워주며 이렇게 말했다. "오바마 케어는 이제 이 나라의 법이다."[60]

그렇지만 불과 1년도 지나지 않아 미국은 오바마 케어를 둘러싼 또 다른 불필요한 싸움에 말려들고 말았다. 2013년 10월 2일 백악관에서는 하원의 지도부와 대통령의 회동이 있었는데, 셧다운을 막아보려는 이들의 노력은 아무런 소득 없이 끝나고 말았다. 오바마와 베이너의 대화다.

"존, 어떻게 된 건가?" 대통령이 먼저 이렇게 물었다.[61]

"그들을 설득할 수 없었습니다." 베이너의 대답이었다.

어쨌든 결국 두 당은 합의하고 정부는 다시 제 역할을 하게 됐다. 워싱턴 정가에서 보기 드물게 양심적인 정치인으로 손꼽히는 베이너는 이런 중재의 일등공신으로 알려졌다. 그는 "자신들의 이익을 위해 극단적인 행동도 서슴지 않는 여러 단체와 조직들이 자신들의 지지자들을 잘못된 길로 이끌었으며, 의원들까지 원치 않는 곳으로 몰아갔다. 그리고 솔직히 나는 이제 그들이 모든 신뢰를 잃어버렸다고 생각한다"고 말했다.

그렇지만 만일 그들의 돈이 미국의 정치를 그 밑바닥부터 과격한 쪽으로 흐르도록 만들었다면 코크 가문과 아트 포프는 그 진행 과정을 모두 목도한 셈이다. 노스캐롤라이나 주에서 포프는 자신에 대한 반감이 늘어나고 있음을 알게 됐다. "내가 우리 가문의 돈을 어떻게 쓸지 결정을 내리는 문제를 가지고 사과하지는 않을 것이다."[62]

14

새로운 코크
더 나은 전략

음악이 잦아들고 조명이 밝아지자 짙은 색 정장을 차려입은 초로의 백인 남자 네 명이 거대한 강당의 무대에 모습을 드러냈다. 그리고 차례대로 나와 자기들이 소개 내용에 걸맞은 사람들인가를 보여주었다. 그날 행사의 이름은 '이곳에 모인 사람들 중 가장 똑똑한 네 사람'이었다.

2013년 3월 16일 보수주의 정치행동회의(Conservative Political Action Conference)의 연례 모임에서는 워싱턴에서 가장 영향력 있는 보수주의 정책연구소의 우두머리들이 한 자리에 모여 2012년 대선에서 왜 패배했는지 진단하고 해결 방안을 모색했다. 이들이 정말 똑똑하고 현명한 사람들인지, 아니면 사이비 해결사인지는 알 수 없다. 헤리티지재단을 세운 전설적인 보수주의자 에드윈 퓰너가 말쑥한 정장을 차려입고 그 자리에 참석했다. 대머리에 턱수염을 기른 로손 베이더는 적극적인 활동으로 유명한 경쟁기업연구소 소장이었다. 어느 모로 보나 완벽한 남부 은행가의 모습을 갖춘 존 앨리슨(John Allison)은 최근까지 BB&T에서 일하다가 케이토연구재단으로 자리를 옮겼다. 마지막으로 미국기업연구소 소장인 아서 브룩스가 앞서 세 사람 못지않은 존재감을 과시하며 한 자리를 차지했다.

여윈 모습에 흰 수염이 듬성듬성 섞인 짧은 턱수염, 그리고 숱이 적은 머리에 지적으로 보이는 묵직한 검은색 뿔테 안경을 쓴 브룩스는 프렌치 호른 전문 연주자로도 활약했다. 그는 제대로 된 보수주의의 가치를 고민했다. 그는 복잡한 내용들을 추려내 적절하게 조합해 누구나 이해할 수 있는 내용으로 만들어내는 데 탁월한 재주가 있었다.

2012년 대선에 대해 브룩스는 이렇게 이야기했다. '우리가 알아야 할 한 가지 사실이 있다. 물론 생각할수록 아주 속이 쓰린 이야기가 될 것이다.' 그는 한 가지 통계를 들어 왜 보수파가 패배했는지 설명했다. 미국 국민들 중에서 3분의 1만이 공화당이 내건 "여러분과 같은 사람들을 돌보겠습니다"라는 공약에 공감했다는 것이다. 공화당이 진심으로 가난한 사람들을 돌보고 있다고 믿는 사람들은 38%에 불과했다. 보수주의자들에게는 국민들과 공감하지 못한다는 문제가 있었다. 브룩스의 설명에 따르면 뉴욕대학교 스턴 경영대학원의 심리학자 조너선 하이트의 최근 연구가 보여주듯 미국 사람들은 보통 공정함과 관련된 이야기에 공감한다. 사람들이 모두 고개를 끄덕이는 가운데 브룩스는 계속 이야기했다. "여기서 이야기하는 '공정함'이라는 말을 생각하기도 싫은 사람들이 있을 것이다. 그렇지만 미국 사람들은 또한 대체로 '약자를 돕는 것이 옳다'라는 믿음을 갖고 있다." 브룩스의 설명은 계속 이어졌다. "불행히도 일반적인 미국 국민의 관점에서 보면 민주당은 '공평한 사람들'이다. 그들은 약자를 돕는다. 그렇지만 우리는 어떤가? 우리는 그저 돈을 따르는 사람들로 인식되지 않는가!"

이 대목에서 그는 사람들을 타이르듯 이렇게 이야기했다. "만일 보수주의자들이 승리를 원한다면 사람들에게 비춰지는 모습을 바꾸어야 한다. 이건 정책과는 아무런 상관 없다." 그는 확신에 찬 어조로 말을 이어갔다. "보수주의 정책은 여전히 최고의 해결책을 제시하고 있다. 그런데 그것이 사람들에게 제대로 전달되고 있는가. 사람들을 설득하려면 좀 더 열정적인 무엇인가가 필요하다. 다시 말해, 만일 도덕적이며 올바른 사람으로 보이고 싶다면 공정함에 대해 이야기를 하며 약자를 도와야 한다." 그는 또 이렇게 덧붙였다. "승리하고 싶은가? 그렇다면 약자를 위해 싸워라! 항상 사회의 약자들을 염두에 두고 공정함을 생각하라! 사람들이 공감할 만한 이야기를 전달하는 사람이 되라. 그렇게 하면 사람들의 마음을 사로잡을 수 있다. 무엇보다도 사람이 먼저다!"

보수주의 저술가인 매튜 콘티네티처럼 좀 더 냉철한 보수주의자들 중에는 브룩스가 제시한 해결책을 수긍하지 못하는 사람들도 있었다. 콘티네티는 전달하려는 이야기의 내용 역시 문제가 된다고 지적했다.[1] 그가 신랄한 어투로 쓴 〈위클리 스탠더드〉의 기사 내용을 한 번 들어보자. '국민들은 주로 경영자들이 지지하는 것 같은 기업 세금 개혁을 통해 가난한 사람들도 여러 거대 기업들과 공정하게 경쟁할 수 있게 된다는 입에 발린 소리는 믿지 않는다.' 2012년 대선 패배의 후유증을 평가하고 다음 대선을 위한 계획을 짜기 시작한 코크 가문은 브룩스의 충고를 받아들였다. 코크 가문은 곧 막대한 자금을 쏟아부어 말 그대로 최고의 홍보 활동을 시작한다. 이 활동에서 강조한 것은 브룩스가 지적한 단순한 사실이었다. 만일 1%의 사람들이 미국을 지배하기를 원한다면 그 1%의 사람들을 나머지 99%의 사람들을 대변할 수 있는 그런 모습으로 꾸며야 한다는 것이다.

이런 정치적 변신을 위해 필요한 연구 내용을 공급하는 것으로 브룩스는 미국기업연구소와 워싱턴의 다른 보수파 정책연구소들이 하고 있는 핵심적인 역할 중 한 가지를 제공한 것이나 다름없었다. 정치학자인 제프리 윈터스는 "거의 대부분 아주 부유한 사람들에 의해 세워진 보수주의 정책 연구소들은 수익 우선주의 산업을 옹호하는 최전선에 서 있다"고 말했다.[2] 브룩스는 보수주의 정치행동회의 모임에서 이 말을 조금 바꾸어 전달했다. 보수주의 운동을 하다 패배한 병사들을 마주한 브룩스는 이렇게 말했다. "우리 정책연구소들이 여러분을 도울 것이다. 새로운 이념을 장착한 무기를 여러분 손에 쥐어주려고 한다!"

새로운 전략을 꾸미는 코크 가문

2012년 굴욕적인 대선 패배 이후 코크 가문을 비롯해 이들과 함께한 정치권의 큰 손들은 당연히 간절하게 새로운 무기를 찾고 있었다. 적들은 사방에서 이들을 사정없이 두들겨댔다. 코크 인더스트리즈 직원의 회상이다. "우리는 도덕적인 문제를 포함해 회사의 평판에 심각한 타격을 입었다. 누군가 '코크'라고 말하기만 해도 아주 부도덕한 기업을 연상하게 됐다."

이런 모습은 2014년이 되면서 더욱 심각해졌다. 상원의 민주당 원내 대표 해리 리드는 거의 매일 코크 가문을 거칠게 공격했다. "코크 가문은 미국을 매수하려는 무리다. 국민들은 이 두 형제의 끔찍한 부도덕성에 맞서 목소리를 내야 한다. 이들은 내가 상상할 수 있는 그 누구보다도 더 반미국적인 인사들이다."

많은 사람들이 이런 대중의 압력에 무릎을 꿇었지만, 코크 가문은 더 강력하게 공세를 펼치기로 결심한다. 데이비드는 〈포브스〉를 통해 '우리는 살아 있는 한 이 전쟁을 멈추지 않을 것이다'라고 선언했다.[3]

앞서 언급한 것처럼, 리드 의원이 공격을 시작할 무렵 코크 가문은 홍보 책임자로 스티브 롬바르도를 고용했다. 그는 국제적인 홍보 전문

기업인 버슨마스텔러(Burson-Marsteller)의 미국 워싱턴 지사 총책임자로 일했고, 담배 회사에서 일하며 대중적 인식을 바꾼 것으로 유명했다.[4] 사방에서 거센 공격과 압력이 쏟아지는 가운데, 코크 가문은 자신들의 정치활동이 어디서부터 잘못됐는지를 꼼꼼하게 따져보려 했다.

공화당 전국위원회 역시 자신들의 실패를 곱씹어보고 있었다.[5] 이례적일 정도로 솔직하면서 자기 비판적인 공개적인 평가를 통해 공화당은 다른 무엇보다도 외부의 지원이 통제 불가능일 정도로 후보자들을 휘둘렀고, 부자 후원자들에게 너무 많은 영향력을 미치도록 허락한 것이 실패의 이유라는 결론에 도달했다. '현재의 선거운동과 관련된 재무 환경에서는 결국 소수의 친목 단체나 조직이 모든 활동을 독점할 수밖에 없다. 이건 그리 건강한 상황이라고 볼 수 없다. 극소수의 외부인에게 너무 많은 권력이나 권한이 집중되는 것은 우리 당으로선 매우 우려할 만한 일이다.'

코크 가문이 어떤 분석 결과를 내놓았는지는 세상에 알려지지 않았다. 그렇지만 2014년 5월 이들이 어떤 생각을 하고 있는지에 대한 실마리가 조금 드러난다. 〈폴리티코〉가 AFP가 주요 후원자들에게 비밀리에 보내는 '후원자 현황에 대한 소식'을 입수했던 것이다. 이 소식지는 내용보다는 겉으로 보이는 포장이 더 중요하다는 아서 브룩스의 관점을 충실하게 따랐다. '대부분의 미국 국민은 자유시장 정책과 그 옹호자들이 사회의 약자가 아닌 부자와 권력자에게만 이익을 안겨주고 있다고 생각한다. 우리는 그런 모습을 계속해서 확인해왔다. 우리는 사람들의 이런 오해를 반드시 바로잡아야만 한다.'[6]

얼마 지나지 않아 더 많은 정보가 세상에 알려지기 시작했다. 2014년 6월 17일 로런 윈저라는 별로 유명하지 않은 한 젊은 블로그 운영자이자 웹페이지 제작자가 '숨은 속내(The Undercurrent)'라는 이름의 인터넷 정치 뉴스 사이트를 통해 음성 녹음을 올렸다. 바로 얼마 전에 있었던 코크 가문의 정기 모임 중에 있었던 비밀 회합에 대한 내용이었다. 윈저는 원래 자유의지론을 따르는 사람이었지만, 2008년 금융 위기 때 직장을 잃으면서 자유시장에 대한 믿음도 함께 잃었다. 코크 가문과 그 지지자들이 캘리포니아 라구나 비치 외곽의 세인트 리지스 모나크 비치 휴양지에 모였던 6월 13일 금요일, 윈저는 타락한 검은돈이 정치를 오염시키는 일에 저항하는 투사로 변신했다. 이 모임에 참석한 익명의 한 사람으로부터 도움을 받은 윈저는 코크 가문의 비밀을 세상에 폭로하려 했다. 녹음 내용을 통해 공개하기 시작한 사실들은 과연 그녀의 기대를 벗어나지 않았다.

녹음 내용을 통해 여러 가지 새로운 사실들이 밝혀졌지만, 음질이 떨어져 그녀가 밝히고 싶어 했으나 밝힐 수 없는 내용들도 있었다. 어쨌든 윈저는 코크 가문의 뻔뻔스러움과 그들의 활동 영역에 대한 놀랍고도 새로운 사실을 세상에 밝힐 수 있었다. 거기에는 미국을 지배하려는 코크 가문의 계획은 물론 사람들에게 덜 위협적인 존재로 비치기 위해 자신의 모습을 새롭게 재정립하려는 노력 등도 포함되어 있었다.

6월 15일 일요일, 코크 가문 모임 참석자들은 점심 식사를 마치고 바다를 마주하고 있는 이 최고급 휴양지의 퍼시픽 볼룸에 모여 '장기 전략: 우리의 공략 목표'라는 이름으로 비밀 회합을 가졌다. 이 자리에 선 찰스가 위대한 전략가라고 소개한 리처드 핑크가 등장해 매혹적이면서도 깜짝 놀랄 만한 새로운 정치활동 계획을 선보였다. 어떤 면에서 보면 코크 제국의 어느 누구도 코크 형제의 오랜 정치 고문인 핑크만큼 2012년의 패배에 대한 책임을 통감한 사람은 없을 것이다. 핑크는 코크 인더스트리즈의 부사장겸 이사장이었을 뿐더러 AFP의 이사 중 한 명이기도 했다. 선거가 끝난 후 핑크는 전력을 다해 코크 인더스트리즈와 관련된 내부 평가와 분석에 들어갔다. 거기에는 미국 국내와 해외에서 수행된 17만 건의 설문 조사는 물론 여러 회의와 관련 단체들을 중심으로 작성된 정치적 의견들에 대한 20년에 걸친 조사 내용 등이 포함되어 있었다. 핑크는 모임의 참석자들에게 이런 조사와 분석의 결론을 이야기하며 미국을 지배하려면 변화는 필수적이라고 이야기했다.

"2012년의 일은 모두 잊어야 한다. 이건 장기간 이어질 전쟁이다." 핑크의 말이다. 그는 미국이 세 부류로 나뉘어 있다는 사실을 깨닫게 됐다고 말했다. 먼저 이미 코크 가문을 지지해온 보수주의 자유의지론자들이 있으며, 그 대척점에 서 있는 진보주의자들이 있다. 이들은 예전에 존버치협회에서 쓰던 표현에 따르면, 일종의 집산주의자들로 코크 가문이 어떠한 영향력도 미칠 수 없는 부류들이다. "미국의 장래를 위한 전쟁은 그 중간에 위치한 사람들의 마음과 정신을 어떻게 사로잡느냐에 달려 있다. 그것이 미국이 나아갈 방향을 결정하게 될 것이다."

핑크의 말에 따르면 자유시장을 지지하는 보수파가 중요한 열쇠를 쥐고 있는 중간 계층을 같은 편으로 끌어들이지 못한 것이 바로 문제였다. 여기에 속한 미국 국민들은 진보주의자들이 자신들과 같은 평범한 사람들을 더 많이 위하고 생각한다고 믿었다. 그렇지만 그들이 생각하는 기업가나 자본가들은 매우 의심스러운 존재들이다. 그들의 눈에 비친 자본가들은 탐욕스러우며 사회의 약자들을 신경 쓰지 않았다.

핑크는 이런 비난이 틀린 말이 아니라고 단언하며, 자신의 앞에 있는 사람들이 그동안 어떤 태도를 취해왔는지 예를 들어 설명했다. "여러분들은 지금까지 사회적 약자나 가난한 사람들을 보면 어떤 태도를 취해왔는가? 아, 나 역시 보잘것없는 집안에서 태어나 지금의 성취를 이루기 위해 죽도록 일했다고 말하지 않았는가?" 그는 잠시 말을 멈추고 사람들을 바라보며 이야기를 이어갔다. "사람들을 보면서 내가 그랬던 것처럼 당장 일어나 열심히 일이나 하러 가라고 말해온 것이다."

그런데 보수주의자들이 협력을 필요로 하는 이 중간 계층의 유권자들은 사회의 약자들을 보는 시선이 아주 달랐다. 이들은 자신들처럼 가르치려 드는 것이 아니라 죄책감을 느낀다. 중간 계층 사람들은 자신을 위한 기회가 아닌 다른 사람들을 위한 기회에 더 많은 신경을 쓴다는 것이 핑크의 설명이다.

코크 가문 모임이 주장하는 정부 기능의 축소는 이런 유권자들에게는 심각한 문제로 보여졌다. 핑크는 이렇게 인정했다. "우리는 정부의 규제를 줄이기를 원한다. 왜 그런가? 그래야 우리가 더 많은 수익을 올릴 수 있기 때문이다. 정부의 지출을 줄이면 우리가 납부하는 세금을 줄일 수 있다. 이것은 분명한 사실이다." 그렇지만 미국의 중간 계층 유권자들은 이런 사실을 매우 불편해한다고 그는 경고했다. 바로 그 뒤에 탐욕이 도사리고 있는 것처럼 보이기 때문이다.

그렇다면 코크 가문 모임이 해야 할 일은 무엇인가? 그건 바로 그런 중도층 사람들을 설득해 경제적 자유주의의 의도가 실제로는 선한 것이라고 믿도록 하는 것이다. "우리는 이 사람들에게 우리가 진지하고 올바른 길을 가는 사람들이라는 확신을 심어주어야 한다. 바로 미래에 이 나라를 이끌어갈 사람들이 우리라고 말이다."

핑크는 우파 재벌들의 관점이 사람들에게 얼마나 인기가 없는지 아주 솔직하게 인정했다. "우리가 계속해서 정부의 지출을 줄이고 세금을 줄이는 일에만 신경을 쓴다면 그들의 지지를 얻을 수 없을 것이다. 이해하겠는가? 그들은 이런 우리의 주장에 공감하지 않을 뿐더러 마음에 들어 하지도 않는다. 내 말이 무슨 말인지 알겠는가?"

그러면서도 그는 한 가지 사실을 지적했다. "만일 미국에서 사업 성공의 비결을 알고 있는 사람이 있다면 그는 아마 코크 가문 모임 사람들일 것이다. 우리는 대부분 기업을 운영하는 사람들이다. 그런 우리가 제일 잘하는 일은 무엇이겠는가?" 핑크가 사람들에게 물었다. "우리는 고객들이 무엇을 원하는지 찾아내는 사람들이 아닌가? 원하지 않는 것이 무엇인지도 말이다!"

코크 가문은 면밀한 연구와 분석을 통해 유감스럽게도 미국의 고객들이 정치권으로부터 원하는 것은 이들이 원하는 기업 주도의 자유 시장 원칙과는 사뭇 동떨어진 것이라는 사실을 깨달았다. 미국 국민들은 자기 자신보다는 더 많은 주변 사람들에게 동등한 기회가 주어지는 것에 관심을 갖고 있을 뿐더러, 핑크가 깨달은 것처럼 깨끗한 환경과 건강, 높은 생활수준, 그리고 정치와 종교의 자유와 평화와 안녕을 원했다.

이런 염원들은 거대 기업을 배경으로 한 재벌들이 모인 이 자리에서는 곤란한 문제로 비칠 수밖에 없었다. 여기 모인 사람들은 대부분 기후 변화로부터 지구를 지키려는 환경 보호주의자들의 노력을 방해하며 사업을 이끌어가고 있었기 때문이다. 코크 가문과 그 지지자들이 수백만 명의 미국 국민에게 혜택이 돌아가는 최초의 보편적 건강보험 적용을 막기 위해 엄청난 노력을 한 일 역시 지금 생각해보면 문제가 될 수 있다. 또한 상속인과 금융 투자자들, 그리고 해외 계좌에 대한 면세 혜택과 그 외에 부자들을 위한 많은 정책들은 각종 복지 정책과 최저 임금, 노조, 그리고 공공교육 지원에 대한 보수주의 재벌들의 반대 입장과 함께 공평한 기회를 주장하는 중간 계층의 반발을 살 수 있는 문제들이었다. 이런 정치적인 문제들은 경제 위기가 진정된 첫 해에 상위 1% 소득자들이 전체 소득의 93%를 가져갔다는 통계와 합쳐

져 더 심각하게 불거진 것처럼 보인다.[7]

그렇지만 코크 가문 모임에 참석한 사람들이 자신들의 정책을 바꾸기보다는 더 나은 고객을 위한 판매 계획을 세울 필요가 있다는 것이 핑크의 주장이다. "내 이야기가 조금 이상하게 들릴지 몰라도 어쨌든 나를 믿고 따라야 한다." 보수주의 재벌들의 좋은 의도를 중간 계층에게 설득시키기 위해서는 자신들의 정치적 목표를 설명하는 방식을 바꿀 필요가 있었다. 따라서 복지를 위한 새로운 운동을 시작하자는 것이었다.

핑크는 사람들의 정신을 일깨우면 자유시장이 행복으로 가는 지름길이며 거대한 정부는 독재와 국가주의로 이어진다는 주장을 펼칠 수 있다고 말하며, 그렇게 되는 이유를 다음과 같이 설명했다. "정부의 정책은 사람들이 정부에 의지하도록 만들며, 결국 심리적인 무기력함으로 이어진다. 역사적으로 보면 결국 그렇게 해서 탄생하게 되는 것은 전체주의뿐이다." 그는 이어서 최저임금제도를 하나의 좋은 예로 들었다. 최저 임금은 핑크의 생각대로라면 연방정부의 최저 임금 기준인 시간당 7.25달러에도 미치지 못하는 돈을 받고도 일하려는 의지가 있는 50만 명이 넘는 미국 국민들의 성공할 수 있는 기회를 빼앗는 제도였다. 핑크는 직업이 없으면 인생의 의미를 잃어버리게 된다고 했다. 1920년대 독일 노동시장에서도 이와 비슷한 일이 벌어졌다. 미국에서도 손꼽히는 억만장자들이 포함되어 있는 이 자리에서 핑크는 이렇게 주장했다. "최저임금제도는 독일에서 '나치 제3제국의 출현과 몰락'을 불러온 때와 비슷한 상황을 만들 수도 있다."

핑크는 코크 가문 모임 참석자들을 자유의 투사들이라고 부르며, 이들은 미국의 유권자들에게 자신들이 정부의 복지 정책을 반대하는 이유는 탐욕 때문이 아니며 최저임금제도에 반대하는 이유 역시 더 싸게 노동력을 공급받으려는 의도 때문이 아니라는 사실을 설명할 필요가 있다고 역설했다. 또한 마음껏 경쟁할 수 있는 자유시장 자본주의야말로 인간이 복지를 누릴 수 있는 가장 단순하면서도 최고의 방법이라고 사람들에게 알려야 했다.

찰스도 최근에 있었던 〈위치토 비즈니스 저널Wichita Business Journal〉과의 대담에서 비슷한 심경을 피력했다. '그래, 가난한 사람들에게 복지 혜택을 줄 수 있겠지. 그렇지만 평생 이어질 절망과 무기력함도 함께 준다는 생각은 안 해봤는가?'[8] 그는 오바마처럼 자신도 희망과 변화를 원한다고 했다. "그렇지만 우리는 사람들이 그 희망이라는 것을 누군가에게 받는 것이 아니라 스스로 쟁취할 수 있기를 더 바란다." 이 대담에서 찰스는 어떤 모순도 느끼지 못한 듯 최근에 자신이 아들인 체이스를 코크 비료 회사의 사장으로 승진시킨 일에 대해 언급했다. "모두 다 자기 힘으로 차근차근 밟아 올라간 것이다." 그렇지만 체이스는 아버지와 삼촌들, 그리고 리처드 멜론 스카이프와 딕 디보스, 또 벡텔 같은 코크 가문 모임의 다른 중요 인물들처럼 가문의 사업이나 거대한 유산 덕분에 덕을 본 것이 아닌가. 그는 평생 이어질 절망과 무기력함을 선사 받지 않았다. 왜냐하면 누군가가 그에게 무엇인가를 주었기 때문이다. 그런데 찰스는 이런 사실은 전혀 생각하지 못하는 것 같았다.

사법제도 개혁까지 손댄 코크 가문

핑크는 자신들이 필요로 하는 힘이 되어줄 사람들의 '존경과 호의'를 얻기 위해서는 코크 가문이 현재 그러고 있는 것처럼 자신들과 뜻을 같이하지 않는 사람들과도 협력 관계를 맺고 이를 널리 알려야 한다고 했다. 그러면 비판하는 세력들의 힘을 약화시킬 수 있다는 것이다. 예컨대 코크 가문은 흑인대학기금연합(United Negro College Fund)이나 전국형 사변호사협회(National Association of Criminal Defense Lawyers)와 협력을 맺고 있 다. 특히 전국형사변호사협회의 경우 벌써 몇 년 동안 재정적인 지원을 해주었다. 핑크는 그날 늦은 오후에 실제로 '전국적 대화의 장'이라는 이름을 내건 또 다른 토론회에 참석했는데, 거기에 참석한 마이클 로 맥스는 흑인대학기금연합의 회장이고, 노먼 레이머는 전국형사변호사 협회의 상임이사였다. 핑크는 이곳저곳을 넘나들며 코크 가문은 미국 에 '긍정적인 꿈'을 심어줄 수 있는 사람들이 모여 있는 곳이라고 설명 했다. '다른 사람들은 분열을 만들어내지만 우리는 문제를 해결한다' 는 게 그의 주장이었다.

그런데 사실 이 전국형사변호사협회와 코크 가문 사이에는 앞서 언급한 것 이상의 연결고리가 있었다. 코크 가문 모임에 참석한 사람 들 중 상당수가 아주 심각한 법적 문제와 얽혀 있었다. 코크 가문뿐만 아니라 다른 많은 사람이나 가문들이 환경이나 작업장의 안전, 부정 행위나 뇌물 수수 등과 관련된 법적 갈등을 겪고 있었던 것이다. 예컨 대 코크 가문 모임에서 점점 더 적극적으로 활동하고 있는 로버트 머 서가 이끄는 투자 회사인 르네상스 테크놀러지스는 2000년에서 2013 년 사이 60억 달러 이상을 탈세한 혐의로 국세청의 조사를 받고 있었 다. 2014년 상원 조사에서 민주당의 상원의원 칼 레빈은 르네상스 테 크놀러지스의 회계 상태에 대해 '거짓과 부정으로 가득 찬 깜짝 놀랄 만한 세금의 복마전'이라고 비난했다. 회사 대변인은 절세를 위한 복잡 한 과정이 있었음은 인정하지만 현행법에 따라 적절하게 진행되었다 고 주장했다.

그러는 사이 스티브 코헨의 거대 투자 회사인 SAC 캐피털은 수년 에 걸쳐 범죄 관련 수사를 받았는데, 경영진 중 한 사람인 마이클 설리번은 코크 가문 모임에 참석해 특강을 했던 사람이다.[9] 결국 코헨이나 설리번 어느 누구도 형사상의 잘못으로 기소되지 않았지만 여덟 명의 SAC캐피털 임직원은 내부자 거래 혐의로 기소됐다. 그중에서는 유죄 판결을 받은 사람도 있었다. 정부 당국은 코헨을 부정행위를 묵인한 혐의로 기소해 SAC캐피털은 18억 달러의 벌금형을 선고받았다. 역사상 가장 큰 액수의 기업 벌금이었다.

코크 가문 모임에서 발언할 기회를 얻은 레이머는 형사법 제도를 지나치게 포괄적이며 지나치게 남용되는 제도라고 설명하면서 이렇게 이야기했다. "이곳에 모인 사람들 중 자신과 관련 있는 친구나 친척, 동업자, 이웃들 중에서 이 나라의 사법제도를 지키며 단 한 번도 잘못을 저지르지 않은 사람들만 알고 지내는 사람은 단 한 명도 없을 것이다." 레이머 역시 어쩌면 자신이 생각하는 것과는 달리 범법 행위를 저지르고 있는지도 모른다.

이들이 희망한 대로 이런 초당적인 움직임은 얼마 지나지 않아 코크 가문 모임 밖에서도 긍정적인 반응을 이끌어내게 됐다. 자신들이 치밀하게 계산한 그 모습 바로 그대로였다. 오바마의 백악관 수석 고문인 발레리 자레트는 코크 인더스트리즈의 법률 고문 마크 홀덴을 백악관으로 초청해 자신을 포함한 다른 고위층들과 만나 관련 문제들을 논의하도록 해 코크 가문의 전력을 잘 알고 있는 사람들을 깜짝 놀라게 했다. 덕분에 코크 가문은 핑크의 계획대로 분열과 불화를 일으킨다는 인식에서 벗어날 수 있었다.[10] 특별히 효과적이었던 건 미국진보센터(Center for American Progress) 같은 몇몇 진보 단체들과 함께 사법 개혁에 함께 동참할 수 있었다는 사실이다. 워싱턴에서도 손꼽는 이 진보파의 정책연구소는 이런 연대가 가난한 사람들과 소수 민족 사람들에게 재정적, 그리고 정치적인 도움을 줄 수 있는 수단이 될 것이라고 생각했다. 그렇지만 코크 가문은 이미 오래전에 적절한 법 집행을 거부했던 전력이 있었다. 데이비드가 부통령 후보로 나선 1980년 자유당은 조세범에 대한 모든 기소를 중단하자는 공약을 내걸었고, 코크 가문 역시 자신들이 저지른 수많은 환경 범죄들에 대해 아주 당당하게 부인했던 것이다.

홀덴은 한 언론과의 대담에서 법무부가 클린턴 행정부 시절인 2000년에 코크 인더스트리즈를 환경 범죄로 기소하자 그때부터 사법제도 개혁에 아주 적극적으로 참여하기 시작했다고 인정했다. "아주 혼란스러웠다." 홀덴의 회상이다.[11] 그는 찰스가 기소에 대해 정부의 지나친 월권행위로 보았으며, 이 문제에 대해 점차 더 많은 관심을 갖게 됐다고 말했다.

그렇지만 2000년의 사건은 무능한 정부의 잘못된 기소하고는 거리가 멀었다. 텍사스 주 코퍼스 크리스티에서 코크 인더스트리즈의 내부자 고발을 통해 회사 측이 발암물질로 알려진 벤젠을 대기 중에 방출하고 있다는 걸 감춰온 사실이 밝혀진 것이다.[12] 검사 출신으로 나중에 대학에서 법학을 가르치게 된 데이비드 울만은 이 사건에 대해 대기 오염 방지법과 관련된 가장 중대한 사건 중 하나라고 말했다. 코크 인더스트리즈는 오해로 인해 잘못 기소된 게 아니었다. 코크 인더스트리즈는 2,000만 달러의 벌금을 납부해 직원들이 감옥에 가는 것만은 막을 수 있었다. 코크 가문은 15년을 벼른 끝에 당파를 초월해 대중의 인기에 영합하는 사회 개혁 운동의 하나로 사법제도 개혁에 관여하게 됐는데, 정부의 기소권을 약화시키는 것이 목표인 이 운동이야말로 코크 가문이 스스로 일궈낸 놀라운 솜씨라고 할 수 있을 것이다.

한때 교도소 교도관으로도 일한 적 있는 홀덴은 감옥에서조차 약자일 수밖에 없는 사람들에 대해 정부가 지나치게 엄격한 판결을 내리고 있다고 흥분해서 말한 적이 있었다. 코크 가문이 정말로 그런 그의 생각에 동조했는지 아니면 그저 사법 개혁 자체를 기업 범죄에 대한 정부의 개입 능력을 약화시키는 수단으로 삼아 자신들에 대한 인식을 바꾸려 했는지는 알 수 없다. 회의론자들은 코크 가문이 계속해서 이 문제와 관련된 후보들을 지지해왔다고 지적했다. 예컨대 2015년 데이비드가 대선 후보로 내세운 스콧 워커는 사법제도 개혁과 관련해 코크 가문의 숨은 뜻에 대해 사람들이 완벽하게 착각하도록 만들었다. 회의론자들은 또한 코크 가문이 구직자들이 자신의 이전 범죄 기록을 알리는 '사전 고지' 제도를 반대하는 활동만 지원한다고 지적했는데, 이는 코크 인더스트리즈가 자신들의 범죄 기록을 밝히려 하지 않으면서 연방정부와 갈등을 빚은 후에 그렇게 된 것이다.

그럼에도 불구하고 찰스의 재단이 흑인대학기금연합에 2014년 6월 정기 모임이 시작되기 바로 전 2,500만 달러를 기부한 일은 긍정적인 평판을 얻는 데 충분했다.[13] "사람들이 자신의 삶을 스스로 개선하도록 도와 복지를 늘리는 일은 오랫동안 우리의 목표였다." 찰스는 기부에 대한 자신의 소신을 이렇게 밝혔다.

교육계에 손을 뻗치는 코크 가문

그가 새롭게 사용하기 시작한 '복지'라는 말은 즉석에서 만들어낸 말처럼 보이기도 한다. 그렇지만 6월에 있었던 코크 가문 모임의 다른 행사에서 한 연사가 나서 참석자들에게 이 말이 얼마나 신중하게 고른 것이며 또 정치적으로 얼마나 효과가 있는지 설명했다. 노스캐롤라이나 주에 있는 웨이크포레스트대학교의 보수파 정치 경제학 교수인 제임스 오터슨은 획기적인 전환을 가져온 말이라고 했다. 실제로 그는 참석자들에게 자신이 웨이크포레스트대학교에 웰빙센터를 세울 계획이라고 말했는데, 오터슨 교수는 이미 대학 내 자본주의 연구를 위한 BB&T센터의 상임이사를 맡고 있기도 했다.

그는 한 가지 사례를 들어 자유시장의 이론을 복지를 증진시키는 원동력으로 규정하는 것의 위력을 설명했다. 그러면서 아주 탁월한 좌파 정치학자이자 공화당과 자본주의를 강도 높게 비난해온 한 동료가 인간 복지에 영향을 미치는 요소들을 연구해보고 싶다는 생각에 사로잡혀 "그런데 말이야, 연구를 위해서라면 코크 가문의 지원이라도 받고 싶군"이라고 말했다는 것이다. 이 말을 들은 참석자들은 크게 웃음을 터트렸다. "누가 복지나 안녕을 마다하겠는가? 무엇인가를 '규정'한다는 일은 너무나 중요한 일일세" 오터슨은 강한 어조로 이렇게 주장했다.

큰 정부를 거부하는 운동을 보기 좋게 가려주며 삶의 질을 높이는 초당적 운동으로 포장된 자유시장이라는 이념은 분명 아주 큰 장점들이 있었다. 그리고 이를 학계까지 끌고 들어가는 데 성공한 오터슨의 사례는 코크 가문 모임에 참석한 사람들을 특히 더 고무시켰다. 자신들의 보수적 이념을 전달하는 체계로서, 그리고 미국의 정치 지형도를 바꿀 장기간의 전략으로서 학계를 점점 더 중요한 존재로 인식하는 것도 사실 이 모임이 중요하게 생각하는 목표였다.

올린과 브래들리재단이 보여준 것처럼, 그리고 자유 지상주의를 좀 더 발전시키려 했던 찰스의 초기 구상이 보여준 것처럼 대학생들의 마음과 머리를 모두 사로잡는 일은 우파의 오랜 핵심 전략 중 하나였다. 코크 인더스트리즈 특별 업무부서의 부책임자이자 찰스코크자선재단의 부총재이기도 한 케빈 젠트리는 6월 모임의 사회를 맡았는데, 대학을 포함한 학계를 최고의 투자처이며 코크 가문 모임 참석자들에게는 아주 중요한 경쟁 우위가 있는 영역이라고 설명했다. 그리고 코크 가문의 야심에 찬 계획에서도 중요한 요소라고 했다.

찰스코크재단의 부총재인 라이언 스토어스가 모임의 참석자들에게 이야기한 것처럼 1980년대 찰스와 리처드 핑크가 처음 하이에크의 생산 모형을 정치적 변화를 만들어내는 수단으로 사용하려 했을 때, 학계를 자유시장 이념의 근원지로 바꾸려는 노력 같은 건 터무니없어 보였다. 당시 미국에는 자유시장을 연구하는 학자들이 거의 없었다. 따라서 찰스는 학회 같은 것을 꾸릴 만한 충분한 인원을 찾아낼 수 없었다. 그렇지만 찰스와 다른 사람들의 용기와 투자, 그리고 지도력을 통해 미국 전역의 400여 개가 넘는 대학에서 거의 5,000명에 달하는 자유주의를 전파하는 학자들의 강력한 모임을 만들어냈다.

스토어스에 따르면 이런 놀라운 변화를 통해 20여 개가 넘는 학술 기관이 개인 후원자에 의해 만들어졌다. 그중에서 대표적인 곳이 바로 조지메이슨대학교의 머케터스센터다. 아트 포트와 관련 있는 비영리재단 중 한 곳이 2015년 작성한 보고서에 따르면, 개인이 후원하는 대학 내 학술 기관들은 보수주의 재벌들이 교직원들의 관점을 자신들의 그것을 따르도록 만들 수 있는 이상적인 도구다.[14] '돈은 특히 대학 캠퍼스에서 그 위력이 대단하다.' 보고서는 이렇게 지적하며 한 가지 사례로 케이토연구재단의 총재를 역임한 존 앨리슨이 시도했던 방식을 소개했다. 그는 BB&T 은행을 경영하면서 63개의 대학에 대한 재정적인 지원을 총괄했다. 단 그가 지원하는 모든 과정은 자신이 가장 좋아하는 철학자이며 개인의 이익추구를 가장 중요한 것으로 여겼던 아인 랜드에 대해 가르쳐야한다는 조건이 붙었다.

이렇게 특정한 조건이 붙은 돈이 대학으로 흘러들어가면서 학문의 자유에 대한 논쟁도 더 뜨거워져갔으며, 사람들의 눈을 속일 만한 포장의 필요성도 더 커져갔다. 2014년 코크 가문 산하의 여러 재단들은 283개의 전문대학과 4년제 종합대학교의 친기업 성향 과정을 지원했다.[15] 코크재단은 2008년 플로리다주립대학교의 재단을 지원하며 교직원 채용에 관여했다. 그 결과, 불만이 터져 나왔는데, 학생들은 대학 곳곳에 코크재단의 좋지 않은 영향력이 미치지 않는 곳이 없다고 불만을 토로했다. 학부생인 제리 펀트는 플로리다주립대학교의 경제학 입문 수업에 대해 "우리는 케인스는 나쁘고 자유시장이 더 우월하다고 배웠다. 저임금으로 노동력을 착취하는 일이 생각만큼 그렇게 나쁜 것은 아니며, 중국의 불간섭에 가까운 규제나 정책은 미국의 그것보다 낫다고도 들었다."[16] 펀트의 말에 따르면 경제학 교과서의 공동 저자는 웨스트버지니아대학교의 교수인 러셀 소벨인데, 그는 코크 가문의 후원을 받았으며 각종 안전 규칙들이 미국의 석탄 산업을 죽이고 있다고 가르친 전력이 있었다.[17] 펀트에 따르면 소벨이 쓴 교과서는 '기후 변화의 원인은 인간이 아니며 그렇게 심각한 문제도 아니다'라는 주장을 담고 있으며, 그 때문에 한 환경 단체로부터 낙제점을 받았다. 이렇게 문제가 제기되어도 코크 가문은 자신들이 공립대학교에 돈으로 영향력을 미치는 일은 단지 대학에 새로운 사고방식을 소개하는 것일 뿐이라며 변호했다.[18]

코크 가문은 또한 인터넷을 통한 온라인 교육 과정과 고등학교 과정 등에도 찰스가 명명한 청년 기업 아카데미(Young Entrepreneurs Academy)라는 비영리재단을 통해 수백만 달러를 지원했다.[19] 예를 들어, 캔자스주 토피카에선 재정적 압박을 견디다 못해 청년 기업 아카데미의 지원을 받게 됐는데, 그 대신 학생들에게 프랭클린 루스벨트 대통령은 대공황을 제대로 이겨내지 못했고, 최저임금제도와 공공지원은 가난한 사람들을 더욱 가난하게 만들 뿐이며, 여성의 낮은 임금은 성차별이 아니고, 2008년 경제 위기의 주범은 기업이 아닌 정부라는 내용을 고등학생들에게 가르쳐야 했다. 특히 저소득층이 많은 지역에 집중되는 이런 교육 지원 과정은 학생들이 추가로 온라인 과정을 들을 때에도 역시 지원해주었다.

6월에 있었던 코크 가문 모임에서 스토어스는 참석자들에게 교육에 대한 이런 투자는 아주 가치 있는 지식 공급망을 만들어낸다고 역설했다. 수천 명의 학자가 투입되어 1년에 한 사람당 수백 명의 학생들을 가르치면 매년 수백만 명의 미국 젊은이들의 사고방식에 영향을 줄 수 있다는 것이었다. "이런 과정이 계속해서 반복된다. 그리고 2008년 이후 이 과정을 통해 우리가 어떤 결과를 얻었는지 한 번 생각해보라."

마지막으로 젠트리가 나서서 이렇게 강조했다. "다들 알겠지만, 고등 교육은 단지 교육 그 자체에만 영향을 주는 것이 아니다." 학생들은 "자유주의 운동을 이끌어갈 다음 세대이며 우리가 제공하는 교육 과정을 이수한 학생들이 각 주나 전국적인 규모의 정책연구소들로 흡수된다." 젠트리의 설명은 이어진다. "그렇게 이들은 풀뿌리 단체들의 각 주 지부의 중요한 일원이 된다. 열정 넘치는 젊은 청년들은 기꺼이 우리가 코크 가문의 '완전 통합형 조직망'이라고 부르는 조직의 일원이 되려 할 것이다." 잠시 숨을 고른 젠트리가 다시 입을 열었다. "조심스럽게 이야기하자면" 이 대목에서 그가 다시 말을 멈췄다. "이 젊은이들은 결국 우리가 계획하고 만든 과정 안에 계속 머물게 된다."

젠트리가 조심해야만 했던 이유는 코크 가문이 자신들의 교육 활동을 국세청에 비영리 자선활동으로 신고했기 때문이다. 그렇게 하면 후원자들을 익명으로 보호하고 세금 혜택도 받을 수 있다. 그럼에도 불구하고 젠트리의 설명대로라면 여기에는 정치적인 목적이 포함될 여지가 있었다. 그가 이야기하는 교육 후원 과정은 결국 처음부터 끝까지 정치활동을 지원하고 책임지는 과정과 다름없었다. 모임 참석자들에게 더 많은 투자를 유도하려면 좀 더 세부적인 사항들을 밝히지 않을 수 없었기에 젠트리는 또 이렇게 덧붙였다. "이건 단지 대학과 학생들을 대상으로만 하는 작업이 아니라 각 주를 배경으로 하는 역량과 선거에 대비하는 역량을 키우고 관련된 지식과 인재의 공급망을 하나로 통합하는 것이다. 시간이 지날수록 이것이 서로에게 얼마나 도움이 되는지 확인할 수 있을 것이다. 이런 방식의 기반을 닦은 단체는 지금까지 어느 곳도 없었다. 그런데 지금 우리가 그 일을 하고 있다. 이 얼마나 흥분되는 일인가!"

결국 사람들도 그런 흥분에 전염되고 말았다. 6월 17일 모임이 마무리될 무렵 코크 가문은 새롭게 2억 9,000만 달러의 기금 조성을 목표로 세웠다. 이는 당시로선 어떤 외부 단체도 중간선거를 위해 이 정도 금액을 생각한 적이 없을 만큼 전례가 없는 거액이었다.

"나도 한편으로는 미친 짓이 아닌가 생각했다. 2억 9,000만 달러는 정말로 엄청난 액수 아닌가." 목표액을 발표하기 바로 전에 젠트리가 스스로 인정한 내용이다. 그렇지만 그는 다른 비밀 모임에서 이렇게 이야기했다. "우리는 7~8년 전 있던 자리로부터 아주 먼 길을 왔다." 그리고 이렇게 덧붙였다. "다들 알고 있겠지만, 우리는 이 일을 사업을 해나가듯 그렇게 하려고 노력하고 있다. 여기 모인 사람들은 말 그대로 모두 다 우리의 투자자들이다."

그로부터 8일이 지나 찰스 코크 연구소는 수도 워싱턴에 있는 언론 박물관인 뉴지엄(Newseum)에서 이른바 제1회 웰빙 포럼을 개최했다. 여기에 참석한 토론자 중에는 웨이크포레스트대학의 제임스 오터슨 교수도 있었다. 화면으로 보이는 글을 통해 찰스 코크는 자신의 재단이 이야기하는 '행복의 시작'은 행복과 복지의 진정한 본질에 대해 더 많은 담론을 나누는 것을 목표로 한다고 밝혔다. 글의 말미에는 인권 운동가인 마틴 루터 킹 목사의 말이 인용되어 있었지만,[20] 거기에는 노조와 국가가 보장하는 건강보험, 그리고 실업자들을 위한 정부의 대책 등 킹 목사가 생각한 행복과 복지의 조건들은 전혀 언급되어 있지 않았다.[21]

찰스 코크의 새로운 행복의 시작 운동을 돕는 다섯 명의 고문단 중에는 아서 브룩스도 있었다. 브룩스는 앞서 한 번 언급한 것처럼 보수주의자들에게는 다른 사람들을 좀 더 생각하고 염려하는 모습이 필요하다고 주장하며 코크 가문에 큰 영향을 미쳤던 사람이다. 그런 브룩스가 미트 롬니처럼 미국 국민들을 '주는 사람'과 '받는 사람'으로 나누어 묘사한 자신의 초기 저작에서 발전해 자유로운 기업 활동이야말로 행복으로 가는 길이라는 새로운 개념을 들고 나온 것이다.[22] 브룩스에 따르면 행복하지 못한 삶은 경제적인 문제에 대한 질투와 강력하게 연결되어 있다. 부자들에게 더 많은 세금을 거두라고 주장하는 것도 결국 같은 맥락이라는 것이다. 〈뉴욕타임스〉는 이런 브룩스의 주장에 지면을 할애할 만한 가치가 있다고 여긴 모양이다. 어쨌든 이 새로운 행복과 복지에 대한 주장은 사람들의 관심을 받기 시작했다.

2014년, 중간선거에서 대승한 공화당과 부자들

대중에게 자신들의 모습을 중도파 개혁가로 새롭게 드러내면서 코크 가문은 2014년 상원과 하원 선거를 겨냥해 더 공격적인 정치활동에 시동을 걸기 시작했다. 최종 목표는 미국 상원을 지배하는 것이었다. 만일 공화당 의원들이 상원에서 다수당이 되고 하원도 지금처럼 지배할 수 있다면 입법권을 사실상 통제하게 되는 것이며, 오바마 대통령의 정책에 만만치 않은 걸림돌이 될 수 있었다.

코크 가문은 2012년 대선 패배의 이유를 면밀히 분석한 뒤 아주 중요한 결론에 도달한다. "두 형제는 공화당의 하부 조직과 기반이 아주 형편없다는 결론을 내리고 개선되기를 바란다면 자신들이 직접 움직여야 한다는 결심을 하게 됐다." 이 시기 코크 인더스트리즈의 직원으로 회사에 대한 인식을 조사하는 일을 맡았던 한 직원의 말이다.

어떤 선출직 공무원 업무를 맡아본 적도 없고 자신들의 거대한 개인 기업 말고는 어느 곳에도 진정한 충성이라는 걸 해본 적도 없는 억만장자 기업인 형제가 미국의 양대 정당 중 한 곳을 근본적으로 바꿔보겠다고 결심을 한 건 아주 과격하면서 그들 자신도 고민스러운 행보였을 것이다. 그렇지만 찰스는 〈위치토 비즈니스 저널〉과의 대담에서 아무렇지도 않은 듯 이런 문제들을 그냥 무시해버렸다. 왜 정치 활동에 뛰어드느냐는 질문에 그는 스스로 전설적인 골프 선수인 리 트레비노에 비유했다. 트레비노는 골프 대회에 참가해 승리하려는 이유에 대해 "누군가는 반드시 승리를 거머쥔다. 그러면 그게 내가 되지 말라는 법은 없으니까"라고 대답을 했다.[23] 찰스는 이렇게 덧붙였다. "다른 거대 기업이 이런 일을 하려고 하지 않는다고 해서 우리가 하지 말라는 법은 없으니까. 이 나라를 구하기 위해서는 누군가 반드시 해야 하는 일이다." 사악한 능력으로 수많은 사람들을 속인 1930년대 영화 속 주인공 스벤갈리와는 전혀 다르게, 그는 AFP에서 자신이 맡은 역할을 다음과 같이 소개했다. "나는 돈을 낸다. 잘 들어보라. 돈이 많은 덕분에 나는 많은 일을 할 수 있다. 그러니 이리저리 바쁜 사람이 되는 것은 당연한 일 아닌가."

코크 가문과 모임 참석자, 그리고 지지자들의 연합이 전대미문의 거액을 2014년 중간선거에 쏟아부었을 때에도 찰스는 계속해서 자신을 포장했다. 어쩌면 스스로 정말로 사리사욕이 없는 애국자로 생각하고 있었는지도 모른다. 그해 봄 〈월스트리트저널〉 기고문을 통해 그는 자신이 정치에 관심을 두게 된 것은 극히 최근의 일이며, 그것도 아주 마지못해서 그렇게 된 것이라고 해명하기도 했다. 1년에 두 차례 코크 가문을 중심으로 모임을 개최하기 시작한 시기를 헤아리며 자신이 정치활동을 하게 된 것은 불과 10년도 채 되지 않은 일이라고 단언한 것이다. 그렇지만 그전에 코크 가문이 모두 합쳐 700만 달러에 달하는 정치자금을 지원했다는 사실을 생각하면 중도파 시민 감시 단체인 폴리티팩트가 그런 그의 주장을 거짓으로 판단한 것은 어쩌면 당연한 일일 것이다.[24]

코크 가문과 오랫동안 함께 활동해온 한 익명의 인사는 이렇게 단언했다. "찰스 코크는 이미 1970년대부터 자신이 주장하는 자유주의 혁명을 일으키기 위해 노력해왔다!" 찰스는 어쩌면 처음에는 기존 정치를 경멸하는 학자풍 이상주의자였는지도 모른다. 그렇지만 실패를 통해 한 걸음씩 발전하면서 결국 권력의 중심에 점점 더 가까이 다가가게 됐다. 그는 정해진 규칙에 따라 질서정연하게 움직이는 사람이었다. 예를 들어, 2012년 선거에서 패배한 이후 공화당의 약점뿐만 아니라 민주당의 장점까지 체계적으로 연구했다. "그는 민주당, 특히 풀뿌리 운동의 활용에 대해 많은 것을 배웠다. 찰스에게 정치란 과학과 같은 것으로, 다만 그 대상이 자연이 아닌 인간이었을 뿐이었다." 코크 측 인사의 말이다.

2014년 중간선거가 다가오자 오바마 대통령의 백악관 측에서는 정치 전략 부장인 데이비드 사이머스가 코크 가문이 오바마의 2012년 승리 전략을 분석해 활용하고 있는 것이 아닌가 의심하기 시작했다. 백악관 측의 한 인사는 그것이 의미하는 바에 대해 "심각하다"라는 한

마디 말로 설명했다.

컴퓨터가 등장하면서 선거 필승 전략은 방대한 유권자의 정보를 바탕으로 빠르게 변화하는 신기술의 경연장으로 바뀌게 됐다. 2012년 이후 정보를 다루는 신기술의 위력을 뼈저리게 실감한 코크 가문 모임은 대대적인 개선 작업에 들어간다. 우선 프리덤 파트너가 나서 최첨단 정치 정보 기업인 i360에 수백만 달러를 투자했고, 그동안 각종 정보와 자료 정리 작업을 맡아오며 문제가 많았던 테미스를 흡수했다. 얼마 지나지 않아 i360은 수백 명의 직원을 고용해 2억 5,000만 명의 미국 소비자와 1억 9,000만 명에 달하는 유권자들에 대한 자세한 자료를 정리하는 작업을 시작했다. 코크 가문이 지원하는 여러 시민단체들의 현장 직원들은 계속해서 내장 자료가 보강되는 휴대용 단말기로 무장했다. 코크 가문의 정치 관련 직원들은 이제 어떤 유권자들이 설득 가능하며 누구에게 지속적으로 연락해 선거 참여를 독려할지 확인하고 판단할 수 있게 됐다. 이렇게 자체적으로 자료와 정보를 보유해 처리하게 되면서 공화당과의 관계는 매우 중요한 국면을 맞았다.[25] 그때까지는 공화당전국위원회가 유권자들의 자료를 정리하는 일을 맡아왔지만, 이제는 코크 가문이 공화당과 경쟁하듯 비슷한 업무를 자체적으로 처리할 수 있게 된 것이다. 아니, 공화당보다 더 쉽고 정교하게 자료와 정보를 처리하는 것이 가능해졌다. 공화당의 주요 인사들이 더 비싼 가격을 주더라도 i360이 제공하는 더 양질의 정보를 구매하기 시작했다. 별다른 선택의 여지가 없었던 공화당전국위원회는 2014년 역사적이라고까지 평가되는 합의를 통해 코크 가문과 선거 관련 자료를 공유하게 된다. 그렇지만 이런 상호 협력의 분위기는 표면적이었을 뿐이라는 게 당시의 평가다. 2015년 공화당전국위원회 간부인 케이티 월시가 코크 가문에 공개적으로 신랄한 비난을 퍼붓기 시작했다. 코크 가문이 공화당을 장악하려는 작업을 하고 있다는 것이었다.

월시는 야후 뉴스를 통해 이렇게 공격했다. '나는 아주 강력하고 자금력도 풍부한 단체가 아무런 책임도 지지 않으면서 이렇게 중요한 자료에 언제든 마음대로 접근할 수 있도록 내버려두는 일이 아주 위험하며 분명히 잘못된 일이라고 생각한다.'[26]

이에 대해 i360의 사장 마이클 팔머(Michael Palmer)는 이렇게 응수했다. "우리는 경쟁이 있어야 과거의 잘못을 개선해 나갈 수 있다고 믿는다. 최근 연속으로 대선에서 공화당을 패배하게 만든 건 다름이 아닌 정보의 독점이었다." 코크 가문의 자유시장 이념과 무제한으로 사용할 수 있는 자금까지 함께 껴안게 된 공화당은 이제 얄궂게도 자신들이 옆으로 밀려나 어쩌면 가장 중요한 후원자들의 탐욕에 무너지게 될지도 모를 상황에 처하게 됐다. 공화당전국위원회 내부의 한 소식통에 따르면 이 같은 불안감이 퍼지기 시작했다고 한다. "코크 가문이 공화당과 함께 일하는 것이 아니라 공화당을 밀어내고 그 자리를 대신하려 한다는 사실은 누가 봐도 분명하다."

만일 2012년의 코크 가문이 공화당을 경쟁자로 여겼다면, 2014년의 코크 가문은 여러 가지 면에서 공화당을 완전히 압도하고 있었다. "코크 형제는 외부에서 당을 하나 만들어 공화당에 잠식해 들어왔다. 마치 시장을 잠식해 들어오듯 말이다. 기업의 시장 진출 전략과 많은 점에서 흡사했다." 진보파 감시 단체이며 정치 공작의 구조를 연구해온 민주주의 언론센터(Center for Media and Democracy)의 소장 리사 그레이브스의 지적이다.[27]

〈폴리티코〉의 보도에 따르면 AFP는 유급 직원을 550명까지 늘리며 외형을 확장했는데, 특히 플로리다 같은 중요한 지역에는 직원을 50명이나 배치했다.[28] 코크 가문이 후원하는 또 다른 시민단체들, 예컨대

'각 세대를 위한 기회'나 'LIBRE' 등은 선거가 치열하게 진행되는 지역이라면 가리지 않고 풀뿌리 운동을 할 만한 사람들을 키워냈다. 그 밖에 코크 가문 모임에서도 이른바 이지스 전략부(Aegis Strategic)라는 조직을 만들었는데, 선거에 나가기를 희망하는 후보자들을 찾고 그들을 훈련시키는 것이 이 조직의 목적이다. 이렇게 해서 2012년 공화당을 무너뜨린 자잘한 실수들을 피해보려고 한 것이다. 이런 발전 과정을 지켜본 엑설로드는 깊은 인상을 받은 듯 이렇게 말했다. "이들은 매우 적극적이며 절박한 심정으로 지난번 패배의 원인을 찾아 분석했다. 그런 노력이 눈에 보인다."[29]

2014년 11월 4일 코크 가문 모임의 참석자들, 그러니까 투자자들은 마침내 그 결실을 거두었다. 공화당이 상원과 하원 모두를 완전히 장악하게 된 것이다. 워싱턴의 정치 평론가들은 오바마 대통령의 '레임덕'이 시작됐으며 대통령직이 사실상 끝났다고 선언했다. 평론가들은 이제부터 오바마가 지금까지 해온 모든 일을 되돌리려는 보수주의자들의 공세를 막아내기에 급급하게 될 것이라고 예측하기도 했다.

공화당의 대승은 곧 그 뒤에 있던 보수주의 재벌들의 대승이기도 했다. 〈더 타임스〉가 지적한 것처럼 보수주의 외부 단체들은 지난 1년 반 동안 '와신상담'하며 칼을 갈았고 마침내 선거에서 가장 중요한 세력으로 등장하게 됐다.[30] 지금까지 이렇게 돈이 많이 들어간 중간선거는 없었으며, 외부 자금이 이렇게 많이 흘러들어온 선거도 없었다. 물론 개인적으로 은밀하게 선거를 지원한 가장 큰 세력은 다름 아닌 코크 가문과 그 지지자들이었다. 이들은 모두 합쳐 본 선거에만 1억 달러 이상을 퍼부었으며, 그 두 배 이상이 되는 자금을 관련 준비 활동에 지출했다.

시민연합 판결이 난 후 4년이 흘렀고, 이런 정치자금의 액수는 이제 단순한 충격을 넘어 사람들을 절망에 빠뜨릴 정도의 규모가 됐다. 선거가 거듭될수록 정치자금의 규모는 이전보다 더욱 커져만 갔다. 공화당과 민주당 모두를 도와온 중도파 정치 자문가인 마크 매키넌은 이렇게 선언했다. "우리는 이제 이른바 '끓는점'에 도달했다. 엄청나게 돈이 많은 후원자들이 정치 지형을 완전히 지배하는 그런 시대가 도래한 것이다."[31]

이런 부자 후원자들 중에는 캘리포니아의 금융 투자 거물이자 환경운동가로 변신한 톰 스테이어 같은 민주당 후원자도 있었다.[32] 그는 자신과 함께 지구 온난화 문제와 맞서 싸울 후보들을 위해 7,400만 달러를 썼는데, 2014년 선거 이후 밝혀진 개인 후원자들 중 가장 거액을 쓴 사람으로 알려졌다. 스테이어는 이념적인 면에서 동기의 차이가 있다고 볼 수 있지만, 어쨌든 이제 부자들이 정치와 선거에 본격적으로 영향을 미치게 됐다는 사실에는 변함없다. 2014년 중간 선거에 자금을 지원한 상위 100위권 후원자들은 475만 명의 일반 시민이 각각 200달러 이하의 소액 기부를 한 것보다 더 많은 액수의 돈을 모았는데,[33] 이 100명이 모은 돈은 3억 2,300만 달러에 달한다. 그리고 물론 이것은 신고된 액수만 집계한 것이다. 신고할 필요가 없는 이른바 '다크 머니'까지 포함시킨다면 보수주의를 따르는 극소수의 거대 재벌들이 돈을 가지고 모든 사람들을 지배하고 있다는 사실을 부인하기란 사실상 어려울 것이다.

매키넌은 시민연합과 다른 법이며 판결들이 만들어낸 지금의 체제를 한마디로 표현한다면 바로 '과두정치체제'라고 선언했다. "이 과두정치체제는 소수의 초거대 재벌들이 통제한다. 그들은 대부분 이런 체제를 통해 돈을 벌었고, 이 체제를 통해 앞으로도 더 많은 돈을 벌 사람들이다."

미국이 건국됐을 때부터 부자들은 항상 정치에 관여해왔다. 그렇지만 최소한 19세기 말에서 20세기 초까지의 이른바 진보의 시대(Progressive Era) 이후부터는 국민들이 선거를 통해 자신들을 대표할 사람을 뽑으며 이런 부자들의 영향력을 견제할 만한 규칙이나 법을 만들어왔다. 그렇지만 100여 년이 흘러 2015년이 되자 법을 앞세우는 보수파가 부자 후원자들의 재정적 지원과 대법원의 보수파의 도움을 받아 지금까지 부자들을 견제해온 법을 대부분 걷어내는 데 성공했다. 남아있는 법이 그 일을 제대로 해낼 수 있을지 이제 더 이상 확신할 수 없다. 지금까지 미국에는 거대한 경제적 불평등과 사회적, 그리고 정치적인 평등이 공존해왔다는 자부심이 있었다. 그렇지만 학계의 연구가 진행됨에 따라 이런 모습이 바뀌고 있다는 주장이 나오고 있다. 미국의 경제적 불평등이 점점 더 심화되면서 그 정점에 있는 사람들이 그 자리에 계속 머물기 위해 필요한 권력을 돈을 주고 사들이고 있는 것이다.[34]

그 정점에 있는 실세들 중 정치적인 영향력에 있어 코크 형제들에 견줄 만한 사람은 없다.[35] 이들을 중심으로 뭉친 조직은 아주 독특하며 이들 형제들의 위상은 공화당 상원 원내 대표인 미치 맥코넬과의 관계만 보아도 알 수 있다. 원내 대표가 되기 불과 몇 개월 전 맥코넬은 코크 가문의 6월 모임에 초청 연사로 참석해 찰스와 데이비드에게 감사 인사를 전하며 이렇게 덧붙였다. "두 사람이 없다면 우리가 어떻게 됐을지 감히 상상할 수도 없다." 원내 대표가 되고 나서 맥코넬은 곧 새로운 정책 기획 수석을 고용하는데, 그는 바로 코크 인더스트리즈의 로비스트 출신이었다.[36] 맥코넬은 또 환경보건국과의 전면전을 시작해 전국의 주지사들로 하여금 온실가스 배출과 관련된 새로운 규제 방안의 시행을 거부하도록 만들기도 했다.

2014년 새롭게 상원에 입성한 공화당 의원 중 세 사람은 6월에 있었던 코크 가문의 비밀 회합에 참석했던 사람들이며, 그곳에서 자신들의 후원자들과 많은 이야기를 나누었다.[37] 앞서 언급한 것처럼 6월 모임의 내용은 녹음되어 유출됐는데, 예를 들어 그들의 표현에 따르면 이전에는 아이오와 주 변방 출신의 무명 상원의원이었던 조니 언스트는 코크 가문의 후원으로 전국적인 유명 인사로 변신할 수 있었다. "코크 가문과 그 모임에 자신을 드러내고 그들과 만날 기회를 잡는다는 것은 많은 것을 의미한다." 언스트의 말이다.

"내 앞에 정말로 새로운 길이 열렸다."

코크 가문의 꿈이 현실로

찰스는 그동안 아주 먼 길을 걸어왔다. 도대체 어떤 길을 어떻게 돌아서 왔는지 궁금한 것은 당연한 일이다. 위치토에 있는 존버치협회의 서점에서 처음 새로운 세상을 만났고, 자유학교를 통해 많은 것을 배웠으며, 정치권의 변방 중 변방인 자유당 활동을 하며 좌절도 겪었다. 그가 지닌 의지의 힘은 막대한 재산과 합쳐져 찰스 코크를 현대 미국 정치에 있어 가장 중요한 인물로 만들어주었다. 행정부에 대한 미국인들의 믿음에 대해 그처럼 무자비하고 효율적인 공격을 펼친 사람은 미국 정치사에 있어 거의 찾아보기 힘들 정도다.

찰스 코크와 동생인 데이비드 코크는 개인적인 정치활동을 펼치며 재선에 성공한 민주당 출신 대통령의 발목을 잡고 공화당을 장악하기 시작했다. 전국에 있는 교육기관과 정책연구소들은 두 형제의 세계관을 널리 알리고, 필요한 재능과 인력을 공급함으로써 힘을 보탰다. 점점 더 그 숫자가 늘어나는 각종 비영리단체와 조직들은 형제의 주장을 지지하는 대중의 의견을 이끌어냈고, 선거에 나설 후보자들을 훈련시켰으며, 최첨단 방식의 선거운동을 진행하는 데 필요한 기술적, 재정적 도움을 제공했다. 이들이 선택한 후보자들을 돕는 자금은 거의 무제한으로 공급될 것처럼 보였는데, 상원의원과 하원의원, 그리고 대선에 도전하는 사람들까지 두 형제의 도움을 얻을 수 있지 않을까 하는 희망을 품고 이들의 비밀 모임에 모여들었다.

대부분의 공화당 후보들이 코크 가문에 줄을 서려고 했는데, 전통을 거부하는 파격적 언행으로 유명한 오하이오 주의 주지사인 존 케이식은 2014년 4월에 있었던 코크 가문의 정기 모임에서 저소득층을 위한 건강보험 지원 확대에 반대하는 코크 가문 모임의 입장을 비난했다가 참석자들의 분노를 사기도 했다.[38] 랜디 캔드릭이 지원 확대를 찬성하는 케이식의 입장에 의심을 표시하자 그는 이렇게 받아쳤다. "나는 당신이 누군지 잘 모르고 뭐라고 대답해야 할지도 모르겠다. 그렇지만 내가 죽음에 이르렀을 때 적어도 가난한 사람들을 위해 무슨 일을 했느냐고 물어보면 분명히 대답할 수 있다." 케이식은 이렇게 덧붙였다. "여기 모인 많은 사람들이 기분 나쁠 수도 있다는 것을 잘 알고 있다. 그렇지만 어려운 형편에 처한 사람들을 정부가 도울 수 있도록 해야만 하는 것 아닌가." 코크 가문은 이후 다시는 케이식을 모임에 초청하지 않았다.

뉴욕 출신으로 부동산과 카지노 재벌인 도널드 트럼프는 갑작스럽게 공화당 후보로 대선 출마를 선언해 대선을 준비해온 다른 후보들을 아연실색하게 만들었는데, 그 역시 코크 가문의 초대 명단에서 제외됐다. 2015년 8월 그의 경쟁자들이 코크 가문 모임에 모여들고 있을 때 트럼프는 SNS에 이런 글을 남겼다. '캘리포니아로 날아가 코크 형제들에게 돈을 구걸하려는 모든 공화당 후보들에게 행운이 함께하기를 바란다. 듣고들 있나 꼭두각시?' 트럼프에 대한 대중의 관심은 이런 연줄에 의지하지 않는 독자적인 후보들에 대한 유권자들의 갈증을 보여주는 것이라고 생각된다. 이자 수익에 대한 세금 혜택 중단을 요구하고, 재벌들의 탈세를 비난하며, 불법 이민자들에 대한 폭언을 서슴지 않는 그의 태도와 비교하면 그의 경쟁자들이나 반대파의 모습은 자동적으로 비겁하거나 비굴하게 비치고 거부감이 들 수밖에 없다. 그렇지만 공화당 후보들 중에 감히 코크 가문을 무시할 수 있는 사람은 아무도 없었다.

다른 무엇보다도 가장 놀라운 건 코크 형제들이 또 다른 수백여 명의 보수파 부호들을 설득해 자신들에게 엄청난 거액을 믿고 맡기도록 만들었다는 사실이다. 그리고 사실상 자신들을 보수주의 억만장자들 모임의 대표자로 내세우게 만들기도 했다. 두 형제를 지지하고 협력하는 대부분의 부자들은 자신을 잘 드러내지 않으며, 이름도 거의 밖으로 알려지지 않는다. 자신들에 대한 비난을 의식한 듯 코크 가문은 자신들의 개최하는 모임의 일부분을 소개하기 위해 언론인들을 초청한 적이 있는데, 그때에도 다른 참석자들의 이름을 밝히지 않는 것에 동의하고 취재가 시작됐다. 이 정체도 알 수 없고 선거로 뽑히지도 않았으며 따라서 아무런 책임도 지지 않는 모임이 미국의 정치의 형세를 바꿔가고 있는 것이다.

찰스는 자신이 이른바 '다크 머니', 즉 정체를 알 수 없는 검은돈을 정치권에 뿌렸다는 사실을 부인한다. "내가 준 돈은 검은돈이 아니다. 나는 정당한 정치자금을 제공했으며, 모두 다 공개되어 있다." 2015년 CBS 뉴스와의 대담에서 그가 한 말이다.[39] "그 돈은 정치활동위원회 아니면 후보자들에게 직접 전달됐다. 그리고 내가 재단에 후원한 돈도 모두 공개되어 있다." 어쩌면 그는 정말로 그렇다고 믿고 있는지도 모른다. 그렇지만 그는 지난 5년 동안에만 동생인 데이비드, 그리고 다른 지지자들과 함께 7억 6,000만 달러에 달하는 돈을 프리덤 파트너, 환자권리보호센터, 그리고 TC4 신탁 같은 정체를 알 수 없는, 그렇지만 정치하고는 무관하다고 주장하는 비영리재단에 후원했다.[40] 그리고 그 돈은 다시 열 개의 또 다른 비영리재단에 분배됐는데 그런 재단들 중 일부는 아무런 실체가 없이 주소 하나만 등록되어 있는 곳도 있고, 후원받은 자금을 선거에 직접 투입하거나 수많은 다른 간접적인 방법으로 자금을 지원한 개인의 정치적 뜻을 이루는 데 도움을 주었다. 찰스가 이야기하는 재단의 투명성에 대해서라면, 이런 비영리재단들 중 두 곳에서 거의 800만 달러에 달하는 돈을 2005년에서 2011년 사이에 후원자신탁에 보냈는데, 후원자신탁은 합법적으로 돈의 출처와 흐름을 밝히지 않아도 되는 단체였다.

"정말 놀라운 일이다. 지금껏 그 누구도 이런 일을 한 적 없었다." 민주당을 지지하는 활동가이며 민주주의 연합이라는 이름으로 진보세력을 만들기 위해 노력해온 롭 스타인의 말이다.[41] "코크 가문이 단독으로 해온 일을 이어받아 이번에는 코크 가문을 중심으로 한 모임의 이름으로 수년에 걸쳐 엄청난 돈을 끌어모았다. 열정이 넘칠 뿐더러 아주 체계적이다. 또한 무자비하기 그지없다."

자유 지상주의를 지지하는 역사가인 브라이언 도허티는 코크 가문에 대해 이렇게 이야기했다. "실제로 그들이 어떤 정책적인 승리를 거둔 일은 거의 없다."[42] 그렇지만 그는 또 이렇게 덧붙였다. "그런데 자유 지상주의의 더 큰 생태적 관점에서 본다면 코크 가문 사람들은 절대적으로 중요한 위치에 있다. 그들 때문에 자유시장을 높이 평가하는 일반적인 인식, 그러니까 시대정신이 이제 자유 지상주의를 20년 전만 해도 상상도 하지 못했던 그런 방식으로 받아들이고 있다."

불과 10년도 되지 않아 코크 가문과 자본주의를 과격하게 따르는 지지자들의 영향력은 단순한 시대의 흐름이나 시대정신을 넘어섰다. 이들은 여전히 자신들에게 유리한 많은 입법적인 성취들을 통해 실질적인 이득은 취하지 못하더라도 대신 반대파의 길을 가로막을 수 있다는 사실은 증명했다. 존버치협회의 뜻을 직접 받들며 발전시켜온 과격하고 급진적인 이념에도 불구하고 코크 가문은 찰스가 1981년 품었던 꿈을 이루어냈다. 그가 각본에 따라 움직이는 배우들이라고 여긴 정치가들을 지원하는 것뿐만이 아닌 대본에 들어갈 대사와 주제 자체를 공급하겠다는 꿈이었다.[43]

2015년이 되자 이제는 의원들 상당수가 정부를 부정하는 이들 형제의 뜻에 동참했다. 지구 온난화를 부르짖는 것은 말도 안 되는 일로 치부됐다. 경제적 불평등이 사상 최고치에 도달했지만 부자들에 대한 세금을 올리고 부자들에게만 유리한 세금 혜택을 철폐하는 일 역시 아무도 입에 올리지 않게 됐다. 무너져가는 사회기간시설이나 제도를 정비하는 일 같은 기본적인 공공정책을 위한 자금 조달도 요원하게 보였다. 국민의 대다수는 사회 안전망을 확장하는 일을 지지했지만 국가의 지도자들은 공화당과 민주당을 가리지 않고 부자들에게만 유리한 긴축 정책을 펼쳐갔다. 예를 들어, 미국 국민들의 절대 다수가 사회보장제도를 축소하는 것을 격렬하게 반대했지만 워싱턴 정가에서는 그나마 있는 사회보장제도라도 유지하려면 규모를 축소할 수밖에 없다고 서로 합의했던 것이다.[44]

오바마의 건강보험 개혁안은 간신히 의회를 통과했으며, 여론은 점점 더 많이 개혁안을 지지했다. 그렇지만 보수파의 쉴 새 없는 공격과 오바마 행정부의 심각한 실책 등이 겹치면서 이 개혁안의 명성과 오바마 자신의 명예에도 흠집이 갔다. 심지어 그가 대통령이 되기 전과 비교하면 국민이 부담해야 하는 건강보험이나 진료와 관련된 비용이 현저하게 줄어들었는데도 그랬다. 경제는 나아졌고 실업률은 줄어들었으며 시장은 되살아났지만 정부에 대한 신뢰는 계속해서 곤두박질쳤다. 오바마는 강력한 행정 조치를 통해 환경 문제를 비롯한 다른 여러 가지 사안들에 대해 어느 정도 성과를 거두었다. 그렇지만 의회의 승인을 받아야만 하는 여러 새로운 정책들은 결국 제대로 소개조차 되지 못했다.

선거자금과 관련된 개혁 역시 절망적으로 보이기는 마찬가지였다. 지지하는 정당에 상관없이 미국 유권자들의 절대 다수는 일정 금액 이상의 돈이 정치권으로 흘러들어가는 것을 인정하지 않았고, 이를 규제하는 방안을 지지했다.

그렇지만 선거자금에 대한 모든 규제를 사실상 반대하는 것 같은 소수파의 의견이 공화당을 완전히 지배하고 있다. 이런 의견들은 1980년에 코크 가문이 처음 주장을 했을 때에만 해도 이례적인 것으로 취급받았다.

의회의 극우파들은 2015년 9월 이후 엄청난 영향력을 얻었다. 하원 의장인 존 베이너가 사임하도록 만들었기 때문이다. 이들은 자신들의 요구를 받아들이지 않는다는 이유로 베이너에게 압박을 가했다. 거기에 앞장을 선 사람은 앞에서도 언급한 것처럼 노스캐롤라이나 주에서 티파티 활동을 하다 의원에 당선된 마크 매도즈였다. 그는 새로운 선거구와 다크 머니 단체의 도움에 힘입어 의원이 됐다. 하원 의장 자리에서 물러나게 된 베이너는 마지막으로 '원하는 것을 뭐든 이룰 수 있다는 거짓된 믿음을 갖도록 사람들을 몰아갔지만, 결국 아무것도 이룰 수 없도록 만든 거짓된 예언자들' 즉, 정치가들을 겨냥한 쓴소리를 남겼다.[45]

흔히 정치권력은 선거 결과에 따라 좌우된다고들 생각한다. 2012년의 대선 패배와 2014년의 중간선거 승리를 겪으며 2016년의 결과를 숨죽이며 기다리고 있는 코크 가문을 보면 너무도 당연한 이야기라 생각된다. 그런데 여기에는 한 가지 중요한 사실이 빠져 있다. 코크 가문과 그 우파 지지자들이 그동안 미국에서 가장 영향력이 있는 특별 이익집단이 된 것이다.

코크 가문은 단독으로 이 일을 이루어내지 않았다. 이 모든 일은 그동안 루이스 파월, 어빙 크리스톨, 윌리엄 사이먼, 마이클 조이스, 그리고 폴 웨이리치 등 자신들만의 정치적 꿈을 좇았던 사람들이 함께 모여 이루어낸 것이다. 또한 초창기 우파의 든든한 지원자들의 꿈이 현실적으로 이루어졌다고도 볼 수 있다. 존 올린, 린드와 해리 브래들리, 그리고 리처드 멜론 스카이프 등이 먼저 길을 닦았고, 뒤이어 코크 가문이 그 길을 따라 권력의 정점에 올라섰다.

1970년대 미국에서 제일 부자인 기업 경영자들 몇 명이 너무 많은 규제와 너무 많은 세금이 자신들을 옭아매고 있다고 느끼고 여기에 대항하기로 결심했다. 작금의 미국이 나아가는 방향에 환멸을 느낀 이들은 야심에 찬 이념 전쟁을 벌이기 시작한 것이다. 개인들이 자금을 쏟아부어 미국을 급진적으로 변화를 시키려는 전쟁이었다. 이들은 단지 선거에서 승리하기만을 바란 것이 아니다. 이들은 미국인들의 사상 자체를 바꾸고 싶어 했다. 이들의 야망은 컸다. 자신들이 원하는 방향으로 사회의 모든 분야를 통해 미국을 구하는 것이 그 야망이었다. 바로, 진보의 시대가 오기 전 이른바 도금 시대로 역사를 되돌리려는 것이었다. 찰스 코크는 젊었지만 앞서의 그 누구보다도 더 자유의지론을 신봉했으며, 도허티가 말한 것처럼 그의 야망은 훨씬 더 과격하고 급진적이었다. 바로 정부를 그 뿌리부터 뽑아버리려고 했던 것이다.

이런 부자 행동파들이 선택한 무기는 기부와 후원활동이었다. 처음에는 소수의 정치 권력자들이 이런 개인 재단을 이용해 비민주적인 영향력을 행사할 것이라는 우려도 있었지만 그런 걱정은 100여 년 전에 이미 다 사라져버렸다. 1960년대 진보파인 포드재단이 성공하지 못했던 정치 실험의 결과를 뛰어넘어 보수파 부호들은 새로운 개념의 정치활동을 중심으로 하는 개인 재단을 출범시켰다. 이들의 목표는 마치 전도유망한 사업에 미리 투자하는 투자가들처럼 자신들의 재산을 사상과 이념 문제에 투자해 최대한의 전략적 효과를 거두는 것이었다. 기부활동과 관련된 단체나 조직은 익명성을 보장해줄 수 있기 때문에 이들을 통해 이루어진 이념에 대한 투자는 대중에게는 거의 알려지지 않았다. 에드윈 미스는 스카이프 같은 보수주의 후원자들을 일컬어 '보이지 않는 손들'이라고 했다.

이 투자자들의 세력이 점점 더 커짐에 따라 이들이 벌이는 전쟁도 학계와 법조계에 심어둔 교두보로부터 각종 위장단체들에 이르기까지 전방위로 퍼져 대중의 여론을 선도하게 된다. 각 단계마다 이들은 돈으로 구할 수 있는 가장 영민하고 뛰어난 인재들을 영입했는데, 예컨대 프랭크 룬츠 같은 정책 기획자들은 좀 더 널리 사용될 수 있는 용어와 표현을 사용해 부자 후원자들의 주장을 정리해 대중화하는 데 뛰어난 재능을 발휘했다. 이들의 이런 노력이 점점 더 정치적으로 효과를 거두게 될수록 이 후원자들은 계속해서 기부나 후원이라는 명목으로 이런 활동을 감추어왔다. 미국의 사상을 급진적으로 바꾸기 위한 이런 지원을 하는 부자들 중에서 대중에게 알려진 사람은 거의 없었다. 물론 자신들의 이름이 들어간 학술 기관을 세우기도 하고 장학금을 후원하는 사람들도 있었지만 선거에 출마하는 사람은 거의 없었고 출마하더라도 승리한 경우는 거의 없었다. 이들은 자신들의 힘을 보이지 않는 곳에서 쓰며 비밀리에 회합을 가지고 지원한 돈의 흔적을 지웠다. 그러면서 다른 사람들이나 단체를 대신 앞에 내세웠다. 이런 검은돈들이 대신 내세운 것이 주로 '사회복지' 재단인데, 오바마 행정부 시절 이들이 개인적으로 후원하는 비영리 재단들이 벌인 이념의 전쟁은 이미 40년 전에 시작된 전쟁의 방식이 새롭게 진화한 것이지만 그 본질은 같다.

정치적인 후원과 기부를 시작한 사람들은 자신을 아무런 이기심도 없는 애국자로 포장했다. 개인의 이익이 아닌 공공의 이익을 위해 이런 일을 시작했다는 것이다. 대부분의 경우, 이들은 이런 주장에 어울리는 활동을 했다. 정치활동뿐만 아니라 예술과 과학, 그리고 교육 분야에 지원을 아끼지 않았고, 때로는 직접 가난한 사람들을 돕는 경우도 더러 있었다. 그렇지만 동시에 이들이 지지했던 정치적 정책들이 처음부터 끝까지 오직 자신들의 이익과 관련된 것이라는 사실도 부인할 수 없다. 각종 규제를 철폐하고 세금을 낮추며 복지 혜택을 줄이거나 혹은 선거자금 지원의 상한선을 없애는 일 등은 누군가에게 도움이 될 수도, 또 되지 않을 수도 있다. 그렇지만 상상을 초월한 액수의 재산을 보유한 극소수의 부자들에게는 거의 확실하게 이익이 되는 일임에 틀림없다.

전설적인 사업가이자 투자가인 워런 버핏의 아들 피터 버핏은 사회에 대한 환원이라는 말이 정말 멋있게 들린다고 말했다.[46] 그렇지만 그는 또 이렇게 지적했다. '더 많은 사람들과 공동체가 극소수에게만 부가 편중되는 사회체제로 인해 무너져갈수록 부자들이 나서서 이런 문제에 대한 해답을 찾으려고 한다. 그런데 이런 문제들은 결국 이런 부자들이 만들어낸 것 아닌가?' 부자 후원자들의 의도가 선한 것이든 악한 것이든 지난 몇십 년의 세월 동안 극소수의 보수주의 재벌 후원자들은 분명 미국 정치의 방향을 바꾸어버렸다. 이들은 자신들의 재산을 이용해 만만치 않은 방어막을 쳤고, 버핏의 표현대로 자선 활동과 기업 활동을 조합한 활동의 상당 부분을 차지했다.

또 하나의 성취를 위하여

2015년까지 많은 성취를 이루었지만 그래도 코크 가문의 계획표에는 아직 한 가지 중요한 할 일이 남아 있다. 바로 대권을 손에 쥐는 일이었다. 정치에 관심 있는 사람이라면 2014년 중간선거가 2016년 대선 가도를 위한 전초전임을 이미 알아보았을 것이다.[47] 코크 인더스트리즈 직원으로 코크 가문을 위해 27년간 일했지만 결국 법정에 서서 이들을 고발하는 증언을 했던 필 듀보스는 코크 가문이 입법부, 사법부, 행정부 모두에 영향력을 미치고 있다고 확신했다. "그들이 원하는 것은 자신들의 방식대로 사는 것이다." 듀보스의 말이다.[48] "코크 형제는 스스로 자유주의자라고 부른다. 뭐라고 표현해야 할지 모르겠지만, 이들이 말하는 자유주의란 결국 충분한 능력과 힘이 있기 때문에 정부 같은 것이 없어도 살아갈 수 있다는 뜻이다. 그리고 자기들이 하는 사업에 좋은 일이라면 미국에도 좋다는 식이다." 그러면서 그는 자신의 고향인 루이지애나 시골에서 듣던 이야기를 덧붙였다. "하지만 미국의 입장에서는 그게 무슨 뜻일까? 무서운 개들을 풀어놓는 것이나 마찬가지지. 그러면 작고 힘없는 사람들은 어떻게 될까? 개들에게 먹히고 만다."

2015년 1월의 마지막 주, 코크 가문은 캘리포니아 주 팜 스프링스 외각에 있는 랜초 미라지에 있는 휴양지에서 다시 정기 모임을 개최했다. 프리덤 파트너의 총책임자인 마크 쇼트는 이렇게 인정했다. "2014

년은 멋진 해였다. 그렇지만 아직 갈 길이 멀다." 한 참석자의 전언에 따르면 그 목표에 도달하기 위해 찰스와 데이비드는 각각 7,500만 달러의 후원을 약속했다.[49] 그러나 이 액수도 그 주말에 발표된 2016년 선거에 대비한 코크 가문 모임 전체의 목표 액수에는 한참 못 미치는 것이었다. 이번에 코크 가문 모임에서 목표로 한 액수는 무려 8억 8,900만 달러였다.[50] 이 액수는 2012년 대선에서 코크 가문 모임이 썼던 금액의 두 배에 달한다. 선거의 주체라고 할 수 있는 공화당과 민주당이 각각 10억 달러 정도의 선거 비용을 예상하고 있다는 점을 생각하면, 코크 가문 모임은 다가오는 대선에서 단숨에 또 다른 무게 중심이 될 수 있을 터였고, 충분히 그렇게 할 수 있었다. 오바마가 대통령에 당선됐을 때 미국 경제를 망칠 것이라고 공격했지만, 찰스와 데이비드의 개인 재산은 오히려 오바마 시절 동안 세 배나 더 늘어나 〈포브스〉에 따르면 2009년 3월 140억 달러에서 2015년 3월 각각 416억 달러가 됐다.

부패 정치에 맞서 오랫동안 싸움을 벌여온 진보파의 대표적 인물인 프레드 위트하이머에게 이런 액수는 상상을 초월하는 것이었다. "8억 8,900만 달러? 물론 우리도 과거에 그만한 액수의 돈을 만져본 적은 있다. 그렇지만 이 정도라면 보통 사람이 생각하는 정도를 훨씬 뛰어넘는 것이 아닌가. 미국 역사를 통틀어도 보기 드문 일이며, 당이 아닌 개인들이 모은 액수로는 한 번도 듣지도 보지도 못한 거액이다."[51]

위트하이머는 일종의 공익 변호사로, 워터게이트 사건 이후로 정치권에 흘러들어오는 검은돈을 막기 위해 길고도 힘든 싸움을 계속 벌이고 있다. 위트하이머가 생각할 때 지금 미국의 민주주의는 큰 위기를 맞고 있다. "선거로 뽑히지 않은 억만장자 출신 두 사람이 미국 정부를 좌지우지하고 있으며, 3억 명이 넘는 미국 국민들을 위한 정책을 결정하는 데 큰 영향을 미치고 있다. 거기에는 국민의 목소리가 전혀 들어가지 않는다." 그는 또 이렇게 덧붙였다. "우리가 세운 입헌 민주주의 체제가 세계 제일의 부자 두 사람이 우리의 운명을 마음대로 결정하는 것을 받아들일 이유는 전혀 없다."

코크 인더스트리즈가 의회에 로비하면서 매년 1,300만 달러 이상을 쓰고 있다는 사실을 생각하면 코크 가문은 분명 미국 정부에 대한 막대한 지분을 소유하고 있는 것이나 마찬가지다.[52] 코크 형제와 그 지지자들이 완벽하게 사심 없이 10억 달러에 가까운 돈을 정치자금으로 쓰겠다는 건 누가 봐도 의심스러운 말이다. 물론 돈이 항상 미국의 정치와 선거의 결과를 결정짓지는 않았다. 그렇지만 2016년 대선을 경매로 비유하면 코크 가문이 가장 높은 금액을 써내리라는 것은 거의 확실하다.

찰스는 〈USA투데이〉와의 대담에서 자신이 바라는 건 '사회의 행복과 복지를 증진시키는 것'뿐이라고 말한 적 있다. 그리고 자신의 뜻을 어떻게 펼칠까 고민하다 영감을 얻어 그런 생각을 하게 됐다고 말했다. "우리가 하는 모든 일이 그저 돈을 더 벌기 위해서라고 생각하나?" 찰스가 이렇게 되물었다. "그거야말로 정말로 바보 같은 생각이 아닌가."[53]

바보 같은 생각이라! 수억 달러나 되는 재산을 물려받았지만 더 많은 몫을 차지하기 위해 다시 20년이 넘는 세월을 법정에서 형제들끼리 싸웠던 코크 가문을 보면 정말 바보 같다는 생각이 드는 사람들도 있을 것이다. 그렇지만 찰스가 자신의 몫을 포기하는 일은 한 번도 없었다. 어릴 때부터 그는 별로 재미없는 농담을 즐겼다. 누군가와 어떤 것을 나눠야 할 때면 아주 득의만만한 웃음을 지으며 이렇게 말했다. "나는 그저 정당한 내 몫을 받고 싶을 뿐이야. 그러니까 전부 다 가져가야겠어."

다크 머니

분노하지 않는 당신은, 도대체 어떤 사람인가?

'다크 머니(Dark Money)'란 미국 재계의 이른바 '큰손(Big donors)'들이 각종 비영리 단체들과 민간 정치자금 모금단체인 '슈퍼팩(Super Pac, 특별정치활동위원회)'을 통해 비영리 시민단체들과 무역 및 경제협회들에 기부하는 정체불명의 정치자금으로, 특정 정당 후보의 정책을 지지하고 상대 후보를 비방하는 선거 광고 형식으로 간접 활용되는, 출처를 알 수 없는 자금을 말한다.

한국에 이 '다크 머니'라는 말이 본격적으로 알려진 것은 지난 2014년 미국 중간선거 무렵의 일로, 당시 한국 언론들은 미국 〈LA 타임스〉의 기사를 인용해 미국 중간선거판에 출처를 알 수 없는 '다크 머니'가 쏟아지고 있어 선거의 왜곡현상이 우려되고 있다는 소식을 전했다.

〈월스트리트저널〉을 거쳐 현재 21년째 〈뉴요커〉에서 전속으로 기사를 쓰고 있는 저자 제인 메이어는 2008년 미국 구겐하임 재단의 후원을 받아 테러와의 전쟁을 명분으로 자행되는 미국의 인권유린 실태를 다룬 논픽션《다크 사이드: 테러와의 전쟁은 어떻게 미국의 이념과의 전쟁으로 변질 되었나The Dark Side: The Inside Story of How the War on Terror Turned

Into a War on American Ideals》를 발표해 독자들은 물론 평론가와 언론의 찬사를 받은 바 있다. 저자는 다시 2016년 이《다크 머니: 자본은 어떻게 정치를 장악하는가》를 발표하는데, 그녀가 두 번째로 단독 출간하는 이 책에도 역시 '다크'라는 단어가 제목에 들어감으로써 우리는 이 책을 통해 저자가 어두우면서도 아픈 미국 사회의 단면을 소개하려 하고 있음을 짐작할 수 있다.

제인 메이어가 이번에 화두로 삼은 이 '다크 머니'는 그 돈을 지원받는 비영리 단체들이 지지하는 정치인이 정해져 있기 때문에 사실상 정치인들이 합법적으로 정치자금을 모으는 통로로서 기능하고 있다. 메이어는 이 '다크 머니'가 제도적으로 정착되기까지 미국의 잘 알려지지 않은 억만 장자인 코크 형제의 치밀한 계획이 있었다고 주장하며, 코크 형제를 비롯해 이들과 뜻을 같이 하는 재계 유명 인사들의 노력이 30여 년 만에 결실을 보고 있다고 진단하고 있다. 미국 연방정부 및 각 주 상하원에는 이들의 재정적 지원을 받으면서 이들에게 유리한 정책을 펼치는 의원들이 다수 포진해 있고 대법원과 학술단체, 각 대학교 등에도 이들의 말이라면 거부할 수 없는 인물들이 다수 자리를 잡고 있다는 것이다.

그렇다면 이 재계의 숨은 큰손들의 목표는 무엇인가? 단순히 표면적으로 민주당이 아닌 공화당을 지지해 정권을 장악하는 것이라면 이들은 이미 부시 가문을 통해 8년 동안 백악관을 지배한 바가 있다. 그럼에도 불구하고 또다시 막대한 액수의 '다크 머니'를 쏟아부으며 정치권 전체를 장악하려고 애를 쓰는 건 이들이 그저 공화당을 지지하는 세력만은 아니라는 뜻이다. 통상적으로 이들은 기업 활동에 대해 정부가 관여하는 것을 죄악시해 기업에 세금을 매기는 것을 좋게 보지 않으며 기업에 대해 탄소배출을 규제하는 것에도 반대한다. 물론 여기에는 이들이 소유한 기업이 대부분 화학제품을 생산하는 기업이라는 점도 반영되어 있다. 이런 상황이다 보니 이들은 100퍼센트 만족을 하지는 못한다 하더라도 민주당보다는 공화당 쪽을 더 지지하는 것으로 보일 뿐이다.

그러나 이들의 실체는 보수주의자라기보다는 이른바 '리버테어리언(Libertarian)'이다. 일반적으로 '자유지상주의자'로 번역될 수 있는 리버테어리언은 1970년대 이후 영미 사회에서 사회민주주의자나 좌파와 동의어가 된 리버럴리스트의 대척점에 서서 자유주의를 철저하게 옹호하는 사람들이지만 자신들이 버는 돈 문제에 대해서는 무정부주의에 가까운, 철저한 자유주의를 부르짖으면서 동시에 낙태와 동성애, 합법적인 가벼운 마약 문제 등에 대해서는 또 철저하게 미국의 건국이념인 청교도 정신을 내세우며 반대를 한다. 결국 이들이 정치적 혹은 사상적 신념보다 제일 우선시하는 가장 중요한 문제는 바로 자신들의 돈과 이익이라고 볼 수 있다. 따라서 이들의 실체에 대해서는 그저 자신들과 의견이 맞는 사람들끼리만 모여 타자를 철저하게 배격하고 극단적인 이익만을 추구한다는 점에서 미국 보수주의의 대부 윌리엄 F. 버클리 2세(William F. Buckley Jr.)가 자신들의 입장을 대변해 주장하는 이른바 '무정부전체주의(Anarcho-Totalitarianism)'라는 설명이 가장 가까워 보인다.

물론 이런 이들의 사상과 활동은 당연히 인류가 지향하고 있는 현대 민주주의에 부정적인 영향을 미칠 수밖에 없다. 이 책을 통해서 확인할 수 있는 내용들만 보아도 그 규모나 수법이 정말 일반인들의 상상을 초월한다. 무엇보다 가장 섬뜩한 건, 이들이 민주주의 제도의 허술한 점을 가차 없이 파고들어 자신들의 이익을 꾀한다는 점이다. 표면적으로 이들은 가급적 법을 위반하지 않으려 하고 또 필요하다면 법 자체를 바꾸는 일도 서슴지 않으며, 일반인들은 감히 범접할 수조차 없는 풍부한 지식과 충분한 시간을 갖추고 제도상의 맹점을 이용하고 파고드는 데 있어서는 막강한 자금력을 바탕으로 힘을 행사한다. 이들의 숨은 음모를 감시하고 제어하는 일이 얼마나 어려운지를 우리는 이 책을 통해 잘 살펴볼 수 있다.

이 책은 2016년 미국 대선을 겨냥해 발표되었고 메이어가 우려했던 것처럼 이들이 지지하는 공화당이 대선에서 승리를 거두었다. 다만, 도무지 그 가는 방향을 알 수 없을 정도로 좌충우돌하는 트럼프가 당선된 것이 과연 '다크 머니'와 코크 가문의 승리인지, 아니면 그 누구도 예상치 못한 결과인지는 알 수 없다. 돈의 힘으로 정치권을 장악하려는 코크 가문과 그 추종자들에게 역시 '자수성가한 부자'임을 내세우며 백악관 입성에 성공한 억만장자 트럼프는 만만치 않은 상대일 수밖에 없기 때문이다. 어쩌면 이런 모습이 그래도 민주주의에 어떤 희망이 아직 있다는 얄궂은 신호는 아닐까? 트럼프와 코크 형제가 골프를 함께 치다가 트럼프의 도무지 종잡을 수 없는 행동에 코크 형제마저 아연실색하며 고개를 절레절레 흔들었다고 하는 대선 전의 일화는 우리에게 웃어야 할지 울어야 할지 모를 쏨쓸함을 전달해 주고 있는 것이다.

사실 우리 같은 보통 사람들에게, 더군다나 미국도 아닌 한국에 살고 있는 우리에게 이 책이 소개하고 있는 사람들이며 그들의 숨은 역사, 그리고 도무지 0이 몇 개나 붙어 있는지 몇 번을 다시 확인하게 만드는 자금의 규모 등은 어쩌면 제대로 실감이 나지 않는, 그런 이야기일지도 모르겠다.

메이어는 산재피해를 입고 세상을 떠난 어느 평범한 노동자의 이야기를 소개한다. 평생 가족을 위해 묵묵히 일하다 병에 걸린 그 순간까지도 열심히 일한 나를 '나의 회사'는 버리지 않을 것이라는 희망을 품었던 이 노동자 앞에서, 코크 가문과 그 추종자들이 그 어떤 말로 자신들의 사상을 변호한다고 해도 그것이 평생을 성실하게 일해 온 평범한 노동자를 죽이고 짓밟는 일이라면 절대로 정당화될 수는 없을 것이다. 이런 자들이 버젓이 돈과 권력을 휘두르게 된다면 인류의 문명이 진화하고 발전해 온 의미가 없다. 허황된 음모론이 아닌 철저한 사실조사에 입각해 완성된 이 책을 통해 다함께 정당한 분노를 느끼고 무엇이 올바른 길인가를 다시 한 번 생각해볼 수 있는 계기가 되었으면 한다.

마지막으로 2016년 〈나, 다니엘 블레이크I, Daniel Blake〉로 칸 영화제 황금종려상을 수상한 감독 켄 로치(Ken Loach)의 일갈을 여기에 덧붙인다. "If you're not angry, what kind of person are you?(분노하지 않는 당신은, 도대체 어떤 사람인가?)"

들어가며

1. 찰스 코크는 로버트 르페브르의 분신이라고도 할 수 있다. 《자본주의의 급진파: 근대 미국 자유의지론 운동의 자유로운 역사》(Public Affairs, 2007)의 저자인 브라이언 도허티에 따르면 르페브르는 '찰스 코크의 마음을 사로잡은 무정부주의자'라고 한다. 로버트 르페브르의 대한 더 자세한 내용은 2장을 참조할 것.

2. 내가 〈월스트리트저널〉에 기고했던 것처럼 레이건 대통령 재임 시 기존 공화당 지지파와 순수 보수주의자들 사이에 끊임없는 갈등이 있었다. 레이건이 백악관에 거느리고 있던 이 순수 파는 계속해서 외부인과 같은 의심을 받았다.

3. 제인 메이어, "머니맨(The Money Man)", 〈뉴요커〉, 2004년 10월 18일.

4. 제인 메이어, "비밀 작전(Covert Operations)", 〈뉴요커〉, 2010년 8월 30일.

5. 존 포데스타, 저자와의 대담 중에서.

6. 크레이그 셜리, 저자와의 대담 중에서.

7. 매튜 콘티네티, "진보 정치에 등장한 공포: 코크 형제에 대한 좌파의 두려움(The Paranoid Style in Liberal Politics: The Left's Obsession with the Koch Brothers)", 〈위클리 스탠더드〉, 2011년 4월.

8. "셸던의 '경선 개입'으로 미국 정치에 대한 국민들의 불신이 더 커지다.('Sheldon Primary' Is One Reason Americans Distrust the Political System)", 〈워싱턴포스트〉, 2014년 3월 28일.

9. "진보 정치에 등장한 공포: 코크 형제에 대한 좌파의 두려움".

10. 코크 가문 모임에 대해서는 케네스 R. 보겔의 《빅 머니: 25억 달러의 수상한 자금과 거대 재벌들의 미국 정치 개입》(Public Affairs, 2014) 참조.

11. 마이클 매카닉, "코크 형제들을 찾아서: 그들이 모여 민주당의 패배를 계획했던 곳(Spying on the Koch Brothers: Inside the Discreet Retreat Where the Elite Meet and Plot the Democrats' Defeat)", 〈마더 존스〉, 2011년 11월, 12월.

12. 《빅 머니: 25억 달러의 수상한 자금과 거대 재벌들의 미국 정치 개입》.

13. 2015년 기준으로 참석자 중 최소 10억 달러 이상의 재산을 보유한 사람들의 명단은 다음과 같다.
    찰스 코크: 420억 9,000만 달러

데이비드 코크: 420억 9,000만 달러

셸던 아델슨: 314억 달러

해럴드 함: 122억 달러

스티븐 슈워츠먼: 120억 달러

필립 앤슈츠: 118억 달러

스티브 코헨: 103억 달러

존 메나드 2세: 90억 달러

켄 그리핀: 65억 달러

찰스 슈왑: 64억 달러

리처드 디보스: 57억 달러

다이엔 헨드릭스: 36억 달러

켄 랭곤: 29억 달러

스티븐 벡텔 2세: 28억 달러

리처드 파머: 20억 달러

스탠 허바드: 20억 달러

조 크라프트: 14억 달러

일레인 마셜은 2014년까지 83억 달러의 재산을 보유한 것으로 추정됐으나 2015년에는 〈포브스〉가 뽑은 억만장자 명단에서 빠졌다. 오바마 집권 기간 동안 모임에 참석한 것으로 알려진 사람들과 그녀의 2014년 추정 재산을 합치면 그 총액은 2,220억 달러에 달한다.

14. 《부자들은 왜 우리를 힘들게 하는가?: 승자 독식의 정치학Winner-take-all politics》(제이콥 해커, 폴 피어슨, 조자현 역, 21세기북스, 2012), 2007년 기준으로 상위 1%의 소득은 미국 전체 국민 소득의 23.5%를 차지한다. 여기에는 은행 이자 및 배당금 수익 등이 포함되어 있다.

15. 《플루토크라트: 모든 것을 가진 사람과 그 나머지》(크리스티아 프릴랜드, 박세연 역, 열린책들, 2013) 참조.

16. 폴 크루그먼, 토마 피케티의 《21세기 자본》(장경덕 역, 글항아리, 2015)에 대한 빌 모이어스(Bill Moyers)와의 인터뷰 중에서. "1%가 우리에게 감추고 있는 것들(What the 1% Don't Want Us to Know)" BillMoyers.com, 2014년 4월 18일.

17. 조셉 E. 스티글리츠, "1%의, 1%에 의한, 1%를 위한(Of the 1%, by the 1%, for the 1%)", 〈베니티 페어〉, 2011년 5월.

18. 《21세기 자본》(토마 피케티, 장경덕 역, 글항아리, 2015).

19. 마이크 로프그렌, "부자들의 반란(Revolt of the Rich)", 〈아메리칸 컨저버티브〉, 2012년 8월 27일.

20. 이 명단은 2010년 10월 20일 리 팽이 인터넷 웹사이트인 '싱크프로그레스'를 통해 공개한 것이다. 2014년에는 〈마더 존스〉가 추가 명단을 공개하기도 했다.

21. 아리 베르만, "먹이를 노리는 독수리가 선거에도 개입하다(Rudy's Bird of Prey)", 〈네이션〉, 2007년 10월 11일. 뉴욕 주 의회가 싱어의 사업 활동에 도움이 되는 법률안을 제정했을 뿐더러, 싱어 본인도 미국 법원에 도움을 요청해 아르헨티나가 자신에게 지고 있는 채무를 갚게 압력을 넣도록 했다.

22. 《사모펀드의 제왕: 블랙스톤 그룹과 슈워츠먼 이야기King of capital: the remarkable rise, fall, and rise

again of steve Schwarzman and Blackstone》(데이비드 캐리, 하영춘, 김지욱, 김규진 공역, 첨단금융출판, 2012), "의회가 행동에 들어가도록 만든 촉매제가 슈워츠만의 생일 축하 공연과 갑자기 드러난 블랙스톤 IPO의 정체였다."

23. 크리스티 스마이스, 재커리 마이더, "고소당한 르네상스 CEO 머서(Renaissance Co-CEO Mercer Sued by Home Staff over Pay)", 〈블룸버그 비즈니스〉, 2013년 7월 17일.

24. 켄 랭곤의 재산은 2015년 〈포브스〉 추산 29억 달러에 달하며 그라소에 대한 지원은 적절했다고 주장했다. 이 갈등에 대한 판결은 결국 법정에서 가려졌다.

25. 마크 헬퍼린, 존 하일만, 《더블 다운: 게임 체인지 2012 Double Down: Game Change 2012》(Penguin, 2013), 194.

26. "리처드 스트롱의 예상치 못한 몰락(Richard Strong's Fall Came Quickly)",AP통신, 2004년 5월 27일

27. 데이비드 케이 존스턴, "앤슈츠, 납세자들에게 더 큰 부담을 지우다(Anschutz Will Cost Taxpayers More Than the Billionaire)", 〈텍스 노트: 존스턴 보고서Tax Notes: Johnston's Take〉, 2010년 8월 2일.

28. "디보스 가문이 대가를 치르다: 기록적인 벌금 구형, 변호사들은 항소할 것이라고 전해(DeVoses May Pay a Price for Hefty Penalty; Record Fine Presents Problems; Lawyers Say They Will Appeal)", 〈그랜드 래피즈 프레스〉, 2008년 4월 13일.

29. 대니얼 피셔, "화석연료의 낙원(Fuel's Paradise)", 〈포브스〉, 2003년 1월 20일.

30. 미국 4위의 석탄 기업인 알파 내추럴 리소시즈는 2015년 법원에 파산보호 신청을 했다.

31. 조시 하킨슨, "누가 미트 롬니를 엿 먹였나(Who Fracked Mitt Romney?)", 〈마더 존스〉, 2012년 11월, 12월.

32. 코크 인더스트리즈는 자신들은 거래 금지법을 준수했다고 주장한다. 이란에 세계에서 제일 규모가 큰 메탄올 공장을 건설한 것은 해외 자회사를 이용해 그렇게 한 것이라는 게 이유였다. 코크 인더스트리즈는 해외 직원들을 앞세워 법은 어기지 않으면서 1995년 거래 금지법이 만들어진 이후 실제로 의도했던 바를 비켜 나갔다. 아실린 로더, 데이비드 에번스, "코크 형제의 수상한 거래(Koch Brothers Flout Law Getting Richer with Secret Iran Sales)", 〈블룸버그 마켓 Bloomberg Markets〉, 2011년 10월 3일.

33. 벡텔의 경이로운 역사에 대해서는 샐리 댄튼의 《부당 이득자: 벡텔과 세상을 만든 사람들 Profiteers: Bechtel and the Men Who Built the World》(Simon & Schuster, 출간 예정) 참조.

34. 지난 2010년 스튜어트와 그의 아내, 딸, 그리고 다른 두 사람이 헬리콥터 사고로 사망했다. 조사에 따르면 그의 5세 된 딸이 조종석에 앉아 있다가 조종간을 발로 차면서 사고가 일어났다고 한다.

35. 숀 윌렌츠, "무정부 상태(States of Anarchy)", 〈뉴 리퍼블릭〉, 2010년 3월 30일.

36. TARP의 자세한 내용에 대해서는 다음을 참조할 것. 행크 폴슨, 《위기: 전 세계 금융 체제의 몰락을 막기 위한 노력의 속사정On the Brink: Inside the Race to Stop the Collapse of the Global Financial System》(Headline, 2010), 11~13장.

37. 상원에서 투표를 하기로 한 2008년 10월 1일, 상원의원 존 튠의 사무실에서 지원 대책에 찬성한 사람들의 명단이 유출됐다. 그리고 AFP가 이를 보도했다. http://www.thune.senate.gov/public/index.cfm/press-releases?ID=8c603eca-77d3-49a3-96f5-dfe92eacda06.

38. AFP의 최고위직에 있는 코크 가문의 인물인 필 커펜은 자신의 책 《거부당한 민주주의

Democracy Denied》(BenBella Books, 2011)를 통해 자신은 "찬성하고 싶지 않지만 우리의 경제 체제가 붕괴될지도 모른다는 사실이 정말로 두려웠다"고 인정했다.

39. 빌 윌슨, 로이 웬즐 "코크 가문의 미국 구하기(The Kochs' Quest to Save America)", 〈위치토 이글〉, 2012년 10월 15일.

40. 버락 오바마, 민주당 전당대회 연설에서. 2004년 7월 27일.

Part 1. 자선사업을 무기로: 이념 전쟁 1970~2008
1장 | 급진주의자들: 코크 가문의 역사

1. 관련된 법적 문제에 대해서 가장 자세하게 기술한 것은 클레이튼 A. 코핀의 "연방 사법제도 안에서 살펴보는 윙클러 코크 엔지니어링 특허 분쟁 및 부패의 역사(A History of Winkler Koch Engineering Company Patent Litigation and Corruption in the Federal Judiciary)"로, 코크 인더스트리즈가 제공한 비공개 보고서다.

2. 코크 가문과의 대담 중에서.

3. 알렉상드르 이골킨, "미국의 경험으로부터 배운다(Learning from American Experience)", 〈루코일 인터내셔널 매거진〉, 2006.

4. "왜 소비에트 연방은 윙클러 코크의 분해 장치를 선택했는가(Why the Soviet Union Chose the Winkler-Koch Cracking System)" 보고서 중 "소비에트 연합의 경제 상황보고(Economic Review of the Soviet Union)" 클레이튼 A. 코핀, 코크 인더스트리즈 제공.

5. 코크 인더스트리즈 공식 웹 사이트의 회사 연혁 참조.

6. 《시장 중심의 경영》(찰스 코크, 문진호 역, 시아출판사, 2008)

7. 프레드 코크의 사업을 위한 독일 출장에 대해서는 가족이 제공하는 설명을 참조했다.

8. 라니어 칼쉬, 레이몬드 스토크스, 《석유》(Beck, 2003).

9. 데이비스는 범죄 행위로 인해 기소를 당한 적은 없다. 1941년 그가 사망한 후에는 법무부에서 그를 조사했던 사실도 그냥 묻히게 됐다. 데일 해링턴, 《수수께끼의 사나이: 윌리엄 로즈 데이비스, 미국에서 암약한 나치의 영향 정보원Mystery Man: William Rhodes Davis, American Nazi Agent of Influence》(Brassey's, 1999), 206.

10. Ibid, 14. 보스턴 은행의 찰스 스펜서 역시 어떠한 거래도 거절했다. 그 대신 그는 이 사안을 덜 꼼꼼한 은행의 부하직원에게 떠넘겼다고 한다.

11. Ibid., 16.

12. Ibid., 19.

13. Ibid., 18.

14. Ibid., 19.

15. 피터 헤이스, 저자와의 대담 중에서.

16. 레이몬드 스토크스, 저자와의 대담 중에서.

17. 찰스 드 가낼에게 보낸 편지, 1938년 10월. 대니얼 슐만, 《위치토의 아들들: 코크 형제들은 어떻게 미국에서 가장 강력하고 은밀한 왕조를 건설했나》(Grand Central, 2014), 41~42.

18. 코크 집안의 보모에 대한 이야기는 코크 가문과 계속해서 관계를 유지하기 위해 익명을 요구한 어느 집안 친구의 믿을 수 있는 진술에 의거했다.

19. 브라이언 버로 "알고 보면 터프한 코크 가문(Wild Bill Koch)", 〈베니티 페어〉, 1994년 6월.

20. 존 댐가드, 저자와의 대담 중에서.

21. 코크 집안의 사촌, 저자와의 대담 중에서.

22. 《시장 중심의 경영》(찰스 코크, 문진호 역, 시아출판사, 2008)

23. 매리엘런 마크, "부자 형제들의 생존법(Survival of the Richest)", 〈페임〉, 1989년 11월.

24. 클레이턴 코핀은 조지메이슨대학교에서 시행하는 "사회 조직화 학습 과정(the Program in Social and Organizational Learning)"을 담당했다. 여기에 가장 크게 지원한 것이 바로 코크 가문이었다.

25. 포샤 해밀턴은 1940년 컬럼비아대학교를 졸업했으며 심리학에 대한 인기 신문 기고문을 연재하며 아이들의 놀이와 로르샤흐 테스트를 통해 심리적인 아픔을 치유할 수 있다고 주장했다. "상처받은 어린 마음(Troubled Little Minds)", 〈밀워키 센티넬Milwaukee Sentinel 1949년 4월 3일. 그녀는 부모와 조부모로부터 "지나치게 많은" 사랑을 받은 한 어린 소녀에 대해 설명했다.

26. "부자 형제들의 생존법".

27. 브라이언 오렐리, 패티 드 로사, "코크 형제들의 저주(The Curse on the Koch Brothers)", 〈포춘〉, 1997년 2월 17일.

28. 찰스 코크는 제이슨 제닝스와의 대담에서 자신의 학창 시절을 회고했다. 코크 인더스트리즈 웹사이트 제공.

29. "부자 형제들의 생존법"과 코핀의 미공개 보고서 "보이지 않는 비밀: 찰스 코크의 정치 활동 역사 제 1부" 참조. 이 미공개 보고서는 저자에게 특별히 제공됐다.

30. 찰스 코크의 회상, 제닝스와의 대담 중에서.

31. "코크 형제들의 저주".

32. 코핀, "보이지 않는 비밀: 찰스 코크의 정치 활동 역사".

33. 코핀, 저자와의 대담 중에서.

34. 로이 웬즐, 빌 윌슨 "목표 달성에는 가혹하리만큼 무자비한 찰스 코크(Charles Koch Relentless in Pursuing His Goals)", 〈위치토 이글〉, 2012년 10월 14일.

35. 엘리자베스 코크, "세계를 돌며 벌어지는 가족의 자격 확인: 도쿄로 돌아와서 제1부(The World Tour Compatibility Test: Back in Tokyo, Part 1)", 〈스미스〉, 2007년 3월 30일. http://www.smithmag.net.

36. 엘리자베스 코크, "세계를 돌며 벌어지는 가족의 자격 확인: 최종회(The World Tour Compatibility Test: Grand Finale)", 〈스미스〉, 2007년 5월 3일, http://www.smithmag.net.

37. 캘리 맥밀란 "윌리엄 코크의 파란만장한 일생(Bill Koch's Wild West Adventure)", 〈덴버 매거진〉, 2013년 2월

38. "코크 형제들의 저주".

39. 《더 머신: 우파의 부활을 위한 길라잡이》(New Press, 2013).

40. FBI 기록, 1961년 3월 15일 FBI 부국장 드로치에게 보고. 어니 라자가 정보공개법에 의거해 요청 후 밝혀진 내용 중에서.

41. 《더 머신: 우파의 부활을 위한 길라잡이》.

42. 찰스 코크, "나는 자유 사회의 부활을 위해 싸운다(I'm Fighting to Restore a Free Society)", 〈월스트리트저널〉, 2014년 4월 2일.

43. 《더 머신: 우파의 부활을 위한 길라잡이》.

44. 《더 머신: 우파의 부활을 위한 길라잡이》.

45. 어떤 보수주의자들은 골드워터가 입후보함으로써 공화당의 색채를 더 분명하게 강화시켰다고 주장하기도 하지만, 반대로 마이클 거손은 2014년 4월 18일자 〈워싱턴포스트〉 "공화당에 대한 골드워터의 경고(Goldwater's Warning to the GOP)"를 통해 그의 출마가 재앙과 같은 사건이었다고 주장했다. 다음 세대의 유권자들마저 등을 돌리게 만들었다는 것이다.

46. 《더 머신: 우파의 부활을 위한 길라잡이》.

47. 릭 펄스타인, 《폭풍 전야: 배리 골드워터와 미국 여론의 분열》(Nation Books, 2009), 113.

48. "목표 달성에는 가혹하리만큼 무자비한 찰스 코크".

49. "보이지 않는 비밀: 찰스 코크의 정치 활동 역사", 29.

50. "목표 달성에는 가혹하리만큼 무자비한 찰스 코크".

51. 게리 베이스 "불멸의 대가(The Price of Immortality)", 〈업스타트 비즈니스 저널〉, 2008년 10월 15일. "체이스 코크까지 이어지는 코크 가문의 자산 관리 계획: 과거와 현재, 그리고 미래까지 (Estate Planning Koch and Chase Koch: Past, Present, and Future)", 〈리필링 더 프론티어스 오브 이그노런스〉, 2013년 8월 4일. http://repealingfrontiers.blogspot.com.

52. "불멸의 대가".

53. 프레드 코크는 자신이 쓴 편지에서 어린 나이에 가문의 재산을 물려받은 아이들이 아버지에게 반항했던 사례들을 예로 들며 자신의 고민을 토로했다.

54. 거스 디제레가는 찰스와 소원해진 끝에 결국 우파적 관점을 버리고 정치학 교수가 되어 종교나 기타 문제에 대한 글을 쓰게 된다. 그렇지만 디제레가는 찰스를 통해 정치철학에 눈을 뜨게 됐다고 회고한다. 그리고 결국 이렇게 학문의 길로 접어들게 된 것도 찰스 코크 덕분이라고 했다.

55. 브라이언 도허티, 저자와의 대담 중에서.

56. 마크 에임스, "찰스 코크의 참모를 만나다", 〈NSFW〉, 2013년 9월 30일. 조지 테이어, 《정치학의 저 건너편: 미국 정치의 비주류들(The Farther Shores of Politics: The American Political Fringe)》 (Simon & Schuster, 1967) 참조. 도널드 젠슨, "새로운 연방 헌법을 준비했던 자유학교의 보수파들 (Conservatives at Freedom School to Prepare a New Federal Constitution)", 〈뉴욕타임스〉 1965년 6월 13일 참조. 르페브르는 자신의 회고록에 천사들의 말을 알아들을 수 있었고, 눈을 감은 채 시속 100km로 35km 이상을 운전해서 갈 수 있었다고 적었다. 그리고 영혼과 육신을 분리해 하늘을 날아 캘리포니아 주 샤스타 산으로 가서 예수 그리스도를 만났다는 것이다.

57. 자유학교의 수업 내용은 거스 디제레가 등 여기에 참석했던 세 사람과의 대담을 통해 확인한 것이다. 나머지 두 사람은 익명을 요구해 이름을 밝히지 않았다.

58. "새로운 연방 헌법을 준비했던 자유학교의 보수파들".

59. 클레이턴 코핀은 맏형인 프레드 코크가 동생인 찰스의 부탁대로 일주일 정도 자유학교에 참석하겠다고 한 것으로 믿고 있다. 대신 찰스는 존버치협회에 지원을 더 하기로 했다.

60. 코크 가문과 가까운 어떤 사람의 회상이다.

61. 마틴은 역사검증연구소에서 간행하는 〈역사 리뷰 저널〉과 1984년 역시 역사검증연구소를 통해 출간된 자신의 책 《인종 말살을 날조한 사나이: 라파엘 램킨의 삶과 그 결과The Man Who Invented "Genocide": The Public Career and Consequences of Raphael Lemkin》에서 이렇게 주장했다. 《유대인 학살에 대한 부정: 진실과 기록에 대한 공격들Denying the Holocaust: The Growing Assault on Truth and Memory》(Plume, 1994)의 저자인 드보라 립스태트(Deborah Lipstadt)는 이렇게 말했다. "유대인 학살을 부정하지 않는다면 역사검증연구소와 공식적으로 함께할 수도 없고 지면을 통해 정기적으로 글을 실을 수도 없다."

62. 거스 디제레가, 저자와의 대담 중에서.

63. 앵거스 버긴, 《위대한 설득: 대공황 이후의 새로운 자유시장 창조》(Harvard University Press, 2012), 88.

64. "하이에크와 본 미제스의 위대한 혁신은 자유와 혁명적 변화라는 용어를 사용해 자유시장을 옹호했다. 자유시장은 정치의 영역이 아니며 인류가 자신의 자유를 진정으로 깨달을 수 있도록 만들어준다. 자유시장은 복지 정책과는 다르며, 파시즘의 확실한 대안이 될 수 있는 진정한 밑거름이다." 킴 필립스-페인, 《보이지 않는 손들: 뉴딜 정책에서 레이건까지, 보수주의 운동의 역사》(Norton, 2009), 39~40.

65. 2010년 코크 인더스트리즈의 대변인은 코크 가문과 자유학교의 관계를 부인하려고 애를 쓰며 찰스와 데이비드는 내가 2010년 〈뉴요커〉의 비밀 행동(Covert Actions)이라는 기사를 통해 보도한 것과는 달리 한 번도 르페브르를 따른 적이 없다고 주장했다. 대변인은 사실 두 형제는 1960년대 이후로 그와는 아무런 접촉이 없다고 말했지만 마크 에임스가 처음 보도한 것처럼 찰스 코크는 르페브르에게 1973년 친근한 내용의 편지를 보내며 개인적으로 르페브르와 관련이 있는 또 다른 자유주의 기관인 인문학연구소를 인수하는 문제에 대해 허락을 받으려고 했다.

66. 윌리엄 코크의 증언.

67. "코크 형제들의 저주."

68. 《위치토의 아들들》, 130. 술만은 이런 협박 계획이 아버지인 프레드 코크가 사망한 후에 나온 이야기라고 설명하지만 그렇다고 해서 윌리엄 코크를 몰아내려 했던 일이 정당화 되는 것은 아니다.

69. "보이지 않는 비밀: 찰스 코크의 정치 활동 역사".

70. 코크 형제는 J. 하워드 마셜 3세로부터 파인 밴드 정제 시설을 사들였다. 마셜 3세는 가족 중 한 명이 사실상 코크 인더스트리즈의 외부 투자자며 15%의 지분을 유지했다. 마셜 3세는 89세의 나이에 당시 26세이던 스트리퍼, 그리고 플레이 모델 출신이던 안나 니콜 스미스와 결혼해 화제를 뿌렸다.

71. 데이비드 사순, "코크 형제들의 결단이 캐나다 중질유 사업을 50년 동안 지켜왔다.(Koch Brothers' Activism Protects Their 50 Years in Canadian Heavy Oils)", 〈인사이드클라이밋 뉴스〉, 2012년 5월 10일.

72. 레슬리 웨인 "다투는 형제들(Brothers at Odds)", 〈뉴욕타임스〉, 1986년 12월 7일.

73. 브루스 바틀렛 (코크 가문의 후원으로 달러를 기준으로 경제 전략을 세우는 국립 정책 분석 센터에서 일했던 경제학자), 저자와의 대담 중에서.

74. 《위치토의 아들들》, 142.

75. 프레더릭 코크의 이런 기부 활동 중에는 영국 스트래퍼드 어폰 에이번에 있는 셰익스피어 극장인 스완(Sean)극장을 복원하기 위해 300만 달러를 후원한 일도 포함되어 있다. 프레더릭은 개막식에 참석했고 엘리자베스 여왕도 참석해 축하 인사를 전달했으나 그의 요청에 따라 프레더릭 코크라는 이름은 언급되지 않았다.

76. 리처드 로버츠, "아메리카 3호, 우승컵을 거머쥐다(America 3 Win No Bargain Sail)", 〈로스앤젤레스 타임스〉, 1992년 5월 17일.

77. 윌리엄 코크는 쌍둥이 형제인 데이비드의 생일을 축하하는 자리에서 침묵을 깨고 찰스에 대해 입을 열었다. 또한 캘리포니아 북부의 상류층 휴양지인 보헤미아 그로브를 방문해 이야기를 하기도 했다.

78. 루이스 카, "재벌가 가족들의 다툼(Family Feud at Corporate Colossus)", 〈포춘〉, 1982년 7월 26일.

79. "불멸의 대가".

80. 〈파크 에비뉴: 돈, 권력, 그리고 아메리칸 드림(Park Avenue: Money, Power, and the American Dream)〉, PBS, 2012년 11월 12일.

81. 저자와의 대담 중에서. WNET 이사 사임과 관련된 더 자세한 내용은 제인 메이어의 "후원자의 한마디(A Word from Our Sponsor)", 〈뉴요커〉, 2013년 5월 27일.

82. 1973년 1월 정유, 화학 및 원자력 관련 총 노동조합이 코크 가문의 파인 밴드 정제시설에서의 파업을 예고했고 이 파업은 이후 9개월간 계속됐다. 코핀은 "보이지 않는 비밀: 찰스 코크의 정치 활동 역사"에서 그런 저항이 아니었다면 아마 찰스 코크는 자신의 정제 회사에서 노조를 싹 쓸어버렸을 것이라고 기록했다.

83. 찰스 코크, "사업가들의 공동체: 규제에 대한 저항(The Business Community: Resisting Regulation)", 〈리버테리언 리뷰〉, 1978년 8월.

84. "보이지 않는 비밀: 찰스 코크의 정치 활동 역사"에서는 문서 자료를 통해 당시 회의 내용과 오고간 이야기들을 가능한 상세하게 설명하고 있다.

85. "찰스 코크는 자신을 전혀 전면에 드러내지 않으면서 모든 것을 통제하는 방식을 아주 좋아했다." 자유의지론 활동가인 데이비드 고든이 〈워싱터니어 매거진〉의 루크 멀린스와 한 대담 "케이토 재단의 전투(The Battle for the Cato Institute)" 2012년 5월 30일.

86. 그로버 노퀴스트, 저자와의 대담 중에서.

87. 마셜 슈와르츠, "자유당 전당 대회 보고(Libertarians in Convention)", 〈리버테리언 리뷰〉, 1979년 11월.

88. 메이어, "비밀 작전".

89. 리처드 비거리, 저자와의 대담 중에서.

2장 | 보이지 않는 손

1. 로버트 카이저, "스카이프 가문과 돈(Money, Family Name Shaped Scaife)", 〈워싱턴포스트〉, 1999년 3월 3일 A1면.

2. 카렌 로스마이어, "시민 스카이프(Citizen Scaife)", 〈컬럼비아 저널리즘 리뷰〉, 1981년 7월, 8월.

3. 리처드 스카이프는 자신의 회고록 사본에 대해 필요한 모든 자료를 인용해도 된다고 허락을 해주었다. 다만 문제가 되는 이혼 문제에 대한 세부 사항은 여기에서 제외됐다.

4. 라이오넬 트릴링, 《진보적 상상: 문학과 사회에 대한 에세이The Liberal Imagination: Essays on Literature and Society》, (Viking, 1950), xv.

5. 크리스토퍼 루디, 저자와의 대담 중에서.

6. "시민 스카이프".

7. "보수적이면서도 화려했던 나의 삶", 282.

8. "스카이프 가문과 돈".

9. 버튼 허쉬, 《멜론 가문: 그 부의 역사The Mellon Family: A Fortune in History》, (Morrow, 1978).

10. "스카이프 가문과 돈".

11. "보수적이면서도 화려했던 나의 삶", 20.

12. Ibid., 21.

13. "스카이프 가문과 돈".

14. 아이작 윌리엄 마틴, 《부자들의 저항: 세금을 내지 않겠다는 풀뿌리 운동》, (Oxford University Press, 2013), 25.

15. Ibid., 34.

16. Ibid., 45. 멜론은 부자들에 대한 세금을 낮추면 세금 면제가 되는 국채에 투자를 덜하게 되고, 따라서 재무부도 더 이익을 보게 될 것이라고 주장했다. 멜론은행과 같은 금융기관들도 마찬가지로 이익을 보게 된다고 했다.

17. 제럴드 R. 포드 대통령 기념 도서관에는 1975년 6월 11일 미국기업연구소의 보브 골든이 백악관의 딕 체니에게 보낸 비망록이 보관되어 있다. 여기에는 주드 와니스키의 논문 사본이 첨부되어 있는데 거기에는 흘려 쓴 글씨로 '산타클로스 이론(Santa Claus Theory)'이라고 적혀 있다.

18. 존 주디스 《미국 민주주의의 역설: 사회 지배층의 특별한 이해관계와 공익 재단의 배신》 (Routledge, 2000).

19. 《부자들의 저항: 세금을 내지 않겠다는 풀뿌리 운동》.

20. 《미국 민주주의의 역설》, 46.

21. "보수적이면서도 화려했던 나의 삶", 61.

22. 케네스 F. 쉬브 2세, 데이비드 스타새비지, "상속세는 파멸을 의미하는가?(Is the Estate Tax Doomed?)", 〈뉴욕타임스〉, 2013년 3월 24일. '공평한 희생 분담'이란 존 스튜어트 밀이 사용했던 표현으로 19세기 이후 진보적인 조세제도를 주장할 때 자주 쓰였으며, 특히 전쟁에 필요한 자금을 조달할 때 사용됐다.

23. "보수적이면서도 화려했던 나의 삶", 6.

24. 로버트 카이저, 아이라 치노이, "스카이프: 우파의 아버지(Scaife: Funding Father of the Right)", 〈워싱턴포스트〉, 1999년 5월 2일 A1면.

25. "보수적이면서도 화려했던 나의 삶", 43.

26. Ibid., 46.

27. '석유왕'으로 유명한 존 D. 록펠러는 록펠러재단을 만드는 일에 대한 지원을 얻기 위해 윌리엄 테프트 대통령을 은밀하게 만났다. 그렇지만 그런 노력에도 불구하고 1913년 미국 상원은

이런 제안을 거부했다.

롭 라이크의 논문 "민주주의 이념에 대한 반대인가? 민주 사회에서의 개인 재단의 역할 (Repugnant to the Whole Idea of Democracy? On the Role of Foundations in Democratic Societies)"(스탠퍼드 대학교 정치학과, 2015년 1월 듀크 대학에서 열린 자선활동 관련 학회에서), 5 참조.

28. Ibid, 9.

29. Ibid., 7.

30. 리처드 포스너는 이렇게 정해진 기간 없이 존속되는 자선재단들을 일종의 세습 군주제에 비교하기도 했다. 또한 이런 재단은 부자들의 자진 납세의 유용한 수단이 될 뿐더러, 동시에 왜 그들이 이런 종류의 세금 우대를 원하는지에 대한 해답을 제공하기도 한다. 특히 기업가들이 운영하는 재단은 기업의 이미지를 쇄신하는 데 큰 도움이 된다. "자선재단에 대한 포스너의 의견(Charitable Foundations-Posner's Comment)," 베커-포스너 블로그(The Becker-Posner Blog), 2006년 12월 31일, http://www.becker-posner-blog.com.

31. "보수적이면서도 화려했던 나의 삶", 66.

32. Ibid., 58.

33. Ibid., 70.

34. 《반체제 운동의 시작: 보수주의 이념에서 정치적 권력까지(In The Rise of the Counter-establishment: From Conservative Ideology to Political Power)》(Times Books, 1986)에서 시드니 블루멘탈은 바로 이 반체제라는 표현을 널리 알렸으며 처음으로 반체제 운동과 관련된 초기 지적 역사에 대한 많은 내용을 언급했다.

35. 루이스 파월의 제안서 원본이나 그에 따른 영향을 더 살펴보려면 필립스페인의 《보이지 않는 손들》, 156~165을 참조할 것.

36. 피에르슨의 이런 언급은 2006년 9월 21일에 있었던 오픈 소사이어티 인스티튜트 포럼에서 가라 라마시와 함께 토론에 참석했을 때 나온 것이다.

37. 스타우튼 린드, 《보이지 않는 손들》, 151에서 인용.

38. 제프리 클레멘츠, 《기업은 사람이 아니다》(Berrett-Koehler, 2012), 19, 21.

39. 《부자들의 저항: 세금을 내지 않겠다는 풀뿌리 운동》, 155.

40. 누군가는 파월의 제안서가 지나치게 많은 영향을 미친 것이 아닌가 의문을 품기도 하는데, 이에 대해서 마크 슈미트는 〈아메리칸 프로스펙트The American Prospect〉의 지면을 통해 2005년 이렇게 이야기했다. '우파의 실체를 보라. 아무런 계획도 없이 그저 사람들만 모여 각자 하고 싶은 이야기만 하더니 또 자기들 각자 개별적인 조직을 만들기 시작했다.'

41. 《보이지 않는 손들》, 164.

42. 뷰캐넌에 대해서는 출간 예정인 제이슨 슈탈의 《우파의 움직임: 1945년 이후의 미국 정치 문화 속의 보수주의 연구소 동향The Right Moves: The Conservative Think Tank in American Political Culture Since 1945》(University of North Carolina Press), 93 참조.

43. 2006년 9월 21일 오픈 소사이어티 인스티튜트 포럼에서 제임스 피에르슨이 언급한 말.

44. 풀너는 오스트리아 경제학자 모임이자 하이에크가 공동 설립자이기도 한 몽페를랭협회 (Mont Pelerin Society)의 회원으로, 이 협회는 거의 대부분 미국 기업가들의 후원으로 유지됐다.

45. 데이비드 브록 《우파의 눈속임: 전 보수주의자의 의식》(Crown, 2002), 54.

46. 리 에드워즈, 《이념의 힘: 헤리티지재단 25년의 역사The Power of Ideas: The Heritage Foundation at 25 Years》(Jameson Books, 1997).

47. 댄 바움, 《시민 쿠어스: 경제와 정치 그리고 주류 사업의 재벌 가문의 서사시Citizen Coors: A Grand Family Saga of Business, Politics, and Beer》(William Morrow, 2000), 103. 웨이리치는 또 이렇게 덧붙였다. "쿠어스는 자신이 의원을 뽑아 원하는 일을 시킬 수 있다고 생각하는 그런 종류의 사람이었다."

48. Ibid.

49. 헤리티지재단이 출범하기 전에 퓰너는 국제전략연구센터에서 일했는데, 초창기 이 연구센터의 거의 모든 재정 부분을 담당했던 것이 바로 스카이프였다. 따라서 퓰너는 스카이프가 또 다른 후원자가 될 수 있다는 가능성을 일찌감치 인지하고 있었다.

50. "우파의 아버지".

51. 《미국 민주주의의 역설》, 122.

52. Ibid., 169. 윌리엄 사이먼 같은 보수주의 재단들의 책임자들은 자신들이 진보 쪽 재단들의 행동주의를 따라 단지 정치적 균형을 제공할 뿐이라고 생각했지만 정치학자인 스티븐텔레스는 저자와의 대담 중에서 둘 사이에는 중요한 차이점이 있다고 지적했다. 초창기 설립된 포드재단의 이사회 같은 경우는 중도파의 길을 걸으려고 했으며 올린과 같은 새로운 보수파 재단들은 이념적으로 한쪽 방향을 지향하려 했고 자신들이 원하는 움직임을 만들어내기 위해 자금을 지원했다는 것이다.

53. 애덤 커티스, "티나의 저주(The Curse of Tina)", BBC, 2011년 9월 13일.

54. 마틴 고틀리브, "보수주의 정책 연구소가 뉴욕을 정조준하다(Conservative Policy Unit Takes Aim at New York)", 〈뉴욕타임스〉, 1986년 5월 5일.

55. L. L. 로그가 헤리티지재단의 프랭크 월튼에게, 1976년 11월 16일. 몬태나 주립대학교 16번 문서함에 보관되어 있는 '웨이리치 보고서' 참조.

56. 제이슨 슈탈, "보수파의 움직임: 1960년대 보수 정책 연구소들의 연합(From Without to Within the Movement: Consolidating the Conservative Think Tank in the 'Long Sixties,')", 로라 제인 기퍼드, 대니얼 K. 윌리엄스 편집, 《60년대의 우파: 보수주의 변혁 운동을 재조명한다The Right Side of the Sixties: Reexamining Conservatism's Decade of Transformation》(Palgrave Macmillan, 2012), 105.

57. 《우파의 움직임》. 슈탈은 보수주의 정책 연구소들이 정치적 균형이라는 개념을 통해 전문가들의 관점을 뒤집었다고 설명했다. 그는 또한 포드재단이 미국기업연구소에 기부한 사정에 대해서도 설명했다.

58. 1976년, 기존의 후원과 기부활동이 어려움을 겪게 되자 헨리 포드 2세는 포드 가문의 이름을 내건 재단이 충분히 친기업적인 성향을 드러내지 못한다고 주장하며 재단의 이사직을 사임했다.

59. 윌리엄 바루디 2세에게 친구가 했다는 이 말에 대해서는 《우파의 움직임》을 참조할 것.

60. 스티브 클레먼서 "정책 연구소들의 타락(The Corruption of Think Tanks)", 일본 정책연구소(Japan Policy Research Institute), 2003년 2월.

61. 클라우디아 딘, 리처드 모린, "정책 연구소 뒤에 숨어 있는 로비스트들(Lobbyists Seen Lurking Behind Tank Funding)", 〈워싱턴포스트〉, 2002년 11월 19일.

62. 《보이지 않는 손들》, 174.

63. 《우파의 눈속임》, 77.

64. 이에 대한 더 자세한 내용은 마이클 조셉 그로스의 "우익의 거대한 위선(A Vast Right-Wing Hypocrisy)", 〈베니티 페어〉, 2008년 2월.

65. "스카이프 가문과 돈".

66. Ibid.

67. "우익의 거대한 위선".

68. Ibid. 리치는 마리화나 이야기에 대해 부인하고 있지만 스카이프는 이를 시인했다.

69. Ibid.

70. Ibid.

71. 《이념의 힘》.

72. 존 F. 케네디 2세, "누가 리처드 맬론 스카이프를 두려워하는가?(Who's Afraid of Richard Mellon Scaife?)", 〈조지George〉, 1999년 1월.

73. 니콜라스 컨페서, "돈키호테식의 1980년대 운동을 통해 코크 가문이 강력한 세력을 구축하다", 〈뉴욕타임스〉, 2014년 5월 17일.

74. Ibid.

75. 마이클 넬슨, "새로운 자유주의자들", 〈새터데이 리뷰Saturday Review〉, 1980년 3월 1일.

76. 에드 크레인, 저자와의 대담 중에서.

77. "케이토 재단의 전투".

78. 《위치토의 아들들》, 106.

79. 《우파의 움직임》에서 인용된 내용. 워터게이트 사건 이후 미국기업연구소의 한 직원이 기업가들과 이런 내용의 대화를 나눴다고 한다.

80. 미국 의회 도서관 상자 번호 720, 서류 번호 5, 클레어 부스 루스 보고서(Clare Boothe Luce Papers).

81. 오픈 소사이어티포럼에서 피에르슨이 언급한 말.

82. 《미국 민주주의의 역설》, 129.

83. 노동계가 의회에서 겪은 역습에 대한 더 자세한 내용은 《부자들은 왜 우리를 힘들게 하는가?: 승자 독식의 정치학》, 127 참조.

84. 필 매콤즈, "이념 전쟁에서의 헤리티지재단의 역할(Building a Heritage in the War of Ideas)", 〈워싱턴 포스트〉, 1983년 10월 3일

85. 조지 아치볼드가 리처드 래리에게 보낸 편지. 1977년 2월 3일 웨이리치 보고서.

86. 알렉산더 에르텔페르난데스, "국가 정책을 다루는 전쟁에 자금을 지원하라: 재단과 기업들의 역할(Funding the State Policy Battleground: The Role of Foundations and Firms)" 듀크 회의 보고서, 2015년 1월.

87. 미국의 종교 역사가인 랜달 발머는 자신의 책 《구세주: 지미 카터의 생애Redeemer: The Life of Jimmy Carter》(Basic Books, 2014)에서 이렇게 주장했다. 일반적으로 낙태 합법화 결정에 대한 반감이 기독교 우파가 탄생한 배경이라고 알려져 있지만 그것은 잘못된 것이며, 진짜 원인은 바로 인종 차별 정책의 폐지에 반대하는 기독교 운동이다. 발머에 따르면 웨이리치는 보브존스

대학에 대한 세금 감면 혜택을 거부한 지미 카터 대통령에 대한 기독교인들의 반발을 절묘하게 이용했다. 보브존대학교는 백인들만 입학을 허가하는 정책을 노골적으로 실시하다가 정부의 제재를 받았다.

88. 톰 보나파데, "레이건 행정부의 힘을 빌은 헤리티지재단의 정책들(Issue-oriented Heritage Foundation Hitches Its Wagon to Reagan's Star)", 〈내셔널 저널〉, 1982년 3월 20일.

89. 미국 의회는 소득 순위 상위 1%에게 부과되는 연방정부의 실질적인 소득세율을 1980년 31.8%, 1985년 24.9%로 낮췄다. 그리고 하위 80%에게 부담되는 세율은 16.5%에서 16.7%로 올렸다. 대부분의 미국인들에게 0.2%포인트 정도의 세율 상승은 그리 큰 부담은 아니었으나 부자들의 세금을 줄여주었다는 사실이 중요하다. 그 결과, 1980년에서 1985년까지 상위 5%의 세금 납부 후 소득이 실질적으로 증가했으며 그 외는 모두 소득이 줄어들었다. 《미국 민주주의의 역설》, 151 참조. 대니얼 스테드맨 존스의 《세계의 지배자: 하이에크, 프리드먼, 그리고 신자유주의 정책의 탄생Masters of the Universe: Hayek, Friedman, and the Birth of Neoliberal Politics》(Princeton University Press, 2012), 265 참조.

90. 에드 풀너는 루스 보고서를 바탕으로 후원금 규모를 추정했다.

91. "보수적이면서도 화려했던 나의 삶", 22.

3장 | 교두보: 존 M. 올린과 브래들리 형제들

1. 이에 대한 가장 뛰어난 보고서는 도널드 앨릭젠더 다운스의 《코넬 1969: 진보와 미국 대학교의 위기Cornell '69: Liberalism and the Crisis of the American University》(Cornell University Press, 1999)일 것이다.

2. 데이비드 호로비츠, "코넬대학교의 앤 코울터(Ann Coulter at Cornell)", Front-PageMag.com, 2001년 5월 21일.

3. 존 J. 밀러, 《자유의 선물: 존 M. 올린재단은 미국을 어떻게 바꾸었는가》(Encounter Books, 2006).

4. 존 J. 밀러, 《미국을 바꾼 두 개의 재단How Two Foundations Reshaped America》(Philanthropy Roundtable, 2003), 16.

5. 리지 라트너, "우파의 정책 연구소인 올린재단을 알아보자(Olin Foundation, Right-Wing Tank, Snuffing Itself)", 〈뉴욕 옵저버〉, 2005년 5월 9일.

6. 예를 들어 제임스 피에르슨은 비영리조직인 포드재단을 진보로 규정하고 엄청난 가능성과 능력이 있다고 생각했다. 그는 우파는 좌파에게 늘 밀려왔다고 주장했다.

7. 올린의 상담역은 프랭크 오코넬이라는 이름의 노사문제 전문 변호사로 그는 특히 노조에 강경하게 대응한 것으로 유명하다.

8. 올린의 개인사는 《자유의 선물: 존 M. 올린재단은 미국을 어떻게 바꾸었는가》에 아주 자세하게 기록이 되어 있다.

9. E. W. 켄워시, "정부, 수은 방류 기업 고발 조치(U.S. Will Sue 8 Concerns over Dumping of Mercury)", 〈뉴욕타임스〉, 1970년 6월 25일 1면.

10. 올린 코퍼레이션은 수은을 102 스트리트 구역으로 알려진 매립장에 불법 투기했고, 후커 케

미컬스 앤드 플라스틱 코퍼레이션 역시 그 지역 매립장을 사용했다.

11. 기소된 일곱 명의 책임자에게는 각각 최대 1만 달러의 벌금이 선고됐다. 따라서 총벌금은 최대 7만 달러가 됐다. "7만 달러의 벌금형에 처해져(Olin Fined $70,000)", AP통신, 1979년 12월 12일.

12. "기업 의존형 마을의 몰락(End of a Company Town)", 〈라이프〉 1971년 3월 26일. 토드 뉴콤 (Tod Newcombe), "솔트빌: 기업이 떠난 마을(Saltville, Virginia: A Company Town Without a Company)", Governing.com, 2012년 8월.

13. 해리 헤인즈, 저자와의 대담 중에서.

14. 버지니아 수자원 연구 센터 보고서 "버지니아 수로의 수은 오염 실태: 역사, 사건, 그리고 우리 의 선택(Mercury Contamination in Virginia Waters: History, Issues, and Options)" 1979년 3월. EPA 보고서 "솔트빌의 폐기물 처리 호수(Saltville Waste Disposal Ponds)" 1987년 6월 30일.

15. "기업 의존형 마을의 몰락".

16. 셜리 시시 베일리, 저자와의 대담 중에서.

17. 스티븐 레스터, 저자와의 대담 중에서.

18. 제임스 피에르슨, 저자와의 이메일 대담 중에서.

19. 윌리엄 보겔리, 저자와의 이메일 대담 중에서.

20. "우파의 정책 연구소인 올린재단을 알아보자".

21. 존 M. 올린이 코넬대학교 총장에게, 1980, 스티븐 텔레스, 《보수주의 법적 투쟁의 시작Rise of the Conservative Legal Movement》, 185.

22. 《자유의 선물: 존 M. 올린재단은 미국을 어떻게 바꾸었는가》, 34.

23. 제임스 피에르슨은 포드재단이 진보 활동가들을 위한 후원자 역할을 주로 했다고 날카롭 게 지적했다. 그의 에세이 "보수주의 사상에 투자하라(Investing in Conservative Ideas)", 〈코멘터리 (Commentary)〉, 2005년 5월.

24. 《미국을 바꾼 두 개의 재단》, 13.

25. 윌리엄 사이먼, 《진실의 시간A Time for Truth》(Reader's Digest Press, 1978), 64~65.

26. 《자유의 선물: 존 M. 올린재단은 미국을 어떻게 바꾸었는가》, 56.

27. 《진실의 시간》, 78.

28. 《자유의 선물: 존 M. 올린재단은 미국을 어떻게 바꾸었는가》, 57.

29. 랄프 벤코, 저자와의 대담 중에서.

30. 《보수주의 법적 투쟁의 시작》, 186.

31. 《미국을 바꾼 두 개의 재단》, 17.

32. 제임스 피에르슨, "자유를 위한 씨뿌리기(Planting Seeds of Liberty)", 〈자선Philanthropy〉, 2005년 5 월, 6월

33. 《자유의 선물: 존 M. 올린재단은 미국을 어떻게 바꾸었는가》.

34. 맥스 블루멘탈, "우파로 기우는 프린스턴(Princeton Tilts Right)", 〈네이션〉, 2006년 2월 23일.

35. "자유를 위한 씨뿌리기".

36. CIA의 기금 대부분은 데어본재단이라는 기관을 통해 조달됐다. 그러면 올린재단은 그 돈을 워싱턴에 있는 버논 기금이라는 조직으로 보냈다.

37. 1967년 정치와 문학 문제를 주로 다루던 잡지 〈람파츠〉에서 이 CIA 공작을 특집 기사로 다

루었고 추가 보도를 통해 CIA가 적어도 100여 개 가까운 미국의 개인 재단들을 통해 비밀리에 자금을 지원했으며, 결국 이 재단들은 일종의 위장단체처럼 냉전 시기 반공산주의 공작을 위한 자금줄 역할을 했다는 사실을 밝혀냈다. 이 자금 중 일부는 교사 노조를 비롯한 미국 내의 학생 연합회와 진보 진영에도 흘러들어갔다고 한다.

38. 《자유의 선물: 존 M. 올린재단은 미국을 어떻게 바꾸었는가》.

39. 제임스 반스, "이유 있는 후원자(Banker with a Cause)", 〈내셔널 저널〉, 1993년 3월 6일.

40. 애덤 윙클러, 《총기 허용: 미국의 총기 소유 권리를 둘러싼 전쟁》(Norton, 2011), 76, 77.

41. 제인 메이어, 질 에이브람슨, 《수상한 정의: 대법관을 팔아넘겨라Stange Justice: The Selling of Clarence Thomas》(Houghton Mifflin, 1994), 아니타 힐이 겪은 갈등에 대해 브록이 어떤 역할을 했는지에 대해서는 이 책을 참조할 것.

42. 《자유의 선물: 존 M. 올린재단은 미국을 어떻게 바꾸었는가》, 5. 로트의 연구를 옹호하는 또 다른 내용은 72페이지를 참조할 것.

43. 스티브 와서맨, 저자와의 대담 중에서.

44. 《자유의 선물: 존 M. 올린재단은 미국을 어떻게 바꾸었는가》.

45. 제이슨 드파를, "목표 달성: 후원자와 우파는 이제 목표를 달성했다(Goals Reached, Donor on Right Closes Up Shop)", 〈뉴욕타임스〉, 2005년 5월 29일.

46. 《보수주의 법적 투쟁의 시작》, 189.

47. Ibid., 108.

48. 《자유의 선물: 존 M. 올린재단은 미국을 어떻게 바꾸었는가》, 76.

49. 폴 M. 바렛, "사상과 이념의 영향: 법조계를 뒤흔든 '법경제학'이라는 운동Influential Ideas: A Movement Called 'Law and Economics' Sways Legal Circles", 〈월스트리트저널〉, 1986년 8월 4일.

50. 《보수주의 법적 투쟁의 시작》, 216.

51. 정의를 위한 연합, 《정의를 판매합니다: 개인의 이익을 위해 공공의 이익을 팔아넘기다Justice for Sale: Shortchanging the Public Interest for Private Gain》(Alliance for Justice, 1993).

52. 크리스 영, 레이티 오브라이언, 안드레아 퓰러, "기업들과 친기업 성향의 비영리재단들이 판사들을 위한 향응을 제공하다(Corporations, Pro-business Nonprofits Foot Bill for Judicial Seminars)" 공공 청렴 센터 2013년 3월 28일.

53. 550만 달러에 달하는 자금이 20년 동안 제공됐다. 《자유의 선물: 존 M. 올린재단은 미국을 어떻게 바꾸었는가》, 94 참조.

54. 이 협회의 영향력 있는 인물들에 대해 더 자세히 살펴보고 싶다면 마이클 애버리와 대니얼라 맥로플린의 《연방제지지협회: 보수파는 어떻게 법조계를 장악했는가The Federalist Society: How Conservatives Took the Law Back from Liberals》(Vanderbilt University Press, 2013)를 참고.

55. 《미국을 바꾼 두 개의 재단》, 29.

56. 밀러, "연방제 지지자들의 해결책(A Federalist Solution)", 〈자선Phianthropy〉, 2011년 가을. 어빙 크리스톨도 이 협회의 초창기 후원자 중 한 사람이었다.

57. 올린재단은 결국 총 630만 달러를 맨해튼연구소에 기부했다.

58. 찰스 머리, 저자와의 대담 중에서.

59. 《몰락》에 대한 더 깊은 분석은 토머스 메드베츠의 《미국의 정책연구소들Think Tanks in America》

(University of Chicago Press, 2012), 3을 참조할 것.

60. Ibid., 5.

61. 루이스 메넌드, "반자유주의", 〈뉴요커〉, 1991년 5월 20일.

62. 조너선 칼은 코크 가문에 초빙된 최초의 전국 대상 텔레비전 방송 언론인으로 후원자들이 주최하는 정치 토론회에서 사회를 맡았다. 2015년 1월의 일이었다. ABC 방송국이 이런 일종의 비공개 토론회에 참여한 일에 대해 비판과 논란이 있었지만 이것이 선례가 되어 정치가 출신의 언론 기고자인 마이크 앨런도 2015년 8월 코크 가문이 후원하는 후보자 토론회에서 사회를 보게 됐다. CNN 기자인 제이크 트래퍼가 원칙을 내세우며 거절한 후였다.

63. 브래들리재단의 탄생에 대한 자세한 사실들은 존 거다의 《브래들리의 유산Bradley Legacy》에서 확인한 것이며 이 책은 마이클 조이스의 의뢰를 받아 1992년 린드 앤드 해리 브래들리재단 이름으로 출간됐다.

64. 패트리샤 설리번, "마이클 조이스: 보수주의 운동의 대부(Michael Joyce: Leader in Rise of Conservative Movement)", 〈워싱턴포스트〉, 2006년 3월 3일.

65. 제이스 반스의 "이유 있는 후원자", 〈내셔널 저널〉에 따르면 1년에 2,000만 달러 중 3분의 2 이상이 보수주의 지식인들 후원에 사용됐다고 한다.

66. 카트린느 M. 스키바(Katherine M. Skiba), "브래들리재단의 후원활동(Bradley Philanthropy)", 〈밀워키 저널 센티넬Milwaukee Journal Sentinel〉 1995년 9월 17일.

67. 브루스 머피에 따르면 조이스는 머리가 《벨 곡선》이라는 책을 집필하는 데 100만 달러를 지원했다고 한다. "싸우는 학자들(When We Were Soldier-Scholars)", 〈밀워키 매거진〉, 2006년 3월 9일.

68. 닐 프리먼, "대부 은퇴하다(The Godfather Retires)", 〈내셔널 리뷰〉, 2001년 4월 18일.

69. 1999년 가을에 작성된 "브래들리재단과 손자병법(The Bradley Foundation and the Art of War)"은 1999년 11월에 있을 재단 이사회를 위해 준비된 20장 정도의 극비 제안서로, 저자는 그 사본을 입수할 수 있었다.

70. 앨런-브래들리 이사들은 처음에 회사 가치를 4억 달러 정도로 평가했다. 물론 이 가격은 나중에 더 늘어나게 된다. 제임스 B. 스튜어트, "자유의 상실: 그 '안전했던' 회사는 어떻게 힘겨운 싸움 끝에 매각되게 됐나Loss of Privacy: How a 'Safe' Company Was Acquired Anyway After Bitter Infighting", 〈월스트리트저널〉, 1985년 5월 14일.

71. 《브래들리의 유산》, 153.

72. 피터 페, "악명 높았던 B-1 폭격기가 이제 제 값을 하다Bomber Now Proving Its Worth", 〈로스앤젤레스 타임스〉, 2001년 12월 12일.

73. 윈스턴 윌리엄스, "로크웰의 승부수(Dogged Rockwell Bets on Reagan)", 〈뉴욕타임스〉, 1984년 9월 30일. B-1 폭격기는 2001년까지도 무용지물에 불과했지만 정부에서 추가로 30억 달러를 퍼부어 개조에 들어갔고 결국 아프가니스탄 전쟁에 배치되어 제몫을 하게 됐다. 그렇지만 여전히 문제점이 계속 발견되는 폭격기로 묘사된다. 〈의회 연구 보고서〉, 2014년.

74. 《브래들리의 유산》, 92.

75. 브라이언 버로, 《거인》(Penguin, 2009), 211.

76. 《브래들리의 유산》, 115.

77. Ibid., 131.

78. 리치 로비토, "밀워키의 로크웰 직원들이 정리해고에 직면하다(Milwaukee Rockwell Workers Facing Layoff Reach Agreement)", 〈밀워키 비즈니스 저널Milwaukee Business Journal〉, 2010년 6월 27일.

79. 크리에그 길버트, "위스콘신 주의 민주당과 공화당 유권자들의 갈등Democratic, Republican Voters Worlds Apart in Divided Wisconsin", 〈밀워키 저널 센티넬〉, 2014년 5월 3일.

80. 밀워키의 상황에 대한 더 자세한 내용은 알렉 맥길리스의 "스콧 워커의 당선 가능성이 없는 증인The Unelectable Whiteness of Scott Walker", 〈뉴 리퍼블릭〉, 2014년 6월 15일 참조.

81. 2003년 조지타운대학교 연설에서 마이클 조이스는 이렇게 말했다. "올린재단과 브래들리재단에서 우리의 중요한 목적은 후원과 기부금을 통해 사상과 이념의 전쟁을 지원하고 선조들이 새운 정치적 이상향을 지키고 회복하는 것이었다."

4장 | 코크 가문의 방식

1. 도린 칼슨, 저자와의 대담 중에서.

2. Ibid.

3. 톰 미어스먼, "코크 인더스트리즈의 안전 불감증(Koch Violations Arouse Concerns)", 〈미니애폴리스 스타 트리뷴〉, 1997년 12월 18일.

4. 데이비드 마이클스, 《우리는 의심을 판다Doubt Is Their Product》(Oxford University Press, 2008), 76. 이 책에서는 벤젠에 대한 더 자세한 내용과 석유 업계가 관련 규제를 피하려고 애쓴 과정이 상세하게 그려져 있다.

5. 벤젠을 발암물질로 규정한 기관들의 목록은 로더, 에번스의 "코크 형제의 수상한 거래(Koch Brothers Flout Law Getting Richer with Secret Iran Sales)"에서 확인할 수 있다.

6. "코크 인더스트리즈의 안전 불감증".

7. 찰스 코크의 1974년 연설, "돈키호테식의 1980년대 운동을 통해 코크 가문이 강력한 세력을 구축하다"에서 인용.

8. "코크 인더스트리즈의 안전 불감증".

9. 찰스 코크, "사업가들의 공동체: 규제에 대한 저항".

10. Ibid.

11. 토머스 프랭크, 저자와의 대담 중에서.

12. "코크 형제의 수상한 거래".

13. 회사 측은 새로운 공해방지장치를 설치했지만 그것만으로는 충분하지 못하다는 사실이 드러나자 그 문제를 공식적으로 밝히는 대신 장치 가동을 중단하고 기록을 폐기해 버렸다.

14. 코크 가문을 옹호하는 데 앞장선 존 힌더레이커는 반즈솔리츠를 두고 "일을 잘 못해 해고당할까 두려워 회사를 고발하는 거짓 증언을 해 자신에게 유리한 상황을 만들려고 했다"고 말했다, 2011년 10월 6일, PowerLineBlog.com.

15. 데이비드 울만, 저자와의 대담 중에서. 그리고 추가 내용은 사리 호로비츠, "믿을 수 없는 동맹(Unlikely Allies)", 〈워싱턴포스트〉, 2015년 8월 15일을 참조할 것.

16. 반즈솔리츠의 이야기는 "코크 형제의 수상한 거래"에서 인용한 것이다.

17. 카넬 그린, 리처드 J. 엘로이와의 대화, 1998년 9월 18일과 1999년 4월 15일. 저자가 손에 넣은

엘로이 보고서 사본에 의거.

18. 사이러스환경연구소(Cirrus Environmental's laboratory)의 분석에 따르면 어떤 시료에는 수은이 180ppm, 그리고 다른 시료에는 9,100ppm이 검출됐다고 한다. 법으로 규정된 최대치는 30ppm이다. 그린의 정리해서 제출한 내용은 이제 어디서도 찾아볼 수 없는데, 보관 유효 기간이 지나 폐기됐다는 것이 그린의 설명이다.

19. J. 엘로이, 저자와의 대담 중에서.

20. 《위치토의 아들들》, 216; 앤절라 오코넬, 저자와의 대담 중에서.

21. 《위치토의 아들들》, 215.

22. 데이비드 니카스트로, 저자와의 대담 중에서.

23. 찰스 디키와 J.하워드 마셜 3세의 소송 중 법원의 보호명령에 대한 1997년 항소와 관련된 보고서를 보면 코크 인더스트리즈를 찰스디키와 데이비드 니카스트로가 운영하는 사설 조사 업체인 시큐어 소스의 "최고 고객"으로 설명했다. "지난 3년 동안 두 사람은 코크 인더스트리즈와 수많은 자회사들을 위해 수많은 조사 활동을 수행했다." 시큐어 소스는 지난 2000년 동업자들 사이의 법적 합의를 통해 폐업됐다.

24. 앤절라 오코넬, 저자와의 대담 중에서.

25. 《위치토의 아들들》226페이지를 보면 자세한 설명이 나온다.

26. 이 스몰리 사건에 대한 신중한 조사와 내용은 같은 책 211페이지를 참조할 것.

27. Ibid., 214. 스몰리는 법정의 증인석에 앉을 수 있는 기회를 요구했고, 그렇게 해서 찰스와 데이비드 코크가 자신에게 과연 무슨 짓을 했는지 알리고 싶어 했다.

28. Ibid., 218.

29. 미국 연방교통안전위원회의 보고서 내용은 "코크 형제의 수상한 거래"를 참조한 것이다.

30. Ibid.

31. 《위치토의 아들들》, 219.

32. "피와 석유(Blood and Oil)", '60분', 2000년 11월 27일.

33. 상원위원회 소속 직원, 저자와의 대담 중에서.

34. 다른 기업들이 비밀리에 코크 인더스크리즈를 고발했다는 내용은 상원 조사위원회 소속의 전직 직원이 알려준 것이다.

35. 엘로이가 관련 증거를 수집한 방법은 다음과 같다. 200mm 줌 렌즈를 사용해 코크 인더스트리즈 직원들이 여기 저기 흩어져 있는 유정에서 기름을 거둬들이는 장면을 사진으로 찍은 후 직접 방문해 이렇게 말한다. "나는 FBI 요원인데 당신이 훔친 기름에 대해 조사를 하러 왔다. 그 기름을 가져다 팔려고 했던 게 아닌가?" 그러면 대부분 이렇게 대답했다. "그건 회사에서 그러라고 시킨 것이다." 물론 회사 측 변호사는 절대로 그런 적이 없다고 부인했다.

36. 1989년 11월 미국 상원의 인디언 사건에 대한 특별 위원회 조사 보고서. 코크 인더스트리즈 직원이 작성. '상원 조사원의 아내에게 접근하려 했음. 또한 위원회 소속 직원들의 뒷조사를 하려고 시도했음.'

37. 발렌은 2007년 윌리엄 코크의 도움을 받아 비영리재단인 '테러 없는 미래(Terror Free Tomorrow)'를 설립했지만 관련 조사나 청문회가 진행되는 기간 동안은 코크 가문의 그 누구와도 개인적인 접촉이 없었다.

38. 케네스 발렌, 저자와의 대담 중에서.

39. 니켈스는 코크 인더스트리즈에서 막대한 선거자금을 지원받았다. 레슬리 웨인, "상원 청문회의 위원 두 사람에게 건네진 정치자금Papers Link Donations to 2 on Senate Hearings Panel", 〈뉴욕타임스〉, 1997년 10월 30일. 2014년 코크 인더스트리즈의 공공부문 부서에서는 니켈스가 운영하는 로비 회사를 통해 재정 문제 개혁 운동에 반대하는 활동을 펼쳤다. 켄트 쿠퍼,) "재정 문제에 대한 코크 가문의 개입 시작(Koch Starts Lobbying on Campaign Finance Issue)", RollCall.com, 2014년 6월 9일.

40. 워 솔러스, 저자와의 대담 중에서.

41. 로버트 페리, "돌: 코크 가문과 보브 돌(Dole: What Wouldn't Bob Do for Koch Oil?)", 〈네이션〉, 1996년 8월 26일.

42. "피와 석유".

43. 이전에 사건을 맡았던 검사는 사임했다.

44. 낸시 존스와의 대담.

45. 니켈스와 레너드의 이런 주장에 대해서는 필립 츠바이크와 마이클 슈뢰더의 "보브 돌의 석유 업계 친구들(Bob Dole's Oil Patch Pals)", 〈비즈니스 위크〉 1996년 3월 31일 참조. 미국 인디언 문제 사무국(The U.S. Bureau of Indian Affairs)은 대배심원과 마찬가지로 상원의 보고서에서 기소가 가능한 혐의점을 찾지 못했지만 〈비즈니스 위크〉에 따르면 오세이지 부족의 핵심 인물들은 코크 인더스트리즈를 옹호했고 나중이 되어서야 사무국은 물론 자신들까지 속았다는 느낌을 받게 됐다. 오세이지 부족의 대추장 찰스 O. 틸먼 2세는 1994년 11월 29일 애리조나 주 공화당 상원의원이자 조사 위원회 위원인 존 맥케인에게 이런 내용의 편지를 썼다. '우리는 결국 이런 결론에 도달했다. 인디언 문제 사무국은 우리에게 진실을 알려주는 대신 위원회가 찾아낸 사실을 은폐하는 데 더 많은 노력을 쏟은 것이다.'

46. "보브 돌의 석유 업계 친구들".

47. "알고 보면 터프한 코크 가문".

48. 공화당 당직자, 저자와의 대담 중에서.

49. 개리 러스킨, "귀신 잡는 첩보작전: 비영리재단들에 대한 기업의 첩보작전(Spooky Business: Corporate Espionage Against Nonprofit Organizations)", 2013년 11월 20일.

50. 바버라 펄츠, 저자와의 대담 중에서.

51. 필 듀보스, 저자와의 대담 중에서.

52. "만일 공급자 측에서 거래처가 부적절하게 일을 하고 있다고 믿는다면, 당장 거래를 중단할 것이다." 찰스 코크의 증언. "오클라호마 주 털사 배심원들이 기름 절도 소송의 마지막 날 증언을 경청하다(Tulsa Okla. Jury Hears Last Day of Testimony in Oil-Theft Trial)", 〈털사 월드Tulsa World〉 1999년 12월 11일.

53. 필 듀보스, 저자와의 대담 중에서.

54. "100대 공기 오염 주범(Toxic 100 Air Polluters)", 메사추세츠 주립 대학교 앰허스트 캠퍼스정치경제연구소, 2010, www.peri.umass.edu/toxicair_current/.

55. EPA의 2012년 독성 폐기물 배출 현황 자료 참조. 모든 세 가지 형태의 오염 문제에 대해 30개 상위권 기업 중 코크 인더스트리즈의 순위에 대해서는 팀 디킨슨의 "코크 형제의 독의 제

국(Inside the Koch Brothers' Toxic Empire)" 참조, 〈롤링 스톤〉, 2014년 9월 24일.

56. 제임스 허프, 저자와의 대담 중에서.

57. 해럴드 바머스, 저자와의 대담 중에서.

58. "코크 형제의 수상한 거래".

59. "비밀 작전".

5장 | 코크토퍼스

1. "코크 가문의 미국 구하기", 〈위치토 이글〉, 2012년 10월 13일.

2. 에드 크레인, 저자와의 대담 중에서.

3. 리처드 핑크의 계획서인 "사회적 변화의 구조"는 "이념에서 행동으로: 대학과 정책 연구소, 그리고 운동 단체의 역할(From Ideas to Action: The Roles of Universities, Think Tanks, and Activist Groups)"이라는 제목으로 〈자선〉 1996년 겨울호에 실린 내용에서 확인할 수 있다.

4. 폰 미제스 연구소의 자유주의자이자 케이토연구재단에서도 일했던 데이비드 고든에 따르면, 코크토퍼스라는 이름은 새뮤얼 에드워드 콘킨 3세가 처음 지었으며 고든은 그를 '무정부-자유의지론자'라고 묘사했다.

5. W. 존 무어, "위치토 송유관(The Wichita Pipeline)", 〈내셔널 저널〉, 1992년 5월 16일.

6. "돌: 코크 가문과 보브 돌".

7. 브라이언 도허티, 저자와의 대담 중에서.

8. 윌리엄 코크에 따르면 데이비드 코크는 보브 돌에 대해 처음에는 그냥 보통의 기성 정치인이라고 생각했다고 한다. "돌: 코크 가문과 보브 돌" 참조.

9. 코크 가문과 돌의 관계에 대해서는 "보브 돌의 석유 업계 친구들"을 참조할 것.

10. 관련 입법 활동에 대해서는 공공청렴센터에서 펴낸 《대통령 만들기The Buying of the President》 (Avon Books, 1996), 127~130을 참조할 것.

11. 댄 모건, "정치활동 위원회가 선거법을 고치다(PACs Stretching Limits of Campaign Law)", 〈워싱턴포스트〉, 1988년 2월 5일.

12. 찰스 그린, "보브 돌의 회고(Bob Dole Looks Back)", 〈AARP 블루틴〉, 2015년 7월, 8월.

13. 윌리엄 램펠, 앨런 밀러, "백악관과 후원자들(Donor Contradicts White House)", 〈로스앤젤레스 타임스〉, 1997년 7월 27일.

14. 찰스 코크의 이런 보이지 않는 정치 활동에 대해 코핀은 이렇게 썼다. "조사 위원회에서는 코크 인더스트리즈가 경제교육재단과 공화국시민이라는 기관이나 단체를 전면에 내세워 코크 가문이 도킹 후보 비방 광고를 지원한 사실을 감추었다고 믿었다."

15. 엘리자베스 드루, 《무너진 미국 정치: 무엇이, 왜 잘못됐나(The Corruption of American Politics: What Went Wrong and Why)》(Carol, 1999), 56.

16. 메넬럭은 새로운 방식으로 정치에 개입했다는 사실은 인정했지만 트라이어드 매니지먼트 서비스의 경우 그저 합법적으로 노조들이 지원하는 것만큼 지지 후보를 지원하려 한 것뿐이라고 주장했다. 보수파들은 노조들이 정치 후원을 통해 당연히 이익을 얻고 있다고 생각했다. 《무너진 미국 정치》 참조. 그렇지만 1996년 노조보다 12배나 많은 정치자금이 지원됐다

는 사실이 확인됐다. 메넬릭에 대한 FEC 판결 참조.
http://www.fec.gov/law/litigation/final_judgment_and_order_02CV1237.pdf.

17. 물론 진보 쪽에서도 막대한 액수의 정치자금이 오간다. 이즈음의 가장 유명한 후원자로는 오픈소사이어티재단을 운영하는 조지 소로스가 있는데, 그는 지금까지 1억 달러가 넘는 정치자금을 후원해왔다. 소로스는 또한 다양한 민주당 외각 단체들에도 개인적으로 막대한 액수를 기부했으며, 그러다가 2004년에는 선거자금법 위반으로 벌금을 물기도 했다. 그렇지만 마리화나 합법 운동이나 시민의 자유 보장처럼 소로스가 지지하는 정책들은 그의 재산과는 아무런 상관이 없는 문제들이다. 소로스의 대변인인 마이클 배천은 이렇게 주장한다. "그의 기부활동과 그의 사업 사이에는 아무런 연관성이 없다." 더 자세한 내용은 "머니 맨" 참조.

18. 찰스 루이스 외, "코크 가문의 재력이 비영리 재단과 대학들을 만나 일어난 효과(Koch Millions Spread Influence Through Nonprofits, Colleges)", '조사 보고서 특별 강좌 연구 결과', 2013년 7월 1일.

19. "위치토 송유관".

20. 《보수주의 법적 투쟁의 시작》, 239.

21. "위치토 송유관".

22. "비밀 작전".

23. 개인재단의 경우 기금을 어떻게 사용했는지에 대해서 법적으로 공개하지 않아도 상관이 없으며 수혜자들의 경우 기부자의 신원을 밝혀야 할 의무가 없다. 따라서 수혜자가 이렇게 지원받은 돈을 다시 또 다른 기관이나 단체에 후원하게 되면 돈의 행방을 제대로 추적할 수 없게 된다.

24. 저자와의 대담 중에서.

25. 데이비드 고든, "머리 로스버드와 코크토퍼스(Murray Rothbard on the Kochtopus)", LewRockwell.com, 2011년 3월 10일.

26. 《위치토의 아들들》, 156~157 참조.

27. 알 카멘, "내가 돈을 낸다, 고로 규칙도 내가 만든다(I Am OMB and I Write the Rules)", 〈워싱턴포스트〉, 2006년 7월 12일 A13면.

28. "보이지 않는 비밀: 찰스 코크의 정치 활동 역사 2부".

29. F. A. 하퍼의 저작들, 인문학연구소, 1979.

30. IHS와 케이토연구재단에 대한 찰스의 세세한 관리와 참여에 대한 더 자세한 내용은 다음을 참조할 것. "케이토재단의 전투".

31. 로버트 레커먼, "노벨상의 잘못된 선택?(A Controversial Nobel Choice?)", 〈뉴욕타임스〉, 1986년 10월 26일.

32. 줄리안 산체스, "FIRE vs. GMU", Reason.com, 2005년 11월 17일.

33. 머케터스센터의 인터넷 홈페이지에 따르면 이 연구소는 '조지메이슨대학교는 물론 연방정부나 어떤 주 정부로부터도 재정적인 지원을 전혀 받지 않는다.' 그렇지만 머케터스는 '조지메이슨대학교의 행정실의 승인을 받은 교수가 소장이 되어 이끄는 조직이다.'

34. 대니얼 피셔, "코크의 법칙(Koch's Laws)", 〈포브스〉, 2007년 2월 26일.

35. 1999년 1월 플로리다 주 네이플의 전국 정책위원회에서 있었던 리처드 디보스 상 수상 연설에서. 《더 머신: 우파의 부활을 위한 길라잡이》, 120에서 인용.

36. 에드 크레인, 저자와의 대담 중에서, 2010. 찰스 코크에 대한 크레인의 이런 평가는 처음 〈뉴요커〉에 소개됐을 때에는 어떤 배경이나 근거가 있는지 확실하게 공개되지 않았으나 나중에 크레인은 데이비드 코크와의 대화에서 그런 이야기가 오갔다고 확인해주었다. 그리고 이후 발표된 출판물이나 기사를 통해 거의 사실로 굳어졌다.

37. 저자와의 대담 중에서. 코크 인더스트리즈의 대변인인 스티브 롬바르도는 리처드 핑크가 관련된 대담이나 만남을 정중히 사절한다고 전해주었다.

38. 토머스 맥그라티, 저자와의 대담 중에서.

39. 머케터스센터의 연구원인 수전 더들리는 대기 오염 방지법에 반대되는 스모그의 유리한 점을 주장하는 기묘한 이론을 주장했고, 나중에 부시 행정부에서 정보 및 규제 문제 사무국의 책임자가 되어 모든 연방 규제의 내용과 적용을 관장했다.

40. 코크 가문의 재단들이 후원하는 교육 과정을 진행하는 대학과 대학교에 대한 2015년 8월 자료는 다음 사이트를 참조할 것.
http://www.kochfamilyfoundations.org/pdfs/CKFUniversityPrograms.pdf.

41. 헤더 맥도날드, "무의미한 대학 지원(Don't Fund College Follies)", 〈시티 저널City Journal〉, 2005년 여름호.

42. 찰스코크자선재단에 대한 국세청 세금 신고 약식; 리 팽, "코크 형제들이 미국 전역의 대학교의 극우 학술 연구소에 지원을 하고 있다(Koch Brothers Fueling Far-Right Academic Centers at Universities Across the Country)", 싱크프로그레스, 2011년 5월 11일.

43. 찰스코크재단의 설명이다. "코크 가문 재단의 후원을 받는 교수들을 결정하기 전에 경영학과 학과장은 러셀 소벨 교수 혹은 그 후임 교수와 상의하여 교수들의 자격에 대한 내용을 재단 측에 전달한다." 또한 재단 측은 재단의 기준에 못 미치는 교수에 대해서는 언제든지 후원을 중단할 수 있는 권리를 주장할 수 있다.

44. 코크 인더스트리즈의 석탄에 대한 관심은 http://www.kochcarbon.com/Products.aspx. 참조.

45. 에반 오스노스, "케미컬 밸리(Chemical Valley)", 〈뉴요커〉, 2014년 4월 7일.

46. 존 하딘, "대학의 새로운 시도를 가로막아서는 곤란하다(The Campaign to Stop Fresh College Thinking)", 〈월스트리트저널〉, 2015년 5월 26일.

47. 존 데이비드, "WVU은 학문적 독립성을 팔아넘겼다(WVU Sold Its Academic Independence)", 〈찰스턴 가제트Charleston Gazette〉, 2012년 4월 23일.

48. 전국 정책 위원회에서 1999년 연설.

49. "진보 정치에 등장한 공포: 코크 형제에 대한 좌파의 두려움".

Part 2 은밀한 후원자들: 비밀 임무 2009~2010
6장 | 현장 배치

1. 드밀재단의 서신 내용은 다음을 참조할 것. 소피아 Z. 리, 《직업 현장과 그 구성: 뉴딜에서 뉴라이트까지(The Workplace and the Constitution: From the New Deal to the New Right)》(Cambridge University Press, 2014), 3장. 첫 번째 인용문은 1954년 10월 13일 드밀재단의 도널드 맥린이 위스콘신 주

상공회의소의 조셉 C. 페이건에게 보낸 것이며 두 번째는 역시 맥린이 1956년 8월 15일에 리드 라슨에게 보낸 것이다.

2. 댄 모건, "싱크 탱크: 기업들의 비밀 무기: 거대 기업들을 위한 비영리 재단의 연구 활동과 로비 활동(Think Tanks: Corporations' Quiet Weapon; Nonprofits' Studies, Lobbying Advance Big Business Causes)", 〈워싱턴포스트〉, 2000년 1월 29일.

3. 댄 글릭먼, 저자와의 대담 중에서.

4. "정치란 결국 한 마디로 정의할 수 없는 것(Politics That Can't Be Pigeonholed)", 〈위치토 이글〉, 1994년 6월 26일.

5. 데이비드 웨슬, 지니 새들러, "클린턴의 과세를 반대하는 무리들이 잘못된 내용을 선전하고 있다.(Foes of Clinton's Tax-Boost Proposals Mislead Public and Firms on the Small-Business Aspects)", 〈월스트리트저널〉, 1993년 7월 20일 A12면.

6. "싱크 탱크: 기업들의 비밀 무기: 거대 기업들을 위한 비영리 재단의 연구 활동과 로비 활동".

7. 딕 아미, 저자와의 대담 중에서.

8. 필립스가 세운 신앙과 가족 연합(Faith and Family Alliance)이 아브라모프의 카지노 고객들에게 현금을 조달했다는 사실은 최소한 한 차례 이상 보도됐다.

9. 브루스 바틀렛, 저자와의 대담 중에서.

10. 팀 필립스, 2012년 4월 19일 다큐멘터리 영상 제작자인 알렉스 기브니와의 대담 중에서. 영상과 관련된 원고는 따로 발표되지 않았다.

11. Ibid.

7장 | 티타임

1. 릭 산텔리는 뉴욕의 투자은행인 드렉슬 번햄 램버트(Drexel Burnham Lambert)의 부사장이었다.

2. 이른바 오바마 대통령의 주택 안정화 대책(The Homeowner Affordability and Stability Plan)은 2008년 금융 위기 이후 불거진 주택 소유자들의 8조 달러 가까운 담보 대출에 대해 임시 지원 대책을 펼쳐 압류를 막아주겠다는 것이었다.

3. 로스는 2014년 10월에 데이비드 코크를 축하하는 만찬을 열어주기도 했다. 마라 시글러, "애브뉴 매거진의 축하를 받는 데이비드 코크(David Koch Celebrated by Avenue Magazine)", 〈뉴욕포스트〉, 2014년 10월 2일.

4. 주택담보대출에 대한 로스의 관심에 대해서는 캐릭 몰렌캠프(Carrick Mollenkamp)의 "주택담보대출 전문 기업들에 몰아친 쓰나미(Foreclosure Tsunami Hits Mortgage-Servicing Firms)", 〈월스트리트저널〉, 2009년 2월 11일 참조.

5. 오바마가 대통령에 취임하기 전 부시 행정부의 재무 장관 헨리 행크 폴슨은 이미 1,250억 달러를 은행 구제에 사용했으며 추가로 200억 달러를 준비 중이었다.

6. 마이클 그룬왈드, 《새로운 뉴딜 정책: 오바마 시대의 변화에 대한 숨겨진 이야기》(Simon & Schuster, 2012), 280.

7. 핑크가 이렇게 거리를 두는 모습은 〈위치토 이글〉과 〈프럼 리포트Frum Report〉에서 확인할 수 있다. 핑크는 코크 형제들이 이 티파티에 대한 후원을 부탁받은 것을 알고 있었지만 어떤 것

도 자신들이 생각하는 기준과는 맞지 않는다고 대답했다. 우선 잘 정리된 목표와 시간표, 계획, 그리고 따라할 만한 기준이 있어야 한다는 것이 그의 주장이었다.

8. 앤드루 골드먼, "억만장자들의 파티(The Billionaire's Party)", 〈뉴욕 매거진〉, 2010년 7월 25일.

9. 일레인 래퍼티, "티파티 억만장자들의 역습(Tea Party Billionaire' Fires Back)", 〈데일리 비스트〉, 2010년 9월 10일.

10. 마크 릴라, "티파티 반란(The Tea Party Jacobins)", 〈뉴욕 북 리뷰〉, 2010년 5월 27일.

11. 테다 스카치폴, 버네사 윌리암슨 《티파티와 공화당표 보수주의의 부활》(Oxford University Press, 2012).

12. 제인 메이어, "비밀 작전", 〈뉴요커〉, 2010년 8월 30일.

13. "코크 가문의 미국 구하기".

14. 《빅 머니: 25억 달러의 수상한 자금과 거대 재벌들의 미국 정치 개입》, 42.

15. 프랭크 리치, "든든한 후원자들(Sugar Daddies)", 〈뉴욕 매거진〉, 2012년 4월 22일. 시몬스가 남긴 말에 대해서는 2012년 3월 22일 〈월스트리트저널〉의 모니카 랭리의 "텍사스 억만장자가 거액의 정치자금을 후원하다(Texas Billionaire Doles Out Election's Biggest Checks)"를 참조할 것.

16. 〈프런트라인Frontline〉과의 대담, "오바마 행정부의 속사정(Inside Obama's Presidency)" 2013년 1월 16일.

17. 예를 들어, 대니얼 슐만은 코크 형제들이 AFP 활동의 세세한 부분까지 연관되어 있었다고 설명했다. 이를 위해 외부의 정치 인력들을 섭외했고 이들은 관련 광고를 만들었다. 《위치토의 아들들》, 276.

18. 찰스 G. 코크, "대통령에 대한 평가", 2010년 10월 1일, KochInd.com.

19. 찰스 코크의 뉴딜 정책에 대한 비난은 코크 인더스트리즈의 분기별 소식지 〈디스커버리〉, 2009년 1월호 12페이지에 자신이 직접 기고한 "전망(Perspective)"이라는 제목의 글에서 확인할 수 있다.

20. 온오프라인 뉴스 매체인 폴리티코의 케네스 보겔은 림보와 마크 레빈, 그리고 글렌 벡이 받는 금전적 후원에 대해 보도했다. "러시 림보, 숀 헤니티, 그리고 글렌 벡이 보수주의 단체에 자신들의 이름을 팔았다(Rush Limbaugh, Sean Hannity, Glenn Beck Sell Endorsements to Conservative Groups)", 〈폴리티코〉, 2011년 6월 15일.

21. 《새로운 뉴딜 정책: 오바마 시대의 변화에 대한 숨겨진 이야기》, 142.

22. Ibid., 142,43.

23. 스티브 라투레, 2012년 회기를 마치고 정계를 은퇴한 후 있었던 저자와의 대담 중에서.

24. 《새로운 뉴딜 정책: 오바마 시대의 변화에 대한 숨겨진 이야기》, 145.

25. Ibid., 190.

26. 빌 버튼, 저자와의 대담 중에서.

27. 저스틴 울퍼스, "무슨 토론이 필요한가? 경제학자들은 이미 경기 부양책이 경제를 살리고 있다고 인정하는데(What Debate? Economists Agree the Stimulus Lifted the Economy)", 〈뉴욕타임스〉, 2014년 7월 29일.

28. 《더 머신: 우파의 부활을 위한 길라잡이》, 32.

29. ibid., 이 책에 의하면 샘애덤스연합을 만든 사람은 리치라고 한다. 리치는 저자의 대담 요청

을 정중하게 거절했다.

30. 러스 초마, "하워드 리치: 그림자 뒤에 숨은 사나이(Rich Rewards: One Man's Shadow Money Network)", OpenSecrets.org, 2012년 6월 19일.

31. 계속해서 접촉해 그의 의견을 듣고 싶었지만 하워드 리치 측에서는 대답해주지 않았다.

32. 마크 피셔, "위스콘신 주지사 스콧 워커의 소환: 거액의 후원금이 작은 정부를 위한 싸움에 투입되다(Wisconsin Gov. Scott Walker's Recall: Big Money Fuels Small-Government Fight)", 〈워싱턴포스트〉, 2012년 3월 25일.

33. 댄 모라인, "제안 164호와 관련된 추적의 끝은 억만장자들이었다(Prop. 164 Cash Trail Leads to Billionaires)", 〈로스앤젤레스 타임스〉, 1992년 10월 30일.

34. 사라 바턴, '로스버드-로크웰 보고서(The Ear, Rothbard-Rockwell Report)' 1993년 7월.

35. 티모시 이건, "임기 제한 운동의 뒤에 숨은 검은돈(Campaign on Term Limits Taps a Gusher of Money)", 〈뉴욕타임스〉, 1991년 10월 31일.

36. Ibid.

37. 빌 호건, "2005년 작은 정부를 위한 미국인을 도운 3인의 주요 후원자들(Three Big Donors Bankrolled Americans for Limited Government in 2005)", 공공청렴센터, 2006년 12월 21일.

38. 조너선 로취, "오키프의 외침(A Morning at the Ministry of Speech)", 〈내셔널 저널〉 1999년 5월 29일.

39. 벤 스미스, 조너선 마틴, "블로그잼: 우파의 블루이 블로그(BlogJam: Right-Wing Bluey Blog)", 〈폴리티코Politico〉, 2007년 6월 18일.

40. 여름 내내 원유와 휘발유 가격이 계속 오르자 에너지 산업의 거물이며 오클라호마 주의 석유 회사인 데본 에너지의 회장, 그리고 코크 가문 모임의 일원이기도 한 래리 니컬스는 연안 지역에서의 시추를 확장하는 데 열을 올렸다. 또 다른 코크 가문 모임의 일원이라 라스 베이거스 카지노의 대부 셸던 아델슨, 작업복 제조업체 신타스의 리처드 파머, 그리고 허바드 방송사의 스탠 허바드 역시 여기에 참여했고 뉴트 깅리치가 운영하고 연안 시추 작업을 찬성하는 단체인 아메리칸솔루션에 자금을 지원했다.

41. 리 팽의 보도에서는 티파티가 워싱턴에서 만들어진 인위적인 운동인지에 대해 의문을 던졌다. 그리고 그 주모자에 대해서는 이후 언론에서 더 깊이 파고들게 됐다. 리 팽의 주요 보도 내용은 "자발적으로 일어난 운동?(Spontaneous Uprising?)", 싱크프로그레스, 2009년 4월 9일 참조.

42. 토머스 프랭크, 저자와의 대담 중에서.

43. 페기 베너블, 저자와의 대담 중에서.

44. 딕 아미, 저자와의 대담 중에서.

45. 딕 아미, 저자와의 대담 중에서. 글렌 벡이 받은 보수에 대해서는 "러시 림보, 숀 헤니티, 그리고 글렌 벡이 보수주의 단체에 자신들의 이름을 팔았다"를 참조할 것.

46. 숀 윌렌츠, "교란 전문가", 〈뉴요커〉, 2010년 10월 18일.

47. 프랭크 룬츠, 저자와의 대담 중에서.

48. 존 B. 주디스, "불필요한 후퇴(The Unnecessary Fall)", 〈뉴 리퍼블릭〉, 2010년 8월 12일.

49. 핑크와 많은 이야기를 나눴던 사람이 자신의 생각을 저자에게 털어놓은 것임.

50. "진보 정치에 등장한 공포: 코크 형제에 대한 좌파의 두려움".

51. "오바마 대통령, 대통령 전용기에서의 대담", 〈뉴욕타임스〉, 2009년 3월 7일.

52. 푸르바 파텔, "우드포레스트 은행, 3,200만 달러를 토해내다(Woodforest Bank to Hand Back $32M in Overdrafts)", 〈휴스턴 크로니클Houston Chronicle〉, 2010년 10월 13일.

53. 대술은 보건 사회복지부 장관과 오바마 행정부의 건강보험 문제를 총괄할 인물로 거론됐으나 2월 초에 세금 미납이 문제가 되어 논란 끝에 낙마하고 말았다.

54. 골드워터연구소의 제안으로 주민투표를 실시하자고 했지만 2008년 11월 당시 거의 시행하지 않는 것으로 결정난 상태였다.

55. 엘리아나 존슨, "민주당을 돕는 코크 가문 모임(Inside the Koch-Funded Ads Giving Dems Fits)", 〈내셔널 리뷰〉 온라인 판, 2014년 3월 31일.

56. 킴 바커, 테오도릭 메이어, "검은돈의 배후(The Dark Money Man)", 〈프로퍼블리카〉, 2014년 2월 14일.

57. "치료를 기다리다 죽을 뻔 했다고?", FactCheck.org, 2009년 8월 6일.

58. 피터 하트, 저자와의 대담 중에서.

59. 프랭크 룬츠, 저자와의 대담 중에서.

60. 아이작 윌리엄 마틴은 자신의 책《부자들의 저항: 세금을 내지 않겠다는 풀뿌리 운동》에서 정책 기업가의 역사적인 역할에 대해 설명했다.

61. 개인적인 건강보험 계약에 대한 공화당의 지지에 대해 더 확인하려면 에즈라 클레인, "공화당의 개인별 건강보험 계약 지지(A Lot of Republicans Supported the Individual Mandate)", 〈워싱턴포스트〉, 2011년 5월 12일 참조.

62. "민주당을 돕는 코크 가문 모임".

63. 아만다 폴린, 레이첼 그라나, 스탠튼 글랜츠, "배후의 실력자, 제3자의 노력: 담배 산업과 티파티(To Quarterback Behind the Scenes, Third-Party Efforts: The Tobacco Industry and the Tea Party)", 〈타바코 컨트롤Tobacco Control〉, 2013년 2월.

64. 안토니오 리갈라도, 디온 시어니, "엘 고어를 조롱하는 동영상의 정체는?(Where Did That Video Spoofing Gore's Film Come From?)", 〈월스트리트저널〉, 2006년 8월 3일.

65. 데이비드 커크패트릭, "건강보험 개혁을 막으려는 숨은 무리들(Groups Back Health Reform, but Seek Cover)", 〈뉴욕타임스〉, 2009년 9월 11일.

66. 댄 에건, "건강보험 개혁에 반대하는 단체들이 주무르는 검은돈(How Interest Groups Behind Health-Care Legislation Are Financed Is Often Unclear)", 〈워싱턴포스트〉, 2010년 1월 7일.

67. 보겔, "티파티의 자금 확보 문제(Tea Party's Growing Money Problem)", 〈폴리티코〉, 2010년 8월 9일.

68. 빌 윌슨, 로이 웬즐, "코크 가문의 미국 구하기", 〈위치토 이글〉, 2012년 10월 3일.

69. 코크 인더스트리즈의 총괄 고문인 마크 홀덴은 케네스 보겔과의 대담에서 노블에 대해 회사와 독립적으로 계약을 한 상담 고문이라고 설명했다.《빅 머니: 25억 달러의 수상한 자금과 거대 재벌들의 미국 정치 개입》, 201.

70. 리 팽, "민주당을 무너뜨리려는 우파의 전략(Right-Wing Harassment Strategy Against Dems Detailed in Memo)", 싱크프로그레스, 2009년 7월 31일.

71. "민주당을 돕는 코크 가문 모임".

72. 그로버 노퀴스트, 저자와의 대담 중에서.

73. 티파티 운동에 대해 이것이 새로운 형태의 전국적인 운동이라기보다는 그저 악의를 품고 조

직된 행위에 불과한 것이 아닌가 하는 의문을 던진 몇 안 되는 언론인 중 한 명이 바로 〈워싱턴포스트〉의 릭 펄스타인이었다. 그는 자신의 기고문을 통해 이렇게 경고했다. '보수파들은 멍청이들을 갖고 놀기 위해 언론을 이용하는 데 아주 전문가가 다 됐다.' 그는 또 극우파 활동가들을 미국 정치계에 전에는 볼 수 없었던 '미치광이들의 모임'으로 부르기도 했지만 과거에 강경한 어조의 언론사들뿐만 아니라 좀 더 책임감 있는 보수주의 인사인 윌리엄 F. 버클리 같은 사람들 역시 폭주하는 시민들에 대해 서슴지 않고 정도를 벗어난 '극단주의자'라고 부르기도 했다. 릭 펄스타인, "오바마와 건강보험을 공격하는 사람들과 점점 더 심해져가는 극우파의 분노(Birthers, Health Care Hecklers, and the Rise of Right-Wing Rage)", 〈워싱턴포스트〉, 2009년 8월 16일.

74. 데이비드 엑설로드, 저자와의 대담 중에서.

75. 보도 자료에 따라 인원수는 조금씩 다르다.

76. 케빈 드럼, "새 부대에 헌 술(Old Whine in New Bottles)", 〈마더 존스〉, 2010년 9~10월.

77. 데빈 버그하트, "정상에서의 광경: 6개의 전국 티파티 조직에 대한 보고서(View from the Top: Report on Six National Tea Party Organizations)", 〈스티프Steep〉, 《티파티 운동의 무서운 상승세The Precipitous Rise of the Tea Party》(University of California Press, 2012).

78. 미국의 꿈을 지키는 모임 행사가 대통령 후보 지명 전당대회와 흡사하다는 사실을 처음 지적한 사람은 리 팽이다. 《더 머신: 우파의 부활을 위한 길라잡이》, 121.

8장 | 화석연료

1. 워싱턴 D.C. 국가안보전략원 보고서, 8, 47.

2. 미국과학진흥회 기후 과학 보고서, "우리가 알고 있는 것들", 2014.

3. 마이클 만은 닐라 배너지에게 이렇게 말했다. "나는 과학자로서 사회생활을 시작했고 그동안 우리가 공공정책에 있어 어떤 중요한 역할을 할 수 있다고는 생각해 본 적 없다.", "미국에서 가장 미움받는 기상 과학자들이 반격에 나서다(The Most Hated Climate Scientist in the US Fights Back)", 〈예일 동문 소식Yale Alumni Magazine〉, 2013년 3, 4월.

4. 마이클 만, 저자와의 대담 중에서.

5. Ibid.

6. "화석연료의 낙원".

7. 닐라 배너지, "기후 문제 정책에 있어 텍사스와 캘리포니아는 앙숙일 수밖에 없는가(In Climate Politics, Texas Aims to Be the Anti-California)", 〈로스앤젤레스 타임스〉, 2010년 11월 7일.

8. 《2030 에너지전쟁: 과거에서 미래까지 에너지는 세계를 어떻게 바꾸는가》(대니얼 예긴, 이경남 역, 올, 2013. 2. 8).

9. 코크 가문의 투자에 대한 더 자세한 내용은 브레드 존슨의 "코크 가문과 셰일가스(How the Kochs Are Fracking America)", 싱크프로그레스, 2012년 3월 2일 참조.

10. "지구 온난화가 가져온 새로운 공포(Global Warming's Terrifying New Math)" 빌 맥키번, 〈롤링 스톤〉, 2012년 7월 19일. 맥키번의 설명에 따르면 과학자들은 지구가 21세기 중반까지 대략 565기가 톤 정도의 이산화탄소 배출을 견뎌낼 수 있다고 생각한다. 그렇지만 지금의 추세로 볼 때

예상되는 배출량은 2,795기가 톤에 달한다.

11. 석유 산업에 대한 감모공제에 대해서는 로버트 브라이스의 《특별 대우Cronies》(PublicAffairs, 2004)를 참조할 것.

12. '엄청난 규모를 자랑하는 새로운 정치자금줄을 찾아낸 린든 존슨은 그 정치자금을 관리하는 일을 맡게 됐다.' 로버트 카로, 《권력의 길The Path to Power》(Vintage Books, 1990), 637.

13. 《거인》(Penguin, 2009), 204.

14. Ibid., 138.

15. Ibid., 220. 노스캐롤라이나주립대학교의 앨릭젠더 허드 교수의 연구에 따르면 컬런은 1952년에 가장 많은 돈을 정치권에 후원하고 있었다.

16. Ibid., 210.

17. 기후 변화를 연구하는 과학에 대항하는 일에 대해서는 이런 단체들만 관심을 쏟은 것이 아니었다. 이 문제는 각 분야에서 모두 공통적으로 고민하는 주제였다.

18. 코크 가문은 정치권이 아닌 비영리재단을 후원한 것이다.

19. "기후 문제 반대 조직에 대한 코크 인더스트리즈의 후원(Koch Secretly Funding the Climate Denial Machine)", 〈그린피스〉, 2010년 3월.

20. 로버트 브루엘, "공개적인 반대: 재단에 대한후원과기후변화반대 운동 조직의 탄생(Institutionalizing Delay: Foundation Funding and the Creation of U.S. Climate Change Counter-movement Organizations)", 〈기후변화〉, 122, no. 4 (2014년 2월): 681,94.

21. 휘트니 볼은 2015년 8월에 사망했고 그를 추모하는 기사가 〈내셔널 리뷰〉에 개재됐다. 제임스 피에르슨은 1999년 후원자신탁이 만들어진 이래 7억 5,000만 달러 이상의 기금이 모였다고 보도했다. 후원자신탁을 이끌 후계자는 '경쟁기업연구소'의 최고경영자이자 조지메이슨 대학교의 머케터스센터의 부소장을 역임했던 로손 베이더로 결정되어 공식적으로 발표됐다.

22. 앤디 크롤, "폭로: 검은돈을 마음대로 인출해가는 보수파 운동 단체들(Exposed: The Dark-Money ATM of the Conservative Movement)", 〈마더 존스〉, 2013년 2월 5일.

23. 로스 갤브스팬의 〈마더 존스〉, 2005년 5월, 6월 기사 인용. 이 내용은 마이클스의 《우리는 의심을 판다》, 197쪽에서 다시 인용됐다.

24. 《과학전쟁: 정치는 과학을 어떻게 유린하는가》(크리스 무니, 심재관 역, 한얼미디어, 2006).

25. "지구 온난화 부정 활동에 쏟아지는 후원금(Global Warming Deniers Well Funded)", 〈뉴스위크〉, 2007년 8월 12일.

26. 프레드 사이츠는 RJ레널즈 담배 회사로부터 450만 달러를 지원받아 담배 회사를 옹호하는 과학자들에게 나누어주었다. 프레드 싱어는 미국 환경보건국이 간접 흡연 역시 인체에 해롭다고 주장하자 이를 공격한 전력이 있다. 싱어의 작업을 후원한 것은 담배 회사들의 지원을 받아 설립된 담배연구소(Tobacco Institute)였지만 그 자금은 알렉시스 드 토크빌 연구소(Alexis de Tocqueville Institution)라는 비영리단체를 통해 세탁이 되어 전달됐다. 간접 흡연은 무해하다는 싱어의 연구가 소개된 건 1990년대의 일이다. 세금 기록을 확인해보면 1988년에서 2002 사이 토크빌 연구소가 브래들리, 올린, 스카이프, 필립 M. 매캐나, 그리고 클라우드 R. 램 재단에서 후원받은 자금은 172만 3,900달러에 달한다.

27. 《의혹을 팝니다: 담배 산업에서 지구 온난화까지 기업의 용병이 된 과학자들》(나오미 오레

스케스, 에릭 M. 콘웨이, 유강은 역, 미지북스, 2012).

28. 테다 스카치폴,《문제의 발견: 극단주의에 대한 반대와 지구 온난화에 대항하는 싸움의 시작 Naming the Problem: What It Will Take to Counter Extremism and Engage Americans in the Fight Against Global Warming》(Harvard University, 2013).

29. 국제북극곰보호재단(Polar Bears International)의 과학 고문이며 30년 넘게 미국지질연구소(U.S. Geological Survey)의 북극곰 관련 계획을 이끌고 있는 스티븐 C. 엠스트럽 박사는 지난 수십 년 동안 북극곰의 개체 수에 대한 문제는 모두 추측에 불과하다고 설명했지만 이들의 서식지를 보존하기 위해 뭔가 조치를 취하지 않으면 그 미래는 불 을 보듯 뻔하다고 말했다. 결국 지구 온난화로 인해 빙산이 녹아 없어질 수도 있음을 시사한 것이다. 게다가 북극곰은 2008년 멸종 위기 생물법에 따라 지구 온난화에 의해 가장 위협을 받는 척추동물로 지정됐다. 마이클 머스칼, "알래스카와 캐나다 서부의 북극곰 40%가 사라졌고 그에 대한 우려가 높아지고 있다.", 〈로스앤젤레스 타임스〉, 2014년 11월 21일.

30. 에드 크레인, 저자와의 대담 중에서. 북극곰에 대한 논쟁은 "기후 문제 반대 조직에 대한 코크 인더스트리즈의 후원" 참조.

31. 저스틴 길리스, 존 슈워츠, "의심스러운 기후 연구자들을 후원하는 기업의 검은돈(Deeper Ties to Corporate Cash for Doubtful Climate Researcher)", 〈뉴욕타임스〉, 2015년 2월 22일.

32. 만과 공동 저자들은 자신들의 연구 결과에 대해 공공연하게 조심스러움을 내비칠 수밖에 없었는데 1,000년 전의 기온의 변화에 대한 기록이 전무하기 때문에 대략적인 방식으로 연구를 진행할 수밖에 없었다. 얼음의 핵과 나무의 나이테를 자료로 삼은 이런 연구는 결국 신뢰도가 많이 떨어졌다.

33. 연방선거위원회 보고서에 따르면 2005년에서 2008년 사이 코크 인더스트리즈의 정치활동 위원회가 후원한 금액은 총 430만 달러에 이르며 반면에 엑손모빌은 160만 달러 정도였다.

34. 공공청렴센터에 따르면 코크 인더스트리즈가 2004년 사용한 로비 자금은 85만 7,000달러 정도였지만 2008년에는 그 액수가 2,000만 달러로 늘어났다. 존 알로시우스 파렐, "코크 가문의 영향력(Koch's Web of Influence)", '공공청렴센터', 2011년 4월 6일.

35. 《문제의 발견: 극단주의에 대한 반대와 지구 온난화에 대항하는 싸움의 시작》.

36. 존 캐리 후보의 베트남전 참전 기록을 문제 삼은 '진실을 위한 참전 용사들'의 주장을 옹호하고 나섰을 때, 모라노는 미디어리서치센터(Media Research Center)의 자회사라고 할 수 있는 사이버캐스트 뉴스 서비스(Cybercast News Service)에서 기자로 일하고 있었다. 그리고 이 미디어리서치센터를 후원했던 것이 바로 스카이프 가문의 재단들이었다.

37. 로버트 케너의 2014년 다큐멘터리 영화 '의혹을 팝니다(Merchants of Doubt)'.

38. Ibid.

39. "미국에서 가장 미움 받는 기상 과학자들이 반격에 나서다".

40. 톰 햄버거, "석탄업계가 부시에게 승리를 안겨주다(A Coal-Fired Crusade Helped Bring Bush a Crucial Victory)", 〈월스트리트저널〉, 2001년 6월 13일.

41. 바톤 갤먼,《딕 체니Angler》(Penguin, 2008), 84.

42. 〈로스앤젤레스 타임스〉는 셰일가스 개발에 대한 특혜에 대해 체니가 미친 영향력을 폭로하는 기사를 실었다. 그리고 그의 회사였던 할리버튼이 여기에 이해관계가 얽혀 있음을 지

적했다. 톰 햄버거, 앨런 밀러, "백악관이 밀어준 할리버튼(Halliburton's Interests Assisted by White House)", 〈로스엔질레스 타임스〉, 2004년 10월 14일.

43. 관련된 정부의 지원 문제는 〈퍼블릭 시티즌(Public Citizen)〉이 밝혀냈다. "정부를 매수한 기업들(The Best Energy Bill Corporations Could Buy)", 2005년 8월 8일.

44. 《문제의 발견: 극단주의에 대한 반대와 지구 온난화에 대항하는 싸움의 시작》(Hachette Books, 2010).

45. 《문제의 발견: 극단주의에 대한 반대와 지구 온난화에 대항하는 싸움의 시작》, 83.

46. 매케인은 두 번째 대선 토론회에서 이런 주장을 펼쳤다. 풀리,《기후 전쟁Climate War》297.

47. 스티브 머프선, 줄리엣 에일퍼린, "캐나다의 오일 샌드에 가장 많이 투자를 한 외국 기업은 엑손모빌이나 셰브론이 아닌 바로 코크 인더스트리즈다.(The Biggest Foreign Lease Holder in Canada's Oil Sands Isn't Exxon Mobil or Chevron. It's the Koch Brothers)", 〈워싱턴포스트〉, 2014년 3월 20일.

48. 브레드 존슨, "1억 톤의 이산화탄소를 내뿜는 괴물, 코크 인더스트리즈(the 100-Million Ton Carbon Gorilla)", 〈싱크프로그레스〉, 2011년 1월 30일.《더 머신: 우파의 부활을 위한 길라잡이》, 114.

49. "억만장자들의 파티".

50. 코크 인더스트리즈의 로비 활동에 대해서는 "코크 가문의 영향력" 참조.

51. 《더 머신: 우파의 부활을 위한 길라잡이》, 115.

52. 짐 루텐버그, "소수의 억만장자들이 스스로 정치 지도자가 되려고 하는가(How Billionaire Oligarchs Are Becoming Their Own Political Parties)", 〈뉴욕타임스〉, 2014년 10월 17일.

53. 케이트 셰퍼드, "가짜 편지와 팩스가 '인조 잔디' 작전보다 더 큰 효과를 발휘하다(Forged Climate Bill Letters Spark Uproar over 'Astroturfing')", 〈그리스트Grist〉, 2009년 8월 4일.

54. 《더 머신: 우파의 부활을 위한 길라잡이》, 176.

55. 《기후 전쟁》, 406.

56. Ibid., 393.

57. 하원에서 있었던 번안 관련 갈등에 대한 정확한 설명은《기후 전쟁》참조.

58. 스티브 머프선, "기후 변화에 대한 논쟁이 새롭게 시작되다(New Groups Revive the Debate over Climate Change)", 〈워싱턴포스트〉, 2009년 9월 25일.

59. 텍사스 주의 기후학자인 존 넬슨 가먼의 설명을 포함해 더 많은 내용을 알고 싶다면 데이비드 도니거의 "위험한 행동(Going Rogue on Endangerment)", 스위치보드(블로그), 2010년 2월 20일 참조.

60. 마크 셰퍼드, "UN 기후 보고서: 그들은 거짓말을 하고 있다", 〈미국 사상가American Thinker〉, 2009년 10월 5일.

61. https://climateaudit.org/.

62. 크리스 호너 "불신의 시대가 도래했다(The Blue Dress Moment May Have Arrived)", 〈내셔널 리뷰〉, 2009년 11월 19일.

63. 팀 필립스, 2010년 10월 26일 헤리티지재단에서 기후게이트 사건을 언급하며. 브레드 존슨, '싱크프로그레스', 2010년 11월 27일. 필립스는 자신이 할 수 있는 한 모든 노력을 다해 이 상황을 이용하려고 했다. AFP를 발판 삼아 기후 변화 문제에 대한 국제회의가 열리는 코펜하

겐에서 그는 이렇게 선언한다. "우리는 풀뿌리 단체다. 나는 미국에서 부자 가문의 부자 자녀들이 실업률이 20%까지 올라가는 상황을 보고만 있게 된다면 (중략) 아주 불행한 상황이라고 본다.""비밀 작전" 참조.

64. 닐라 배너지는 만 교수에 대한 글에서 이메일 유출 사건에 대한 매우 분명하고 자세한 분석을 실었다. "미국에서 가장 미움 받는 기상 과학자들이 반격에 나서다"

65. 만은 사우스이스턴 법률 재단이 국립과학재단에게 펜실베이니아주립대학에 있는 자신과 동료들을 지원한 내역에 대해 요구했다고 썼다. 또 랜드마크 법률 재단은 자신이 하키 채 연구를 하면서 협력해온 다른 학교 동료들에게 쓴 이메일 내용을 공개하라는 소송을 걸었다고 했다. 《하키 스틱과 기후 전쟁》(Columbia University Press, 2012), 229.

66. "러시 림보, 숀 헤니티, 그리고 글렌 벡이 보수주의 단체에 자신들의 이름을 팔았다." 존 굿맨, "〈폴리티코〉에 대한 반응: 마크 레빈과 켄 보겔(Talk Radio Reacts to Politico on Cain: Mark Levin Criticizes Ken Vogel)", 〈이그재미너Examiner〉, 2011년 11월 2일.

67. "내가 당신 남편이면 자살하겠어(I Don't Know Why Your Husband Doesn't Put a Gun to His Temple)", 〈미디어 매터스〉, 2009년 5월 22일.

68. 마크 레빈, 《자유와 독재Liberty and Tyranny》(Threshold, 2010), 133.

69. 케이트 셰퍼드, "기후게이트: 진실은 무엇인가?(Climategate: What Really Happened?)", 〈마더 존스〉, 2011년 4월 21일 .

70. 라이언 리자, "지구가 뜨거워질 때(As the World Burns)", 〈뉴요커〉, 2010년 10월 11일.

71. 다큐멘터리 '의혹을 팝니다'.

72. "지구가 뜨거워질 때".

9장 | 돈이 말을 한다

1. 데이비드 코크와 개인적으로 아는 주변 사람으로부터 저자가 직접 들은 이야기다.

2. 리처드 포스너 "무제한의 정치자금, 이것이 최선인가?(Unlimited Campaign Spending-A Good Thing?)", 베커포스너 블로그(The Becker-Posner Blog), 2012년 4월 8일.

3. 제프리 투빈, "기후 변화 문제와 공화당(Republicans United on Climate Change)", 〈뉴요커〉, 2014년 6월 10일. "무제한의 정치자금(Money Unlimited)", 〈뉴요커〉, 2012년 5월 21일.

4. 엘리자베스 F. 랄프, "재벌 후원자들에 대한 간략한 역사(The Big Donor: A Short History)", 〈폴리티코〉, 2014년 6월.

5. 데일 러셰코프, 후안 윌리엄스, "암웨이와 레이건(Rearranging 'Amway Event' for Reagan)", 〈워싱턴 포스트〉, 1984년 1월 22일.

6. "교묘한 상술과 강매(Soft Soap and Hard Sell)", 〈포브스〉, 1975년 9월 15일.

7. "암웨이와 레이건"에서 러셰코프와 윌리엄스는 이렇게 썼다. '공화당 전국위원회의 재정 문제 총책임자를 맡았던 디보스는 개인적으로 7만 575달러를 기부했으며 미국 상공회의소 의장을 역임했던 밴 앤델은 6만 8433달러를 기부했다.'

8. Ibid.

9. 앤디 크롤, "또 다른 코크 가문: 좌파를 말려 죽이려는 디보스 가문의 술책(Meet the New Kochs:

The DeVos Clan's Plan to Defund the Left)", 〈마더 존스〉, 2014년 1, 2월.

10. 키티 매킨지, 폴 매그니션 "암웨이, 수많은 캐나다인들을 파산시키다(Amway's Plot to Bilk Canada of Millions)", 〈디트로이트 프리 프레스〉 1982년 8월 22일.

11. 루스 마커스, "암웨이, 공화당 전당대회 방송을 지원한 건 익명의 후원자라고 발표(Amway Says It Was Unnamed Donor to Help Broadcast GOP Convention)", 〈워싱턴포스트〉, 1996년 7월 26일.

12. "암웨이와 레이건".

13. 디보스 가문 지출 내역에 대해서는 "또 다른 코크 가문: 좌파를 말려 죽이려는 디보스 가문 의 술책" 참조.

14. Ibid.

15. 데이비드 커크패트릭, "철저히 정체를 숨긴 권력가들의 비밀 모임(Club of the Most Powerful Gathers in Strictest Privacy)", 〈뉴욕타임스〉, 2004년 8월 28일.

16. 2005년 3월 22일 폴 웨이리치는 미국의 비영리 케이블 TV의 공중 통신망인 C- SPAN(http:// www.c-span.org/video/transcript/?id=7958)을 통해 이 국가정책위원회에 대해 이렇게 이야기했다. "리처드 디보스의 지휘 아래 후원자들 중에서 행동파들이 따로 모였다."

17. 《블랙워터: 세상에서 가장 강력한 용병부대의 부상》(제레미 스카힐, 박미경 역, 삼인, 2011) 78.

18. 에릭 프린스는 전직 네이비 실 특공대 출신으로 미국 국내에서 법적 마찰을 빚다가 결국 해 외로 진출한 뒤 국제적인 무법 단체라는 오명을 씻기 위해 회사 이름도 바꿨다. 회사 소속 대 원들이 이라크 전쟁 당시 민간인 17명을 사살했다는 고발이 들어온 후였다.

19. 존 데이비드 디치, 《공화당 지도자의 지도자Republican Leader: A Political Biography》(Intercollegiate Studies Institute, 2009).

20. 존 치브스, "상원의원의 고민: 돈과 돈으로 살 수 있는 권력(Senator's Pet Issue: Money and the Power It Buys)", 〈렉싱턴 해럴드 리더Lexington Herald-Leader〉, 2006년 10월 15일.

21. 마이클 루이스, "위험인물(The Subversive)", 〈뉴욕타임스〉, 1997년 5월 25일.

22. 마커스 오웬스, 존 캠벨과의 대담에서. 캠벨은 보브와 제임스매디슨언론자유센터 사이의 수 상한 관계를 처음 보도한 사람이기도 하다. "제임스 보브 2세의 비밀: 보수파 선거자금 모금 의 귀재는 법적 업무를 어떻게 처리했는가?(James Bopp Jr. Gets Creative: How Does the Conservative Maestro of Campaign Finance Fund His Legal Work?)", Slate.com, 2012년 10월 5일.

23. 배시 디보스, "소프트 머니: 독재자는 손댈 수 없는 정직한 돈(Soft Money Is Good: Hard-earned American Dollars That Big Brother Has Yet to Find a Way to Control,)", 〈롤 콜〉, 1997년 9월 6일.

24. 트레버 포터, "선거자금 규제 상황(The Current State of Campaign Finance Laws)", 〈브루킹스 선거자 금 안내서Brookings Campaign Finance Sourcebook〉, 2005.

25. 2004년 대선과 소로스에 대해서는 "머니맨" 기사 참조.

26. 데이비드 커크패트릭, "선거자금 규제의 끝(A Quest to End Spending Rules for Campaigns)", 〈뉴욕타 임스〉, 2010년 1월 24일. 변호사 출신의 시어도어 올슨은 대법원에서 이 문제에 대해 날카로 운 설전을 벌이기도 했다.

27. Ibid.

28. 스테파니 맨시머, "선거자금 규제를 무너뜨린 사나이(The Man Who Took Down Campaign Finance Reform)", 〈마더 존스〉, 2010년 1월 21일. 맨시머는 미국연방지방법원의 판사 로이스 램버스가

주

2008년 제임스 보브를 보고 '터무니없는 시도'라고 했던 사례도 함께 소개했다.

29. 《보수주의 법적 투쟁의 시작》, 87.

30. 2010년 2월 17일 ABC 뉴스에서 실시한 여론 조사에서 미국 국민 10명 중 8명은 대법원의 시민연합 관련 판결에 대해 반대한다고 대답했다.

31. 브래들리 스미스, 저자와의 대담 중에서.

32. 로버트 멀린스 "래신 노동 지원 센터: 위기에 빠진 노조를 만나다(Racine Labor Center: Meeting Place for Organized Labor on the Ropes)", 〈밀워키 비즈니스 저널〉, 1991년 12월 23일.

33. 2002년 애리조나 주 민주당 상원의원인 러셀 페인골드와 공화당의 존 매케인은 이른바 매케인-페인골드 법으로 알려진 양당 공통 선거법 개혁안을 발의했으나 그 대부분은 시민연합 판결로 인해 폐지됐다.

34. "중간선거 때보다 더욱 위력을 발휘하는 돈의 힘(Changes Have Money Talking Louder Than Ever in Midterms)", 〈뉴욕타임스〉, 2010년 10월 7일.

35. 우선, 시민연합은 외국의 기업이 어떤 영향을 미치는지에 대해서는 아무런 언급도 한 적이 없으며 중도파 감시 시민단체들 역시 외국 자본의 미국 내 정치 관여가 자유롭게 됐다는 오바마의 표현이 잘못됐다며 비판했다. 그런지만 어쨌든 시민연합과 관련된 판결을 통해 외국 기업이 미국 선거에 무제한의 자금을 지원할 수 있는 길이 열리게 된 것만은 분명하다.

36. 데이비드 엑설로드, 저자와의 대담 중에서.

10장 | 완승: 2010년 중간선거, 다크 머니의 등장

1. 브라이언 무니, "선거 판도를 바꾼 정치자금(Late Spending Frenzy Fueled Senate Race)", 〈보스턴 글로브Boston Globe〉, 2010년 1월 24일. 최종적으로는 브라운과 경쟁자인 코클리가 선거 기간 동안 사용한 비용이 대략 비슷했지만, 코클리가 민주당 전당위원회로부터 막대한 현금 지원을 받은 반면에 브라운은 공화당에서 한 푼도 지원 받지 못했다. 그렇지만 그는 외부의 보수주의 단체로부터 260만 달러 이상을 후원받았고 이는 코클리보다 100만 달러나 많은 액수였는데, 결국 이런 외부 지원이 선거의 승패를 갈랐다.

2. 2010년 2월 19일 AP통신의 스티브 르블랑에 따르면 미국미래기금은 마사 코클리를 상대로 61만 8,000달러의 선거자금을 썼고, 고용 안정을 지원하는 미국인들은 2010년 환자권리보호센터로부터 480만 달러를 후원 받아 그중 46만 달러를 선거전에 투입했다. 여기에 선거 막판에 있었던 미국 상공회의소의 광고 비용 100만 달러 이상을 합치면 선거 기간 마지막 12일 동안 보수주의 외부 단체들이 쓴 선거 비용의 총액은 360만 달러에 달한다.

3. 현장에 있었지만 정체를 밝히지 않은 한 참석자와 저자의 대담 중에서.

4. 에드 길레스피는 자신의 회사는 서로 합의하에 보험 문제에 대한 대안을 제시한 보험 회사들의 입장을 대변한 적이 있으나 자신은 어느 쪽도 지지한 적이 없다고 말했다. 제임스 호먼, "에드 길레스피의 위험한 행보(Ed Gillespie's Steep Slog to the Senate)", 〈폴리티코〉, 2014년 1월 13일.

5. 《빅 머니: 25억 달러의 수상한 자금과 거대 재벌들의 미국 정치 개입》, 47. 댈러스 석유협회에서의 만남에 대해 자세하게 기록했다.

6. 켄 보겔, "정치, 칼 롭, 그리고 현대적 방식의 금권 조직(Politics, Karl Rove and the Modern Money

Machine)", 〈폴리티코〉, 2014년 7~8월.

7. 글렌 트러시, "오바마의 절망: 2010년의 망령(Obama's States of Despair: 2010 Losses Still Haunt)", 〈폴리티코〉, 2013년 7월 26일.

8. 올가 피어스, 저스틴 엘리엇, 시어도릭 메이어, "공화당을 돕고 유권자들을 절망케 한 다크 머니(How Dark Money Helped Republicans Hold the House and Hurt Voters)", 〈프로퍼블리카〉, 2012년 12월 21일.

9. 니컬러스 컨페서, "정국 장악을 위한 전국적인 기금 마련 전략(A National Strategy Funds State Political Monopolies)", 〈뉴욕타임스〉, 2014년 1월 12일.

10. 데모크라시 NC(Democracy NC)라는 진보 성향의 민간 정부 감시단체에서 세금 기록을 분석해 확인한 액수다.

11. 보브 기어리, 저자와의 대담 중에서. "미국을 팝니다(State for Sale)", 〈뉴요커〉, 2011년 10월 10일.

12. 아트 포프, 저자와의 대담 중에서. ibid.

13. 테드 겁, "가짜 운동(Fakin' It)", 〈마더 존스〉, 1996년 5~6월. 당시 사람들이 자발적으로 만든 것처럼 보였던 게시물 등은 사실 노스캐롤라이나 주 윈스턴에 있는 레널즈 본사에서 택배로 보내준 것이라고 한다.

14. 피터 스톤은 "니코틴 조직(The Nicotine Network)"이라는 제목으로 이들의 활동을 파헤치는 기사를 실었다. 〈마더 존스〉, 1996년 5~6월

15. 엘리스는 2012년 6월 불법적인 선거자금 모금 혐의로 기소되어 유죄를 선고 받았고 벌금 1만 달러에 4년 동안의 보호관찰 처분이 내려졌다. 그는 법의 처분을 충실히 따를 것이라고 말했고 2016년에 아마도 재심을 통해 기소 중지가 될 것으로 예상된다.

16. 짐 엘리스, 저자와의 대담 중에서.

17. 샘 스틴, "티파티 집회: '깜둥이'며 '남창'이니 하는 말들이 쏟아져(Tea Party Protests.'Ni**er,' 'Fa**ot' Shouted at Members of Congress)", 〈허핑턴 포스트〉, 2010년 3월 20일.

18. 《더블 다운: 게임 체인지 2012》, 13.

19. "민주당을 돕는 코크 가문 모임".

20. TC4 신탁이 돈을 보내는 방식은 회계사들이 '소득세 신고를 하지 않는 법인체'라고 부르는 방식을 통해서였다. 따라서 환자권리보호센터를 드러내게 할 필요 없이 11th 에디션 LLC(Eleventh Edition LLC)와 미국의 약속(American Commitment)이라는 이름의 두 위장단체에 돈을 먼저 보냈다. 비비카 노박, 로버트 맥과이어, 러스 초마, "비영리재단을 통해 코크 가문의 정치단체와 다른 보수파 조직에 자금이 흘러들어가다(Nonprofit Funneled Money to Kochs' Voter Database Effort, Other Conservative Groups)", OpenSecrets.org, 2012년 12월 21일.

21. 2010년 이전 코크 가문이 주로 후원했던 사회복지 단체는 바로 AFP였으며 부시 행정부 시절에는 상대적으로 적당한 수준의 모금 활동만 진행됐다. 그리고 대부분의 자금을 국세청에서 자선단체로 인정하는 곳 혹은 세법 501(c)(3)s의 적용을 받는 곳에만 후원했으며 세금 우대를 받을 수는 있었지만 정치 문제에 관여하는 것이 매우 까다롭게 제한됐다.

22. 책임정치센터에서는 2010년 국세청의 990 세금 신고 절차에 따라 환자권리보호센터가 정치 문제에 아무런 지출을 하지 않았다는 보고에 대한 진실을 처음 보도했다. 자세한 내용은 킴 비커의 비영리 재단의 선거 개입. 그리고 공공복지 업무였다는 그들의 주장(How Nonprofits

Spend Millions on Elections and Call It Public Welfare)", 〈프로퍼블리카〉, 2012년 8월 18일 참조.

23. 이 금액은 2009년에서 2011년까지 지출된 액수며 TC4 신탁도 관련되어 있다.

24. 이 수치는 각 정당 위원회의 지출을 제외하고 책임정치센터에서 계산한 내용이다.

25. "비영리재단의 선거 개입. 그리고 공공복지 업무였다는 그들의 주장".

26. 스티븐 로가 한 말. "친구들에게 가서 칼 롭의 집에 초대를 받았다고 자랑해야겠군." 조 헤이건, "와, 친구들, 정말 멋진 시간이야(Goddangit, Baby, We're Making Good Time)", 〈뉴욕 매거진〉, 2011년 2월 27일.

27. 《빅 머니: 25억 달러의 수상한 자금과 거대 재벌들의 미국 정치 개입》, 49.

28. 예컨대 블룸버그 보도에 따르면 2009과 2010년 건강보험 산업은 미국 상공회의소에 오바마를 공격하는 광고를 위해 8,600만 달러를 지원했다. 드루 암스트롱, "법안 통과를 저지하기 위해 지원된 8,600만 달러(Health Insurers Gave $86 Million to Fight Health Law)", 블룸버그, 2010년 11월 17일.

29. 《빅 머니: 25억 달러의 수상한 자금과 거대 재벌들의 미국 정치 개입》, 53.

30. "민주당을 돕는 코크 가문 모임", 〈내셔널 리뷰〉, 온라인 판, 2014년 3월 31일.

31. 짐 루텐버그, 돈 반 나타 2세, 마이크 매킨타이어, "후원자의 정체를 감춘 채 공격 개시(Offering Donors Secrecy, and Going on Attack)", 〈뉴욕타임스〉, 2010년 10월 11일.

32. 마이크 매킨타이어, "세금 면제 단체들이 정치자금을 뿌리다(Under Tax-Exempt Cloak, Political Dollars Flow)", 〈뉴욕타임스〉, 2010년 9월 23일.

33. 2010년 노블의 환자권리보호센터는 자신들의 기금 절반에 해당하는 3,100만 달러를 다섯 개의 보수파 단체와 조직에 나눠주었고, 이들은 58명의 민주당 하원의원 후보들을 겨냥한 텔레비전 광고를 방영하는 데 사용했다. 다섯 개의 보수파 단체의 이름과 그들이 받은 지원금은 다음과 같다. 미국미래기금(1,160만 달러), 60플러스협회(890만 달러), 고용 안정을 지원하는 미국인(480만 달러), 세금 개혁을 지지하는 미국인(410만 달러), 그리고 위대한 미국(230만 달러). 환자권리보호센터는 2010년 이 5개 단체가 필요한 예산 중에서 최소한 3분의 1 이상을 지원했다. 그다음으로 '상호 연락과 설문 조사'를 위해 1,030만 달러를 지출했으며, 작은 정부를 위한 미국인이라는 단체를 위해 550만 달러를 지원했다. 이 단체는 민주당 하원의원들을 공격하는 편지를 보내는 것이 주 업무였다.

34. 《기후 전쟁》, 406.

35. 릭 바우처, 저자와의 대담 중에서.

36. 래리 매카시는 답변을 거부했다.

37. 플로이드 브라운, 저자와의 대담 중에서. "전투견(Attack Dog)", 〈뉴요커〉, 2012년 2월 13일.

38. 제프 가린, 저자와의 대담 중에서, 〈뉴요커〉, 2012년 2월 13일.

39. 조너선 알터, "슈워츠먼: 이건 오바마와 월스트리트 사이의 전쟁이다.(Schwarzman: 'It's a War' Between Obama, Wall St.)", 〈뉴스위크〉, 2010년 8월 15일.

40. 제임스 B. 스튜어트, "생일 선물(The Birthday Party)", 〈뉴요커〉, 2008년 2월 11일.

41. 헨리 스펜더, 모니카 랭리, "블랙스톤의 수장이 700만 달러의 사나이가 된 사연(How Blackstone's Chief Became $7 Million Man)", 〈월스트리트저널〉, 2007년 6월 13일.

42. 심지어 경제 전문지들도 연이어 계속 관련 기사를 실었다. 마틴 소스노프, "300만 달러짜리

생일잔치(The $3 Million Birthday Party)", 〈포브스〉, 2007년 6월 21일.

43. 랜달 도드, "억만장자들의 세금 면제(Tax Breaks for Billionaires)", '경제정책연구소', 2007년 7월 24일.

44. 애스니스의 공개서한이 작성된 건 2009년 5월의 일이며 자동차 회사인 크라이슬러의 경영 정상화 과정에 발맞춰 개혁을 하지 않으려는 금융업계를 질타하자 이에 대해 반박하는 내용을 담고 있다. 클리포드 애스니스 "우리는 두렵지 않다(Unafraid in Greenwich Connecticut)", 〈비즈니스 인사이더Business Insider〉, 2009년 5월 5일.

45. 앤드루 미가, "부자들의 정치자금 기부-금융업자들이 새로운 후원자로 등극하다(Rich Spark Soft Money Surge-Financier Typifies New Type of Donor)", 〈보스턴 해럴드Boston Herald〉 1999년 11월 29일.

46. 마이클 이시코프, 피터 스톤, "공화당의 승리를 위한 월스트리트의 지원(How Wall Street Execs Bankrolled GOP Victory)", 'NBC 뉴스', 2011년 1월 5일.

47. 명단에 오른 사람들은 다음과 같다.

찰스 코크: 447억 달러

데이비드 코크: 447억 달러

스티브 슈워츠먼: 113억 달러

필립 앤슈츠: 110억 달러

켄 그리핀: 70억 달러

리처드 디보스: 58억 달러

다이앤 헨드릭스: 36억 달러

켄 랭곤: 29억 달러

스티브 벡텔: 27억 달러

스탠 허바드: 20억 달러

조 크라프트: 14억 달러

48. 폴 아보우드, "후원을 빙자한 자유시장 정책 밀어붙이기(Donors Use Charity to Push Free-Market Policies in States)", '공공청렴센터', 2013년 2월 14일.

49. 케네스 보겔, 시미 아줄라, "비밀에 쌓인 코크 가문 모임(Koch Conference Under Scrutiny)", 〈폴리티코〉, 2011년 1월 27일.

50. 샘 스틴, "민주당을 경악시킨 공화당의 2억 달러 선거자금 폭탄($200 Million GOP Campaign Avalanche Planned, Democrats Stunned)", 〈허핑턴 포스트〉, 2010년 7월 8일.

51. 아니타 던, 저자와의 대담 중에서.

52. 데이비드 엑설로드, 2010년 5월 저자와의 대화 중에서.

53. 브루스 브레일리, 저자와의 대담 중에, "전투견", 〈뉴요커〉, 2012년 2월 13일.

54. 《더 머신: 우파의 부활을 위한 길라잡이》, 174. 2010년 보수주의 정치행동 회의에서는 참석자들에게 비디오카메라를 사용해서 민주당 쪽 사람들이 갑작스레 거친 모습을 보일 때까지 그들을 자극하고 그 모습을 촬영하라는 교육을 실시했다. 이 책에 따르면 몇몇 보수파 단체들에서는 따로 기간을 정해 아예 관련 기술을 가르치기도 했다. 여기에는 AFP와 프리덤워크, 그리고 아메리칸 메이저리티(American Majority) 등의 단체들이 포함되어 있었다.

55. 벤 스미스, "이슬람 사원 문제를 선거에 끌어들인 검은 손(Hedge Fund Figure Financed Mosque

Campaign)", 〈폴리티코〉, 2011년 1월 18일. 스미스는 자신의 동료인 메기 하버만이 이 검은돈의 출처를 확인했다고 전했다.

56. "미국을 팝니다".

57. 노스캐롤라이나 공화당 지부에서는 인종적으로 반감을 살 수 있는 광고를 제작했다. 포프는 자신이 이 일에 관련 없다고 말했지만 그와 가족 세 사람은 데이비스의 선거 본부에 각각 4,000달러를 수표로 기부했다. 노스캐롤라이나 주 법률에 따라 개인이 기부할 수 있는 최고 액수였다. 포프는 비영리 언론단체인 〈프로퍼블리카〉와의 대담에서 자신이 노스캐롤라이나 정규직 운동에 20만 달러를 후원한 것은 REDMAP이나 선거구 조정 문제와는 관련이 없다고 말했다. 그렇지만 선거구 문제와 관련된 선거가 끝난 후 있었던 소송에서 포프가 선거구 경계선을 어떻게 정해야 하는지 관여했다는 정황이 드러났다. "공화당을 돕고 유권자들을 절망케 한 다크 머니" 기사 참조.

58. "미국을 팝니다".

59. Ibid.

60. Ibid.

61. 아트 포프, 저자와의 대담 중에서. "미국을 팝니다".

62. "오바마의 절망: 2010년의 망령".

63. 데이비드 콘, 《결전: 베이너와 캔터, 그리고 티파티와 싸운 오바마의 뒷이야기Showdown: The Inside Story of How Obama Fought Back Against Boehner, Cantor, and the Tea Party》(William Morrow, 2012), 44.

64. ibid., 40.

65. 조너선 살란트, "비영리단체들을 통한 비밀 정치자금의 흐름(Secret Political Cash Moves Through Nonprofit Daisy Chain)", 블룸버그 뉴스, 2012년 10월 15일.

Part 3 정치의 사유화: 전면전, 2011-2014

1. 벤 스틴, "계층 간의 전쟁. 승자는 누구?(In Class Warfare, Guess Which Class Is Winning)", 〈뉴욕타임스〉, 2006년 11월 26일.

11장 | 전리품

1. 1억 3,070만 달러라는 금액은 2009년과 2010년에 걸쳐 사용된 액수로, 환자권리보호센터 7,200만 달러, TC4 신탁 3,850만 달러, 그리고 AFP가 각각 3,850만 달러를 지출했다. 이 세 단체 사이를 오갔던 돈에 대해서는 이중 계산을 피하기 위해 여기에서 제외했다. 상기 내용은 국세청 보고서를 기초로 한 것이다.

2. 톰 햄버거, 캐슬린 헤네시, 닐라 배너지, "공화당 권력의 핵심으로 올라선 코크 형제들(Koch Brothers Now at Heart of GOP Power)", 〈로스앤젤레스 타임스〉, 2011년 2월 6일.

3. 《플루토크라트: 모든 것을 가진 사람과 그 나머지》(크리스티아 프릴랜드, 박세연 역, 열린책들, 2013)

4. 리 드러트먼, "1% 중의 1%에 해당하는 부자들이 정치의 보수화를 불러오는가?(Are the 1% of

the 1% Pulling Politics in a Conservative Direction?)", 선라이트재단, 2013년 6월 26일.

5. 프럼이 이야기하는 '급진적인 부자들의 부상'에 대해서는 프럼의 "공화당의 위기: 승리를 위해 우리가 바꿔어야 하는 이유(Crashing the Party: Why the GOP Must Modernize to Win)", 〈포린 어페어스Foreign Affairs〉, 2014년 9~10월호 참조.

6. 《문제의 발견: 극단주의에 대한 반대와 지구 온난화에 대항하는 싸움의 시작》, 92.

7. 이 하원 위원회에 대한 코크 가문의 후원과 영향력 행사 문제가 처음 자세히 드러난 것은 "공화당 권력의 핵심으로 올라선 코크 형제들(Koch Brothers Now at Heart of GOP Power)"라는 제목의 기사를 통해서다.

8. "코크 가문의 재력이 비영리재단과 대학을 만나 일어난 효과".

9. 에릭 홈버그, 알렉시아 페르난데스 캠벨, "코크 가문의 기후 문제 관련 전략은 계속된다(Koch Climate Pledge Strategy Continues to Grow)", 〈인베스티게이티브 리포팅 워크숍(Investigative Reporting Workshop)〉, 2013년 7월 1일.

10. 기금 고갈과 관련해서는 찰리 크레이, 피터 몬태규, "탄소가스 문제의 중심인물들과 민주주의 대한 전쟁", 〈그린피스〉, 2014년 9월, 26 참조.

11. "아칸소 주 크로셋-사실 확인과 거짓말(Crossett, Arkansas-Fact Check and Activist Falsehoods)", KochFacts.com, 2011. 10. 12.

12. 데이비드 보위의 영상, '코크 형제들에 대한 폭로(Koch Brothers Exposed)' 데이비드 보위 감독, 브레이브 뉴 필름스(Brave New Films) 제작.

13. "굴뚝 효과(The Smokestack Effect)", 〈USA투데이〉, 2008년 12월 10일.

14. 환경보건국의 '유해 화학 물질 배출목록 자료집'에 따르면 2013년 코크 인더스트리즈는 많은 개선을 했지만 보건국에 등록된 8,000여 개 기업 중 열 번째로 독성 물질을 많이 배출하는 기업으로 이름을 올렸다.

15. "진보 정치에 등장한 공포: 코크 형제에 대한 좌파의 두려움".

16. 캔자스 주립대학교의 정치학 교수인 버넷 루미스 교수는 〈워싱턴포스트〉와의 대담에서 이렇게 이야기했다. "폼피오 의원은 분명 이런 평판에 대해 할 말이 있을 것이다. 그렇다고 해서 그를 코크 가문과 연결 짓지 않기란 그리 쉬운 일은 아니다." 댄 에겐, "돈을 위해 코크 가문으로 돌아선 공화당 초선 의원 폼피오, 이것이 바로 정치(GOP Freshman Pompeo Turned to Koch for Money for Business, Then Politics)", 〈워싱턴포스트〉, 2011년 3월 20일.

17. 폼피오 의원이 코크 가문과 관련된 법안을 지지하고 있다는 사실을 처음 보도한 건 〈워싱턴포스트〉다.

18. 선라이트재단의 자료 참조.
    http://data.influenceexplorer.com/lobbying/?r#aXNzdWU9RU 5WJnJlZ2lzdHJhbnRfZnQ 9a29jaCUyMGluZHVzdHJpZXM=.

19. 로버트 드레이퍼, 《티파티 운동의 본격화When the Tea Party Came to Town》(Simon & Schuster, 2012), 180.

20. 로버트 잉글리스, 저자와의 대담 중에서.

21. 프레드 업튼, 팀 필립스, "환경보건국의 월권행위를 가로막은 의회(How Congress Can Stop the EPA's Power Grab)", 〈월스트리트저널〉, 2010년 12월 28일.

22. 레슬리 카우프만, "환경 관련 규제들을 모두 풀어버리려는 공화당(Republicans Seek Big Cuts in Environmental Rules)", 〈뉴욕타임스〉, 2011년 7월 27일.

23. "환경 규제를 공격하는 공화당(A GOP Assault on Environmental Regulations)", 〈로스앤젤레스 타임스〉, 2011년 10월 10일.

24. 솔린드라를 비롯해 정부의 지원을 통해 막대한 액수의 금액을 대출받았던 관련 기업들은 결국 파산하고 말았다. 그렇지만 미국 공영 라디오 방송국의 보도에 따르면 7억 8,000만 달러의 대출금 손해가 나기 전에 이미 8억 1,000만 달러의 이자 소득이 있었기 때문에 실질적으로 3,000만 달러의 이익이 있었다. 셰프 브레니, "솔린드라는 파산했지만 정부는 이익을 거둬(After Solyndra Loss, U.S. Energy Loan Program Turning a Profit)", NPR, 2014년 11월 13일.

25. 딕슨 돌의 투자 회사인 DCM은 어바운드 솔라(Abound Solar)에 투자했다.

26. "공화당 권력의 핵심으로 올라선 코크 형제들".

27. 코랄 데이븐포트, "현실 도피(Heads in Sand)", 〈내셔널 저널〉, 2011년 12월 3일.

28. 케네스 P. 보겔, "코크 가문의 역습(The Kochs Fight Back)", 〈폴리티코〉, 2011년 2월 2일.

29. 저자와의 대담 중에서. 신변의 위협이나 개인 경호원 고용 문제와 관련된 이야기는 코크 형제들과 가깝게 지내던 사람들과 저자의 대담을 기초로 한 것이다.

30. "코크 가문의 역습".

31. 짐 루텐버그, "화염 방사기를 펜으로 사용하는 보수파의 선동가(A Conservative Provocateur, Using a Blowtorch as His Pen)", 〈뉴욕타임스〉, 2013년 2월 23일, http://right web.irc-online.org/profile/center_for_american_freedom/#_edn13.

32. 코크 가문이 골드팝을 고용했을 당시 그는 오라이언 스트레티지스(Orion Strategies)라는 이름의 홍보회사 부사장으로 일하고 있었고 이름을 밝히지 않은 후원자들의 도움으로 운영되는 미국자유센터라는 한 비영리재단의 도움으로 워싱턴 자유 수호대를 운영했다. 그런데 미국자유센터의 책임자 역시 바로 골드팝이었다. 국세청 세무 보고 양식 990호에 따라 밝혀진 바에 따르면 이 미국자유센터는 광고 작업과 관련해 딱 한 곳과 거래하고 있다고 신고했는데, 그곳이 바로 오라이언 스트레티지스였다.

33. 매튜 콘티네티, "전투적인 언론: 좌파와의 싸움(Combat Journalism: Taking the Fight to the Left)", 워싱턴 자유 수호대, 2012년 2월 6일.

34. 엘리자 그레이, "우파대 언론", 〈뉴 리퍼블릭〉, 2012년 2월 22일.

35. 케네스 보겔, "필립 엘렌더: 코크 가문과 어울리지 않는 민주적인 실무자(Philip Ellender: The Kochs' Unlikely Democratic Enforcer)", 〈폴리티코〉, 2011년 6월 14일.

36. 리즈 굿윈, "마크 홀덴, 모든 사람들이 코크 형제들을 좋아해주길 바라(Mark Holden Wants You to Love the Koch Brothers)", 야후 뉴스(Yahoo News), 2015년 3월 25일.

37. 코크 인더스트리즈의 이런 이례적이고 공격적인 대응과 관련해 〈워싱턴포스트〉는 나를 일컬어 '코크 가문의 공공의 적'이라고도 했다. 코크 인더스트리즈의 대변인은 코크 형제가 나와 관련된 비방이나 음해에 대해 '전혀 아는 바가 없다'고 발표했다. 폴 파리, "억만장자 코크 형제가 인터넷을 이용해 불편한 기자들을 공격하다(Billionaire Koch Brothers Use Web to Take on Media Reports They Dispute)", 〈워싱턴포스트〉, 2013년 7월 14일.

38. 프리스는 훗날 자신은 이 문제와 아무런 관련이 없다고 말했다.

39. 《위치토의 아들들》, 320. 이 책에 나오는 내용에 따르면 데이비드 코크는 로버트 레비에게 AFP와 공화당 지원을 위해 더 많은 '사상적 무기'를 만들어내라고 말했다.

40. 케네스 보겔, 타리니 파티, "코크 가문의 사정(Inside Koch World)", 〈폴리티코〉, 2012년 6월 15일.

41. 코크 가문 모임에 참석했던 한 참석자와의 대담 중에서.

42. 《더블 다운: 게임 체인지 2012》, 346.

43. 《티파티와 공화당표 보수주의의 부활》.

44. 부자들과 그 밖의 다른 사람들이 꼭 필요한 정부 지출에 대해 서로 다르게 생각하는 문제에 대해서는 마틴 길렌스, 《부유함과 그에 따른 영향: 미국 사회의 경제적 불평등과 정치 권력Affluence and Influence: Economic Inequality and Political Power in America》(Princeton University Press and Russell Sage Foundation, 2012), 119 참조.

45. 미국 하원의원 윤리 규정 제7장을 보면 모든 '비공식적 후원'을 받는 것을 금지한다는 내용이 있다. 여기에는 '공식적인 목적을 위해서라도 재화와 용역을 현물로 받는 것' 등이 포함되며, 특히 의원들이 누군가에게 보수를 받는 정치 고문들로부터 자원봉사 형태로 도움을 받아 법안 상정과 관련되는 일을 처리하는 것을 엄격히 금지하고 있다.

46. TC4 신탁과 퍼블릭 노티스에서 하는 일은 모두 한 사람이 감독했는데, 그가 바로 부시 행정부에서 언론 부문을 맡아 관장했던 그레첸 하멜(Gretchen Hamel)이다. 그는 2011년 코크 가문 모임에 참석해 '정부 지출에 대한 논의 구성'이라는 이름으로 설명회를 갖기도 했다.

47. OpenSecrets.org는 이 TC4 신탁에 대해 놀라운 보도를 한 바 있다. "비영리재단을 통해 코크 가문의 정치단체와 다른 보수파 조직에 자금이 흘러들어가다" 참조.

48. 에드 고에스, 저자와의 대담 중에서.

49. 나중에 몇몇 중도파 사실 검증 단체에 의해 제대로 밝혀지긴 했지만 폴 라이언은 노년층을 위한 건강보험 예산을 삭감하는 계획을 세운 건 자신이 아니라 오바마 대통령이라고 주장했다. 사실 오바마 대통령의 건강보험 개혁안에서는 노년층 보험 예산의 증액이 예견되어 있으나, 다른 부문의 예산 절약 덕분으로 증액이 되는 비율과 비교해 실제로 시간이 지나면 예산이 줄어드는 효과가 있었다. 그렇지만 오바마를 공격하는 세력들은 이런 점을 간과한 채 오직 공격에만 열을 올렸다. 예를 들어, 우파 논객 러시 림보 같은 사람은 자신의 라디오 방송을 통해 이렇게 주장했다. "5,000억 달러의 예산을 삭감한 건 폴 라이언이 아니라 바로 당신들의 대통령인 오바마다!"

50. 니라 텐던, 저자와의 대담 중에서.

51. 이 2008년 조사 내용에 대해서는 제임스 스튜어트의 "고소득 저세금, 그리고 부자들의 혜택(High Income, Low Taxes, and Never a Bad Year)", 〈뉴욕타임스〉, 2013년 11월 2일 참조.

52. 각종 배당금을 포함한 이자와 금융 소득에 대한 세금 문제를 통계를 통해 명쾌하게 다룬 스티브 머프슨, 지아 린 양, "부자에게만 유리한 감세 정책으로 빈부 격차만 더욱 심해져(Capital Gains Tax Rates Benefiting Wealthy Feed Growing Gap Between Rich and Poor)", 〈워싱턴포스트〉, 2011년 9월 11일 참조. 이 기사를 보면 지난 20년 동안 발생한 이자 소득의 80%를 미국 국민의 5%가 가져갔다. 그중 절반은 미국에서 가장 부자인 0.1%에 들어가는 사람들이다.

53. 제프리 A. 윈터스, 《소수 독재 정치Oligarchy》(Cambridge University Press, 2011), 228.

54. 《부자들은 왜 우리를 힘들게 하는가?: 승자 독식의 정치학》(제이콥 해커, 폴 피어슨, 조자현

역, 21세기북스, 2012)

55. "사업가들의 공동체: 규제에 대한 저항".

56. 《플루토크라트: 모든 것을 가진 사람과 그 나머지》(크리스티아 프릴랜드, 박세연 역, 열린책들, 2013)

57. 국가정책위원회(Council for National Policy)에서 있었던 찰스 코크의 연설 중에서, 1999년 1월.

58. 레온 와이즐티어, 저자와의 대담 중에서.

59. 퍼블릭 시티즌, 공정경제연합(United for a Fair Economy), "재산을 지키려는 필사적인 로비 활동: 부동산 관련 세금을 폐지시키기 위한 부자들의 활동(Spending Millions to Save Billions: The Campaign of the Super Wealthy to Kill the Estate Tax)", 2006년 4월, http://www.citizen.org/documents/EstateTaxFinal.pdf.

60. 크리스 바리스, "법을 악용하려 한 상속녀의 좌절(Judge Shuts Down Heiress' Effort to Alter Trust with Adoption Plot)", 〈윌밍턴 뉴스 저널Wilmington News Journal〉, 2011년 8월 2일.

61. 《결전: 베이너와 캔터, 그리고 티파티와 싸운 오바마의 뒷이야기》, 76.

62. 배리 리트홀츠, "경제 위기의 주범은 누구인가? 지금 퍼지고 있는 거짓 사실들(What Caused the Financial Crisis? The Big Lie Goes Viral)", 〈워싱턴포스트〉, 2011년 11월 5일.

63. 노엄 샤이버, 《탈출의 달인: 오바마 행정부의 실수The Escape Artists: How Obama's Team Fumbled the Recovery》(Simon & Schuster, 2011).

64. 라이언 의원의 예산안 분석과 그에 따라 예상되는 결과에 대해서는 조너선 와이즈먼의 "공화당 의원들이 생각하는 예산안 처리와 그 결과(In Control, Republican Lawmakers See Budget as Way to Push Agenda)", 〈뉴욕타임스〉, 2014년 11월 13일 참조.

65. 조너선 체이트, "폴 라이언의 전설", 〈뉴욕 매거진〉, 2012년 4월 29일.

66. 데이비드 브룩스, "진실의 순간(Moment of Truth)", 〈뉴욕타임스〉, 2011년 4월 5일.

67. 《플루토크라트: 모든 것을 가진 사람과 그 나머지》(크리스티아 프릴랜드, 박세연 역, 열린책들, 2013) '2011년 4월과 5월에 실업률이 9%에 달했지만 (중략) 미국의 5대 주요 일간지들은 이 실업 문제에 대해 고작 63회 다뤘을 뿐이고 대신 예산 적자에 대해서는 201회나 기사로 내보냈다.'

68. 보브 우드워드, 《정치의 대가The Price of Politics》(Simon & Schuster Paperbacks, 2013), 107.

69. 뉴욕의 하원의원 선거구 26곳에서 민주당이 승리를 거뒀다.

70. 《티파티 운동의 본격화》, 151.

71. Ibid.

72. 이들에 대해 잘 알고 있는 어떤 사람의 증언에 따르면 코크 가문 모임 사람들은 자신들의 투자가 그만한 값어치를 하고 있다고 생각했다. 요청에 따라 증언을 해준 사람의 신분은 밝히지 않는다.

73. 토머스 E. 만, 노먼 J. 온스틴, 《실제 상황: 미국의 헌정제도와 새로운 급진 정치의 충돌It's Even Worse Than It Looks: How the American Constitutional System Collided with the New Politics of Extremism》(Basic Books, 2012), 54.

74. 나프탈리 벤다비드, "베이너의 경고(Boehner Warns GOP on Debt Ceiling)", 〈월스트리트저널〉, 2010년 11월 18일.

75. 프럼은 〈포린 어페어스〉에 실린 "공화당의 위기: 승리를 위해 우리가 바뀌어야 하는 이유"에서 스탠리 드러켄밀러를 급진 혹은 과격파 중에서도 아주 놀라운 인물이라고 묘사했다.

76. 게다가 코크 가문의 후원을 받는 시민단체들은 오래전부터 이자 수익에 대한 면세 조치를 폐지하려는 움직임에 크게 반발해왔다. 2007년 의회에서 이 문제를 논의하자 찰스 코크가 후원하는 연구 단체인 세금재단(Tax Foundation)의 연구원인 애덤 크레이튼은 그런다고 해서 정부의 세수 확보에는 조금도 도움이 되지 않는다고 주장했다.

77. 이 단체의 회장을 역임한 스티븐 무어의 말이다. 매트 바이, "파이트 클럽(Fight Club)", 〈뉴욕 타임스〉, 2003년 8월 10일.

78. 이 대타협 과정에서 오바마 대통령은 채무 한계를 확장하고 공화당이 주장하는 세법의 불필요한 조항들을 정리하는 대신 정부 지출을 줄이는 데 합의했다고 베이너는 이야기했다. 베이너 자신은 세율을 올리는 데 동의하지 않았지만 몇 가지 면세 조치를 폐지하는 것에는 찬성했다.

79. 알렉 맥길리스, "캔터와 투자 회사들, 그리고 채무 한계(In Cantor, Hedge Funds and Private Equity Firms Have Voice at Debt Ceiling Negotiations)", 〈워싱턴포스트〉, 2011년 7월 25일.

80. 《부자들은 왜 우리를 힘들게 하는가?: 승자 독식의 정치학》, 51.

81. 저자는 코크 가문의 고문과 의회 쪽 인물, 그리고 베이너의 대변인인 에밀리 실링거 등과 접촉해 이런 사실을 확인했다.

82. 《실제 상황: 미국의 헌정제도와 새로운 급진 정치의 충돌》, 23.

83. 라이언 리자, "고통의 집(The House of Pain)", 〈뉴요커〉, 2013년 3월 4일.

84. 니라 텐던, 저자와의 대담 중에서.

12장 | 가장 중요한 전쟁

1. 브래드 프리드먼 "코크 가문의 2011년 여름 모임(Inside the Koch Brothers' 2011 Summer Seminar)", 〈브래드 블로그The Brad Blog〉, 2011년 6월 26일.

2. 네이트 실버, "오바마는 승리할 수 있을 것인가? 2012 대선 전망(Is Obama Toast? Handicapping the 2012 Election)", 〈뉴욕타임스〉, 2011년 11월 3일.

3. 《더블 다운: 게임 체인지 2012》, 345.

4. 크리스티에 대한 더 많은 평가나 기록은 시저리 파드쿨, 앨런 슬론의 "크리스티, 한 번에 예산안 문제 처리(Christie Closed Budget Gaps with One-Shot Maneuvers)", 〈워싱턴포스트〉, 2015년 4월 18일 A1면 참조.

5. "코크 가문의 2011년 여름 모임".

6. 조비 워릭, "모순: 오락가락하는 크리스티의 친환경 에너지 정책(Foes: Christie Left Wind Power Twisting)", 〈워싱턴포스트〉, 2015년 3월 30일.

7. 프리덤 파트너는 2012년 다음 단체들에 각각 100만 달러 이상의 자금을 후원했다.
환자권리보호센터: 1억 1,500만 달러
AFP: 3,230만 달러
60플러스협회: 1,570만 달러

미국미래기금: 1,360만 달러

미국 여성들을 위한 입법 위원회: 820만 달러

테미스 신탁: 580만 달러

퍼블릭 노티스: 550만 달러

각 세대를 위한 기회: 500만 달러

자유협회: 310만 달러

전미총기협회: 350만 달러

미국 상공회의소: 200만 달러

미국 에너지연합: 150만 달러

8. 있는 그대로만 보자면 코크 가문의 대변인의 주장처럼 데이비드 코크는 단순히 AFP재단의 회장이지만 2011년 6월에 있었던 코크 가문 모임에서 케빈 젠트리는 데이비드 코크를 단순히 'AFP의 회장'으로만 소개했다.

9. 코크 인더스트리즈 정치활동위원회는 워커의 주지사 선거에 4만 3,000달러를 지원했으며 데이비드 코크는 2010년 공화당주지사협회에 100만 달러를 기부했다.

10. 미국의 진보를 위한 자유센터를 세운 존 포데스타는 2015년 힐러리 클린턴의 대선 본부를 지휘하기로 했다.

11. 제이슨 스틴, 패트릭 말리, 《타협이 아닌 공격: 스콧 워커와 노조, 그리고 위스콘신 주를 위한 싸움More Than They Bargained For: Scott Walker, Unions, and the Fight for Wisconsin》(University of Wisconsin Press, 2013), 37.

12. 패트릭 힐리, 모니카 다비, "스콧 워커의 숨은 이야기: 노조와 싸워온 보수파 연합(Behind Scott Walker, a Longstanding Conservative Alliance Against Unions)", 〈뉴욕타임스〉, 2015년 6월 8일. 이 기사에 따르면 2009년 브래들리재단은 위스콘신 정책연구연구소에 100만 달러를, 그리고 매키버 연구소(MacIver Institute) 전체 예산의 3분의 1을 지원했다. 이 두 연구소는 모두 새로운 주지사를 위한 정책안을 제시했는데, 그중에서 제일 먼저 제시한 것이 바로 공공 노조의 세력을 분쇄하는 것이었다. 매키버연구소의 경우, 코크 가문의 시민단체인 AFP의 위스콘신 지부와 밀접한 관계가 있었다. 연구소 이사 중 세 사람이 AFP 위스콘신 지부 이사를 겸직하고 있었던 것이다. 그중 한 사람인 데이비드 페티그는 코크 가문 모임의 정기 참석자이기도 했다.

13. 대니얼 바이스, 빌 글로버, 벤 포스턴, "브래들리재단, 지역의 밑바닥부터 시작해 보수주의 제국을 건설하다(From Local Roots, Bradley Foundation Builds a Conservative Empire)", 〈밀워키 저널 센티넬〉, 2011년 11월 19일.

14. 2010년 AFP의 지부쯤 되면서 스스로 위스콘신 저항 세력(Fight Back Wisconsin)이라고 부르는 단체가 스콧 워커를 앞세워 위스콘신 주 전역에서 티파티 운동을 조직했다. 당시 워커는 밀워키 카운티 행정관이었다. 나중에 이 단체는 비밀리에 자금을 후원받아 워커가 선거에서 크게 이기도록 돕게 된다. 한편 브래들리재단은 2010년 자선과 후원활동을 내세우며 AFP재단에 52만 달러를 지원한다.

15. 아델 M. 스탠, "〈월스트리트저널〉의 최고경영자가 앞장서 코크 그룹과 연계된 비밀 직원 '교육' 과정을 시작하다(Wall Street Journal Honcho Shills for Secret Worker 'Education' Program Linked to Koch Group)", 얼터넷(Alternet), 2011년 6월 3일.

다크 머니

16. 마이클 이시코프, "스콧 워커에게 지원된 위스콘신 억만장자의 150만 달러 다크 머니(Secret $1.5 Million Donation from Wisconsin Billionaire Uncovered in Scott Walker Dark-Money Probe)", 야후 뉴스, 2015년 3월 23일. 워커의 언론 담당 보좌관인 로렐 패트릭은 매너드와 유착 관계를 보도한 야후 뉴스의 기사를 완강하게 부인했다. '주지사는 매너드에 대해 어떠한 특혜도 제공한 일이 없으며 세금 혜택을 주는 결정에도 전혀 관여한 바가 없다. 이 문제는 위스콘신 주 경제 개발 공사에서 일자리 창출을 위해 기존의 시설을 확장하는 과정에서 승인된 것이다.' 패트릭은 또한 매너드의 회사는 민주당 출신 주지사 제임스 도일이 있던 2006년에도 150만 달러에 달하는 세금 혜택을 받은 적이 있다고 지적했는데, 주 정부 기록을 보면 매너드의 회사가 약속한 일자리 창출을 완전히 해내지 못했기 때문에 세금 혜택이 100만 달러에 그친 것으로 나와 있다.

17. 매리 반 드 캠프 놀, "빅 머니(Big Money)", 〈밀워키 매거진〉, 2007년 4월 30일.

18. Ibid.

19. 브루스 머피, "존 매너드의 기이한 삶(The Strange Life of John Menard)", UrbanMilwaukee.com, 2013년 6월 20일. 도널드 트럼프의 아내인 멜라니아 역시 존 매너드에게 5,000만 달러에 달하는 소송을 걸었다. 자신이 관련되어 있는 피부 관리 제품 사업의 동업을 취소해 큰 피해를 입었다는 이유였다. 매너드의 변호사는 그 계약 자체가 애초부터 무효였다고 주장했다.

20. 다이앤 핸드릭스는 2011년 워커의 선거전에 법이 허용한 최대치인 1만 달러를 기부했으며 그녀의 회사는 공화당주지사연합협회에 2만 5,000 달러를 기부했다. 2012년에 있었던 주지사 주민 소환 선거에서 워커를 위해 50만 달러를 기부했고, 2014년에는 위스콘신 주 공화당을 위해 100만 달러를 기부했다.

21. 캐리 스피박, "위스콘신 주의 억만장자가 2010년 주 정부에 단 한 푼의 소득세도 내지 않은 문제의 진실(Beloit Billionaire Pays Zero in 2010 State Income Tax Bill)", 〈밀워키 저널 센티넬〉, 2012년 5월 30일. 핸드릭스의 회사인 ABC 서플라이의 세금 담당자는 소득세 납부 문제가 이례적이기는 하지만 그녀의 회사는 주주가 100명 이하인 'S급' 기업으로 분류되어 그녀 개인과 회사가 함께 세금을 내게 되며 따라서 2010년 전반기에 모두 37만 3,671달러의 세금을 주 정부에 납부했다고 밝혔다.

22. 이런 장난 전화를 건 사람의 이름은 이언 머피다. "장난에 휘말려든 스콧 워커. 본인은 사실을 부인(I Punk'd Scott Walker, and Now He's Lying About It)", 〈폴리티코〉, 2013년 11월 18일.

23. 애덤 내고니, 마이클 바바로, "이메일로 폭로된 스콧 워커에 대한 자금 지원(Emails Show Bigger Fund-Raising Role for Wisconsin Leader)", 〈뉴욕타임스〉, 2014년 8월 22일.

24. 브랜든 피셔, "의문의 단체들을 지원한 브래들리재단(Bradley Foundation Bankrolled Groups Pushing Back on John Doe Criminal Probe)", 언론 및 민주주의 감시 센터(Center for Media and Democracy's PR Watch), 2014년 6월 19일.

25. 《위치토의 아들들》, 304.

26. "비영리 재단을 통해 코크 가문의 정치단체와 다른 보수파 조직에 자금이 흘러들어가다".

27. 마테 골드, "코크 가문의 정치 조직이 후원자들을 보호하다(Koch-Backed Political Network Built to Shield Donors)", 〈워싱턴포스트〉, 2014년 1월 5일.

28. 모든 후보와 당, 그리고 외부 단체나 조직과 관련해 추적이 가능한 선거 비용 내역은 대략

70억 달러에 달하며 개별 단체와 슈퍼팩 등이 지출한 총액은 25억 달러 정도다. 이중 12억 5,000만 달러는 기존의 정치활동위원회에서, 그리고 9억 5,000만 달러는 새로 만들어진 슈퍼팩이 무제한으로 지원할 수 있는 법에 따라 지출했다. 한편, 순수하게 민주당과 공화당 양 정당이 사용한 금액은 15억 7,600만 달러 정도다. 연방선거위원회 보고서, "연방선거위원회의 2011~2012 선거 활동 관련 요약(FEC Summarizes Campaign Activity of the 2011.2012 Election Cycle)", 2013년 4월 19일. 또한 외부의 정치 위원회들이 사용한 금액은 처음으로 정당 지출 액수를 넘어섰다. 연방선거위원회 위원장 엘렌 웨인트랩의 보고서, 2013년 1월 31일.

29. 나는 지금까지 밝혀진 내용으로만 4억 700만 달러라는 액수를 산출해 냈지만 코크 가문 모임의 후원금 내역을 추적한 마테 골드의 2012년 보도에 따르면 그 액수 역시 4억 달러에 달한다. "코크 가문의 정치 조직이 후원자들을 보호한다. 〈워싱턴포스트〉, 2014년 1월 5일

30. 《빅 머니: 25억 달러의 수상한 자금과 거대 재벌들의 미국 정치 개입》, 19.

31. 리 드러트먼(Lee Drutman), "2012년 대선에서의 1% 중의 1%(The Political 1% of the 1% in 2012)", 선라이트 재단, 2013년 6월 24일.

32. 헤일리 피터슨, "내부 기록: 코크 형제의 도움이 간절했던 롬니(Internal Memo: Romney Courting Kochs, Tea Party)", 〈워싱턴 이그재미너〉, 2011년 11월 2일.

33. 롬니의 예산안에 대한 세부적인 내용은 도노반 슬랙의 "예산 삭감을 제안한 롬니(Romney Proposes Wide Cuts to Budget)", 〈보스턴 글로브〉, 2011년 11월 5일 참조.

34. "찰스 코크의 이야기(Quotes from Charles Koch)", 〈위치토 이글〉, 2012년 10월 13일.

35. 댄 파이퍼, 저자와의 대담 중에서.

36. 《위치토의 아들들》, 341.

37. 부시 대통령의 아델슨에 대한 언급, 그리고 소득세에 대한 아델슨의 언급에 대해서는 코니 브룩의, "성공의 기회(The Brass Ring)", 〈뉴요커〉, 2008년 6월 30일 참조.

38. 《빅 머니: 25억 달러의 수상한 자금과 거대 재벌들의 미국 정치 개입》, 79.

39. 주이시 채널, 2011년 12월 9일.

40. 셸던 아델슨은 이런 말을 했다. "스스로 팔레스타인인이라고 부르는 사람들의 역사를 한번 읽어보라. 그러면 왜 깅리치가 최근에 팔레스타인 사람들은 만들어진 역사가 아니라고 말했는지 이해할 수 있을 것이다." 아델슨의 지원금이 도착했을 때 깅리치는 아이오와 주 경선에서 4위에 그쳤고 뉴햄프셔 주에서도 전망이 어두운 상황이었다. 아델슨은 나중에 롬니에게도 폴라드에 대한 입장을 바꾸라고 압력을 넣었지만 그는 거부했다. 그렇지만 롬니는 이스라엘에서의 후원금 모금 행사에서 아델슨 옆에 앉게 됐을 때 결국 태도를 바꾸고 만다. 그 자리에서 롬니는 팔레스타인이 문화적으로 이스라엘보다 못하다는 취지의 발언을 했다.

41. 크리스 맥그리얼, "중국 마피아와 돈세탁 사건에 대해 법정과 맞선 셸던 아델슨(Sheldon Adelson Lectures Court After Tales of Triads and Money Laundering)", 〈가디언Guardian〉, 2015년 5월 1일.

42. 짐 메시나, 저자와의 대담 중에서.

43. 스티브 슈미트, 저자와의 대담 중에서.

44. 2012년 2월 오바마가 코스트코(Costco)의 공동 창업주인 제프 브로트먼의 집에서 한 말. 《빅 머니: 25억 달러의 수상한 자금과 거대 재벌들의 미국 정치 개입》, 7.

45. 아널드 하이아트, 저자와의 대담 중에서.

46. 메시나와 오바마의 대화, 《더블 다운: 게임 체인지 2012》, 314.

47. 서머스와 후쿠야마의 언급에 대해서는 토머스 에드솔의 "시장 민주주의 종말(Is This the End of Market Democracy?)", 〈뉴욕타임스〉, 2012년 2월 19일 참조.

48. 힐러리의 이런 행동은 《더블 다운: 게임 체인지 2012》에 자세히 나와 있다.

49. 《부유함과 그에 따른 영향: 미국 사회의 경제적 불평등과 정치 권력》, 1.

50. 조너선 와이즈먼, "직격탄을 맞은 롬니(Huntsman Fires at Perry from the Middle)", 〈월스트리트저널〉, 2011년 8월 21일.

51. 데이비드 와이겔, "가난한 사람들에게 세금을 거두려는 공화당(Republicans Have Finally Found a Group They Want to Tax: Poor People)", 슬레이트, 2011년 8월 22일.

52. 코크 인더스트리즈 내부 인사는 자신이 계속 회사에서 일을 하고 있기 때문에 정체를 밝힐 수 없다고 했다. 저자와의 대담 중에서.

53. 토니 루소의 진술, 캘리포니아 주 공정 정치 위원회 조사 보고서(State of California Fair Political Practices Commission Investigative Report), 2013년 8월 16일.

54. 《빅 머니: 25억 달러의 수상한 자금과 거대 재벌들의 미국 정치 개입》, 201.

55. "검은돈의 배후".

56. 테레사 샤프, 저자와의 대담 중에서.

57. 아리 버먼, 《우리에게 투표권을: 미국 현대사회에서 벌어진 투표권 쟁탈전Give Us the Ballot: The Modern Struggle for Voting Rights in America》(Farrar, Straus and Giroux, 2015), 260.

58. 엔카운터 북스는 1998년 브래들리재단으로부터 350만 달러를 지원받아 세워졌으며 진지한 논픽션을 출간하는 것이 그 목표였다. 저자인 한스 폰 스파콥스키는 인종 차별이나 당리당략을 목적으로 책을 쓴 것이 아니라고 부인했다. "나는 공정한 선거가 이루어지길 바랄 뿐이다. 나는 어떤 후보자가 승리할 수 있는지 미리 점치는 일에 관심을 갖고 있다." 제인 메이어, "선거 부정은 거짓인가(The Voter-Fraud Myth)", 〈뉴요커〉, 2012년 10월 29일.

59. 진실한 투표는 국세청이 세금 면제를 받는 조직으로 정식 인가를 내주지 않자 브래들리재단에 지원받은 금액을 도로 돌려주게 됐다.

60. 2012년 11월 14일에 있었던 롬니와 후원자들 사이의 전화 통화 내용은 《더블 다운: 게임 체인지 2012》 참조.

61. AFP에 대한 아델슨 가문의 후원 규모를 처음 밝힌 것은 피터 스톤이다. "민주당의 고민: 아델슨과 코크 형제들의 끈끈한 관계(Watch Out, Dems: Sheldon Adelson and the Koch Brothers Are Closer Than Ever)", 〈허핑턴 포스트〉, 2015년 6월 14일.

62. 로버트 코스타, "대선 이후의 코크 가문의 행보(Kochs Postpone Post-election Meeting)", 〈내셔널 리뷰〉 온라인, 2012년 12월 11일. 찰스 코크가 자신의 모임 참석자들에게 보낸 이메일 내용이다. "우리는 선거 결과를 이해하고 받아들이기 위해 많은 노력을 기울이고 있다. 그리고 그런 분석에 기초해 우리의 목표를 다시 확인하고 다음의 성공을 위한 전략과 역량을 키우기 위해 노력하고 있다."

63. 이에 대해 찰스 코크는 공화당도 아니고 민주당도 아닌 입장을 고수했다. 물론 정치 문제에 대해서는 동생인 데이비드와 의견을 같이했다.

64. "2012년 대선에서의 1% 중의 1%".

65. 《빅 머니: 25억 달러의 수상한 자금과 거대 재벌들의 미국 정치 개입》, 8.

13장 | 역전의 발판

1. 득표수에서 뒤졌지만 의석수는 앞선 이런 결과는 지난 100년 동안 단 두 번만 있었다.

2. 타리니 파티(Tarini Parti), "코크 형제와 공화당의 꿈이 이루어진 캐롤라이나(GOP, Koch Brothers Find There's Nothing Finer Than Carolina)", 〈폴리티코〉, 2013년 5월 11일.

3. 물론 코크 가문 모임의 금고 역할을 하는 프리덤 파트너에서 2012년 AFP에게 3,230만 달러를 보냈는데, 이 중 얼마의 금액이 노스캐롤라이나 주로 흘러들어갔는지는 지금도 정확하게 밝혀지지 않았다.

4. 노스캐롤라이나 주 정부는 호펠러에게 추가로 7만 7,000달러를 더 지급했다.

5. "공화당을 돕고 유권자들을 절망케 한 다크 머니", 〈프로퍼블리카〉.

6. 데이비드 엑설로드, 저자와의 대담 중에서.

7. "공화당을 돕고 유권자들을 절망케 한 다크 머니".

8. 로버트 드레이퍼, "위험한 동맹(The League of Dangerous Mapmakers)", 〈애틀랜틱〉, 2012년 10월.

9. 호펠러의 진술은 〈프로퍼블리카〉가 법정 기록을 입수해 확인한 것이다. 〈프로퍼블리카〉는 호펠러가 더 이상의 관련 문제에 대해 언급하기를 거부했다고 보도했다.

10. 이 민주당 도전자의 이름은 샘 어빈 4세다. 그는 노스캐롤라이나 주의 저명한 상원의원이었던 할아버지의 이름을 그대로 이어받은 떠오르는 유명 인사였다. 그의 할아버지는 워터게이트 사건 청문회를 통해 전국적으로 이름을 알렸다.

11. 〈프로퍼블리카〉는 100만 달러 이상의 돈이 길레피스가 이끄는 공화당 주별 지도부위원회로부터 흘러나왔다는 사실을 밝혀냈다. 포프의 회사인 버라이어티 홀세일러 역시 여기에 일조했다. 공화당 주별 지도부위원회의 역할은 새롭게 나타난 노스캐롤라이나를 위한 정의(Justice for All NC)라는 단체 뒤에 숨겨졌는데, 이 단체는 노스캐롤라이나 사법연합(North Carolina Judicial Coalition)이라는 이름의 슈퍼팩에 150만 달러를 후원했다.

12. 니컬러스 컨패서, 조너선 마틴, 매기 하버먼, "2016년 민주당의 선택은 오직 힐러리 클린턴 (Democrats See No Choice but Hillary Clinton in 2016)", 〈뉴욕타임스〉, 2015년 3월 11일.

13. 패트 맥크로리는 2012년 주지사 선거 출마를 공식 선언하기 전에 AFP 행사에 참석했으며 출마 선언 후에 AFP는 그의 홍보책자 발송을 위해 13만 달러를 후원했다.

14. 리처드 모건, 저자와의 대담 중에서. "미국을 팝니다".

15. Ibid.

16. 《소수 독재 정치》, 11.

17. 마테 골드, "노스캐롤라이나 주 정부의 요직을 차지한 아트 포프(In NC Conservative Donor Sits at the Heart of the Government He Helped Transform)", 〈워싱턴포스트〉, 2014년 7월 9일.

18. 예를 들어 공화당 당직자인 잭 호크는 시민연구소의 소장을 역임했다가 공화당 주지사인 패트 맥크로리의 선거 본부에서 일하기도 했다.

19. 스콧 펠리스, 저자와의 대담 중에서.

20. 리 보너, 데이비드 펄무트, 앤 블라이스, "맥크로리가 허락한 선거법들(Elections Bill Headed to

McCrory)", 〈샬럿 옵저버Charlotte Observer〉, 2013년 7월 27일.

21. 댄 T. 카터, "충격(State of Shock)", 〈서던 스페이스Southern Spaces〉, 2013년 9월 24일.

22. ibid.

23. 노스캐롤라이나 주에서 공공교육에 들어가던 예산은 가파른 인구 상승에도 불구하고 2007년~2008년의 79억 달러에서 2012년~2013년의 75억 달러로 4억 달러가 줄었다. 롭 크리스텐슨, "노스캐롤라이나 주 공화당이 민주당 시절의 법을 폐지하고 있다(NC GOP Rolls Back Era of Democratic Laws)", 〈뉴스 옵저버News Observer〉, 2013년 6월 16일.

24. 빌 프라이데이, 저자와의 대담 중에서. "미국을 팝니다".

25. 노스캐롤라이나 상원 경제 분과 전임 위원장 스티븐 마골리스, 저자와의 대담 중에서. ibid.

26. "미국을 팝니다".

27. 데이비드 에드워즈, "노스캐롤라이나 주 공화당의 법안은 고등학교 교사들의 정치적 견해 피력은 막으면서 코크 가문의 원칙은 가르치라고 요구하고 있다.(NC GOP Bills Would Require Teaching Koch Principles While Banning Teachers' Political Views in Class)", 〈로 스토리Raw Story〉, 2011년 4월 29일.

28. 짐 굿몬, 저자와의 대담 중에서. "미국을 팝니다".

29. 존 로크 재단의 부이사장인 로이 코다토(Roy Cordato)는 저자와의 대담 중에 "최소 임금은 기술이 없는 단순 노동자들에게 더 불리하다. 이들은 결국 시장에서 몰려날 것이다"라고 주장했다. 그리고 노동자들의 착취 문제에 대해서는 "그런 건 칼 마르크스나 했던 생각이다"라고도 했다. 코다토의 관점에서 "법적인 성인들 사이에서 자유롭게 맺은 모든 계약은 합법적일 수밖에 없다". 여기서 이야기하는 계약에는 매춘이나 마약 판매까지 포함된다. 그는 자신은 미성년자 노동을 금지하는 법을 찬성하지만, 자신이 소수 민족에 대한 의무적인 교육이라고 부르는 평등한 교육 정책에는 반대한다고 말했다.

30. 딘 데브넘, 저자와의 대담 중에서. "미국을 팝니다".

31. Ibid.

32. 스콧 팰리스, 저자와의 대담 중에서.

33. 데이비드 파커, 저자와의 대담 중에서. "미국을 팝니다".

34. 에드 필킹턴, 수잔 골든버그, "미국 전역에서 교육과 보건, 그리고 세금 정책을 공격하는 보수파들(State Conservative Groups Plan US-Wide Assault on Education, Health, and Tax)", 〈가디언〉, 2013년 12월 5일.

35. 제인 메이어, "스웨덴의 이케아는 보수주의 운동의 새로운 이정표인가(Is Ikea the New Model for the Conservative Movement?)", 〈뉴요커〉, 2013년 11월 15일.

36. "주 정책연합의 실체(Exposed: The State Policy Network)", 민주주의 언론센터, 2013년 11월 참조. 이 보고서는 3페이지에 걸쳐 이 연합이 코크토퍼스가 미국 전역에 촉수를 뻗치는 일을 어떻게 도와왔는지 상세하게 설명했다.

37. 법안이 소개되고 실제 법으로 만들어진 과정과 기록에 대해서는 "탄소가스 문제의 중심인 물들과 민주주의 대한 전쟁", 37 참조.

38. 관련 내용에 대해서는 앨릭젠더 에르텔페르난데즈, "기업가들이 원하는 법안을 만들어내는 곳? 미국 각 주의 정치계의 정책 역량과 기업의 영향(Who Passes Businesses' 'Model Bills'? Policy Capacity and

Corporate Influence in U.S. State Politics)", 〈정치 전망Perspectives in Politics〉 12~13호 (2014년 9월).

39. 미국입법교류협의회에 대한 더 자세한 내용은 민주주의 언론센터에서 만든 인터넷 사이트인 ALECExposed.org 참조.

40. 데이브 와이펠, "솔직한 이야기: 양의 탈을 쓴 늑대(Plain Talk: 'News Service' Just a Wolf in Disguise)", Madison.com.

41. 제이슨 스트렉이 '공백'을 언급한 건 헤리티지재단 모임에서였다. "티파티에서 책임의 능력까지(From Tea Parties to Taking Charge)", 2010년 4월 22일~23일.

42. 이 후원자신탁의 세부 사항에 대한 분석은 "후원을 빙자한 자유시장 정책 밀어붙이기"를 참조할 것.

43. "주 정책연합의 실체", 18.

44. "후원을 빙자한 자유시장 정책 밀어붙이기" 참조. "주 정책 연합의 실체", 19~20에 따르면 매사추세츠 주와 텍사스 주의 주 정책연합 산하 정책연구소들의 부주의함 때문에 코크 인더스트리즈와 코크 가문 재단의 후원 액수가 밝혀지게 됐다. 데이비드 코크는 개인적으로 2007년 매사추세츠 주의 정책연구소인 파이오니어연구소에 12만 5,000달러를 후원했는데, 이는 그해에 있었던 개인 후원 금액으로는 가장 많은 액수였다. 텍사스 공공정책재단은 코크 인더스트리즈로부터 2010년에만 15만 9,000달러 이상의 후원을 받았고, 또 다른 코크 가문의 재단으로부터는 6만 9,000달러 이상의 후원을 받았다.

45. 라이언 리자, "공화당의 자살 특공대(Where the G.O.P.'s Suicide Caucus Lives)", 〈뉴요커〉, 2013년 9월 26일.

46. 《빅 머니: 25억 달러의 수상한 자금과 거대 재벌들의 미국 정치 개입》에서도 상당 부분 같은 내용을 이야기하고 있다. "사상 최대의 정치자금을 쏟아부었지만 결국 대선에 패배한 후 거의 11개월이 지나 벌어진 셧다운 갈등은 2010년과 2012년에 흘러들어간 정치자금이 미국 정부의 업무 진행에 그 어느 때보다 더 큰 영향력을 행사했다는 것을 보여준다."

47. 토드 퍼덤, "오바마케어 저지 운동(The Obamacare Sabotage Campaign)", 〈폴리티코〉, 2013년 11월 1일.

48. 린다 그린하우스, "필요한 모든 수단을 동원하라(By Any Means Necessary)", 〈뉴욕타임스〉, 2014년 8월 20일.

49. 셰릴 게이 스톨버그, 마이크 매킨타이어, "연방정부의 예산 위기는 처음부터 계획된 것(A Federal Budget Crisis Months in the Planning)", 〈뉴욕타임스〉, 2013년 10월 5일.

50. "셧다운을 이끌어낸 비밀 결사대를 만나다(Meet the Evangelical Cabal Orchestrating the Shutdown)", 〈네이션〉, 2013년 10월 8일. 리 팽은 이 기사에서 보수주의 행동파들이 비밀 단체인 국가정책위원회와 긴밀하게 연결되어 있다고 지적했다. 이들은 최소한 2009년부터 만남을 가져왔다.

51. "연방정부의 예산 위기는 처음부터 계획된 것"을 보면 프리덤파트너 상공회의소는 건강보험 법안을 막기 위해 2,000만 달러를 썼다고 하는데, 이 금액은 프리덤파트너 상공회의소가 다른 용도로 사용한 액수가 모두 포함된 것이다.

52. 제나 포트노이, "오바마 케어에 대한 빈곤층의 반감(In Southwest Va., Health Needs, Poverty Collide with Antipathy to the Affordable Care Act)", 〈워싱턴포스트〉, 2004년 6월 19일.

53. 400만 명이라는 숫자를 추정해낸 것은 카이저패밀리재단(Kaiser Family Foundation), 레이철 가필드 외, "오바마 케어를 거부하는 주에서 소외된 의료 사각지대의 사람들(The Coverage Gap:

Uninsured Poor Adults in States That Do Not Expand Medicaid-an Update)", 카이저 패밀리 재단, 2015년 4월 17일.

54. 알렉 맥길리스가 케이토재단의 마이클 캐넌에 대해 쓴 글을 보면 이 정책 연구소가 뒤에서 어떤 역할을 했는지 알 수 있다. "오바마 케어의 가장 무서운 적수(Obamacare's Single Most Relentless Antagonist)", 〈뉴 리퍼블릭〉, 2013년 11월 12일.

55. 로버트 피어, "건강보험 개혁 법안, 대법원의 승인을 받다(Four Words That Imperil Health Care Law Were All a Mistake, Writers Now Say)", 〈뉴욕타임스〉, 2015년 5월 25일.

56. 전국자영업연합은 스스로 '미국 제일의 소상공인 연합'이라고 불렀다. 이전에는 필요한 기금의 대부분이 소상공인 출신의 회원들로부터 나왔는데 2010년 건강보험 개혁안 재판의 원고 측이 되기로 결정하면서 외부에서 막대한 자금이 흘러들어오기 시작했다. 2012년에 재판이 대법원까지 올라가자 CNN은 전국자영업연합이 다른 어떤 단체들보다 프리덤 파트너에서 더 많은 돈을 받았다고 제일 먼저 보도했다. 게다가 2010년에서 2012년까지 후원자신탁이 자영업연합의 법률 부서 예산의 절반 이상을 책임졌으며, 브래들리재단 역시 기금을 지원했다. 이렇게 모인 수백만 달러의 돈은 미국 제일의 변호사를 고용하는 비용으로 사용되어 나중에 이와 관련된 책《대변혁Unprecedented》을 쓴 보수주의 법학 교수인 조시 블랙맨 같은 사람도 처음에는 "미친 짓"처럼 보였다는 말을 하기도 했다. 거대 재벌들의 후원을 받은 활동가들이 많은 노력을 기울였지만 대법원은 1표 차이로 피고 측 손을 들어주었다. 조시 블랙맨, 《대변혁: 헌법을 동원해 오바마 케어를 공격하라》(PublicAffairs, 2013).

57. "연방정부의 예산 위기는 처음부터 계획된 것".

58. 칸타 미디어의 이런 발표 내용에 대해서는 "오바마 케어 저지 운동" 참조.

59. "연방정부의 예산 위기는 처음부터 계획된 것".

60. 베이너와 다이앤 소이어와의 대담, ABC 뉴스, 2012년 11월 8일.

61. 존 브레스나한 외, "셧다운의 실체(Anatomy of a Shutdown)", 〈폴리티코〉, 2013년 10월 18일.

62. 아트 포프, 저자와의 대담 중에서.

14장 | 새로운 코크

1. 매튜 콘티네티, "진퇴양난: 공화당이 가는 길을 가로막는 건 바로 공화당 자신이다(The Double Bind: What Stands in the Way of a Republican Revival? Republicans)", 〈위클리 스탠더드〉, 2013년 3월 18일.

2. 제프리 윈터스, 저자와의 대담 중에서.

3. 대니얼 피셔, "코크 제국의 내부 사정(Inside the Koch Empire)", 〈포브스〉, 2012년 12월 4일.

4. 존 매시, "코크 인더스트리즈, 스티브 롬바르도를 고용해 홍보 업무를 맡기다(Hires Tobacco Operative Steve Lombardo to Lead Communications, Marketing)", DeSmogBlog.com, 2014년 1월 10일.

5. 공화당 전국위원회, '성장과 기회', 2013년 3월 13일.

6. 케네스 보겔, "코크 형제의 AFP가 1억 2,500만 달러의 돈폭탄을 준비(Koch Brothers' Americans for Prosperity Plans $125 Million Spending Spree)", 〈폴리티코〉, 2014년 5월 9일.

7. 애니 로리, "소득의 불평등이 경제 성장의 큰 장애물이 되다(Income Inequality May Take Toll on Growth,)", 〈뉴욕타임스〉, 2012년 10월 16일.

8. 빌 로이, 대니얼 맥코이, "찰스 코크: 기업가, 괴물, 자선가, 그리고 괴짜, 현재 진행 중(Charles Koch: Business Giant, Bogeyman, Benefactor, and Elusive Until Now)", 〈위치토 비즈니스 저널〉, 2014년 2월 28일.

9. 스티브 코헨과 마이클 설리번이 코크 가문의 정치활동에 돈을 기부했느냐는 질문에 코헨의 새로운 회사인 포인트72(Point72)의 대변인 마크 헤어는 이렇게 답변했다. "우리는 정치적 기부에 대한 어떤 내용도 언급하거나 밝힐 수 없다."

10. 홀덴은 2015년 4월 16일 백악관에서 자레트와 국내 정책 담당인 세실리아 무노즈, 그리고 백악관 고문인 닐 이글스턴과 만났다. 그 이후 오바마 대통령은 사법제도 개혁 문제와 관련해 코크 가문이 관여하는 것을 옹호했다. 물론 그는 얼마 전까지 코크 인더스트리즈가 정부의 새로운 에너지 정책을 반대하는 것을 비난했다. 찰스 코크는 자신이 대통령의 그런 비난에 크게 놀랐다고 말하기도 했다.

11. "마크 홀덴, 모든 사람들이 코크 형제들을 좋아해주길 바라".

12. "코크 형제의 수상한 거래".

13. 미국 주군시 공무원연맹(AFSCME) 같은 몇몇 진보 단체들은 흑인대학기금연합이 코크 가문으로부터 재정적인 지원을 받은 일을 비판하고 나섰다. 코크 가문은 미국 내 많은 소수 인종들에게 일자리를 제공해온 공공 노조를 폐쇄하는 데 앞장섰다는 것이다.

14. 제이 스칼린, '대학의 재탄생: 탐구 의식을 고취시키기 위한 학술 기관들의 노력(Renewal in the University: How Academic Centers Restore the Spirit of Inquiry)', 존 윌리엄 포프 고등 교육센터, 2015년 1월.

15. ibid., 17.

16. 제리 펀트, 저자와의 대담 중에서.

17. 소벨은 2012년 갑작스럽게 웨스트버지니아대학교를 떠나 사우스캐롤라이나의 시타델대학교로 자리를 옮겼다. 소벨은 또한 사우스캐롤라이나 주 정책 연결망의 일부인 사우스캐롤라이나 정책 회의의 객원 고문이기도 하며, 머케터스센터와 케이토연구재단, 그리고 프레이저 연구소와 세금재단 등의 일에도 관여하고 있다. 또한 코크 가문이 후원하는 앨라배마 주의 트로이대학과 버지니아 주의 햄던시드니대학의 일부 과정에도 참여하고 있다.

18. "대학의 새로운 시도를 가로막아서는 곤란하다".

19. 허핑턴 포스트는 고등학교까지 침투해 들어간 코크 가문에 대한 기사를 보도했다. 크리스티나 윌키, 조이 레스모비츠, "코크 가문과 고등학교: 코크 형제들의 고등학교 학생들의 마음을 사로잡는 법(Koch High: How the Koch Brothers Are Buying Their Way into the Minds of High School Students)", 2014년 7월 21일.

20. "우리는 모두 서로의 관계로부터 결코 벗어날 수 없다".

21. '행복의 시작'이라는 글에서 찰스 코크는 이 주제에 대한 자신만의 주장을 보여주었다. 찰스가 바라보는 세상은 정부가 국민을 행복하게 해줄 수 있다고 믿는 사람들과 스스로 행복을 찾는 사람들 사이에서 240년 넘게 의견이 갈리고 있는 곳이었다. 이런 갈등은 바로 1789년 프랑스 대혁명과 함께 본격적으로 시작됐으며, 러시아 혁명을 거쳐 북한 같은 독재국가로까지 이어진다. 그는 이런 집산주의자들과 미국의 건국자들을 비교하며 이들은 각각 아주 다른 길을 선택했다고 말했다. 그렇지만 찰스 코크의 글을 읽은 두 미국 역사학자는 그 글이 엄청난 사실 관계의 왜곡으로 가득 차 있다는 사실을 알게 됐다. 우선 토머스 제퍼슨 같은 미국

건국의 주역들은 프랑스 대혁명을 반대하기는커녕 크게 칭송했다. 게다가 프린스턴대학교의 숀 윌렌츠 교수는 저자와의 대담을 통해 미국의 헌법이 유럽의 계몽주의로부터 영향을 받았으며, 거기에는 정부에게 일반 국민들을 위한 복지 정책을 펼 것을 주문하는 내용도 포함되어 있었다. 또한 조지타운대학교의 마이클 카진 교수는 연방정부가 이미 남북전쟁 이전부터 자유방임 정책이 아닌 공공복지 정책을 추진하며 국민 생활에 직접 개입해왔음을 지적했다. "코크 형제들이 생각하는 미국의 역사는 완벽한 창작에 가까운 허구다." 저자와의 대담에서 카진 교수가 한 말이다.

22. 크리스 영, "코크 형제가 자유로운 기업 활동을 적극 지지하다(Kochs Put a Happy Face on Free Enterprise)", 공공청렴센터, 2014년 6월 25일. 이 보고서를 통해 코크 형제들의 복지를 일종의 홍보 수단으로 사용하고 있다는 사실이 최초로 알려지게 됐다.

23. "찰스 코크: 기업가, 괴물, 자선가, 그리고 괴짜, 현재 진행 중".

24. 루이스 제이콥슨, "찰스 코크, 특별 언론 기고를 통해 자신이 정치 활동을 본격적으로 시작한 지는 얼마 되지 않았다고 밝혀(Charles Koch, in Op-Ed, Says His Political Engagement Began Only in the Last Decade)", PolitiFact.com, 2014년 4월 3일.

25. 민주당 전국위원회도 10년 전에 조지 소로스를 비롯한 100여 명의 지원을 받아 비슷한 개선을 시작해 캐털리스트(Catalist)라는 이름의 중도파 정치 자료 분석 회사를 세우기 위한 자금을 모았다. 캐털리스트는 i360과 비교하면 기업이라기보다는 일종의 조합과 비슷한 구성으로 노조나 환경단체 같은 정치적으로 진보적 성향을 가진 유권자 단체가 중심이 됐으며 소유주는 신탁 회사로 되어 있었다. 따라서 이 회사가 팔릴 경우에는 내규에 의해 투자자들의 모든 이익을 자선단체에 기부하도록 되어 있었다.

26. 존 워드, "코크 형제와 공화당의 전쟁(The Koch Brothers and the Republican Party Go to War,with Each Other)", 야후 뉴스, 2015년 6월 11일.

27. 리사 그레이브스, 저자와의 대담 중에서.

28. 마이크 앨런, 케네스 P. 보겔, "코크 가문의 데이터(Inside the Koch Data Mine)", 〈폴리티코〉, 2014년 12월 8일.

29. 데이비드 엑설로드, 저자와의 대담 중에서.

30. 니컬러스 컨패서, "공화당을 돕는 외부 단체들의 검은돈(Outside Groups with Deep Pockets Lift G.O.P.)", 〈뉴욕타임스〉, 2014년 11월 5일.

31. 마크 매키넌, "미국을 움직이는 100대 부자(The 100 Rich People Who Run America)", 〈데일리 비스트〉, 2015년 1월 5일.

32. 톰 스테이어가 만든 조직의 이름은 '다음 세대(Next Generation)'다.

33. 〈폴리티코〉에 따르면 세법 501(c)의 적용을 받는 단체들은 연방선거위원회에 선거에 총 2억 1,900만 달러를 썼다고 신고했는데, 그중 69%가 보수주의 단체나 조직이었다. 그렇지만 이 내역은 2014년 중간선거에서 세법 501(c)의 작용을 받는 단체들이 쓴 모든 정치자금의 일부일 뿐이다. 예컨대 코크 가문이 후원하는 AFP는 단독으로 1억 2,500만 달러를 썼다. 케네스 보겔, "정치자금의 범람(Big Money Breaks Out)", 〈폴리티코〉, 2014년 12월 29일.

34. 에드아르도 포터, "정치에 파고드는 대기업들(Companies Open Up on Giving in Politics)", 〈뉴욕타임스〉, 2015년 6월 10일. 이 기사에서 포터는 통제받지 않는 정치자금이 악몽과도 같은 상황을

만들어낼 수도 있다고 썼다. 미국 사회의 정점에 있는 사람들이 현재의 불평등한 상황을 그대로 유지하기 위해 필요한 권력을 사들이고 있다는 것이다.

35. 코크 인더스트리즈는 2014년 의회 로비를 위해서 1,300만 달러 이상을 썼고 정치활동위원회를 위해서는 300만 달러 이상을 지출했다.
   https://www.opensecrets.org/lobby/clientsum.php?id=D000000186&year=20,
   https://www.opensecrets.org/pacs/lookup2.php?strID=C00236489&cycle=2014.

36. 리 팽, "미치 맥코넬의 새로운 정책 수석은 코크 인더스트리즈의 로비스트 출신(Mitch McConnell's Policy Chief Previously Lobbied for Koch Industries)", 인터셉트, 2015년 5월 18일.

37. 2014년 6월 코크 가문 모임에 참석해 감사 인사를 했던 공화당 상원의원은 콜로라도 주의 코리 가드너와 아칸소 주의 톰 코튼이다.

38. 닐 킹 2세, "오하이오 주의 정책: 낮은 세금과 더 많은 지원(An Ohio Prescription for GOP: Lower Taxes, More Aid for Poor)", 〈월스트리트저널〉, 2013년 8월 14일; 알렉스 아이젠스태트, "새로운 대안(Operation Replace Jeb)", 〈폴리티코〉, 2015년 6월 19일.

39. 앤서니 메이슨, CBS 선데이 모닝(Sunday Morning), 2015년 10월 12일. 한편 폴 아보우드가 후원자신탁을 파헤친 '후원을 빙자한 자유시장 정책 밀어붙이기'에서는 이렇게 밝혔다. '캔자스 주 위치토를 근거지로 하고 있는 지식과 진보 기금은 찰크 코크가 운영하고 있는 재단이다. (중략) 이 재단은 2005년에서 2011년까지 800만 달러가 넘는 돈을 후원자신탁에 지원했다. 그 돈이 어디서 나왔는지는 아직도 수수께끼로 남아 있다.' 또한 찰스코크재단 역시 후원자신탁을 통해 일종의 돈세탁을 하고 있다.

40. 7억 6,000만 달러라는 액수는 책임정치센터의 조사원인 로버트 맥과이어의 보고를 기초로 한 것이다. 여기에는 2010년 미국미래기금, 60플러스협회, 그리고 AFP에 들어간 6,400만 달러, 2012년과 2014년 코크 가문 모임에서 모은 4억 7,000만 달러와 2억 9,000만 달러가 포함된 액수다. 피터 스톤, "코크 형제들의 모금 행사(The Koch Brothers Big Donor Retreat)", 〈데일리 비스트〉, 2014년 6월 13일.

41. 롭 스타인, 저자와의 대담 중에서.

42. 브라이언 도허티, 저자와의 대담 중에서.

43. Ibid.

44. 리 드러트먼에 따르면 미국 국민들 중 사회보장제도의 축소에 찬성한 사람은 6%에 불과했으며 과반수 이상이 보장 확대를 원했다. "도널드 트럼프와 유권자들(What Donald Trump Gets About the Electorate)", 복스(Vox), 2015년 8월 18일.

45. 미국이 나아갈 방향에 대한 존 베이너와 존 디커슨의 대담, CBS 뉴스, 2015년 9월 27일.

46. 피터 버핏, "자선활동과 기업 활동의 조합(The Charitable-Industrial Complex)", 〈뉴욕타임스〉, 2013년 7월 26일.

47. "공화당을 돕는 외부 단체들의 검은돈".

48. 필 듀보스, 저자와의 대담 중에서.

49. 이 내용은 정치적인 문제와 관련해 여러 가지 활동에 함께 참여했던 한 내부자와의 대담을 바탕으로 한 것이다.

50. 프리덤 파트너의 대변인인 제임스 데이비스는 8억 8,900만 달러의 예산은 단지 선거를 위한

것일 뿐만 아니라 코크 가문 모임에서 이념과 사상 문제를 위해 쓰는 전체 비용을 뜻하는 것이며, 여기에는 각종 정책연구소와 시민단체, 유권자 관련 연구 및 조사 내용 지원이 포함되어 있다고 강조했다.

51. 프레드 워트하이머와 저자의 대담. 워트하이머의 비영리단체인 민주주의 21은 조지 소로스의 오픈 소사이어티 재단으로부터 후원을 받고 있지만 소로스가 선거에 거액을 쓰는 일을 비판해왔다.

52. OpenSecrets.org에 따르면 코크 인더스트리즈는 2014년 로비 활동에 1,370만 달러를 썼다고 한다.
https://www.opensecrets.org/lobby/clientsum.php?id=D000000186&year=2014.

53. 프레드레카 샤우튼, "찰스 코크: 우리의 이익을 위해 정치에 뛰어든 것이 아니다(Charles Koch: We're Not in Politics to Boost Our Bottom Line)", 〈USA투데이〉, 2015년 4월 24일.

옮긴이 **우진하**

삼육대학교 영어영문학과를 졸업하고, 성균관대학교 번역 테솔 대학원에서
번역학과 석사학위를 취득하였다. 한성디지털대학교 실용외국어학과 외래교수로 활동하였고
현재는 출판 번역 에이전시 베네트랜스에서 전속 번역가로 활동 중이다.
옮긴 책으로는《노동, 성, 권력》《빌리지 이펙트》《5년 후에도 이 일을 계속할 것인가》
《성난 군중으로부터 멀리》《동물농장》《고대 그리스의 영웅들》《내가 너의 친구가 되어줄게》
《크리에이티브란 무엇인가》《탁월함은 어떻게 만들어지는가》《디지털 다이어트》
《18세기 오스만제국의 수도 이스탄불을 가다》《아들은 원래 그렇게 태어났다》
《똑똑한 경제학》《해결사가 필요해》《플라스티키, 바다를 구해줘》《세상은 왜 존재하는가》
《부자들의 한 마디》《와일드》《인섹토피디아》《서른의 철학》《건너야 할 다리》《성의 죽음》
《법치란 무엇인가》《자린고비 프로젝트》《들리지 않는 진실: 빈곤과 인권》등이 있다.

다크 머니

ⓒ 제인 메이어

초판 1쇄 펴낸날 2017년 6월 1일

지은이 제인 메이어
옮긴이 우진하
펴낸이 최만영
책임편집 김일수
교정교열 허지혜, 조지혜
디자인 최성수, 이이환
마케팅 박영준, 신희용
영업관리 김효순
제작 김용학, 강명주

펴낸곳 주식회사 한솔수북
출판등록 제2013-000276호
주소 03996 서울시 마포구 월드컵로 96 영훈빌딩 5층
전화 02-2001-5817(편집) 02-2001-5828(영업)
팩스 02-2060-0108
전자우편 chaekdam@gmail.com
책담 블로그 http://chaekdam.tistory.com
책담 페이스북 https://www.facebook.com/chaekdam

ISBN 979-11-7028-155-9 03300

‖‖책담 다른 내일을 만드는 상상